每天读点经济学

宿文渊　编著

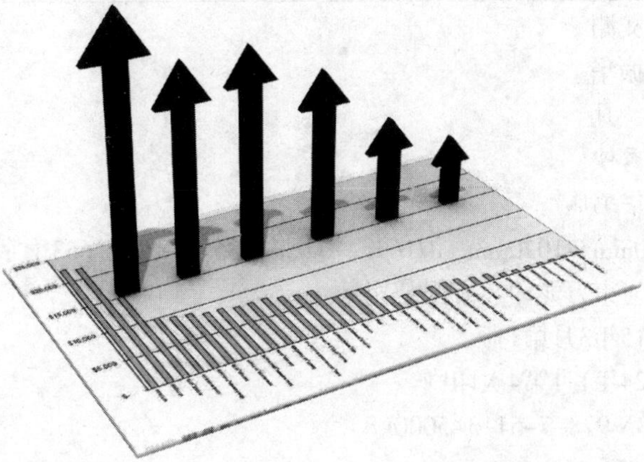

中国华侨出版社
·北京·

图书在版编目（CIP）数据

每天读点经济学 / 宿文渊编著 . —北京：中国华侨出版社，2014.11（2024.1 重印）
ISBN 978-7-5113-5000-8

Ⅰ . ①每… Ⅱ . ①宿… Ⅲ . ①经济学—通俗读物 Ⅳ . ① F0-49

中国版本图书馆 CIP 数据核字（2014）第 260295 号

每天读点经济学

编　　著：宿文渊
责任编辑：黄振华
封面设计：冬　凡
美术编辑：吴秀侠
经　　销：新华书店
开　　本：720mm × 1020mm　1/16开　印张：35　字数：663千字
印　　刷：三河市万龙印装有限公司
版　　次：2015年3月第1版
印　　次：2024年1月第4次印刷
书　　号：ISBN 978-7-5113-5000-8
定　　价：78.00元

中国华侨出版社　北京市朝阳区西坝河东里 77 号楼底商 5 号　邮编：100028
发 行 部：（010）88893001　　传　　真：（010）62707370
网　　址：www.oveaschin.com　　E-mail：oveaschin@sina.com

前言

经济学是对人类各种经济活动和各种经济关系进行理论的、应用的、历史的以及有关方法的研究的各类学科的总称。随着市场经济的发展，人们的日常生活与经济学的关系已经越来越密不可分，经济大势的起伏，与每个人的生活息息相关，每个人对各种经济学现象已经不再陌生，人们越来越切身感受到掌握经济学知识的重要性。与此同时，经济学的一些概念正在走进千家万户，经济生活中的每个参与者都能了解“CPI”“成本”“股票”等生活中的经济学词汇。

在现实中，我们的生活时刻被经济学的影子所萦绕，无论做什么都充满着经济的味道。蓦然回首之时，我们会发现经济学原来就在我们身边。经常关注各大门户网站的人，很容易就会总结出目前中国的热点问题，比如，社会保障、住房、教育、医疗、物价、腐败、诚信、城建、就业、私有财产等，一口气就可以说上十来个，所有这些问题没有一个不与经济学密切相关，也没有一个不与老百姓的切身利益密切相关。而老百姓关注这些经济热点无非是想多积累点经验，以便自己面临利益博弈时，能多得点好处。有心者也许还会注意到，我们的一举一动几乎都与经济学有着千丝万缕的联系。例如，商品价格起伏涨跌，口袋里的钞票价值增减，是买房还是炒股……而每个人的成长又何尝不充满了经济上的算计：当我们是学生时，家长要替我们算计是不是应该选择好一点的教育；大学毕业后，我们和家长一块算计是继续读研，还是工作；工作后有了收入我们要决定该把多少用于支出，该把多少用于储蓄，该把多少用于投资；有一天有了自己的企业，我们还要算计自己的产品该收取多高的利润；还有我们的终生大事，该娶一个什么样的老婆，该嫁一个什么样的老公，虽然感情很重要，但最终还是要以利益来衡量，感情和面包都需要，或者面包还更重要一点……每一件小事背后其实都有一定的经济学规律和法则可循，我们的生活已经离不开经济学。用经济学的原理来反观我们的生活，其实我们就是生活在一个经济学乐园里，人生时时皆经济，生活处处皆经济。

正当各种经济现象及经济规则在我们身边交错上演时，我们真正能全面了解经济学并能让经济学为己所用的人却为数不多。虽然作为普通老百姓不必像经济学家那样把经济学研究作为职业，但是要更深刻地了解那些存在于我们身边的、关乎我们幸福和成功的生活现象背后的本质和真相，以便让我们在面临某些问题时能够更加睿智，少投入一些沉没成本，也就是减少一些不必要的、没有任何意义和回报的浪费，不学经济学、不懂经济学是不行的。更重要的是，我们要构建起和经济学家一样的思维方式，才能游刃有余地应对庞杂生活中的一切问题，在充满复杂博弈的谈判、体力的角逐和智力的较量中获得最大的收益，成为更精明的消费者、婚恋专家、业绩卓著的企业家……乃至获得最终的成功。正如我国著名经济学家茅于轼先生所说的那样："经济学知识是一门每个做大事或做小事的人都需要懂得一点的学问，只有那些准备上荒岛去开荒且不与外界社会往来的人，学习经济学才会成为多余的事。"

总之，经济学所涉及的范畴既包括政策制定者如何"经国济世"的大谋略，也包括一家一户怎样打醋买盐的小计划。所以无论你是鲜衣华盖之辈，还是引车贩浆之人，经济学都与你息息相关。可以说，经济学是一门生活化的学问。懂得一些经济学知识，可以帮助你在生活中轻松地做出决策，过上有清晰思路的生活。

为了帮助没有学过经济学的读者轻松、愉快、高效地了解经济学知识，我们特组织专家、学者编写了这本经济学通俗读物《每天读点经济学》。本书没有令人费解的图表和方程式，也没有艰深晦涩的经济学术语，而是以经济学的基本结构作为骨架，以生活中的鲜活事例为血肉，从边际效用递减、供求规律这些最基本的原理出发，全面介绍了与个人、家庭、企业、社会、世界密切相关的经济学常识，包括通货膨胀、货币与银行、利率与金融市场、经济增长、失业、国际经济学、政府与市场等经济学观点，为人们在经济学和现实生活之间搭建起一座桥梁。

本书最大的特点在于，采用生活化的语言，将经济学内在的深刻原理与奥妙之处娓娓道来，让读者在快乐和享受中，迅速了解经济学的全貌，轻轻松松地获得经济学的知识，学会像经济学家一样思考，用经济学的视角和思维观察、剖析种种生活现象，指导自己的行为，解决生活中的各种难题，更快地走向成功。

目录

·绪 章·

经济全球化时代，每天要读点经济学

经济学到底是什么 ……… 1
经济学如何看世界 ……… 4
经济学的研究前提 ……… 11
像经济学家一样思考 ……… 15

·第一章·

把握市场交易的内在规律：日常生活中要懂的经济学知识

第一节 供需关系 ……… 20
欲望与供给的永恒矛盾——稀缺性 ……… 20
市场交易的第一前提——产权 ……… 22
经济学的永恒话题——供需机制 ……… 24
薄利不一定就能多销——需求价格弹性 ……… 26
能源供给紧张的背后——供给价格弹性 ……… 28
有些生活必需品是不会降价的——刚性需求 ……… 30
丰产并不丰收——蛛网理论 ……… 32

第二节 价格与价值 ……… 35
没有用途的物品不值钱——使用价值和交换价值 ……… 35

是什么决定了商品的价格——价格 …………………………………… 37
价格围绕价值上下波动——价值规律 ……………………………… 40
买卖双方思想的碰撞——均衡价格 ………………………………… 42
钻石比木碗更值钱——价值悖论 …………………………………… 44
牛肉面的价格能限定住吗——最高限价 …………………………… 46
农民从中得到实惠了吗——支持价格 ……………………………… 48

第三节　市场……………………………………………………………50

一场有秩序的游戏——市场与市场活动 …………………………… 50
冲破小农经济的藩篱——市场经济 ………………………………… 52
亚当·斯密的法宝——看不见的手 ………………………………… 55
土地、劳动和资本参与收入分配——生产要素的价格 …………… 57
企业背后的要素市场——劳动力市场 ……………………………… 59
为什么不同工作之间工资差别很大——工资 ……………………… 62
你为什么愿意在楼下买烟——交易费用 …………………………… 64
到底谁是上帝的手——市场失灵 …………………………………… 66

第四节　厂商行为………………………………………………………68

自己当老板的经营方式——业主制企业 …………………………… 68
共同赢利也需共担风险——合伙制企业 …………………………… 70
发达市场经济中的企业主体形式——公司制企业 ………………… 72
所有权与经营权的分离——委托经营 ……………………………… 74
只要有利润就愿意——生产者剩余 ………………………………… 77
选择饼干还是方便面——生产可能性边界 ………………………… 79

第五节　竞争与垄断……………………………………………………82

市场上的弱肉强食之道——完全竞争市场 ………………………… 82
微软为什么要一分为二——垄断 …………………………………… 84
市场上就凭几个人说了算——寡头垄断 …………………………… 86
企业扩张的快捷方式——兼并 ……………………………………… 88
保暖内衣的冷与热——垄断竞争 …………………………………… 90
联合起来就能奏效？——价格联盟 ………………………………… 93

第六节　需求与消费行为……95

商品价格与需求量的关系——需求定理……95

享受有差别的生活——消费与消费品……97

渔翁为什么只要小鱼——消费需求……99

大米涨价了就多吃面——替代效应……102

物价涨跌中的消费决策——收入效应……104

汽车与汽油的销量有什么关系——互补品……106

第七节　消费与偏好……108

萝卜白菜，各有所爱——消费偏好……108

服务态度好的商店生意兴隆——消费效用……110

即使买贵了还是很高兴——消费者剩余……112

什么主宰着你的消费行为——消费预期……115

怎样搭配才能花钱最少——消费者均衡……117

有钱人就该高消费吗？——炫耀性消费……119

·第二章·

聆听华尔街的经商智慧：生产经营要懂的经济学

第一节　生产与成本……122

究竟定价多少才能有收益——边际成本……122

增加投入并不意味着增加收益——边际收益递减……124

企业永续发展的不竭动力——利润最大化……126

无法挽回的成本支出——沉没成本……129

合理库存的重要性——经营的机会成本……131

“补钙广告”旺销了肉骨头——外部性……132

第二节　经营战略……134

消费者的需求是无限的——开发潜在需求……134

小需求催生大产业——长尾理论……137

抓住最关键的少数——二八法则 ……139
女性会成为消费的主力军吗——她经济 ……141
“红海”竞争中寻找新的出路——蓝海战略 ……143
为何商家也扎堆——集聚效应 ……146

第三节　营销策略……148

不走寻常路才能出奇制胜——市场营销 ……148
对产品需求有清晰的认识——市场定位 ……150
做好每一个服务细节——顾客满意度 ……152
唐装何以流行——时尚 ……154
出色的商品包装比商品更值钱——商品包装 ……157
美丽也会成为生产力——注意力经济 ……159
花多少钱做广告最合适——广告 ……161

第四节　商家定价……163

降价是唯一的出路吗——价格战 ……163
歧视价格奥妙无穷——歧视定价 ……165
定高价还是低价——单一定价 ……168
从长远考虑的定价方式——预防式定价 ……170
对微软的诉讼为何不了了之——捆绑定价 ……172
尾数带9的魔力棒——尾数定价 ……174
给消费者一点甜头——折扣定价 ……176

第五节　企业管理……179

优秀的管理就是生产力——企业管理 ……179
分槽喂马的用人策略——人力资源管理 ……181
怎样才能激发企业发展的活力——效率与产权明晰 ……183
把企业无限做大——股份制 ……185
激励员工努力工作的武器——效率工资 ……188
晋商票号的身股制——分享制 ……190
企业家在企业发展中的作用——企业人治与法治 ……191

第六节　人才与经济……193
萧何月下追韩信的原因——人才经济学……193
职场中的“金饭碗”——不可替代性……196
工作之前先算一笔账——择业与跳槽……197
好羊离不开狼——鲇鱼效应……199
为什么总是原地踏步——内卷化效应……202
化繁为简——奥卡姆剃刀定律……204
塑造自己的核心竞争力——竞争优势……206

·第三章·

信息时代需要读点经济知识：生存竞争要懂的经济学

第一节　信息……209
我们并不了解真实的世界——信息不完全……209
为什么买的不如卖的精——信息不对称……211
劣币为什么会驱逐良币——柠檬市场……213
“穿井得人”的经济学原理——信息传递……215
先听好消息还是坏消息——信息披露……218
做经济学世界中的“人精”——信息甄别……219
为什么有人能利用信息致富——信息提取……222

第二节　选择与决策……223
当鱼和熊掌不可兼得时——机会成本……223
信息不对称的产物——逆向选择……225
一头大象与统计学家的决定——随机概率……227
马屁股与火箭助推器——路径依赖……229
无可奈何下的选择——霍布森选择……231

第三节　理性与均衡……233
任何人都不愿改变的最佳状态——帕累托最优……233

我们不是完全的理性人——有限理性 ……235
人人理性却得不到最好的结果——囚徒困境 ……237
海盗如何分金——动态博弈 ……240
让威胁发挥效力——威胁与可信度 ……242

第四节 博弈策略……244

做一只聪明的小猪——智猪博弈 ……244
先发优势与后发制人——枪手博弈 ……247
让他三尺又何妨——斗鸡博弈 ……248
做善用策略的高手——策略欺骗 ……250
谈判与讨价还价的艺术——分蛋糕博弈 ……252

第五节 制度与规范……254

分粥的社会规则——制度 ……254
让滥竽充数的人无处可藏——效率 ……256
有激励才有动力——激励机制 ……258
个人利益与集体利益的完美统一——激励相容 ……260
制度和纪律是不可触摸的铁网——热炉法则 ……262

·第四章·

如何打理自己的财富：投资理财要懂的经济学

第一节 货币……264

认识孔方兄——货币起源 ……264
货币为什么能买到世界上所有的商品——货币功能 ……266
为什么货币符号能当钱花——纸币 ……269
“无脚走遍天下”——电子货币 ……270
货币的“规矩”——货币制度 ……272

第二节 银行……275

金融机构家族的“老大哥”——银行 ……275

商业银行的“本钱”——银行资本金 ……277
在稳定中增值——储蓄 ……279
贷款也有好坏之分——贷款 ……282
银行不是“保险箱”——银行风险 ……284

第三节 利率……286

神奇的指挥棒——利率 ……286
利息收入赶不上物价上涨——负利率 ……288
最神奇的财富增值工具——复利 ……290
储蓄也要收税——利息税 ……292
利率变动影响了谁——利率风险 ……294

第四节 证券市场……297

随时可能倒塌的空中楼阁——虚拟经济 ……297
风云变幻的“大舞台”——证券市场 ……299
“为他人作嫁衣裳”——投资银行 ……302
“钱”的供给与需求——资本市场 ……304
代理客户买卖证券——证券经纪人 ……305

第五节 投资……307

在机会与风险中淘金——股票投资 ……307
让专家为自己理财——基金投资 ……309
一种高风险的投资行为——期货投资 ……312
保值增值的宝贝——黄金投资 ……314
风险小，但回报稳定——债券投资 ……316

第六节 理财……319

你不理财，财不理你——理财 ……319
不要向旅鼠学习——理性投资 ……322
不做投资的大傻瓜——更大笨蛋理论 ……324
如何才能惬意地生活——理财与财务自由 ……326
不把鸡蛋放在一个篮子里——组合投资 ……328

其实你可以交更少的税——合理避税 ……330

第七节 保险……332

风险社会下的明智选择——保险 ……332
保险应遵循一定的原则——保险原则 ……334
让你高枕无忧——财产保险 ……337
与你共渡难关——人身保险 ……339
条款看清楚，投保理赔不迷糊——投保与理赔 ……341

·第五章·

居民的钱袋与宏观经济息息相关：关注民生要懂的经济学

第一节 国民经济……343

老僧为什么带头吃喝玩乐——总供给与总需求 ……343
中国不再是封闭的经济体——四部门经济 ……345
衡量经济活动的有效尺度——GDP……347
国家经济的体温计——PPI ……349
看上去挺美，却马上要破碎——泡沫经济 ……350

第二节 经济周期……353

经济发展的高潮与低谷——经济周期 ……353
没有一刻，经济是停滞的——经济流动 ……355
经济发展的衡量标准——经济增长率 ……357
经济发展过快并不是好事——经济过热 ……359
国家需要使出哪些撒手锏——经济衰退 ……361

第三节 国民收入……364

生活在城市与农村的两个世界里——城乡差距 ……364
真正属于自己的价值——GNP……366
收入差别为什么这么大——个人收入 ……367
真正的个人收入——人均可支配收入 ……369

第四节 民生经济 …… **371**

街头巷尾讨论的经济话题——CPI …… 371

衡量生活水平的尺度——恩格尔系数 …… 373

气候是全球“最大的公共产品”——气候经济学 …… 374

青山绿水与生活改善同步——绿色 GDP …… 377

第五节 社会福利 …… **379**

一元钱帮助千万人——社会慈善基金 …… 379

瑞士人为什么如此懒惰——福利国家 …… 381

带薪休假去旅游——企业福利 …… 383

每个老人都会老有所养——老年福利 …… 384

从此不再怕看病——新型农村合作医疗 …… 386

第六节 经济指数 …… **388**

衡量国民经济运行的基本指标——宏观经济指数 …… 388

从亚市早盘说起——消费者信心指数 …… 390

经济自由是摆脱贫困的必由之路——经济自由度指数 …… 392

哪个城市更适合我们生存——生活成本指数 …… 395

社会贫富差距有多大——基尼系数 …… 397

·第六章·

政府管理宏观经济的学问：百姓看通经济政策要懂的经济学

第一节 政府与经济 …… **399**

最小的政府是不是最好的政府——守夜人 …… 399

指令型的经济发展模式——计划经济 …… 402

倒卖批文惹的祸——寻租 …… 405

“挖坑”能带动经济发展——政府干预 …… 408

灯塔为什么只能由政府来兴建——公共产品 …… 409

第二节 财政政策……411
政府的钱袋子很重要——国家财政……411
陷入财政窘境的政府——财政赤字……413
稳健与积极的财政政策是什么——财政政策……416
为什么不愿摘去“贫困县”的帽子——财政补贴……420
发行国债对经济有什么影响——国债政策……422
第三节 货币政策……423
最后的放贷者——中央银行……423
认识宏观经济中的货币——M0、M1、M2……427
格林斯潘打“喷嚏”引起全球“伤风”——货币政策……429
印钞机对经济的巨大作用——货币发行……431
银行放出多少贷款对经济的影响——银行准备金率……434
第四节 宏观调控……437
市场失灵下的政府作用——宏观调控……437
砸玻璃为什么会促进经济发展——乘数效应……439
为国民经济发展指明方向——经济发展战略……442
稳定物价是政府的头等大事——价格政策……445
让贫困地区也能尽快发展——扶贫政策……448
第五节 税收……451
国家为什么要强制征税——税赋归宿……451
赋与税的区别何在——“税”的演变……454
税率增高，抽烟的人不减反增——税率……457
里根一年只拍四部电影背后的秘密——拉弗曲线……459
第六节 就业……461
女大学生为什么会“急嫁”——失业……461
70岁退休？可预知的人口红利枯竭——人口红利……464
个人的价值有多大——人力资本……466
要补休还是要加班费——劳动与休闲……468

经济增长与失业有什么关系——奥肯定律 ……470

·第七章·

与五大洲的朋友做生意：对外交往要懂的经济学

第一节　国际贸易……473

我们生活在地球村——经济全球化 ……473

“东亚共同体”难道仅仅是一个梦想——区域一体化 ……476

经济领域的世界大战——国际贸易 ……478

中国生产瓷器与美国生产葡萄酒——比较优势 ……480

什么让各国人民生活越来越好——国际分工 ……482

出口与进口的关系——顺差与逆差 ……485

第二节　贸易保护……488

为什么中国被看成是“非市场经济国家”——贸易保护主义 ……488

阻碍国际贸易的限制性措施——贸易壁垒 ……490

消除关税的经济成本——零关税 ……492

美国农民比中国农民更逍遥——贸易补贴 ……494

西班牙人为什么要烧温州鞋——商品倾销 ……496

扼住外国商品销售的数量“魔咒”——进口限额 ……498

第三节　国际金融……500

各种货币之间的关系——汇率 ……500

中国早已经是世界第二大经济体——购买力平价 ……503

不得不说的国际货币体系——布雷顿森林体系 ……505

人民币更加值钱了——货币升值 ……507

“山寨”货币为什么会得到承认——货币贬值 ……509

凶猛的金融鳄鱼——热钱 ……511

第四节　金融危机……514

美国老太太与中国老太太的故事新解——次贷危机 ……514

只能转移的投资风险——次级债券 ……………………………………516
新世纪第一场全球经济大动荡——金融危机 …………………………518
金融危机下的国家级灾难——国家破产 ……………………………522
刺激经济复苏需重拳出击——4 万亿元投资 …………………………524
谁能解决中国人的吃饭问题——粮食危机 …………………………526

第五节　经济转型……………………………………………………………528

美国记者为什么离不开中国产品——中国制造 ……………………528
世界工厂还是世界加工厂——加工贸易 ……………………………530
利用合法途径争取自己的权益——反倾销 …………………………532
劳动密集型与技术密集型——出口替代 ……………………………535
中国企业的必然选择——“走出去”战略 …………………………537
自主创新才能有发展——中国创造 …………………………………539

·绪　章·

经济全球化时代，每天要读点经济学

经济学到底是什么

人们对经济学是什么有不同的理解。有人认为经济学是研究经邦济世的大学问，有人认为经济学研究致富之道，有人认为经济学研究生产关系，还有人认为经济学无非是一些自命为经济学家的人的智力游戏。这些说法如同瞎子摸象一样，都抓住了一个侧面，但又都不准确、不全面。

经济学无疑是当今的显学，甚至有“经济学帝国主义”的说法，意思是经济学研究涉足的范围超过了经济问题本身，而侵占了其他学科的领地。在大学里，经济类专业是最热门的，非高分者不能进。如果大学期间没有机会读经济学，研究生阶段再也不能错过，于是跨专业考经济学研究生成为大学的一道风景。打开电视，翻开报纸，满眼是财经新闻、股票行情，经济学家们经常被邀成为政府的座上宾，对国家经济政策出谋划策，指点江山。那么，经济学到底是什么呢?

“经济学”一词最早出现在公元前469—399年间的古希腊，用希腊文表示为“oikonomia”，是“家计管理”的意思，后用英文翻译为“economics”，我国学者严复曾把它译为“生计学”，翻译成汉语“经济学”的第一人是日本学者神田孝平。

早在200多年前，1776年，英国人亚当·斯密（1723—1790）出版了《国民财富的性质和原因的研究》，简称《国富论》，这本书是公认的第一本真正意义上的经济学著作。亚当·斯密本人也被认为开创了古典政治经济学，被誉为“经济学之父”。

亚当·斯密在经济学上的主要贡献是:（1）把政治经济学发展成了一个完整的体系;（2）提出了分工促进经济增长的原理;（3）批判了重农主义和重商主义，

重农主义认为农业是唯一创造财富的产业，重商主义则认为商业流通是财富的唯一源泉，亚当·斯密在理论上批判了它们的偏见，认为只要是包含人类劳动的产品都具有价值;（4）提出了政府的职能，即建立国防、建立严正的司法机构、建立并维持必要的公共工程，这被后人称为小政府的标准;（5）提出了赋税的四项原则，即公平、确定、便利、节省，直到今天这仍然是指导各国税收的准则。

亚当·斯密在经济学上最大的贡献是他提出了“看不见的手”的学说。他认为，人类社会存在着一种和谐的自然秩序。亚当·斯密的哲学思想和经济学思想，影响了后来的李嘉图、马尔萨斯和凯恩斯等人。

自亚当·斯密之后，经济学登堂入室，成为一门独立的科学，历久不衰，甚至被称为所有社会科学的“皇后”。

经济学成为现今的显学，自然有着深刻的缘由。说到底，是因为经济学要解决的问题，是人类最基本、最重大的问题。也就是：往大的说，人类的生存和发展离不开经济学；往小的说，个人的生活与工作离不开经济学。

人类社会的基本问题是生存和发展。生存和发展就是不断地用物质产品或劳务来满足人们日益增长的需求，而各种各样的需求则来自人的欲望。20世纪美国心理学家马斯洛提出了需要层次理论，把人由欲望产生的需求分为5个层次，即生理需要、安全需要、社交需要、尊重需要与自我实现需要。人的欲望是无止境的，人的需要也是从低到高依次实现。需要层次理论表明，人首先满足最基本的欲望，然后才会去追求其他的欲望。因此，欲望的最显著特征是无穷大，也就是平常我们所说的“欲壑难填”。人的欲望没有止境，除非生命结束。

要满足欲望就得有手段，经济学把这种手段，叫“资源”。一个社会无论有多少资源，它总是有限的。相对于人的无限欲望而言，资源量是不足的，于是这就是经济学家所说的“稀缺”。这里所说的稀缺不是指资源的绝对量多少，而是指相对于无限欲望的有限性而言，再多的资源也是稀缺的。稀缺性是人类社会面临的永恒问题，它与人类社会共存亡。比如说当穷国政府为把有限的财政收入用于基础设施建设还是教育方面而争论不休时，富国政府也为把收入用于国防还是社会福利而发愁；当穷人为收入薪水少而担心时，富人虽有金钱但总感觉时间不够用。其实，这些都是稀缺性的不同表现形式。

如果是这样，问题就出来了：欲望人人有，每个社会都有，还无穷大；而资源是稀缺的，满足欲望的手段没有那么多，那该怎么办？

在过去的时代，解决人类的欲望无穷与资源稀缺这个矛盾的办法，是压抑人的欲望，让欲望和资源相适应，比如各种宗教在本质上都有这个作用。而现代社会，解决这个困境的办法，却是发展生产，增加资源的总量，以此来满足人的欲望，从而缓解稀缺。但是毕竟欲望太大，而资源又总是那么稀缺，它永远比欲望要求的少，即使再怎么发展生产，也并不是所有欲望都能得到满足，而只能满足一部分。那人类就要决定：让哪些欲望得到满足，哪些欲望不得到满足，至少是暂时不能满足。这就是选择的过程。选择要决定用既定的资源生产什么、如何生产以及为谁生产这三个基本问题。这三个问题被经济学家称为资源配置问题。

因为资源稀缺，不可能什么都生产，所以，生产一种东西，就意味着放弃另外的东西。一亩地，种了玉米，就不能同时再种水稻，因此，需要仔细考虑究竟选择生产什么，满足什么欲望，在经济学上，这叫“生产什么”。

生产可以采取不同的方式。比如经营快递的公司，可以用飞机，也可以用汽车送递快件。但是除了联邦快递等几家大公司外，一般都是用汽车送。因为联邦快递名气大、信誉高、收费更高，用飞机送也可以赚钱。但是大量的小快递公司只能用汽车。因为小快递公司很多，竞争很激烈，主要靠低收费来维持经营，如果用飞机送，只能是亏损倒闭。对企业来说，赚钱才是硬道理。这个说明，用什么方式生产是很重要的，需要仔细考量，作出抉择，经济学家把这叫“如何生产”。

东西生产出来以后，就该让它去满足人的欲望了。但是怎么把东西分到每个人手里呢？要靠规则。规则怎么定？是谁出价高就给谁，类似于拍卖，还是谁权力大就给谁？还是根据其他标准？这些都是规则。不同的规则对人们的影响和造成的后果是绝对不一样的。社会要想平稳发展，就必须采取更妥当的办法，采用更合理的规则。所以，对于如何分配，人类也得做出选择，这叫“为谁生产”。

资源配置直接来源于资源稀缺与欲望无穷的永恒矛盾，所以资源配置非常重要，而且永远都存在如何更好配置的问题。经济学就是关于资源如何配置的学问。配置，就是放；资源配置，就是把资源放到哪里去。

资源配置的目标是有效率。经济学上的效率和生活中的效率是两个概念。经济学效率的含义是一种最好的状态。在这个状态下，如果想让某个社会成员变得更好，就只能让其他某个成员的状况变得比现在差。换句话说，如果不让某个人变差，就不能让任何人变好。这个状态，就如同“人尽其才，物尽其用”的理想状态。如果在不使任何人变差的情况下，还能让某个人变好，那么这个状态就不是最好的，还有改进的余地。只有达到有效率的状态，才是最好的。

迄今为止，人类找到了两种配置资源的方式：一个是计划，一个是市场。主要用计划方法配置资源的经济叫计划经济；主要用市场配置资源的经济叫市场经济。

计划方式，就是计划部门的人说了算，只有他们有权决定资源怎么配置，生产什么，如何生产，为谁生产，是计划事先规定好了的。所有人都必须服从，不能各行其是。问题是，计划部门的人即使再聪明，也不能了解所有人的欲望，不能了解所有企业的状况；计划部门的人再多，也不过就是几百人、几千人而已。因此，计划部门根本没有能力处理一个庞大经济体的全部生产和消费活动，长期实行计划经济所导致的无效率和失败是必然的。说到底，计划经济是一种由个别人说了算的经济，是一个公众不能自主决定自己事务的经济。

市场经济配置资源的手段是市场，说得更直接点，就是价格机制。在市场经济中，消费者买什么、买多少，由消费者根据市场价格和自己的收入和偏好决定；企业生产什么、生产多少，要看生产什么更赚钱。说得通俗点，市场经济就是自己的事情自己做主的经济。

40 多年前，在邓小平的领导下，中国开始进行社会主义市场经济取向的改革。为什么要改革？就是因为虽然计划经济在开始的时候曾经创造了奇迹，但是它固有的弊端最终使它归于失败。完全的计划经济既不公平，又缺乏效率。中国 40 多年的市场经济实践，是社会主义市场经济优于计划经济最好的证明。

总之，经济学产生于稀缺性，它要解决任何一个社会和个人都面临的选择或资源配置问题。因此，经济学是一门与我们每个人都密切相关的科学。这正是我们要学习经济学的基本原因。

经济学如何看世界

经济学是一门社会科学，研究对象是人类社会，是人的行为。可是经济学常常借鉴自然科学的方法。这使得经济学对世界的解释更精确，对于指导人类实践也更有效。

物以稀为贵，这是人人都知道的常识。可是为什么物稀了就贵？毕竟，稀少时的物品跟富余时的物品，表面上并没有什么不一样。到底怎么回事？经济学的边际效用原理，从人的心理出发，把其中的道理解释得透彻如水。

“天下没有免费的午餐。”这句话是经济学大师弗里德曼最早说的。当你也这样说的时候，你可能误会了它本来的含义。它的本义是说，人家花钱请你吃饭，你没有埋单，可是你是有代价的。因为你吃这顿饭的时间，可以用于做其他事情，这些事情，对你是有意义、有价值的。你把时间用于白吃这顿饭，就失去了这些本来能有的价值。这就是机会考虑。它提示我们，做事的真正成本，不仅包括为做一件事已经付出的代价，还包括为做它所必须放弃的那些东西。当你面临两难选择的时候，你应该想想哪种选择所放弃的更多，两难也就不难了。

我们知道事情处于暂时平衡或者相对静止的状态时才有意义，比如价格就是这样。这个状态就是均衡。均衡是各方利益都得到关照以后的结果，均衡的达成也是通过边际调整达到的。

经济学之所以成为一门独立的科学，并且在相当大程度上改变了世界的面貌，是因为经济学家看世界的方式和常人不同，也与其他社会科学，比如社会学、政治学、法学不同，经济学家有一套自己的看问题、看世界的方法。这些方法，帮助人们更科学地认识了外部世界和人类自身，提高了人类解决自身问题的能力。

以下就先说说经济学家的几个特殊思维方式，它们有助于矫正甚至可能颠覆你长久以来的思维定式。

第一个是边际考虑。

在经济学上，“边际”的意思是“最后的”，或者“新增的”。边际考虑就是只考虑最后的一个或者新增加的一个所引起的变化，从而判断事情的整体性质。

19 世纪 70 年代初出现的边际概念，是西方经济学自亚当·斯密以来的一个极为重要的变化。经济学家把它作为一种理论分析工具，可以应用于任何经济中的任何可以衡量的事物上。正因为这一分析工具在一定程度上背离了传统的分析方法，故有人称之为“边际革命”。

经济学认为，某种要素的贡献，是由其边际的一单位的贡献决定的。下面举一个关于农民种粮食的例子加以说明。

假定只有 1 亩地，如果一个人种，可以打 500 千克稻米，但是两个人却不会打 1000 千克，只能打 900 千克，三个人只能打 950 千克，等等。想想，如果人数不断增加，在这 1 亩地里有 1 万个人，能打多少千克稻米？ 0 斤！因为 1 万个人一块儿上去会把土地踏平的。

从中我们可以观察到一个规律，第二个人没有第一个人打的稻米多，第三个人没有第二个人打得多，以此类推。总之，后一个人没有前一个人打得多。经济学家把这个规律叫作“边际产量递减”，也就是说新增加的人所增加的总产量越来越少。

我们可以想象，如果产量不递减，那就是递增或者不变。我们看看这是否可能。如果边际产量不变，那就意味着后一个农民的产量永远与前一个一样多，那我只要用1亩地，就可以生产出养活全中国人需要的粮食，只要不断地增加农民就行了。这当然是不可能的。

如果有100个人来种这1亩地，那么每个农民应该得到多少工资，也就是多少稻米呢？因为每个农民没有差异，所以他们得到的稻米应该是一样多的。农民得到多少，取决于农民的劳动贡献有多大。他们每个人都得到500千克，还是所有这100个人的产量总和的平均数，抑或是其他呢？

当然不可能是500千克，因为一共也没有这么多的稻米。所以，一般人会说是平均数，也就是把所有100个人的产量加起来，除以100。这似乎有道理，既然每个人得到的稻米都一样多，当然得是平均数。但是，如果每个人拿走平均的产量，农民就把所有稻米都拿走了。土地的主人不会同意。

每个人到底能分到多少稻米？必须进行边际考虑，也就是看最后一个人，即第100个人的产量是多少。比如是99个人打了745千克，第100个人来了之后，能打750千克，那么最后所增加的产量是5千克，这个产量就叫"边际产量"。经济学家说，每个人应该获得的稻米就是这个边际产量，即5千克。为什么？因为每个人劳动的贡献只有5千克！

最后一个人对粮食的贡献只有5千克，其实每个人，包括第一个人的劳动的贡献也只有5千克。

首先，稻米能生产出来，不仅仅靠农民的劳动，还要有土地，因此，稻米是劳动和土地共同作用的结果，缺一不可。土地对总产量也有贡献，产量不全是农民的贡献。

其次，如果让第一个农民排到第100个，他能打的稻米也只能是5千克，而不再是500千克；让最后一个人排到第一个，他打的稻米也将是500千克，而不再是5千克。第一个来的和最后一个来的，区别在于：第一个人自己用1亩地，而最后一个人只能用1%亩的地！这说明，他们劳动的贡献是没有差别的，都是5千克。

农民应该按照自己劳动的贡献分得稻米，也就是每人5千克。

与边际产量递减类似，效用也是递减的。为了对此加深理解，先讲一个简单的例子。

俄国的克雷洛夫写过一则寓言《杰米扬的汤》。说的是有一个叫杰米扬的人，他做的鱼汤非常鲜美，他本人也以此为荣。有一次，一个朋友来拜访他，他给朋友做了香喷喷的鱼汤，上面漂着一层油，像琥珀一样，里面都是鲟鱼片和内脏。朋友很快喝完一碗，在朋友刚放下碗时，杰米扬又端来了第二碗。朋友边喝边和他聊天，很快第二碗也下肚了。为了显示自己的热情，杰米扬又盛了第三碗，朋友实在是不想喝了，但耐不住他的热情，终于勉强喝完。当看到杰米扬又端出了一碗汤时，朋友最后吓跑了，从此再也不敢到杰米扬家做客了。

为什么杰米扬用好喝的鲟鱼汤招待他的朋友，却让朋友再也不敢到他家做客了呢？对于这个客人而言，喝第三碗汤时与喝第一碗汤相比，他的满足感是依次递减的。这就是边际效用递减规律。

边际学派认为，人们在资源有限的情况下，不能使全部欲望得到满足，他们只能根据欲望的重要性进行分配。首先要满足最重要的和较重要的，但是总有一个是最后被满足的最不重要的、意义最小的处在边沿上的欲望，它是在随着资源的减少而首先放弃的欲望。这种欲望就是边际欲望，满足这种边际欲望的能力就是边际效用。

边际效用递减也是个公理。以吃馒头为例，假如边际效用不变，也就是后面一个馒头，永远跟前面一个一样好吃，那会发生什么？我们将永远吃下去，永远吃不饱！更不必说边际效用递增了。

可以说，边际分析法是经济学的基本研究方法之一，不仅在理论上，而且在实际工作中也起着相当大的作用。

经济学的第二个独特视角是机会成本考虑。

成本是每个人做事时都会考虑的因素，收入减去成本才是利润。可是，经济学家所说的成本，与一般人说的成本差别很大。

一般人头脑里的成本概念是会计成本，也就是做账用的。会计成本有几个特点：第一，会计成本是直接的成本，即实际发生的成本，跟生产和消费直接相关；第二，会计成本是已经发生的成本。但是经济学家说的成本却很不一样，那就是“机会成本”。

面对有限的资源，为了能够得到自己想要的，人们必须选择放弃。由此看来，作出选择并不是一件容易的事，其根源在于在资源有限的情况下，有所得必有所失。鱼和熊掌不能兼得时，选择吃鱼，那么就不能吃熊掌，熊掌就是选择吃鱼的机会成本。举个简单的例子。

《艺文类聚》里描述了这样一个故事：齐国有一个人家的女儿，有两家男子同时来求婚。东家的男子长得丑，但是很有钱；西家的男子长得俊美，但是很穷。父母一时间陷入了两难之中，不知道该如何抉择，因为无论选择哪个都会有所失。于是父母便征询女儿的意见："要你自己决定愿意嫁给谁，要是难以启齿，不便明说，就以袒露一只胳膊的方式，让我们知道你的意思。"女儿便袒露出两只胳膊。父母感到奇怪，问其原因，女儿说："想在东家吃饭，在西家住宿。"

其实对于"齐女"来说，东家、西家都具有吸引力，无论选择哪个，都会造成机会成本的损失，这也就是为什么"齐女"不能作出决策的原因。

机会成本并非会计学意义上的成本，而是一个纯粹的经济学概念。要想对备选方案的经济效益作出正确的判断与评价，必须在作决策前进行分析，将已放弃的方案、可能获得的潜在收益作为被选取方案的机会成本计算在内。

举个例子来说，假如小李原来在一个政府部门上班，每年有 10 万收入。现在，小李决定下海经营一家餐馆。每年的全部收入是 11 万元，会计成本是 10 万元，包括买菜、买肉、员工工资、税收和各种其他费用。他的会计利润就是：

11 万 - 10 万 = 1 万

但是，经济学家认为小李没有赚钱，反而赔了钱，至少赔了 9 万。因为，如果小李的时间不是用于开餐馆，而是继续在政府部门上班，他就会有 10 万元，现在他只有 1 万元，所以，他至少赔了 9 万元。问题出在他少算了成本，不能只算买菜、买肉等的成本，为了开餐馆，他放弃的收入也是成本，而他没有算上。

这里的非同凡响之处在于，在一般人看来，干什么都可以挣钱，都可能有利润；而在经济学家看来，在一定的时期内，只有做一件事情才有利润，做其他任何事情都亏损。为什么？比如一笔资金，有 1000 个项目可以投资，最多只能在一个项目上有经济利润。这意味着投资这个项目得到的收入，比做这个项目的机会成本大，也就是比所有其他项目获得的收入都大。如果还有另一个项目也有经济利润，那就意味着，这个项目的收入也大于所有其他项目的收入，包括前一个有利润的项目，这就矛盾了！

所以，只有把资金投到那个唯一产生利润的项目上去，才真正有经济利润，才是正确的决策，其他的都是错误的。这是经济学的高明之处，会计学认为任何一个项目都可能有利润，而经济学认为只有一个项目才有利润。

我们做事情必须考虑机会成本。也就是，不但要看由于做这件事我们得到了什么，更重要的是要看因为做这件事情，我们失去了什么。如果失去的比得到的还多，这件事情就不值得做。

有一句话叫“天下没有免费的午餐”。如果有人请你吃午餐，他出钱，而且不附带任何条件。这是免费的吗？不是！因为你用于跟人吃午餐的时间，是你的资源，它有多种用途，除了跟人共进午餐，它还可以用于跟朋友聊天、午休、逛街、打游戏、上网，甚至静坐遐思。如果你去吃这顿“免费的”午餐，你就放弃了其他的享受，也许这些享受中的某一项其价值比吃这顿午餐对你更有价值，也就是效用更大。所以，你吃的这顿午餐不是免费的。即使有人请你吃饭，你也不一定就高高兴兴兴地去了，而是要考虑你吃这顿饭的机会成本有多大。有时我们抱怨，请人吃饭，那个人却不来。其实，人家是考虑了机会成本。

常常听新闻报道说，某家大企业又创造了多少利润。如果用经济成本计算，还有没有利润呢？也就是说，如果投入这家企业的这些资金，给了其他企业，后者的产出又如何呢？只有在投给这家企业比其他企业能获得更多的收入时，才证明把资金投入到这家企业是划算的。如果把资金给别的企业能产生更多的收入，那么这家企业就不再是盈利的，而是亏损的了。资金配置到这样的企业就是一种错误的配置。

因此，一个社会的资源，必须进行科学的配置，把它配置到有经济利润的地方去，才是最佳的选择。如果错配，整个社会的利益就会减少。因为社会为得到这个收入，放弃了更多的收入。

谁能进行正确的配置呢？几百年来的实践证明，市场是最好的手段。说到底，市场是一种拍卖机制，企业之间通过竞争，会引导资金流向有利润的地方。市场力量越薄弱的地方，人们越不富裕，为什么？就是因为市场的力量太有限了，资金，这个最稀缺的资源，都被行政配置了，它们都没有流到有利润的地方去。机会考虑，对于资源正确配置非常重要，对于我们作出正确决策，非常有启发！

经济学的第三个独特视角是均衡考虑。

均衡本来是物理学上的一个概念，指一个物体在大小相等方向相反的两个力的作用下，而暂时保持一种静止不动的状态。经济学把这个概念借用过来，作为自己分析问题的基本方法之一。

一件事情，如果有好处，或好处大于坏处，人们就会着手去做。可是再好的事情做下去也会变成不好的事，这叫物极必反。比如吃饭，看到饭菜好吃，就大快朵颐，可是你不会一直吃下去。因为吃到一定时候就会觉得，这一口不如上一口好吃了，这就是边际效用递减，也就是新增加的一口，没有上一口好吃，而且这个递减会一直持续下去。肯定有那么一口，是你的最后一口。这一口在理论上说，你吃不吃都是一样的，这一口的效用是零。但下一口你不会再吃了，因为下一口，你吃了还不如不吃，它比上一口的效用要低，是负数，也就是你只觉得撑得慌、难受。

某一口之所以成为最后一口，就是由于吃了它，你觉得增加的好处，也就是边际好处，正好等于或者还赶不上增加的坏处，也就是边际坏处。这跟物体的均衡是一个道理。

所以，做事做到什么程度，就要看边际好处和边际坏处在哪里相等。在此前，应该继续做，因为做的话，你的净好处，即好处减去坏处，就增加了；在此后则应该减少做，减少才会使你的净好处增加。这样你的利益才会达到最大化，相当于吃饱了又不难受。虽然你想都吃下去，但是，你不应该如此，因为全吃下去，会把你撑死。

均衡是一种暂时的静止状态。静止意味着事物让自己的某种状态持续一段时间，也就是会稳定一段时间。

人们常常嘲笑老年人保守，害怕变化。其实，害怕变化是人的普遍特征，变化意味着不确定性，当人面临不确定性的时候，就会紧张，行动失据，遭受损失。人们买保险，就是花钱买确定性，买个平安，可见人们喜欢的是确定性，否则不会花钱买保险。而均衡就是一种稳态，一种确定，因为至少暂时不会变化。只有当事情处于不变状态时，人们才有机会观察、认识它们。如果事情变化无常，要认识它们是困难的。

均衡还意味着事物的变化是缓慢的，是一点一点发生的。比如人类在进步，可是进步是一点一点进行的。均衡也是一点一点达到的，这是边际考虑的结果。经济学上把前边说的边际好处叫边际收益，边际坏处叫边际成本。均衡是人们不断比较边际收益和边际成本的结果。

消费者购买的最后一单位商品，就是让自己花的钱所损失的效用和获得的边际效用相等；厂商生产的最后一单位商品，是让自己的边际成本与边际收益相等的那一单位。均衡也意味着各种力量达到一种妥协。我们做事情，就是考虑各种因素，求得一种均衡的、让各方都接受的结果，这样大家才会相安无事。如果不能做到均衡，事情就不会结束。就如谈判，难就难在各方利益的均衡，必须作出妥协才能有结果。

均衡对我们的启发是，为了达到有意义的结局，必须调整自己的行为，同时不能顾此失彼。

经济学的研究前提

相对于现实本身来说，所有的科学都不是真事，因为科学都有自己的假设，在这个假设之下，继而推演出一系列的结论。那理论还有什么用呢？理论的作用是，当满足或者接近理论假设的场合，理论可以解释人们的行动。比如，万有引力可以解释苹果落地，还可以解释很多类似的现象；而叫魂的理论，却不能解释任何类似的事情。更重要的是，理论可以预测和指导人们的行动。万有引力可以预测星球的运行轨道，而叫魂什么也预测不了。

有人常常怀疑假设，说假设不合情理等，这是没有科学素养的主要标志。假设是研究、认识复杂世界的需要。只有做出假设，忽略掉一些不相干的东西，关注要研究的因素本身，才有助于迅速认清事情的本质。如果不做假设，同时考虑所有情况，很难取得进展。

经济学是一门科学，所以也有自己的假设，经济学的假设不止一个，但是最根本的只有一个，这就是“经济人”假设。

所谓“经济人”假设，就是假定人的思考和行为都是目标理性的，唯一试图获得的经济好处就是物质性补偿的最大化。亚当·斯密在《国富论》中的一段话对理性“经济人”有较为清晰的阐述：“我们每天所需要的食物和饮料，不是出自屠户、酿酒家和面包师的恩惠，而是出于他们自利的打算。我们不说唤起他们利他心的话，而说唤起他们利己心的话；我们不说我们自己需要，而说对他们有好处。”亚当·斯密的这段论述向我们表明：人和人之间是一种交换关系，能获得食物和饮料，是因为每个人都要获得自己最大的利益。

“天下熙熙，皆为利来；天下攘攘，皆为利往”——这是司马迁在2000多年前的精辟论述。可以说，对利益的追求是人类社会进步发展的原动力，对利益的渴望在人类行为的背后发挥着主导性、操纵性的作用。

资源总是有限的，人类生存的本能决定了人必须是利己的。经济学正是研究资源稀缺条件下如何实现利益最大化，也就是如何获取更多的利。经济学认为所有人都是经济人，就是一切行为的目标只为个人利益最大化。功利主义学派的代表人物边沁总结认为，趋利避害是人类的天性。在经济学中，“利”就是指个体所获得的利益、收益，可以表现为各种各样的形式，归根结底是给人带来的效用、幸福、满足；而经济学中的“害”就是指个体所付出的代价、成本，所承受的损失、牺牲，归根结底是给人带来的负效用、欠缺、痛苦。

曾经有一则新闻报道，讲的某油田离婚率骤升的事。原来在这则新闻的背后，离婚当事人面临着进退两难的选择。一女工几年前经领导反复做工作，她和许多职工买断工龄下岗。几年过后，单位突然有一个通知：离婚后的下岗职工等同于单职工，可以上岗，但以离婚证为准。这名女工的丈夫目前在岗，为取得上岗资格，尽管她与结婚十多年的丈夫感情很好，也不得不办了离婚手续。像这种双职工有一方买断工龄下岗的情况不少，为了能重新上岗，他们很多人不得不去办离婚证。

我们很难评说该女工的做法是否可取，但这种选择无疑是慎重考虑之下的趋利避害的行为。“上岗离婚”是一种害，“下岗不离婚”也是一种害，两害相权取其轻，这也算是趋利避害的一种无奈选择吧。

关于人类趋利的本性，先秦时期的韩非子就曾经这样认为：医生能够在病人的伤口上吮吸脓血，并不是与病人之间存在骨肉亲情，完全是因为他的利益在于病人的回报。木匠造棺材的本意不是憎恶别人，而是因为他的利益在别人的死亡上。由于利益的驱动，才使得人们心中的念头在道德层面发生了善恶的区分。

千余年来，人们关于人性的争论从来没有停止过，其争论焦点在人性的根源和人性的善恶问题上。但我国明代思想家李贽认为，世间所有人无不为“私”而忙碌着。“如服田者，私有秋之获而后治田必力；居家者，私积仓之获而后治家必力；为学者，私进取之获而后举业之治也必力。”也就是说，“私”和“利”是人们做一切事情的直接动因。

经济学认为人性并无善恶之分，经济学世界中的所有人都是经济人。在经济学世界里，每个人做事情都是为了有利于自己。人的本性是利己的，人们所从事一切活动的目的是个人利益最大化。总结起来，所有人都是利己的。

其实，经济学的“经济人”假设并不是要鞭挞这种人性。传统社会主张存天理灭人欲，把利己的人性看作万恶之源，要求人们克己复礼，结果人性没有被消灭。如今，经济学承认人性利己的合理性，承认人利己的行为是正当的。正是对这一人性的尊重，才促使了经济的发展和社会的进步。

人们通常以为利己是可鄙的，无私是高尚的。在很多人的眼里，利己和无私是天然的反对面。那么什么是利己，什么是无私呢？笼统来说，利己者为自己生活，为自己谋取更大利益；无私者不为自己生活，为他人生活，为他人谋取更大利益。但是，对经济学有所了解或者善于观察事实的人都不难发现，社会的进步和发展离不开利己。严格来说，利己的内涵是利己且不害人，在主观意图上既不侵犯他人，也不依赖他人，既不奉献他人，也不乞求他人；在客观行为上，自己尽量单独劳动生存，如果要协助就坚持等价交换。如果侵犯他人，就成为自私这种极端化形式。

或许是人们憎恶人性“利己”的一面，“无私”总是成为文人墨客心中永远的追求。清代小说《镜花缘》中的“君子国”代表了人的一种追求：

有一个君子国，在这个国家，人人都大公无私，绝不存有半点私心。

君子国也有交易行为，但卖者却少要钱，而买者却要多给钱。以下是其中的一幕场景：

买东西的人说：“我向你买东西所付的钱已经很少了，你却说多，这是违心的说法。”

卖东西的人说：“我的货物既不新鲜，又很平常，不如别人家的好。我收你付价的一半，已经显得很过分，怎么可能收你的全价？”

买东西的人说：“我能识别好货物，这样好的货物只收半价，太有失公平了。”

卖东西的人又说：“如果你真想买，就照前价减半，这样最公平。如果你还说这价格太低了，那你到别的商家那儿去买，看还能不能买到比我这儿更贵的货物。”

他们一番争执不下，买东西的人给了全价，拿了一半的货物转身就走。卖主坚决不让走，路人驻足观看，都说买东西的人“欺人不公”。最后，买东西的人拗不过大家，只好拿了上等与下等货物各一半才离开了。

“君子国”为我们描绘了一个人人利他的大公无私的社会。实际上，不可能有这样的国度存在，任何无私的背后总是具有利己的影子。这也许表明无私具有某种不洁性，但更加雄辩地表明了无私的实在基础和真实客观。俗话说，“人不为己，天诛地灭”。其实，不用天地去灭，自己就把自己灭了，你自己不为自己生活，难道让别人养活你吗？而无私不仅表明别人要帮助你，同时要求你帮助别人，把你的收入给他人一部分，让你在休息时间给别人干活。那时，你会认为利己该多好啊。

其实，无私中总是存在利己的痕迹。起源于利己的事实决定了，无私永远不可能摆脱利己。例如，爱情被人们称作最无私、最强烈的需求之一，但是在形成过程中，男女对爱情对象的选择非常苛刻。要考虑相貌、身高、年龄、性格、品德、学识、财富、家庭、前途、是否真的爱自己，这一系列的问题紧紧围绕着自己能否从爱情中得到幸福；当爱情终于确定后，如果对方在对待自己方面存在不足、不理想的情况，也会促使男女进行怀疑和反思，甚至斗争和分手。所以只有在利己的基础上才能谈论无私。

显然，“经济人”都是利己的，以自身利益的最大化作为自己的追求。当一个人在经济活动中面临若干不同的选择机会时，他总是倾向于选择能给自己带来更大经济利益的那种机会，即总是追求最大的利益。每个人为达到利己的目的，必须以利他为手段，给别人“所要的东西”，利己并不损人，否则经济交换活动难以长久维持。“读了《道德情操论》才知道‘利他’才是问心无愧的‘利己’。”1976年度诺贝尔经济学奖得主米尔顿·弗里德曼曾这样说。因此，利己与无私之间并不存在不可逾越的鸿沟。

可能有人会有这样的疑问：如果人人都是理性经济人，都是理性且利己的，社会秩序会不会变得紊乱？以亚当·斯密为代表的经济学家给出了回答：“他追求自己的利益，往往使他能比在真正处于本意的情况下更有效地促进社会的利益。”这也就是说，人人都是经济人，更能在客观上维护社会的秩序。

如果在今天，我们仍然鄙视追求私利的人，认为追求私利的都是不义小人，那么交换将严重受阻，社会分工也不可能发达，社会的物质条件也不可能改进。我们肯定追求私利是人的正当权利，并不等于肯定一切对私利的追求都是正当的，否则人间就没有什么道德禁忌了。可以这样说，以不合理的方式追求私利即为恶，以合理的方式追求私利即为善。

因此，“经济人”假设是经济学的根基，没有“经济人”假设，就不能正确认识经济规律，也不可能制定切实可行的经济政策。但另一方面，我们也应该要看到“经济人”假设只是一种人性假设，在现实生活中，人不可能处处都以经济人的视角观察世界。如果一味地把利己的观点运用到一切生活准则中，生活将不可避免地变味。

范美忠本来是四川省都江堰市的一名普通教师，在2008年“5·12”地震发生的时候他丢下了学生，一个人跑出了教室。

后来范美忠发表了《那一刻地动山摇——“5·12”汶川地震亲历记》一文，文中细致地描述了自己在地震时所做的一切以及过后的心路历程。范美忠在这篇文章中自述：“我是一个追求自由和公正的人，却不是先人后己勇于牺牲自我的人！在这种生死抉择的瞬间，只有为了我的女儿我才可能考虑牺牲自我，其他的人，哪怕是我的母亲，在这种情况下我也不会管的。”这番言论引起了铺天盖地的批评与谩骂。

从道德层面来说，范美忠绝对该受非难和谴责，尤其是与谭千秋老师、周汝兰老师的高风亮节相比较时。由此可见，我们不能处处都提倡利己的行为，因为在趋利性之外，我们还受到良心、道德乃至法律方面的约束。而“经济人”假设的正确性，并不是说它适用于每一个人和每一个人的一切行为，这是指它适用于绝大多数人的绝大多数行为。如果假设人是利己的，又假设人是利他的，经济学就不能称为一门严谨的科学。

经济学认为所有人都是“经济人”，并不是赞扬利己性，只是承认它是无法更改的人性，承认“经济人”的存在只是对人类趋利本性的一个认识和引导。在现实的经济活动中，我们不可能为了实现自身利益最大化就不择手段，我们必须遵循市场经济的规律以及法律制度，将人的利己心和利己行为变成增加社会财富、推动历史进步的动力。

像经济学家一样思考

为什么要学经济学？其实在学习一些经济理论的背后，我们更要学会像经济学家一样思考，这才是学习经济学的主要目的，而经济学家的思考方式主要表现为“经济人”的理性。

在经济学中，“理性”就是指个人的主观意愿是最大限度地为自己谋取福利，也就是说，理性人应该懂得如何为自己谋福利，做一个精于算计的人。理性人精于算计的基本含义之一就是成本小于收益；其二是帕累托改进，也就是在不使一方利益变坏的情况下，另一方的利益有所增加；其三是像经济人一样的思考，为自己获取最大的利益。

一般来说，人们往往在做事前考虑清楚事情的结果，然后才去做。但面对同样一件事情，不同的人为了获取自身最大的收益，会采取不同的方式。我们来看看经济学家是如何理性思考的。

有一个经济学家、一个医生和一个牧师约好某天去打高尔夫球。这天，玩兴正浓时，他们发现有一个人老是在球场上漫无目的地乱跑，这严重影响了他们的兴致，于是他们决定去同球场交涉。球场的管理人员向他们解释："球场为了向全社会的残疾人献爱心，星期一下午是向盲人免费开放。今天是星期一，那个到处乱跑的人是盲人。如果他的行为影响了你们，我向你们表示歉意。"三人听后，有三种不同的反应。牧师听后大为感动，遂决定抽出一定时间，免费为残疾人祈祷，祈求上苍保佑，为残疾人带来福音。医生听后，马上决定，向球场学习，并准备在他的诊所里，留出一定的时间免费为残疾人提供医疗服务。经济学家却不以为然地说："我有些不明白，你们球场为什么不把向盲人开放的时间从白天改到晚上？"

从理性视角来看，白天与黑夜对于盲人没有区别，把对盲人开放的时间从白天改到晚上，一点都不损害盲人的利益。如果盲人在白天和正常的游人一起共享高尔夫球场，盲人的利益虽然能得到保证，但显然，正常游客的利益就会受到损害。这就是说，盲人的利益是建立在一般游客利益牺牲的基础上，如果这样，球场资源的配置是缺乏效率的。经济学家从资源配置的效率角度看问题、看世界，不能不说他们是最理性的人！

实际上，在经济活动中，人人都是理性"经济人"。比如说买一件商品时，我们都希望买到物美价廉的商品，绝不会希望买物次价高的商品，因为在经济活动中我们会保持自利性和理性。从经济学的角度来说，"理性"是永恒的价值导向。

历史上的道光皇帝非常简朴，一次他的裤子破了一块，他让内务府打上补丁接着穿。后来裤子补好了，道光皇帝便问花了多少钱，内务府官员回答说："一千两白银。"道光皇帝很吃惊，问为什么这么贵。内务府官员回答："湖绉制的布料不太好找，并且很难找到花头刚好能合在一起的，所以这么贵。"道光皇帝听了也无可奈何。

其实，这可以从两个方面来理解，一个是经济层面的问题：补一条裤子要花一千两银子，还不如花几十两银子买条新的；另一个层面是意识形态领域的问题：皇帝穿补过的裤子，这种倡导节俭的精神是多少钱也买不来的。经济学家的思考方式主要是从成本和收益的角度去思考问题，而不是从意识形态方面去思考。做什么事情都要区分为"划算"与"不划算"，这就是"理性"！

美国媒体报道说，1 美分硬币的铸造成本高达 1.2 美分，对于美国联邦造币局来说，铸造越多的美分，所遭受的损失越大，但造币局还是在铸造美分硬币。当然作为国家造币局而言，并不总是以经济学的“理性”作为考量标准。但是作为市场中的“经济人”，我们便不能不理性地考虑到成本与收益问题。

《愚公移山》的寓言故事为大家所知悉，愚公移山的精神更是为毛主席所称道，但是，从经济学的角度来说，愚公移山绝对不是精明的经济学选择。从经济学的成本收益角度来说，挖山的成本过高，需要子子孙孙无数代的付出，收益仅仅是方便了愚公后代的出行。与搬家相比，移山显然是成本高、收益低。当然，作为一种精神，“愚公移山”代表着执着与坚持，受到人们的尊重，这和经济学不能混为一谈。

经济学中，作出任何选择应该遵从“经济人”的“理性”。经济学家讲实际。我们做任何一件事情，不是为了表现什么精神，而是要获得某种利益，这种利益可以是个人的、群体的，也可以是整个社会的。要获得利益就必须进行成本收益计算。愚公移山只是为了出行方便，但为了出行方便而世世代代去挖太行和王屋这两座大山，这究竟值不值呢？挖山是有成本的，且不说为了挖山所需要的镐、筐等需要的花费，仅就愚公一家人不从事任何有酬劳动，放弃的收入该有多少啊！如果天帝并没有将山移走，那愚公的后代可能直到现在还在挖山！这就是愚公移山的预期成本。从成本收益的角度来说，很明显是不理性的。

人类进行理性分析不仅源于无意识，更是在达到自身利益最大化的过程中，每时每处都会考虑到成本与收益问题。任何一个人在进行经济活动时，都要考虑具体经济行为在经济价值上的得失，以便对投入与产出关系有一个尽可能科学的估计。

具体来说，人们做任何事情都进行理性分析的主要原因在于，他们追求的效用是行为者自己的效用，不是他人的效用；由于行为者具有自利的动机，总是试图在经济活动中以最少的投入获得最大的收益；总是蕴含着一种量入为出的计算理性，计算理性是达到经济性的必要手段。

在经济生活中，成本是为达到一定目的而付出或应付出资源的价值牺牲，它可用货币单位加以计量，几乎任何成本都是可以用金钱来衡量的。因为我们都是理性人，所以在做任何事情的时候，都要看付出多少成本和获得多少收益。而要获得收益，就必须进行成本与收益的分析，如果成本大于收益，一般都是不会去做的。

举个简单的例子，你打算开一家服装店。在计算成本时，你可能会考虑到店面的房租、进货的费用、借款的利息、付给雇员的工资、水电费、税金等。在扣除这些费用之后，你认为自己还会赚到钱。但这样的计算是不完全的：你漏掉了自己的工资、垫付的资金的利息，还有开服装店的机会成本等。只有把这些成本也考虑在内，如果收益大于成本，开服装店就是值得的。

其实，我们每个人都具备“经济人”理性的一面，无论是经济学博士还是没有入学的孩童。我们不妨来看一个生活中的例子。

一位博士讲了这样一件事，他读小学时，家里很穷，甚至两元钱的学费都很难付得起。有一次母亲为奖励他考试得了第一名，给了他5毛钱零花钱，他非常高兴，但很快就有些犯愁：这5毛钱该如何花呢？应该买练习本吗？5毛钱正好能买一个，而且他的练习本已快用完了。但学校边上卖的3毛钱一个的烧饼对他的诱惑力也不小。有一次同桌小伙伴让他咬了一小口，那味道之好以至于他当时想哪天有钱时一定吃个够。但显然，他无法同时实现两个愿望，二者只能择其一。在反复权衡了两天后，他最后的选择是：花两毛钱买了一张白纸，裁订成一个小练习本，剩下的3毛钱则买了一个烧饼。

可以说，这“5毛钱”花得很值。其实，这位博士小时候面对的“5毛钱如何花”也是一种“经济人”的“理性”思考。当然，他最后的选择是，投入了5毛钱的成本，得到的收益是：既满足了学习的需要，又满足了解馋的需要。

“经济人”的理性思维，就是每个人都知道自己的利益所在，都会用最好的办法去实现自己的利益。现实生活中，人们虽然都在有意无意地进行理性看问题，作出的最终决策却有悖于经济学中的“理性”。几年前的央视春晚小品《装修》中：巩汉林怕装修工人偷工减料，宁愿花几十块钱打的去买一根一毛钱的钉子。其实，在现实生活中，真正作出类似选择的人并不在少数，付出成本太大而收益较小的非“理性”人比比皆是，这不能不引起我们的反思了。

为什么理性人的思考却得到非理性的结果？其实，这里的“理性”是有限理性。因为人不是全知全能的上帝，人的行为受到各种因素的制约，如占有信息的多少、理智和聪明的程度以及外部条件的复杂多变使人难以驾驭等，人的理性行为往往并非完全理性。

西方有一则为了一碗红豆汤而放弃继承权的故事。红豆汤代表眼前的小利益，而继承权才是长远的大利益。作为理性人，任何人都会选择继承权而不是红豆汤，因为继承权的重要性和价值远远高于红豆汤。但是，当红豆汤摆在人们面前的时候，人们往往被红豆汤的美味所吸引，此时对于自己而言的大利益——“继承权”早已经抛至九霄云外。

换一个角度说，也并不能认为选择红豆汤就不符合理性经济人理论，其实这就是人的有限理性。但是从长远看，这样的理性选择无疑是不理性的。在我们所遇到的选择中，我们既要看到短期利益，更要看到长期利益，必须经过理性思维，作出自己的选择。

经济学家从“经济人”的“理性”角度来看待问题，不能不说其具有一定的合理性。当然在现实生活中，人不可能处处都以经济学“理性”的视角观察世界。毕竟，世界上还有除了经济之外的一些东西，比如亲情、友情、同情心。如果一味把这种理性观运用到一切生活准则中，生活也将会有点变味。

但不可否认的是，以经济学理性的视角看待问题，是经济学的基本思维方式。“经济人”的理性思维，就是每个人都会用最好的办法去实现自己的利益。当然，这里的“理性”指的是有限理性。但是，尽管如此，每个人还是会尽力作出最有利于自己的决策。

用经济人的“理性”去分析和思考问题，能避免生活中许多无意义的冲动和疯狂，让我们有限的生命能够发挥出最大的能量。在社会生活中，必须培养起自己的“理性”精神，以理性人的视角面对生活，这样会使我们的生活变得更加丰富多彩。

·第一章·

把握市场交易的内在规律：日常生活中要懂的经济学知识

第一节 供需关系

欲望与供给的永恒矛盾——稀缺性

稀缺性的概念在整个经济理论中起着至关重要的作用，一些经济学家认为稀缺性是经济学存在的前提条件，所以往往用稀缺性来定义经济学。由于稀缺性的存在，决定了人们在使用经济物品中不断作出选择，如决定利用有限的资源去生产什么，如何生产，为谁生产以及在稀缺的消费品中如何进行取舍及如何用来满足人们的各种需求，这些问题被认为是经济学所研究的主题。

我们所处的社会最大的遗憾就在于：人的需求是无限的，而资源总是有限的。

满足这种欲望的物品，有的可以不付任何代价随意取得，称之为“自由取用物”，如阳光和空气。但绝大多数物品是不能自由取用的，因为世界上的资源（包括人力资源和物力资源）有限，这种有限的为获取它必须付出某种代价的物品，称之为“经济物品”。这样，一方面人类对经济物品的欲望是无限的，另一方面用来满足人类欲望的经济物品却是有限的。相对于人类无穷的欲望而言，经济物品或生产这些经济物品的资源是不足的。这种获得人们所需物品上存在的自然限制叫“稀缺”，所以经济物品又称“稀缺物品”。

因此，稀缺不是就资源和物品的绝对数量而言，而是就有限的资源和物品相对于人类的欲望而言，所以它是相对的，但它又是绝对的，存在于人类的任何地方和任何时期，是人类普遍存在的永恒问题。

对某些稀缺的产品来说，其价格往往会高到令人瞠目结舌的地步。以手机号为例：在2009年新版的吉尼斯世界纪录中，卡塔尔电信运营商Qtel被认定拍出了全球最昂贵的手机号码。一个 6666666 的手机号是于 2006 年 5 月 23 日被拍卖的，最终成交价格为 1000 万卡塔尔里亚尔，根据当时汇率水平计算约合 275 万美元。吉尼斯世界纪录此前记载的最昂贵的手机号码是中国四川航空以 48 万美元拍得的 88888888 手机号。

花钱买房产、汽车等，这些都是实实在在的物品，或有一定的使用价值，或日后有升值的潜力；花钱买服务，也能得到实实在在的享受。而天价手机号码既不是实在的物品，也不是实在的服务，那么，人们如此狂热地追捧本身并没有什么特殊价值的号码，甚至不惜血本将其收入囊中，到底图什么呢？

我们从资源的稀缺性角度来分析。这些数字往往由于谐音或传统的思维习惯形成。比如说，我国有很多人认为“8”字能给自己带来好运，主要就是因为 8 与“发”谐音，例如“168”（一路发）、“888”（发发发）、“518”（我要发）等号码很受人们的喜爱。但是这些号码毕竟是有限的，有限的资源不可能使每个人都得到满足。因此，在资源稀缺的前提下，对于这些吉祥号码，就必须以高价才能获得。这也正是“物以稀为贵”的一个佐证。

其实资源的稀缺性，有些是天生的，如金子、钻石等；有些是衍生的，如耕地，随着人口的增多，人均耕地越来越少，因为稀缺才能更显其价值。用经济学中的稀缺性解释我们生活中的许多现象，会使我们明白很多经济学道理。

资源的稀缺性是经济学的前提之一。其对社会、对人们的生活产生巨大的影响。我们必须深刻认识稀缺性。

首先，稀缺性导致了竞争和选择。也就是说，稀缺性促进了社会的发展。想象一下，如果资源不是稀缺的，而是极大富足的，那么世界会完全变样。自然界中不会有优胜劣汰，不会有厮杀，每个生物都可以得到满足。人们不用工作，不用考虑衣食住行，不用考虑买房子了，因为土地是富足的，一切资源都是富足的。那这样的世界就没有任何活力，就会变成死水一潭，最终毁灭。

其次，资源的稀缺性是有历史条件的。古代、近代、现代甚至十年以前，人们认为缺少的东西，在现在看来很多都已经很丰富了，比如粮食、生活用品等。以前清新的空气到处都会有，而现在却由于环境污染，人们很难享受到了。还有古代的陶器，当时很多，但现在却很少，非常珍贵。

再次，资源的稀缺性也是因人而异的。对于一个没有工作的闲人来说，时间对他是廉价的，而资本（也就是金钱）则是稀缺的；相反，对于工作事业狂来说，时间对他可能是一个奢侈品，相对而言资本是富足的。对于处于正常社会中的人来说，黄金非常珍贵，但对于一个困在岛上生存面临威胁的人来说，则一块馒头比黄金珍贵得多。

最后，稀缺资源可以通过交换来实现再分配。从经济学上来说，资源的分配不均必然要通过交换来实现。婚姻就是一个最实际的例子。比如对于一个身材相貌不如意而事业有成的男人来说，先天的条件是无法改变的。对他来说，可能高个子和帅哥脸这辈子都无法实现了，那么他会把希望寄予婚姻，希望他的另一半能够满足他的这些期望。因为相貌对于他来说是稀缺资源，相比较而言，事业和资本可能他不是很看重，因为这些对于他是富足的。人们总是希望利用自己富足的资源去交换他稀缺的资源。

可见，用经济学中的稀缺性可以解释我们生活中的很多现象，只要我们用心思考和观察，就会明白很多事理。

市场交易的第一前提——产权

人们进行市场交易并不是从人类出现之时就有的，是人类社会发展到一定历史阶段的产物。市场交易的产生，必须具备一个基本条件：产权不同。因为生产资料和劳动产品属于不同的所有者，才发生了交换行为。在私有制的条件下，产品交换的双方成为独立的利益主体，成为经济利益的对立面。这就决定了双方的交换不能是不等式的，而只能是等式的，即商品经济中的等价交换原则。劳动产品的交换既然是等价的商品交换，那么，生产者的生产过程就成为以直接交换为目的的商品生产过程。

可以说，产权是市场交易得以进行的第一前提。那么究竟什么才是产权呢？不同的经济理论和派别对其所下的定义是不尽相同的。一个为多数理论学派所接受的定义是这样的：产权不是指人和物的关系，而是指物的存在及关于它们的使用所引起的人们之间相互认可的行为关系。也许这个定义听起来有点拗口，我们不妨举个例子来说：

假设小黄有一套房产，他将这套房子租给小李，小李每年付给小黄 5 万元人民币。

实际上，小黄就拥有这套房产的完整产权，具体来说：

（1）拥有房屋的占有权。这种占有权具有排他性，即产权是属于小黄的，他在占有房产的同时，意味着其他人不能占有这种财产。

（2）拥有房屋的使用权。小黄有能够自主决定房产使用的权力，比如他可以选择自己住，也可以选择出租，他对房产有自主处理的权力。

（3）拥有房屋的转让权。其实小黄的这套房产还可以在市场上自由地买卖，因此产权可以像任何一种商品一样可以自由交易、转让。

（4）拥有房屋的受益权。说所有者可以获得并占有财产使用和转让所带来的利益，又称为剩余索取权。比如小黄向小李收取的每年5万元的租费，就是房屋产权的收益。

产权的问题之所以引起人们的重视，在于产权与效率有密切的关系。如果没有产权制度，就会导致资源浪费、效率低下等后果。我们不妨通过一个通俗的故事了解产权制度缺失所导致的可能结果。

王戎是“竹林七贤”之一，小时候就聪明过人。一天，他同村里的孩子发现路边长着一棵李子树，树上长满了鲜润的李子，十分诱人。王戎却是一副漠不关心的样子，并跟其他人说：“李子肯定是苦的。”

这时尝过李子的人不禁叫苦连天。他们不禁问王戎：“你怎么知道这些李子是苦的呢？”王戎说：“路边的李子树不归任何人所有，来来往往的人这么多，如果有好吃的李子早被人摘光了，哪还轮到我们？”

为什么王戎能够从李子树不归任何人所有这点，就能推断出树上的满树李子是苦的？这就牵涉经济学中的产权概念。“路边苦李”的故事表明，既然李子树的产权是属于公众的，不属于某个人，自然就没有人愿意对李子树进行培育，树上的李子很苦也就情有可原了。如果李子树上有好李子，自然会被别人摘光了。

因此，只有通过产权界定，才能使资源得到有效的保护和利用，同时，市场交易行为才能得以延续。市场经济的制度基础是产权明晰，所以，实行市场经济的国家的立法无一不把保护产权作为基本原则。产权之所以重要是因为产权使所有者权责一致，即所有者有权使用自己的资源，获得由这种使用得到的利益，也承担使用不当的责任。在这种情况下，所有者就会最有效地利用自己的资源。

面对目前产权制度缺失的实际情况，我们更应该在实际的经济生活中，注意保护自己的财产权利，在经济活动中要保护好财产获得的法律依据。比如购买房屋的凭证，它是你合法取得房屋的主要凭据，据此你才可以在房产管理部门办理房屋产权登记证。有了这个证件，你的房产才能够被合法地使用、抵押、保险、出租、转赠、出售等。

产权是市场交易得以进行的根本前提，如果不能保护个人的产权，市场交易秩序将不能维持。因此，现代法律强调个人的产权保护。

1866年，刚打赢对奥地利的战争的普鲁士国王威廉一世，来到他在波茨坦的一座行宫。他兴致勃勃地登高望远，然而，行宫前的一座破旧磨坊却让他大为扫兴。威廉一世让侍从去跟磨坊主交涉，付他一笔钱，让他拆除磨坊。磨坊主不肯，说这是祖业。威廉一世很生气，命令人强行拆除了磨坊。

不久，磨坊主一纸诉状将威廉一世告到法庭。法庭裁定：威廉一世擅用王权，侵犯原告由宪法规定的财产权利，被责成在原址重建一座同样大小的磨坊，并赔偿磨坊主的损失。威廉一世只好派人在原地将磨坊重建了起来。

现在这座磨坊还屹立在波茨坦的土地上，成为著名的游览景点。

皇帝与磨坊主的故事表明，磨坊属于磨坊主所有，他作为这一财产的所有者，其财产所有权和产权必须得到国家法律的相应保护。威廉一世的权力再大，也得服从法律。磨坊主的磨坊挡住了国王的视线，但磨坊的产权属于磨坊主，国王无权处置。也就是说，产权是受到法律保护的。

可以说，产权制度是市场交易的基础，建立一套完整、有效、可操作性强的产权保护制度，无疑是重要和必要的。

经济学的永恒话题——供需机制

美国著名经济学家萨缪尔森曾经说过，学习经济学是再简单不过的事了，你只需要掌握两件事：一个叫供给，一个叫需求。什么叫供给和需求？供给指的是生产者在一定时期内在各种可能的价格下愿意而且能够提供出售的该商品的数量。这种供给是指有效供给，必须满足两个条件：生产者有出售的愿望和供应的能力。需求指的是消费者在一定时期内的各种可能的价格下愿意而且能够购买的该商品的数量，指的是消费者想得到某种商品的愿望。需求不是自然和主观的愿望，而是有效的需要，它包括两个条件：消费者有欲望的购买和有能力的购买。

关于供给与需求的关系，人们普遍认为需求决定供给，如人们有穿皮鞋的需求，市场上才会出现皮鞋的生产与销售。不过，供给学派强调经济的供给方面，认为需求会自动适应供给。

一般来说，供需平衡时，市场价格就是正常价格。当供大于求时，市场价格低于正常价格；当供不应求时，市场价格高于正常价格。鲁迅先生在《朝花夕拾》中的《藤野先生》一文中有这样的句子："大概是物以稀为贵吧。北京的白菜运往浙江，便用红头绳系住菜根，倒挂在水果店头，尊为'胶菜'；福建野生着的芦荟，一到北京就请进温室，且美其名曰'龙舌兰'。"供需不平衡导致这些商品的尊贵，因此，白菜在浙江能卖出好价钱，而芦荟在北京也能卖出好价钱。而"洛阳纸贵"的故事说明了供不应求，从而导致纸的市场价格成倍增长。

《晋书·文苑·左思传》中记载：

西晋太康年间出了位很有名的文学家——左思。在左思小时候，他父亲就一直看不起他，常常对外人说后悔生了这个儿子。等到左思成年，他父亲还对朋友们说："左思虽然成年了，可是他掌握的知识和道理，还不如我小时候呢。"左思不甘心受到这种鄙视，开始发奋学习。

经过长期准备，他写出了一部《三都赋》，依据事实和历史的发展，把三国时魏都邺城、蜀都成都、吴都南京写入赋中。当时人们都认为其水平超过了汉朝班固写的《两都赋》和张衡写的《两京赋》。一时间，在京城洛阳广为流传，人们啧啧称赞，竞相传抄，一下子使洛阳纸贵了几倍。原来每刀千文的纸一下子涨到两千文、三千文，后来竟倾销一空。不少人只好到外地买纸，抄写这篇千古名赋。

为什么会"洛阳纸贵"？因为在京都洛阳，人们"竞相传抄"《三都赋》，以致纸的需求越来越大，而纸的供给却跟不上需求，这样一来纸的价格才会不断上涨。

在一般情况下，需求与价格的关系成反比，即价格越高，需求量越小；价格下降，需求量上升。例如，如果每勺冰激凌的价格上升了 2 毛钱，你将会少买冰激凌。价格与需求量之间的这种关系对经济中大部分物品都是适用的，而且，实际上这种关系如此普遍，以至于经济学家称之为需求规律：在其他条件相同时，一种物品价格上升，该物品需求量减少。

另外，供需的变化与市场环境的变化也息息相关。例如，当"非典"袭击中国的时候，全国食醋、消毒液、药用口罩的价格都上升了，一些日用品也成了普通消费者的抢购对象，这主要是因为突如其来的"非典"病毒造成了消费者对这些物品需求的剧增。在欧洲，每年夏天当新英格兰地区天气变暖时，加勒比地区饭店房间的价格就会直线下降。当中东爆发战争时，美国的汽油价格上升，而二手凯迪拉克轿车价格下降。这些都表现出供给与需求对市场的作用，而所有的这一切都是通过价格来反映的。在少数情况下会出现相反的情形，即价格越高，需求量越大；价格越低，需求量反而越小。这种商品通常是社会上具有象征地位的炫耀性商品，比如钻石、古董等，它们常常会因为价格的提高需求量反而增加。

供求机制是市场机制的主体。供求联结着生产、交换、分配、消费等环节，是生产者与消费者关系的反映与表现。供求运动是市场内部矛盾运动的核心，其他要素（如价格、竞争、货币流通等）的变化都围绕供求运动而展开。

供求机制对社会经济的运行和发展具有重要功能。供求机制可以调节商品的价格，调节商品的生产与消费的方向和规模；供求结构的变化能调节生产结构和消费结构的变化。

供求机制起作用的条件是：供求关系能够灵活地变动，供给与需求背离的时间、方向、程度应当是灵活而适当的，不能将供求关系固定化。供求关系在不断变动中取得相对的平衡，是供求机制作用的实现形式。供求机制的直接作用具体表现为：

第一，调节总量平衡。供不应求时，价格上涨，从而吸收更多的投资；供过于求时，一部分商品的价值得不到实现，迫使部分滞销企业压缩或退出生产。

第二，调节结构平衡。供求机制通过“看不见的手”使生产资料和劳动力在不同部门之间合理转移，导致经济结构的平衡运动。

第三，调节地区之间的平衡。它促使统一大市场的各个地区调剂余缺，互通有无，使总量平衡和结构平衡得到具体落实。

第四，调节时间上的平衡。它促使部分劳动者从事跨季节、跨时令的生产经营活动（如温室种植、跨季节仓储等），在一定程度上满足了市场需求，缓解了供求矛盾。

薄利不一定就能多销——需求价格弹性

1979 年我国农副产品调价，猪肉上调 20% 左右。在当时我国人民的生活水平下，猪肉的需求富有弹性，猪肉涨价后人们的部分购买力转向其他代用品，导致猪肉的需求量迅速下降。国家不得不将一些三四级猪肉降价出售，加上库存积压，财政损失 20 多亿元；再加上农副产品提价后给职工的副食补助 20 多亿元，整个财政支出增加 40 多亿元。

需求规律表明，一种物品的价格下降使需求量增加，需求价格弹性就是衡量需求量对其价格变动的反应程度。如果一种物品的需求量对价格变动的反应大，可以说这种物品的需求是富有弹性的。反之，需求是缺乏弹性的。用公式可以表达为：

需求价格弹性 =ED= 需求量变动的百分比 / 价格变动的百分比

当弹性大于 1，需求是富有弹性的；小于 1，需求是缺乏弹性的；等于 1，需求是单位弹性；等于 0，需求完全没有弹性。在我们的现实生活中，有很多商品是缺乏弹性的，比如粮食。如今，商品打折已经成了一种风气，无论大街小巷，总会看到“大甩卖”“跳楼价”“大放血”等字样。但我们很少看到粮食等商品打折销售，缺乏弹性就是其主要原因！

在商业活动中，对于需求富有弹性的商品可以实行低定价或采用降价策略，这就是薄利多销。“薄利”是价格低，每一单位产品利润少，但销量大，利润也就不少。因此，降价策略适用于这类物品。但是对于需求缺乏弹性的商品不能实行低定价，也不能降价出售。降价反而使总收益减少，所以现实中很少有米面、食盐之类的商品降价促销。

那么，究竟是什么因素决定一种物品的需求富有弹性，还是缺乏弹性呢？由于任何一种物品的需求取决于消费者的偏好，所以，需求的价格弹性取决于许多形成个人欲望的经济、社会和心理因素。

了解了需求弹性，我们对日常经济生活应该有更深入的认识。决定某种物品需求弹性大小的因素很多，一般来说有以下几种：

（1）消费者对某种商品的需求程度。越是生活必需品如食盐、蔬菜，其需求弹性越小；奢侈品的需求弹性大。

（2）商品的可替代程度。如果一种商品有大量的替代品则该商品的需求弹性大，如饮料；反之则需求弹性小，如食用油。

（3）商品本身用途的广泛性。一种商品用途越广如水电，其需求弹性就越大；反之，一种商品用途越窄如鞋油，其需求弹性就越小。

（4）商品使用时间的长短。使用时间长的耐用品比如电视、汽车的需求弹性大，而晚报等易抛品需求弹性小。

（5）商品在家庭支出中所占的比例。比重小的商品如筷子、牙签等，其需求弹性小，而电视、汽车等商品比重大，需求弹性也大。

从生活中，我们也能得到这样的体会，必需品倾向于需求缺乏弹性，而奢侈品倾向于需求富有弹性。例如，当看病的价格上升时，尽管人们会比平常看病的次数少一些，但不会大幅度地改变他们看病的次数。同理，小麦、大米这些生活必需品的需求量并不会因为价格的变动而有太大的改变。与此相反，当游艇价格上升时，游艇需求量会大幅度减少，原因是大多数人把小麦、大米作为必需品，而把游艇作为奢侈品。同样，一些珠宝或者名牌服饰则很容易因为价格的下调而导致抢购风潮，这也是因为珠宝以及名牌服饰是奢侈品的缘故。

另外，有相近替代品的物品往往较富有需求弹性，因为消费者从这种物品转向其他物品较为容易。例如，CD 机和 MP3 播放器就很容易互相替代。当前者的价位上升时，就很容易导致后者需求量的增加。此外，物品往往随着时间变长而需求更富有弹性。当汽油价格上升时，在最初的几个月中汽油的需求量只略有减少。但是，随着时间推移，人们购买更省油的汽车，转向公共交通，或迁移到离工作地方近的地点。在几年之内，汽油的需求量会大幅度减少。

再如，2004 年禽流感的出现在一定程度上打击了家禽类相关产品的生产，但并没有从整体上影响整个农村经济的发展。因为在禽流感流行期间，人们在饮食上对鸡肉的抵制是最明显的，对于鸭、鹅等家禽的相关产品也颇有顾忌。家禽本来是人们的主要肉食对象，而如今它们的供应量大幅度减小。于是，人们的肉食对象集中在猪、牛、羊、鱼等动物上。

需求弹性对企业营销的影响很大。例如，生产饮料的企业，对价格的调整就要非常谨慎。因为饮料的需求弹性很大。类似的饮料，如各种可乐、果汁或奶茶，彼此价格不会相差太多，如果某饮料突然涨价，就会导致顾客购买其他品牌的类似饮料，顾客迅速流失。这种取代性商品众多、需求弹性很大的商品，价格调高将会导致销量迅速变化。

如果商品需求弹性很小，商品的供给方提高价格，需求量减少幅度不大，收入会升高；反之，降低价格，收入会降低。如果商品有弹性，供给方提高价格，需求量减少的幅度较大，收入会降低；反之，降低价格，收入会增加。因此，供给方在制定价格时必须考虑到商品的价格弹性，弹性低不妨提高价格，弹性高就降低一点价格。

能源供给紧张的背后——供给价格弹性

与需求弹性类似，供给也有弹性。有的商品价格一个较小的变化，就能引起供给量一个较大的变化，就像充足气的皮球，轻轻一拍，它就能弹得很高一样，我们说这种商品的供给富有弹性。有的商品价格一个较大的变化只能引起供给量一个较小的变化，就像气不够的皮球，使劲拍它只能弹起一点点，我们说这种商品的供给缺乏弹性。我们用供给弹性系数来表示供给弹性的大小。

供给价格弹性 =ES= 供给量变动的百分比 / 价格变动的百分比

当弹性大于 1，需求是富有弹性的，供给曲线比较倾斜；小于 1，需求是缺乏弹性的，供给曲线比较陡直；等于 1，需求是单位弹性，表明供给量变动的幅度等于价格变动的幅度，供给曲线是一条 45 度线；等于 0，需求完全没有弹性，表明无论价格怎样变化，供给量不变，供给曲线向下垂直。由于价格越高，生产者越愿意提供产品，价格与供给量存在同方向变动的关系，所以供给价格弹性一般是正数。

很容易看出，供给的价格弹性与需求的价格弹性定义完全相同。唯一的差别在于：对于供给而言，供给量与价格正向变动，而对于需求来说，需求量与价格反向变动。

供给规律表明，价格上升供给量增加。供给价格弹性衡量供给量对价格变动的反应程度。如果供给量对价格变动的反应很大，可以说这种物品的供给是富有弹性的；反之，供给是缺乏弹性的。

供给价格弹性取决于卖者改变他们生产的物品产量的伸缩性。例如，海滩土地供给缺乏弹性是因为几乎不可能生产出土地，相反，书、汽车这类制成品供给富有弹性。

在美国加利福尼亚州，由于能源供应长期以来都比较紧张，所以从 20 世纪 70 年代以来政府就实施了一系列严格的能源控制计划。但是新自由主义经济学家们认为，如果加州真的能源紧张，那么价格就会上涨，这一方面会使人们减少使用能源，另一方面会使能源供应商增加供应，这样能源紧张局面就会扭转。在这些经济学家的鼓动下，里根政府放弃了对加州的能源管制，使能源使用量猛增，价格上涨，仅电价就涨了十几倍，可加州的能源供求关系不仅没有因市场调节而趋于缓和，反而愈发紧张。2000 年夏天，加州终于遭遇了前所未有的供电危机，最后，加州政府重新启用了严格的能源管制措施。

为什么自由主义经济学家的理论不灵了？原来能源生产专用性强，固定资产占用大，生产周期长，所以能源供给缺乏弹性。尽管能源价格的上涨会使供给增加，但增加幅度十分有限。与此同时，能源作为一种生活必需品，人们对其需求并不会因为价格上涨就会有大的减少，即其需求也缺乏弹性。这样就会造成能源供应进一步紧张，推动价格进一步提升。价格的上涨又使得很多用户无法及时交纳电费，使得能源公司不仅得不到高额利润，反而濒临破产，不得不求助于政府。

那么影响供给弹性的因素究竟有哪些呢？主要有如下几个方面：

1. 时间

这是影响供给弹性一个很重要的因素。当商品的价格发生变化时，供给方对产量的调整需要一定的时间。在较短的时间内，供给方若要根据商品的涨价及时地增加产量，或者根据商品的降价及时地缩减产量，都存在不同程度的困难，因而供给弹性较小；相反，在较长的时间内，生产规模的扩大与缩小，甚至转产，都是可以实现的，供给量可以对价格变动作出较充分的反应，因而供给弹性相应较大。

2. 单位产品的生产成本对产量的敏感程度

如果单位产品的生产成本对产量非常敏感，供给方就不会轻易调整产量，从而供给弹性较小；反之，则供给弹性较大。

3. 产品的生产周期

在一定的时期内，对于生产周期较短的产品，厂商可以根据市场价格的变化及时地调整产量，供给弹性就比较大；相反，生产周期较长的产品的供给弹性往往就小。

另外，生产的难易程度、生产规模变化的难易程度，对未来价格的预期等也会影响供给弹性。

消费量并不是唯一受价格涨跌影响的变量。企业在制定其生产决策时也会受价格影响。大多数市场上，供给价格弹性关键的决定因素是所考虑的时间长短。在长期中的弹性通常都大于短期中的弹性。在短期中，企业不能轻易地改变工厂规模来增加或减少一种物品的生产。在长期中，企业可以建立新工厂或关闭旧工厂。此外，新企业可以进入一个市场而旧企业可以关门，因此在长期供给中供给量可以对价格作出相当大的反应。

有些生活必需品是不会降价的——刚性需求

某粮店开张，但顾客并没有老板预想的多。当老板看到满街的商店降价促销的吆喝声不绝于耳，打折出售的招牌随处可见，而看到这些红红火火的顾客盈门的场面，老板心想“薄利多销”是很有道理的。

于是，老板将贴在外面的价目表改了一下，在原来的“1.8 元 1 斤”上用红笔画去了“1.8”换成了“1.7”，即“1.7元1斤”。价格便宜了1角，但是并没有吸引多少顾客。老板想，可能是因为降价的幅度不大，于是将“1.7”改为了“1.5”，变成了“1.5元1斤”，这是非常便宜的价格了。但老板发现顾客还是不多。等到晚上算账的时候，销售收入几乎没有增加。

这使粮店老板十分纳闷：为什么销售收入没有增加？

的确如此，我们看到很多商品打折销售的同时，却很少看到粮食等商品打折销售。这是为什么？因为，粮食消费是我们的刚性需求，不会因为价格上升而减少对其消费。

其实，刚性需求是相对于弹性需求而言的，指商品供求关系中受价格影响较小的需求，这些商品包括日常生活用品、家用耐耗品，等等。也可理解为人们日常生活中常见的商品和必需品。一般来说，生活必需品的需求的价格弹性较小，非必需品的需求的价格弹性较大，生活必需品才能成为人们的刚性需求。

以香烟为例，香烟的刚性需求可以理解为：香烟是需求的价格弹性较小的商品，对于吸烟上瘾的人来说，价格上涨不会减少消费。对不吸烟的人来说，香烟的价格再低他也不会消费。吸烟对本人、对社会都是不利的。因此，为限制香烟的消费，政府对香烟征收重税，但是烟厂的利润依然相当可观，因为消费者对香烟有依赖，生产者因此可以将其税负转嫁给消费者，结果香烟的税主要由消费者来承担。

从人们生活的角度讲，粮食比其他商品对生命更重要。历史上就有“手中无粮心中慌”“一日无粮千兵散”的说法。因此在所有的刚性需求里，最“刚性”的需求莫过于对粮食的消费。耕地的减少从根本上制约了粮食的进一步增产，一些国家对农业的投入较少使得粮食单产提高有限，粮食供给无法大幅度扩张。而发展中国家对粮食需求的增长，以及全世界对生物能源的持续需求，共同构成了未来对农产品的长期刚性需求。

只不过，我国粮食却在10多年前就逐步放开了，而食盐到现在仍继续实行专营，并且不光是我国，世界上许多国家对盐都控制得很严。例如，美国号称市场经济的典范，什么商品的生产销售都是由市场供求来决定，可对食盐却控制得特别严格。美国采取的管理模式是协会和政府共同管理，政府负责盐开采的审批，制盐企业都必须在美国食品医药管理局进行登记，而美国盐业协会等行业协会和政府部门制定各种盐的技术指标，并有专门机构对不同用途的盐的指标进行监督检查。

这种对盐的严格控制，有很多种原因。但从经济学的角度来说，需求弹性是其中的一个主要因素。需求弹性指的是价格变化对需求的敏感度。正是由于食盐没有替代品，其需求弹性很小，所以国家对食盐的管制非常严格。对于人们来说，不管食盐价格涨多高，都必须消费。如果国家放开对食盐的控制，导致食盐市场出现混乱，则对人们生活影响非常大。当然，粮食的需求弹性也非常小，但相对于食盐来说还是大一些。因为粮食的品种非常多，大米、小麦、玉米等都可以相互替代，这种价格高了就可以吃另外一种，而原盐就只氯化钠一种，至少目前尚无其他物质可以替代。

这是比较极端的"刚性需求"，其实，我们每个人都有自己特定的"刚性需求"。比如影碟并非生活必需品，按理来说价格弹性比较高，但有人爱电影如命，价格再高也照买不误，对他们来说，对影碟的消费就是他们的"刚性需求"。

值得注意的是，刚性需求也是不断变化的：现代社会的"刚性需求"和"汉朝的刚性需求"，早已产生了天翻地覆的变化。

手机，刚出现时，还属于"有钱人"的弹性需求，这些年下来，手机已经成为了"人人必需"的刚性商品；电脑，过去并非刚性需求，如今已经变成最坚挺的"刚性需求"产品，而电脑都离不开的基本软件——操作系统，也毫无悬念地成为"刚性需求"；而私家车，在"城城皆堵"的中国，也是越来越"刚性"……

丰产并不丰收——蛛网理论

蛛网理论指出，当供求决定价格，价格引导生产时，经济中就会出现一种周期性波动。例如，某种产品在第 1 期中供小于求时，价格上升，第 2 期必定生产增加，价格下降；由于第 2 期价格下降，生产减少，又引起价格上升；再引起第 3 期生产增加，价格又下降。把各个时期的价格与产量波动画出一个图，这个图就类似于一张蜘蛛网，故有"蛛网理论"之称。

这种蛛网式波动在农业中表现最为明显。其实我们对这种现象已经见惯不怪，比如我国出现过的粮食产品价格上升，引起产量增加，这时供大于求，接着价格下降，产量又减少的这样的波动。举个具体的例子，1979 年我国大幅度提高粮价，粮食生产逐年提高，到 1984 年总产量突破 4000 亿千克；1985 年由于粮食实际价格水平比前两年降低，粮食产量迅速滑坡，连续 4 年徘徊不前；1989 年，国家又一次大幅度提高粮价，粮食生产又获丰收，到 1993 年总产量突破 4500 亿千克；

1994年粮食生产滑坡，粮食产量减少。当年比上年粮食减产240亿千克，价格上涨50%；1995年后，粮食连续4年大丰收，粮价一路下跌，1999年粮食生产开始滑坡，2003年粮价又开始上涨。粮食出现这几次大的周期性波动，与蛛网理论分析得出的粮价变动特性是相符的。2007年的大白菜供大于求正是由于2006年大白菜价格较高造成的，因为农民往往根据上年的价格来决定当年的生产。

一些经济学家用“蛛网理论”解释生猪和玉米的价格与产量的关系及其波动，提出了著名的“生猪—玉米循环”模型。

这个模型指出：因为玉米是生猪的主要饲料，生猪的价格会影响到玉米的价格。当玉米价格发生变动后，又会影响下一年玉米产量，玉米产量变动后，又会影响玉米价格，玉米价格的变动，进而影响生猪的价格，生猪的价格变动又影响生猪的产量。如此等等，直至趋向一个长期的均衡，即玉米和生猪的价格和产量相对稳定下来。

“蛛网理论”是一种动态均衡分析。古典经济学理论认为，如果供给量和价格的均衡被打破，经过竞争，均衡状态会自动恢复。蛛网理论却证明，按照古典经济学静态下完全竞争的假设，均衡一旦被打破，经济系统并不一定自动恢复均衡。这种根据的假设是：

（1）完全竞争，每个生产者都认为当前的市场价格会继续下去，自己改变生产计划不会影响市场。

（2）价格由供给量决定，供给量由上期的市场价格决定。

（3）生产的商品不是耐用商品。这些假设表明，蛛网理论主要用于分析农产品。

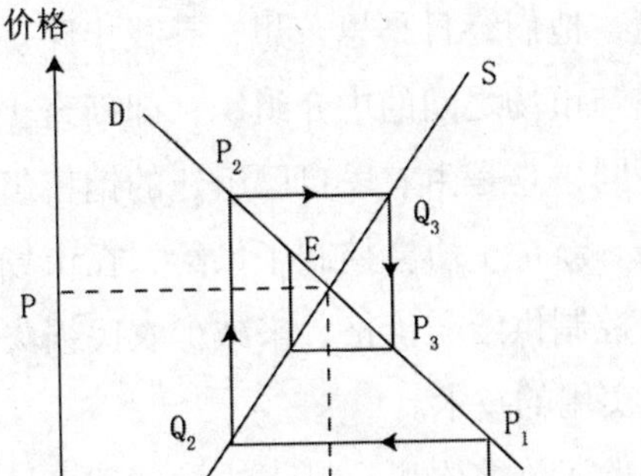

蛛网模型示意图

如上图所示，P、Q、D、S分别是价格、产量、需求函数和供给函数。根据上述模型，第一时期的价格 P_1 由供给量 Q_1 来决定。生产者按这个价格来决定他们在第二时期的产量 Q_2。Q_2 又决定了第二时期的价格 P_2。第三时期的产量 Q_3，由第二时期的价格 P_2 来决定，以此类推。由于需求弹性、供给弹性不同，价格和供给量的变化可分以下 3 种情况：

（1）当供给弹性小于需求弹性（即价格变动对供给量的影响小于对需求量的影响）时，价格和产量的波动将逐渐减弱，经济状态趋于均衡。

（2）当供给弹性大于需求弹性（即价格对供给量的影响大于对需求量的影响）时，波动逐步加剧，越来越远离均衡点，无法恢复均衡。

（3）当供给弹性等于需求弹性时，波动将一直循环下去，既不会远离均衡点，也不会恢复均衡。

从蛛网式波动中，我们得到了这样一个启示：不能让农民单独面向市场。因为，他们没有足够的力量作出较正确的市场预测，也不能在某种程度上控制市场或承担得起市场风险。在市场经济的大潮中，农民就像是一叶掌握不了自己命运的扁舟，单独去闯市场恐怕是凶多吉少。

"蛛网理论"出现的现实背景是西方农民的一些经历。那么，他们是如何从"蛛网"中走出去的呢？

在美国，种植柑橘的农民就曾有过上述痛苦经历。因柑橘的生产具有周期性，且需要一定的保存费用，所以，每当柑橘歉收时，农民会高兴；柑橘丰收时，农民却烦恼。由于他们掌握不了这种生产的变化，因此被类似山峰一样的价格波动折磨得头昏脑涨。

为了摆脱这种困境，他们终日冥思苦想，寻找出路。最后，有人想出了一个高招，组建了一个农民与市场之间的中介组织，即新奇士协会。新奇士协会与以前的农业生产合作社不同，它是由农民自己组建的销售组织。果农将柑橘卖给协会，由协会去面对市场。新奇士协会控制了供给，在市场上也就有了发言权。当供大于求时，协会可以控制供给与价格，来减少农民损失。同时，它也为农民提供了许多有用的信息及实用的技术。

除此之外，协会还做了许多农民自己无法做到的事情。比如注册柑橘的"新奇士"商标；组织产品出口；对产品进行储藏、加工、宣传及调节供给等。这些做法稳定了供给，平衡了市场力量，从而使柑橘的价格有了保障。如此一来，农民种植柑橘的积极性自然得到提高。同时，良好的销售业绩也保障了农民的收入和利益。

由此可见，要想让农民走出这种“蛛网理论”的局限，并不能光靠其自身力量，在农民和市场之间建立一个有效的中介组织才是好的解决办法。通过它将农民和市场联系起来，让农民从价格波动的困境中走出来。

第二节　价格与价值

没有用途的物品不值钱——使用价值和交换价值

简单来说，使用价值就是能满足人们某种需要的物品的效用，如粮食能充饥，衣服能御寒。使用价值是商品的基本属性之一，是价值的物质承担者，形成社会财富的物质内容。空气、草原等自然物，以及不是为了交换的劳动产品，没有价值，但有使用价值。我们为什么要购买某种物品，其背后的原因在于这种商品具有某种使用价值。

庄子曾经讲过一个“大瓢无用”的故事。惠施对庄子说：“魏王送给我一粒大葫芦种子，我把它种了下去，没想到培育出来的葫芦太大了，竟然能在里面存放五石粮食。我想用它来存水，可是这皮太脆，没有力量承受；我把它剖开当瓢用，可是它太大，没有水缸能够容纳它。它太大，大到了无所适用的地步，所以我一生气，就把它给砸碎了。”庄子回答说：“现在先生有一个可放五石粮食的葫芦，为什么不把它剖开做成小舟漂浮于江湖之上。”

庄子重点论述了大瓢的使用价值，大瓢不能存放粮食，不能当普通的瓢用，但是仍旧有它的使用价值——可以做成小舟。通常情况下，同一事物蕴含着多种使用价值；同一使用价值又可由多种事物表现出来；同一事物对于不同使用主体可表现出不同的使用价值；同一事物对于同一使用主体在不同使用时间或在不同的环境条件下又可表现出不同的使用价值。

商品的使用价值是指能够满足人们某种需要的属性。使用价值是一切商品都具有的共同属性之一。任何物品要想成为商品都必须具有可供人类使用的价值；反之，毫无使用价值的物品是不会成为商品的。

沉香和沉香木可以用来雕刻佛像，制作念珠、供香，装藏供佛，配制中药等，具有十分广泛的使用价值，而普通树木却不能有如此之多的使用价值，不同的使用价值决定了两者价值相差极大。我们购买商品，其实购买的是商品的使用价值。一般来说，我们不会购买没有任何使用价值的物品。

生活中一个明显的事实是，物品的使用价值总是相对于人的需要而言的，因而是在人与物之间需要与被需要的关系中产生的，离开了这种关系，物品就无所谓使用价值。消费者在购买和消费一种商品时，的确只对该种商品的具体的有用性感兴趣，即看中的只是商品的具体的使用价值。消费者之所以购买粮食，是因为粮食可以满足吃的需要；之所以购买衣服，是因为衣服可以满足穿的需要。

因此，我们可以说人类劳动的每一产品都有一种使用价值。不过，“使用价值”一词有两种不同的意思。我们说一件物品有使用价值，但有时我们只说使用价值，把使用价值本身看成一件东西，比方说，我们说一个社会只生产使用价值，这时候我们的意思是说，这个社会中的产品是为了其直接消费而生产的，不管由生产者本人来消费抑或是由消费者来消费。

除了使用价值之外，人类劳动的产品还有另一种价值，即交换价值。有时候，一件产品不是为了生产者或富有阶级的直接消费而生产，而是为了在市场上交换、出卖而生产的。一大批为了销售而创造出来的产品，不复是单纯使用价值的生产，而是商品的生产。因此，商品便是为了在市场上交换而创造出来的产品，相对而言即非为了直接消费而生产的产品。每一件商品都必须同时具备使用价值及交换价值。

商品必须有使用价值，不然就没有人愿意买它了。购买者关心的是最后消耗掉这商品，关心的是借此购买以满足他的某一项需要。一件物品若对任何人都没有使用价值，最后的结果便是卖不掉，形成了无用的生产，正因为它没有使用价值，所以也不会有交换价值。

但在另一方面，有使用价值的产品却又不一定都有交换价值。一个产品有没有交换价值，要看产生这产品的社会本身是否以交换制度为基础，如果每个人都是自己生产自己消费，不参加社会交换，那就无所谓交换价值了。

发展到某一程度的分工，是交换价值以及更进一步贸易及市场的基础。如果要让产品不致直接被生产者消耗掉，首要条件是不要让每一个人都生产同样东西。一个社会如果毫无分工可言，那么显然不会有交换现象存在。一般言之，两个麦农之间是没有什么东西可以交换的。但是，只要有了分工，只要生产不同使用价值的两个社团一有接触，便会发生交换。起先他们之间也许只是偶然交换，但随后交换会变得更平常、更固定。这样，逐渐的，在生产者只是为了自身消费而制造的产品之外，又出现了为了交换而制造的产品，亦即商品。

在现代社会中，生产也仍并非完全都是商品的生产，有两类产品仍然仅具使用价值。第一类仅具使用价值的产品，是农民为了本身消费而生产的产品，即农民生产出来而被农民直接消费掉的产品。这种目的在于农民自身消费的生产，即使在市场经济高度发达的国家如美国，也依然存在。当然，这种产品在其整个农业生产中只占微不足道的一个部分。一般而言，一个国家的农业愈落后，其农业生产中供农民自身消费的比例便也愈大。由于这个原因，我们平常很难准确估计这种国家的国民所得。

现代社会另外一种只有使用价值而不构成商品的产品，是家庭中自己生产的一切东西。虽然可观数量的人类劳动都属于这种家庭生产，但是它仍然仅是使用价值的生产，而不是商品的生产。煮一碗汤、缝一颗扣子，都是生产，却不是为了市场而进行的生产。

使用价值和交换价值反映了事物对于人类生存和发展所产生的积极作用。大千世界里各种事物以千姿百态的使用价值为人们所喜爱，构成了人们丰富多彩的物质生活和精神生活内容，人们的一切活动都离不开这些事物的使用价值和交换价值。

是什么决定了商品的价格——价格

价格是商品价值的货币表现，是商品的交换价值在流通过程中所取得的转化形式。商场里，每种物品的标价各不相同，例如香皂、卫生纸、洗衣粉等，虽然同是生活用品，价位却高低不一。那么，是什么决定了它们各自的价格？

经济学大师弗里德曼认为任何商品的价格都是由供给和需求共同决定的。弗里德曼在其文章中强调，既然谈到供给和需求，就不得不提到供给量和需求量。

（1）需求规律：在影响商品需求量的其他因素不变时，商品的需求量同其价格有反方向的依存关系。即商品价格上升，需求量减少；商品价格下降，需求量增加。

（2）供给规律：在影响供给量的其他因素既定的条件下，商品的供给量与其价格之间存在着正向的依存关系。即商品价格上升，供给量增加；商品价格下降，供给量减少。

在研究和运用这两个规律时，要清楚一点，这两个规律有一个假设前提，即“影响商品需求量（供给量）的其他因素不变”。因为现实中，影响需求量和供给量的因素很多，而需求规律和供给规律只研究价格与需求量、供给量之间的关系，所以为了屏蔽其他因素对研究的干扰，就必须先假设其他影响需求量（供给量）的因素都不变。

根据弗里德曼的分析，需求和供给共同决定商品在市场上的一般价格，也就是均衡价格。接下来，我们就来看需求和供给是如何相互作用并形成均衡价格的。他认为，在市场上，首先要了解需求和供给是如何变动的，然后才能研究两者对价格的决定作用。

所谓需求的变动，指的是某商品除价格变动的因素外，由于其他因素变动所引起的该商品的需求数量的变动。更具体地说，根据需求的定义，需求变动是指一定时期内，在其他条件不变，各种可能的价格下，消费者愿意且能够购买的该商品的数量有了变化。一般地，可以影响需求变动的因素有收入变动、相关商品的价格变动、消费者偏好的变化和消费者对商品的价格预期的变动等。

供给的变动是指因为产品本身价格以外的因素而引起的供给量的变化。同样，也是根据供给的定义，供给变动是指一定时期内，在其他条件不变，各种可能的价格下，生产者愿意且能够提供的该商品的数量有了变化。一般来说，影响供给变动的因素有生产成本的改变等。举个例子来说，2007 年，由于国际市场上部分地区因受灾几乎颗粒无收，而增加了对大米的需求（即在各个价格下，消费者需要的大米数量都增加），假设其他条件不变（即大米的供给不变），则将使得大米的数量供不应求。

将这些因素结合起来考虑，看它们是如何决定市场上一种物品的价格的。假定在完全竞争的市场中，商品的供给和需求的变动处于自发状态。在其他条件不变的情况下，现在以商品甲为例，在各种可能的价格下，消费者对商品甲有不同的需求量，而在各种可能的价格下，生产者有不同的愿意提供的商品甲的数量。

若在某一价格上，生产者愿意提供的产品数量多于消费者的需求量，结果就会出现产品过剩；而在另一价格上，如消费者的需求量多于市场上生产者能提供的商品量，结果就会出现商品的短缺。这两种情况都会造成资源配置的不平衡，甚至浪费。

然而，在同一市场里，为了生产者和消费者都能够获得满意，商品甲的供给和需求将在消费者和生产者的行动下，自动地被推向供需均衡。直到商品甲在市场上的供给和需求在一定时期，在某个价格上，数量刚好达到平衡时，就形成了均衡价格。在这一情况下，供给和需求刚好都能满足，市场不存在剩余和短缺，此时，价格也不会再变动。用弗里德曼的原话说就是："均衡状态是这样一种状态，它一经确立，就将被维持下去。"

这时市场上最稳定的价格形成了，需求者和供给者都会以这个价格来提供或消费货物，结果，供给和需求最终共同决定了这个物品在市场上的价格。不过这种均衡状态会在需求和供给再次出现变动时被打破，然后均衡价格也将重新稳定。

在日常生活中，价格同我们息息相关，它的波动带动着我们消费金额的波动。一般地，当价格上涨的时候，我们手中的钱能买的东西就少了。当价格下跌的时候，我们所能买的东西就多了。在不同的情况下，我们可能会为价格的上涨抱怨，为价格的下跌欣喜，但大家是否仔细想过，价格具有哪些作用呢？

（1）价格是商品供求关系变化的指示器。借助于价格，可以不断地调整企业的生产经营决策，调节资源的配置方向，促进社会总供给和社会总需求的平衡。在市场上，借助于价格，可以直接向企业传递市场供求的信息，各企业根据市场价格信号组织生产经营。与此同时，价格的水平又决定着价值的实现程度，是市场上商品销售状况的重要标志。

（2）价格水平与市场需求量的变化密切相关。一般来说，在消费水平一定的情况下，市场上某种商品的价格越高，消费者对这种商品的需求量就越小；反之，商品价格越低，消费者对它的需求量也就越大。而当市场上这种商品的价格过高时，消费者也就可能少买或不买这种商品，或者购买其他商品替代这种商品。因此，价格水平的变动起着改变消费者需求量、需求方向以及需求结构的作用。

（3）价格是实现国家宏观调控的一个重要手段。价格所显示的供求关系变化的信号系统，为国家宏观调控提供了信息。一般来说，当某种商品的价格变动幅度预示着这种商品有缺口时，国家就可以利用利率、工资、税收等经济杠杆，鼓励和诱导这种商品生产规模的增加或缩减，从而调节商品的供求平衡。

价格围绕价值上下波动——价值规律

价值规律是商品生产和商品交换的基本经济规律。即商品的价值量取决于社会必要劳动时间，商品按照价值相等的原则互相交换。

值得注意的是，价值规律是商品经济的基本规律，但并不是商品经济中唯一的经济规律。商品经济中有许多经济规律，价值规律是基本的规律。价值规律作为商品经济的基本规律，同其他任何规律一样，是客观的，不以人的意志为转移的。

价格围绕价值上下波动正是价值规律作用的表现形式。因商品价格虽然时升时降，但商品价格的变动总是以其价值为轴心。另外，从较长时期和全社会来看，商品价格与价值的偏离有正有负，可彼此抵消。因此总体上商品的价格与价值还是相等的。

价格是一种从属于价值并由价值决定的货币价值形式。价值的变动是价格变动的内在的、支配性的因素，是价格形成的基础。但是，由于商品的价格既是由商品本身的价值决定的，也是由货币本身的价值决定的，因而商品价格的变动不一定反映商品价值的变动。例如，在商品价值不变时，货币价值的变动就会引起商品价格的变动；同样，商品价值的变动也并不一定就会引起商品价格的变动，例如，在商品价值和货币价值按同一方向发生相同比例变动时，商品价值的变动并不引起商品价格的变动。

因此，商品的价格虽然是表现价值的，但是，仍然存在着商品价格和商品价值不相一致的情况。在简单商品经济条件下，商品价格随市场供求关系的变动，直接围绕它的价值上下波动；在发达商品经济条件下，由于部门之间的竞争和利润的平均化，商品价值转化为生产价格，商品价格随市场供求关系的变动，围绕生产价格上下波动。

价值规律告诉我们，商品价值是价格的本质，价格只是商品价值的货币表现。价值就是体现在商品里的社会必要劳动，即凝结在商品中的无差别的人类劳动。简单来说，社会必要劳动时间长，则价值大；社会必要劳动时间短，则价值小。社会必要劳动时间一般是指社会生产这种商品的平均时间，如生产一把铁锹的社会平均劳动量是2个小时，这2个小时就是生产铁锹的必要劳动时间，这2个小时的劳动量就是生产铁锹的价值。而随着社会的发展和技术的进步，劳动生产率不断提高，单位商品所包含的社会必要劳动时间缩短，也就是说，商品的价值不断贬值，商品会越来越便宜。

商品价格由两大因素组成：生产成本和利润。商品的生产成本，包括生产商品所消耗的原料、能源、设备折旧以及劳动力费用等；商品的利润，则是劳动者为社会所创造的价值的货币表现。值得指出的是，生产成本应当是生产商品的社会平均成本或行业平均成本，利润应当是平均利润。按照社会平均成本加上平均利润制定的价格，便是商品的市场价格。

价值规律表明，价格围绕价值上下波动，也就是说，价格高于或低于商品价值都是价值规律的表现形式。实际上，商品的价格与价值相一致是偶然的，不一致却是经常发生的。这是因为，商品的价格虽然以价值为基础，但还受到多种因素的影响，使其发生变动。但是，价格不能过分偏离商品的基本价值。市场经济条件下，绝大多数商品实行市场调节价。因此，一些生产经营者认为自己可以随意确定自己商品的价格，实际上，他们的定价必须遵循价值规律和相关法律。

郑州一家名叫保罗国际的理发店，创造了一项惊人的纪录，两个顾客理发，收费12000元，平均一个人就是6000元。消费者在购买一些产品和服务时，其天价让人们瞠目结舌。而理发作为一种有偿服务，其所定的价格可以有多高？价格制定的依据在哪里？为什么郑州的天价理发事件会引起人们的诧异？在市场经济条件下，理发作为一项有偿性服务，其定价必须遵循价值规律的基本原则，即价格不能过分远离价值。“1.2万元”的天价理发无疑偏离了“理发”这项服务的基本价值，这明显是商家的消费欺诈行为。由此，“天价理发”已经不是单纯的商品价格定价过高，而是涉嫌犯罪了。

那么，价值规律有哪些作用呢？

（1）调节作用。价值规律调节生产资料和劳动力在各生产部门的分配。这是因为价值规律要求商品交换实行等价交换的原则，而等价交换又是通过价格和供求双向制约实现的。所以，当供不应求时，价格就会上涨，从而使生产扩大；供过于求会使价格下跌，从而使生产缩减。这里价值规律就像一根无形的指挥棒，指挥着生产资料和劳动力的流向。当一种商品供大于求时，价值规律就指挥生产资料和劳动力从生产这种商品的部门流出；相反，则指挥着生产资料和劳动力流入生产这种商品的部门。当然，价值规律的自发作用，也会造成社会劳动的巨大浪费，因而需要国家宏观调控。

（2）刺激作用。由于价值规律要求商品按照社会必要劳动时间所决定的价值来交换，谁首先改进技术设备，劳动生产率比较高，生产商品的个别劳动时间少于社会必要劳动时间，谁就获利较多。因而，同部门同行业中必然要有竞争，这种情况会刺激商品生产者改进生产工具，提高劳动生产率，加强经营管理，降低消耗，以降低个别劳动时间。

（3）筛子作用。促使商品生产者在竞争中优胜劣汰，这是第二个作用的结果。在商品经济中存在竞争，竞争促使商品生产者想方设法缩短个别劳动时间，提高劳动生产率，也会促使优胜劣汰。这是不以人的意志为转移的。

买卖双方思想的碰撞——均衡价格

均衡价格是商品的供给量与需求量相等，商品的供给价格与需求价格相等时的价格。在市场上，由于供给和需求力量的相互作用，市场价格趋向于均衡价格。均衡价格是在市场上供求双方的竞争过程中自发地形成的。均衡价格的形成也就是价格决定的过程。因此，价格也就是由市场供求双方的竞争所决定的。

均衡价格就是消费者为购买一定的商品所愿意支付的价格与生产者为提供一定的商品所愿意接受的供给价格一致的价格。为了更好地理解这个概念，我们不妨看看以下生活中的实例：

买者：你这件衣服卖多少钱？

卖者：500元。

买者：太贵了，这衣服也就值200元。

卖者：200太少了，你要是诚心买，我以进价卖给你！450！

买者：唉！还这么贵？！要我说，最多300元！

卖者：300元，您给的也太低了。要不咱们来个对折，400元成交！

买者：不行，350元顶天了。350元，你卖不卖？不卖我就走了。

卖者：等会等会，算了，350就350吧。这次绝对是亏本卖给你了。

这件衣服最终以350元成交，这个350元就是买卖双方都能接受的均衡价格。均衡价格是在市场上供求双方的竞争过程中自发形成的，均衡价格的形成就是价格决定的过程。需要强调的是，均衡价格的形成完全是在市场供求双方的竞争过程中自发形成的，有外力干预的价格不是均衡价格。

我们知道，当供过于求时，市场价格会下降，从而导致供给量减少而需求量增加；当供不应求时，市场价格会上升，从而导致供给量增加而需求量减少。供给与需求相互作用最终会使商品的需求量和供给量在某一价格水平上正好相等。这时既没有过剩（供过于求），也没有短缺（供不应求），市场正好均衡。这个价格就是供求双方都可以接受的均衡价格，市场也只有在这个价格水平上才能达到均衡。

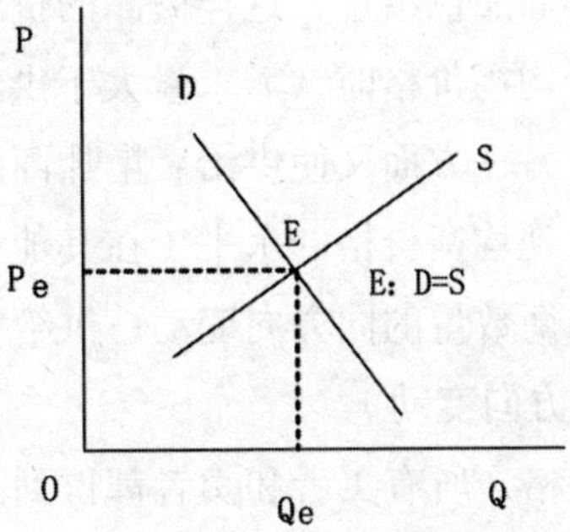

均衡价格和均衡数量示意

如图所示我们用 OQ 表示商品数量，纵轴 OP 表示价格，D 表示需求曲线，S 表示供给曲线，那么 D 和 S 相交的 E 点被称为均衡点，与 E 点相对应的价格 Pe 成为均衡价格，与 E 点相对应的商品数量 Qe 成为均衡数量。

当市场价格高于均衡价格时，物品的供给量将超过需求量，这样就会存在物品的过剩。例如，当水果市场上存在超额供给时，水果商就会发现，他们的冷藏室中装满了他们想卖而卖不出去的水果。他们对这种超额供给的反应是降低其价格，价格要一直下降到市场达到均衡时为止。同样，当水果市场出现超额需求时，买者不得不排长队等候购买可提供的几个水果的机会，由于太多的买者抢购太少的物品，卖者可以做出的反应是提高自己的价格。随着价格上升，市场又一次向均衡变动。

在物品销售的市场上，作为理性人，买卖双方都会追求自身利益的最大化。一方面，对于商家来说，追求的是收益的最大化，所以，通常会制定远远高于进货成本的价格；另一方面，对于消费者来说，追求的是商品效用的最大化，以期尽力压低价格。买卖双方所能接受的价格即为均衡价格。市场上无数的买者与卖者的活动自发地把市场价格推向均衡价格。

不过，市场均衡分为局部均衡和一般均衡。如果市场上只有一种或几种商品达到供求平衡，这是局部均衡。如果所有的商品都达到了供求平衡，这就是一般均衡。必须强调，一般均衡才是真正的价格均衡，局部均衡只是暂时的价格均衡。

当市场价格偏离均衡价格时，一般在市场机制的作用下，这种供求不相等的非均衡状态会逐步消失，自动回复到均衡价格水平：首先，当市场价格高于均衡价格时，商品供给量大于需求量，出现商品过剩，一方面会使需求者压低价格，另一方面又会使供给者减少商品供给量，这样商品的价格必然下降到均衡价格水平。相反，当市场价格低于均衡价格时，需求量大于供给量，出现商品短缺，一方面迫使需求者提高价格，另一方面又使供给者增加商品的供给量，这样该商品的价格必然上升，一直上升到均衡价格的水平（在其他条件不变的情况下，需求变动分别引起均衡价格和均衡数量的同方向变动；供给变动分别引起均衡价格的反方向的变动，均衡数量同方向变动）。

一旦市场达到其均衡价格，所有买者和卖者都得到满足，也就不存在价格上升或下降的压力。在不同市场上达到均衡的快慢是不同的，这取决于价格调整的快慢。但是，在大多数自由市场上，由于价格最终要变动到其均衡水平，所以，过剩与短缺都只是暂时的。

在供给和需求的互相平衡下，市场同样会达到一个均衡的状态。商品均衡价格是商品市场上需求和供给这两种相反的力量共同作用的结果。

需求与供给变动对均衡价格的影响如下：

（1）需求变动引起均衡价格与均衡数量同方向变动。即需求增加，均衡价格上升，均衡数量增加；需求减少，均衡价格下降，均衡数量减少。

（2）供给变动引起均衡价格反方向变动，均衡数量同方向变动。即供给增加，均衡价格下降，均衡数量增加；供给减少，均衡价格上升，均衡数量减少。

钻石比木碗更值钱——价值悖论

亚当·斯密曾在《国富论》中写道："没有什么东西比水更有用，但它几乎不能够买任何东西……相反，一块钻石有很小的使用价值，但是通过交换可以得到大量的其他商品。"一吨水才几块钱，而成千上万吨的水才能换得的一颗钻石，除了能让人炫耀他的财富外，几乎没有什么用途。但为什么水的用途大而价格低，钻石的用途小却价格高呢？这就是著名的"钻石与水悖论"，也就是"价值悖论"。

这的确是一个"悖论"！水的使用价值大，却不值钱，而钻石没有多少实用价值，却价值连城。

令人遗憾的是，斯密并没有准备回答这个悖论，他仅仅创造了一个奇特的二分法，水有使用价值，而钻石有交换价值。然而，斯密以前的教授海彻森和其他学院的老师认为，商品的价值或价格首先由消费者的主观需求决定，然后再由商品的相对稀缺性或丰富程度决定。简言之，由需求和供给决定。较丰富的商品，价格较低；较稀缺的商品，价格较高。

亚当·斯密在一次演讲中曾经提到："仅仅想一下，水是如此充足以至于提一下就能得到；再想一想钻石的稀有……它是那么珍贵。"当供给条件变化时，产品的价值也变化，斯密注意到一个迷失在阿拉伯沙漠里的富裕商人会以很高的价格来评价水。如果工业能成倍地生产出大量的钻石，钻石的价格将大幅度下跌。

经济学家约翰·劳认为水之所以用途大、价值小，是因为世上水的数量远远超过对它的需求，而用途小的钻石之所以价格高，是因为世上钻石的数量太少，不能满足人们对它的需求。

而经济学家马歇尔则用供求均衡来解释这一"谜团"。他认为，人们对水所愿支付的价格，由于水的供应量极其充足，而仅能保持在一个较低的水平；可是，钻石的供应量却非常少，而需要的人又很多，所以，想得到它的人，就必须付出超出众人的价格。

由此可见，大多数经济学家的观点是以数量与需求的关系即供需关系来决定物品价格的。这些解释不无道理，让我们再来看看西方边际学派用"边际效用"来如何说明价值悖论的。

一般来说由于水的数量总是取之不尽的，而人对水的需要总是有一定的限度，不可能无休止。就拿喝水来说，随着人的肚子逐渐鼓胀起来，最后一单位水对他来说就变成可喝可不喝的了，也就是说，最后一单位水对人增加的"效用"也就很小。西方边际学派认为边际效用决定商品的价值，边际效用小，其价值也小，而钻石的数量相对人的需求来说却少得可怜，因此它的边际效用很大，于是价值也大。这就足以解释"水与钻石的悖论"了。

我们通过一个通俗的小故事，从边际效用的角度来解释"价值悖论"。

有一个穷人家徒四壁，仅有的财产是一只旧木碗，只得头顶着这只旧木碗四处流浪。一天，穷人上了一只渔船去帮工。不幸的是，渔船在航行中遇到了特大风浪，被大海吞没了。船上的人几乎都被淹死了。穷人抱着一根大木头，才幸免于难。穷人被海水冲到一个小岛上，岛上的酋长看见穷人头顶的木碗，感到非常新奇，便用一口袋最好的珍珠、宝石换走了木碗。

一个富翁听到了穷人的奇遇，心中暗想："一只木碗都能换回这么多宝贝，如果我送去很多可口的食品，该换回多少宝贝啊！"富翁装了满满一船山珍海味和美酒，历尽艰辛终于找到了穷人去过的小岛。酋长接受了富人送来的礼物，品尝之后赞不绝口，声称要送给他最珍贵的东西。富人心中暗自得意。一抬头，富人猛然看见酋长双手捧着的“珍贵礼物”，不由得愣住了：它居然是穷人用过的那只旧木碗！原来木碗在这个岛上是绝无仅有的，是最珍贵的东西。

而“木碗与钻石”的故事也可以用边际价值理论来解释。一般情况下，随着人类手工业的发展，只要有木材，就能造出木碗，于是木碗比比皆是，但人类社会的宝石极其稀少。因此，最后一只木碗对人增加的效用是极小的。所以，钻石的价值或价格远远高于木碗。

而这个海岛上的情况却完全相反：钻石数量极多，木碗仅此一只。对于这个海岛上的人来说，木碗不仅造型奇特，还具有实用功能，显而易见，木碗的边际效用价值远远大于宝石。

同样，我们也可以用边际效用解释生活中的其他一些常见现象：某些物品虽然实用价值大，但是很廉价，而另一些物品虽然实用价值不大，却很昂贵。

牛肉面的价格能限定住吗——最高限价

限制价格是指政府为了限制某些生活必需品的物价上涨而规定的这些商品的最高价格，一般来说，限制价格低于市场均衡价格。实际上，政府制定最高价格的原因一般是出于公平的考虑。如在战争或饥荒时，政府会对生活必需品制定最高限价，使穷人能够负担得起，以利于社会稳定。

2007 年，兰州市民发现，他们钟爱的大碗牛肉面竟一夜之间上涨 0.5 元。小碗牛肉面由原来 2.3 元上涨到 2.8 元，大碗牛肉面由原来 2.5 元上涨到 3 元。许多市民惊呼：吃不起牛肉面了！兰州物价部门在“掂量”了“牛大碗”的轻重厚实后首次限定：凡兰州市普通级牛肉面馆，大碗牛肉面售价不得超过 2.5 元，小碗与大碗差价为 0.2 元，违规者将严厉查处。

政府实行最高限价的目的是保持市场物价的基本稳定，保持人民生活的基本安定，并且体现国家的价格政策。但是，老百姓似乎并不买账。他们发现政府强行限价，即使牛肉面降了价，牛肉面的质量也会受到影响，市民很难吃到一碗真正的牛肉面，最后，损害的还是消费者的利益。

在牛肉面限价的问题上，政府可能是好心做了错事。作为一个消费者，他永远希望东西越便宜越好；作为一个生产者，他希望他的东西越贵越好。这都是市场的问题，政府不能因老百姓要求降低价格，就强迫生产者降低价格，这两者之间要靠市场的力量来平衡，而不能只听消费者的。比如，去吃面，所有人都希望面是便宜的，但是希望和事实之间的利益分配关系是另外一回事。其实在牛肉面的价格高了以后，牛肉面馆多了，他们就会把牛肉面的价格竞争下来。

“牛肉面限价”作为一种最高限价，在经济学上，叫作价格天花板。在20世纪90年代中期，因为通货膨胀，不少地方政府对肉类、蔬菜产品等就制订过不少最高限价，其目的主要有两个，一是抑制物价上涨，二是平息老百姓对物价上涨的抱怨。如果牛肉面的分量、质量下降，政府就很有可能卷入本应该由市场来完成的活动中。显然，政府不喜欢商家“短斤缺两”“粗制滥造”，可是，如果一定要将政策贯彻到底，就必须派出大量工商执法人员定期抽查，这样的结果无外乎有两个，要不指令被变相架空，要不付出极高的监督成本。

牛肉面限价只是一个很小的问题，不过小问题折射出大道理。就拿房屋来说，20世纪七八十年代，一套二居室的房屋，几万块钱就能搞定。但现在今非昔比了，不要说几万块钱，几十万块钱在北京这样的中心城市也买不了一套房子。很多人只能望房兴叹，能贷款的人，也为每个月的月供压得喘不过气来。怎么办呢？这就需要政府出面来调节这一价位的波动——限制价格。

我们可以用住房的限制价格为例来说明限制价格的作用。

第一，限制价格导致住房供给严重不足。在计划经济体制下，决定住房供给的并不是价格，而是国家计划。所以，住房不足的基本原因不能完全归咎于租金的高低，但应该指出，除了计划失误外，房租过低也是原因之一。由于房租过低，甚至比住房的维修费用还少，这就造成住房部门资金严重不足，建房困难。

第二，黑市和寻租。在房租受到严格管制，住房严重短缺的情况下，就会产生黑市和寻租。在我国公有单位住房绝大多数是由各单位拥有的住房。在这种情况下，人们都想尽办法分到国家住房，这种想办法走门子，这种寻求活动增加了住房的交易成本。黑市活动包括两方面：一方面，以极高的价格租用私人住房；另一方面，个人把分配到的住房高价出租。除了寻求活动和黑市外，在租金受到严格限制，住房采取配给的情况下，必然产生寻租现象。这主要表现在，掌握分配住房权的人，利用权力接受贿赂。

解决住房问题的出路，一是住房市场化。一方面通过有偿转让使公有住房私有化；另一方面开放对房租限制，由住房市场的供求决定房租。二是创造住房市场化条件。我国实行住房市场化，但由于职工收入水平低，工资中实际不包括买房支出以及住房的分配不公平等因素，造成普通家庭严重困难。因而我们必须创造条件，推动住房市场化。

根据上述实例，对于限制价格的利弊可以概括如下：限制价格有利于社会平等的实现，有利于社会的安定，但这种政策长期实行会引起严重的不利后果。第一，价格水平低不利于刺激生产，从而会使产品长期存在短缺现象；第二，价格水平低不利于抑制需求，从而会在资源短缺的同时又造成严重的浪费；第三，限制价格之下所实行的配给，会引起社会风尚败坏，产生寻求活动、黑市和寻租。

正因为以上原因，经济学家都反对长期采用限制价格政策，一般只在战争或自然灾害等特殊时期使用。

农民从中得到实惠了吗——支持价格

支持价格又称最低限价，是政府为了扶植某一行业的发展而规定的该行业产品的最低价格。一般来说，支持价格高于市场均衡价格。

不管是什么样的企业，不管是国营还是私营，都离不开政府的支持。就一个小城镇来说，如果要发展，必须抓住本镇的优势来创办适合当地发展的产业，但这种产业的发展必须有成本的投入。按本地的生活水平来说，能拿出这样一笔资金来经营这一产业，应该说是相当不容易的。所以政府为了加快落后地区经济的发展，就必须对这些产业给予一定的保护，比如对它们的产品给予最低的保护价格，以确保产品、货物不积压。一旦出现产品积压现象，政府会主动收购，从而确保这些小企业的继续运转。经济学上把政府给予弱势企业的这种保护称作支持价格。

支持价格的作用可以用农产品支持价格为例来说明：许多经济和自然条件较好的国家，由于农产品过剩，为了克服农业危机，往往采取农产品支持价格政策，以调动农民生产积极性，稳定农业生产。农产品支持价格一般采取两种形式：一种是缓冲库存法，即政府或其代理人按照某种平价收购全部农产品，在供大于求时增加库存或出口，在供小于求时减少库存，以平价进行买卖，从而使农产品价格由于政府的支持而稳定在某一水平上。另一种是稳定基金法，即政府按某种平价收购农产品，在供大于求时维持一定的价格水平，供小于求时使价格不至于过高。但不建立库存，不进行存货调节，在这种情况下，收购农产品的价格是稳定的，同样可以起到支持农业生产的作用。

美国根据平价率来确定支持价格。平价率是指农场主销售农产品所得收入与购买工业品支付的价格之间的比率关系。法国是建立政府、农场主、消费者代表组成的农产品市场管理组织来制定支持价格。欧共体1963年成立欧洲农业指导委员会和保证基金，用于农产品的收购支出和补贴出口。

在供大于求的情况下，如果不使用支持价格政策，将导致这样的结果：一是存货调节。当市场供大于求，价格低时，生产者把部分产品作为库存贮藏起来，不投入市场，从而不形成供给，这就会使供给减少，价格上升。反之，当市场上供给小于需求，价格高时，生产者把原来的库存投入市场，这就在产量无法增加的情况下增加了供给，从而使价格下降。这种自发存货调节，对市场的稳定起到作用，但也为投机倒把提供了便利。二是地区套利。在现实生活中，市场往往是地区性的。这样在总体上供求平衡时，也会出现地区性不平衡。这种地区间不平衡所引起的价格差就产生了跨地区套利活动。这种活动就是把供大于求的价格低的产品运到价格高的地区。只要这种价格差大于运输费用，这种投机活动就不会停止。

我国通过最低保护价收购、免缴农业税、粮补、直补等一系列惠农、支农政策，减轻了农民负担，提高了农民种粮的积极性，使粮食连续多年获得丰收。粮食丰产，价格必然下降，国家又推行支持价格政策，成立于2000年的大型国有企业——中国储备粮管理总公司（中储粮）一举收购了全国小麦总产量的40%，使小麦成功地实现了顺价拍卖。

但是，支持价格是否实现了增加农民收入的初衷了呢？实际上，支持价格在一定程度上确实使农民得到了实惠，但很有限。按亩产400千克小麦计算，一亩地政府给补贴52元，农民实际得到了每千克4分钱即每亩16元的补贴，其余36元作为中储粮的小麦收购、仓储的费用。可见，农民仅从粮价上调中得到了20%的实惠，余下的80%的好处却被加工、流通和销售环节瓜分了。

另外，支持价格也产生了负面影响。首先，它对农产品生产和贸易产生误导，扭曲了价格机制的资源配置功能。在高于均衡价格的最低收购价的刺激下，农民会进一步扩大生产，导致粮食生产更为严重的过剩。其次，支持价格政策会产生收入分配的扭曲效应。粮价上涨使得猪肉、鸡蛋、食用油价格也上涨。最后，支持价格增加了政府财政压力。《2006年小麦最低收购价执行预案》表明，每收购0.5千克粮食，政府给予2.5分钱补贴；每存储0.5千克粮食，政府给予4分钱补贴，这就使政府财政压力加大。

但是，不可否认的是，支持价格对于经济发展的稳定有着极其重要的意义。

其作用是：第一，稳定生产，可以减缓经济危机的冲击；第二，通过对不同产业产品的不同的支持价格，可以调节产业结构，使之适应市场变动；第三，实行对农产品的支持价格政策，可以扩大农业生产，可以促进农业劳动生产率的提高。

不论是限制价格还是支持价格，都是政府利用国家机器的力量对商品供求实行的价格管制。限制价格是远远低于均衡价格的商品最高价格，支持价格一般是高于均衡价格的最低价格。前者的长期实行会造成商品持续的严重供不应求，后者的长期实行会造成商品的供过于求，二者都会对市场正常供求关系的实现造成不利的影响。

第三节　市场

一场有秩序的游戏——市场与市场活动

市场是商品经济特有的现象，凡是有商品经济存在的社会都会有市场。市场是商品交换顺利进行的条件，是商品流通领域一切商品交换活动的总和。市场体系是由各类专业市场，如商品服务市场、金融市场、劳务市场、技术市场、信息市场、房地产市场、文化市场、旅游市场等组成的完整体系。同时，在市场体系中的各专业市场均有其特殊功能，它们互相依存、相互制约，共同作用于社会经济。

那么，哪一类市场与我们的生活联系最紧密呢？从现实生活中，我们可以直接感受到，商品服务市场与我们的关系最为密切。商品服务市场遍及我们生活的每一个角落，我们常见的大、小商场，各种各样的理发店、家具店、农贸市场、宾馆饭店，等等，这些都属于商品服务市场。随着市场经济的发展，各类市场都在发展。网络经济等新经济形式的兴起，也促进了新的虚拟市场的产生和发展。

市场是商品经济运行的载体或现实表现。市场具有相互联系的4层含义：一是商品交换的场所和领域；二是商品生产者和商品消费者之间各种经济关系的汇合和总和；三是有购买力的需求；四是现实顾客和潜在顾客。市场是社会分工和商品经济发展的必然产物。劳动分工使人们各自的产品互相成为商品，互相成为等价物，使人们互相成为市场；社会分工越细，商品经济越发达，市场的范围和容量就越大。

从市场行为方面看，它具有两个突出的特征，一个是平等性，另一个是竞争性。平等性是指相互承认对方是自己产品的所有者，对其所消耗的劳动通过价值形式给予社会承认。市场行为的平等性是以价值规律和等价交换原则为基础的，它不包含任何阶级属性，它否定了经济活动中的特权和等级，为社会发展提供了重要的平等条件，促进了商品经济条件下资源合理流动。市场的竞争性来自要素资源的自由转移与流动，表现为优胜劣汰，奖优罚劣。市场竞争有利于提高生产效率和对要素资源进行合理利用。

经济学家弗里德曼认为，自由市场和个人创造力是社会进步的源泉，大多数经济学家极力倡导自由的市场模式。在弗里德曼眼中，最理想的市场就是完全不受政府控制、自由竞争的市场，而这样的市场将是极其美妙的。他曾经在文章中对自由市场这样表述："自由、私有、市场这三个词是密切相关的。在这里，自由是指没有管制的、开放的市场。"而这样的市场具有如下的优点：

1. 能使交易的任何一方都获益

弗里德曼曾经指出："在一个自由贸易的世界里，任何交易的条件，都由参加各方协议。除非各方都相信他们能从交易中得到好处，否则就做不成交易。结果，各个方面的利益取得了协调。"所以，当一切运行正常时，自由市场能够让交易的双方都获益。

2. 能使资源达到最优配置

在自由市场下，资源能够得到最优配置，此时，市场能够将社会中有限的资源很好地转化为人们需要的产品和服务。

3. 能使收益达到最大化

在自由竞争市场上不存在浪费或者无效率生产。因为，企业只生产那些能让世界变得更富足的产品，所以其生产出的产品成本将达到最低，并且有限的资源将被用来生产那些收益超过成本的产品。自由市场上收益远远大于成本。

4. 能让就业充分

在自由市场中，市场机制能够充分发挥作用，所以，市场经济具有达到充分就业的自然趋势。虽然这可能需要一定时间，但要比政府强制干涉的效果好。

设想中的自由市场存在需要条件，而其正常运行需要满足如下几点：

1. 产权明晰

在自由市场中，双方要进行交易，其行为的基础就是交易的商品产权明晰，而在资本主义世界，私有制为其基本经济制度，所以，更强调对产权的明确。

2. 市场上的供给和需求呈自发状态

当市场上的供给和需求不受过多市场外因素的干扰，呈自发状态时，是自由市场正常运行的最佳时机。因为此时，价格作为市场调度资源的信号，能最大化发挥其功能，使得供给和需求基本相适应。

3. 买卖双方掌握充分的信息

买卖双方作为市场上的交易者，应当彼此掌握足够的信息，从而使交易更具有公平性。

4. 市场的参与者都是价格接受者

这是一个西方经济学家常用的假设——价格接受假设，即市场上的参与者，无论是卖者还是买者，都是价格的接受者，谁都不能影响价格。

由私人产权制度下的私人企业作为经济活动主体的自由市场中，既能够实现效率，也最有利于人们扩展自由。当然，经济学家也知道，绝对的自由市场在生活中是没有的，所以经济学家并不主张无政府主义。以弗里德曼为首的新自由主义学派也认为："我们生活在一个相互依赖的社会中，对我们的自由施加某些限制是必要的，以免遭受其他更坏的限制。"但是，针对当时凯恩斯的政府全面干预经济的观点，新自由主义认为："现在，我们已经远远超过了这一点，当今迫切需要的是取消限制而不是增加限制。"

亚当·斯密对市场的看法是："自由竞争市场能够自行准确地生产出社会最优的产品，完全没有必要再专门委托某位政府官员或者别的部门计划着去细心指导。"而现今的大多数经济学家都认为，现实中的自由市场强调的是小政府大市场原则，即在充分发挥市场作用的前提下，政府的干预越少越好。

冲破小农经济的藩篱——市场经济

简单来说，市场经济就是指通过市场机制来实现资源优化配置的一种经济运行方式。市场经济的本质是与"私有""契约""独立"相对应的"产权""平等""自由"等具有鲜明价值判断特性的行为规范性质的制度，是建立一种通向文明的人与人之间的关系的主张和追求。市场经济是自由的经济、平等的经济、产权明晰的文明经济，是市场交换规则普遍化的经济形态。

从本质上来讲，市场经济必然导致以雇工经营和机器大生产为主要特征的现代经济制度的建立。但市场经济的发展与自给自足的小农经济是对立的，它一方面刺激小农家庭增加消费，另一方面又在竞争中竭力排挤家庭手工业，从而促成小农经济的瓦解。

市场经济时代最基本的特征是，工业取代农业占据了社会经济的主导地位，市场营销成为最普遍的经营形式，由此导致社会经济各个方面发生了一系列深刻的变化：

（1）由封闭走向开放。市场营销要求根据市场需求，广泛利用各种市场资源，在极其广阔的时空范围内进行生产，而不是像传统小农那样局限在一个家庭范围内，使用家庭资源，为满足家庭需要而进行生产。

（2）机器化。面对巨大的市场需求，手工生产是无法满足的，必须大量应用机器生产；在市场经济背景下，广泛的社会分工协作，为各种机器的发明和制造提供了充分的现实可行的条件。于是，经过人们坚持不懈的努力，终于实现了机器大生产，其主要特点是：以煤炭、石油等非生物能源为动力，能够大功率、高效率、长时间连续作业。

（3）科学化。由于面向市场经营，使用机器大生产，这就要求人们改变以往小农经济状态下那种凭经验靠估计的做法，而代之以科学的定量测试、计算和分析。这里“科学化”并不简单地局限于科学技术成果在生产中的应用，而是主要指人们观察和分析问题时的思维方式的科学化。

（4）雇工经营。面对巨大的市场需要，仅靠家庭劳动力显然是无法满足的，必须大量引入家庭外劳动力。市场经济条件下只能通过支付工资的办法来雇佣自由民从事生产劳动。

（5）专业化和社会化。使用机器大生产和雇工经营的结果是社会分工变得越来越细，整个社会经济呈现专业化和社会化的特点，社会成员普遍养成了分工协作的习惯和理念，这也是社会生产效率大幅度提高的重要原因。

（6）厂商（或企业）成为最基本的经济组织形式。机器大生产和雇工经营，必然突破家庭经营的局限，使厂商成为最基本的经济组织形式。与小农家庭相对简单的内部结构相比，厂商内部结构要复杂得多，其中包含了种类繁多、数量巨大、分工精细的各种生产要素，是一个巨大复杂的经济系统。

（7）利润是生产的目的。由于在极其广阔的时空范围内组织市场经营，厂商生产的目的不再像小农经济那样以获取产品为直接目标，而是以利润为直接生产目的，产品的生产变成了获取利润的手段。

（8）生产要素资本化。随着利润成为直接的生产目的，一切生产要素都相应地变成了赚取利润的手段，即通常所谓的“资本”。整个社会经济从此都置于资本的支配之下，受资本统治。

（9）实行市场机制。市场分配成为最基本的分配形式，包括各种市场资源和劳动产品，都通过市场交换来进行分配，即个人向厂商提供生产要素，并得到各自的报酬，形成个人收入，个人再以其收入按等价交换的原则向厂商购买各种消费品。

（10）广泛而激烈的市场竞争。由于市场分配成为最基本的分配形式，一切生产要素和产品都要通过市场来分配，于是千千万万的厂商和个人便在市场上围绕着有限的市场资源展开了广泛而激烈的市场竞争，使每一个人和每一家厂商都随时面临严酷的市场压力，从而推动市场经济不断向前发展。

（11）规范化。市场经济是一个由千千万万的厂商和个人参与的过程，因此必然要求对人们的行为作出严格的规范，包括国家法律制度、厂商内部的管理制度、各种技术性操作规范以及产品和服务的质量标准等。

而我国从计划经济走向市场经济经历了较为曲折和复杂的历程。早在1979年邓小平就指出：“说市场经济只存在于资本主义社会，只有资本主义的市场经济，这肯定是不正确的。社会主义为什么不可以搞市场经济？这个不能说是资本主义。我们是计划经济为主，也结合市场经济，但这是社会主义的市场经济。”1985年，邓小平指出：“社会主义与市场经济之间不存在根本矛盾。”1992年春，邓小平在南方谈话中进一步指出：“计划多一点还是市场多一点，不是社会主义与资本主义的本质区别。计划经济不等于社会主义，资本主义也有计划；市场经济不等于资本主义，社会主义也有市场。计划和市场都是经济手段。”

邓小平带领人民建立社会主义市场经济体制的过程，经历了从冲破思想束缚到正确认识再到改革实践三个阶段：

第一阶段：突破了完全排斥市场调节的大一统的计划经济观念，形成了“计划经济为主，市场经济为辅”的思想。

第二阶段：确认“社会主义经济是公有制基础上有计划的商品经济”的论断，突破长期以来把计划经济同商品经济对立起来的传统观念，重新解释了计划经济的内涵。

第三阶段：从根本上破除了把计划经济和市场经济看作属于社会基本制度范畴的思想束缚，确认建立“社会主义市场经济体制”的改革目标。

不过，值得注意的是，市场经济作为一种资源配置的方式，也有其局限性。

市场经济是一个由千千万万的厂商和个人自主参与的交易形式，在市场经济中有一只看不见的手在指挥。这只看不见的手就是市场的价值规律。一般来说，商品的价格是受供求关系影响，沿着自身价值上下波动的。所以在交易过程中，我们常能看到同一种商品在不同时期价格不同。当涨价时，卖方会自发地加大生产投入；当减价时，卖方会自发地减少生产投入，这就是市场经济的自发性。市场的范围之大使得谁也无法从宏观上客观地去分析观察，参与者大多以价格的增幅程度来决定是否参与以及参与程度，这就往往使个体陷入一种盲目中。参与者盲目自发地投入生产，而生产是一个相对于价格变动耗时较长的过程，所以我们常能看到一种商品降价后，它的供应量却在上升，这就是市场经济的滞后性。

亚当·斯密的法宝——看不见的手

在谈到市场时，我们常常会提到“看不见的手”，因为“看不见的手”是市场机制的同义替代词。1787年，亚当·斯密到伦敦与他的忠实信徒、英国历史上著名的首相皮特见面。斯密是最后一个到达会面地点的，他一进屋，所有人都起立欢迎他。斯密说：“诸位请坐。”皮特回答说：“不，您坐下，我们再坐，我们都是您的学生。”皮特对斯密如此恭敬，原因在于斯密提出的“看不见的手”的原理为当时各界名流奉为经典。即使到现在，斯密的观点仍然是现代经济学的中心。

1776年英国经济学家亚当·斯密在《国富论》中提出“看不见的手”的命题。最初的意思是，个人在经济生活中只考虑自己利益，受“看不见的手”的驱使，即通过分工和市场的作用，可以达到国家富裕的目的。后来，“看不见的手”便成为表示资本主义完全竞争模式的形象用语。这种模式的主要特征是私有制，人人为自己，都有获得市场信息的自由，自由竞争，无须政府干预经济活动。

斯密较为详细地描绘了“看不见的手”作用的过程：“每种商品的上市量自然会使自己适合于有效需求。因为，商品量不超过有效需求，对所有使用土地、劳动或资本而以商品供应市场者有利；商品量不少于有效需求对其他一切人有利。

“如果市场上商品量一旦超过它的有效需求，那么它的价格的某些组成部分必然会降到自然率以下。如果下降部分为地租，地主的利害关系立刻会促使他们撤回一部分土地；如果下降部分为工资或利润，劳动者或雇主的利害关系也会促使他们把劳动或资本由原用途撤回一部分。于是，市场上商品量不久就会恰好足够供应它的有效需求，价格中一切组成部分不久就升到它们的自然水平，而全部价格又与自然价格一致。

“反之，如果市场上商品量不够供应它的有效需求，那么它的价格的某些组成部分必定会上升到自然率以上。如果上升部分为地租，则一切其他地主的利害关系自然会促使他们准备更多土地来生产这种商品；如果上升部分是工资和利润，则一切其他劳动者或商人的利害关系也会马上促使他们使用更多的劳动或资本来制造这种商品送往市场。于是，市场上商品量不久就会充分供应它的有效需求。价格中一切组成部分不久都下降到它们的自然水平，而全部价格又与自然价格一致。”

参与经济生活的每个人在一种利益机制的制约下，都不得不去适应某个一定的东西，这就是有效需求。假若劳动、土地或资本在某一行业比另一行业获致较高的报酬，这些生产要素的所有者将把它们从报酬较少的行业转移到这些行业上来。原来供过于求的行业提供的较少报酬导致部分业主向报酬高的行业转移，直到所提供的报酬与其他行业大致相等为止，而原来供不应求的行业因为新的业主的加入而报酬降低，直到与其他行业报酬大体相同为止。每个人适应社会有效需求的努力，使得供给与需求达到均衡，尽管这个均衡可能是暂时的，大多数情况是供过于求，或者供不应求。但会适时得到修正，重又回到均衡。均衡状态，对一切人有利。

在商品经济或市场经济下，都有一只“看不见的手”在幕后调节参与经济生活的每个人的行为，调节着有限的社会资源合理地在各部门和各生产者之间的配置。这是一只只要有商品交换行为就存在的手，商品经济条件下无所不在的手。

亚当·斯密的后继者们以均衡理论的形式完成了对于完全竞争市场机制的精确分析。在完全竞争条件下，生产是小规模的，一切企业由企业主经营，单独的生产者对产品的市场价格不发生影响，消费者用货币作为“选票”，决定着产量和质量。价格自由地反映供求的变化，其功能一是配置稀缺资源，二是分配商品和劳务。通过看不见的手，企业家获得利润，工人获得由竞争的劳动力供给决定的工资，土地所有者获得地租。供给自动地创造需求，储蓄与投资保持平衡。通过自由竞争，整个经济体系达到一般均衡。在处理国际经济关系时，遵循自由放任原则，政府不对外贸进行管制。“看不见的手”反映了早期资本主义自由竞争时代的经济现实。

“看不见的手”，揭示自由放任的市场经济中所存在的一个悖论。认为在每个参与者追求自己的私利的过程中，市场体系会给所有参与者带来利益，就好像有一只吉祥慈善的看不见的手，在指导着整个经济过程。

市场机制就是依据经济人理性原则而运行的。在市场经济体制中，消费者依据效用最大化的原则作购买的决策，生产者依据利润最大化的原则作销售决策。市场就在供给和需求之间，根据价格的自然变动，引导资源向着最有效率的方面配置。这时的市场就像一只“看不见的手”，在价格机制、供求机制和竞争机制的相互作用下，推动着生产者和消费者作出各自的决策。

正常情况下，市场会以它内在的机制维持其健康的运行。其中主要依据的是市场经济活动中的理性经济人原则，以及由理性经济人原则支配下的理性选择。这些选择逐步形成了市场经济中的价格机制、供求机制和竞争机制。这些机制就像一只看不见的手，在冥冥之中支配着每个人，自觉地按照市场规律运行。

土地、劳动和资本参与收入分配——生产要素的价格

生产要素是指维系国民经济运行及市场主体生产经营过程中所必须具备的基本因素。现代西方经济学认为生产要素包括劳动力、土地、资本、企业家才能4种。实际上，随着科技的发展和知识产权制度的建立，技术也作为一种相对独立的要素投入生产。这些生产要素之间相互进行市场交换，形成各种各样的生产要素价格及其体系。

需要明确的是，劳动力是指人类在生产过程中体力和智力的总和。土地不仅仅指一般意义上的土地，还包括地上和地下的一切自然资源，如江河湖泊森林海洋矿藏等。资本可以表现为实物形态和货币形态，实物形态又被称为投资品或资本品，如厂房、机器、动力燃料、原材料，等等；资本的货币形态通常称为货币资本。企业家才能通常指企业家组建和经营管理企业的才能。

为了更好地理解生产要素的价格，我们从一个故事说起。

在一次世界珠宝拍卖会上，有一颗叫作“月光爱人”的钻石吸引了顾客的眼球。它晶莹剔透、光彩夺目，最后卖出了8000万元的最高价。这颗钻石是谁生产的？很多人都在抢功劳。这颗钻石是由“梦幻”珠宝公司在位于南非的一座矿山中挖掘出来的。“梦幻”公司的老板托尼扬扬得意地说：“我当初决定购买这座矿山开采权的时候，就觉得这里面一定有宝藏，现在果然应验了。”挖掘队队长

鲍勃不服气了，说："为了挖到这颗钻石，我和同事们付出了艰辛的劳动。我们夜以继日地工作，几乎找遍了矿山的每个角落，好不容易才发现了它。"而向"梦幻"公司提供挖掘设备的厂商却说："我们公司的机器设备是世界一流的，如果没有我们提供的挖掘机，他们不可能在50米深的矿井中挖到这颗钻石。"最后，南非政府的官员说："只有在我们国家的土地上才能找到如此珍贵的钻石。在我们的国土下面还埋藏着数不尽的矿藏资源，欢迎各国企业家来投资开采。"

在这个故事中，大家都认为自己对生产钻石的功劳最大，其实离开了哪一方都不能成功。他们都是生产要素的提供者，理所当然地获得相应的报酬：提供劳动的获得工资，提供资本的获得利息，提供土地的获得地租，提供企业家才能的获得利润。工资、利息、地租和企业利润就分别是生产要素劳动、资本、土地和企业家才能的价格。

1. 劳动的价格——工资

劳动的需求取决于最后增加的工人所增加的收益，即边际收益。劳动的供给取决于劳动的成本，它包括实际成本与心理成本。实际成本是维持劳动者及其家庭生活必需的生活资料的费用和培养、教育劳动者的费用；心理成本是以牺牲闲暇的享受为代价的给劳动者心理上带来的负效用。正是因为这个心理成本，才会有"向后弯曲的劳动供给曲线"。工资的高低取决于劳动的需求与供给这两方面的共同作用。

2. 资本的价格——利息

利息是货币所有者放弃现期消费把货币转化为资本所得到的报酬。利息取决于资本的供给与需求。资本的供给取决于收入以及消费在收入中能占有的比例；资本的需求取决于预期，即人们对未来不确定因素的看法。

有一则故事说的是一个画家总不得志，作品卖不出去，当谎称画家已经死了，本来卖不出去的画价格狂升。为什么此时该画家的作品价格狂升呢？艺术品的价格取决于对该艺术品的需求与供给，画家既然死了，他的作品的供给不会增加了，其价格就取决于需求。需求主要来源于欣赏与投资，而投资是为了保值与增值。在各种投资物品中，有价值的艺术品升值的速度最快。投资的收益在未来，所以出于投资动机买画的欲望取决于对未来升值的预期。一个画家死后，人们对其作品在艺术史上的地位及未来升值前景都是一种猜测。如果评论家此时对他的作品大加赞扬，不仅会影响人们的欣赏偏好，也会提高人们的预期，认为该画家的作品未来价格会上扬。这种预期使购买者增加，这就推动了它现在价格的上升。而现在价格的上升又会进一步拉高人们的预期，于是这种价格与预期的相互作用就把已故画家的作品炒到了天价。

3. 土地的价格——地租

除非你决定在气球上经营你的公司，否则土地对任何商业活动都是最基本的生产要素。土地的基本特征是：数量固定，对价格完全缺乏弹性。为在一定时期内使用土地而支付的价格称为土地的租金。地租由土地的需求与供给决定。由于土地的供给是固定的，这样土地的供给曲线就是一条与横轴垂直的线。随着经济的发展，对土地的要求不断增加，这就使得地租有不断上升的趋势。

4. 企业家才能的价格——利润

利润分为正常利润和超额利润，正常利润是企业家才能的价格，超额利润是超过正常利润的那部分利润，它来源于创新、风险或垄断。创新是社会进步的动力，风险也是难免的，需要超额利润来补偿，所以由创新和风险产生的超额利润是合理的。由行政权力和寻租活动造成的垄断所引起的超额利润是垄断者对消费者的剥削，是不合理的。

随着各行业收入差别的拉大，人们对我国一些垄断企业员工的高收入意见很大。这些垄断企业被称为“十二豪门”，主要来自石油、石化、冶金、通信、金融、交通运输和电力系统。这些企业员工工资是全国平均工资水平的3～4倍。如果说他们的高收入是企业参与市场竞争而形成的一种收入分配秩序，人们还能理解，问题是并非如此，他们的高收入是因为行业垄断造成的。

在行业垄断下，谁拥有垄断权，谁掌握了垄断资源，谁的工资福利就高，待遇就好，这已成了工资分配秩序的一个“潜规则”：高工资高福利待遇的背后并不是高贡献、高效率，恰好相反，由于垄断扼杀了竞争，使得垄断企业缺乏竞争的动力，效率低下。

企业背后的要素市场——劳动力市场

劳动力市场是市场体系的组成部分，是交换劳动力的场所，即具有劳动能力的劳动者与生产经营中使用劳动力的经济主体之间进行交换的场所，是通过市场配置劳动力的经济关系的总和。劳动力市场交换关系表现为劳动力和货币的交换。

建立劳动力市场是市场经济条件下实现人力资源优化配置的有效手段。劳动力市场的作用是调节劳动力的供求关系，使劳动力与生产资料的比例相适应，实现劳动力合理配置，使企业提高劳动生产率，提高经济效益，保证社会再生产的正常进行。

劳动力市场与一般商品市场相比具有以下特点：一是区域性市场为主。劳动力市场和其他商品市场一样，也应是全国统一的市场。但是，由于社会生产力在各地区发展水平不平衡，原始手工业、传统的大机器和现代技术产业并存，劳动力的素质相差悬殊，职业偏见的存在，再加上地区分割等，阻碍了劳动力在全国范围流动，大多数只能在区域内运转，只有少数高科技人才可在全国范围内流通，从而形成的主要是区域性市场。二是进入劳动力市场的劳动力的范围是广泛的，一切具有劳动能力并愿意就业的人都可以进入劳动力市场。我国由于劳动力资源丰富，随着科技进步、劳动生产率不断提高，以及经济体制改革的进行，农村出现大量剩余劳动力，加上国有企业和国家机关的富余人员，因而在一个相当长的时期里，我国劳动力供大于求，形成买方市场。三是劳动力的合理配置主要是通过市场流动和交换实现的，市场供求关系调节着社会劳动力在各地区、各部门和各企业之间的流动；劳动报酬受劳动力市场供求和竞争的影响，劳动力在供求双方自愿的基础上实现就业。劳动力的市场配置行为，不可避免地会出现劳动者由于原有的劳动技能不能适应新的经济结构的变化而产生的结构性失业现象。

在市场经济中，劳动力是一种特殊商品。既然是商品，就具有商品的基本特点。但劳动力作为特殊商品，与普通商品又有不同：

（1）劳动力供求关系的表现形式不同。工资是劳动力的价格，工资具有刚性，一般情况下只能涨不能降，这是劳动力价格与普通商品价格的重要不同点。因此，当劳动力供不应求时工资就会上涨，供大于求时不是出现工资的下降，而是出现失业。

（2）劳动力与其消费者之间的关系不同。普通商品卖给消费者后，购买者即对该商品拥有所有权和任意处置权，而劳动力商品出卖的只是劳动者的劳动，而不是劳动者本人，劳动力商品的主要消费者是法人，法人与劳动者之间的关系是契约关系，法人不拥有对劳动者的所有权和任意处置权，对劳动者的管理必须受到法律的约束。

（3）劳动力之间及劳动力与普通商品之间的需求关系不同。在普通商品之间，同类商品有竞争关系，对A品牌商品需求大了，对B品牌商品的需求就会变小；不同类商品之间也存在变相的竞争关系，在购买力一定时，对A类商品需求大了，对B类商品的需求就会变小。劳动力商品则不同。劳动力需求增加，会使社会购买力增加，从而使其他商品的需求增加，进而又会使劳动力的需求增加；一种劳动力需求增加会由于互补关系使其他劳动力的需求相应增加。反过来，一般商品需求增加，也会使劳动力的需求增加。只有机器与劳动力存在竞争和替代关系。

（4）劳动力在具有商品属性的同时，还具有人的基本要求，即有生存的权利、有劳动的权利、有获得尊重的权利，还有发展的权利。劳动力使用价值的发挥与这些权利的满足程度是密切相关的，劳动力的这些权利与企业的要求是一对矛盾的统一体，既有一致的地方，又有矛盾的地方，当这对矛盾处理得比较好时，劳动力的积极性就会高，劳动力的使用价值就会得到比较充分的发挥；反之，劳动力就会消极怠工，甚至会产生对企业和社会的破坏作用。因此，不能像对待普通商品那样简单地对待劳动力，企业必须采取有力措施保证就业者的基本要求。

（5）劳动力同时具有多种不同的使用价值，既可以服务于多种生产，又可以服务于多种消费，而且劳动力具有自身价值和使用价值的提升能力，即有学习能力。通过学习和培训可以使劳动力的使用价值得到不断提高，或者获得新的使用价值，从而使劳动力自身主动适应市场供求关系的变化，在不同行业和企业之间进行转移和调整，从而满足产业结构不断升级的要求。

（6）普通商品供给有弹性，而劳动力的供给无弹性。从总量上说，当普通商品出现供大于求时可以削减供给，供不应求时可以迅速增加供给。而劳动力的供给则具有刚性，供大于求时无法减少供给，供不应求时也很难增加供给。由于这个特点，调节劳动力在各不同行业之间流动的主要是工资水平，劳动生产率和工资水平高的行业和企业劳动力供给就比较充裕，而工资水平低的行业和企业就经常出现劳动力短缺。

（7）供求关系的调节因素不同。普通商品的供求主要是通过价格调节，而劳动力的供求不完全按照工资调节，决定劳动力流向的除了工资外，还有社会地位、工作条件、工作地点、发展前景等非价格因素，那些高素质而市场上又短缺的劳动力往往还要求参与利润的分配。

因此，劳动力既然是商品，劳动力市场就会出现供大于求的状况，这种状况就是通常所说的失业。从全社会来说，由于企业竞争和结构调整总是不断进行的，因此，失业状态也就经常存在。而且一定比例失业的存在有助于形成劳动力的买方市场，促进劳动力之间的竞争，对劳动力整体素质的提高有积极意义。对每个失业者来说，通过学习、培训和寻找过程总能找到新的工作岗位，因此，失业总是暂时的。

为什么不同工作之间工资差别很大——工资

按经济学家的说法，工资是劳动的价格。它和任何一种物品与劳动力的价格一样取决于供求关系。劳动市场上，工人提供劳动，这就是劳动的供给，企业雇佣劳动，这就是劳动的需求。当劳动的供给与需求相等时，就决定了市场的工资水平，称为均衡工资。因此，工资水平的高低取决于劳动的供求。

劳动的价格即工资，对于比较不同国家和不同时期的工资水平很重要。实际上，人们的工资差别很大，普通工资就像普通人一样难以定义。在美国，汽车公司总裁一年能挣500万美元以上，而办事员仅能挣20000美元，医生的收入则是救生员的10～20倍，如此等等。

我们如何解释工资的这些差异呢？让我们先考虑完全竞争的劳工市场，在这个市场上有大量的劳工和雇主，谁也没有力量有效地影响工资水平。如果在一个完全竞争的劳工市场上所有的工作和所有的人都是相同的，竞争使每小时工资水平完全相等，没有一个雇主会为一个劳工的工作支付比与他相同的劳工或具有相同技巧的劳工更高的工资。

在西部某城市的一家面馆，生意兴隆，3名年轻服务生跑前跑后，端盘子、擦桌子、倒茶水、拖地板……忙得不可开交，一张张稚气未脱的脸频上流淌着汗水。一位吃面的顾客问一位女服务生："生意这么好，老板一个月发给你多少工资？"女孩低声回答："300元。"顾客吃完面，出门时看到了正在烤羊肉串的一个小伙子，于是又问小伙子："一个月挣多少钱啊？"小伙子回答："不多，就300元。"这位顾客感叹着走了："这么少的工资怎么能维生呢？"同样的地方，在一家被服厂干活，女工们的工资却仅仅只有150元。看到这样的情景，很多人都愤愤不平，都以为面馆和被服厂的老板是典型的剥削分子，这么少的工资怎么让这些服务人员维生呢？这不是剥削是什么？

其实造成这种低工资现象的原因，除了跟老板压低工资有关外，还跟社会对劳动力总需求有直接关系。

无论是面馆老板每月支付给服务生的300元工资，还是被服厂老板每月支付给女工的150元工资是高还是低，不取决于工资的多少，而取决于供求的状况。在小老板所在的地方，农村有大量剩余劳动力，农村的收入也远远低于每月150元的水平，因此会有大量农村劳动力想来此找份工作。在被服厂或在饭馆做服务生都是一种极为简单的工作，任何人都可以胜任。当农村存在大量剩余劳动力时，从事这一简单工作的人是很多的，这就是说，劳动的供给远远大于需求。但当地工业并不发达，像这样生产被服的企业也不多，对这种简单劳动的需求并不大。根据供求规律，供给多而需求少，工资水平低就是正常的。小老板能以每月150元的工资雇到他所需要的工人，说明从供求关系来看，这种工资水平还是合理的。

工资低而产品价格高，小老板当然利润丰厚。但既然允许私人企业存在与发展，这种丰厚的利润也无可厚非。无论开饭馆还是被服厂，老板们的意图都是赚取高额利润。小老板并不是慈善家，他办企业的目的是实现利润最大化。

在产品价格既定时，增加利润只有压低成本，所以，小老板只要能雇到工人就尽量压低工资成本是一种理性行为，无可厚非。美国有位经济学家曾指出，在发展中国家里，当劳动供给无限时，以低工资雇佣劳动是利润的主要来源，这种利润可用于投资，对经济发展是有利的。应该说，从整个社会的角度看，小老板赚了钱或用于投资扩大生产，或用于消费刺激需求，都是对社会有利的。

当然，劳动者所获得的工资等报酬，会因质量、行业、分工等不同而产生差异。产生工资差异的背后原因主要有以下几个方面：

1. 劳动质量的差异

判断身价高不高，工资少不少，不能单纯看学历高不高，而应该看他创造的劳动价值与工资待遇是否成正比。现在的大学生工资不如农民工，一个重要的原因是，大学生虽然学历层次较高，但是由于目前大学专业设置与市场需求之间存在结构性失衡的矛盾，大学生往往没有从事与其学历相适应的工作，其工作技术含量并不高，创造的价值并不大。而农民工之所以工资上涨，很大一部分原因是，现在的农民工经过社会实践，拥有了一定工作经验和技术，其工作质量比较高。

2. 行业的差异

在一个完全竞争的劳工市场，任何一个老板都不会愿意为一个劳工的工作支付比与他相同的劳工或具有相同技能的劳工更高的工资。这就意味着，在解释不同行业的工资差别时，我们必须考虑行业之间的差异。

3. 工种之间的差异

工作之间的巨大差别有一些是由于工种本身的质量差别造成的，各工种的吸引力不同，因此必须提高工资诱导人们进入那些吸引力较小的工种。例如，一个上夜班的人其工资一般比上白班的人工资要高。

4. 不同个体之间的差异

不同的劳动者劳动效率也是不一样的，为了奖勤罚懒，所以我们需要给劳动效率高的人以高工资，以奖励他们努力工作；而给低效率者以低工资，促使他们改进工作，提高工作效率。

你为什么愿意在楼下买烟——交易费用

交易费用又称交易成本，最早由美国经济学家罗纳德·科斯提出。他在《企业的性质》一文中认为交易成本是通过价格机制组织产生的，最明显的成本就是所有发现相对价格的成本，市场上发生的每一笔交易的谈判和签约的费用，以及利用价格机制存在的其他方面的成本。

交易费用的提出，具有非常重要的意义。经济学是研究稀缺资源配置的，而交易费用理论表明交易活动也是稀缺的。市场的不确定性导致交易是冒风险的，因此说交易活动是有代价的，从而有了如何配置交易活动的问题。至此，资源配置问题成为经济效率问题。所以，一定的制度必须提高经济效率，否则旧的制度将会被新的制度所取代。这样，制度分析真正纳入经济分析当中来。

无论是企业内部交易，还是市场交易，都存在着不同的交易费用。但是，我们在购买商品的时候，往往忽视了购买商品的交易费用。《韩非子》里有一则“郑人买履”的故事。

有个郑国人，想要到集市上去买鞋子。早上在家里时量了自己的脚，把量好的尺码放在了他自己的座位上。到了集市的时候，却忘了带量好的尺码。当他拿起鞋子的时候，才想起自己忘了带尺码，于是对卖鞋子的人说：“我忘记带量好的尺码了。”就返回家去取量好的尺码。等到他返回集市的时候，集市已经散了，最终没有买到鞋。有人问他说：“你为什么不用你的脚试鞋呢？”他说：“宁可相信量好的尺码，也不相信自己的脚。”

“郑人买履”的寓言意在讽刺那些固执己见、死守教条、不知变通、不懂得根据客观实际采取灵活对策的人。单从“郑人”买鞋的结果来看，他在集市与家之间往返两趟，浪费了大量的时间和精力，最终还是没有买到鞋子。用经济学的话来说，他的交易费用实在是太高了。

我们再看生活中的具体例子。小李对他的女儿视若明珠，一天，女儿想吃饺子。于是，小李清早便去排队买饺子皮，没想到排队买饺子皮的人实在太多了。等了半天之后，终于轮到他了。等他买完饺子皮回家，再急急忙忙赶去上班，还是迟到了 5 分钟。如果直接能购买，不用排队，就不用承担迟到的损失了。

小李买饺子皮排队所花的时间和迟到所受到的损失，就是他的交易成本。

学术界一般认可交易费用可分为广义交易费用和狭义交易费用两种。广义交易费用即为了冲破一切阻碍，达成交易所需要的有形及无形的成本。狭义交易费用是指市场交易费用，即外生交易费用。它包括：搜索费用、谈判费用以及履约费用。

总体而言，可将交易成本区分为以下几项：

第一，商品信息与交易对象信息的搜集，在琳琅满目的商品种类中寻找到自己所需要的东西，必定要付出一定的时间或精力，这就是搜寻成本。

第二，取得交易对象信息与和交易对象进行信息交换所需的成本，这就是信息成本。

第三，交易成本还包括议价成本，针对契约、价格、品质讨价还价的成本。在讨价还价中，所耽误的时间应计算在内，当然还有双方调整适应对方的谈判成本。

此外，还有决策成本，即进行相关决策与签订契约所需的内部成本。

交易发生后，当违约时也要付出一定的成本。

在生活中，我们每个人为了实现自己的交易行为，都要以不同的形式支付交易成本。如果你是一个烟民，明明知道楼下小商店的香烟的价钱比商场里的要贵 5 毛钱，但你还是在楼下小商店里买。虽然我们可能根本没有注意到交易成本的概念，其实这个行为本身已经蕴含了交易成本的概念。我们简单地来分析一下：在楼下小商店里买香烟，虽然贵 5 毛钱，但你只需要下楼就能够买到香烟。倘若去商场，你要乘车，或要多走很长时间的路，其中所消耗的时间，是你并不愿意支付的。多花 5 毛钱，为自己节省了大段时间和精力，对于绝大多数人来说是很合算的。也就是说，楼下小商店在定价的时候，已经将你的交易成本算进去了。

交易成本是人与人之间交易所必需的成本。对于每个不同的人来说，其自身的交易成本是不同的。在菜市场上可以看到不少老太太与小商贩为几毛钱的菜价而讨价还价。这是因为，老太太已经退休，她用来讨价还价的时间并不能作它用，如果能买到便宜的蔬菜，就是降低自己的生活成本了。但是如果放到年轻人身上，贵几毛钱就贵几毛钱吧，有讨价还价的时间还不如抓紧时间多挣钱呢。

到底谁是上帝的手——市场失灵

在古典和新古典经济学家的眼中，自由竞争的市场机制是非常完美的。它们认为，在价格机制的自发调节下，市场能够实现资源的最优配置。因此，亚当·斯密用他的“看不见的手”把国家的经济职能限定在最小范围。

市场经济是人类迄今为止最具效率和活力的经济运行机制和资源配置手段，它具有任何其他机制和手段不可替代的功能优势。但是，市场经济也有其局限性，其功能缺陷是固有的，光靠市场自身是难以克服的，完全摒弃政府干预的市场调节会使其缺陷大于优势，导致“市场失灵”。所谓市场失灵，是指市场本身不能有效配置资源的情况，或者说市场机制的某种障碍造成配置失误或生产要素浪费性使用。

20世纪20年代末的一场经济危机宣告了古典经济学“市场神话”的终结，“市场失灵”这一经济术语在西方经济学界被广泛使用。市场失灵是由于某些因素的存在使得价格机制在调节经济的同时也会带来许多副作用，使市场不能发挥其应有的作用，这些导致市场失灵的因素主要有：外部性、公共物品、收入分配不均等。

1. 市场不能保持经济的综合平衡和稳定协调地发展

市场调节实现的经济均衡是一种事后调节并通过分散决策而完成的均衡，它往往具有相当程度的自发性和盲目性，由此产生周期性的经济波动和经济总量的失衡。在粮食生产、牲畜养殖等生产周期较长的产业部门更会发生典型的“蛛网波动”。此外，市场经济中个人的理性选择在个别产业、个别市场中可以有效地调节供求关系，但个人的理性选择的综合效果却可能导致集体性的非理性行为，如当经济发生通货膨胀时，作为理性的个人自然会作出理性的选择——增加支出购买商品，而每个人的理性选择所产生的效果便是集体的非理性选择——维持乃至加剧通货膨胀；同样，经济萧条时，也会因每个个体的理性选择——减少支出而导致集体的非理性行为——维持乃至加剧经济萧条。市场主体在激烈的竞争中，为了谋求最大的利润，往往把资金投向周期短、收效快、风险小的产业，导致产业结构不合理。

2. 自由放任的市场竞争最终必然会走向垄断

因为生产的边际成本决定市场价格，生产成本的水平使市场主体在市场的竞争中处于不同地位，进而导致某些处于有利形势的企业逐渐占据垄断地位。同时为了获得规模经济效益，一些市场主体往往通过联合、合并、兼并的手段，形成对市场的垄断，从而导致对市场竞争机制的扭曲。

3. 市场机制无法补偿和纠正经济外部性

外在效应是独立于市场机制之外的客观存在，它不能通过市场机制自动减弱或消除，往往需要借助市场机制之外的力量予以校正和弥补。显然，经济外在效应意味着有些市场主体可以无偿地取得外部经济性，而有些当事人蒙受外部不经济性造成的损失却得不到补偿。前者常见于经济生活中的“搭便车”现象，即消费公共教育、公用基础设施、国防建设等公共产品而不分担其成本，后者如工厂排放污染物会对附近居民或者企业造成损失、对自然资源的掠夺性开采和对生态环境的严重破坏以及司空见惯的随处抽烟等。

4. 市场机制对组织与实现公共产品的供给无能为力

所谓公共产品，是指那些能够同时供许多人共同享用的产品和劳务，并且供给它的成本与享用它的效果，并不随使用它的人数规模的变化而变化，如公共设施、环境保护、文化科学教育、医药、卫生、外交、国防等。一个人对公共产品的消费不会导致别人对该产品消费的减少，于是只要有公共产品存在，大家都可以消费。这样一方面，公共产品的供给固然需要成本，这种费用理应由受益者分摊；另一方面，“它一旦被生产出来，生产者就无法决策谁来得到它”，即公共产品的供给一经形成，就无法排斥不为其付费的消费者，于是不可避免地会产生如前所述的经济外部性以及由此而出现的“搭便车者”。更严重的是，既然如此，人人都希望别人来提供公共产品，而自己坐享其成，其结果便很可能是大家都不提供公共产品。

5. 市场分配机制会造成收入分配不公和贫富两极分化

一般说来，市场能促进经济效率的提高和生产力的发展，但不能自动带来社会分配结构的均衡和公正。奉行等价交换、公平竞争原则的市场分配机制却由于各地区、各部门（行业）、各单位发展的不平衡以及各人的自然禀赋、教养素质及其所处社会条件的不同，造成其收入水平的差别，产生事实上的不平等，而竞争规律往往具有强者愈强，弱者愈弱，财富越来越集中的“马太效应”，导致收入在贫富之间、发达与落后地区之间的差距越来越大。

市场失灵所造成的破坏作用是巨大的，甚至会引起经济危机，如1929—1932年大危机就是一次典型的市场失灵。1933年，整个资本主义世界工业生产下降40%，各国工业产量倒退到19世纪末的水平，资本主义世界贸易总额减少2/3，美、德、法、英共有29万家企业破产。资本主义世界失业工人达到3000多万，美国失业人口1700多万，几百万小农破产。

由于市场失灵的存在，要优化资源配置，必须由政府进行干预。正因为市场会失灵，才需要政府的干预或调节。市场规律和政府调控相结合，才能有效遏制“市场失灵”现象出现。

第四节　厂商行为

自己当老板的经营方式——业主制企业

从历史进程上看，业主制企业是最早出现的企业组织形式。在公元8世纪末到9世纪，西欧仍处于纯粹的农业状态，生产活动以家庭生产为主，其产品供自己消费，偶尔有剩余，也只是与邻居或在较小的范围内进行交换。虽然这一时期也有大量的小集市，但它的作用只限于满足附近居民的家庭需要。随着市场的缓慢拓展，生产活动逐渐由具有一技之长的专业劳动者来完成，此时的产品生产已形成完全的分工，即手工业从农业中分离。到了11世纪，城市中集中了新兴的工业及大批手工工匠，出现了一些面包师、屠户、鞋匠、铁匠、成衣工以及其他小手工业者的作坊。在早期的手工作坊中，生产与销售并没有分离，产品以“自产自销”为特征。这些手工作坊就是私人业主制企业的最古典形式。

业主制企业也称独资企业，由个人出资经营的企业。出资者就是企业主，掌握企业的全部业务经营权力，独享企业的全部利润和独自承担所有的风险，并对企业的债务负无限责任。独资企业不是法人，全凭企业主的个人资信对外进行业务往来。业主制企业常被称为“夫妻店”，即我们经常所说的个体经济。

单一业主制企业是企业制度序列中最初始和最古典的形态，也是民营企业主要的企业组织形式。其主要优点为：一是企业资产所有权、控制权、经营权、收益权高度统一。这有利于保守与企业经营和发展有关的秘密，有利于业主个人创业精神的发扬。二是企业业主自负盈亏和对企业的债务负无限责任成为强硬的预算约束。企业经营好坏同业主个人的经济利益乃至身家性命紧密相连，因而，业主会尽心竭力地把企业经营好。三是企业的外部法律法规等对企业的经营管理、决策、进入与退出、设立与破产的制约较小。

虽然业主制有以上的优点，但它也有比较明显的缺点。一是难以筹集大量资金。因为一个人的资金终归有限，以个人名义借贷款难度也较大。因此，业主制限制了企业的扩展和大规模经营。二是投资者风险巨大。企业业主对企业负无限责任，在强化了企业预算约束的同时，也带来了业主承担风险过大的问题，从而限制了业主向风险较大的部门或领域进行投资的活动，这对新兴产业的形成和发展极为不利。三是企业连续性差。企业所有权和经营权高度统一的产权结构，虽然使企业拥有充分的自主权，但这也意味着企业是自然人的企业，业主的病、死，他个人及家属知识和能力的缺乏，都可能导致企业破产。四是企业内部的基本关系是雇佣劳动关系，劳资双方利益目标的差异，构成企业内部组织效率的潜在危险。

改革开放以后，我国业主制企业的不断增长，主要是居民生活的迫切需要为业主制企业的发展提供了广阔舞台。人们日常生活中的衣食住行，具有分散化、小规模、随时性、个性化等特点，政府难以顾及，大型企业难以涉足，而业主制企业正好具有这方面的比较优势。业主制企业以其规模较小、经营灵活、适应面广而分布在国有经济和大型企业不太愿意进入但与居民生活息息相关的领域。从统计数字上看，我国业主制企业主要分布在以下几大领域：

（1）个体手工业。目前，我国木器制造业、制鞋业、缝纫业、食品加工制造业、玩具制造业、刺绣业、制笔业、塑料制品业、竹制品业、农副食品加工业、打铁业、零配件加工业、采掘业等行业中的大部分企业都是个体企业。

（2）个体建筑业。现在小型建筑工程大部分都是由个体建筑业主承担的。

（3）个体交通运输业。改革以前，我国交通运输业是制约国民经济发展的瓶颈因素，坐车难、运输难问题随处可见。这给改革开放以后个体运输业的发展提供了广阔的空间。1981 年，国家允许个体经营者使用非机动运输工具从事客货运输，随后运输市场逐步开放，允许个人经营者使用机动车船从事客货运输，少数地区（如广东）甚至允许个人承包经营火车运输。目前，已形成了运输工具多层次的个体运输体系，其中既有人拉肩挑、半车半畜、人力车、三轮车、自行车、木帆船、人力船等非机动工具，又有大小客运汽车、摩托车、轿车、出租车、机动船等。

（4）个体商业。零售商业是个体经济分布的传统领域。改革开放以后，我国个体商业如雨后春笋般发展起来，在粮油类、禽蛋类、肉食类、烟草类、糖果糕点类、干鲜菜类、调味品类、文化用品类、五金交电类、特产类、日用杂货类等事关居民日常生活的零售商业中发挥主要作用，并形成了以个体商业为主体的小商品交易或专业交易中心，如温州瑞安商城、义乌小商品市场、绍兴轻纺城等。

（5）个体饮食业。饮食业是业主制企业分布的又一传统领域。改革以来，个体饭店、个体酒馆、饮食摊铺、茶馆、咖啡屋、冷饮店、面馆广泛分布于城镇的大街小巷，极大地方便了居民的生活。

（6）其他服务业。在旅馆业、理发业、洗浴业、照相业、洗染业、刻字业、信息传播、科技交流、咨询服务等服务业，钟表、自行车、摩托车、收录机、电视机、汽车、冰箱、皮鞋、钢笔、雨伞等修理行业中，业主制企业起主要作用。

从总体上看，我国业主制企业绝大多数分布在第三产业，从事第三产业的个体工商户占总户数的80%以上。

由于业主制企业建立在分散的、小规模的生产条件基础上，本身又具有不稳定性，因而在各个社会形态之中，都不能成为占统治地位的经济关系，它总是依附于占统治地位的经济形式，作为一种附属和补充的经济形式存在。个体经济是社会主义市场经济的重要组成部分。

共同赢利也需共担风险——合伙制企业

合伙制也是一种较为古老的企业形态，由于它与单一业主制企业的区别，使其成为继其后发展起来的股份制企业的原始形式。这里需要说明的是，合伙制企业并不是在单一业主制企业失去其在经济生活中的主导地位后才出现的，而是作为一种较为古老的企业形态而与单一业主制企业并存的。

合伙制企业是由两个或两个以上的投资者共同出资兴办的企业。这种企业一般通过合同来规定投资者的收益分配方式和亏损责任。合伙制企业的财产为合伙人的共有财产，由合伙人统一管理和使用。合伙制企业的投资者对企业债务负连带无限清偿责任，债权人有权对合伙人中的一名或数名直至全体同时或先后行使债权，要求其偿还全部的债务。

与业主制企业与公司制企业相比，合伙制企业具有以下特征：

（1）合伙协议是合伙得以成立的法律基础。合伙协议是处理合伙人相互之间的权利义务关系的内部法律文件，仅具有对内的效力，即只约束合伙人，合伙人之外的人如欲入伙，须经全体合伙人同意，并在合伙协议上签字。所以，合伙协议是调整合伙关系、规范合伙人相互间的权利义务、处理合伙纠纷的基本法律依据，也是合伙企业得以成立的法律基础，这就是合伙企业的契约性。当然，合伙协议的订立方式既可以是书面协议，也可以是口头协议，但根据合伙企业法的规定，合伙企业的合伙协议应当采用书面形式。如果合伙人之间未订立书面形式的合伙协议，但事实上存在合伙人之间的权利义务关系，进行了事实上的合伙营业，仍然视为合伙。

（2）合伙须由全体合伙人共同出资、共同经营。出资是合伙人的基本义务，也是其取得合伙人资格的前提。合伙出资的形式丰富多样，合伙人除了以现金、实物、土地使用权和知识产权 4 种方式出资外，还可以以劳务、技术、管理经验、商誉等方式出资，只要其他合伙人同意即可。合伙人之间是风雨同舟、荣辱与共的关系。合伙人的目的是盈利。

（3）合伙人共负盈亏，共担风险。合伙人既可按对合伙的出资比例分享合伙盈利，也可按合伙人约定的其他办法来分配合伙盈利，当合伙财产不足以清偿合伙债务时，合伙人还需以其他个人财产来清偿债务，即承担无限责任，而且任何一个合伙人都有义务清偿全部合伙债务（不管其出资比例如何），即承担连带责任。

合伙制作为一种联合经营方式，在经营上具有的主要优点有：一是出资者人数的增加，从一定程度上突破了企业资金受单个人所拥有的量的限制，并使得企业从外部获得贷款的信用能力增强、扩大了企业的资金来源。这样不论是企业的内部资金或外部资金的数量均大大超过单一业主制企业，有利于扩大经营规模。二是由于风险分散在众多的所有者身上，使合伙制企业的抗风险能力较之单一业主制企业大大提高。企业可以向风险较大的行业领域拓展，拓宽了企业的发展空间。三是经营者即出资者人数的增加，突破了单个人在知识、阅历、经验等方面的限制。众多的经营者在共同利益驱动下，集思广益，各显其长，从不同的方面进行企业的经营管理，必然会有助于企业经营管理水平的提高。

然而，合伙制企业也存在与单一业主制企业类似的缺陷。一是合伙制对资本集中的有限性。合伙人数比股份公司的股东人数少得多，且不能向社会集资，故资金有限。二是风险性大。强调合伙人的无限连带责任，使得任何一个合伙人在经营中犯下的错误都由所有合伙人以其全部资产承担责任，合伙人越多，企业规模越大，每个合伙人承担的风险也越大，合伙人也就不愿意进行风险投资，进而妨碍企业规模的进一步扩大。三是合伙经营方式仍然没有简化自然人之间的关系。由于经营者数量的增加，在显示出一定优势的同时，也使企业的经营管理变得较为复杂。合伙人相互间较容易出现分歧和矛盾，使得企业内部管理效率下降，不利于企业的有效经营。

如今，合伙制企业在经济活动总量中仅占相当小的一部分。其原因在于合伙制的缺点不适合大企业的形式，最主要的缺点就是无限责任。如果你在合伙制企业中的份额是1%，而企业失败了，那么你应该赔偿1%的亏损，而其他合伙人应赔偿99%。但是，如果你的合伙人无力偿还，你可能被要求支付所有的债务，这会使你倾家荡产。

无限责任的风险和筹集资金的困难解释了合伙制为什么总局限于农业和零售商业这类小型的、个人的企业。在大多数情况下，合伙制显然具有太高的风险。

合伙是一种古老的商业组织形态。欧洲中世纪，随着商品经济的发展，合伙经营日益普遍，合伙形式也得到了新的突破，合伙的团体性质得到了增强。到了近现代，虽有公司这一萌生于合伙的营利性法人组织的出现，但合伙并未因此退出历史舞台，在现代市场经济条件下，合伙因其聚散灵活的经营形式和较强的应变能力，仍成为现代联合经营所不可缺少的形式之一。

发达市场经济中的企业主体形式——公司制企业

公司是一种企业组织的形式，公司具有独立的合法身份，实际上是一个“法人”，它可以根据自己的利益购买、出售、借钱、生产商品和提供劳务以及签订合同。另外，公司享有有限责任的权利，在公司里，每一个所有者的投资都严格规定于特定的数量。

18世纪后期，由于蒸汽机的出现，发生了工业革命，此时的生产活动表现为机器生产，大规模生产的工厂制度亦随之产生。在这一时期，技术革新的浪潮席卷了所有的手工工场，随着企业规模的扩大，其产品的成本也在不断地下降，大企业把它的小竞争者从市场中逐渐地排挤出去，从而使失业的手工业者沦为雇工。现代意义上的公司制企业亦随之兴起。

19世纪中期，由于市场的扩大和技术的进步，在利润的驱使下，公司走上了大规模扩张的历程。在石油、钢铁、汽车等需要巨额固定资产投资的行业中，逐渐产生了一些巨型企业。由于这些巨型企业动辄需要数亿美元、数十亿美元甚至数百亿美元的资本，几乎没有人能拥有这样一笔巨款，即使有人拥有这笔巨款，也可能不愿意冒如此大的风险。承担有限责任并拥有高效管理体制的公司制企业，便为吸收大量的私人资本并且分散投资者的风险提供了一种平台。

美国的一些巨型公司，如通用汽车公司、IBM公司、波音飞机公司等，成千上万的人拥有其股份，其中没有一个人拥有较大的份额，是一种标准的大众持股公司。在大型公司中，所有权的分散程度已经达到了惊人的地步，在中型公司中也达到了相当可观的程度，并且，一般来说，公司规模越大，其所有权就越分散。

值得注意的是，我国《公司法》第二条规定："本法所称公司是指依照本法在中国境内设立的有限责任公司和股份有限公司。"这就是说，我国《公司法》只规定了两类公司：有限责任公司与股份有限公司。对于我国此条法律规定的理解，一种观点认为：我国公司法不认可无限责任公司、两合公司等其他的公司形态；不能创设其他公司形式。

有限责任公司指不通过发行股票，而由为数不多的股东集资组建的公司（一般由2人以上50人以下股东共同出资设立），其资本无须划分为等额股份，股东在出让股权时受到一定的限制。在有限责任公司中，董事和高层经理人员往往具有股东身份，使所有权和管理权的分离程度不如股份有限公司那样高。有限责任公司的财务状况不必向社会披露，公司的设立和解散程序比较简单，管理机构也比较简单，比较适合中小型企业。

股份有限公司是把全部资本划分为等额股份，通过发行股票筹集资本的公司，又分为在证券市场上市的公司和非上市的公司。股东一旦认购股票，就不能向公司退股，但可以通过证券市场转让其股票。这种组织形式比较适合大中型企业。

因此，公司的核心特征如下：

（1）公司的所有权属于那些掌握了公司普通股的所有人。如果你拥有一家公司股份的10%，那么，你就拥有10%的所有权。上市公司在股票交易所，如沪深股市交易所估价。大型公司的股票在那里交易，国家的大部分风险资本在那里投资。

（2）从原则上来讲，股东控制他们所拥有的公司。股东按照他们所拥有的股份比例分取红利，他们选取董事会，对许多重要问题进行表决。但不要认为股东能在企业经营中起显著的作用。实际上，大公司的股东并不能真正控制公司，因为他们太分散，不能左右拥有实权的经理们。

（3）公司的经理和董事会拥有制定公司决策的合法权利。他们决定生产什么和如何生产。如果有其他公司想要接管公司时，他们决定是否出售公司。简单地说，股东拥有公司，但经理经营它。

在市场经济中，为什么公司占主导地位呢？很简单，因为它是最有效从事经济活动的方式。公司是一个可以从事经济活动的“法人”。市场经济的要求决定了市场主体必须拥有明晰界定的财产权，而且必须是独立的、平等的。法人制度以其独特的性质使法人在市场经济中充当了主要的角色。公司作为法人的一种形态，其特质完全符合市场经济的要求，这必然使公司成为市场经济的主体。并且，由于公司自身的优点，使其成为最典型的企业法人而在市场经济的主体中居于重要地位。与其他市场主体相比，公司的优点主要表现在：

（1）公司股东的有限责任决定了对公司投资的股东既可满足自己谋求利益的需求，又可使自己承担的风险限定在一个合理的范围内，增加了投资的积极性。

（2）公司特别是股份有限公司可以公开发行股票、债券，在社会上广泛集资，便于兴办大型企业。

（3）公司实行彻底的所有权与经营权分离的原则，提高了公司的管理水平。

（4）公司特有的组织结构形式使公司的资本、经营运作趋于利益最大化，更好地实现投资者的目的。

（5）公司形态完全脱离个人色彩，是资本的永久性联合，股东的个人生存安危不影响公司的正常运营。因此，公司存续时间长，稳定性高。

公司企业属法人企业，出资者以出资额为限承担有限责任，是现代企业组织中的一种重要形式，它有效地实现了出资者所有权和管理权的分离，具有资金筹集广泛、投资风险有限、组织制度科学等特点，在现代企业组织形式中具有典型性和代表性。

随着我国社会主义市场经济体制的建立和完善及世界经济一体化进程的加快，公司企业已经成为我国企业组织形式的主体。

所有权与经营权的分离——委托经营

委托经营是指受托人接受委托人的委托，按照预先规定的合同，对委托对象进行经营管理的行为。委托经营的内涵是企业的委托代理，主要以企业产权及其经营权为对象，由受委托人对企业进行经营管理，目的是不断发展和壮大企业，提高企业的盈利能力。

委托经营成为可能的最基本条件是：所有者即委托者不能够或者没有必要亲自主持经营，从而把经营权让渡给经营者即受托者。比如，一个国有或集体所有的企业，所有者都是一个群体，为了实现经营目的，他们就必须把自己经营企业的权利进行让渡，即让渡给经营者。

现代的公司制企业的所有权与经营权出现了分离，公司不得不选拔有能力、有技术的专业经理人为公司的股东服务，来更好地实现股东价值及公司价值的最大化，这时就形成了股东与经理人员之间的委托—代理关系。在委托—代理关系下，股东（委托人）的目标与经理人员（代理人）的目标并不是完全一致的，股东的目标是企业价值最大化；而经理人由于不是公司财产的所有者，他们拥有的只是人力资本，即“管理才能”，他们往往并非以企业价值最大化为目标，而是以实现自身利益的最大化为目标。

现代企业中的委托经营问题具体表现为：由于经理人员不能获得自己努力工作的全部收益，他可能在工作中不会发挥全部的努力；经理人员会力争提高自己的薪金和奖励，增加自己的闲暇时间，追求豪华的办公室和高级专用轿车，从而显示自己的威望、权力和地位；甚至，经理人员会以低价将企业的资产出售给自己所拥有或控股的其他公司等。

由于股份公司中委托—代理问题的存在，亚当·斯密在他的经济学奠基之作《国富论》中认为，分散的所有权是不可能创造有效率的经营活动的。现代经济学又是如何解决企业中存在的委托—代理问题的呢？

1. 所有权解决办法

解决委托代理问题的最显而易见的办法是企业的所有者把经理管理的企业出售给他。作为所有者，经理将有适当的激励：如果他努力工作，就能获得相应的回报。然而，一般来说，经理没有足够的资金来购买企业，而且即使有，他也不一定愿意购买。因为所有者的收入不仅取决于自身的努力，而且也取决于变幻莫测的市场，因而作为所有者的收入可能比薪水收入的变化幅度要大得多，经理可能不愿意冒这样的风险。

2. 股票期权激励法

所谓股票期权激励法，就是公司给予企业高层管理人员在一定期限内可以以一种事先约定的价格购买公司一定数量股票的权利，股票期权使经理人员的收入取决于他们所管理企业的业绩。例如，假设某家公司股票的现行价格为10元/股，经理被授予可以在3年之内的任何时间以10元/股购买10万股股票的期权。

如果3年内该企业的股票升值为每股20元，经理就可以用100万元购买股票并以200万元的价格卖出，这样他就得到了100万元的收入，该收入可以看作是对他在提高企业价值中所作贡献的回报。

实行股票期权制的目的，是要在经理利益与企业利益之间建立一种纽带，将经理个人收入与企业价值牢牢地捆在一起。1952年世界上第一个股票期权计划产生于美国，尔后在世界各国迅速发展。据有关资料统计，20世纪90年代初，美国在全球排名前50位的大公司中，有80%的企业已向其高级经理人员实行经营者股票期权的报酬制度。

3. 建立完善的职业经理人市场

由于培养一个经理需要大量的投入，维护其声誉和继续提高其素质也需要持续不断的投入，这些投入就是经理人员为自己所支付的人力资本的投资，投资的收益率和增值率最终取决于经理人员所经营公司的收益情况。如果公司的经理人员未能尽到经营责任而使公司效益不佳甚至破产，必然使其声誉受损，甚至断送其职业生涯。这样，其人力资本投资的收益率就很低甚至没有收益。可见，完善的职业经理人竞争市场是一种优选经理并使其努力工作的机制。

4. 建立完善的产品竞争市场

一般来说，如果企业产品市场的竞争是充分的，那么这种产品市场上的竞争也会对经理形成努力工作的压力。虽然企业所有者由于所掌握信息的不完全，不知道经理是否努力工作以生产质量高、成本低的符合社会需要的产品。但是，处于竞争条件下的产品的市场价格可以向所有者提供经理是否努力工作的信息。如果其他竞争企业经理的努力工作使产品成本很低，从而降低了产品的市场价格，就会对经理形成一种通过努力工作来降低产品成本的压力。而且产品市场的竞争越激烈，产品的市场价格就会越低，那么经理的压力也就越大。

5. 建立健全注册会计师独立审计机制

注册会计师独立审计制度可以部分地解决公司经理与股东之间的信息不对称问题，是一种防止经理利用自己所掌握的信息来损害股东利益的有效机制。注册会计师就像二手汽车市场上的经纪人一样，是具有良好的会计知识，专门对企业的会计报表所提供信息的真实性和合法性进行监督检查的专业人员。目前，注册会计师在西方发达国家作为“经济警察”而备受重视。

6. 建立健全职业经理人法律监督机制

由于公司是一个独立并与股东分离的法律主体，特别是大众持股公司，所有权与经营权的分离更加彻底，股东很难有效地监督经营者的具体行为。为了保证经营者忠诚于股东的利益，完善的法制是必不可少的。法律是维护股东利益的重要保障，它使经营者不敢侵犯股东的利益；法律也是现代企业能够顺利运行的重要保障，如果经营者能够随意侵犯投资者的权益，那么股票就只是一张代表财富的纸而已，谁还愿意对股份公司进行投资呢？只有在法律的保障下，公司股东的利益才能得到保障。

只要有利润就愿意——生产者剩余

与消费者剩余相对应，也有个生产者剩余的概念。所不同的是，消费者剩余是消费者的心理感受，而生产者剩余是生产者实实在在得到的好处，它等同于生产者出卖商品所得到的价格减去生产者实际支付的成本。

为了更好地认识什么是生产者剩余，我们来看下面的故事。

一个叫凯宁的城里男孩到乡下去，他打算花100美元从一位农民那里买一头小毛驴。这位农民收了钱后，很爽快地同意了，并答应第二天把驴牵来给凯宁。第二天一早，农民却匆忙跑来告诉凯宁：“小伙子，实在抱歉，我的那头小毛驴死了，就在昨天晚上。”凯宁很无奈地说：“原来是这样啊……那你就把那头死驴给我吧。”

过了一段时间，这位农民偶然在街头遇到了凯宁。农民就问：“那头死驴后来怎么样了？”凯宁说：“我举办了一次幸运抽奖，并把那头驴作为奖品。我总共卖出了500张票，每张2美元，就这样我赚了898美元！”

农民又问：“真是令人难以置信！难道就没人对此表示不满？”

凯宁回答：“不满的人当然有，但只有一个——就是那个中奖的人。他看到自己的奖品是一头不能食用的死驴后，当即表示了抗议，所以我就把他买票的钱还给了他。”

抛去道德层面不议，我们可以将凯宁的这种赚钱方式理解成迎合消费者行为的低价策略。对凯宁而言，他用100美元买了一头死驴，可是最后他不仅没亏本反而赚了898美元，这在经济学上叫作生产者剩余。

生产者剩余就是生产者出售一种商品得到的收入减去成本，说白了就是企业赚的利润。这里的关键问题是各家的成本，谁的成本低，谁就能够获得较多的生产者剩余。假如现在有3家电脑供应商，IBM的成本是7800元，联想的成本是7500元，华硕的成本是7000元，如果都按照8000元的价格出卖，那么他们出售1台电脑将分别获得200元、500元和1000元的生产者剩余。同时，如果这些企业采取新的技术和管理措施，使成本进一步下降，那他们可以获得更多的生产者剩余。

消费者剩余也好，生产者剩余也罢，其实都是福利经济学的概念，它所表示的实际上是买卖双方在交易过程中所得到的收益。我们也可以通过下面的图示来了解生产者剩余和消费者剩余。从几何的角度看，它等于供给曲线之上和市场价格之下的那块三角形面积。

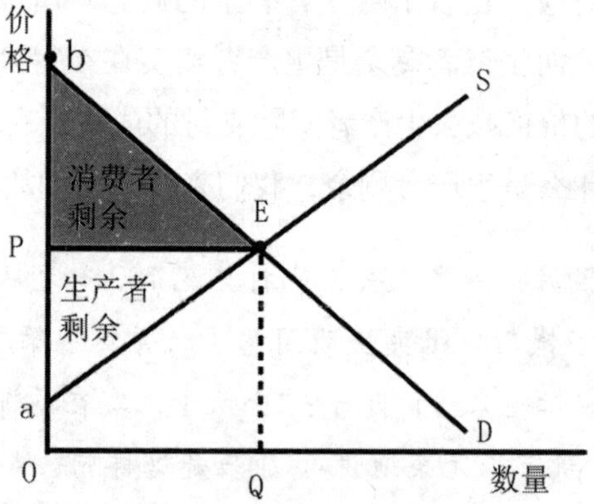

生产者剩余与消费者剩余分布

我们也可以通过生活中的具体事例来解释消费者剩余与生产者剩余。

张老师想装修他的房子，于是自己设计了一张图纸，然后去找装修公司。他来到第一家装修公司，老板接过图纸，根据房屋面积、材料要求，一个个账目算下来，说整个工程需要7万元。张老师认为太贵了，装修公司老板把明细单拿给张老师看，说最多还能便宜5000元。张老师一看，确实如此，说回去再考虑考虑。张老师又拿着图纸来到另一家装修公司，老板看了图纸问了要求，又根据房屋面积、材料要求，一个个账目算下来，说至少需要6.5万元。张老师仍然说："怎么这么贵？"老板也把明细单拿给他看，说最多只能再便宜5000元。张老师仔细分析了两家情况：第二家之所以会便宜一些，主要是材料直接从厂家进货，成本降低了。于是他决定把这个工程交给第二家装修公司做。

从这个例子我们可以看到，张老师之所以把工程交给第二家装修公司，是因为第二家装修公司的价格低，张老师有了消费者剩余。那么是不是第二家装修公司吃亏了呢？没有，否则他不会接这单活干，做亏本的买卖。因为第二家公司老板通过直接进货降低了自己的成本，使得成本低于他所报的价格，从而也获得了生产者剩余。

选择饼干还是方便面——生产可能性边界

一家食品公司同时生产饼干和方便面两种产品。临近年末，公司开始制订明年上半年的生产计划，该怎样筹划呢？我们知道，公司的资源（如工人、机器、厂房、资金等）是有限的，怎么有效地利用这些资源生产，使得公司取得最大盈利是问题的关键。如果调动所有资源，单去生产饼干或者方便面，各自都会有一个最大的生产值。但是，公司不可能光生产一种物品，而忽略另一种物品，饼干和方便面都有各自的市场，放弃任何一种产品，公司都会失去订单。因此，管理者们商讨的核心就是怎么确定饼干和方便面之间的产量关系。

类似这样的情况在现代企业中是经常遇到的。在经济学上，这涉及“生产可能性边界”的概念。生产可能性边界是指在可投入资源数量既定的条件下，一个经济体所能得到的最大产量。在经济学中，生产可能性边界是一个重要的概念，它是理解稀缺性和其他重要问题的关键。如果企业的生产在这一边界内，则说明尚未达到有效生产；但是如果超过这一边界，则意味着目标会超过企业的生产能力，是难以达到的。

我们在一个简化了的经济模型中来说明生产可能性边界。这个模型具有对理解现实经济至关重要的特征，但又略去了现实经济的许多细节。这个模型有三个重要的简化：

第一，生产的所有产品都用于消费，所以，在这个模型中，资本既不增加也不减少。换言之，在简化的模型中，生产规模是不变的，始终维持一种简单再生产。

第二，只生产两种物品：玉米与布料。在现实世界中要用稀缺资源生产无数产品与劳务，在这个简化的模型中，我们只分析生产两种产品时的情况。

第三，只有一个人，假定他的名字叫王文，他住在一个与世隔绝的孤岛上，与其他人没有任何交往。

我们假设王文用孤岛上的所有资源生产玉米与布料。可以用下表来说明王文对玉米或布料的生产可能性：

玉米和布料的生产可能性

可能性	玉米（磅/月）	布料（码/月）
a	20	0
b	18	1
c	15	2
d	11	3
e	6	4
f	0	5

我们可以用图加以说明。x 轴代表布料，y 轴代表玉米。a 点表示王文把全部时间用于种植玉米，每月产量 20 磅，但没有时间生产布料，则布料为零。在 b 点时，王文用 8 个小时种植玉米，产量为 18 磅，2 小时生产布料，产量为 1 码。以此类推，在 f 点时，全部时间用来生产布料，产量为 5 码，没有时间种玉米，产量为零。下图中的 a、b、c、d、e、f 点分别代表上表中的 a、b、c、d、e、f 5 种可能性，当然，王文还有其他分配时间的方式，例如，用 7.5 小时种植玉米，2.5 小时生产布料等。各种不同分配时间的方式，有不同数量玉米与布料的组合，这些组合都在连接 a、b、c、d、e、f 点的曲线上。这条曲线表示了王文可能生产的玉米与布料的最大数量组合，称为生产可能性边界或生产可能线。

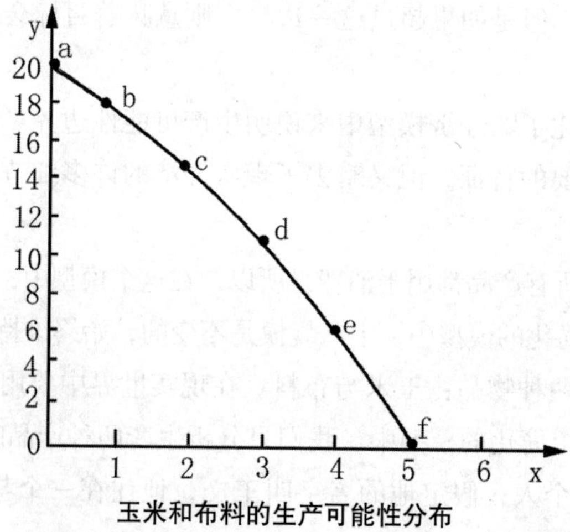

玉米和布料的生产可能性分布

生产可能性边界这个概念对我们理解许多经济问题是非常重要的。由王文一人组成的社会同样面临着“生产什么”“如何生产”和“为谁生产”的问题。生产可能性边界也有助于理解这三个问题，选择生产可能性边界的哪一点就是解决生产什么的问题，当王文从资源使用的效率出发来决定选择生产可能性边界上的哪一点时，也就是选择如何进行生产。当他选择 a 或 f 点时，资源利用效率不如选择其他各点高，因为过多生产某一种产品，会由于资源的不适用而使同样的努力得不到同样增加的产量。在王文一个人的社会中，为谁生产问题并不明显。但如果再有另一个人，这个人的偏好与王文不同，就会有为谁生产的问题。如果王文偏好食，而另一个人偏好穿，那么，选择在生产可能性边界的 a 或 b 点，就偏重于为王文生产，选择在生产可能性边界的 e 或 f 点，就偏重于为另一个人生产。或者说，在前一种情况下，王文在收入分配中占的份额更大，在后一种情况下，另一个人的份额更大。

当王文生产的玉米和布料的组合是生产可能性边界上的任何一点时，表明资源得到了充分利用，或者说是有效率的。如果王文生产的玉米和布料的组合是在生产可能性边界以内的任何一点，表明资源没有得到充分利用，或者说是无效率的。在资源与技术既定的条件下，生产可能性边界上任何一点都是王文所能生产的玉米与布料最大数量的组合，因此，也就是实现了效率。生产可能性边界之内任何一点都不是玉米与布料最大数量的组合，因此，也就是无效率。当然在资源与技术既定的条件下，生产可能性边界之外任何一点上玉米与布料数量的组合都是无法实现的。只有在资源增加或技术进步，即发生了经济增长的情况下，生产可能性边界之外任何一点上玉米与布料数量的组合才能实现。

而上文中提到的食品厂作为一个企业，属于微观经济主体，将其所拥有的经济资源在不同用途间进行分配时，借助生产可能性边界，可以帮助其最有效率地实现目标。微观经济主体中，除了企业，还有家庭和个人。实际上，即使对于一个高中生，生产可能性边界也同样适用。对他而言，生产就是“学习”，资源就是“时间”，但他不会将有限的时间全部用于学习物理，也不会将时间全部用于学习英语，像这种“极端的生产”对于他来说都是不利的。他必须根据自己的实际情况设计出一个最有效率的时间安排，这也可以看作“生产可能性边界”。当然，因为学习技巧一般是在不断提高的，所以他的可能性边界也会随之变化，但“万变不离其宗”，其原理与企业生产是一样的。

第五节　竞争与垄断

市场上的弱肉强食之道——完全竞争市场

竞争最极端的市场称为完全竞争市场，又称为纯粹竞争市场。完全竞争市场是指竞争充分而不受任何阻碍和干扰的一种市场结构。在这种市场类型中，市场完全由“看不见的手”进行调节，政府对市场不作任何干预，只起维护社会安定的作用，承担的只是“守夜人”的角色。

完全竞争市场必须具备一定的条件，这些条件主要有以下几个方面：

（1）市场上有众多的生产者和消费者，任何一个生产者或消费者都不能影响市场价格。由于存在着大量的生产者和消费者，与整个市场的生产量和购买量相比较，任何一个生产者的生产量和任何一个消费者的购买量所占的比重都很小，因而，他们都无能力影响市场的产量和价格。所以，任何生产者和消费者的单独市场行为都不会引起市场产量和价格的变化。这也就是说，所有人都只能是市场既定价格的接受者，而不是市场价格的决定者。

（2）企业生产的产品具有同质性，不存在差别。市场上有许多企业，每个企业在生产某种产品时不仅是同质的产品，而且在产品的质量、性能、外形、包装等方面也是无差别的。对于消费者来说，无论购买哪一个企业的产品都是同质无差别产品，以至于众多消费者无法根据产品的差别而形成偏好。也就是说，各种商品互相之间具有完全的替代性。

（3）生产者进出市场，不受社会力量的限制。任何一个生产者，进入市场或退出市场完全由生产者自己自由决定，不受任何社会法令和其他社会力量的限制。因此，当某个行业市场上有净利润时，就会吸引许多新的生产者进入这个行业市场，从而引起利润的下降，以致利润逐渐消失。而当行业市场出现亏损时，许多生产者又会退出这个市场，从而又会引起行业市场利润的出现和增长。这样，在一个较长的时期内，生产者只能获得正常的利润，而不能获得垄断利润。

（4）市场交易活动自由、公开，没有人为的限制。市场上的买卖活动完全自由、公开，无论哪一个商品销售者都能够自由公开地将商品出售给任何一个购买者，而无论哪一个商品购买者也都能够自由公开地向市场上任何一个商品销售者购买商品，同时市场价格也随着整个市场的供给与需求的变化而变动。任何市场主体都不能通过权力、关税、补贴、配给或其他任何人为的手段来控制市场供需和市场价格。

（5）市场信息畅通准确，市场参与者充分了解各种情况。消费者、企业和资源拥有者，都对有关的经济和技术方面的信息有充分和完整的了解。例如，生产者不仅完全了解生产要素价格、自己产品的成本、交易及收入情况，也完全了解其他生产者产品的有关情况；消费者完全了解各种产品的市场价格及其交易的所有情况；劳动者完全了解劳动力资源的作用、价格及其在各种可能的用途中给他们带来的收益。因此，市场上完全按照大家都了解的市场价格进行交易活动，不存在相互欺诈。

以上几个方面是完全竞争市场必须具备的前提条件，实际上这 5 个方面也是完全竞争市场所具有的明显特征。

我们知道，完全竞争市场在现实生活中其实很难成立。因而，完全竞争市场的效率也必须在具备了严格前提条件的情况下才会出现。而在现实经济实践中，难以全面具备完全竞争市场的所有前提条件。完全竞争市场只是西方经济学家在研究市场经济理论过程中的一种理论假设，是他们进行经济分析的一种手段和方法。最重要的是，完全竞争市场中有关完全信息的假设是不现实的。一般情况下，无论是生产者还是消费者都只能具有不完整的信息。生产者对其在现实市场中的地位、将来发展的动向及影响市场的各种因素的信息等知识，都不可能完整地掌握。消费者不可能全面掌握特定市场上全部产品的价格、品质等方面的情况。同时，市场信息也不可能畅通无阻而且非常准确。

一般来说，在现实经济生活中，只有农业生产等极少数行业比较接近完全竞争市场。因为在农业生产中农户的数量多而且每个农户的生产规模一般都不大，同时，每个农户生产的农产品产量及其在整个农产品总产量中所占的比例都极小，因而，每个农户的生产和销售行为都无法影响农产品的市场价格，只能接受农产品的市场价格。如果有的农户要提高其农产品的出售价格，农产品的市场价格不会因此而提高，其结果只能是自己的产品卖不出去。如果农户要降低自己农产品的出售价格，农产品的市场价格也不会因此而下降，虽然该农户的农产品能以比市场价格更低的价格较快地销售出去，但是，不可避免地要遭受很大的经济损失。这样，农户降低其农产品价格的行为就显得毫无实际意义了。

如果多逛逛农贸市场，你很快就会发现，作为生活必备食品，几乎家家户户都要提个袋子或篮子去买鸡蛋，而且，卖鸡蛋的摊位也实在是很多。如果我们“理想”一下，就可以认为鸡蛋市场上有无数的买者和卖者。每个摊点的鸡蛋都大同小异，只要不是碎的、坏的，一般没有人去较真，硬要比较不同摊位的鸡蛋有什么区别，那就真成了“鸡蛋里挑骨头”了。所以，可以看作所有的鸡蛋完全同质。至于完全竞争市场的其他两个特征，我们可以看到买方和卖方都能自由选择进入还是退出（也就是鸡蛋买卖完全自由），至于鸡蛋市场的信息，并没有多少值得掌握，所以也可以看作人们全部了解相关信息。在这个鸡蛋市场里，各个摊位的价格都一样，而且是由供需决定的均衡价格。通过鸡蛋市场，我们可以更形象地理解完全竞争市场——实际上，大多数农产品市场基本上都和完全竞争市场近似。

微软为什么要一分为二——垄断

美国司法部起诉微软捆绑销售 IE 浏览器软件，涉嫌违反美国《反托拉斯法》，要求将它一分为二。有经济学家认为，微软公司无论从结构上（市场份额）还是从行为上（捆绑销售）都具备了垄断企业的性质，使更新更先进的技术没有了生长的空间，消费者付出了更高的价格，造成了社会福利的损失。持这种观点的经济学家往往都以美国当年拆分贝尔公司以及近些年香港特区政府允许多家企业经营电信业务都使得电信资费下降和电信事业蓬勃发展为例，说明反垄断的必要性。另一种意见认为，微软是通过正当的市场竞争手段获取的垄断地位，这种垄断有理无错，因为任何一个竞争中的厂商最终无不追求垄断利润，搞捆绑销售只不过是企业营销战略的选择，只要不是政府行为或寻租行为形成的垄断都是可以接受的，将微软分拆无疑会对美国的新经济带来负面影响，因为它改变了创业者的预期，对创业财富的安全性产生了疑虑。经济自由学派的大师们如弗里德曼、张五常都是持第二种观点的。

哈佛大学教授高里·曼昆对分拆微软计划提出了质疑，并且在文章中讲了一个寓言故事：某人发明了第一双鞋，并为此申请了专利，成立了公司。鞋很畅销，他成了富翁。但这时他变得贪婪了，把袜子和鞋捆绑销售，还声称这种捆绑销售对消费者有利。于是政府出面说话了，认为他试图把其垄断地位从一个市场扩展到另一个市场。现在关键的问题出现了：政府应该怎么处置他呢？政府可以把他的公司拆成两个公司：一个卖黑鞋，一个卖白鞋，让它们相互竞争，这样消费者会得到好处。但是政府却要把它分拆成这样两个公司：一个生产左鞋，一个生产右鞋。这种分拆使事情变得更糟，因为生产像左鞋和右鞋这样互为补充的产品的垄断公司，双方都会要求得到更多的垄断利润，生产右鞋的公司根本不用考虑左鞋的需求就提高价格，生产左鞋的公司也会紧跟而上，这样消费者买一双鞋就要花比原来还要高的价钱。在故事里，政府的正确做法是取消鞋的发明专利，让别人也来开鞋厂，从而消除垄断。

其实经济学家们对垄断有不同看法。我们认为对垄断不能一概反对，要看这个垄断是怎么形成的，限制它对技术创新有没有好处。像微软这样的企业是靠技术创新形成的，分拆了它对鼓励创新没有好处，应像专利一样在一定时间内允许它拥有垄断地位。

垄断意思是"唯一的卖主"，它指的是经济中一种特殊的情况，即一家厂商控制了某种产品的市场。比如，一个城市中只有一家自来水公司，而且它又能够阻止其他竞争对手进入它的势力范围，这就叫作完全垄断。

既然整个行业独此一家，别无分号，显然这个垄断企业便可以成为价格的决定者，而不再为价格所左右。可以肯定的是，完全垄断市场上的商品价格将大大高于完全竞争市场上的商品价格，垄断企业因此可以获得超过正常利润的垄断利润，由于其他企业无法加入该行业进行竞争，所以这种垄断利润将长期存在。

但是，垄断企业是不可能任意地抬高价格的，因为，任何商品都会有一些替代品，如果电费使人负担不起的话，恐怕人们还会用蜡烛来照明。所以，较高的价格必然抑制一部分人的消费，从而使需求量降低，不一定能给企业带来最大的利润。

垄断企业成为价格的决定者，也并不意味着垄断企业产品的价格单一。有时候，垄断企业要面对需求状况变动不同的数个消费群体，必须分情况制定出有区别的价格来。对需求价格弹性较大的可采用低价策略，对需求价格弹性较小的可采用高价策略，以便获得较理想的收益。

理论上纯粹的完全垄断市场必须同时满足以下三个条件：(1) 市场上只有一家企业；(2) 该企业的产品不存在相近的替代品；(3) 进入该市场存在着障碍。现实中真正满足这三个条件的市场几乎是没有的，因为人的欲望是无止境的，他们总能找到各种替代品。

然而，要打破垄断绝非轻而易举。通常，完全垄断市场有三座护卫"碉堡"，其一是垄断企业具有规模经济优势，也就是在生产技术水平不变的情况下，垄断企业能打败其他企业，靠的是生产规模大，产量高，从而总平均成本较低的优势。其二是垄断企业控制某种资源。像美国可口可乐公司就是长期控制了制造该饮料的配料而独霸世界的，南非的德比公司也是因为控制了世界约85%的钻石供应而形成垄断的。其三是垄断企业具有法律庇护。例如，许多国家政府对铁路、邮政、供电、供水等公用事业都实行完全垄断，对某些产品的商标、专利权等也会在一定时期内给予法律保护，从而使之形成完全垄断。

通常认为，完全垄断对经济是不利的。因为它会使资源无法自由流通，引起资源浪费，而且消费者也由于商品定价过高而得不到实惠。“孤家寡人”的存在也不利于创造性的发挥，有可能阻碍技术进步。可是话又说回来，这些垄断企业具有雄厚的资金和人力，正是开发高科技新产品必不可少的条件。另外，由政府垄断的某些公用事业，虽免不了因官僚主义而效率低下，却并不以追求垄断利润为目的，对全社会还是有好处的。

市场上就凭几个人说了算——寡头垄断

所谓寡头垄断，是垄断的一种，它是指在一个市场上有少数几家企业供给产品，它们各占较大份额，彼此通过协定或默契制定价格。这些企业被称为寡头，所以这种垄断也就叫寡头垄断。

寡头市场是指少数几家厂商控制整个市场的产品的生产和销售的这样一种市场组织。在这种市场上，几家厂商的产量在该行业的总供给中占了很大的比例，每家厂商的产量都占有相当大的份额，从而每家厂商对整个行业的价格和产量都有举足轻重的影响。他们之间又存在不同形式的竞争。

寡头垄断市场在经济中占有十分重要的地位，这一方面是由于进入这些行业所需的资金十分巨大，另一方面是已有的寡头也要运用各种方法阻止其他厂商的进入。

雷克公司是一个昙花一现的航空公司，但它的知名度却不低。1977年，一个冒失的英国人弗雷迪·雷克闯进航空运输市场，开办了一家名为雷克的航空公司。他经营的是从伦敦飞往纽约的航班，票价是135美元，远远低于当时的最低票价382美元。毫无疑问，雷克公司一成立便生意不断，1978年雷克荣获大英帝国爵士头衔。到1981年“弗雷迪爵士”的年营业额达到5亿美元，简直让他的对手们（包括一些世界知名的老牌公司）气急败坏。但是好景不长，雷克公司于1982年破产，从此消失。

为什么会这样？原因很简单，包括泛美、环球、英航和其他公司在内的竞争对手们采取联合行动，一致大幅降低票价，甚至低于雷克。一旦雷克消失，他们的票价马上回升到原来的高水平。更严重的是这些公司还达成协议，运用各自的影响力阻止各大金融机构向雷克公司贷款，使其难以筹措用以抗争的资金，进一步加速雷克公司的破产。

在现实当中，寡头垄断常见于重工业部门，比如，汽车、钢铁、造船、石化，以及我们正在谈论的飞机制造等部门。这些行业的突出特点就是“两大一高”——大规模投入、大规模生产、高科技支撑。这些苛刻的条件使得一般的厂商根本难以进入，再有钱的老板在这些行业门口一站，马上就会发现自己做的只不过是“小本生意”。而且，那些已经历长期发展（动辄几十、上百年）、具备垄断地位的“巨无霸”企业，为了保持对技术的垄断和丰厚的利益，也势必要采取种种高压手段打击竞争对手，绝不允许任何后来者与自己分享这一市场。这是现实，也是一种市场竞争的必然。

形成寡头市场的主要原因有：某些产品的生产必须在相当大的生产规模上进行才能达到最好的经济效益；行业中几家企业对生产所需的基本生产资源的供给的控制；政府的扶植和支持；等等。由此可见，寡头市场的成因和垄断市场是很相似的，只是在程度上有所差别而已。寡头市场是比较接近垄断市场的一种市场组织。

寡头行业可按不同方式分类。根据产品特征，可分为纯粹寡头行业和差别寡头行业两类。还可按厂商的行动方式分为有勾结行为的（合作的）和独立行动的（不合作的）不同类型。

寡头厂商的价格和产量的决定是非常复杂的问题。主要原因在于：在寡头市场上，每个寡头的产量都在全行业的总产量中占较大份额，因此，每个厂商的产量和价格的变动都会对其他竞争对手以致整个行业的产量和价格产生举足轻重的影响。从而每个寡头厂商在采取某项行动之前，必须首先推测或掌握自己这一行动对其他厂商的影响以及其他厂商可能做出的反应，考虑到这些因素之后，才能采取最有利的行动。所以每个寡头厂商的利润都要受到行业中所有厂商的决策的相互作用的影响。一般而言，不知道竞争对手的反应方式，就无法建立寡头厂商的模型。或者说，有多少关于竞争对手的反应方式的假定，就有多少寡头厂商的模型，就可以得到多少不同的结果。因此在西方经济学中，没有一种寡头市场模型能对寡头市场的价格、产量的决定作出一般的理论总结。

欧佩克就是一种寡头垄断形式。在欧佩克诸成员国中，沙特阿拉伯是最大的或最有影响的一位。它的产量一般占欧佩克总产量的1/3，储油量也占欧佩克总储量的40%。通常都是由沙特阿拉伯先制定价格或与其他成员协商后制定价格，其他成员则遵照执行，即使石油销路不好时，他们宁可减少产量也不愿降价，以免引起彼此的纷争，造成两败俱伤。这种寡头垄断我们可以称为价格领袖式寡头垄断。

“冰冻三尺，非一日之寒”，寡头市场有着长期发展所形成的优势，也有着明显的劣势。总的来说，就经济效率而言，由于长期以来寡头市场的市场价格高于边际成本，企业利润有着稳定、可靠的保障，加之缺乏竞争者的加入，因此寡头企业在生产经营上要缺乏积极性，这会导致其效率降低。但是，由于寡头企业规模较大，往往便于大量使用先进技术，所以又有效率较高的一面。有鉴于此，许多国家都在试图“扬长避短”，在发挥其高效率一面的同时，制定相应政策法规抑制其低效的一面（比如保护与寡头企业密切关联的其他中小企业的权利，打击垄断等），从而促进寡头市场的竞争。

企业扩张的快捷方式——兼并

企业兼并在当今已经屡见不鲜。当优势企业兼并了劣势企业，后者的资源便可以向前者集中，这样一来就会提高资源的利用率，优化产业结构，进而显著提高企业规模、经济效益和市场竞争力。

对于一个国家而言，企业兼并有利于其调整产业结构，在宏观上提高资源的利用效率。对兼并的研究，一直是经济学家的重点课题。不过，在此需要指出，人们提起兼并的时候，往往会把这样几个词混淆：“兼并”“合并”与“收购”。

它们的共同点在于：这三种行为都是企业产权的有偿转让，即都是企业的买卖，都是企业为了谋求发展而采取的外部扩张措施。但具体来说，合并是指两家以上的公司归并为一个公司。兼并是指把其他企业并入本企业里，被兼并的企业将失去法人资格或改变法人实体。收购在操作程序上与合并相比要相对简单，只要收购到目标公司一定比例的股权，进行董事会、监事会改组就可以达到目的。因此，一般情况下，可以这样认为：收购是兼并中的一种形式，即控股式兼并，而兼并又包含在广义的合并概念中，它是合并中的一种形式，即吸收合并。

企业兼并的主要形式有：

购买兼并，即兼并方通过对被兼并方所有债权债务的清理和清产核资，协商作价，支付产权转让费，取得被兼并方的产权。

接收兼并，这种兼并方式是以兼并方承担被兼并方的所有债权、债务、人员安排以及退休人员的工资等为代价，全面接收被兼并企业，取得对被兼并方资产的产权。

控股兼并，即两个或两个以上的企业在共同的生产经营过程中，某一企业以其在股份比例上的优势，吸收其他企业的股份份额形成事实上的控制关系，从而达到兼并的目的。

行政合并，即通过国家行政干预将经营不善、亏损严重的企业，划归为本系统内或行政地域管辖内最有经营优势的企业，不过这种兼并形式不具备严格法律意义上的企业兼并。

企业兼并，是企业经营管理体制改革的重大进展，对促进企业加强经营管理，提高经济效益，有效配置社会资源具有重要意义。当今世界上，任何一个发达国家在其经济发展过程中，都经历过多次企业兼并的浪潮。以美国为例，在历史上就曾发生过5次大规模企业兼并。其中发生于19世纪末20世纪初的第一次兼并浪潮便充分发挥了优化资源配置的巨大威力，不仅使企业走上了腾飞之路，更是基本塑造了美国现代工业的结构雏形。

当今世界航空制造业排行第一的美国波音公司有过多次兼并其他企业的案例，其中最著名的就是兼并美国麦道公司。在1996年，“麦道”在航空制造业排行世界第三，仅次于“波音”和欧洲的“空中客车”。该年“波音”以130亿美元的巨资兼并“麦道”，使得世界航空制造业由原来“波音”“麦道”和“空中客车”三家共同垄断的局面，变为“波音”和“空中客车”两家之间的超级竞争。新的波音公司在资源、研究与开发等方面的实力急剧膨胀，其资产总额达500多亿美元，员工总数达20万人，成为世界上最大的民用和军用飞机制造企业。这对于“空中客车”来说构成了极为严重的威胁，以至于两家公司发生了激烈的争执。在经过艰苦的协商、谈判后，波音公司最终被迫放弃了已经和美国几十家航空公司签订的垄断性供货合同，以换取欧洲人对这一超级兼并的认可。但是不管怎样，前无古人的空中“巨无霸”由此诞生，并对世界航空业产生了巨大影响。

由于兼并涉及两家以上企业的合组，其操作将是一个非常复杂的系统工程。成功的企业兼并要符合这样几个基本原则：“合法”“合理”“可操作性强”“产业导向正确”以及“产品具有竞争能力”。同时，企业兼并还要处理好“沟通”环节，包括企业之间技术的沟通，以及人与人的交流。只有这样，才能使企业兼并发挥它的优势，否则将会适得其反，在未能达到兼并目的的同时反受其害。有统计表明，全球一半以上的企业兼并行为都没有达到预期的目标——从表面上看，企业规模是增大了，但没有创造出更大经济效益，更有甚者，因为兼并使得企业失去了市场竞争力。

产业经营是做“加法”，企业兼并是做“乘法”。很多企业家看到了“乘法”的高速成长，却忽视了其隐藏的巨大风险，现实中有太多在产业界长袖善舞的企业家最后在资本运营中折戟沉沙。

以互联网为例，在20世纪90年代初期，网民的计算机上同时使用着两种浏览器：一种是微软的Explore，另一种则是美国网景公司的Netscape。微软凭借强有力的竞争措施逐渐在浏览器市场上占据了优势地位，网景则处于相对的弱势地位。

1998年，美国在线（AOL）以42亿美元的价格收购了Netscape。当时，Netscape在微软所提供的免费浏览器面前已经显得非常渺小，但美国在线却对其前景颇为看好。在他们看来，依靠美国在线的雄厚财力和技术优势，可以使得Netscape重新焕发活力，成为与微软竞争的对手。然而，无情的事实证明这是一项失败的兼并。首先，该次合并在一开始就受到很多人的质疑，认为两个公司在程序设计上，技术差异太大，难以兼容；其次，美国在线急于求成，于2000年直接跳过Netscape5，推出基于一项新技术——以Mozilla0.6为原始码的Netscape6。但是，由于Mozilla0.6一时并不稳定，结果Netscape6进一步失去了自己原有的用户。这两大失误使得美国在线不得不于2008年3月1日起，停止开发网景浏览器，作为一款曾经改变互联网、有着辉煌历史的浏览器，Netscape彻底退出了历史舞台。

保暖内衣的冷与热——垄断竞争

垄断竞争市场是一种处在完全竞争和完全垄断之间的，既有垄断又有竞争的市场结构。引起垄断竞争的基本条件是产品差别的存在，它是指同一种产品在质量、包装、牌号、配方或销售条件等方面的差别。一种产品不仅要满足人们的实际生活需要，还要满足人们的心理需要。于是，每一种有差别的产品都可以以自己的产品特点在一部分消费者中形成垄断地位。

但是产品差别是同一种产品的差别，这样各种有差别的产品之间又存在替代性，就引起了这些产品之间的竞争。

因此，竞争分纯粹竞争和垄断竞争两种。在纯粹竞争中，大量的小卖主向同一市场供应同类产品，其中无一人能影响市场价格，而必须接受由所有卖主提供产品的总供给量和所有买主对产品的总需求量所决定的市场价格。各个卖主都趋向于按现时市场价格将其产品调整到能够给他带来最大利润的那种数量，而不至于发生市场价格的变动，但所有卖主如此调整的结果，使得总供给量发生变化，因而市场价格随之上升或下降。当经营者供应不同类的产品，即存在产品差异时，则会发生垄断竞争。

20世纪80年代，可口可乐与百事可乐之间竞争十分激烈。可口可乐为了赢得竞争，对20万13～59岁的消费者进行调查，结果表明，55%的被调查者认为可口可乐不够甜。本来不够甜加点糖就可以了，但可口可乐公司花了两年时间耗资4000万美元，研制出了一种新的更科学、更合理的配方。1985年5月1日，董事长戈苏塔发布消息说，可口可乐将中止使用99年历史的老配方，代之而起的是“新可口可乐”；当时记者招待会上约有200家报纸、杂志和电视台的记者，大家对新的可口可乐并不看好。

24小时后，消费者的反应果然印证了记者们的猜测。很多电话打到可口可乐公司，也有很多信件寄到可口可乐公司，人们纷纷表示对这一改动的愤怒，认为它大大伤害了消费者对可口可乐的忠诚和感情。旧金山还成立了一个“全国可口可乐饮户协会”，举行了抗议新可口可乐活动，还有一些人倒卖老可口可乐以获利，更有人扬言要改喝茶水。

此时百事可乐火上浇油。百事可乐总裁斯蒂文在报上公开发表了一封致可口可乐的信，声称可口可乐这一行动表明，可口可乐公司正从市场上撤回产品，并改变配方，使其更像百事可乐公司的产品。这是百事可乐的胜利，为庆祝这一胜利，百事可乐公司放假一天。

面对这种形势，1985年7月11日，可口可乐公司董事长戈苏塔不得不宣布：恢复可口可乐本来面目，更名“古典可口可乐”，并在商标上特别注明“原配方”，与此同时，新配方的可口可乐继续生产。消息传开，可口可乐的股票一下子就飙升了。

这个案例说明，老的可口可乐已在部分消费者中形成了垄断地位，哪怕可口可乐公司总裁也不能动摇这种地位。与此同时，案例也说明在可口可乐、百事可乐、矿泉水以及茶水等饮料之间还是存在竞争的。这种市场就是垄断竞争市场。

垄断竞争市场与完全竞争市场相比，价格和平均成本要低，产量要多，说明资源的利用程度要高。而且因为存在竞争，也有利于创新。但是销售成本有所增加。

1996年，俞兆林先生发明了导湿保暖复合绒，并将这一发明利用在内衣上，从此服饰领域多了“保暖内衣”这一新概念。“保暖内衣”这个服装领域的新宠儿，一时间成了人们谈论冬季保暖话题的流行词。1999年更是成为市场追捧的对象，各种保暖内衣市场可谓是炙手可热、尽占春色。于是乎，这一新生行业在1999年只有几十家生产商的基础上，于2000年猛增至500家，总销量由1999年的不足700万套，上升到2000年度的3000多万套！甚至是鱼龙混杂、泥沙俱下。同时，伴随激烈竞争而推出的各种营销手段更是层出不穷。有报道说：“南极人”送袜，“南极棉”送被，“白熊”保暖内衣卖最低价，“俞兆林”买两套送一套、买一套送单件、买单件送手套，等等；各种广告宣传更是充斥大街小巷、报端电视。而当行业内厂商激战正酣时，市场上消费者、行业管理人士的反映又怎样呢？根据市场调查发现，尽管价格较1999已有明显下降，但2000年度市场反映仍十分冷淡，1999年度那种排长队提货的情景没有了，而产品专卖区更是十分萧条，有营业员说，与1999年的火爆场面相比，这里常常是数十分钟无人问津。

保暖内衣何以面对如此“冰火两重天”的景象呢？这是因为保暖内衣从产品开发到市场化经历了从垄断到垄断竞争的市场结构变化过程。首先是行业的垄断利润使得其他厂商有了进入该行业的动力，同时各厂商为了有效地进入和占有应有的市场份额，除了采取“价格战”，他们还通过宣传各种保暖新概念，来加强自己的品牌优势以确立其市场竞争地位。

中国保暖内衣市场形成过程经历了两个阶段。首先，各厂商通过价格和非价格竞争来争取一个较大的市场份额和垄断利润；其次，垄断超额利润的存在使得新厂商的进入成为可能，使得垄断利润逐渐消失。特别是当保暖技术不再成为行业进入的主要障碍时，大量差异产品充斥市场，使得行业生产规模超出市场需求，表现在单个厂商身上则是市场的萎缩。

总体来说，产品差别是垄断竞争市场的本质特征。而这些差别有可能来自各个方面。因此，消费者在享受产品差别所带来的多样化的同时，不得不提防虚假差异甚至是伪劣产品所带来的侵害。这样，一个垄断竞争市场的形成必然需要一个严格的市场管理，要有一个严格的行业标准来规范市场，以防不法厂商借制造假差异来垄断市场，从而危害消费者利益。

联合起来就能奏效？——价格联盟

价格联盟是指两个或两个以上具有竞争关系的经营者，以合同、协议或其他方式，共同商定商品或服务价格，以限制市场竞争，牟取超额利润所实施的垄断联合。价格联盟的明显特征是：它是两个或两个以上的经营者自愿采取的联合行动；是处于同一经营层次或环节上的竞争者之间的联合行动；联合行动是通过合同、协议或其他方式进行的；协议的内容是固定价格或限定价格；其共同目的是通过限制竞争以获取高额利润。

价格联盟一词对于我们而言，并不陌生。早在几年前，国内9大彩电企业结盟深圳，以同行议价形式共同提高彩电零售价格，并迫使彩管供应商降价。以钢铁、彩电为发端，其后又有空调联盟、民航机票价格联盟、电脑价格联盟，近一些的还有券商们的佣金价格联盟，等等，一时间甚嚣尘上。然而，这些价格联盟都无一例外地摆脱不了短命而亡的宿命。

由于行业协会制定的是行业自律价格，其实没有强制效力，行业协会也不可能对“违反”自律价格的商家进行处罚，因此这个自律价格其实只是一个空架子，没有什么实际意义。在利益面前，这种基于行业压力及商家道德的“盟誓”究竟有着多少约束力可想而知。

价格联盟被称为“卡特尔”，任何价格卡特尔一经形成必然走向它的反面。联盟一经形成，价格便富有极大的弹性，只要其中的某一个成员降低价格，必将从中获利。为追逐利益，联盟成员之间的价格争斗不可避免，这就必然导致卡特尔机制的瓦解。

即使价格联盟在短期内取得一定收效，缓解了联盟企业的燃眉之急，但其潜在和长期的危害却不可忽视。首先，制约了企业竞争，自由竞争是市场经济的基本属性，离开了竞争，市场就成为一潭死水。由于不同企业经营成本不同，却执行相同的价格，形成大家平均瓜分市场份额的局面，无形中保护了落后，鼓励不思进取，严重挫伤了企业发展的积极性；其次，损害了消费者的知情权和选择权，伤害了消费者的利益，并且不利于培养消费者成熟的消费理念。俗话说，没有成熟的消费者就不会有成熟的市场，因此，最终结果还是累及整个行业的长期发展。

在拉封丹的寓言《鼠盟》里，有一只自称“既不怕公猫也不怕母猫，既不怕牙咬也不怕爪挠”的鼠爷，在它的带领下，老鼠签订协议，组成了对抗老猫联盟，去救一只小耗子。结果，面对老猫，“首鼠两端不敢再大吵大闹，个个望风而逃，躲进洞里把小命保，谁要不知趣，当心老雄猫”。鼠盟就这样瓦解了，协议变成了一纸空文。

寓言故事中使鼠盟难以形成的原因是猫的强大无比；使价格联盟难以实现的原因是市场供求力量的强大无比，不可抗拒。在市场经济中，决定价格的最基本因素是供求关系。供小于求，价格上升；供大于求，价格下降，这是什么力量也抗拒不了的。在不完全竞争的市场（垄断竞争、寡头、垄断）上，企业只能通过控制供给来影响价格，想把自己硬性决定的价格强加给市场是行不通的。在汽车、民航这类寡头市场上，每个企业所考虑的只能是自己的短期利益，而不是整个行业的长期利益，因此，当整个行业供大于求时，不要寄希望于每个企业减少产量来维持一定的价格。

国内企业各种各样的“联盟”声不绝于耳，并且屡战屡败，而后又屡败屡战，很多企业乐此不疲。企业搞联盟是想在市场的海洋中寻求一个救生圈，而总是无终而果。每次联盟均告失败的事实说明：这种被不少企业看作制胜“法宝”的价格联盟是靠不住的。

我国如今的经济时代好像成了“联盟时代”，在种种共同利益的驱动下，一些企业动不动就扛起“联盟”大旗，或是价格的抬价压价、或是限产保价、或是联合起来一致对外。仔细分析，这些企业联盟形式大致逃脱不了两种模式：一是企业之间自愿建立的松散联盟；二是由主管部门主导、企业参加的联盟。

早在18世纪初，亚当·斯密就说过这样一句话：“同业中的人即使为了娱乐和消遣也很少聚在一起，但他们的对话通常不是对付公众的阴谋，便是抬高价格的计划。”事实也一再证明，这种非寡头垄断同盟缺乏有效的约束机制，具有相当的不确定性。

其实，企业之间的竞争还可进行一些非价格的竞争，如企业在提高产品质量、增加技术含量上下功夫，向品牌、技术竞争过渡；优势企业兼并劣势企业；劣势企业主动从行业中退出；再就是从国际市场上寻找出路。因此，中国的企业家们应该尽快地从联盟的阴影中走出来，以一种更加成熟的心态去谋求发展。

要想在激烈的市场竞争中有立足之地，与其去组织什么价格联盟，不如革新技术，提升自己的市场竞争力。

第六节　需求与消费行为

商品价格与需求量的关系——需求定理

需求是指消费者在某一特定时期内、在某一价格水平上愿意而且能够购买的商品量。作为需求要具备两个条件：第一，有购买欲望；第二，有购买能力，这两者缺一不可。

鸦片战争以后，英国商人为打开了中国这个广阔的市场而欣喜若狂。当时英国棉纺织业中心曼彻斯特的商人对把洋布销到中国十分乐观，他们估计，中国有4亿人，假如有1亿人晚上戴睡帽，每人每年用两顶，整个曼彻斯特的棉纺厂即使加班加点也不够，何况这只是睡帽，还有衣服、裤子、被子、单子……都需要洋布。于是他们把大量洋布运到中国，结果却是一枕黄粱美梦：洋布在中国根本卖不出去。这是为什么呢?

这是因为洋布并没有满足中国人需求的两个条件。当时中国人没有戴睡帽的习惯，衣服也用自产的丝绸和土布，所以对英国机织洋布没有购买欲望。另外，当时中国人也很穷，农民手中现金极少，缺乏购买商品的能力，所以洋布在中国卖不出去。英国人可以用炮舰打开中国国门，把洋布运到中国，但无法强迫中国人购买他们的商品。

我们到商场去购物是为了得到效用，因此总要比较一下货币支出与能获得的效用，看值不值。如果我们的货币收入是一定的，即每单位货币给我们带来的效用都是相等的，那么我们对某物品愿意付出的价格就以该物品的边际效用为标准。如果边际效用大，我们就愿意付较高的价格；如果边际效用小，我们就只愿付较低的价格。随着我们购买某物品数量的增加，该物品的边际效用随之递减，这样我们愿意付出的价格也就降低。因此，在其他条件不变时，我们对某物品的需求量与其价格就呈反向变动，这就是需求定理。在理解需求定理时要注意以下几点：

（1）其他条件不变是指影响需求的其他因素不变，离开了这一前提，需求定理就无法成立。例如，如果收入增加，商品本身的价格与需求量就不一定呈反方向变动。

（2）需求定理指的是一般商品的规律，但这一定理也有例外。比较重要的是炫耀性商品与吉芬商品。

（3）需求定理反映了商品价格与需求量之间的反方向变动关系，这种变动关系是由收入效应和替代效应共同作用形成的。

（4）贵的优势商品和差的劣势商品各加上一个相同的固定费用，那么贵的优势商品就相对便宜，根据需求定律，相对便宜即意味需求量上升。

如果我们用横轴 OQ 表示需求量，纵轴 OP 表示价格，那么需求量与价格呈反向变化的关系可以用一条曲线 D 来表示，这条曲线是向右下方倾斜的，其斜率为负，称为需求曲线，如图所示。

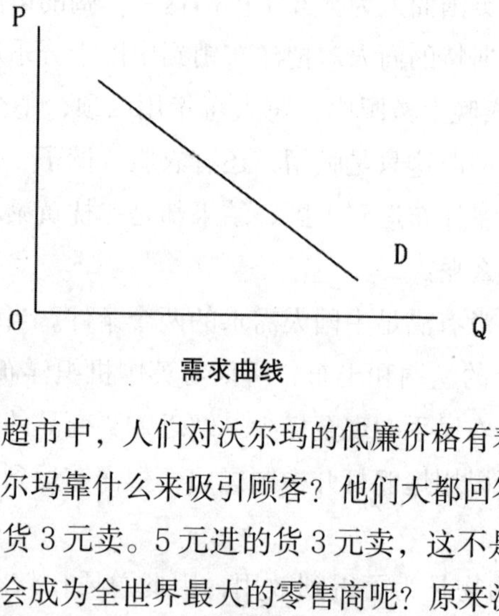

需求曲线

在众多知名的连锁超市中，人们对沃尔玛的低廉价格有着深刻的印象。如果你问沃尔玛的员工：沃尔玛靠什么来吸引顾客？他们大都回答：便宜。有人甚至会说沃尔玛是 5 元进的货 3 元卖。5 元进的货 3 元卖，这不是亏本的买卖吗？沃尔玛靠什么赚钱？怎么会成为全世界最大的零售商呢？原来沃尔玛并不是什么商品都打折，只有部分商品打折，给顾客留下便宜的印象。于是根据需求定理，就会吸引顾客到沃尔玛来。顾客既然来了，就会稍带买些并没有打折的商品，于是带动了整个商场的销售量。为了避免顾客只冲部分商品来超市，沃尔玛采取了轮流打折的策略，让顾客也搞不清今天哪种商品打折，反正总有打折的商品，从而养成到沃尔玛消费的习惯，保证了沃尔玛的可持续发展。

需求定理认为，价格与需求是成反向变动的，在经济学史上就曾经有一个探讨需求定理作用的有趣故事。20 世纪 80 年代，美国著名的经济学家斯坦福大学的保罗·埃尔里奇认为，由于人口爆炸、食物短缺、不可再生性资源的消耗、环境污染等原因，人类的前途堪忧；而马里兰州州立大学的未利安·西蒙认为，人类社会的技术进步和价格机制会解决人类社会发展中出现的各种问题，所以人类社会的前途还是光明的。他们都有自己的支持者，形成了两个派别：悲观派和乐观派，进行了很长时间的争论。由于公说公有理，婆说婆有理，谁也说服不了谁，只好用时间来检验了。为此他们打了赌，赌不可再生性资源是否会消耗完的问题，如果像埃尔里奇说的那样，不可再生性资源总有一天会消耗完的话，它们的价格必然会大幅度上升；如果像西蒙说的那样，技术的进步和价格机制会解决人类社会发生的各种问题的话，它们的价格不但不会大幅度上升，还会下降。他们选了5种金属：铬、铜、镍、锡、钨，各自以假想的方式买入1000美元的等量物质，每种金属各200美元，以1980年9月29日的各种金属价格为准，假如到1990年9月29日，这5种金属的价格在剔除通货膨胀的因素后果然上升了，西蒙就输了，他要付给埃尔里奇这些金属的总差价。反之，假如这5种金属的价格下降了，埃尔里奇就输了，他将把总差价支付给西蒙。经过了漫长的10年的等待，事情终于有了结果，最后是西蒙赢了：5种金属无一例外都降了价。

为什么这5种不可再生性资源的价格都下降了呢？这是因为世界上任何资源都有替代品，当这些资源的价格上升时，会刺激人们去开发和使用它们的替代品，它们的需求就会减少，这就是需求定理。而需求的减少又会使其价格下降。比如，在青铜器时代，人们用铜做器物：铜锅、铜盆、铜剑……甚至镜子和货币也是铜做的：铜镜、铜钱。现在为什么只能在博物馆看到这些东西呢？就是因为随着科学技术的进步，人们发现了很多青铜的替代品，比如，用铁制锅和剑，用塑料制盆，用玻璃制镜，用纸制钱，等等。铜的需求就会大大减少，价格也就下降了。

因此正如西蒙所说的，人类社会的技术进步和价格机制会解决人类社会中出现的各种问题，人类社会的前途一定是光明的。

享受有差别的生活——消费与消费品

消费品是指满足人们物质和文化方面消费需求的物品。市场上提供的种种有关衣食住行方面的产品或者劳务，如家电、食品、理发等都可以称为消费品。而人们通过消费品满足自身欲望的经济行为就是消费。

根据消费者的购买行为和购买习惯，消费品可以分为便利品、选购品、特殊品3类。

（1）便利品。又称日用品，是指消费者日常生活所需、需重复购买的商品，诸如粮食、饮料、肥皂、洗衣粉等。消费者在购买这类商品时，一般不愿意花很多的时间比较价格和质量，愿意接受其他任何代用品。因此，便利品的生产和销售，一般具有分销的广泛性，经销网点遍布城乡各地，以便消费者能及时就近购买。

（2）选购品。指价格比便利品要贵，消费者购买时愿意花较多时间对许多家商品进行比较之后才决定购买的商品，如服装、家电等。消费者在购买前，对这类商品了解不多，因而在决定购买前总是要对同一类型的产品从价格、款式、质量等方面进行比较。因此，选购品的销售网点一般都设在商业网点较多的商业区，并将同类产品销售点相对集中，以便顾客进行比较和选择。

（3）特殊品。指消费者对其有特殊偏好并愿意花较多时间去购买的商品，如电视机、电冰箱、化妆品等。消费者在购买前对这些商品有了一定的认识，偏爱特定的品牌和商标，不愿接受代用品。为此，企业应注意争创名牌产品，以赢得消费者的青睐，要加强广告宣传，扩大本企业产品的知名度，同时要切实做好售后服务和维修工作。

基础消费品与人们生活息息相关，人们每天的所吃、所穿、所用包含了各种各样的消费品。如果基础消费品一旦短缺，人们生活将会陷入巨大的混乱之中。

苏联解体前，基础消费品短缺的现象时有发生，甚至在一些主要人口聚居区也如此。这些商品在一些大城市偶尔得依靠配给供应。在分析前苏联消费品短缺的时候，并不是每一件可以看到的商品就一定能以它们的标价买到。例如，在迎接许多外国游客的莫斯科和列宁格勒，供应就比全国其他地方好得多，直到19世纪80年代末，那里还没有出现过实物配给。类似的，在一座小城市，国营商店货架上展示的商品仅仅意味着它们是用来配给的，不能随意购买。但在大多数情况下，短缺就意味着空空的货架和长长的队伍。到19世纪80年代末，短缺更严重了。到1991年末苏联解体的时候，几乎每种食品都得配给。非配给消费品事实上已经在国营商店消失了。尽管在19世纪80年代中期就已经出现的非国营商店部分缓解了消费品短缺，但非国营商店的商品价格比国营商店的高出5到10倍，普通人无力承受。可以说，消费品供应的问题是造成前苏联解体的重要因素之一。

在经济发展的前提下，消费品市场上供应的各类消费品极大地提高了人们的生活水平。于是，除了基础消费品外，奢侈品已经越来越受到人们的消费青睐。

奢侈品在国际上被定义为“一种超出人们生存与发展需要范围的，具有独特、稀缺、珍奇等特点的消费品”，又称为非生活必需品。奢侈品在经济学上讲，指的是价值与品质的关系比值最高的产品。从另外一个角度上看，奢侈品又是指无形价值与有形价值的关系比值最高的产品。从经济意义上看，奢侈品实质是一种高档消费行为，本身并无褒贬之分。

简单来说，人类追求奢侈品主要有以下 4 个动机：

（1）富贵的象征。奢侈品是贵族阶层的物品，它是贵族形象的代表。如今，虽然社会民主了，但人们的“富贵观”并未改变。“劳斯莱斯”汽车就是贵族车的象征。

（2）看上去就好。奢侈品的高级性应当是看得见的。正因为人们对其奢华“显而易见”，它才能为主人带来荣耀。所以说，奢侈品理当提供出来更多的“可见价值”——让人看上去就感到好。那些购买奢侈品的人完全不是在追求实用价值，而是在追求全人类“最好”的感觉。

（3）个性化。正是因为商品的个性化，才为人们的购买创造了理由。也正因为奢侈品的个性化很不像大众品，才更显示出其尊贵的价值。

（4）距离感。作为奢侈品必须制造望洋兴叹的感觉。在市场定位上，奢侈品就是为少数“富贵人”服务的。因此，要维护目标顾客的优越感，就要使大众与他们产生距离感。奢侈品要不断地设置消费壁垒，拒大众消费者于千里之外。

对于人的消费而言，维持和延续人体基本生存的生活资料属于必需的消费品，如满足人体新陈代谢所需的食物、满足人们保暖的住房等。在不同的经济发展阶段上，生存资料标准与范围也不相同，随着消费水平的不断提高，必需消费品的种类不断增加、质量不断提高。而满足人的高级享受需要的消费品就是奢侈消费品。在经济发展的不同阶段，奢侈消费品的内涵也不尽相同，在经济发展水平低的阶段是奢侈消费品，随着经济发展就有可能转化为必需消费品。

渔翁为什么只要小鱼——消费需求

消费需求是指消费者对以商品和劳务形式存在的消费品的需求和欲望。那么，消费需求包含哪些方面的内容呢？

（1）对商品使用价值的需求。使用价值是商品的物质属性，也是消费需求的基本内容，人的消费不是抽象的，而是有具体的物质内容，无论这种消费是侧重于满足人的物质需要，还是心理需要，都离不开特定的物质载体，且这种物质载体必须具有一定的使用价值。

（2）对商品审美的需求。对美好事物的向往和追求是人类的天性，它体现在人类生活的各个方面。在消费需求中，人们对消费对象审美的需要、追求，同样是一种持久性的、普遍存在的心理需要。对于消费者来说，所购买的商品既要有实用性，同时也应有审美价值。从一定意义上讲，消费者决定购买一件商品也是对其审美价值的肯定。在消费需求中，人们对消费对象审美的要求主要表现在商品的工艺设计、造型、式样、色彩、装潢、风格等方面。人们在对商品质量重视的同时，总是希望该商品还具有漂亮的外观、和谐的色调等一系列符合审美情趣的特点。

（3）对商品时代性的需求。没有一个社会的消费不带有时代的印记，人们的消费需求总是自觉或不自觉地反映着时代的特征。人们追求消费的时代性就是不断感觉到社会环境的变化，从而调整其消费观念和行为，以适应时代变化的过程。这一要求在消费活动中主要表现为：要求商品趋时、富于变化、新颖、奇特、能反映当代的最新思想，总之，要求商品富有时代气息。商品的时代性在商品销售中具有重要意义。从某种意义上说，商品的时代性意味着商品的生命。一种商品一旦被时代所淘汰，成为过时的东西，就会滞销，结束生命周期。为此，一方面，营销人员要使经营的商品适应时代的需要，满足消费者对商品时代感的需求；另一方面，生产者要能站在时代的前列，及时生产出具有时代特点的商品。

（4）对商品社会象征性的需求。所谓商品的社会象征性，是人们赋予商品一定的社会意义，使得购买、拥有某种商品的消费者得到某种心理上的满足。例如，有的人想通过某种消费活动表明他的社会地位和身份；有的人想通过他所拥有的商品提高在社会上的知名度；等等。了解消费行为中人们对商品社会象征性的需求，有助于采取适当的营销策略，突出高档与一般、精装与平装商品的差别，以满足某些消费者对商品社会象征性的心理要求。

（5）对优良服务的需求。随着商品市场的发达和人们物质文化消费水平的提高，优良的服务已经成为消费者对商品需求的一个组成部分，“花钱买服务”的思想已经被大多数消费者所接受。

实际上，消费需求可能受到多重因素的制约。有个故事是关于个人需求的。

一个渔翁在河边钓鱼，看样子他的运气很好，没多久，只见银光一闪，便钓上来一条。可是十分奇怪，每逢钓到大鱼，这个渔翁就会将它们放回水里，只有小鱼才放到鱼篓中。在一旁观看他垂钓很久的人感到很迷惑，于是就问："你为何要放掉大鱼，而只留小鱼呢？"渔翁答道："我只有一口小锅，所以煮不下大鱼，并且小鱼的味道更鲜美。"

由此看来，并不是渔翁对大鱼没有需求，而是客观因素限制了他的需求。而对于市场上的消费者而言，经济状况决定人们的购买能力，也影响其消费需求。现实经济收入水平是决定购买能力的直接因素之一，同时也影响着顾客消费的选择及其结构。

在市场活动中，当商品经济处于不发达阶段时，消费者的消费领域比较狭窄，消费的内容很不丰富，满足程度也受到很大限制，消费者的消费需求及其满足程度都处于一种压抑状态。在市场经济条件下，生产资料和生活资料都是商品，人们的生产和生活的消费需求的满足都离不开市场交换。随着社会生产力的不断发展，企业将向市场提供数量更多、质量更优的产品，以便更好地满足消费者的消费需求。同时，随着人们物质文化生活水平的日益提高，消费需求也呈现出多样化、多层次，并有由低层次向高层次逐步发展，消费领域不断扩展，消费内容日益丰富，消费质量不断提高的趋势。

随着生活需要满足水平的逐步提高和生活态度及方式的改变，随着直接或间接的生活、消费经验的丰富，随着消费心理的不断成熟，人们在基本生活需要得到满足之后，开始从追逐潮流、显示个性，逐渐到体现品位、追求自我满足，心理追求逐步向高层次发展，生活及消费动机也在不断多样化。

需求的多样化是高层次化、个性化、情感化的直接结果。随着心理需要层次的提高，消费需求变得越来越复杂、多样。特别是对于不同的个体，在情感、精神的追求方面将会表现出更大的差异。主要表现在：

（1）对同一种生活行为，不同个体表现出千差万别的追求。物质短缺时代，对某项产品或消费属性的需求较为集中。随着物质、精神生活水平的提高，需求属性开始呈现出多样性。整体上追求的属性增多，而不同个体的各种需求属性权重的差异性越来越大。

（2）同一个体为满足某一生活需要表现出更多的需求。如为满足休闲的需要，可以有传统的聊天、散步、运动、读书等，还可以有旅行、健身、网上冲浪、电子游戏、购物等多种选择。

（3）对于同一消费者，在不同的生活领域其追求的差异性也变得愈加明显。由于生活方式的多样化，人们在不同的生活领域可能表现出不同的生活方式，进而相应的消费需求也会呈现出差异性和多样性。

大米涨价了就多吃面——替代效应

2009年岁末一场大范围降雪使得各地的鲜菜价格猛地涨了很多。细心的人会发现，青菜价格是涨了，但买的人也跟着少了。据卖菜的摊主说，虽然鲜菜价格涨势汹涌，但整体上还不如正常天气下卖菜赚的多。这是为什么呢？随着鲜菜价格的大涨，精打细算的消费者们开始盯上了价格一向稳定的腌制蔬菜。“菜价涨得凶，只有腌菜价格没动。一年到头都可以吃到新鲜蔬菜，偶尔换换口味也不错。”很多消费者都这样想。于是，腌制的萝卜、雪菜、苋菜、霉干菜等，都卖得不错，风头明显超过了平时颇受青睐的新鲜蔬菜。不过，随着天气转好，鲜菜价格恢复平稳，鲜菜的销量也随之上升了，腌菜又重新恢复“冷门”了。

这其实就是替代效应在发挥作用。替代效应是指由于一种商品价格变动而引起的商品的相对价格发生变动，从而导致消费者在保持效用不变的条件下，对商品需求量的改变，称为价格变动的替代效应。比如，你在市场买水果，一看到橙子降价了，而橘子的价格没有变化，在降价的橙子面前，橘子好像变贵了，这样你往往会买橙子而不买橘子了。对于两种物品，如果一种物品价格的上升引起另一种物品需求的增加，则这两种物品被称为替代品。

替代效应在经济生活中发挥着重要的作用。2007年3月2日，信产部发布了中国联通公司申请停止30省（自治区、直辖市）寻呼业务的公示。该文件显示，中国联通向信产部申请停止经营全网（除上海市外）198/199、126/127、128/129无线寻呼服务，已经基本完成北京、天津、河北等30省（自治区、直辖市）范围内在网用户的清理和转网等善后处理工作。联通在全国范围内停止寻呼业务，预示着BP机将正式告别历史舞台，成为一个时代的背影。BP机刚出现时，价格贵得惊人，一部要几千元，而当时人们的工资一般才几百元。谁要是有一部这样的机子，是很叫人羡慕的。中国的寻呼业获得飞速发展，在20世纪90年代曾经辉煌一时，全国用户发展的增长幅度曾高达150%，用户规模一度逼近一个亿。但是繁华易逝，自1999年年底开始，随着手机的迅速普及，寻呼业被打入漫长的冬天。

尽管寻呼企业也曾尝试转向股票、警务等专业化服务，但依然无法扭转颓势。2002 年，联通还高调接收了另一家著名的寻呼企业——润讯通信的用户，仅广东就接纳了 50 万户之多。但是，兼并与重组也不能改变寻呼企业每况愈下的经营状况，寻呼业务再也没有寻找到翻身之日。所有努力都无法阻挡寻呼业走向没落的脚步。

寻呼机为何只发展了短短的十几年，就从辉煌走向衰落？从经济学角度解释，替代效应发挥了巨大的作用。人们有了更方便实用的手机，谁还会选择 BP 机？BP 机完全被手机替代了！

替代效应在生活中非常普遍。我们日常的生活用品，大多是可以相互替代的。萝卜贵了多吃白菜，大米贵了多吃面条。一般来说，越是难以替代的物品，价格越是高昂。比如，产品的技术含量越高价格就越高，因为高技术的产品只有高技术才能完成，替代性较低，而馒头谁都会做，所以价格极低。再如艺术品价格高昂，就是因为艺术品是一种个性化极强的物品，找不到替代品。王羲之的《兰亭序》价值连城，就是因为它只有一幅。

当 2008 年猪肉价格暴涨后，许多市民增加了其他涨价较少的肉类食品的消费比例，其实这就是替代效应在发挥作用。在生活中我们往往具有这样的智慧：当我们发现某种经常使用的消费品涨价后，往往会选择价格更为便宜的其他商品。

2008 年 7 月宝洁正式启动了旗下产品的第二轮提价，护舒宝、帮宝适等系列产品涨幅达 10% 左右，创近年新高。如潘婷 200 毫升装洗发水，从 15 元左右涨至约 18 元；玉兰油 400 毫升装沐浴乳从 21 元涨至约 24 元。联合利华也紧随其后，力士洗发水、香皂，夏士莲香皂，中华牙膏等价格上涨 10% ~ 15%。

大品牌洗化用品结伴涨价，引起一些消费者的抱怨和抵触，部分未涨价的国产品牌成为其选择的替代品。在这些国外大品牌宣布涨价后的一个月内，来自家乐福的销售数据显示，大品牌洗化用品销售并不理想，但国产品牌却逆势上扬，如六神、霸王、匠人等洗发水、沐浴露，以及雕牌、立白等洗衣粉及皂类。

还有其他的情况出现，比如在“三鹿奶粉”事件发生后，人们对国产奶粉的不信任感急剧增加，在当时他们不愿意喝国产奶粉，这时应该寻找哪些替代品呢？聪明的人们找到了七种牛奶的替代品：燕麦粥、豆浆、生牛奶、羊奶、水牛奶、奶糊、椰奶等。

其实，在我们的工作中，替代效应也在发挥作用。那些有技术、有才能的人在企业里是香饽饽，老板见了又是加薪，又是笑脸，为什么？因为这个世界上有技术、有才能的人并不是很多，找一个能替代的人更是不容易。而普通员工，企业很容易从劳务市场上找到替代的人，中国是人力资源大国，你不愿意干，想干的人多的是。对于别人的薪金比自己高，不要吃惊和不平，只要使自己具有不可替代性，自己的待遇自然会提上来。

替代效应在人们的日常生活中无处不在，我们要认识并充分利用这种效应，做一个聪明的经济人。

物价涨跌中的消费决策——收入效应

当一种商品的价格发生变化时，会对消费者产生两种影响：一是使消费者的实际收入水平发生变化；二是使商品的相对价格发生变化。这两种变化都会改变消费者对该种商品的需求量。

例如，在消费者购买商品 X 和商品 Y 两种商品的情况下，当商品 X 的价格下降时，一方面，对于消费者来说，虽然名义货币收入不变，但是现有的货币收入的购买力增强了，也就是说实际收入水平提高了。实际收入水平的提高，会使消费者改变对这两种商品的购买量，从而达到更高的效用水平，这就是收入效应。

另一方面，商品 X 价格的下降，使得商品 X 相对于价格不变的商品 Y 来说，较以前便宜了。商品相对价格的这种变化，会使消费者增加对商品 X 的购买而减少对商品 Y 的购买，这就是替代效应。

总之，一种商品价格变动所引起的该商品需求量变动的总效应可以被分解为替代效应和收入效应两个部分，即：

总效应 = 收入效应 + 替代效应

按照一般的消费理论，引起消费变化的主要因素分收入效应和替代效应。不管是发生了收入效应还是替代效应，还是两者同时都发生了，总之，由于这两种效应的作用，当一种物品的价格下降时，其购买量会增加，当价格上升时，其购买量会减少。这是人人凭生活经验就可以感受到的需求规律。

显然，依靠商品价格的下降提高消费不是消费增长的长期可持续源泉。因此，提高消费在国民经济中的比重，关键是提高消费者的收入。政府对落后地区的农村劳动力转移进行补贴，以促进农村剩余劳动力的重新配置的政策无疑是正确的，但对于提高整体消费还是远远不够的。

我国消费长期低迷的症结不是老百姓热衷储蓄“不愿花钱”，而是居民收入水平跟不上经济发展速度，如工资水平作为衡量居民收入的指标，其在经济指标中的比重呈持续下降态势。

长期以来，我国治理消费低迷的措施全然集中于替代效应，也就是出台政策令消费变得“更便宜”，而储蓄“更贵”（如低利率、加征利息税等）。这些措施的目的是要引导储蓄向当期消费转化。其实，相对于替代效应，收入效应应是消费增长的长期可持续源泉，不过就一个国家增加居民收入而言，并不是意味着要过多地干预企业与职员的工资合议。

据有关资料统计，我国仍有40%以上的劳动力在从事生产率较低的农业，而农业的劳动生产率仅为其他经济部门的1/6左右。这个部分农业劳动力有一半为剩余劳动力，若重新配置到其他行业中，特别是劳动密集型的服务业中，就业类型的转变可能给这些劳动力的收入带来质的变化。一旦收入提高的速度超过价格水平的上涨速度，将会有效刺激市场需求。

在现实中，税收也会对人们产生收入效应和替代效应。如果把所得税看作人们向政府购买公共物品所付出的价格的话，所得税的税率提高了，就相当于公共物品的购买价格提高了，由于公共物品是政府提供的一种共享资源，所以个人不会因为享受它们而产生比别人更多的满足感，而且税收是强制性缴纳的，所以又不能选择减少公共物品的购买。在这样一种背景下，税率提高会使人们产生两种感觉：第一，感觉自己的实际收入降低了，从而会更加心疼钱，而且为了补偿税收的损失，人们会工作更长的时间或做多种工作以增加收入，这就是收入效应；第二，工作是为了取得收入，而取得收入是为了提高生活水平，得到快乐和满足，但闲暇娱乐也会使人们感到快乐和满足，税率提高尤其是累进税，会让人们觉得自己挣钱越多越不值得，工作越多越不值得，于是，闲暇的快乐具有了更强烈的吸引力，人们会更多地选择闲暇来替代工作。

这么看来，所得税税率提高使这两种效应对经济各自发挥了不同方向的作用：正面的和负面的。而这两种效应并不是平均起作用的，那么什么情况下收入效应占主导，什么情况下替代效应占主导呢？

如果你挣了1元钱，而这1元钱中要纳税8角，那么你肯定不会去挣这1元钱了。所以新增加的收入税率越高，人们就越不愿意多工作，宁愿闲着。所以新增收入的税率（边际税率）越高，税收的替代效应越明显。

而如果平均税率较高，那么无论人们的收入在何种档次上，税收比例都是一样的。这时人们则会倾向于多增加收入，因为多增加的收入不用多缴税。如果所得税是比例税，挣多挣少都缴同样比例的税，那么多挣钱就没有什么阻碍，所以这时候收入效应就会发生主导作用了，人们就会多工作来增加实际收入。

由此可见，税收的替代效应会导致人们工作努力程度的降低，是一种对经济的阻碍力量，也被称为税收的抑制效应。而反过来，努力降低替代效应的作用，降低所得税的边际税率和减少税率档次，则可以作为振兴经济的一条政策出路。

汽车与汽油的销量有什么关系——互补品

对于消费者来说，要满足同一种需要，往往不是消费一种商品，而是消费两种或两种以上的商品。一种商品价格的变动，不只影响该种商品的需求量，还会对与之有关的其他商品的需求量和价格产生影响。反之，一种商品需求量变动，不仅会影响该商品自身的价格，还会影响到与之相关的其他商品的价格和需求量。这就是说，商品之间存在着一种交叉关系，根据这种交叉关系，消费者可以利用有关商品的不同组合进行合理的消费，以期达到最大效用。商品本身的性质不同决定了它们之间可以存在着替代性、互补性和无关性，据此可将商品分为替代品、互补品、独立品。

所谓替代品是指两种商品在效用上相似并可以相互代替，消费者可以通过二者的组合来满足同一种需要，并可以通过增加一种商品的消费而减少另一种商品的消费来保持商品的组合效用不变。如肥皂和洗衣粉、牛肉和猪肉等，它们之间的关系是互相替代的。

而独立品是指一种产品的销售状况不受其他产品销售变化的影响。假设存在两种产品A和B，那么，A是独立品的情形会有两种。一是A和B完全独立，不存在任何销售方面的相关关系，日光灯与空调机之间的关系就属此类；二是尽管A和B从功能上讲是独立的，但是，产品A的销售增长可能会引起产品B的销售增长，而产品B的销售变化决不会作用于产品A的销售状况。换句话说，A对B的影响关系是单向的，B则不会影响A，那么A相对B而言仍是独立品。

互补品是指两种商品在效用上是互相补充的，二者必须结合起来共同使用才能满足消费者的需求，也可以把这种需求叫作联合需求，即一种商品的消费必须与另一种商品的消费相配套。一般而言，某种商品的互补品价格上升，将会因为互补品需求量的下降而导致该商品需求量的下降。

也就是说，两种商品必须互相配合，才能共同满足消费者的同一种需要，如照相机和胶卷。胶卷的需求量与照相机的价格有着密切关系，一般而言，照相机价格上升，胶卷的需求量下降，两者呈反方向变化。所以，如果X和Y是互补品，X的需求量就与Y的价格成反向变化。

与替代品是满足消费者同一需要而不用同时使用的商品不同，互补品是共同满足需要，而且必须同时使用的两种商品，缺一不可。汽车销量的增加导致汽油销量的增加，油价的上涨导致汽车销量的下降，因为两者是互补品。也就是说，一种商品价格的上升不仅使该商品的需求量减少，也使它的互补品的需求量减少；相反，一种商品价格下降、需求量增加，引起它的互补品的需求量也增加。

互补品会大大提高你的主打产品的销量。例如1900年的法国，就在安德烈和爱德华两兄弟刚刚接管家族设在克莱蒙费朗市橡胶生意之后不久，他们就决定为旅行者出版一本指导手册——《米其林指南》。而从经济学的角度来说，旅行指南和汽车轮胎可以被称为"互补品"——也就是两种常常会被联系在一起进行消费的商品。随着《米其林指南》变得越来越流行，这本小册子也逐渐成为一种强大的品牌构建和营销渠道。事实上，仅仅是销售《米其林指南》就给这家公司带来了滚滚财源。

利用互补品的经济学原理还可以给公司带来运营上的收益。美国早期的城市电车系统就是一个很好的例子。早期的电车运营商们投入了庞大的资金来修建专门的道路网络，可让他们万万没有想到的是，虽然电车在上下班的时候客流量很大，但高峰期之外却很少会有人搭乘电车。毫无疑问，这种客流量的不均衡性大大降低了运营商们的盈利能力。为了提高非高峰期的客流量，运营商们想到了一个绝妙的主意：他们决定在市中心之外修建娱乐公园。到1901年，美国有超过一半的市区交通公司都修建了类似的公园。这些公园不仅增加了电车的客流量，还提高了发电机的使用率，从而大大提高了电车运营商们的资本效率。

我们再来看生活中的一个有关替代品与互补品的例子。微软的Office软件有好几种替代品，如WPS2007极好地兼容Office2003，但是大多数人还是依旧使用盗版的Office2003。造成这种情况的很大一部分原因是互补品的差别。举个例子，你如果使用智能手机，你往往需要安装Outlook，而这是Office2003的一个组件，它直接调用Word编辑电子邮件。不仅微软围绕Office2003构建了一系列产品，其他厂商也以其为范本来开发自己的产品。例如EndNote是使用最为广泛的个人文献管理软件，它可以直接在Word中导入参考文献，而在WPS中却无能为力。这样一来，EndNote的用户就不能放弃Word。无论是企业级用户还是个人用户，最终要选择的都不是一个软件，而是一个适合自己的工作环境，这就使得互补品成为一个产品竞争力的重要因素。

WPS对个人用户免费的主要原因——至少要网罗到一个较大数量的用户群体，才能使其他厂商兼容你的产品。即便软件可以免费获得，用户也不认为他的转移是无成本的，即使WPS在菜单设置上和Office2003几乎一样了，文档格式也达到很高程度的兼容，但是有些用户可能还是不愿意转移过来。原因可能是多种多样的，但是互补品是其中最重要的原因之一。

第七节　消费与偏好

萝卜白菜，各有所爱——消费偏好

消费偏好是指消费者对于所购买或消费的商品和劳务的爱好胜过其他商品或劳务，又称“消费者嗜好”。它是对商品或劳务优劣性所产生的主观感觉或评价。

根据经济学的假设，人都是有偏好的。所谓萝卜白菜各有所爱，所谓穿衣戴帽各好一套，说的就是这个道理。比如，消费者对特定的商品、商店或商标产生特殊的信任，重复、习惯地前往一定的商店，或反复、习惯地购买同一商标或品牌的商品。属于这种类型的消费者，常在潜意识的支配下采取行动。

偏好实际上是潜藏在人们内心的一种情感和倾向，它是非直观的，引起偏好的感性因素多于理性因素。每个人的偏好不同，这就会引起每个人行为选择的不同。黎巴嫩的文学家纪伯伦曾经写过这样的故事：有个人在自家地里挖出一尊绝美的大理石雕像。一位艺术品收藏家高价买下了这尊雕像。卖主摸着大把的钱感叹：这钱会带来多少荣华富贵，居然有人用这么多钱换一块在地下埋了几千年、无人要的石头？收藏家端详着雕像想：多么巧夺天工的艺术品，居然有人拿它换几个臭钱。他们都为自己所交换来的东西而感到非常满意。

每个人的偏好不同，因此对同一种物品的评价往往不同，而这种评价直接影响该物品对自己的实际价值。卖主认为钱的价值大于雕像，买主认为雕像的价值大于钱，其实这和个人的偏好不无关系。

那么偏好究竟跟什么相关呢？有人认为和收入相关：比如我们买服装时，富人不喜欢在地摊前买，他们总是偏好去大型商场；也有人认为和前期偏好有关：比如我们考研时会买星火英语，因为大学考英语四级、六级时一直选择星火英语；也有人认为偏好和地理有关：如四川人偏好吃辣，江苏人偏好吃甜；也有人认为偏好跟熟悉程度有关：比如集中同质商品供自己选择，一般会选择做过广告的；还有人认为偏好与周围人的偏好有关：如你周围的人都买某件东西时，你一般也会买这件东西。

其实，影响人们消费偏好的因素是很复杂的。宏观看，国家和民族的历史传承、国家和区域的经济环境、福利和劳动保障条件等都会影响人们的消费行为。而作为个人，偏好主要受以下几方面影响：

（1）习惯。由于个人行为方式的定型化，比如经常消费某种商品或经常采取某种消费方式，就会使消费者心理产生一种定向的结果。这种动机几乎每个人都有，只是习惯的内容及稳定程度不同。

（2）方便。很多人把方便与否作为选择消费品和劳务以及消费方式的第一标准，以求在消费活动中尽可能地节约时间。

（3）求名。很多人把消费品的名气作为选择与否的前提条件。购买活动中，首先要求商品是名牌。只要是名牌，投入再多的金钱也心甘情愿。

一般来说，某种商品的需求量与消费者对该商品的偏好程度正相关：如果其他因素不变，对某种商品的偏好程度越高，消费者对该商品的需求量就越多。但现实中人们的偏好并不是连续的、稳定的，而是可变的。偏好颠倒的现象说明，人们并不拥有事先定义好的、连续稳定的偏好，偏好是在判断和选择的过程中体现出来的，并受判断和选择的背景、程序的影响。因此，偏好主要分为以下几种类型：

（1）如果消费者的偏好不稳定又含糊的话，要提供给他们一个满意的解决方案，以满足其偏好是不可能的。然而，因为他们对自己的偏好不了解，因此易被影响。

（2）消费者知道自己没有稳定、清晰的偏好，他们对供给的评估很有可能是建立在其外观的吸引力上，而不是其是否真的符合他们（不牢固）的偏好。例如，喜欢喝葡萄酒，但是又清楚地知道自己没有这方面的知识，可能会非常乐意接受有关葡萄酒方面的教育和消费建议。

（3）消费者有着稳定的消费偏好，这些偏好引导着他们的选择，但是他们却并没有清楚地意识到偏好对他们消费选择的驱动性。例如，他们可能自认为选择是建立在理性、客观评判的基础上的。而实际上他们的选择主要考虑的是情感因素或审美因素。因此，这些消费者很可能会错误地接受那些实际上并不符合他们偏好的定制化供给或选择标准，而最终导致不满意。

（4）消费者既有清晰的偏好，又对自己的偏好有足够的了解，这使他们能正确判断一种定制化供给是否真的符合他们的偏好。由于他们对自身偏好的了解，他们可能很少依赖营销者的建议。

事实上，每个人的消费偏好各有不同。比如2009年在各大电视台热播的电视剧《蜗居》引发了很多观众的热情。小艾听办公室同事说电视剧《蜗居》不错，很残酷、很写实。忍将不住，熬夜下载看了两天，终于把整部电视剧看完了。她认为，《蜗居》是一部绝好的国产片子，反映了现代房奴的辛酸史，是如此贴近自己的生活。看完之后，她对《蜗居》赞不绝口，四处向别人推荐。但是小艾尚在读幼儿园的女儿雯雯对她妈妈如此钟情于这部电视剧很不以为然，剧中故事对雯雯完全没有吸引力，相比较而言，她更喜欢看动画片中聪明的“喜羊羊”。

同样的一部电视剧，不同的人对此评价却各不相同？这就涉及个人的偏好问题。偏好表明一个人喜欢什么，不喜欢什么。一般来说，偏好无所谓好坏，“萝卜青菜，各有所爱”，并不能说喜欢青菜的人就要优于喜欢萝卜的人。爱好运动的人可能会经常说“生命在于运动”，而好静的人喜欢以“千年乌龟”的典故作为自己不好动的理由。

服务态度好的商店生意兴隆——消费效用

在经济学的发展史中，“效用”概念的出现无疑是一个突破。物品效用在于满足人的欲望和需求。一切物品能满足人类天生的肉体和精神欲望，才成为有用的东西，才有价值。在经济学中，效用是用来衡量消费者从一组商品和服务之中获得的幸福或者满足的尺度。有了这种衡量尺度，我们就可以在谈论效用的增加或者降低的时候有所参考，因此，我们也可以在解释一种经济行为是否带来好处时有了衡量标准。

在度量效用的问题上，西方经济学家先后提出了基数效用和序数效用的概念。在此基础上，形成了分析消费者行为的两种方法：基数效用论的边际效用分析法和序数效用论的无差异曲线分析法。

在19世纪和20世纪初，西方经济学中普遍使用基数效用概念。基数是指1、

2、3……，是可以加总求和的。基数效用论认为，效用可以具体衡量并加总求和，具体的效用量之间的比较是有意义的。表示效用大小的计量单位被称作效用单位。例如：对某消费者而言，看一场精彩的电影的效用为10效用单位，吃一顿麦当劳的效用为8效用单位，则这两种消费的效用之和为18效用单位。

序数效用论认为，效用无法具体衡量，也不能加总求和，效用之间的比较只能通过顺序或等级表示。自20世纪30年代至今，西方经济学中多使用序数效用概念。序数是指第一、第二、第三……，序数只表示顺序或等级，是不能加总求和的。例如，消费者消费了巧克力与唱片，他从中得到的效用是无法衡量，也无法加总求和的，更不能用基数来表示，但他可以比较从消费这两种物品中所得到的效用。如果他认为消费1块巧克力所带来的效用大于消费唱片所带来的效用，那么就叫一块巧克力的效用是第一，唱片的效用是第二。

效用价值论强调物对人的满足程度，而满足程度完全是主观的感觉，主观价值是客观交换价值的基础。物品的有用性和稀少性都是价值形成不可缺少的因素，都是主观价值的起源。经济学依赖一个基本的前提假定，即人们在作选择的时候倾向于选择在他们看来具有最高价值的那些物品和服务。效用是消费者的主观感觉，取决于消费者对这种物品的喜欢程度。消费者对某种物品越喜欢，这种物品带来的效用就越大，他就越愿意购买，需求就越高。比如有人喜欢抽烟，那么香烟对于他而言效用就很高，但对于一位不愿意闻烟味的女士来说，香烟就会效用很低甚至是负效用。很显然，在作决定的时候，烟民自然会把香烟视为至宝，而女士们可能更钟情于化妆品或者衣服之类的东西。

我们也可以通过红皮鸡蛋与白皮鸡蛋的变迁，来解读效用。根据科学研究，不管是鸡蛋的味道还是营养价值，都跟蛋壳的颜色毫无关系。那为什么以前满市场的白皮鸡蛋都不见了？这是因为，在我国很多地方，人们都喜欢红皮鸡蛋。红色给人一种吉利的象征，当它大量涌入市场，价钱与白皮鸡蛋差不多的时候，多数市民选择红皮鸡蛋，如此一来，红皮鸡蛋便抢占了市场。正是因为人们对红皮鸡蛋有更大的满足感，所以才造成了今天的“市场尽是红皮鸡蛋”的状况。

现在人们买红皮鸡蛋还会达到以前的效用吗？答案又是否定的。红皮鸡蛋本来是很吸引人的，越稀少就越受到尊崇。当红皮鸡蛋充斥市场时，人们对于红皮鸡蛋的满足感是逐渐降低的，这就是边际效用递减。这也就解释了为什么现在的白皮鸡蛋反倒比红皮鸡蛋贵的原因了。

某种商品给消费者带来的效用因人而异，效用大小完全取决于个人主观感受，没有客观标准。比如有的消费者会认为购买胶卷相机带给他们的效用比购买数码相机更大，喝矿泉水比喝啤酒带给他们的效用更大，吃米饭比吃面条更能带给人愉悦感。这些由消费者的主观感受来决定。

实际上，一种商品对消费者是否具有效用，取决于消费者是否有购买这种商品的欲望，以及这种商品是否具有满足消费者欲望的能力。从这个意义上讲，消费者购买商品就是为了从购买这种商品中得到物质或精神的满足。效用是消费者消费某物品时的感受，本身就是一个主观的、抽象的、虚无的概念，而不是一个客观的尺度。

我们总是追求物美价廉的商品，但随着商品的丰富、营销手段的多样以及竞争的加剧，“物美”与否并非我们所能简单判断的。商家常常在商品上标明“原价 ××，现价 ××”，商家这样做无非是想通过所谓的“原价”增加商品的预期效用，即使“原价”从来没有出现过。较低的现价会使消费者认为用较低的支出会得到效用较高的商品，销售量自然增加。

如果在使用商品之前不清楚商品的效用，我们就会反过来，根据价格判断商品的效用。“便宜没好货”就是这个道理。事实上，我们需要某种商品，首先有了这种欲望后才去市场中搜寻。于是就会有价格越高，人们对它的评价就越高，购买的欲望就越强，购买的人就越多，这就形成了“越贵越买”现象。当然贵到一定程度，或者商品成了奢侈品，买的人就会减少。

所以，有时候效用是无法衡量的，只能根据价格来判断对物品的效用。举例说，这类商品有药品、衣服、珠宝首饰等。患者一般对药品效用不清楚，所以常觉得好药应该贵一些，并且价格不是病人考虑的主要因素，所以会有一段需求曲线是上升的。衣服有其特殊性，我们每次买的不一样，这时候经验不起作用，因此对其效用评估的一个重要标准是价格，而且很多人不仅把衣服价格作为主要考虑的因素，甚至有人把衣服的价格作为炫耀的资本。珠宝首饰也是如此，特别是对于玉器、玛瑙等需要专业鉴别知识的商品，我们判断它们的预期效用更依靠价格，所以常常有人高价买来假货。

即使买贵了还是很高兴——消费者剩余

消费者剩余是指消费者购买某种商品时，所愿支付的价格与实际支付的价格之间的差额。在西方经济学中，这一概念是马歇尔首先提出来的，他在《经济学原理》中为消费者剩余下了这样的定义："一个人对一物所付的价格，绝不会超过，而且也很少达到他宁愿支付而不愿得不到此物的价格。因此，他从购买此物所得的满足，通常超过他因付出此物的代价而放弃的满足，这样，他就从这种购买中得到一种满足的剩余。他宁愿付出而不愿得不到此物的价格，超过他实际付出的价格的部分，是这种剩余满足的经济衡量。这个部分可以称为消费者剩余。"

消费者愿意出的最高价格并不一定等于供求双方决定的市场价格。消费者剩余可以用下列公式来表示：

消费者剩余＝买者的评价－买者的实际支付

也就是说，人们希望以一个期望的价格购买某商品，如果人们在消费时实际花费的金钱比预期的花费低，人们就会从购物中获得乐趣，仿佛无形中获得了一笔意外的财富；相反，如果商品的价格高于他的预期价格，他就会放弃购买行为。他因为购买商品的实际支出低于预期价格获得某商品而得到满足。

在南北朝时，有个叫吕僧珍的人，居住在广陵地区。他为人正直，很有智谋和胆略，因此受到人们的尊敬和爱戴，而且远近闻名。因为吕僧珍的品德高尚，人们都愿意和他接近和交谈。同时代有一个名叫宋季雅的官员，被罢免南郡太守后，由于仰慕吕僧珍的名声，特地买下吕僧珍屋旁的一幢普通的房子，与吕为邻。一天吕僧珍问宋季雅："你花多少钱买这幢房子？"宋季雅回答："1100 金。"吕僧珍听了大吃一惊："怎么这么贵？"宋季雅笑着回答说："我用 100 金买房屋，用 1000 金买个好邻居。"

这就是后来人们常说的"千金买邻"的典故，"1100 金"的价钱买一幢普通的房子，相信任何一个经济人都不会作出如此选择。但是宋季雅却认为很值得，因为其中的"1000 金"是专门用来"买邻"的。

消费者在买东西时对所购买的物品有一种主观评价。这种主观评价表现为他愿意为这种物品所支付的最高价格即需求价格。决定这种需求价格的主要有两个因素：一是消费者满足程度的高低，即效用的大小；二是与其他同类物品所带来的效用和价格的比较。举个例子来说：

在一场纪念猫王的小型拍卖会上，有一张绝版的猫王专辑在拍卖，小秦、小文、老李、阿俊四个猫王迷同时出现。他们每一个人都想拥有这张专辑，但每个人愿意为此付出的价格都有限。小秦的支付意愿为 100 元，小文为 80 元，老李愿意出70元，阿俊只想出50元。

拍卖会开始了，拍卖者首先将最低价格定为20元，开始叫价。由于每个人都非常想要这张专辑，并且每个人愿意出的价格远远高于20元，于是价格很快上升。当价格达到50元时，阿俊不再参与竞拍。当专辑价格再次提升为70元时，老李退出了竞拍。最后，当小秦愿意出81元时，竞拍结束了，因为小文也不愿意出高于80元的价格购买这张专辑。

那么，小秦究竟从这张专辑中的得到什么利益呢？实际上，小秦愿意为这张专辑支付100元，但他最终只为此支付了81元，比预期节省了19元。

这节省出来的19元就是小秦的消费者剩余。一般来说，在购买商品时，每个购买者都希望以低于自己支付意愿的价格买到商品，而拒绝以高于支付意愿的价格购买该商品。而宋季雅之所以愿意出“1100金”购买与吕僧珍比邻的房屋，是因为“1100金”仍在自己的可接受价格范围内。

在日常生活中，消费者剩余可以用来衡量消费者购买并消费某种物品或劳务所得到的经济福利的大小。消费者购买和消费物品或劳务是为了得到经济福利，一种物品或劳务给消费者带来的消费者剩余越大，即市场价格越低于消费者愿意出的最高价格，消费者就越愿意购买；反之，如果市场价格高于消费者愿意出的最高价格，那么消费者就会认为购买该物品或劳务不值得，或者说消费者剩余为负数，那么消费者就不会购买。

在市场经济中，很多商家为了让自己赚取更多的利润，会尽量让消费者剩余成为正数，于是采取薄利多销的销售策略，以此来吸引更多的消费者前来购买商品。但是有很多时候，我们会发现一种非常奇怪的事情，你在高档的精品屋里打7折买来的东西，在外面一般的商场里价格却与自己买的基本差不多。因为你被打折的手法诱惑了，你只获得了过多的消费者剩余——心理的满足，而付出的是自己的真金白银。

商家想方设法把消费者剩余转化为利润的例子在日常生活中比比皆是，当你在水果摊看到刚上市的荔枝时，新鲜饱满的荔枝激起了你强烈的购买欲望，并且这种欲望溢于言表。卖水果的人看到你看中了他的荔枝，他会考虑以较高的价格卖给你。其实，你对荔枝的较强的购买欲望，表明你愿意支付更高的价格，从而有更多的消费者剩余。所以，当你询问价格的时候，他会故意提高价格，由于你的消费者剩余较多，或许你对这个价格还挺满意，便毫不犹豫地把荔枝买了下来。结果，你的消费者剩余转化为水果摊主的利润。

这个例子告诉我们在购买商品时应该如何维护自身利益的一些经验，比如，当我们想购买某种商品时，不要眼睛直勾勾地看着这件商品，不妨表现出无所谓的态度，甚至表现出对该商品的“不满”，这样，商家以为你不太想买，就不敢提高价格。

什么主宰着你的消费行为——消费预期

消费预期是消费主体在对市场和经济状况作出判断情况下的消费倾向，也就是消费者在购买产品之前对于厂商提供的产品和服务的价值判断。而消费者的预期价值和他们在实际消费过程中的感知价值所形成的差距直接影响了消费者的满意度。并且消费者的预期价值直接决定了顾客需求的现状和趋势，影响了他们的购买决策。

一般来说，消费者在使用商品（包括有形产品和服务）以后，会根据自己的消费经验，对商品作出一个自我评价，并在此评价的基础上形成对该产品的态度，即是否感到满意。生活中还存在着这样一个定律：如果实际效果 > 预期，则顾客就会感到满意。也就是说，对于我们来说，当在购买和接受服务之前，都会预先设想到我们应该会有怎样一个体会，也就是说有了一个期望值。自然而然的，在体验产品的服务时，顾客就会产生一个实际的效果感受。倘若这些效果远远低于客户的期望值，那么客户心理就会亮出不满意的红灯。如果实际效果与期望值差不多，客户会感觉到一般满意；如果实际效果超过了期望值，甚至带来惊喜，客户就会非常满意。

举一个简单的例子。斯宾诺的西装里经常携带大量的发票及各式收据。一次洗衣服时，西装里有一张数额不菲的支票被洗了，等到发现时，支票已经残损不堪。这张支票足以让他破产。当他听说英国银行新提供了一种服务，能将破损的支票还原时。尽管斯宾诺对这种服务并不抱太大期望，他还是走进了银行。经过一番鉴定后，果然，斯宾诺得到了全部的钱。当银行的服务员让他为自己的服务打分时，斯宾诺毫不犹豫地给出了“非常满意”！

在这个故事里，当斯宾诺听说银行有恢复残损支票的服务时，我们可以假定他对银行服务的预期评价为 30（假定顾客评价 100 时为满意），而当他得到全额的还款时，现实就远远超出了自己的预期，他不仅对此感到满意，甚至还很激动，则我们可以假定他的实际效果评价为120。通过这样的数值表示，我们就能很清楚地看到斯宾诺的满意程度。

实际上，人总是根据预期来作出决策的，而这种预期往往并不一定就说得上是理性化的。比如我们在菜名前加一点异国情调、时髦的词语，如“墨西哥辣椒芒果酱”“北美草原水牛肉”等，这些描述会引导我们抱有非常大的期望，我们往往会发现这些“芒果酱”和“牛肉”确实好于平常吃的芒果酱和牛肉。当然，预期的影响力并不局限于饮食。如果请朋友看电影，你事先告诉他评论家们对该片评价如何高，他们就会更喜欢这部影片。

在现实生活中，人们的预期具有特殊的引导作用，能隐蔽地发射一种能量，让被预期者朝着预期的方向行进或改变。也可以说，预期是一种带有暗示性的软性指令。

消费预期容易形成一种成见。在美国曾经有一则“百事挑战”的电视广告，广告里任意挑选顾客，请他们品尝可口可乐和百事可乐，然后让他们当场说明喜欢哪一种。结果当然是百事可乐超过可口可乐。同时，可口可乐的广告表明人们对可口可乐的偏爱超过百事可乐。事实上，两家公司对他们的产品采用了不同的评估方式。据说可口可乐公司采用的是让消费者根据偏好公开挑选，而百事可乐采取的挑战方式则是让参与者蒙起眼睛，在两种可乐中品尝打分。难道说百事可乐在“盲目”测试中味道较好，而可口可乐在“可见”测试中味道较优？实际上，多年来可口可乐在广告、品牌上已经占据了优势，人们对可口可乐的预期已经让人们产生了一种成见：可口可乐比百事可乐好喝。其实，这就如同我们看到老年人用电脑，就会想到他不会上QQ，看到清华学生就想到他们一定很聪明的原因。成见为我们提供了特定的预期，也可能对我们的认识与行为有不利的影响。

预期具有非凡的作用，它能让人们在嘈杂的房间里聊天，虽然有时听不清，但仍然可以正确理解对方说什么。有时收集信息上出现一些乱码，我们也照样读懂它的意思。尽管预期有时候让人显得很傻，但却是用途多多。

很多人也许有这样的体验：冬天感冒，在小店买的感冒药就不见好，大药房的高价药吃了就觉得畅快；患哮喘病，普通药品总不见效，著名厂家刚上市的新药一定能药到病除。换句话而言，事关自己的身体健康，你一般会对这些讨价还价吗？普通感冒先放下不说，如果到了性命攸关的疾病，我们还有多少人锱铢必较呢？不会的，我们会为自己，为孩子，为亲人竭尽全力，花多少钱在所不惜，一定要选择最好的药。为什么会选择价格高的药品呢？这是因为我们对价格高的药品治愈疾病有较高的期望。通过美国的行为经济学家丹·艾瑞里所做的试验得知：一分钱，一分货，付多少钱，就有多大疗效。说到底，这种非理性行为的背后其实蕴藏着心理预期的作用。

如果某种商品在价格上打了折扣，注定得到的东西就差吗？如果我们依赖自己非理性的直觉，实际上就是这样。如果我们看到半价商品，我们本能地断定它的质量就比全价的差——事实上我们把它看得差了，它就真的差了。怎么纠正呢？如果我们定下心来，理性地拿产品与价格做一番比较，就能克服那种无意识的冲动，不再把产品的销售价格与内在质量挂钩了。

怎样搭配才能花钱最少——消费者均衡

在消费者的收入和商品的价格既定的条件下，当消费者选择商品组合获取了最大的效用满足，并将保持这种状态不变时，称消费者处于均衡状态，简称为消费者均衡。消费者的货币收入总是有限的，他要把有限的货币收入用于各种物品的购买，以满足自己的欲望。他应该如何把货币分配于各种物品的购买才能获得最大程度的满足，使得心理平衡呢？

如果我们用Px和Py分别表示X商品和Y商品的价格，再用MWx和MWy分别表示X商品和Y商品的边际欲望，那么，消费者均衡将由以下公式反映：

$$MWx/Px=MWy/Py$$

如果消费者认为X商品的边际欲望与价格之比大于Y商品的边际欲望与价格之比，那么，消费者就会增加X商品的购买量，减少Y商品的购买量，直至两个比值相等为止。虽然消费者均衡公式只有一个，但是，消费者均衡的比值却不计其数。因为每一个消费者的欲望尺度都有可能不相同。

那么究竟什么是消费者均衡呢？举一个生活中的例子来说明。李大妈是个很会过日子的人，买东西精打细算。这天她准备做午饭，看着家里没什么菜了，就去菜市场买菜。她先买了白菜、萝卜和西红柿，花了10元钱；又买了豆腐和粉条，花了5元钱。一看钱包里只剩下2元钱了，本来还想买一斤肉，可钱不够了。这怎么办？不能不买肉，家里已经没有荤菜了。李大妈这时才觉得白菜、萝卜和西红柿买多了，于是找卖菜的想退掉一些。买了菜还要退货？好在卖菜的见李大妈是老主顾，就退了她5元钱的菜。李大妈于是花7元钱买了点肉，心满意足回家了。

我们来分析李大妈的消费活动。李大妈带的钱是有限的，一共只有17元钱，她必须要用这17元钱满足她对各种菜的需要。白菜、萝卜和西红柿花了她10元钱，随着购买量的增加，边际效用减少了。想买肉而钱不够了，这时肉的边际效用就增加了。由于每元钱用于购买菜和肉的边际效用并不相等，李大妈心理不平衡，所以她要去退货，以便重新将货币分配于菜和肉的购买上。后来她用退回来的5元钱，再加上剩下的2元钱买到了肉。这样，每元钱用于购买菜和肉的边际效用就相等了，实现了消费者均衡，从而心满意足。

由此，我们可以看出消费者均衡的原则是：在消费者的货币收入固定和物品的价格已知的条件下，消费者总是想让自己购买的各种物品的边际欲望与各自价格的比值都相等，换句话说，消费者总是幻想自己的每一单位货币所获得的边际效用都相等。

同时，实现消费者均衡必须具备以下假设性条件：

（1）消费者的偏好既定。这就是说，消费者对各种物品效用的评价是既定的，不会发生变动。也就是消费者在购买物品时，对各种物品购买因需要程度不同，排列的顺序是固定不变的。比如一个消费者到商店中去买盐、电池和点心，在去商店之前，对商品购买的排列顺序是盐、电池、点心，这一排列顺序到商店后也不会发生改变。这就是说先花第一元钱购买商品时，买盐在消费者心目中的边际效用最大，电池次之，点心排在最后。

（2）消费者的收入既定。由于货币收入是有限的，货币可以购买一切物品，所以货币的边际效用不存在递减问题。因为收入有限，需要用货币购买的物品很多，但不可能全部都买，只能买自己认为最重要的几种。因为每一元货币的功能都是一样的，在购买各种商品时最后多花的每一元钱都应该为自己增加同样的满足程度，否则消费者就会放弃不符合这一条件的购买量组合，而选择自己认为更合适的购买量组合。

（3）物品的价格既定。由于物品价格既定，消费者就要考虑如何把有限的收入分配于各种物品的购买与消费上，以获得最大效用。由于收入固定，物品价格相对不变，消费者用有限的收入能够购买的商品所带来的最大的满足程度也是可以计量的。因为满足程度可以比较，所以对于商品的不同购买量组合所带来的总效用可以进行主观上的分析评价。

有钱人就该高消费吗？——炫耀性消费

经济学家把消费极为昂贵的产品或服务称为炫耀性消费。其含义在于这种消费行为的目的不在于其实用价值，而在于炫耀自己的身份。此外，消费心理学研究也表明，商品的价格具有很好的排他作用，能够很好地显示出个人收入水平。利用收入优势，通过高价消费这种方式，高层次者常常能够有效地把自己与低层次者分开。

炫耀性消费作为一种象征性消费，包含两层含义：其一，是“消费的象征”。即借助消费者的消费表达和传递某种意义和信息，包括消费者的地位、身份、个性、品位、情趣和认同。消费过程不仅是满足人的基本需要，而且也是社会表现和社会交流的过程。其二，是“象征的消费”。即消费者不仅消费商品本身，而且消费这些商品所象征的某种社会文化意义，包括消费时的心情、美感、氛围、气派和情调。

炫耀性消费是一种重要的社会经济现象，这个概念最早由凡勃伦于1899年出版的《有闲阶级论——关于制度的经济研究》一书中提出来的。凡勃伦认为商品可被分为两大类：非炫耀性商品和炫耀性商品。其中，非炫耀性商品只能给消费者带来物质效用，炫耀性商品则给消费者带来虚荣效用。所谓虚荣效用，是指通过消费某种特殊的商品而受到其他人尊敬所带来的满足感。他认为：富裕的人常常消费一些炫耀性商品来显示其拥有较多的财富或者较高的社会地位。

相传法国皇帝拿破仑三世常常大摆宴席，宴请天下宾客。每次宴会，餐桌上的用具几乎全是用银制成的，唯有他自己用的那一个碗却是铝制品。为什么贵为法国皇帝，却不用高贵而亮丽的银碗，而用色泽要暗得多的铝碗呢？原来，在差不多200年前的拿破仑三世时代，冶炼和使用金银已经有很长的历史，宫廷中的银器比比皆是。可是，在那个时候，人们才刚刚懂得可以从铝矾土中炼出铝来，冶炼铝的技术还非常落后，炼铝十分困难。所以，当时铝是非常稀罕的东西，不要说平民百姓用不起，就是大臣贵族也用不上。拿破仑三世让客人们用银餐具，偏偏自己用铝碗，就是为了显示自己的高贵和尊严。

这事要拿到现在，一定十分可笑，因为在今天，铝不仅比银便宜得多，而且光泽和性能都远远比不上银。铝之所以变得便宜，是因为后来人们发明了电解铝的技术，可以大量生产铝。铝已经非常普遍，谁还会像当年的拿破仑三世那样拿它来炫耀呢。不过，如今用消费品拿来炫耀以显示自己身份的人却是越来越多。

在金钱文化的主导下，炫耀性消费可以说遍及社会的每一个角落，其表现形式可以说是林林总总、无所不包。炫耀性消费与商品的竞争相结合，一种是自我消费，一种是代理消费。很多人的炫耀性消费都是通过价格及品牌来表现的。如果价格下跌，炫耀性消费的效用就降低了，这种物品的需求量就会减少。比如一部价值20万元的手机，现在要1万元卖给他，他也许根本瞧都不会瞧一眼。如果是一顿20万元的年夜饭，如果请他免费品尝，大概也会被拒绝。因为这些物品只剩下实际使用效用，不再有炫耀性消费效用了。

如今，年轻的“80后”富家子弟们正逐渐走向公众的视野，与他们的父辈筚路蓝缕艰苦创业不同，他们一出生便继承万贯家产，正成为社会的一代新贵。他们中间一些人大手大脚的消费更为社会所诟病，“二世祖”便是人们送给他们的“雅号”。名车豪宅、香槟美酒、名牌着装、饰物、大把烧钱，之所以会频频成为“富二代”们追求的对象，其实归根结底是其“炫富”心理在作怪。

这种炫富心理其实在普通人的日常生活中也很常见。很多时候，人们买一样东西，看中的并不完全是它的使用价值，而是希望通过这样东西显示自己的财富、地位或者其他。在成熟的市场经济中，消费者的行为是理性的，进行炫耀性消费的都是企业家、演艺界大腕、社会名流等亿万富豪，他们有钱，进行炫耀性消费也是正常的。但是在我国，炫耀性消费增长的速度远远快于经济增长。

实际上，炫耀并非缺点，它对我们这个社会起着很多大的建设性功能：正是通过炫耀，财富才获得不断积累的动力；正是通过炫耀，一个人对财富拥有的满足才能折射到另外一个人的梦想中，并转化为一群人追求财富的动力。也就是说，从主观上讲，一个人通过炫耀获得了“追求财富并得到财富”的成就感；客观上讲，一群人在这个人的炫耀性消费的刺激下获得追求财富的动力：有资格炫耀的人是成功的人，是拥有财富的人。

不正常的炫耀性消费所带来的损害是巨大的。当人们看重自己的财富地位、权贵身份时，就要尽其所能地炫耀和攀比，把人生的目的和意义定位在不断满足日益升级的炫耀需求上。在很多腐败案例中，一些高官为显示自己的地位和权势，大肆进行炫耀性消费，并为满足欲望而放弃原则和法律，进行权钱交易，贪污受贿，直至腐化堕落。

炫耀性消费不仅使大量的奢侈品生产耗资巨大，而且这些消费者又以惊人的铺张浪费将奢侈品化为废弃物。享受不了的人有条件挥霍，需要的人又没条件满足。浪费的财富只是满足了富有者的虚荣心，这无异于实际财富的低增长和社会整体福利的下降。

炫耀性消费是一种典型的非理性消费。其实，炫耀其身份的方式不一定非得通过消费奢侈品等行为体现，可以通过慈善等其他方式得以体现。因此，炫耀性消费可以降降温了。

·第二章·

聆听华尔街的经商智慧：生产经营要懂的经济学

第一节　生产与成本

究竟定价多少才能有收益——边际成本

边际成本是指增加一单位的产量而随即增加的成本。边际收益是指增加一单位产品的销售所增加的收益，即最后一单位产品的售出所取得的收益。它可以是正值或负值。

日常生活中，人们常常会碰到需要进行边际分析的问题。譬如，7-11 店都是营业 24 小时，而不是早八点到晚九点营业。从经济学上来考虑：24 小时营业当然要额外（边际）花费一些成本（如水电费、营业员的工资等），但是也会有一定的额外收益（就是多开 11 小时门的营业收入），只要额外收入的钱比额外成本要高便可以干。

在经济学上，这“额外”的部分便称为“边际”，而把由某项业务活动引起的边际收入去和它的边际成本（而不是全部成本）相比较的方法，就叫边际分析法。

从北京开往石家庄的长途车即将出发。客车的票面价格是 50 元。一个匆匆赶来的乘客见一家国营公司的车上尚有空位，要求以 30 元上车，被拒绝了。他又找到一家也有空位的私人公司的车，售票员二话没说，收了 30 元允许他上车了。哪家公司的行为更理性呢？乍一看，私人公司允许这名乘客用 30 元享受 50 元的运输服务，当然亏了。但如果用边际分析法分析，私人公司的确比国营公司精明。

当我们考虑是否让这名乘客以 30 元的票价上车时，实际上我们应该考虑的是边际成本的概念。边际成本是增加一名乘客所增加的收入。在我们这个例子中，增加这一名乘客，所需磨损的汽车、汽油费、工作人员工资和过路费等都无须增加，对汽车来说多拉一个人少拉一个人都一样，所增加的成本仅仅是发给这个乘客的食物和饮料，假设这些东西值10元，边际成本也就是10元。边际收益是增加一名乘客所增加的收入。在这个例子中，增加这一名乘客增加收入30元，边际收益就是30元。

在我们的例子中，私人公司让这名乘客上车是理性的，无论那个售票员是否懂得边际的概念与边际分析法，他实际上是按边际收益大于边际成本这一原则作出决策的。国营公司的售票员不让这名乘客上车，或者是受严格制度的制约（例如，售票员无权降价），或者是没有“边际”这根弦。

从经济学角度来分析这一现象，说明商品有两种价格，一是它的生产成本；二是消费者愿意出的价格。前者位于商品的边际成本线上，后者位于消费者的需求线上。这两种价格是彼此独立的，互相不发生影响。企业应该明白这样一个道理，即价格应定在边际成本上，边际成本就是指在一定产量水平下，增加或减少一个单位产量所引起成本总额的变动数，用以判断增、减产量在经济上是否合算，这样的定价可以避免浪费，使商品得到最大的产出，造福于社会。

例如，某企业生产某种产品100个单位时，总成本是5000元，单位产品的成本是50元。若生产101个单位时，其总成本为5040元，则所增加一个产品的成本为40元，边际成本即为40元。当产量未达到一定限度时，边际成本随产量的扩大而递减，但当产量超越一定限度时，就转而递增。所以，当增加一个单位产量所增加的收入高于边际成本时，是合算的；如果低于边际成本就是不合算的。因此计算边际成本对制定产品决策具有极其重要的作用。

王永庆被誉为台湾的“经营之神”，其经营之道备受推崇。20世纪50年代初，王永庆表示要投资塑胶业。当地一个有名的化学家，公然嘲笑王永庆根本不知道塑胶为何物，开办塑胶厂肯定要倾家荡产！其实，王永庆作出这个大胆的决定，并不是心血来潮，铤而走险。他认为，烧碱生产地遍布台湾，每年有70%的氯气可以回收利用来制造PVC塑胶粉。这是发展塑胶工业可以降低成本的一个大好条件。

1954年，王永庆创办了台湾岛上第一家塑胶公司。3年以后建成投产，立刻就遇到了销售问题。首批产品100吨，在台湾只销出了20吨，明显地供大于求。

按照生意场上的常规，供过于求时就应该减少生产。可王永庆却反其道而行之，下令扩大生产！

这一来，连他当初争取到的合伙人，也不敢再跟着他冒险了，纷纷要求退出。王永庆决定背水一战，变卖了自己的全部财产，买下了公司的全部产权。王永庆有自己的算盘，他相信自己产品销不出去，并不是真的供过于求，而是因为价格太高——要想降低价格，就只有通过提高产量以降低成本。

第二年，他又投资成立了自己的塑胶产品加工厂——南亚塑胶工厂，直接将一部分塑胶原料生产出成品供应市场。事情的发展，证明了王永庆的计算是正确的。随着产品价格的降低，销路自然打开了。台塑公司和南亚公司双双大获其利！从那以后，王永庆塑胶粉的产量持续上升，他的公司也一跃成为世界上最大的 PVC 塑胶粉粒生产企业。

当然，台塑的成功还有其他方面的努力，如内部管理、与政府的良好关系等，但最关键的是台塑通过将自己的产量扩大，从而达到边际成本最低，这是台塑成功的法宝。

任何增加一个单位产量的收入不能低于边际成本，否则必然会出现亏损；只要增加一个单位产量的收入能高于边际成本，即使低于总的平均单位成本，也会增加利润或减少亏损。计算边际成本对制定产品决策具有重要的作用，当产量增至边际成本等于边际收入时，即为企业获得其最大利润的产量。因此，考虑边际成本有助于企业制定最佳决策。

增加投入并不意味着增加收益——边际收益递减

常言道“一分耕耘，一分收获”，说的就是经济学上成本与收益的关系。但是现实生活中，往往并不是这样，投入成本与收益的不对等，才是现实世界中的真相。在生活中，我们往往会发现边际收益递减的情况。比如在农业生产中，一味地往田地里增加肥料，所获得的产量一般是：随着肥料的增加，农产品的产量先是递增的，当达到一个高度后，再增加肥料，农产品的产量是递减的，如果肥料太多就会把庄稼都烧死，最后连种子都收不回来。

作为生产者来说，总希望收益越多越好，为此总要增加生产要素的投入。但是，生产要素的投入与收益之间并不是成正比的关系，并不是投入越多，收益就越多。投入尽可能多的成本，当然希望得到尽可能多的收益，但事实往往令人失望，因为成本与收益并不总是正比递增的。

在技术水平不变的情况下，当把一种可变的生产要素投入一种或几种不变的生产要素中时，最初这种生产要素的增加会使产量增加，但当它超过一定限度时，增加的产量将要递减，最终还会使产量绝对减少。根据这一法则，如果不断添加相同增量的一种投入品（其他投入品保持不变），这样所导致的产品增量在超过某一点后将会下降，这种增加的产量就会变得越来越少，甚至使总产量绝对地减少。这一现象普遍存在，我们将其称为边际收益递减规律。

"一个和尚挑水吃，两个和尚抬水吃，三个和尚没水吃"的故事，从边际收益变化的角度来看，由一个和尚挑水吃到两个和尚抬水吃，说明边际收益已经递减，当发展到三个和尚时，已经递减到没有水吃了。这应该是对边际收益递减规律最生动的写照。

在18世纪当边际收益递减规律这一学说提出之后，引发了两种观点的争论。一种观点从递减性出发，引申出了企业的利润趋于下降的趋势，从李嘉图以后的众多西方学者据此为资本主义的生产方式持有极大的同情；另一种观点通过强调技术进步的作用，强烈批判这一规律，认为它抹杀了技术进步对收益递减的反作用。

根据边际收益递减规律，边际产量先递增后递减，递增是暂时的，而递减则是必然的。边际产量递增是生产要素潜力发挥，生产效率提高的结果，而到一定程度之后边际产量递减，则是生产要素潜力耗尽，生产效率下降的原因所致。边际收益递减规律在短期内是无法超越的，人们只能遵守它，而别无他选！

但是在一个充分长的时期内考察某种产品的生产，边际收益递减规律是否可以被超越呢？

从长期来看，技术进步的因素要发挥作用，人们是可以突破边际收益递减规律的制约的。大力进行技术创新和制度创新就是突破边际收益递减的两个途径。

新中国成立以来，一方面人口翻了一番还多，另一方面可耕地的面积却因种种原因一直在减少，按照边际收益递减规律，在有限的土地上连续追加投入，得到的产出的增加将越来越少，这似乎很可怕，然而自改革开放以来，令人不可思议的是，我国再也没有出现所谓的"粮食危机"。这不能不归功于技术创新和制度创新对边际收益递减规律制约的突破。技术创新主要是科学技术的迅猛发展，使得粮食单产不断取得突破，尤其值得一提的是杂交水稻这项技术因大幅度地提高了水稻的亩产量，而对全球的水稻供应产生了革命性的影响。其次是农业用地政策这一制度创新发挥的作用，在农业生产方面，1979 年我国实行了一项土地制度创新，那就是土地大包干制度，这一土地制度创新对我国农业收益的增加发挥了积极的作用。

因此，技术创新和制度创新可以改变边际收益递减规律，但不论是技术创新还是制度创新都需要企业的艰苦探索。当技术创新和制度创新尚未完成，其他条件不变或仍然成立的情况下，我们应当认识到边际收益递减依然是作为一条规律而存在的。在短期，我们必须尊重边际收益递减规律，确定合理的投入限度；但在长期，通过积极地实施技术创新和制度创新战略，打破边际收益递减规律的制约，可为企业谋取更大的利润，从而获得更大的发展。

在三个和尚的故事中，因考虑了这个因素，故事也有了新的进展。随着时间的推移，三个和尚渐渐地引入了技术创新和制度创新。三个和尚的制度创新的故事：一个和尚挑水吃，总比两个和尚抬水吃或三个和尚没水吃要好，寺庙里的方丈从长计议，决定立下个规矩，鼓励三个和尚都能抢着去挑水。为了奖勤罚懒，方丈规定，三个和尚各自挑水，到吃晚饭的时候，看谁挑的水多就奖给谁一盘炒豆腐，谁挑的水少就吃白饭。于是三个和尚就拼命抢着挑水，展开了挑水竞赛。通过这项制度创新，尽管寺庙里的和尚不断增多，但再也没有缺过水了。

三个和尚的技术创新的故事：由于和尚住的寺庙离河边比较远，一个和尚挑水一趟下来，疲惫不堪，挑的水还不够多，于是三个和尚协作起来，想出了一个新的办法。三个和尚合作挖了一条渠，还装了一个辘轳，第一个和尚负责摇辘轳，第二个和尚负责把水倒入渠中，第三个和尚休息，彼此轮换，通过这种安排，三个和尚既轻松又有吃不完的水，这是技术创新的力量给和尚带来的福利。

企业永续发展的不竭动力——利润最大化

在市场经济中，利润最大化与成本最小化是企业永恒的主题。一个企业要达到利润最大化，就必须对投入要素进行最优组合以使成本最小。因此，企业要想取得最大利润，就要遵循成本最小化原则。

从经济学的角度看，在不同的社会条件下，利润的内涵有所不同，计算利润时也有一些比较复杂的方法，但在这里，我们可以先了解一个并不复杂的道理：一个从事生产或销售的厂商，如果他的总收益大于总成本，那么他就会有剩余。

这个剩余就是利润。

生活中有一句俗话："有谁会嫌钱多？"甚至有人说得更加直接："有谁会嫌钱扎手？"它表明的意思不言而喻——"钱，当然越多越好。"与之相对应，对作为市场主体的企业来说，也有一个鲜明的目标："利润最大化。"它已经成为企业高呼的口号，行动的指南。身处市场大潮之中的任何一个企业，都不能也不敢违背这一目标，而只能去尽力实现它。

那么，如何进一步深入理解利润最大化呢？如果我们单凭直观认为，对于一个企业来说利润越多越好，这样其实是没有什么意义的。原因很简单，企业的利润来自自身的生产或者销售。在市场里，一个企业的生产和销售总是处于变化之中的，利润也在随之改变。因此问题的关键就在于，企业得判断出自己的经营在何种状态时能够取得利润的最大值。这就意味着，在衡量如何实现"利润最大化"时，必须有一个客观的标准。

实际上，经济学家们早已经给出了这一标准，即"边际收益等于边际成本"。边际收益是每多卖出一单位产品所增加的收入，边际成本是每生产一单位产品所增加的工人工资、原材料和燃料等变动成本。需要指出的是，边际成本往往随着企业的生产发生变化。厂商在生产过程中会时刻监督自己的经营状况，如果从某一刻起，再增加一单位产量时，该单位产量的边际收益大于边际成本，就说明增加产量可以增加总利润，于是厂商会继续增加产量；反之，如果增加的这一单位产量的边际收益小于边际成本，就说明增加产量将发生亏损，这时会减少产量。这样，只有在边际收益等于边际成本时，厂商的总利润才能达到最大值。在经济学里，通常用高等数学中的微积分对此加以分析。边际收益用MR表示，边际成本用MC表示，所以，当你看到"MR=MC"这一条件成立时，便说明企业实现了自己梦寐以求的目标，即利润最大化。我们举例加以说明。

假设有一家皮鞋厂，在一个销售期结束后进行盘点。它的总收益便是卖出皮鞋后的全部收入，它的平均收益便是每卖出一双皮鞋所增加的收入，规范地说，就是"卖出每单位产品所得到的收入"。大家不难看出，平均收益其实就是每双皮鞋的价格。假设该鞋厂生产一单位产品，也就是生产一双皮鞋增加的收益为20元（边际收益），而每多生产一双皮鞋的边际成本为15元。那么，企业一定要增加生产以实现利润最大化，把能赚的钱尽量都赚到。但是，如果一双皮鞋的边际收益为20元，而边际成本却变为25元时，鞋厂每生产一单位产品就会赔5元，那么，企业就一定要减少生产，因为它正在"贴钱卖货"。只有当边际收益与边际成本相等（都为20元）时，企业既不会增加产量，也不会减少产量，这时就说明企业实现了利润最大化。

在这个例子中，设定皮鞋的价格不变，因此其边际收益也不改变，但是生产皮鞋的边际成本却在发生变化。那么，这又是为什么呢？在这里，还需要对边际成本的变化加以说明。

以汽车客运为例。它的边际收益是指增加一名乘客所增加的收入，即乘客买票所支付的费用。如果乘客买票需要10元钱，那么汽车的边际收益就是10元。由日常经验我们知道，增加一名乘客，汽车的磨损、油费、司机和售票员的工资等基本可以看作无须增加，也就是说，为这名乘客支付的边际成本可以认为没有变化，多拉一个少拉一个都一样。在这种情况下，当然是乘客越多越好。

但是，现实生活中，边际成本往往是在变化当中的。比如铁路货运，铁路货运的计算单位是吨·千米。假设某一铁路区段在运输饱和时，每吨·千米的成本是5分钱，在此可以暂将其边际成本视为0.05元/吨·千米。如果在这一饱和的基础上，再增加运量，其收益自然会增加，但是其利润却会下降。为什么呢？因为对铁路来说，这往往意味着重大的技术改造，如更换大马力的机车、铺设铁轨辅线等，而这些技术措施都需要巨额投资，都要计入成本当中。也就是说，在运输饱和的情况下，如果要增加运量，其边际成本就不会是0.05元/吨·千米，相反将会迅速增加。如果运输定价维持不变，铁路货运的利润将会迅速降低。这种情况对于生产型的企业来说，道理也是一样的。当产量很低时，再多生产一件产品的成本（如机器损耗、电力等）会呈下降趋势；但是当超过生产规模时，边际成本便会急剧上升（导致其上升的因素包括机器的超负荷运转、工人的加班费等）。

企业作为市场中的微观主体，是以营利为目的的。所以，在研究企业问题时，考虑最多的就是成本问题。在现实当中，许多企业家并不清楚什么"MR"和"MC"，并没有刻意追求边际收益和边际成本的相等，也照样赚了不少利润。在市场之中，有一些成功的企业家确实如此。但是，规律就是规律，它的特点就是不管人们是否清楚，它总是在起着作用。那些实现了利润最大化的企业，有意也好，无意也罢，必然都遵循了这一规律。反过来，如果企业在生产中能够主动、自觉地按"利润最大化"规律办事，分析企业生产的边际成本和边际效益，就可以有效避免盲目、弯路所造成的浪费。

无法挽回的成本支出——沉没成本

通常，沉没成本主要是指厂商花在机器、厂房等生产要素上的固定成本。从固定生产要素的无形损耗程度上看，这些固定要素会因技术进步或产品的更新换代而贬值，从而产生无法补偿的损失。

人们在决定是否去做一件事情的时候，不仅要看这件事对自己有没有好处，而且也会看过去是不是已经在这件事情上有过投入。我们把这些已经发生的不可收回的支出，如时间、金钱、精力等称为沉没成本。简单来说，沉没成本代指已经付出且不可收回的成本。

举例来说，如果你预订了一张电影票，已经付了票款而且不能退票。但是看了一半之后觉得很不好看，此时你付的钱已经不能收回，电影票的价钱就是沉没成本。

大多数经济学家们认为，如果你是理性的，那就不该在作决策时考虑沉没成本。比如在前面提到的看电影的例子中，会有两种可能结果：

付钱后发觉电影不好看，但忍受着看完。

付钱后发觉电影不好看，退场去做别的事情。

两种情况下你都已经付钱，所以应该不再考虑钱的事。当前要作的决定不是后悔买票了，而是决定是否继续看这部电影。因为票已经买了，后悔已经于事无补，所以应该以看免费电影的心态来决定是否再看下去。作为一个理性的经济人，选择把电影看完就意味着要继续受罪，而选择退场无疑是更为明智的做法。

沉没成本从理性的角度说是不应该影响我们决策的，因为不管你是不是继续看电影，你的钱已经花出去了。作为一个理性的决策者，你只需考虑将来要发生的成本（比如需要忍受的狂风暴雨）和收益（看电影所带来的满足和快乐）。不管作出何种决定，钱都已经花了，它是个确定的常数，不应该影响我们其后的决策。在现实生活中，大多数人显然对“沉没成本”的态度并不理性。某企业在两个城市的交界处买了一块地皮。企业领导的起初用意是投资30万元办一座生产豆奶的食品加工厂。结果一生产就亏损，很不景气。如果就此打住，这30万元对于企业来说也不算什么。但是企业的领导很不甘心，不愿让这笔钱就此打了水漂，于是又投资70万从德国引进全套的进口设备，希望扩大生产规模，提高产品质量以赢得效益。结果还是一个字：赔。此时如果放弃这家工厂，将其折价处理，应该说损失还可以承受。但是领导的思维却是这样的：已经投入了100万，如果放弃损失太大，不如继续在这块地皮上投入，以期扭亏为盈，于是又作出决策：投入 300 万，在这里建立大型生产基地……然而，随着时间的推移，这个基地的产出已经成了笑谈。

对于企业来说，成本一旦沉没，就不再是机会成本。沉没成本具有无关性，即不管企业如何对之作出决策，都难以改变。所以应对“沉没成本”，最合理的方法就是管理者在继续作出各种决策时，不再考虑沉没成本。当然，话说回来，一个企业无论如何都应该尽力减少沉没成本，这需要企业首先要努力避免失误的决策，能从企业、市场的诸多方面对项目作出准确判断。管理者也应该认识到，在复杂的市场当中，投资决策的失误是难以避免的，一旦出现，则需要避免将错就错，一错到底，这才是真正考验管理水准的时候。另外通过合资或契约，采用非市场的管理结构等，对减少沉没成本都是十分有利的。

2000 年 12 月份，计算机芯片巨头英特尔公司（Intel）宣布取消整个 Timna 芯片生产线。Timna 是英特尔公司专为低端的 PC 市场设计的整合型芯片，当初在将巨资投入这个项目的时候，英特尔公司的预测是：今后计算机减少制造成本的途径将是通过高度集成（整合型）的设计来实现，针对这一分析，公司大力着手生产整合型的 Timna 芯片。可是后来，PC 市场发生了巨大变化，PC 制造厂商通过其他的系统成本降低方法，已经达到了目标，为 Timna 芯片投入的成本成了典型的沉没成本。在这种情况下，英特尔公司的高层管理者果断决定：让这一项目下马，从而避免在这个项目上消耗更多的资金。而后来的事实也证明，尽管 Timna 芯片给英特尔公司造成了损失，但及时放弃的做法使得公司得以将资源应用于其他领域，其收益很快便消除了沉没成本带来的不利影响。

沉没成本不仅对于企业，而且对于个人来说也很常见。在这里需要指出，有时候沉没成本只是价格中的一部分而非全部。比如，一台新买的电脑价值 6000 元钱，可是新鲜劲儿还没有过去，一种升级款式的电脑（这就是技术进步带来的更新换代）价钱才 5000 元，而且还打出广告，说原来的那款用 6000 元买的电脑“再加 2000 元就可更换一台新产品”。在这种情况下，为原来的电脑付出的成本中有很大一部分已经变成“沉没成本”，除非你用这台电脑创造效益，收回部分投资。除此之外还有二手车市场，一辆新车在使用几个月后准备卖出，在这么短的时间里，车当然不会有多少损耗，但是价格却不可能再回到原价。这时候，原价和现在卖价的差额就是沉没成本。并且，如果不能及时出手，时间越长，这个沉没成本就会越大。

以上两个例子中的做法都是不再理会沉没成本，这也正是大多数经济学家的建议。因为不管沉没的是什么，数量有多少，对未来而言，都已经没有意义。彻底放弃那些沉没的东西，才是最明智的选择，才是智慧的体现。

合理库存的重要性——经营的机会成本

机会成本在经济学上是一种非常特别的既虚又实的一种成本，它指一笔投资在专注于某一方面后所失去的在另外其他方面的投资获利机会。也就是为了得到某种东西而所要放弃的另一样东西。

萨缪尔森曾用热狗公司的事例来说明机会成本的概念。热狗公司所有者每周投入 60 小时，但不领取工资。到年末结算时公司获得了 22000 美元的可观利润。但是如果这些所有者能够找到其他收入更高的工作，使他们所获年收入达 45000 美元。那么这些人所从事的热狗工作就会产生一种机会成本，它表明因他们从事了热狗工作而不得不失去的其他获利更大的机会。对于此事，经济学家这样理解：如果用他们的实际盈利 22000 美元减去他们失去的 45000 美元的机会收益，那他们实际上是亏损的，亏损额是 45000 － 22000 ＝ 23000 美元。虽然实际上他们是盈利了。

在企业中，某种资源往往具有多种用途，也就是有多种使用的“机会”，可是不管哪种资源，只能用于某一方面，不能同时在另一方面使用。所以，在决策分析过程中，必须将已经放弃的方案也许可以得到的潜在收益，与已选方案的所得利益进行比较，当已选中的方案也许得到的利益大于所放弃方案的利益时，才能认为选中方案的经济效益高，从而作出正确的选择。

企业在进行决策时，同样会遇到机会成本问题，我们先来看一家杂货店的故事。有一段时间，某小区出现了规模较大的一家杂货店。为了能赢得更多的顾客，这家店几乎使出浑身解数，店里塞满了商品，每件商品的库存都很多，甚至连过道和楼梯上都堆满了商品，顾客只能在堆满商品的窄道勉强通过。

但是如果没有顾客上门购买，再多的商品也不是“卖品”，不过是卖不动的“库存”而已。由于该小区人口少，来购物的人更少，最终这家店只好退出了市场。这家店退出市场，不能说完全因为库存量过大导致，但至少有一部分原因。

从经济学的角度来看，商品过度剩余的后果很严重，脱销的后果也同样很严重。库存太大意味着资金、库房的占用，意味着一旦调价或市场滑坡你的损失更多。以食品店为例，食品都有保质期，时间越久越不新鲜，也就越难卖出。食品之外的其他商品也一样，时间一久，商品会过时，也会加大破损和丢失的风险。

库存量大时不仅需要有专人来管理仓库，而且，还要派人检查库存商品是否还能继续作为正常商品出售，这些需要增加额外的人力费用。另外，如果库存太大，不得不租赁仓库，就得多付租金，即便是放在店里面，也会占去其他商品的空间。

如果能将库存的东西早些处理掉，就能节省下库存的管理人力费和仓库租赁费，把这些节省下来的钱投入经营过程中，还能获得增值。

损失有多种多样。经济学上把以“如果把省下来的钱用来……”这种假设为前提推算出的“本该得到却丢掉了的利润”称为机会成本损失。库存带来的各种损失叫作“库存成本”，对于经营者来说，库存越少越好。

库存越少越好，不是说不能有一点库存。如果一点库存也没有的话，就有可能错过赚钱的好机会。因此，库存“多了不行，没有也不行”，库存是否合理，关键在于经营者对“机会成本”的把控能力。

按一般想法，可能觉得销售一空就万事大吉了，然而在经济学里，这被看作“机会损失”，是不受欢迎的。例如卖场中不会等到商品全部卖完之后再去进货，一般都是在快要卖完时就已经备货。因此，经营者在经营的过程中，不仅要考虑实际的成本损失，还要考虑可能存在的机会成本损失，争取卖出更多的商品。

美国经济学家保罗·萨缪尔森说：“经济学研究人与社会如何作出最终抉择，在使用或者不使用货币的情况下，来使用可以有其他用途的稀缺的生产性资源，在现在或将来生产产品，并把产品分配给各个成员以供消费之用。它分析改进资源配置形式可能付出的代价和可能产生的效益。”懂得了机会成本，就能促使企业作出适当的决策，从而减少机会成本损失，获得最大的经济效益。

“补钙广告”旺销了肉骨头——外部性

在现代经济学理论体系中，所谓“外部性”也称外在效应或溢出效应，主要是指一个经济主体的活动对旁观者福利的影响，这种影响并不是在有关各方以价格为基础的交换中发生的，因此其影响是外在的；如果给旁观者带来的是福利损失（成本），可称为“负外部性”；反之，如果给旁观者带来的是福利增加（收益），则可称为“正外部性”。全体社会成员都可以无偿享受的公共物品，可以说是正外部性的特例。个体经济活动付出的成本和得到的收益可谓个体（私人）成本和个体（私人）收益，而这一活动带给旁观者的额外成本和额外收益就是社会成本和社会收益。

经济生活中的外部性是广泛存在的。生产中养蜂人放蜂使果农收成增加，企业的技术发明被其他企业无偿引用等等，都会产生正外部性；而化工厂向江河排放污水就会有负外部性。私人消费也会产生外部性，如吸烟、开车都会造成对空气的污染，半夜放音响给邻居带来的噪声等，都产生负外部性。

前几年在营养保健品市场上，风行“人体补钙”，各种各样的补钙品琳琅满目，报纸杂志和电视广播里也充斥着补钙的广告。当“补钙大战”如火如荼、难分高下的时候，人们却吃惊地发现：由于竞争商家太多，营养品销量并不见得有多好，倒是农贸市场里的肉骨头大为旺销。原来，根据“吃什么补什么”的老话，吃肉骨头也是相当补钙的。特别是猪的脚筒骨，骨髓多，味道好，在市场上大受欢迎。供给有限导致了价格上涨，最后它甚至逼平了肋条肉。与此同时，饭店里的骨头煲汤也备受欢迎。直到这时，那些在媒体上花大钱做广告的厂商才发现，自己为肉骨头作了免费宣传。

在经济现象中这种“正外部性”现象非常常见，例如，对于一些弱势产品，搭强势品牌“广告便车”就是一条切实可行的策略。在强势品牌大肆宣传的时候，弱势产品就大力“铺货”，最大限度地减少新产品进入市场的阻力，可以使产品迅速地进入终端销售市场，更快与消费者见面。

然而，生活中同样存在着“负外部性”。某小区附近因为常有偷盗现象发生，所以家家户户纷纷将自家门窗装上了防盗门和钢条笼子，结果路人从街上经过，抬头望去满目全是黑灰铁条，整个小区简直就是一座监狱牢房，大煞风景，这就是负外部性了。有个地方在架桥时，对山体进行爆破作业，不料附近有一个养牛场，许多怀孕的母牛听到爆炸后受到惊吓，整夜整夜地不敢休息，结果纷纷流产，造成了经济损失，这也是负外部性。

许多事物都有着“一分为二”的特点，同样，许多活动也兼有正和负两种外部性。比如商场促销时放着好听的歌曲，如果音量适中，顾客就会觉得这是一种享受；然而音量开得震耳欲聋，顾客们就会心烦意乱。在这里，音乐随着音量的变化，表现出两种正负外部性。

上面举的例子都具有这样一种特点：外部性并不是在相关各方以价格为基础的交换中发生的。如果说个体所付出的成本和得到的收益可以称作个体成本和个体收益，那么个体的活动给他人带来的额外成本或者额外收益，就构成了社会成本（负外部性）和社会收益（正外部性）。比如对于公共物品，全体社会成员都可以无偿享受，可以说它们是社会收益的特例。而最典型的社会成本便是污染问题。有的工厂浓烟滚滚，粉尘弥漫，有的工厂把污水直接排入河流，造成鱼虾死亡，农作物歉收，人们健康受到威胁，这就是极其严重的负外部性了。

一般说来，外部性并非当事的经济主体的本意，即他本来只是为了自己的利益而这么做，并非有意要帮助别人，或者损害别人，只是这种行为产生的效果影响了别人。比如“凿壁借光”，在这个过程中邻家并没有多付出什么，而可以借光读书、得到收益的匡衡也不必为之付费。但是，假设本来该熄灯入睡，却因为邻家的灯光干扰而造成失眠，那么灯光就具有负外部性了。

外部性的广泛存在使得人们在做事时不能只考虑自己，也要考虑他人。有时候对于某些正外部性可以设法加以利用。常见的一种现象就是商场里开设餐馆。当一家大型商场建成以后，它周围小吃店的生意相对就要好起来。这时商场往往会在顶层开设餐馆，使得顾客在购物的同时顺势上楼吃饭，这种做法就将正外部性“内部化”了。这也可以用来理解现在流行的多元化经营，在其项目之间就常常会有正外部性。

“己所不欲，勿施于人。”对于负外部性，我们最好及时避免。当损害到他人利益的时候，就可能会引起诉讼纠纷；当影响的是公共利益时，法律就要对其进行直接干预。对于负外部性，尤其要防微杜渐。这是因为，当负外部性的积累达到一定程度时，造成的问题将很难在朝夕之间得到解决。以环境污染为例，经过多年的污染积聚，现在已经出现了酸雨、臭氧空洞、温室效应等严重问题，已经极大地威胁到人类文明，在这样的局面下，尤为需要法律来约束人类的行为，严格减少负外部性的发生，以保护人类社会的和谐发展。

第二节　经营战略

消费者的需求是无限的——开发潜在需求

为什么某些人不屑一顾的产品，却有人愿付出巨大的代价来得到它？为什么有的人为一顿饭一掷千金，却会对另外的商品斤斤计较？答案其实很简单：顾客的买与不买，取决于他对商品的需求程度。

消费者先有需求，生产者适应消费者的需求进行生产和生产者先生产出来再让消费者有需求，这两者是不一样的。我们把前一种情况称为“消费者主权”，即消费者的需求引导生产者生产；后一种情况就是“生产者主权”，即生产者的生产引导消费者的需求。举个例子来说，在火车没有生产出来之前，人们想都没想过乘坐这样的交通工具，因此乘坐火车的需求是被生产者创造出来的。火车的先进性一旦为人们所认知，乘坐火车消费就成了人们的必备选择了。由此可以看来，当生产者化被动为主动，市场需求就是无限的了。

曾经有这样的一个营销故事：向和尚卖梳子，卖得越多越好。几乎所有的人都对这样的命题表示怀疑：把梳子卖给和尚？这怎么可能呢？搞错没有？和尚没有头发，根本就用不着梳子。面对根本没有需求的市场，许多人都打了退堂鼓，但还是有甲、乙、丙三个人勇敢地接受了挑战……

一个星期的期限到了，三人回公司汇报各自销售实践成果，甲先生仅仅卖出一把，乙先生卖出10把，丙先生居然卖出了1000把。同样的条件，为什么结果会有这么大的差异呢？

甲先生说，他跑了三座寺院，受到了无数次和尚的臭骂和追打，但仍然不屈不挠，终于在下山的时候碰到了一个小和尚因为头皮痒在挠头，他递上了一把梳子，小和尚很高兴地买了这把梳子。

乙先生去了一座名山古寺，由于山高风大，把前来进香的善男信女的头发都吹乱了。乙先生找到住持，说：“蓬头垢面对佛是不敬的，应在每座香案前放把木梳，供善男信女梳头。”住持认为有道理。那庙共有10座香案，于是买下10把梳子。

丙先生来到一座颇具盛名、香火极旺的深山宝刹，对方丈说：“凡来进香者，多有一颗虔诚之心，宝刹应有回赠，保佑平安吉祥，鼓励多行善事。我有一批梳子，您的书法超群，可刻上‘积善梳’三字，然后作为赠品。”方丈听罢大喜，立刻买下1000把梳子。

看似没有需求，却被丙开拓出崭新的市场。在市场经济条件下，生产出来的产品，消费者如果不买，你也没办法。生产者主权就是要生产者主动开发消费者的潜在需求，生产者的产品如果能满足消费者潜意识中存在，但是自己没有意识到或者不知如何去满足的需求，就可以把消费者潜在的需求转变为现实的购买行为，从而开辟新的市场。

为什么消费者有潜在的需求等待开发呢？是因为有些消费者因为某种后顾之忧，把一部分钱储蓄起来，不用于目前的生活消费，因而形成潜在需求；另外一些消费者虽然有一定的生活收入来源，可是由于目前手持货币数量的限制，不能购买某种他所需要的商品，也形成了潜在需求。当然，更多的顾客在没有看到自己所需要的产品之前，对其他类产品并不感兴趣。

消费者的需求来自欲望，购买物品进行消费正是为了满足某种欲望。开发潜在需求就是创造消费者的新欲望，或者唤起那些沉睡的欲望。当消费者有实现新欲望的支付能力时，欲望就变成了现实购买行为。成功的企业不能仅仅满足于被动地适应消费者的需求，还要主动地去开发消费者的潜在需求。

欲望的无限性就是企业开发潜在需求的基础。欲望是要用物品或劳务去满足的，消费者往往是知道欲望而不知道如何满足，或者是欲望处于潜伏状态，消费者还不知道有这种欲望。如果生产者能开发出一种产品满足消费者不知如何满足的需求，或者激起了消费者某种潜伏状态的欲望，这就成功了。

以电动剃须刀为例，希望刮胡子快、便捷、安全，是消费者的潜在需求。当他用上吉列刀片时，已经相当满意了。如何才能更快、更便捷、更安全，他想不出可行之策也就满足于现状了。现在生产者生产出了比吉列刀片更快、更便捷、更安全的剃须工具，这就满足了潜在需求。市场上增加了一种新产品，生产者也成功了。当没有电动剃须刀时，这种需求是潜在的。当这种产品开发出来时，这种潜在需求就成为现实的购买行为了。其实，现代经济社会就是生产者不断开发消费者需求的过程。现代社会要使人过得更好，要使人更多的欲望得到满足，这就有了无限需求，有了无限的市场。

当然，仅仅是生产出产品来，消费者并不一定接受。也许他们对新产品不了解，也许这种潜在的欲望并不能一下激发出来。所以生产者还要对消费者进行劝说。只有消费者被说服了，接受了这种新产品，这才算成功。劝说消费者就是做广告。比如电动剃须刀刚出来时，也许消费者不愿意用或不敢用。他们也许习惯了刮脸刀片，没有觉得什么不方便，也许怕新产品不安全，把脸刮破了。这时生产者就要用劝说性广告，让消费者接受这种产品。肯定会有人先购买，他们用后感觉很好，这种产品于是就普及了。现实中无数的新产品就是这样走进消费者生活当中的。

世界上没有卖不出去的产品，很多经营者都这样认为。只要生产者善于开发消费者的潜在需求，还有什么东西卖不出去呢？

小需求催生大产业——长尾理论

2004年10月，美国人克里斯·安德森提出了“长尾”的概念。他将集中了人们主要需求的流行市场称为“头部”，而有些需求是小量的、零散的、个性化的，这部分需求所形成的非流行市场就是“尾巴”。长尾效应的意义在于“将所有非流行的市场累加起来就会形成一个比流行市场还大的市场”，这就是“长尾理论”。

过去人们只能关注重要的人或重要的事，如果用正态分布曲线来描绘这些人或事，人们只能关注曲线的“头部”，而将处于曲线“尾部”、需要更多的精力和成本才能关注到的大多数人或事忽略。例如，在销售产品时，厂商关注的是少数几个所谓“VIP”客户，“无暇”顾及在人数上居于大多数的普通消费者。而在网络时代，由于关注的成本大大降低，人们有可能以很低的成本关注正态分布曲线的“尾部”，关注“尾部”产生的总体效益甚至会超过“头部”。安德森认为，网络时代是关注“长尾”、发挥“长尾”效益的时代。

长尾理论是网络时代兴起的一种新理论，由于成本和效率的因素，当商品储存流通展示的场地和渠道足够宽广，商品生产成本急剧下降以至于个人都可以进行生产，并且商品的销售成本急剧降低时，几乎任何以前看似需求极低的产品，只要有卖，都会有人买。这些需求和销量不高的产品所占据的共同市场份额，可以和主流产品的市场份额相比，甚至更大。

“长尾理论”描述了这样一个新的时代：一个小数乘以一个非常大的数字等于一个大数，许许多多小市场聚合在一起就成了一个大市场。“长尾理论”终结了被公认为无比正确的“二八定律”时代。“长尾理论”诞生后，人们不再只关心20%的拥有80%的财富的那一群人了，因为80%的那群人占有的市场份额与20%的人占有的市场份额是相同的。

要使长尾理论更有效，应该尽量增大尾巴。也就是降低门槛，制造小额消费者。不同于传统商业的拿大单、传统互联网企业的会员费，互联网营销应该把注意力放在把蛋糕做大。通过鼓励用户尝试，将众多可以忽略不计的零散流量，汇集成巨大的商业价值。

在对目标客户的选择上，阿里巴巴总裁马云独辟蹊径，事实证明，马云发现了真正的“宝藏”。其实，用经济学的话说，他是在利用“长尾效应”。

马云与中小网站有不解之缘，据说这与他自己的亲身经历有关。当年，竞争对手想要把淘宝网扼杀在“摇篮”中，于是同各大门户网站都签了排他性协议，导致几乎没有一个稍具规模的网站愿意展示有关淘宝网的广告。无奈之下，马云团队找到了中小网站，最终让多数的中小网站都挂上了他们的广告。此后，淘宝网歪打正着地红了，成为中国首屈一指的 C2C 商业网站。马云因此对中小网站充满感激，试图挖掘更多与之合作的机会，结果让他找到了重要的商机。

在中国所有的网站中，中小网站在数量上所占比重远远超过大型门户网站，尽管前者单个的流量不如后者，但它的总体流量仍是相当庞大。而且，中小网站由于过去一直缺乏把自己的流量变现的能力，因此，其广告位的收费比较平民化。这恰好符合中小企业广告主的需求。过去，一个网络广告如果想要制造声势，只能投放在门户网站上，但其高昂的收费令中小企业很难承受。2008 年 6 月 18 日，马云的第七家公司阿里妈妈网站宣布正式上线。

在日常经济生活中常有一些颇有趣味的商业现象可以用“长尾理论”来解释。如在网上书店亚马逊的销量中，畅销书的销量并没有占据所谓的 80%，而非畅销书却由于数量上的积少成多，而占据了销量的一半以上。

再如彩铃等数字音乐的出现，让深受盗版之苦的中国唱片业，找到了一个陡然增长地、心甘情愿地进行多次小额支付的庞大用户群。此前，有意愿进行金额可观的正版音乐消费的客户群，其数量少得可怜。

如果说“长尾理论”是一种理论观点的探讨，甚至是经济生活中的一种经济业态，无可厚非，但如果以它引导企业行为，其效果未必是乐观的。

首先，长尾绝不意味着仅仅是把众多分散的小市场聚合为一个大尾巴，而是还需要一个坚强有力的头部，以及头部与尾巴之间的有效联系。

其次，无论怎么说，相对畅销品来讲，“长尾”是非热销产品，属遗留产品或滞销品，无论在企业还是在市场上，都属“处理品”，任何企业都不可能有意或着力生产这些产品，更不可能把这些滞销品和处理品作为企业的利润来源甚至是利润支撑，否则，那就是本末倒置，舍近期大利去追逐远期小利。

最后，在传统商业现有的游戏规则下几乎不可能。因为传统商业目前仍然是以“销售量带来的收益持平或者超过成本”这一商业常识作为指导，如果在自己的“零售网络”中最终聚集的用户数量还是非常少的话，依然无法通过这种产品盈利，这时要在“长尾市场”中做生意，不是为时已晚，就是压死企业的“最后一根稻草”。

“长尾理论”是把“双刃剑”，只有对它正确认识且能正确运用它的人，才能利用它来为自己创造财富，否则就会一败涂地。因此，对待“长尾理论”的正确态度是，要慎重，要因产品制宜，一般情况下，单一企业不宜使用。

抓住最关键的少数——二八法则

1897 年，意大利经济学者帕累托偶然注意到 19 世纪英国人的财富和收益模式。在调查取样中，他发现大部分的财富流向了少数人手里。同时，他还发现了一件非常重要的事情，即某一个族群占总人口数的百分比和他们所享有的总收入之间有一种微妙的关系。他在不同时期、不同国度都见过这种现象。不论是早期的英国，还是其他国家，甚至从早期的资料中，他都发现这种微妙关系一再出现，而且在数学上呈现出一种稳定的关系。这就是著名的二八现象：社会上 20% 的人占有 80% 的社会财富。也就是说财富在人口中的分配是不平衡的。反映在数量比例上，大体就是 2 ∶ 8。这就是应用很广的二八法则。

二八法则可引申为，在任何特定的群体中，重要的因子通常只占少数，而不重要的因子则常占多数。因此，只要控制重要的少数，即能控制全局。商家往往会认为所有顾客一样重要，所有生意、每一种产品都必须付出相同的努力，所有机会都必须抓住。而“二八法则”恰恰指出了在原因和结果、投入和产出、努力和报酬之间存在这样一种典型的不平衡现象：80% 的成绩，归功于 20% 的努力；市场上 80% 的产品可能是 20% 的企业生产的；20% 的顾客可能给商家带来 80% 的利润。

而在企业经营中，二八法则是企业提高效率、实现科学系统管理的制胜法宝。二八法则在企业的实际应用中，主要体现在如下几个环节：

（1）“二八管理法则”。企业主要抓好 20% 的骨干力量的管理，再以 20% 的少数带动 80% 的多数员工，以提高企业效率。

从企业管理的角度讲，二八法则实际侧重的是“榜样的力量”。企业 80% 的效益是由 20% 的核心员工来完成的，这 20% 的骨干员工在企业中是顶梁柱，通过他们积极主动的工作与活动，来带动整个团队的活力，从而为整个企业创造价值。

（2）“二八决策法则”。抓住企业普遍问题中的最关键性的问题进行决策，以达到纲举目张的效应。

从企业决策的角度来讲，二八法则主要侧重于抓典型、抓关键问题进行有效、正确的决策，企业的运行过程中，几乎每天都有很多问题需要决策，但是能够左右企业的发展方向和企业成败的关键问题只有几个，能够善于认清“关键问题”，进行正确的“关键决策”无疑会影响整个企业的发展。

（3）“二八融资法则”。管理者要将有限的资金投入经营的重点项目，以此不断优化资金投向，提高资金使用效率。

二八法则在企业资金运作中主要体现在：将有限的资金和资源，投放到关键的项目，也就是优化投资结构、加快企业资金的周转和利用率。现代化企业拼的是速度，“以速度冲击规模”是现代企业所倡导的全新理念。当你在一味地抱怨自己企业资金不足的时候，早已经有很多企业家把眼光放在了提高资金周转速度、提高资金利用率上了。可见，优化资金投向、提高资金使用效率，“以速度冲击规模”，是企业健康、良性发展的关键。

（4）“二八营销法则”。经营者要抓住20%的重点商品与重点用户，渗透营销，牵一发而动全身。

二八法则在营销环节中，主要体现为两个方面，一是重点产品，二是重点客户。即企业80%的销售是由20%的重点商品完成的；企业80%的销量是由20%的核心客户完成的。无论是厂家还是商家，都要明白这个道理。比如，我们的冰箱产品线规划，几十款冰箱产品，产品线很长、很丰富，虽然丰富的产品线是为了满足不同区域、不同消费者的需求，但是经过每个月的销售结构统计你会发现，一定是有20%的产品占到总体销量的80%。而我们的客户也是一样，展台上摆放20多款冰箱产品，其实每个月主要销售的也就是那么几款。

明白二八法则在营销中的应用原理至关重要，作为经销商来讲，要根据自己区域的特点，找准核心产品进行主推；作为厂家和代理商来讲，一定要将自己的客户进行A、B、C分类，认清哪些是完成你80%销售任务的核心客户，然后对核心客户进行重点的支持和关注。

遵循“二八法则”的企业在经营和管理中往往能抓住关键的少数顾客，精确定位，加强服务，达到事半功倍的效果。美国的普尔斯马特会员店始终坚持会员制，就是基于这一经营理念。许多世界著名的大公司也非常注重二八法则。比如，通用电气公司永远把奖励放在第一，它的薪金和奖励制度使员工们工作得更快、也更出色，但只奖励那些完成了高难度工作指标的员工。摩托罗拉公司认为，在100名员工中，前面25名是好的，后面25名差一些，应该做好两头人的工作。对于后25人，要给他们提供发展的机会；对于表现好的，要设法保持他们的激情。

“二八法则”反映了一种不平衡性，但它却在社会、经济及生活中无处不在。只要细心观察，你就会发现：

——20%的罪犯的罪行占所有犯罪行为的80%；

——20%的汽车狂人，引起80%的交通事故；

——世界上大约80%的资源，是由世界上15%的人口所消耗；

——世界财富的80%，为25%的人所拥有；

——80%的能源浪费在燃烧上，只有其中的20%可以应用到车辆中，而这20%的投入，却回报以100%的产出；

——在一个国家的医疗体系中，20%的人口与20%的疾病，会消耗80%的医疗资源。

还有很多其他情况也会出现“二八法则”，如：你的电脑80%的故障是由20%的原因造成的；你一生使用的80%的文句是用字典里20%的字组成的；而在考试中，20%的知识能为你带来80%的分数；同样的道理，你20%的朋友，占据了你80%的与朋友相处的时间……

女性会成为消费的主力军吗——她经济

清华大学三位博士和三位硕士建立了时代蔚蓝网站，最初想发展成为专业的学术图书网站，但是“卖书太不挣钱了”，在两轮风险投资介入之后，时代蔚蓝的发展思路逐渐有了转变。

“我们开始面向女大学生卖化妆品。”时代蔚蓝CEO高强说，“这个转变给网站带来了意想不到的收获，女大学生的消费潜力远远超过我们的想象。而且网站一旦被女性客户认可，传播的速度惊人。”

数据显示，我国每年在校女大学生化妆品消费有20亿元。“女大学生的消费潜力很大，除化妆品、饰品、服装，女生还不断为男朋友买东西，市场太大了，而且前景相当光明。”高强形容，网站改卖化妆品后，利润就“走上了好的方向。”

有位女大学生发帖子，把自己购买的彩妆罗列出来，结果让人瞠目结舌，仅眼影一类就有100多盒。女性爱美，不管有没有消费能力，为了美丽不计成本。

女性认为购买护肤品、化妆品、服装、饰品可以变美丽，有了这种心理之后，女性的消费能力是不可想象的。统计显示，目前我国女性每年化妆品消费额达80亿元，加上服装、珠宝、饰品、汽车，等等，市场很大。“她经济”正受到越来越多人的关注。“她经济”是教育部2007年8月公布的171个汉语新词之一。“她经济”就是“女性经济”，随着女性经济和社会地位提高，围绕着女性理财、消费而形成了特有的经济圈和经济现象。由于女性对消费的推崇，推动经济的效果很明显，所以称为“她经济”。

其实，“她经济”早已引起了经济学家的注意。据调查，中国4.8亿的女性消费者中，有21%是单身女子，这一消费群体正在迅速成为都市经济中的新亮点。她们年龄在20～35岁，大多受过高等教育，手头有一份不错的工作，薪水足够让自己不时地挥霍一下，不会为了经济压力而随便结婚。“她们更有花钱的激情和冲动，并且成为拉动时尚消费的绝对主力。”

“她经济”正扑面而来！国内市场研究机构CTR的调查数据显示，大约每3位企业中高层管理者中就有一位是女性，每4位女性当中就有一位具有大专以上学历，每10位女性当中，就有一位个人月收入在5000元以上。随着女性的社会地位、文化素质和消费能力的不断提高，女性群体已经成为中国市场上不可忽视的“她力量”。现代女性拥有了更多的收入和更多的机会，她们崇尚“工作是为了更好地享受生活”，喜爱疯狂购物，以信用卡还贷，成为消费的重要群体。

女人花，女人花，女人是花，女人也会花。女人和儿童的钱最好赚，不仅女性自己喜欢消费，男士也热衷于这类感情投资。据统计，近八成已婚女性掌握着家庭的“财务大权”。此外，女性是时尚最坚定的追随者，她们的消费额是男性的7倍，正逐渐成为消费市场的绝对主流。女人在经济生活中占有举足轻重的地位，她们在市场中撑起的何止是半边天？

“她经济”时代，女性拥有更多的收入和更多的机会，展现出更旺盛的消费需求和更强的消费能力。由于社会地位和经济地位的提高，女性的自我关爱程度也不断提高，以女性消费为核心的消费趋势的转变，使越来越多的商家开始从女性的视角来确定自己的消费群。一些经济专家认为，女性经济独立与自主、旺盛的消费需求与消费能力意味着一个新的经济增长点正在形成。

随着经济的发展，女性的消费方式已从满足温饱向提升和体现生活品质转变。消费范畴也从原有的食品、首饰、化妆品等扩展到了汽车、旅游、商品房、奢侈品等多个领域。女性作为绝对的主力消费群体，对于企业来讲，深藏商机。

有人说："女人是这个经济大开放社会的中心动力，是花蕊，如果没有'她'，经济只是一堆残枝败叶。"为此，越来越多的商家瞄上了"女性"这一强有力的目标市场。服饰、美容、保健、书刊、学堂……贴着"女性"标签的消费产品及服务越来越多，让人看得眼花缭乱。

时下，各地女子医院犹如雨后春笋般冒出来，以"女子医院"为概念的新型医疗机构"忽如一夜春风来，女子医院遍地开"。对女人而言，治病不能仅仅靠各种药物和医学仪器对身体进行治疗，要认识到女性尊严、心理因素、家庭和社会等因素，对治疗疾病和女性健康美丽具有重要的影响。"女子医院"充分考虑到女性患者的特殊感受，除了一些诊疗服务由女医生进行外，还为会员建立个人私密档案、提供 VIP 专用诊室和私人医生等服务，以便更好地保护女性的隐私和维护女性的尊严。

再比如女子银行，主要的服务和产品更适合女性的理财要求。女子银行有很多增值服务是特别针对女性的。女子银行与美容、购物、健身、家居、珠宝首饰等专业服务机构联手推出了专门针对女性审美、艺术和消费习惯的增值服务，包括为女性客户提供生活、服饰、仪容、艺术等建议和社交活动。

直到几年前，当瑜伽馆出现后，一种伴随瑜伽这种健身方式而来的"修身养性"理念，逐渐被一些女性认可，同时她们很快接受了这种可以"内外兼修"的健身方式。这时，有商家觉得，女性的需求，是需要开发的。女子美容院、女人保健品、专为女性度身定制的图书、女子学堂……如今，贴着"女性"标签的消费产品越来越多，"她经济"大有星星之火可以燎原之势。

"她经济"这个说法非常贴切，在一个越来越讲究市场细分的时代，商家必然会更加重视女性这个消费群体，必然会花更多心思研制并开发适合女性的新产品、新服务。今天的女性，在经济上更加独立和自主、她们旺盛的消费需求和消费能力，势必会孕育出一个又一个新的企业创收点。

"红海"竞争中寻找新的出路——蓝海战略

经济学认为，现存的市场由两种海洋所组成，即红海和蓝海。红海代表现今存在的所有产业，也就是我们已知的市场空间；蓝海则代表现在还不存在的产业，这就是未知的市场空间。所谓蓝海战略，就是企业突破红海的残酷竞争，不把主要精力放在打败竞争对手上，而是主要放在全力为买方与企业自身创造价值飞跃上，并由此开创新的市场空间，开创属于自己的一片蓝海。

“红海”是竞争极端激烈的市场，但“蓝海”也不是一个没有竞争的领域，而是一个通过差异化手段得到的崭新市场领域，在这里，企业凭借其创新能力获得更快的增长和更高的利润。蓝海战略要求企业突破传统的血腥竞争所形成的“红海”，拓展新的非竞争性市场空间。与已有的，通常呈收缩趋势的竞争市场需求不同，蓝海战略考虑的是如何创造需求，突破竞争。蓝海的目标是在当前的已知市场空间的红海竞争之外，构筑系统性、可操作的蓝海战略，并加以执行。只有这样，企业才能以明智和负责的方式拓展蓝海领域，同时实现机会的最大化和风险的最小化。

蓝海战略其实就是企业超越传统产业竞争、开创全新的市场的企业战略。如今这个新的经济理念，正得到全球工商企业界的关注。

有人这样理解，我没涉及过的领域就是蓝海；我的产品进入过去没进入的渠道就是蓝海；我用的营销策略过去没用过就是蓝海，这是不正确的。一位营销人士给一个功能性食品做了个营销方案，要把这个产品开发成功能饮料，原因是保健品的竞争太激烈，把它开发成饮料是基于蓝海的思想。开辟新途径，但意料之外的是保健品的红海是避开了，但是产品又进入了快速消费品的纷争，这就反映出了一个问题：如果蓝海与红海只相对于自身的话，根本就没有突出新意，你的蓝海可能早已是别人的红海，实际上无非是从一个红海跳到另一个红海，从一场战争进入到另一场战争。

那么什么才是蓝海战略呢？它提出了 6 项原则：

（1）重建市场边界。①跨越其他产业看市场：一家企业不仅与自身产业对手竞争。如日本电信运营商 NTTDoCoMo 于 1999 年推出 i-mode 手机一键上网，将只使用语音服务的顾客变为使用语音和数据服务（音乐、图片、资讯）的顾客。②跨越产业内不同的战略集团看市场：突破狭窄视野，搞清楚什么因素决定顾客选择，例如高档和低档消费品的选择。如曲线美健身俱乐部专为女性服务，剔除奢华设施，小型化社区布点，会员依次使用一组器械，每周三次，每次半小时完成，每月只需 30 美元。③重新界定产业的买方群体：买方是由购买者、使用者和施加影响者共同组成的买方链条。如诺和诺德公司是一家胰岛素厂商，将胰岛素和注射笔整合创造出 NovoLet 注射装置，便于病人随身携带使用。④跨越互补性产品和服务看市场：互补性产品或服务蕴含着未经发掘的需求，简单方法是分析顾客在使用产品之前、之中、之后都有哪些需要。如北客公司发现市政府并非关注公交车本身价格而是维护费用，通过使用玻璃纤维车身，提高车价却降低维护成本，创造了与市政府的双赢。⑤跨越针对卖方的产业功能与情感导向：市场调查反馈的往往是产业教育的结果，如快美发屋针对男性，取消按摩、饮料等情感元素，以“气洗”替代“水洗”，专注剪发，使理发时间减到10分钟，费用从3000日元降到1000日元。⑥跨越时间参与塑造外部潮流：从商业角度洞悉技术与政策潮流如何改变顾客获取的价值，如何影响商业模式。如苹果公司通过iPod和iTunes提供正版音乐下载服务，提高海量音乐库、高音质、单曲下载及低费用（0.99美元/首）。

（2）注重全局而非数字。一个企业永远不应将其眼睛外包给别人，伟大的战略洞察力是走入基层、挑战竞争边界的结果。蓝海战略建议绘制战略布局图将一家企业在市场中现有战略定位以视觉形式表现出来，开启企业组织各类人员的创造性，把视线引向蓝海。

（3）超越现有需求。通常，企业为增加自己的市场份额努力保留和拓展现有顾客，常常导致更精微的市场细分，然而，为使蓝海规模最大化，企业需要反其道而行，不应只把视线集中于顾客，还需要关注非顾客。不要一味通过个性化和细分市场来满足顾客差异，应寻找买方共同点，将非顾客置于顾客之前，将共同点置于差异点之前，将合并细分市场置于多层次细分市场之前。

（4）遵循合理的战略顺序。遵循合理的战略顺序，建立强劲的商业模式，确保将蓝海创意变为战略执行，从而获得蓝海利润，合理的战略顺序可以按买方效用、价格、成本、接受分为四步骤。

（5）克服关键组织障碍。企业经理们证明执行蓝海战略的挑战是严峻的，他们面对四重障碍：一是认知障碍，容易沉迷于现状的心态；二是有限的资源，执行战略需要大量资源；三是动力障碍，缺乏有干劲的员工；四是组织政治障碍，来自强大既得利益者的反对，“在公司中还没有站起来就被人撂倒了”。

（6）将战略执行建成战略的一部分。执行蓝海战略，企业最终需要求助于最根本的行动基础，即组织基层员工的态度和行为，必须创造一种充满信任和忠诚的文化来鼓舞人们认同战略。当人们被要求走出习惯范围改变工作方式时，恐慌情绪便会增长，他们会猜测这种变化背后真正理由是什么。

实际上，创造蓝海战略并非那么轻而易举。要创造一种趋势很难，要打造一个行业也很难。这在化妆品和保健品领域就能够看得到，20年前化妆品和保健品的市场规模和消费份额都是很弱小的，即使是现在，中国的很多边远地区的人们也不清楚洗面奶是什么东西，更不要说花钱去买所谓的保健品了。

消费者认可化妆品、保健品也有一个漫长的过程，对此宝洁公司和众多的保健品厂商付出了巨大的财力和时间上的忍耐。消费者从陌生到认可这种变化是不可能凭空生成的，需要时间的考验和失败经验的积累。

对于企业而言，蓝海战略提供了崭新的理念，只不过在运用蓝海战略时，还是需要多一点谨慎为好。

为何商家也扎堆——集聚效应

麦当劳和肯德基是世界餐饮行业中的两大巨头，分别在快餐业中占据第一和第二的位置。其中，麦当劳有30000多家门店，肯德基有11000多家分店。原本是针锋相对的对手，但是在经营上却有异曲同工之处。例如，经常光顾麦当劳或肯德基的人们不难发现这样一种现象，麦当劳与肯德基这两家店一般在同一条街上选址，或在相隔不到100米的对面，或同街相邻门面。若按常理，这样的竞争会造成更剧烈的市场争夺，以至于各个商家利润下降，但为什么两家偏偏还要凑作一堆？

事实上，平常人往往想象不到的是，不仅消费者愿意扎堆凑热闹，商家也愿意扎堆。至于扎堆的原因，就在于有“集聚效应”。集聚效应是指各种产业和经济活动在空间上集中产生的经济效果以及吸引经济活动向一定地区靠近的向心力。

集聚效应是一种常见的经济现象，如产业的集聚效应，最典型的例子当数美国硅谷，聚集了几十家全球IT巨头和数不清的中小型高科技公司；国内的例子也不少见，在浙江，诸如小家电、制鞋、制衣、制扣、打火机等行业都各自聚集在特定的地区，形成一种地区集中化的制造业布局。类似的效应也出现在其他领域，北京上海这样的大城市就具有多种集聚效应，包括经济、文化、人才、交通乃至政治等等。

产业集聚包括如下几个因素：首先，必须是与某一产业领域相关的。一般来说，产业集群内的企业和其他机构往往都与某一产业领域相关，这是集聚效应的形成基础。其次，产业集聚的企业及其他机构具有密切联系。产业集群内的企业及相关机构不是孤立存在的，而是整个联系网络中的一个节点。最后，产业集群是一个复杂的有机整体。产业集群内部不仅包括企业，而且还包括相关的协会、银行、中介结构等，这是产业集群的实体构成。

产业集聚是创新因素的集聚和竞争动力的放大。麦克尔·波特认为，产业在地理上的集聚，能够对产业的竞争优势产生广泛而积极的影响。从世界市场的竞争来看，那些具有国际竞争优势的产品，其产业内的企业往往是群居在一起而不是分居的。集聚为什么有助于产生竞争优势？

（1）产业集聚对提高生产率的影响。同一个产业的企业在地理上的集中，能够使得厂商更有效率地得到供应商的服务，能够物色招聘到符合自己意图的员工，能够及时得到本行业竞争所需要的信息，能够比较容易地获得配套的产品和服务。这些都使群聚区内的企业能以更高的生产率来生产产品或提供服务，有利于获得相对于群聚区域以外的企业更多的竞争优势。

许多同行业的企业集聚一起，为各种投入品的供应商提供了稳定的市场，群聚区内大量的专业化的供应商存在，为一个产业所需要的各种投入品的供应带来了便利。此外，从本地取得投入品的交易成本低，且存货数量还可大为降低。相互毗邻，供应商定价过高或违约的风险也会相应降低。地域上的接近还能促进彼此交流，并使得供应商能够提供附件以及安装、排除故障等服务。而随着企业分工的深化和技术上的专门化，企业招聘到适用的员工的成本也在上升。集聚意味着更多的机会和较低的流动风险，带来人才的集聚。企业为此所付出的搜寻成本和交易成本都大为降低。产业集聚区域不仅集聚了供应商，而且集聚了客商，或者说，一个集聚区本身就是这个产业的一个规模很大的市场。

由于同一产业的企业在地域上的集中，有关市场的、技术的以及其他与竞争有关的各种信息在区域内大量积累和迅速传递，这对于企业的竞争来说是十分重要的。在美国硅谷，集聚着大量的半导体电路、数字技术等新技术公司，跨国公司纷纷在这里设立分支机构，甚至将公司总部移到这里来，一个很重要的因素就是在硅谷能够得到本行业最新的与竞争有关的各种信息。企业的集中，使得一个行业获得配套产业的支持以及配套产品更为便利。

企业的地理集中，能够获得政府及其他公共机构的投资，可以在基础设施等公共物品上降低成本。除了政府投资之外，与群聚区同时产生的一些中介服务性的机构、行会组织、教育培训机构、检验认证机构，也对企业的生产率带来积极的作用。

（2）集聚对创新的影响。由于集中的顾客群降低了设立新企业的投资风险，投资者容易发现市场机会。在产业集聚的地方工作，企业能更容易地发现产品或服务的缺口，从而受到启发建立新的企业。再加上产业集聚区域的进入障碍低于其他地区，所需要的设备、技术、投入品以及员工都能在区域内解决，因而开办新的企业要比其他地区容易得多。企业所需要的客户、市场信息，可能在其成立之前就已经具有了。

集聚对创新的贡献还在于同行业之间的非正式交流。这种非正式的交流不是通过契约的形式来实现的，比如，不同公司员工之间面对面的接触、工作之余时间的聊天等，使得不同的思想不断在交流中相互碰撞产生新的火花。

（3）集聚对竞争的影响。竞争是企业获得竞争优势的重要来源。集聚带来了竞争，加剧了同行业企业间的竞争。竞争不仅仅表现在对市场的争夺，还表现在其他方面。同居一地，同行业相互比较有了业绩评价的标尺，也为企业带来了竞争的压力。绩效好的企业能够从中获得成功的荣誉，而绩效差的企业会因此感受到压力。不断的比较产生了不断的激励，同行业企业的聚集，导致剧烈的竞争，竞争对手的存在是有积极意义的。

竞争的结果不是一种零和博弈而是一种正和博弈，竞争者为了不断地从对手那里得到信息和激励，不断地改进管理，以更加有效的方式组织生产，不断地发现新的市场机会。竞争的结果是，产业群聚区内的企业比起那些散落在各个地方的企业，更具有竞争优势，更容易通过竞争进入这一行业的前沿地带。

第三节　营销策略

不走寻常路才能出奇制胜——市场营销

麦卡锡认为，市场营销是企业经营活动的职责，它将产品及劳务从生产者直接引向消费者或使用者以便满足顾客需求及实现公司利润，同时也是一种社会经济活动过程，其目的在于满足社会或人类需要，实现社会目标。

当今社会，市场经济发达、生产规模扩大，市面上逐渐出现了产品过剩的局面，也就是商品丰富，货源充沛。对消费者来说，在挑选产品时有了更多的机会；对于经营者来说，他们必须在产品的品种、服务、价格等方面展开激烈竞争。从本质上来说，市场营销观念是一种以顾客需要和欲望为导向的哲学，是消费者主权论在企业市场营销管理中的体现。

市场营销观念的演变与发展，可归纳为六种，即生产观念、产品观念、推销观念、市场营销观念、客户观念和社会市场营销观念。

（1）生产观念。这种观念产生于20世纪20年代前。企业经营哲学不是从消费者需求出发，而是从企业生产出发。其主要表现是“我生产什么，就卖什么”。生产观念认为，消费者喜欢那些可以随处买得到而且价格低廉的产品，企业应致力于提高生产效率和分销效率，扩大生产，降低成本以扩展市场。例如美国汽车大王亨利·福特曾宣称：“不管顾客需要什么颜色的汽车，我只有一种黑色的。”显然，生产观念是一种重生产、轻市场营销的商业哲学。生产观念是在卖方市场条件下产生的。

（2）产品观念。它也是一种较早的企业经营观念。产品观念认为，消费者最喜欢高质量、多功能和具有某种特色的产品，企业应致力于生产高值产品，并不断加以改进。它产生于市场产品供不应求的“卖方市场”形势下。此时，企业最容易导致“市场营销近视”，只看到自己的产品质量好，看不到市场需求在变化，致使企业经营陷入困境。例如，美国某钟表公司一直被公认为是美国最好的钟表制造商之一，但销售额和市场占有率不断下降。造成这种状况的主要原因是市场形势发生了变化：这一时期的许多消费者对名贵手表已经不感兴趣，而趋于购买那些经济、方便、新颖的手表。

（3）推销观念。推销观念产生于20世纪20年代末至50年代前，是为许多企业所采用的另一种观念，表现为“我卖什么，顾客就买什么”。它认为，消费者通常表现出一种购买惰性或抗衡心理，如果听其自然的话，消费者一般不会足量购买某一企业的产品，因此，企业必须积极推销和大力促销，以刺激消费者大量购买本企业产品。推销观念产生于“卖方市场”向“买方市场”过渡的阶段。许多企业家认识到：即使有物美价廉的产品，也未必能卖得出去；企业要在日益激烈的市场竞争中求得生存和发展，就必须重视推销。

（4）市场营销观念。市场营销观念是作为对上述诸观念的挑战而出现的一种新型的企业经营哲学。这种观念是以满足顾客需求为出发点的，即“顾客需要什么，就生产什么”。企业之间为实现产品利润的竞争加剧，许多企业开始认识到，必须转变经营观念，才能求得生存和发展。市场营销观念认为，实现企业各项目标的关键，在于正确确定目标市场的需要和欲望，并且比竞争者更有效地传送目标市场所期望的物品或服务，进而比竞争者更有效地满足目标市场的需要和欲望。

许多优秀的企业都是奉行市场营销观念的。如美国的迪士尼乐园，它使得每一位来自世界各地的儿童美梦得以实现，使各种肤色的成年人产生忘年之爱。因为迪士尼乐园成立之时便明确了它的目标：它的产品不是米老鼠、唐老鸭，而是快乐。人们来到这里是享受欢乐的。公园提供的全是欢乐。公司的每一个人都要成为欢乐的灵魂。游人无论向谁提出问题，都必须用“迪士尼礼节”回答，决不能说“不知道”。因此游人们一次又一次地重返这里，享受欢乐，并愿意付出代价。

（5）客户观念。随着现代营销战略由产品导向转变为客户导向，客户需求及其满意度逐渐成为营销战略成功的关键所在。所谓客户观念，是指企业注重收集每一个客户以往的交易信息、人口统计信息、心理活动信息、媒体习惯信息以及偏好信息等，根据由此确认的不同客户终生价值，分别为每个客户提供各自不同的产品或服务，传播不同的信息，通过提高客户忠诚度，增加每一个客户的购买量，从而确保企业的利润增长。市场营销观念与之不同，它增强的是满足一个子市场的需求，而客户观念则强调满足每一个客户的特殊需求。

（6）社会市场营销观念。社会市场营销观念是对市场营销观念的修改和补充。因为市场营销观念回避了消费者需要、消费者利益和长期社会福利之间隐含着冲突的现实。社会市场营销观念认为，企业的任务是确定各个目标市场的需要、欲望和利益，并以保护或提高消费者和社会福利的方式，比竞争者更有效、更有利地向目标市场提供能够满足其需要、欲望和利益的物品或服务。社会市场营销观念要求市场营销者在制定市场营销政策时，要统筹兼顾三方面的利益，即企业利润、消费者需要的满足和社会利益。

上述六种企业经营观，其产生和存在都有其历史背景和必然性，都是与一定的条件相联系、相适应的。企业为了求得生存和发展，必须树立具有现代意识的市场营销观念、社会市场营销观念。

对产品需求有清晰的认识——市场定位

大家知道，现有产品在顾客心目中都有一定的位置，例如，人们认为可口可乐是世界上最大饮料生产商，格兰仕是中国最大的微波炉生产商，北京同仁医院是中国最著名的眼科医院等，这些产品和服务的提供者在与消费者长期的交易中所拥有的地位，是其他人很难取代的。这跟这些企业合理的市场定位是分不开的。

市场定位的概念，最早是由美国营销学家艾·里斯和杰克特劳特于20世纪70年代最早提出的。其含义是指企业通过自己的探索和调研后，对市场的未来消费群体进行准确的分析，然后开发适合于该群体的新产品并大胆采用各种营销手段把其推向市场。

市场定位的关键是企业要设法在自己的产品上找出比竞争者更具有竞争优势的特性。市场定位并不是你对一件产品本身做些什么，而是你在潜在消费者的心目中做些什么。市场定位的实质是使本企业与其他企业严格区分开来，使顾客明显感觉和认识到这种差别，从而在顾客心目中占有特殊的位置。

市场定位可分为对现有产品的再定位和对潜在产品的预定位。对现有产品的再定位可能导致产品名称、价格和包装的改变，但是这些外表变化的目的是保证产品在潜在消费者的心目中留下值得购买的形象。对潜在产品的预定位，要求营销者必须从零开始，使产品特色确实符合所选择的目标市场。企业在进行市场定位时，一方面要了解竞争对手的产品具有何种特色，另一方面要研究消费者对该产品的各种属性的重视程度，然后根据这两方面进行分析，再选定本公司产品的特色和独特形象。市场定位的关键是要设法在自己的产品上找出比竞争者更具有竞争优势的特性。

竞争优势一般有两种基本类型：一是价格竞争优势，就是在同样的条件下比竞争者定出更低的价格。这就要求企业最初要做好一切努力来降低单位成本。二是偏好竞争优势，即能提供确定的特色来满足顾客的特定偏好。这就要求在产品特色上下功夫。因此，市场定位可以通过以下步骤来实现。

首先，分析市场现状，确认自身的潜在竞争优势。要搞清楚竞争对手产品的定位以及目标市场上顾客欲望的满足程度，然后针对竞争者的市场定位和潜在顾客的真正需要的利益要求，确定自己能做的事。通过这些分析，企业就能从中把握和确定自己的潜在竞争优势在何处。

其次，选择正确的竞争优势，对目标市场初步定位。竞争优势是企业在市场竞争中能够胜过对手的能力，选择竞争优势实际上就是与竞争者各方面实力相比较的过程。通常的方法是分析、比较自身与竞争者在经营管理、生产营销、财务等方面究竟哪些是强项，哪些是弱项。借此选出最适合自身的优势项目，初步确定自身在目标市场上的位置。

最后，找到自身的独特优势后，可以通过一定的宣传手段，将自身的竞争优势传递给潜在顾客。获得顾客的认同后，再推出产品或者服务的时候，就能轻松占有市场。

市场定位并非一成不变，即使最初的定位已经确定了，但当竞争对手推出的新产品侵占部分市场，或者消费者的需求和偏好发生变化时，我们还应考虑重新定位。

如某日化厂生产婴儿洗发剂，以强调该洗发剂不刺激眼睛来吸引有婴儿的家庭。但随着出生率的下降，销售量减少。为了增加销售，该企业将产品重新定位，强调使用该洗发剂能使头发松软有光泽，以吸引更多、更广泛的购买者。重新定位可能导致产品的名称、价格、包装和品牌的更改，也可能导致产品用途和功能上的变动，企业必须考虑定位转移的成本和新定位的收益问题。

企业要想成功，就应当从自身拥有资本、技术、人才等方面的优势出发，努力去发现新的市场。当然在发现市场的过程中肯定会有很多的弯曲甚至挫折，所谓“柳暗花明又一村”，但只要作为企业主体的企业决策者对自己的企业有准确的自我认识，那么市场定位也不是一件困难的事情。

美国米勒啤酒公司对其产品的定位有其可取之处。它曾将其原来唯一的品牌“高生”啤酒定位于“啤酒中的香槟”，吸引了许多不常饮用啤酒的高收入妇女。后来发现，占 30%的狂饮者大约消费了啤酒销量的 80%，于是，该公司在广告中展示石油工人钻井成功后狂欢的镜头，还有年轻人在沙滩上冲刺后开怀畅饮的镜头，塑造了一个“精力充沛的形象”。在广告中提出“有空就喝米勒”，从而成功占领啤酒狂饮者市场达 10 年之久。

通过市场定位，企业能够发现竞争者现有产品在市场上所处的位置，从而可以针对顾客对该类产品的重视程度，为自身的产品塑造与众不同的、给人印象鲜明的形象，进而使产品在市场上占据适当的位置。有了准确的市场定位，企业就能为自己的生存和发展开辟出新的道路。

做好每一个服务细节——顾客满意度

顾客满意度是顾客满足情况的反馈，它是对产品或者服务性能，以及产品或者服务本身的评价；给出了（或者正在给出）一个与消费的满足感有关的快乐水平，包括低于或者超过满足感的水平，是一种心理体验。实际上，顾客满意度反映的是顾客的一种心理状态，它来源于顾客对企业的某种产品服务消费所产生的感受与自己的期望所进行的对比。对于顾客来说，满意度指数越高就会对这种产品越给予承认，自然会乐意继续消费这种产品；倘若相反，则就会对产品有意见，甚至于投诉。

顾客的满意度指数越高，他们对企业产品的忠诚度越高，也越能更好地维护企业的顾客群体。只是，奇怪的是，很多企业并没有重视客户流失，而是把更多的精力放在开发新的客户上，要知道：保留一个老客户的成本远远低于开发一个新客户的成本！这一点，对于企业，实际上是至关重要的。因为一句满意的话，就会产生一些新的顾客，也会因为一句不满意的话，流失掉另外一些顾客。

使顾客对经营者的产品或服务产生满意感，影响的因素有很多，但其中对顾客服务细节的关注尤其重要。何谓细节服务？细节服务是一种高水平服务的表现，就是由企业提供的，与产品使用直接或间接相关的服务。倡导重视细节，加强改进服务作风，向细节要质量和效益，通过对细节服务的改进来实现服务水平最大程度的提升。

有一则“酒店恶狗”的故事。宋国有位小生意人开了一家酒店，专门出售陈年佳酿。这爿酒家窗明桌净，买卖公道，还在门前高高竖起一杆青旗，行人在几里地外都能看见酒旗招展。顾客一进门槛，店小二就笑脸相迎，殷勤接待。按理说，这个酒家应该是生意兴隆的；可是偏偏相反，常常整天不见一个顾客，十分冷落。一坛坛老酒开了封，卖不出去，都发酸变质了。店主苦思冥想找不出原因，只好去请教附近一个老头儿。老头儿沉吟了一番，问他：“你的看门狗凶不凶？”店老板挺纳闷地说：“凶啊，可这跟卖酒有什么关系呢？”老头儿拈着胡须笑道：“人家怕你的恶狗。恶狗守在门口，见人就咬；酒再好，还有谁敢来买呢？”

店老板的酒很好，但他有一只凶猛的看门狗，正是这只狗影响了他的生意。若用更确切的话来说，就是除了产品本身质量以外，人们还会考虑服务的质量等一些隐形存在的因素，而这些细节性的因素往往影响企业产品的销售。“酒店恶狗”的故事给经营者以启示：在售卖产品时，经营者必须做好每一个服务细节，才能赢得顾客的满意。

服务是经营者永恒的话题，用优质服务满足客户需求是经营者最主要的目标之一。伴随着商战的日益激烈，经营者也越来越注重做“服务”的文章。以完善的细节来赢得顾客，越来越受经营者青睐。能关注服务细节，做好细节服务，就一定能提高服务质量，提高客户满意度，从而提升产品的销售。

“千里之堤，溃于蚁穴”，一个不经意的疏忽，其破坏力往往是惊人的。那个

“一口痰吐掉一个联营药厂”“一顿饭吓跑外商”的故事已经广为流传，它让我们感慨，也让我们深思。在一些服务细节上，商家稍有疏忽就会引起客户的不满，这就是细节中的细节，有些服务细节在商家看来也许是多余的，或者是还没有意识到这些服务细节，但往往就因为这些服务细节上的疏漏，而引起客户对我们整体服务质量的质疑。

一位妇女每星期都固定到一家杂货店购买日常用品，在持续购买了3年后，有一次店内的一位服务员对她态度不好，于是她便到其他杂货店购物。12年后，她再度来到这家杂货店，并且决定要告诉老板为何她不再到他的店里购物。老板很专心地倾听，并且向她道歉。等到这位妇女走后，他拿起计算器计算杂货店的损失。假设这位妇女每周都到店内花25美元，那么12年她将花费1.56万美元。只因为12年前的一个小小的疏忽，导致了他的杂货店少做了1.56万美元的生意！

这也让我们了解了服务细节的重要性。时下，许多消费者们感受到购物场所档次不断提升，但顾客发现其服务在许多细节上远远没有像看起来那样尽善尽美。很多服务细节对商家来说似乎无足轻重，但给消费者带来很大不便。如果这些“细小”的问题积累起来，必定会给商家带来消极影响。

细节服务代表着服务的极致，体现着服务的深度和广度。以小见大，顾客往往能从一些很小的问题上感受到商家在服务上给他带来的方便和周到。每个服务的细节之处，只要我们用心去做，其结果必定会是双赢，更会为企业赢得良好的口碑，它为企业带来的不仅仅是一个品牌，更将是一种效益。

细节的力量贵在坚持，那些成功的企业之所以成功，其中的“注重细节”是不可忽视的。世界著名企业诺基亚、宝洁、沃尔玛无不是从精耕细作走向辉煌的。让客户对商家的服务无可挑剔，就必须关注细节，从小事做起。

服务没有句号，细节体现在服务的整个过程之中，正如没有“点”就没有“线”一样。做好细节服务，时刻把顾客满意度放在心里，经营一定会有所改观。

唐装何以流行——时尚

2002年春节，大江南北出现了一个新气象：“忽如一夜东风来，千街万巷唐装亮。”满大街的男男女女，都穿唐装，似乎时光逆流又重新回到了“贞观之治”或“开元盛世”。自打21位领导人在上海APEC会议上集体给唐装做了一个堪称世界上最牛的广告之后，唐装之风自此开始。于是，“唐装热”就开始从前卫的时尚丽人的身上蔓延开来。时至春节，这股潮流终于遍地开花，在荧屏内外、全国各地上演了一出盛大的“唐装秀”。

当一种消费行为流行于社会上，被许多人接受时，就形成一种消费时尚。一旦成为消费时尚，必将影响更多人的消费行为。消费时尚是一种重要的经济现象和文化现象，被人们称为“生活方式的晴雨表，生存质量的意识流”。

时尚商品往往是市场中的重要商品、骨干商品、热点商品，市场广阔，销量大，销售时间相对集中，能给企业带来巨大的利润，对社会生产的发展和市场的繁荣能起到积极的刺激和推动作用。同时，它对生产经营企业制定和调整营销策略，抓住市场机会，实现利润最大化，都有重要的参考价值。

1. 为企业转移、开拓市场指明方向

时尚商品具有很强的时效性，在流行期内，时尚商品价格高，购买者众多，能给企业带来丰厚的利润。而流行期过后，时尚商品犹如“明日黄花”，问者寥寥，造成库存积压，资金沉淀，设备闲置，企业苦不堪言。

消费时尚作为一种消费趋势，其流动性特征十分明显。因此，消费时尚在形成和发展过程中也就出现了时间差、地域差、阶段差。也正是消费流行的这些差异性，为企业提供了机会。精明的企业经营者，往往在本地区的消费时尚进入“普及阶段”时，毫不犹豫地按消费时尚的流动指向，向下一个地区或再下一个地区转移技术、设备、资金、产品，或者谋求经济技术合作。这样，就能紧跟消费潮流，抓牢消费热点，不仅能盘活存量资产，而且能有效地延长时尚产品的生命周期，缓解新产品开发之苦。

2. 为企业引进技术、设备、资金等提供机会

作为本地的企业经营者，则可以充分利用这一消费时尚规律，及早动手，抓住契机，做本地消费时尚的领头雁。

有两个策略可以借鉴，一是大胆引进技术、设备，或积极谋求经济技术合作，并结合当地的具体情况，如地形、气候、物产、亚文化、经济发展水平等，生产出适合当地需求的时尚商品。这样，当“上一地区”的时尚之风刮至本地之时，本企业产品已经占据了市场，取得了市场竞争的“先手”。如梦初醒的其他厂家开始纷纷仿效之际，该企业已经赚足利润。二是利用“上一地区”的生产技术设备开发出新产品后，对产品进行创新设计的改造，利用消费时尚具有的“变异周期性”规律，再将新产品打入“上一地区”，做“下一波”消费时尚的领头雁。一旦人们的怀旧心理被启动，市场被打开，巨大的经济效益可想而知。

3. 为新产品开发带来机遇

如今，产品生命周期呈现出逐渐缩短的趋势。这就意味着企业不得不面临日益紧迫、日益频繁的新产品开发工作。而新产品的开发成功与否，事关企业的生死存亡。消费时尚作为一种重要的经济现象，具有巨大的经济价值和市场价值。它不仅对消费者的购买行为具有导向作用，更为企业的新产品开发提供良好的机遇。

第一，开发时尚商品。可以有两种思路，一种是开发流行的商品，利用流行商品巨大的市场空间谋求利益；二是利用消费时尚的差异性规律，开发适合当地需求的差异性时尚商品。如市场流行红裙子，那么，在保持“红裙子”这一卖点的基础上，结合当地情况，在用料、款式等方面作适当调整，往往能收到更好的效果。

第二，开发时尚商品的互补品。有时候可能出现这样的情况：当企业费尽九牛二虎之力将时尚商品开发出来之际，“这一波”消费时尚也大势已去，产品无人问津，企业损失惨重。因此，寻求时尚产品的互补品开发则十分便捷且聪明。因为时尚商品对其互补品具有巨大的“提携”作用，开发时尚商品的互补品有极高的成功胜算。如牛仔裤流行，企业不去生产牛仔裤而去生产旅游鞋。因为牛仔裤配旅游鞋最为潇洒，两者之间的互补性很强。

第三，开发仿制新产品。在保持时尚商品特色、基本效用的前提下，充分利用时尚商品的巨大市场空间和目标市场的特点，开发仿制新产品，也不失为一良策。如老板杯流行，有的企业就开发出以电镀板材取代不锈钢的“二老板”，以玻璃取代不锈钢的“三老板”及以其他材质取代不锈钢的其他种种便携式保温杯，都取得了很大的成功。

4. 为企业促销工作指明道路

消费时尚本无定论，不存在什么该流行，什么不该流行的法则，只要宣传得体、得法、得时，完全可以制造出一种消费时尚。

企业通过广告影响消费者的行为，可以引导或推动一种消费时尚。不管广告讲得对还是不对，耳濡目染，人们不可能不受影响。受影响的人多了，就成为了一种消费时尚。广告甚至可以无中生有地创造出消费时尚，有个著名的例子就是脑白金广告。广告上天天叫喊“送礼就送脑白金”，叫喊的时间长了，结果有越来越多的人在选择礼品时选择脑白金。许多人过年过节时，都把脑白金作为礼品，这就成了一种消费时尚。当然，广告能否变为消费时尚，取决于企业对消费者心理及其他特征的了解。

对企业来说，要根据消费时尚的变化来调整自己的产品结构。无论消费时尚是什么，只要一旦形成，企业就必须迎合。如果企业能及时了解消费时尚的趋势，在某种消费时尚刚刚萌芽时，比其他企业领先一步，生产出适应这种消费时尚的产品，它就会成功。无视消费时尚，企业很难成功。

出色的商品包装比商品更值钱——商品包装

生活中的商品如果不经过“包装”，往往得不到消费者的认可。在经济生活中，没有包装的物品几乎是不存在的。事实上，商品包装确实是整体产品的一个重要组成部分，具有保护和美化商品、便利经营和消费以及促进销售的功能。商品质量好，当然会受到人们的喜爱。但是，如果它的包装差，质量就连带着会大打折扣。尽管两者也许没有什么差别。但是好包装会抓住人们的眼球。对于一件被推销的商品，更多的人还是在关注包装。

《韩非子》中有一则“买椟还珠”的故事。楚国有一个珠宝商人，他在珠宝匣子上花了不少工夫：珍珠是用木兰树制作的盒子盛装，用桂椒来熏盒子，用精美的珠玉点缀其上，用美玉点饰，用翠鸟的羽毛装饰盒子。这只匣子不仅精致美丽而且香气四溢。有个郑国人看到这么精美的盒子，非常高兴，于是花重金买下珠宝。令人惊讶的是，郑国人却把里面的珠宝还给楚国人，自己拿着这个精美的盒子走了。

这个故事形象地说明了商品包装的重要性。过去人们并不在意包装，认为“真金总会卖个好价钱”，但现在这样的观念该改改了，因为质量再好的商品，没有好的包装，就好像缺了绿叶的红花，没有任何吸引力。在市场经济的环境下，产品的包装现今越来越引起消费者的关注，并也逐渐形成了包装经济。

在市场上，有两家药厂，生产同一种药，质量略有差异（甲厂药品效果比乙厂的略微差些）。在推向市场时，两者都用纸板包装盒，但甲厂的包装白底光亮，色彩明快，还有一个浮雕式的凸起图案；乙厂则颜色暗淡，图案陈旧；试比手感，前者表面细滑，轻轻挤压，手指能感受到弹力和盒子的挺括；后者则表面粗涩，略一挤压，即轻易失去原有形状。

当这两种产品同时上市时，面对同样的消费者群体，前者的市场占有率竟然高出后者10%。两种相同的药，仅仅因为包装上的差异，就有了悬殊的销售量。而实际上，乙厂药品的质量要比甲厂的好。这样的结果说明了什么？其实，消费者购买产品，如果消费效用较高，就愿意多花钱。看到包装精美的商品，当然会给消费者带来更多的消费效用，心理满足程度更高。

从社会实践上来看，由于现代的产品种类繁多，花样复杂，因此，消费者在进行选择的时候，往往挑花了眼睛。不知道该选择哪一个好。这时，产品的包装就可以成为一个宣传媒介，向消费者传递“自我推销”的信息，从而吸引消费者购买。正是第一印象的不同，消费者才作出不同的选择。

各大企业经营者正是观察到了这一点，也才将更多的资本投注到广告包装之上。他们利用包装塑造精品的形象，利用包装来提升企业的品牌知名度，利用包装来打动消费者。

在洗手液市场上，蓝月亮洗手液成功地利用包装成为市场上的品牌产品。它为了能让人们产生精品的印象，其产品包装从瓶子的高度、体积、瓶形、配件颜色、标签形式等都经过不断地调试，最终达到了“功能卖点、包装形态、消费者感受”三者的完美结合。这让蓝月亮洗手液的销售量大为改观。当时，就能达到每月销售额700万元；长沙几家大超市曾创下日销售蓝月亮洗手液2600瓶的纪录；据不完全统计，“蓝月亮”凭借洗手液单品就打造了年度7000万元销售业绩。

在产品同质化越来越明显的今天，商品包装正在成为企业产品销售成功的不二法门。不过，商品包装并不是越精美越好，总体上对商品包装有一定的要求：

（1）适应各种流通条件的需要。要确保商品在流通过程中的安全，商品包装应具有一定的强度，坚实、牢固、耐用。对不同运输方式和运输工具，还应有选择地利用相应的包装容器和技术处理。

（2）应适应商品特性。商品包装必须根据商品的特性，分别采用相应的材料与技术，使包装完全符合商品理化性质的要求。

（3）适应标准化的要求。商品包装必须推行标准化，即对商品包装的包装容（重）量、包装材料、结构造型、规格尺寸、印刷标志、名词术语、封装方法等加以统一规定，逐步形成系列化和通用化，以便有利于包装容器的生产，提高包装生产效率，简化包装容器的规格，节约原材料，降低成本，易于识别和计量，有利于保证包装质量和商品安全。

（4）包装要适量、适度。对销售包装而言，包装容器大小与内装商品相宜，包装费用，应与内装商品相吻合。预留空间过大、包装费用占商品总价值比例过高，都有损消费者利益，误导消费者的“过分包装”。

（5）商品包装要做到绿色、环保。首先，材料、容器、技术本身对商品、对消费者而言，应是安全的和卫生的。其次，包装的技法、材料容器等对环境而言，应该是安全的和绿色的。在选材料和制作上，遵循可持续发展原则，节能、低耗、高功能、防污染，可以持续性回收利用，或废弃之后能安全降解。

总体上来说，一方面，商品需要适当的包装，这是保护商品、储运商品、方便消费的最低要求，也是企业商品促销的手段；另一方面，由于商家们过度追求商品包装，也给消费者和社会增加了不必要的负担和环境压力，特别是一些虚假性、欺骗性包装，更是让消费者深恶痛绝。其实，只要有了迎合消费者审美观点和文化意识的包装，就能够达到同推销产品一样的效果。

美丽也会成为生产力——注意力经济

《史记》中记载有司马相如和卓文君的故事：临邛首富卓王孙有个漂亮女儿，就是卓文君。司马相如为卓文君弹了一首《凤求凰》，琴声打动了屏风背后的卓文君，她偷看司马相如后“心说而好之”。事后司马相如让“侍者”当红娘，与文君连夜私奔到成都。卓文君与司马相如面临窘迫的生活，决定把车马卖掉，到临邛开酒店，文君当街卖酒。因为文君的美貌，吸引了众多的人前来光顾。两人的生活因为酒铺生意的兴旺而逐渐好转。

文君“当垆卖酒”的故事体现了汉代的“美女经济”的效应，因为美貌而多才的卓文君在大庭广众下卖酒，才会吸引更多的人前来买酒，才会使得她和司马相如的生活状况得到改善。这就是一种“注意力经济”。

如今，大众对美女的注意力不但没有在飞速发展的市场经济中被商家忽视，反而被不断地发掘出来，渗透到各种行业，并逐渐演变成了今天最时髦的“美女经济”。无论是商场开业，还是车展、房展，或是兜售某种商品，如今的商家都热衷于请美女出台，借美女生财。大街上，随处可见的“婚纱秀”“时装秀”“内衣秀”“轿车秀”无不打着美女招牌，依傍美女的姿色。打美女牌、算经济账，美女的影响力越来越大，大有辐射至各领域、渗透到各行业之趋势。

为什么商家会宠爱“美女经济”？为什么“美女促销”的戏码总是在不断上

演？从经济学上看，商家就是在充分地利用美女的眼球效应，也就是注意力经济在发挥作用。

最早正式提出“注意力经济”这一概念的是美国的迈克尔·戈德海伯，他于1997年在美国发表了一篇题为《注意力购买者》的文章。他在这篇文章中指出，目前有关信息经济的提法是不妥当的，因为按照经济学的理论，其研究的主要课题应该是如何利用稀缺资源。对于信息社会中的稀缺资源，他认为，当今社会是一个信息极大丰富甚至泛滥的社会，信息非但不是稀缺资源，相反是过剩的。而相对于过剩的信息，只有一种资源是稀缺的，那就是人们的注意力。

所谓注意力，从心理学上看，就是指人们关注一个主题、一个事件、一种行为和多种信息的持久程度。它有如下几个特点：一、它是不能共享，无法复制的；二、它是有限的、稀缺的；三、它有易从众的特点，受众可以相互交流、相互影响；四、注意力是可以传递的，名人广告就说明了这一点，受众的注意力可以由自己关注的名人到名人所做的广告物——产品；五、注意力产生的经济价值是间接体现。

在现代经济社会中，把注意力转化为经济价值的过程中，媒体既是注意力的主要拥有者，又是注意力价值的交换者，所以传媒经济就是以注意力为基础的经济。但在当今信息过剩的社会，吸引人们的注意力往往会形成一种商业价值，获得经济利益，因此在经济上，注意力往往又会成为一种经济资源。而由这种注意力所形成的经济模式，就是注意力经济。进一步说，注意力经济是指最大限度地吸引用户或消费者的注意力，通过培养潜在的消费群体，以期获得最大的未来商业利益的经济模式。在这种经济状态中，最重要的资源既不是传统意义上的货币资本，也不是信息本身，而是大众的注意力，只有大众对某种产品注意了，才有可能成为消费者，购买这种产品，而要吸引大众的注意力，重要的手段之一，就是视觉上的争夺。

在知识爆炸的后信息社会，注意力资源已经成为十分稀缺的经济资源，不但成为财富分配的重要砝码，最直观的反映就是明星、名人现象，而且经营注意力资源的产业如媒介、广告、体育、模特等获得迅猛发展，成为高利润的新兴产业群，注意力经济正在形成。

如今，注意力经济已经成为一种十分流行的商业模式，新兴产业的出现都不再是润物细无声，而是先打雷后下雨，在一番轰轰烈烈中登台亮相，表现出泡沫经济特征，互联网的发展就是采取这种方式登上历史舞台的。

注意力经济营造了一种新的商业环境和商业关系，它改变了市场的观念以及市场的价值分配。最明显的表现，就是我们进入一个品牌经济时代。在这样的环境下，商家更加注重公众的注意力和长期顾客的维持，关系营销、事业营销、品牌教育等新概念被引进。

这种新的商业模式使得企业越来越注重客户价值，管理的内涵日益外部化，媒介的风险日趋突出，注重客户的价值与客户关系的协调管理，引进了声誉管理和风险公关的新理念。注意力经济引发了发展战略的变革，专注化已经成为企业发展的趋势，大企业在纷纷剥离非主导业务，加强自身的核心竞争力，小企业则靠专业化和特色化获取生存的空间。

因此，注意力经济大行其道也就不值得奇怪了。

花多少钱做广告最合适——广告

从前有一个愚笨的人，有一天到亲戚家里去。主人很殷勤地招待这位客人，并煮了几道好菜款待他，可是做菜时忘了放盐，所以每道菜都淡而无味。这位客人对主人说："你今天烧的菜都是很名贵，可是淡了一点，所以不太好吃。"主人说："我忘了放一样东西。"于是到厨房拿了些盐，放进每一道菜，搅拌了一会儿再请客人尝尝，这回每道菜都很美味可口。

这个人以为盐既然那么好吃，决定回去后每餐都买盐来吃，省得煮那么多菜。于是到了街上买了一大包的盐，回到家里急急打开，抓了一把放进口里！当然是满嘴苦涩，他还以为是被那位亲戚骗了。

其实，广告对产品销售的作用正如盐对菜的作用是一样的。在日常生活中，我们常常可以看到广告。打开电视机，铺天盖地的是电视广告；翻开报纸，迎面而来的是平面广告；走在大街上，充斥视野的是各种立体广告……广告已经和我们的日常生活形影不离。

广告是为了某种特定的需要，通过一定形式的媒体，公开而广泛地向公众传递信息的宣传手段。而我们这里所说的是狭义广告，也就是商业广告，是指以营利为目的的广告，通常是商品生产者、经营者和消费者之间沟通信息的重要手段，或企业占领市场、推销产品、提供劳务的重要形式，主要目的是扩大经济效益。

广告是商品经济的产物，自从有了商品生产和交换，广告也随之出现。世界上最早的广告是通过声音进行的，叫口头广告，又称叫卖广告，这是最原始、最简单的广告形式。早在奴隶社会初期的古希腊，人们通过叫卖贩卖奴隶、牲畜，公开宣传并吆喝出有节奏的广告。古罗马大街上充满了商贩的叫卖声。古代商业高度发达的迦太基——广大地中海地区的贸易区，就曾以全城无数的叫卖声而闻名。17 世纪西方资本主义迅猛发展，大规模的商业活动使得广告以更广泛的途径流行起来。

相信绝大多数人都听说过黄金搭档。它的广告天天在电视上出现，传播着保健产品的理念。在庞大的广告宣传下，黄金搭档成了人们送礼的首选物品。然而对于这个并不陌生的名词，真正了解它的人又有几个呢？在现在竞争激烈的社会里，一个商品，不管其质量到底如何，它若想让自己的“光辉形象”深入人心，最终达到成功销售的目的，就必须贯彻持久的广告策略。也就是说，不断地用信息来轰炸消费者，然后刺激出他们的需求。

中央电视台是各企业广告宣传的制高点。据了解，2009 年央视黄金资源广告招标总额达 92.5627 亿元。其中春节晚会独家冠名中标企业是郎酒集团，中标价格为 7099 万元。纳爱斯以总价 3.05 亿元中标 2009 年全年电视剧特约剧场，而春晚零点报时的广告就标出 4701 万，和春晚相关的元宵晚会“我最喜爱的春晚节目评选”独家冠名则标出了 7099 万。

广告之所以有这么大的威力，主要是它能把消息、资料传递给可能购买的顾客，激起人们购买的欲望。俗语说“酒香不怕巷子深”，但是在现代商业社会，“酒香”仍要借助于广告的力量。商品只有凭借自身的质量和优质的服务再加上大量的广告宣传才能最终达到畅销的目的。

所以有这样一个公式：好产品 + 好广告 = 名牌

既然广告有这么多的积极效果，为什么我们不多花钱做一些广告呢？事实上有时广告太多，人们无力购买，其产品也会引起人们的反感，而且更重要的是经费问题。广告与宣传不一样，广告是要付钱的。在一个社会或一个地区内，少数几家企业激烈竞争的情况下，如果一家企业增加了它的广告费，其他企业也会仿照增加，结果可能谁都没有得到预期的效果，可广告费却恶性膨胀，最终达到“多输”的结局。但是，有一点可以肯定，如果没有广告，大家也不会有那么丰富多样的报纸、杂志和电视节目可看，也不会有电台节目可听。据专家估算，一般的报社、杂志社，收入的 90% 都是从广告费用中来的，而不是靠卖报纸、杂志得来的。

任何一家企业在做广告时，都期望看到销售的成长，如果广告费用增加或广告内容改变都无法刺激销售，自然就有人会怀疑广告的效果。如果产品广告对其销售促进不大的话，除了审视影响销售额的各种因素之外，还应该明白：广告不仅是量的问题，其他诸如广告表现、媒体战略是否适当都会影响其对销售的促进。

钱花得多，并不一定能保证广告的效果就好。秦池酒曾经是家喻户晓的全国品牌，于 1996 年和 1997 年连续两年成为中央电视台的“标王”。可谓“成也萧何败也萧何”，广告给秦池酒带来了前所未有的收益，使秦池走上了超常规发展的道路，但巨额的广告费也为秦池的迅速覆亡埋下了祸根。究竟花多少广告费才合适，我们现在只能从经济的角度用数学公式推导，还没有人能从社会的观点来衡量。

另外，广告有时也会产生一些不好的影响，特别是有些企业趁机吹牛骗人。常言道：王婆卖瓜，自卖自夸。你花多少钱去夸，政府都不管，但夸的话一定要是真的，而不能有虚假的成分。否则，世界上许多国家（包括我国）的政府机关都会对此行为进行惩罚。就连有些产品（如香烟、烈酒等）能否做广告都有所限制。

不管怎么说，广告在为企业带来收益的同时，也是连接企业和消费者的纽带，使企业产品可以满足消费者的需求，改善消费者的生活。

第四节　商家定价

降价是唯一的出路吗——价格战

价格战指的是商家之间以降低产品价格为竞争手段的活动。毋庸讳言，在我们周围，价格战已经成为商家之间竞争的法宝之一，所以消费者也就乐得坐享其成。打价格战，成为很多企业占据市场的最佳选择。

产品的严重过剩是国内市场步入买方市场的突出特点，且这种过剩是在产品结构矛盾突出，产品变化滞后于需求变化的条件下出现的。同时，新的企业还在加入，同质的产品还在涌现，过剩的产品日益积累，市场负荷日益增大。而产品过剩——价格竞争——微利经营是市场经济的客观规律，它既可消除积压、回笼资金，又是刺激消费、扩大市场份额、提高企业知名度的有效途径。对于目前国内行业品牌林立、技术趋同、产品差异化小又严重过剩的市场特点，除了价格竞争，已没有多少良策。

另外，大量的现代科学技术和智力资本的投入，现代产品更新换代的步伐加快，产品生命周期逐渐缩短，有些产品被迫走向衰亡，由此造就了价格竞争的空间和舞台。比如，空调窗机的降价为更高一级的分体机腾出市场空间，使其迅速成为市场主体；再如，从普通彩电到超平彩电，从超平彩电到纯平彩电，每一款新技术产品面市，都必然会引起旧款电视的清货性质的降价促销。手机市场、影碟机市场无不上演着同样的策略。

技术的、服务的、品牌的竞争是企业制胜的法宝，但这只能满足消费者对产品价值的追求，却无法满足消费者追求实惠的心理，物美还需价廉。以差别化策略进行营销固然能减弱消费者对价格的敏感度，却不能启动一个购买力不足的市场。在彩电业、影碟机业、电脑业，许多企业不是没有技术优势、质量优势和品牌优势，但他们还是不得不加入降价竞争的行列，为市场占有率而战。

值得关注的是，在近几年的价格战中，无论是哪个行业，挑起价格战的企业都得到了不小的好处，有的市场份额大幅上升，确立或稳固了行业龙头老大的位置；有的知名度迅速提高，赢得了消费者倾心，这正是降价策略的魅力所在。

看来，降价竞争对有的企业是战略决策的需要，对有的企业则是市场环境下的无奈的行动。启动消费，抢夺市场是企业生存的关键，生产的产品难以售出则意味着危机，利润一时没了，来日还可以挣回，市场没了，则等于丢了江山，这才是生命攸关的大事。

实际上，每个行业在发展之初，由于其技术上的不成熟和资源配置、利用的不合理会导致成本偏高，致使价格居高不下，而一些垄断行业更是在国家的保护之下垄断价格。随着垄断的打破、技术的进步、资源的合理配置利用、规模的扩大，生产成本会逐渐降低，也给降价提供了空间。随着价格逐渐逼近成本，企业无利润可赚时，其他的竞争形式，包括品牌竞争、质量竞争、服务竞争、产品品种竞争以及技术竞争等就成为企业竞争的主体，企业的品牌、服务、质量、技术的提高同时就会促进整个行业的提高和进步。因此，在一定程度上，“价格战”既可以促进行业自身进步，也可以促进相关行业的发展。

一些行业的价格竞争已到了白热化的地步，许多人担心，价格竞争过度会导致“行业垮台”，但在世界各国的市场经济发展过程中，从来没有因为价格竞争而导致“行业垮台”的先例。因为价格竞争的一种结果是资源的优化配置和资源利用效率的提高。在资源有限的条件下，提高效率是发展的根本途径，严酷的竞争环境会导致技术的加速进步和质量的大幅提高，同时也使企业竞争力提高。

由此说明，在激烈的竞争环境下，立足于企业的现实，即使在多种多样的营销策略面前，价格的作用仍不可忽视，价格竞争的环境还没有消失，价格仍是企业掌握的一张竞争王牌。甚至有人说："很难想象，如果没有价格的竞争手段，企业还能依靠什么在市场竞争中取得优势。"

有人认为：降价，降低了厂家的利润空间，使厂家再投入能力不足，而影响了产品质量，是对消费者、对企业不负责任的表现。诚然，一分钱，一分货，价格同质量在消费者心中存在一定的依存关系。在价格战中，一些不堪重负的企业也可能以低质量作代价，但如果以价格战中有质量下降的现象出现而否定价格战，显然有失偏颇。我们看到，在彩电、汽车、电脑、影碟机等行业，价格在一年一年下调，而产品质量却一年一年提高，而且，哪个行业价格竞争激烈，哪个行业产品质量就提升迅速。这种现象与我们价格战的具体形式和特定竞争环境是不可分的。

各行业的价格战中，挑战者几乎都是本行业中的领先企业，它们拥有良好的产品形象和企业形象，它们的降价借助的是有声望的产品和企业声誉，很难在消费者心中形成低质量心理，而且，若以低质量为代价显然与其企业战略是背道而驰的。技术推动型的价格竞争是伴随产品的升级换代而产生的，旧款产品降价的同时，必然有功能更全、质量更高的新产品上市。在价格战中，一些规模不大、经营不善、资金缺乏、无竞争实力的企业为了暂时的还击，会以降低产品质量为代价，但在市场竞争中，质量的降低无疑意味着自取灭亡，这又正是价格战所要达到的目标之一。

面临市场的严峻挑战和各行业内部结构上的矛盾，价格战是时势所致，不可阻挡，它是国内市场转轨时期的必然，也是企业在市场转型期逐步适应市场，从幼弱走向成熟的必经阶段。它所带来的利是长远的、根本的，带来的弊是暂时的、必要的。

歧视价格奥妙无穷——歧视定价

价格歧视实质上是一种价格差异，通常指商品或服务的提供者在向不同的接受者提供相同等级、相同质量的商品或服务时，在接受者之间实行的不同的销售价格或收费标准。经营者将同一种商品或服务，对条件相同的若干买主实行不同的售价，则构成价格歧视行为。

价格歧视是指企业在出售完全一样的或经过差异化的同类产品时，对不同的顾客索取不同的价格。由于这些价格并不完全反映其产品的真实价值，所以价格歧视运用了非线性定价策略。价格歧视作为一种理论，属于定价策略的范畴，无任何褒贬之意。

运用歧视定价有两个不可或缺的条件：一是实行歧视价格的商品本身是不能转卖的，谁购买谁消费，不能低价买进再高价卖出去；二是要能用一个客观标准对消费者进行细分，即分为需求弹性不同的消费群体。

对于商家而言，实行价格歧视的目的是获得较多的利润。如果按较高的价格能把商品卖出去，生产者就可以多赚一些钱。因此，生产者将尽量把商品价格定得高些。但是如果把商品价格定得太高了，又会赶走许多支付能力较低的消费者，从而导致生产者利润的减少。如何采取一种两全其美的方法，既以较高的商品价格赚得富人的钱，又以较低的价格把穷人的钱也赚过来。这就是生产者所要达到的目的，也是价格歧视产生的根本动因。

雷克萨斯是目前世界范围内最成功的日系豪华车，中国市场主要有 GS300 和 GS430 两款车型。2008 年国内 GS300 68.8 万元的售价跟德国市场约合人民币 44 万的价格比起来高了 20 余万元，更是比美国高出一倍的价钱。雷克萨斯 GS430，在美国市场的售价为 51500 美元，在欧洲市场售价为 54200 欧元，折合人民币均只有 40 万元左右。而同一款汽车，在国内的售价却超过 90 万元。这就是歧视定价的一个案例。

价格歧视的前提是市场分割。如果生产者不能分割市场，就只能实行一个价格。如果生产者能够分割市场，区别顾客，而且要分割得不同市场具有明显不同的支付能力。这样企业就可以对不同的群体实行不同的商品价格，尽最大的可能实现企业较高的商业利润。雷克萨斯就是成功分割市场，将中国市场的富豪支付能力视为最高，从而为它的“歧视定价”提供了依据。

在生活中，实行价格歧视的事例比比皆是。以前公园卖门票，对本国人卖低价，对外国人卖高价；大学生放假回家，只要手持学生证，就可以买到半价火车票；在北京坐公交车，如果刷卡便可以打四折；有的舞厅为了使舞客在跳舞时能成双配对，甚至只对男士卖票，女士可以免费……

如果没有价格歧视，人人平等，实际上也未必会得到比较满意的结果。厂商向每一位顾客收取其刚好愿意支付的价格的做法叫作“完全价格歧视”。“完全价格歧视”表面上看，好像不公平，但其实未必。这是因为，在整个价格歧视中，不同的有效需求者都能得到有效的供给，因而从需求与供给相等的意义上说，没有任何人遭到歧视。对价格敏感、需求弹性大的普通百姓而言，如果不被“歧视”，他们也许会很愤怒。美国P&G公司曾经一直在采用“折扣券”制度，对积攒、保存、携带、出示“折扣券”的顾客（往往都是收入较低的顾客）实施优惠价格。1996年,P&G公司以区分消费者需求弹性成本太高之名决定取消这种制度。P & G公司的顾客愤怒了，连纽约州司法部都介入了此事，要求强制P&G公司执行“折扣券”制度。所以说，价格歧视本身也是另类公平的一种市场体现。

当企业有定价权时，实行歧视定价有助于实现利润最大化。主要的歧视定价可分为以下几种：

一种是一级价格歧视，即对每个消费者都收取不同的价格。对企业而言，最有利的歧视价格就是对每一个消费者收取他愿意而且有能力支付的最高价格。这就需要把每个消费者都分开。当然，一般而言，进行这样的市场细分是极为困难的。但是某些特殊情况下，如果消费是完全分开的，相互不通消息，这种一级价格歧视也是可以实现的。最典型的是在医疗市场上，有的外科医生可以向每个患者收取他们所愿意支付的最高价。医生处于垄断地位，患者之间并无联系，医生就可以通过分别与每一个患者进行讨价还价谈判而收取可能收取的最高价格。

另一种是二级价格歧视，即对一定数量的物品收取一种价格，对另一定数量的同样物品收取另一种价格。例如，某服装公司推出一种新的时尚女装，首先把高收入群体作为目标群体，这些人需求缺乏弹性，就可以对先上市的一批衣服收取高价。这部分人的需求得到满足后，就降低价格，卖给需求富有弹性的一般消费者。

市场上最常见的就是三级价格歧视，根据不同市场上的需求价格弹性不同，实施不同的价格。其中运用最成功的就是国外的民航了。民航的歧视定价是指同一个航班同样航位的乘客所支付的单价不同。民航机票要实名凭证件登机，不能转让；此外，民航乘客可分为公务乘客和私人乘客，前者对价格缺乏弹性，后者对价格富有弹性。民航是怎么实行价格歧视的呢？他们把是否周六晚上在对方城市过夜作为区分两类乘客的标准并实行歧视定价。因为通过调查发现，在往返于两地的乘客中，公务乘客周六晚上通常不在对方城市过夜，而私人乘客没有这个规律。此外，提前购票时间也是区分两类乘客的标准，一般私人乘客出行都是有计划的，因而一般提前订购机票。

价格歧视是一种有效的价格策略，不仅有助于增强企业竞争力，实现其经营目标，并且顺应了消费者的心理差异，满足了消费者多层次的需要。

定高价还是低价——单一定价

当同一种物品向不同消费者收取相同价格时，这种定价方式就是单一定价，即一种物品无论卖给谁只有一种价格。既然只能确定一种价格，那究竟是定高价还是定低价呢？

也许不少企业认为低价可以使产品销售量更大。沃尔玛正是采用了低定价的方式，进货为0.8美元的东西，其他商店卖1.2美元，它只卖1美元。这大大增加了销售量，成为沃尔玛成功的法宝。所以定低价或降价成为企业常用的手段之一，并为此乐此不疲。但是，我们也会发现，名牌产品都是高价，并不降价（名牌不打折），但也都是成功者。

在什么情况下应该定高价，什么情况下应该定低价，其实这取决于企业的目标客户以及竞争环境。

一般来说，如果企业的目标客户是高收入者，其市场需求并不大，因此采用定高价的策略，以实现高价少销。名牌产品通常采用这种定价方式，例如一个LV女式手提包定价1.2万元，市场销售仍然很好。其实这种产品属于炫耀性商品，购买它的女士主要不是用于装东西，而是用这种包的品牌来“炫耀”自己的身份。价格低了，与普通手提包一样，无法炫耀身份，高收入者就不会购买了。因此，高定价的产品一个显著的特点是价格缺乏弹性，而且供给是极为有限的。以LV女式手提包而言，其对象是极少数高收入女士，她们希望以这种包来显示自己的身份，需求强度高，而且类似的替代品并不多。尤其有些人对这种品牌有一种特殊偏好，喜欢LV这个品牌的人宁肯多花钱也要买这种包，不肯以低价去买其他包，尽管其他包也是名牌。对这些高收入者而言，1.2万元一个包在其总支出中占的比例并不大。所以高收入者对LV的包就极为缺乏弹性。而且这种包做工精细，供给难以增加，不用靠降价吸引更多消费者。这种产品靠品牌而不是靠低价占领市场。如果降价反而会由于无法显示身份，甚至会发生需求量减少的情况。缺乏弹性的产品，如果采取降价销售，总收益必然减少，因此维持高价，总收益才能维持可观的水平。因此定高价并不降价就是正确的选择。

其实，不仅名牌，只要是需求缺乏弹性的产品都可以定高价或提价。以麦当劳为例，为什么其他餐饮店都降价时，它提价反而总收益增加呢？这就在于麦当劳这种食物有自己稳定的消费群体。他们对麦当劳有一种强烈的偏好，而对价格又不敏感，这就是说对于麦当劳的消费群体而言，这种食物是缺乏弹性的。而对于那些不爱吃，“饿死不吃麦当劳”的人群而言，因为不喜欢，价格再低也不会去吃。提价并不会减少青少年和儿童对麦当劳的消费，降价也不会吸引其他人吃麦当劳，因此，提价并没有减少消费量，总收益反而增加了。

但是，如果目标客户是广大中低收入者，采用低定价的策略，以实现低价多销，往往能够成功。这种产品的需求往往富有弹性而且供给可以无限增加。在这方面，美国辉瑞公司的药品“伟哥”是一个成功的例子。“伟哥”这种药品是许多不同收入阶层的人都可以用的，潜在市场极大。但这种药品的需求富有弹性，因为它毕竟不是治病救命的，不是生活的必需品，同时还有其他同样作用的药品作为替代品。而且这种药品为化学合成，有需求，供给量就可以增加。如果定价高，买的人很少，它难以成功，只有低价吸引更多人购买才能成功。所以辉瑞公司给伟哥定了一个相当低的价格，结果获得意外成功，第一年的销售就达10亿美元。这就实现了我们平常所说的“薄利多销”。尽管在定价低时，每片药的利润减少了，但由于销售量极大，总利润增加了，实现了利润量最大。

由此可以看出，高定价还是低定价，首先取决于市场条件：产品缺乏弹性还是富有弹性，目标消费群体是哪个收入阶层。其次也取决于企业目标：是利润率最大化还是利润量最大化。一般的规律是：产品缺乏弹性，目标消费群体人数少，但收入高，企业以利润率为目标，就实行高定价；相反，产品富有弹性，目标消费群体人数多，企业以利润量为目标，就实行低定价。在确定了价格目标之后，就要据此决定自己的产量。因为高价必定与少销相关，低价才能多销。在高定价时要限量生产，我们可以发现很多名牌都是限量发行，而在低价时就要扩大生产能力多生产产品。

此外，在定价时还要特别注意消费者心理。定高价还是低价也要注意这一点。人们都有“便宜没好货”的心理，有些产品一味定低价，反而会失去消费者。降价促销往往被给以抛售“烂货”的误解。举个例子来说。一个退休工人退休后闲来无事，便摆了一个小摊，当起了老板。临近春节时，他托战友从外地进了500瓶瓷瓶包装的白酒，进价只有5元，退休工人看进价这么便宜，就标价8

元。可是卖了十来天，也只卖出3瓶。有顾客拿着酒问他："这酒包装这么好，价钱却这么便宜，是真酒吗？"尽管退休工人一再保证是厂家正品，可人家琢磨半天，最后还是没买。退休工人急了，照这样下去，几百瓶白酒得卖到啥时候？怎么办？这时儿子给老爸出主意，把标价改成28元。退休工人一听乐了："你脑子咋想的？8块钱都卖不出去，还28块，谁要？"儿子说："你先试试，反正现在不也卖不出去吗？"退休工人想想也是，便将标价改成了28元，没想到，第二天，一下子就卖出了二十多瓶。

当然，用高价去冒充好货，最终也非成功之策。对不同的物品，消费者有不同的心理价位，这需要经营者去调查、了解消费者是怎么想的。

市场竞争态势千变万化，定价也不能闭门造车。因此定高价、定低价还要看同类产品或相近替代品的定价，这一点，在市场竞争中十分重要。定高价、定低价的问题，需要经营者在商场的实战中解决。

从长远考虑的定价方式——预防式定价

某家企业开发了一种极受家长欢迎的儿童洗浴液，市场供不应求，而且目前只有它一家企业可以生产这种产品，它应该把价格定多高呢？相信绝大多数商家都会选择将价格定得很高，以期获得高额利润。

我们来看如果定高价会有什么结果。如果这家企业生产这种儿童洗浴液的成本为20元，但它根据消费者的支付能力与愿望，把价格定为100元。这时供求平衡，产品可以卖出去。这时利润高达80元，已经达到400%的利润。接下来，会引起什么结果呢？作为一种儿童洗浴液，它并没有什么高科技，仅仅是在一般洗浴液的配方上做了一点调整，也无法获得专利保护，谁都可以仿制。其他企业看见这种产品如此受欢迎，利润又如此之高，于是纷纷生产这种产品，进入这个市场。当其他企业进入，供给大量增加之后，儿童洗浴液的价格迅速下降，在某一个时期内由于各个企业的价格战，价格也许会降到成本之下。长期中，利润高时，有企业进入，亏损时，有企业退出，最后的结果是生产这种儿童洗浴液的企业获得该行业的平均利润率。假设该行业平均利润率为20%，最后这种产品的价格就维持在24元。这种其他企业进入价格迅速下降的过程是相当快的，最初那家企业的暴利会很快消失。企业为开发这种产品付出了努力，但在短暂暴利之后，又回到了行业平均利润，这个过程又太快，也许快得连开发费用都来不及收回。

如此看来，这种定高价的做法不足为取。应该定一个什么价格呢？如果不定高价，只定一个能得到比行业平均利润略高一点的价格，比如行业利润为 20%，这家企业以获得 25%的利润为目标把价格定在 25 元。这种利润不足以引起其他企业进入，于是，这家企业就可以在较长时期内维持这种略高于行业平均利润率的利润。这比获得极为短暂的暴利要有利得多。本来可以定高价的产品，不定高价而是定一个只略高于行业平均利润率的价格，这种定价方式称为预防式定价。

预防式定价是为了防止潜在进入者进入，是一种未雨绸缪的定价方式。预防式定价是对付潜在进入者的，因此，价格定为多高就取决于潜在进入者在进入时遇到的进入门槛的高低。如果某个行业根本无法进入，比如企业垄断了某个行业的资源，就可以不采用预防式定价。如果某个行业根本没有进入门槛，任何企业都可以自由进入，预防式定价就要低一些。进入门槛的高低决定了预防式定价的高低，两者同方向变动。

进入门槛的高低取决于多种因素。从自然原因的角度看，包括资源的可获得性与规模经济的大小。一般而言，资源越不易获得，规模经济越大，进入门槛越高；资源越容易获得，规模经济越小，进入门槛越低。但是除了像自来水这样的行业外，不存在绝对不可以进入的行业。例如，南非的德比尔斯公司垄断了全世界 80%左右的钻石矿，其他企业很难进入这一行业，所以它一直实行一家垄断的高价政策。规模经济也并非不能突破。过去，美国波音、麦道等公司垄断大型商用客机市场。飞机制造需要规模经济，投资巨大，风险也大，但这并不是绝对不可逾越的门槛。空客在欧洲各国政府的扶植下成长起来，并足以与波音对抗。许多行业，基本上都是可以进入的。从立法的角度看，引起进入门槛的是特许经营权、许可证制度和专利制度。自从 20 世纪 80 年代以来，这种进入门槛正在被打破或削弱。

进入门槛不是绝对的，几乎所有行业都不是绝对不可进入，所以预防式定价得到了广泛运用，是一种重要的定价方法。

实际上，在运用预防式定价时，关键是把价格定为多少。这就要考虑到进入门槛的高低和替代品的替代程度。一般而言，进入门槛越低，替代品越多，预防式定价就要低得多一些，在没有进入门槛时，预防式定价几乎等于竞争的市场价格。如果一个行业进入门槛较高，或产品没有什么替代品，预防式价格就不重要，可以按垄断的原则定价。例如，医生、律师、演员，他们的社会知名度是长期形成的，其他人难以有这种知名度，价格就可以定得极高，或实行一级价格歧视。

在企业开发出一种新产品或者新服务时，预防式定价极为重要。这时市场上还没有类似产品或相近替代品，定价权是在企业手中。企业所考虑的首先是目标消费群体的支付能力与支付愿望，同时也要考虑其他企业进入的可能性，以及同类或相近产品的定价。

预防式定价与进入门槛、产品替代程度之间的关系难以用准确的数学公式来确定，相关的市场调查也难以得出完全正确的结论。因此，对预防式定价的把握往往取决于企业家的经验和悟性。

对微软的诉讼为何不了了之——捆绑定价

捆绑定价也叫价格捆绑策略或捆绑价格策略，是指将两种或两种以上的相关产品，捆绑打包，并制定一个合理的价格出售的行为。当你购买文字处理程序 Word 时，同时还必须购买电子表格（Excel）、数据库（Access）和演示文档（PowerPoint）等程序。这是微软重要的成功策略之一——捆绑定价策略。这使得微软成为全球办公软件中绝对的“大哥大”，市场份额高达 90% 以上。

捆绑定价是企业对其市场支配力的充分利用，能够提高企业的利润。在捆绑定价的形式下，由于捆绑定价是将产品作为组合进行销售，生产者可以通过操纵产品组合中不同产品的价格，以实现自己的利润，扩大自己的盈利空间。根据交叉弹性理论，一种产品的需求量和它的互补产品的价格是反方向变化的，捆绑产品的降价能刺激彼此的需求，达到相互促进的效果。例如生产者可以通过降低基本品的价格，提高捆绑产品的销售，以实现垄断利润。对企业而言，捆绑定价将产品组合销售，可以获得销售的规模报酬。

捆绑定价已经成为企业一种常用的销售策略。根据捆绑定价性质，可以将其划分为以下几种形式：

（1）第一种是同质产品捆绑定价。同质产品捆绑定价，按照提供的产品组合不同，又可以把它划分为混合产品组合定价和单一产品组合定价。混合产品组合定价例如航空公司对往返机票的定价；单一产品组合定价例如在酒吧里面啤酒必须成打买卖。

（2）第二种是互补式产品捆绑定价。即捆绑定价的产品在用途上具有互补性。例如饭店将几种不同的菜捆绑成一份套餐进行定价；银行对其提供的一整套不可分的服务进行定价；旅行社对整个旅行线路进行定价。互补式产品的捆绑定价已经越来越广泛，大大突破了传统的产品与产品互补的概念。

（3）第三种是非相关性产品捆绑定价。生产者将他的产品同竞争性的另外一种产品组合。被捆绑的产品不一定是和它一起销售的互补品，而只需要捆绑产品的消费能够给生产者带来有关消费者对基本产品的支付意愿的信息。非相关性产品捆绑定价在一些多元化企业中和一些商场促销活动中表现得比较明显。

捆绑定价能够给企业带来更大的利益，但并非任何产品皆可进行捆绑定价组合，而是需要相应的条件：首先，捆绑定价产品需要具备相当的市场支配力，从而可与竞争产品进行价格差别竞争。微软的办公软件便是如此。其次，捆绑定价产品之间需要一定的关联性。如产品之间在消费对象、销售渠道、品牌影响力等方面相近等。典型的例子是2004年，惠普推出购买指定机型，除了装备操作系统外，还会送JBL音箱及Photosmart7268照片打印机，进行三合一整合捆绑销售。再次，捆绑定价产品的目标顾客要存在重叠性，产品组合是目标消费者所需要的。1996年，宝马在南非推出一种销售策略，将防盗窃抢劫保险费用与其新推出的车型进行捆绑销售。在保险费用不断提高的情况下，此策略对消费者极具吸引力。

此外，捆绑定价产品要有相似的市场定位。消费者的职业、收入、交易水平等不同，消费习惯和心理也有很大差别。因此，捆绑产品的市场定位至少是相同或者相近的，否则该策略就难以成功。例如奢侈品与劣等品便不能进行捆绑定价。

不过，捆绑定价对消费者的不利之处是显而易见的。具体而言，主要包括：

（1）限制了消费者选择的自由。消费者有权依据效用最大化原则自由选择所需产品的数量和品牌，而采取捆绑定价后，可能造成消费者只希望购买捆绑定价组合中的一件产品而不得不使用其他产品的格局，这种无奈的选择无疑降低了消费者的效用。正如在产品与金融捆绑贷款中，消费者拥有自己的贷款渠道，但是捆绑定价限制了消费者的选择。

（2）增加了消费者总支出。捆绑定价从两个方面增加了消费者的总支出：首先，在捆绑定价中，生产者从产品组合的最大化利润出发，基本品的定价可能低于在捆绑定价被禁止时的价格；但是捆绑产品的价格则高于完全竞争形式下的价格。二者相加，消费者为产品组合的总支出大于在捆绑定价被禁止时的支出。例如SCM公司对机器的定价相对较低，但是对机器的互补品的定价却高得多。其次，捆绑定价限制了消费者选择的自由，因此捆绑产品对消费者而言可能就不是自己喜欢的或者所需要的。

捆绑定价利用了企业的市场支配力，正确应用捆绑定价策略可以给企业和消费者都带来社会福利效应的改善。

捆绑定价可以增加企业对低需求消费者的供应。在分开定价的情况下，生产者可能对某些产品只供应高需求的消费者，而不供应低需求消费者。而在捆绑定价的情况下，生产者可以在榨取高需求消费者净剩余的同时，向低需求消费者进行销售，从而在一定条件下可以增加社会总福利。此外，捆绑定价可以降低交易费用。捆绑定价通过产品组合，降低了消费者的搜寻成本，尤其是在基本品和捆绑产品之间互补性非常强的时候，这种交易费用的节省就更加突出；同时，捆绑定价还可以降低消费者的交易费用，通过产品组合，消费者毕竟只通过一次交易就完成了购买。

尾数带9的魔力棒——尾数定价

日常生活中，如果仔细观察货架上的价格标签，不难发现，商品的价格极少取整，且多以8或9结尾。比如，一瓶海飞丝怡神舒爽去屑洗发水标价22.1元、一袋绿色鲜豆浆标价0.8元、一台HP笔记本电脑标价8999元……不禁令人不解，如果采取像22元、1元、9000元这样的整数价格容易让人记住并便于比较，收银台汇总几件商品价格的时候更加便捷也不用找零。

其实这样的定价策略就是尾数定价策略。尾数定价是指利用消费者感觉整数与比它相差很小的带尾数的数字相差很大的心理，将价格故意定成带尾数的数字以吸引消费者购买的策略。目前这种定价策略已被商家广泛应用，从国外的家乐福、沃尔玛到国内的华联、大型百货商场，从生活日用品到家电、汽车都采用尾数定价策略。

西方主流经济学的一个基本假设是，经济活动中的人都是理性人，任何行为都是追求效用最大化。但是现实生活中，消费者并非完全理性，而且很多情况下显得非常不理性，仅仅是价格尾数的微小差别，就能明显影响其购买行为。当人们的行为变得不再理性，这种条件下，将关系到另一门经济学科——行为经济学。据心理学家的研究表明，价格尾数的微小差别，能够明显影响消费者的购买行为。在西方国家，许多零售商利用这一心理特点来为商品定价。在美国市场上，食品零售价格尾数为9的最普遍，尾数为5的价格也很多，其普遍程度仅次于尾数为9的价格。据调查，尾数为9和5的价格共占80%以上。近年来，随着我国经济的发展，许多企业也逐渐运用这一特点为商品定价。

“尾数定价”利用消费者求廉的心理，制定非整数价格，使用户在心理上有一种便宜的感觉，或者是价格尾数取吉利数，从而激起消费者的购买欲望，促进商品销售。

尾数定价为什么会产生这样的特殊效果呢？其原因主要表现在：

（1）便宜。标价99.95元的商品和100.05元的商品，虽然仅差0.1元，但前者给消费者的感觉是还不到“100元”，而后者却使人产生“100多元”的想法，因此前者可以使消费者认为商品价格低、便宜，更令人易于接受。

（2）精确。带有尾数的价格会使消费者认为企业定价是非常认真、精确的，连零头都算得清清楚楚，进而会对商家或企业的产品产生一种信任感。

（3）吉利。由于民族习惯、社会风俗、文化传统和价值观念的影响，某些特殊数字常常会被赋予一些独特的涵义，企业在定价时如果能加以巧用，其产品就会因之而得到消费者的偏爱。例如，“8”字作为价格尾数在我国南方和港澳地区比较流行，人们认为“8”即“发”，有吉祥如意的意味，因此企业经常采用。如果经营者将孕妇内衣定价148元，销售效果就会比定价150元更好。又如“4”及西方国家的“13”，人们视为不吉利，因此企业在定价时应有意识地避开，以免引起消费者对企业产品的反感。

但尾数定价也并不是适宜所有的商家。超市、便利店等以中低收入群体为目标顾客、经营日常用品的商家适合采用尾数定价策略，而以中高收入群体为目标顾客、经营高档消费品的大商场、大百货不适合采用尾数定价法，而应该用声望定价策略。

超市、便利店的市场定位决定其适用尾数定价策略。超市的经营商品以日用品为主，其目标顾客多为工薪阶层。其动机的核心是“便宜”和“低档”。人们进超市买东西，尤其是大超市，如沃尔玛、家乐福、华联多是图价格低廉和品种齐全，而且人们多数是周末去一次把一周所需的日用品购全，这样就给商家在定价方面以一定的灵活性，其中尾数定价策略是应用较广泛而且效果比较好的一种定价法。因为尾数定价不仅意味着给消费者找零，也意味着给消费者更多的优惠，在心理上满足了顾客的需要，即价格低廉，而超市中的商品价格没有特别高的，基本都是千元以下，而且以几十元的居多，因此在超市中的顾客很容易产生冲动性购买，这样就可以扩大销售额。

而大型百货商场应以城市中高收入阶层为目标市场。在购物环境、经营范围、特色服务等方面展现自己的个性，力争在目标消费者心中占据“高档名牌商店”的位置，以此来巩固自己的市场位置。大型百货商场应采用声望定价策略。声望定价策略是指利用消费者仰慕名牌商品或名店的声望所产生的某种心理来制定商品的价格。消费者具有崇尚名牌的心理，往往以价格判断产品的质量，认为价高质必优。这种定价策略既补偿了提供优质产品或劳务的企业的必要耗费，也有利于满足不同层次消费需求。

据有关资料介绍，我国消费者中有较强经济实力的占16%左右，而且这个比例有扩大的趋势。这些消费者虽然相对比例不大，但其所拥有的财富比例却占了绝大多数，这部分人群消费追求品位，不在乎价格。倘若买5000元的西装他们会很有成就感，而商场偏要采用尾数定价策略，找给他们几枚硬币，就有点不合时宜了。

但是，如今尾数定价在商场中过多、过频使用的现象反而会刺激消费者产生逆反心理，如由原来的尾数定价给人定价准确、便宜很多的感觉，变成定价不准确、不便宜，甚至是商家在有意识地利用人们的心理，进而产生对企业价格行为不信任的心理。

在我国目前现有的主要零售业态形式中，都可以看到类似的尾数心理价格的影子，不仅包括超市的大量日常用品，而且包括百货商店的服装、家用电器、手机等。如果从价格形式上不加区分地采用技法雷同的尾数价格，必然混淆各种业态之间的经营定位，模糊业态之间的经营特色，不利于商家发挥先进零售业态的优势，实现企业快速发展的目标。

给消费者一点甜头——折扣定价

情人节之际，章先生到花店买玫瑰。正在犹豫，店老板走了过来，说：“先生，买花？”

章先生：“嗯。这玫瑰能不能便宜点？”

店老板说：“要不这样吧，您在我这里办张会员卡，我给您五折优惠。”

章先生：“啊？有这个必要么？”

店家惊讶着说：“怎么没有啊，谁家红白喜事不送花？难道非要等遇到了才知道买啊？”

章先生想想也对，就办了张卡，买了束花。

这其实就是一种折扣定价，折扣定价是指对基本价格作出一定的让步，直接或间接降低价格，以争取顾客，扩大销量。有人可能会说，折扣不就是降价了吗？价格不是最大的杠杆吗？降价不是有损利润吗？

我们以会员卡这种折扣为例说明。美容业、餐饮业的很多商家都会推出会员卡，就是折扣销售。比如，你到一个中档的美发连锁店，做一次面部保养，要168元，如果买卡了，给你打5折，就只有84元了。而办一张卡，最低的面值也要2000元，2000元的卡可能只能打8折，你要想打到5折甚至更多，至少要买面值5000元的卡。

客户买了大面值的卡，都存在你的账下，面值越大，和你绑得越牢，这样，你的赚钱模式就发生了改变：大客户进来，消费数量多，容易产生规模化；拴住客户持续消费，不会再转投别处。营销上有句名言：开发一个新客户，是服务老客户成本的5倍。所以，这样减少了大量的营销成本、开发成本；买了会员卡的消费者，不是每个都能消费完。有调查显示，30%的消费者都做不到在期限内将卡额消费完。

我们注意到一种现象，北京兴起的“上品折扣风”一直没有降温，诸多追赶时尚的青年，都不再去当代、双安等消费过于昂贵的地方，而转战“上品折扣”。因为，这里同样是名牌商品，同样是质量上乘，却有着绝大多数五折以下的折扣。仅这一点，就吸引了无数男女的眼球。在这里，既能买到名牌商品，又能省下不少的钱，非常合算。

由此可见，折扣定价对消费者具有相当大的吸引力。因此，商家有必要了解一些折扣定价的相关知识。折扣一般分为直接折扣与间接折扣。直接折扣的形式有数量折扣、现金折扣、功能折扣、季节折扣，间接折扣的形式有回扣和津贴。

（1）数量折扣。指按购买数量的多少，分别给予不同的折扣，购买数量愈多，折扣愈大。其目的是鼓励大量购买，或集中向本企业购买。数量折扣包括累计数量折扣和一次性数量折扣两种形式。累计数量折扣规定顾客在一定时间内，购买商品若达到一定数量或金额，则按其总量给予一定折扣，其目的是鼓励顾客经常向本企业购买，成为可信赖的长期客户。一次性数量折扣规定一次购买某种产品达到一定数量或购买多种产品达到一定金额，则给予折扣优惠，其目的是鼓励顾客大批量购买，促进产品多销、快销。

数量折扣的促销作用非常明显，企业因单位产品利润减少而产生的损失完全可以从销量的增加中得到补偿。此外，销售速度的加快，使企业资金周转次数增加，流通费用下降，产品成本降低，从而导致企业总盈利水平上升。

（2）现金折扣。指对在规定的时间内提前付款或用现金付款者所给予的一种价格折扣，其目的是鼓励顾客尽早付款，加速资金周转，降低销售费用，减少财务风险。采用现金折扣一般要考虑三个因素：折扣比例；给予折扣的时间限制；付清全部货款的期限。在西方国家，典型的付款期限折扣是，在成交后 20 天内付款，买者可以得到 3% 的折扣，超过 20 天，在 60 天内付款不予折扣，超过 60 天付款要加付利息。

（3）功能折扣。中间商在产品分销过程中所处的环节不同，其所承担的功能、责任和风险也不同，企业据此给予不同的折扣称为功能折扣。对功能折扣的比例，主要考虑中间商在分销渠道中的地位、对生产企业产品销售的重要性、购买批量、完成的促销功能、承担的风险、服务水平、履行的商业责任，以及产品在分销中所经历的层次和在市场上的最终售价，等等。功能折扣的结果是形成购销差价和批零差价。

（4）季节折扣。有些商品的生产是连续的，而其消费却具有明显的季节性。为了调节供需矛盾，这些商品的生产企业便采用季节折扣的方式，对在淡季购买商品的顾客给予一定的优惠，使企业的生产和销售在一年四季能保持相对稳定。例如，啤酒生产厂家对在冬季进货的商业单位给予大幅度让利，羽绒服生产企业则为夏季购买其产品的客户提供折扣。

（5）回扣和津贴。回扣是间接折扣的一种形式，它是指购买者在按价格目录将货款全部付给销售者以后，销售者再按一定比例将货款的一部分返还给购买者。津贴是企业对特定顾客以特定形式所给予的价格补贴或其他补贴。比如，当中间商为企业产品提供了包括刊登地方性广告、设置样品陈列窗等在内的各种促销活动时，生产企业给予中间商一定数额的资助或补贴。又如，对于进入成熟期的消费者，开展以旧换新业务，将旧货折算成一定的价格，在新产品的价格中扣除，顾客只支付余额，以刺激消费需求，促进产品的更新换代，扩大新一代产品的销售。这也是一种津贴的形式。

上述各种折扣价格策略增强了企业定价的灵活性，对于提高厂商收益和利润具有重要作用。但在使用折扣定价策略时，必须注意国家的法律限制，以保证对所有顾客使用同一标准。

第五节 企业管理

优秀的管理就是生产力——企业管理

企业为实现经营目标，依照现代管理的原则、程序和方法，对生产经营活动进行计划、组织和控制的过程就是企业管理。只有依靠优秀的管理水平，才可能使企业的运转效率达到最优。

时至今日，现代企业的发展日新月异。在企业内部，它们有着精细的分工和紧密的协作，普遍利用了先进技术，如一条大型汽车流水线需要成百上千名工人有条不紊地工作，在企业外部，则是复杂多变的竞争环境，如新产品、价格战……层出不穷。所有这一切，都需要企业具有很高的管理水平。

如今，我国的企业正面临着国际市场的竞争，尤其需要先进的管理水平作为组织保证，以便及时调整生产经营，适应外部环境变化，在激烈的市场竞争中获胜。了解外国企业的管理风格，并和自己进行对比，是很有益处，也很有必要的。需要指出的是，一个国家的企业管理特色，往往与这个国家的民族文化密不可分。我们以美国、德国、日本为例加以说明。

美国企业管理特色：个人激励 + 实用

“世界上最重要的工业生产国”和“多样性的移民国家”，这就是美国的两大特点。美国社会崇尚个人奋斗，与之相应，企业里面也是注重个人主义。强烈的个人奋斗精神与管理创新结合起来，促成了美国企业的管理模式：“激励”+“实用性绩效”。

在美国人的心目中，在市场当中白手起家的人也是英雄。汽车大王福特、石油界的洛克菲勒、微软的盖茨……都有着浓烈的美国式个人主义。由此，美国的企业管理注重实用和务实，任何一项技术或者措施能否被企业采纳，关键即看其是否具备“实用”和“效用”。所以美国人在家里就可以上班，原因就在于只要能够完成职责，企业就不会特别在意形式。当然，这种看似“松散”的个人主义管理，对员工其实也是一种很好的激励，因为它为美国式的个人奋斗、个人创新提供了很大的空间，而最终的绩效考核就是看其实用性如何。

德国企业管理特色：核心技术 + 严谨质量

德国民族稳重诚实，事无巨细都体现出“认真”二字。毛泽东说过，“世界上怕就怕‘认真’二字”，而德国人的认真已经深入脊髓。这种性格同样体现到企业管理上来，德国企业的职员工作非常严谨，产品质量完全可信。

强烈的质量意识早已成为德国企业文化的核心内容。西门子公司的经营理念是“两个胜利”，即“以新取胜”和“以质取胜”，千方百计提高员工的质量意识。在中国各地设立的西门子分公司，每年会选择一批人去德国，在公司自己的培训学校深造，为期两年，结业后颁发证书，获“德国技师”称号，而其高昂费用全由公司支付。当然，附加条件也是有的，那就是受培训者必须为本公司服务8年才可离开。德国企业的技术研发也有其独到之处，体现在“集中优势兵力”，他们在有限领域深入研究，从而具有非凡的独创性。

日本企业管理特色：团队 + 培训

日本岛狭人多，资源匮乏，曾被认为“除了阳光和水，什么都没有”。然而这也培养了日本人强烈的团队意识。日本企业是以整体取胜，企业组织呈现出一种整体默契配合的状态，从而使得整个组织运转的效率达到最高。日本企业实施“全面质量管理”“人人都是主人翁”，每个员工都参与所有工作环节的改进和提高中来。与美国企业相反，日本企业非常讲究整体，不突出个人作用。“为大家舍小家，为整体舍个体”，这是日本社会的价值观，也是日本企业最核心的企业文化。

日本企业也很重视员工培训。一般在面试时，并不看重个人的具体技能，而是强调基本素质。员工在进入企业后，只要表现得到肯定，一般都会有接受培训的机会，而且，当有一个新的工作岗位或者提拔机会的时候，公司会尽量使用接受过培训的员工。

与上述国家相比，我们的企业管理呈现出什么样的特色呢？这仍然要结合我国的传统文化加以说明。

我国的历史文化博大精深，是取之不尽、用之不竭的宝贵资源。在我国的传统哲学中，儒家思想对世人的影响最为深刻。与之相应，我国企业一向崇尚中庸、和谐，关注企业人、事之间的互动联系，以和为贵，注重职工、股东、顾客以及社会大众之间的关系融洽。在我国的企业里，处理好人际关系是一项非常重要的内容，像那种具有很强的能力，但会带来冲突的员工，在企业组织里往往难以得到重用，有干劲却缺乏冷静的人也往往如此。与西方企业相比，我国企业更热衷于追求平衡，强调不偏不倚，而西方则一贯追求自我，强调个人价值的实现；我国企业在管理上更侧重于“感性、亲情”，而西方企业更侧重于“理性、规则”；我国的企业多讲“人际”，而西方企业更多侧重于“工作”。

那么，我国企业在借鉴外国企业管理经验的时候，应该注意什么事项呢？首要之处，就是在学习国外的先进经验的同时，一定要结合本民族、本企业的文化特征，从而形成自己的管理特色。外国特别是发达国家的先进管理方法，有的可以直接为我所用，这有利于我们节省成本，少走弯路。同时也要看到，各个国家的企业管理是具有其民族特色的，如果生搬硬套美国或日本等国的管理经验，就有可能在企业组织中造成冲突和混乱。我国企业一定要在吸取优秀企业管理优点的基础上，结合企业现实，兼容并蓄，建立起独具特色的、具有竞争力的管理模式。

分槽喂马的用人策略——人力资源管理

对于企业而言，人才能够适应企业发展，完成企业目标，为企业带来效益。对人才重视与否在很大程度上决定了企业的前途。专家认为，对于企业的发展而言，企业效率、企业文化和管理者的素质固然重要，但相比之下，人力资源管理却显得更为关键。

人力资源管理，是指为了完成管理工作中涉及人事方面的任务所需要的各种技能，它包括：工作分析，制订人力需求计划，人员招募、培训及开发，薪酬管理，福利管理，绩效评估和沟通等。一般说来，人力资源的发展经历了人事管理、人力资源管理以及现在新兴起的人力资本管理。但不论名称有何不同，其关键都在于企业对待职员的理念的变化发展。

调查表明，那些陷入困境甚至破产的企业，多数都在人力资源管理上存在这样或那样的问题和缺陷。它们大体可作如下分类：

（1）人力资源管理滞后于企业发展。有些企业已经上了规模、提了档次，人力资源管理的水平还在原地徘徊，甚至停留在“劳资管理”的原始阶段。

（2）激励手段缺乏创新。普遍依赖薪酬作用，而其效力却越来越弱，往往造成员工对于金钱的忠诚大过对于企业的忠诚。

（3）用人机制虽然灵活，却缺乏系统性建设，员工职业发展缺乏规划，对企业的信任度减弱。

（4）急功近利使用人才，却未将人才作为一种资源进行规划，不会开发，或者不愿开发。

“商场如战场”，一个人力资源管理水平低下的企业，可想而知会有怎样的战斗力。一个企业由最初的几个人做起，由小到大，最后发展为几千人的规模。然而，一旦人力资源管理跟不上企业的发展，成为企业管理的短板，企业整体运作效率便随之降低，数千名职员逐渐沦为一盘散沙，偌大的企业在经历辉煌之后很快就轰然倒塌，而员工们“树倒猢狲散”。优秀企业一夜崩塌的例子，在现实当中并不鲜见。

加强人力资源管理，对于企业来说，永远是重中之重。世界著名的运动品牌公司耐克，其上海联络处的人力资源经理曾经直截了当地对人们说，当大部分企业都强调招聘是“招最合适的人”时，耐克的招聘却是“招最优秀的人”，并且要用品牌魅力来吸引住他们。耐克提供的薪酬一般都高于同行业的平均水平，但是耐克更注重为优秀的人才提供优秀的企业文化和工作环境，让他们把有限的精力投入到专做实事、提升自我上来。在耐克，没有太多的留才政策，却自然而然地“锁住”了员工。一直以来，耐克的员工流失率非常低，很多员工在耐克工作长达十几、二十几年之久。耐克的做法与许多企业急功近利，招募人才时追求短期效益，恨不得拿来就能创收的行为形成鲜明对照。

薪酬是企业对员工进行激励的一个重要手段，但是，单纯依赖薪酬，而放弃对人才资源的长远开发，必将造成员工对企业忠诚度的下降。世界500强之一，法国化妆品牌“欧莱雅”就绝不仅仅依靠金钱的激励作用。除了优厚的薪资福利、股权认购、年终分红和利润共享的激励策略外，欧莱雅以灵活机动的晋升机制吸引着全球各地的人才，长久地保持着朝气与活力。对于表现优秀的员工，欧莱雅毫无疑问将优先为其提供职位晋升的机会。欧莱雅有着众多的事业部以及各种产品线，当某个职位出现空缺时，欧莱雅会优先考虑留给公司内部表现突出的人。同时欧莱雅还为优秀经理人提供赴巴黎总部进行培训的机会。经理人不仅仅是将它看作去学习某项技能，而是上升为一种荣誉。欧莱雅对于人才长久的开发与培养，使得员工对公司有着极高的忠诚度。

那么，对于一个企业来说，又该如何提高人力资源管理的水平呢？这需要从以下几个方面着手：

第一，提高对人力资源管理的认识，促进人力资源管理从劳资管理、人事管理向人力资源管理、人力资本管理转变，这是一个观念的根本变革。

第二，建立人力资源管理体系，促进人力资源战略管理与企业战略管理方向相一致。

第三，建立科学的绩效管理制度，有效管理员工绩效，促进企业目标的实现。

第四，对员工职业发展进行统一规划，建立培训体系。

随着经济的不断高速发展，经营者已经越来越明确这样一种观点：在一切资源中，人力资源是现代管理的核心。在今天，企业要想求得长远发展，就必须采用现代化的科学方法，对人力资源进行有效的协调、控制与管理，充分发挥人的主观能动性，使人尽其才，人事相宜，以达到企业的发展目标。而且从长远看，不断提高人力资源开发与管理的水平，将会更有利于企业的长久发展。

怎样才能激发企业发展的活力——效率与产权明晰

在中世纪英国，草地是所有村民共同拥有的，每个人都有同样的使用权。每个人都尽量多地在草地上放羊，放的羊越多，自己的收入越多。但没有一个人想对土地进行维护，因为自己花费时间与资金维护草地，好处由所有人享受，自己无法独自占有。放牧的羊太多，又没有人维护，草地终于荒芜了。

打破这种现象的是“圈地运动”。16 世纪以后，英国的工商业迅速发展，对羊毛的需求急剧增加，价格上涨。但这种公有地制度的存在限制了养羊业的发展，于是一些有权的新兴资产阶级贵族用暴力把公有土地变成自己私人的土地。“圈地运动”引起许多农民流离失所，被称为“羊吃人的时代”。但私有产权的建立迅速提高了牧场的效率，使英国成为世界上第一个工业化国家。产权的变革成为英国市场经济的起点。

为什么把原来的公有牧场变为私人牧场就提高了效率，成为市场经济的起点呢？这是因为产权是排他地占有、使用某种资产并取得收益的权利。一个完整的产权应该包括四种权利。占有权，即排他地拥有某种产权。这就表明产权的所有者是明确的主体（自然人或法人），它对财产的占有是排他性的。使用权，即可以在法律允许的范围之内使用属于他的资产。这就表明产权的所有者可以独立地作出使用资产的决策，决定自己的资源配置。转让权，即可以自由地买卖资产的权利。转让资产也是使用资产的一种形式，因此也可以把转让权作为使用权的延伸。受益权，即有权获得占有与使用资产带来的利益。受益权是双重的，既要享受正确使用资产带来的利益，也要承担错误使用资产带来的损失。

这四种权利统一在一个所有者身上，即某种财产有一个明确的所有者，就称为产权明晰。这个所有者应该是具体的自然人，而不能是一个抽象的整体。英国中世纪的公有地就属于产权不明晰。整个村子的所有人都是共同的所有者，占有权不具有排他性。使用权和转让权也属于所有人，由于达成一致意见的谈判成本太高，改变为更有效的用处或转让都无法实现，每个人都有从草地获得收入的权利，但没有人对草地负责任。这就是在产权不明晰时没有效率的原因。

产权明晰为什么有效率呢？我们把产权作为效率的基础就在于，产权明晰解决了有效使用资源的两个关键问题。

一是实现了使用财产的权责利一致。所有者有权决定财产的使用（权），获得并享受这种使用而得到的利益（利），同时就承担了使用不当的损失的责任（责）。当这三种权利集中于所有者一人时，他的利益与财产的使用密切相关，这就激励他把财产用于最有效的用途，并努力实现财产给他带来的利益，避免使用失误带来的损失。换言之，人趋利避害的本性引导他把财产用于最有效的用途。

二是保证了财产在转让中流动到最有效地使用它的人手中。财产是在使用和流动中增值的。假设，有人有一家饭店，每年可盈利 100 万元，按现值法评估，假设利率为 10%，则该饭店价值为 1000 万元。如果另一个人认为，自己经营可以使这家饭店每年盈利 200 万元，该饭店就价值 2000 万元。如果这两个人经过谈判自愿按 1500 万元的价格进行转让，饭店由第二个人所有并经营，就由 1000 万元增值为 2000 万元。这家饭店的使用更有效率了。这种自愿的交易是双赢的，对第一个人来说，价值 1000 万元的饭店卖了 1500 万元，获利 500 万元，对第二个人来说，价值 2000 万元的饭店只用了 1500 万元就买到了，获利 500 万元。双方的利就来自饭店更有效使用的增值。产权中的转让权及各人使用财产的效率不同引起财产流动，流动的最后结果是财产被使用效率最高的人所拥有。

圈地运动使牧场有了明确的所有者，他对草地的权责利一致，同时也可以卖给更有效率的人，草地的使用效率就提高了。这正说明了产权明晰是市场化的中心问题。

无论对于一个社会，还是一个企业，产权明晰都是效率的基础，我们判断一种产权，不是从伦理的角度，说它“好”还是“不好”，而是从效率的角度说它“有效率”还是“无效率”。产权是实现效率的工具。工具无所谓好坏，只在于能否实现目的。

在产权明晰时，所有者可以作出使用自己所拥有资源的决策（这是他的权利），获得由这种使用资源的决策带来的利益（这是他的利益），承担这种决策带来的财产损失（这是他的责任）。这三者的统一激励他最有效地使用资源，这就保证了效率。

明晰的产权是有效激励机制和交易的基础，正是在这种意义上，明晰的产权是企业效率的基础。计划经济下的国有企业之所以无效率就是因为产权不明晰。国有企业名义上属于全民所有，实际上没有一个明确的所有者，其真正的所有者与使用者是政府，各级政府官员决定这些资产的使用。使用者的利益与使用的效率没有直接关系——既不能从有效的使用中获得利益，也不用承担无效使用的责任。真正的所有者（全民）无法激励和制约使用者（政府官员），即缺乏一套有效激励机制。同时，企业属于同一个所有者（全民或国家），也不存在提高效率的产权交易。

产权不明晰同样存在于民营企业之中。许多采用家族制的民营企业同样受产权不明晰之苦。民营企业在发展之初采用家族制是有效的，但当它发展到一定程度之后，家族制就成为企业做大做强的障碍。像希望集团这样的民营企业都是在解决产权问题后才走向成功的。发达国家的市场经济是以私人经济为主体的。产权理论正产生于这个经济背景。这说明民营经济同样存在产权明晰的问题。

产权明晰并不是包治企业百病的灵丹妙药，并不是说只要产权明晰就有效率。但实现产权明晰是企业解决各种问题并提高效率的基础。正因为如此，企业家都应该重视产权问题。

把企业无限做大——股份制

股份制企业不由一个人所有，而由若干股东共同所有，所以股份制被称为社会所有制，但它完全不同于无主所有、产权不明晰的公有制。无论其股东有多少，其产权是明晰的，有明确的所有者。

股份制的所有者不是一个人，而是有许多人，从而就可以集无数人的财力把企业无限做大。从法律上来说，股份制企业的所有者（股东）并不承担无限责任，而是承担有限责任，即其责任以其最初所购买的股份为限。例如，一个股份制企业破产了，欠债1000万元，一个在这个企业购买了100股的股东，如果每股100元，共投入1万元，他的损失最多就是这1万元，企业其他的债务与他无关。这就使股东的投资风险是有限的、可控的，为许多互不认识的人合作办大企业，从事风险投资创造了条件。

早在十六七世纪市场经济在欧洲出现时，从事对外贸易这种高风险行业的企业就采取了共担风险、分享利润的股份制形式。当十八九世纪企业规模不断扩大时，股份制又成为大企业首选的形式。在今天，股份制已成为市场经济企业最主要的产权形式。股份制之所以能得到如此广泛运用，是因为它具有其他产权形式所没有的优点。

每个股东并不是平等的，股东所拥有的股权界定了其权责利。每个股东有多少股权就有多少权利。这就是说，股份制企业股东大会实行一股一票制。在股东大会上，投票权决定了其权利。与权利相对应，有多少股权也就承担了多少责任。股东通过分红获得利益，分红的多少也由股权多少决定。同时，每个股东对自己的股权拥有完全处置权，可以在市场上自由买卖。股权的自由买卖就是产权的转让。正是在这种转让过程中，股份制企业由经营效率最高的人控制，这就使资源流入使用最有效的人手中。总之，产权明晰带来效率的权责利一致和转让在股份制中完全实现了。

谁都承认股份制是一种最有效的产权形式，但在现实中，许多股份制企业徒有其名而无其实，并没有实现产权带来的效率。那么，股份制如何才有效率呢？

首先，股权应该多元化，一股独大或一股独占并不是真正的股份制。股份制是一种社会所有制，它以出售股票的形式向社会筹资，每个人都可以购买股票，成为共同的所有者之一。股份制企业正是靠许多人的参与，而得以筹集大量资本，共担风险、共享利益，把企业无限做大。购买股票不受个人拥有的资金量限制，钱少少买，钱多多买，钱少钱多都可以成为股东。这就有利于把社会上的资金筹集起来用于投资。股份制企业是开放企业，就是指它向社会每个成员开放，每个人都可以购买股票成为股东。这样，它的股权必然是多元化的。而且股权的多元化也是效率的来源。购买了股票的人有权参加股东大会“用手表决”，也可以在市场上出卖股票“用脚表决”，这就迫使企业经营者为吸引更多人成为股东而提高效率。

其次，股权应该相对集中。股份制企业中的权责利是由股权决定的，如果每个股东的股权都相同，这又会引起合伙制中合伙人之间权利平等的弊病。有许多股权平等的人，其决策肯定困难而难以统一，股东之间的协调费用肯定大于股份制带来的效率。而且在股权分散的情况下，如果每个股东都是小股东，很难作为所有者对企业负责。一方面，小股东对企业决策的发言权几乎微不足道；另一方面，他的利益也很小，把时间和精力用于自己利益甚小的决策也是非理性的。如果股份制企业的股东都是这种小股东，就很难实现所有者对企业的最终决策权和控制权，起不到所有者应有的作用，成为事实上的无主所有。在这种情况下，企业就会被并非所有者的经营者，即通常所说的“内部人”控制。企业经营者与所有者的利益并不一致。所有者的利益是企业资产的增值及分红最大化，经营者的利益是自己短期收入与权力的最大化。经营者按自己的目标来经营企业会损害所有者的利益，从而损害效率。

为了避免股份制企业的无主所有、内部人控制，使所有者真正实现自己的权力，起到提高效率的作用，在众多股东中必须有相对控股的大股东。这里所强调的控股不是控制51%股权以上的绝对控股，而是相对控股，即相对于许多小股东而言，他的股权相对大，大到多少，取决于股权分散的情况。一般而言，股权越分散，相对控股所需要的股份就越少。在现代市场经济中，许多大公司的股东有几百万，甚至上千万之多。在这种情况下，也许只有5%～6%的股权就可以实现相对控股。相对控股对提高股份制企业的效率至关重要。一方面，相对控股的股东可以作为所有者的代表实现对企业的控制，避免内部人控制，以及由此引发的各种问题；另一方面，只有较少的股份就可以控制一个企业，使股份制企业可以轻而易举地在股权的转让中流到最有效地运用资源的人手中。希望控制一个企业的人可以通过在股市上购买该公司股票而成为相对控股者，这称为接管。接管作为一种压力，还可以迫使原来的相对控股者提高资源使用的效率。股份制企业正是在接管与反接管的斗争中提高了效率。

最后，股份制企业应该实现所有权与经营权分离。股份制企业是大型或特大型企业，其管理和协调比中小企业复杂得多。它要靠一个团队进行科学化、专业化管理。所有者并不一定都具有这种管理和协调能力。因此，实现所有权和经营权分离就成为必然。这种两权分离是所有股份制企业的共同特点，也是高效率的来源之一。

在两权分离的情况下，所有者作出企业的重大决策，体现了所有者的意志，代表了所有者的权力。但所有者并不从事日常的经营管理工作。由一个所有者任命的管理团队，按所有者的决策来进行管理。经营者是职业经理人，有丰富的经营管理专业知识和经验，可以保证企业有效运行。所有权和经营权分离是一种社会分工，所有者出钱，经营者出力，把所有者的金钱和经营者的能力结合在一起，实现了社会资源的最优组合。

可以说，股份制是私有制长期演变的结果，它适应了现代市场经济的需要。如果遵守股份制，股份制将会真正体现效率！

激励员工努力工作的武器——效率工资

汽车大王亨利·福特对企业经营有一套自己的方法。20世纪初的美国，企业最大的问题之一是工人怠工现象严重。尽管有工头在监工，而且处罚严重，一旦发现怠工马上开除。但工人多，工头少，工人怠工的手段千奇百怪，总是防不胜防。这时，福特发明了自动流水装配线。这种新生产工艺，无疑可以大大降低成本，提高效率。但如果工人仍然怠工，自动流水装配线不能正常运行，提高效率也是不可能的事。福特绞尽脑汁想找出一种消除工人怠工的方法。监督是难以奏效的，为什么不换一个角度让工人自己不愿怠工呢？于是福特在1914年宣布，把福特汽车公司工人每天的工资由2.34美元提高到5美元。

2.34美元是当时汽车工人的市场工资，即由劳动市场上供求关系自发决定的工资水平。在这种工资水平时，企业可以雇用到自己需要的工人，工人可以找到工作。5美元高于市场工资，称为效率工资，意思是这种高工资能够带来更高的效率。

效率工资如何能带来高效率呢？

首先，这种工资能吸引最好的工人。在实行2.34美元的市场工资时，可以招到所需要的工人数量，但不能保证工人的质量。市场上汽车工人的素质并不一样，对工资的最低要求也不同。职业道德好、技术水平高、身体强壮的工人要求的最低工资要高一些，比如，每天4美元；职业道德差、技术水平低、身体不强壮的工人要求的最低工资低，比如每天2美元。当实行每天2.34美元的工资标准时，素质好的工人不来应聘，来的都是素质差的工人。但在实行每天5美元的工资标准时，素质好与不好的工人都会来应聘。只要用一个简单的测试，就可以把好工人留下。福特公司采用这种效率工资的确吸引了全国各地优秀的汽车工人来应聘。这样，整个工人的素质就大大提高了。

其次，实行效率工资时，工人自动消除了怠工。工人是理性人，是否怠工同样取决于成本与收益。在每天2.34美元的工资时，尽管怠工被发现有被开除的风险，但开除并不可怕，无非是换一家工厂，再找份同样工资水平的工作而已。开除对工人来说成本几乎为零，工作时休闲的收益大于成本，怠工自然是有市场。在这种情况下，工头再多，处罚再严也是没有作用的。当监督不能成为一种有用的威胁手段时，监督就没用了。但福特公司支付每天5美元的工资时，如果被这家公司开除，在其他企业就找不到工资如此之高的工作，这时怠工被开除的风险成本就增加了，理性的经济人当然就不会怠工，并积极工作以能保持这个金饭碗。

最后，减少了工人的流动性。一般，新进厂的工人需要一些必要的培训，以适应本企业的生产特点。培训是有成本的，工人流动性大，增加了培训成本，尤其是一些熟练工人的离去对企业的损失更大。但市场经济中，工人有自由流动的权力。工人很可能由于各种原因而流动，例如家搬到了离企业远的地方，与工头或其他同事关系不和谐，或者仅仅是工资比较低。当实行市场平均工资时，工人的流动性相当大，反正各个企业工资一样多，在哪里工作，收入也没什么差别，工人考虑的是其他因素。但当实行效率工资时，流动会使自己失去获得高工资的机会，流动性就大大降低了。

效率工资使福特公司工人的素质大大提高，工作勤奋而流动性小。在这种条件下，自动流水装配线充分发挥出效率，汽车成本大大下降，价格下降，从而进入家庭，成为经济中一个主要的行业。

在现代市场经济中，效率工资同样有意义。外企能招到最好的员工，而且效率高，正在于他们支付高于一般工资水平的高工资。东南沿海所谓“民工荒”并不是劳动力供给短缺，而是工资太低。我国有3／4以上的农民，越来越多的农民工正在进入城市转变为产业工人。在相当长一段时间内劳动力不会短缺。许多企业招不到工人，不是市场上劳动供给少，而是企业支付的工资太低。

不过在运用效率工资时，要注意以下几点：

一是效率工资针对的是普通工人。用监督惩罚的那种方法对待企业的普通劳动者，吃亏的最终是企业自己。给工人高工资其实是双赢的，当年的亨利·福特如此，今天按这个原则办的任何人都如此。依靠压低工人工资降低成本来进行价格竞争，仅仅是企业刚刚开始起步时不得不采用的方法。如果不通过提高工资、提高工人技术水平和提高效率来发展，企业的低成本之路不会走得长远，因为任何优秀的工人也不会拿着低工资在这个企业一直工作下去。

二是效率工资是相对而言的。如果企业工资水平随整个社会工资水平提高而提高，并不是效率工资。效率工资是相对高于本地区、本行业市场工资的工资水平。要维持这种工资水平必须以工资换效率为前提。

三是效率工资不仅指名义工资水平，还包括其他福利及工作条件。比如，尽管你与本地区、本行业的工资水平一样，但如果给员工的福利更好，工作条件更优越，或者向员工提供培训与学习的机会，都可以作为实现效率工资的方式。要把工资理解为广义的收入和工作条件，而不要仅仅理解为货币工资。

实际上，实行效率工资对企业和员工来说是一种合作双赢的博弈：员工获得了更多的收入，从而激发了更高的工作热情，而企业也获得了永续发展的动力。

晋商票号的身股制——分享制

《乔家大院》是一部反映晋商的电视剧。晋商中有一个人叫雷履泰，他创办的票号“日升昌”以“汇通天下”而著称于世。“日升昌”年汇兑白银100万~3800万两，历经100余年，累计创收白银1500万两。清朝道光年间，晋商以票号业开始迈向事业的顶峰。从1823年“日升昌”诞生到辛亥革命后票号衰落的近百年期间，票号经手汇兑的银两达十几亿两，其间没有发生过内部人卷款逃跑、贪污等事件。

这种奇迹的发生得益于晋商票号的分享制，晋商票号中员工的待遇相当好。一是实行供给制，所有员工吃住都在票号内，本地员工节假日可回家，驻外员工也有不同的假期。在票号内的吃住以及回家旅费都由票号承担。此外是每个员工的收入，包括两方面，一是每年养家用的工资，出徒之后就可享有，一般为70两左右；二是分工，这就是票号中独具特色的身股制。

票号实行股份制，东家所出的资本称为“银股”。拥有银股者是票号的所有者，他们决定大掌柜的任用，并承担经营的全部风险。经营者拥有的是“身股”，这种股不用出钱，当员工工作一定时间后，就可以开始享有。

按身股制，票号的员工可以分到多少钱？据资料记载，在每个账期（4年）内，高者可达到1700两银子，低者也有200 ~ 300两银子。如大掌柜有10厘身股，每4年可以分到10000两银子左右。

身股制可以说是创造票号辉煌的动力所在。身股是分红的标准，这种激励机制针对所有员工，其作用是把所有员工的个人利益与企业的整体利益联系在一起，让员工树立一种“企业兴、员工富”的观念，从而为企业的整体兴旺而奋斗。这种分享制不同于平均主义的大锅饭，每个人分红的多少取决于对企业的贡献。职务不同，承担的工作不同，责任不同，贡献也不同，体现了按业绩分配的激励原则。

其实，员工持股又称为员工配股计划，是一种常见的激励方式。其目的就是让员工改变身份，并通过股份分红或股票增值来分享企业成长所带来的好处。当员工持有股份时，他们的身份就变了。企业的兴衰不仅决定他们的收入，还决定他们手中股票的价值。作为员工时，他们仅仅是作为雇员为企业工作，领取工资，不满意或另有高就可以随时离开，员工对企业的关心度要低得多。当员工成为股东时，企业就是他们的事业。因此，对员工而言，持股是一种有效的激励。

身股制是分享制的一种形式。分享制就是全员参与分红，身股是分红的标准。这种激励机制针对的是所有员工。“二战”后，日本企业普遍采用了这种分享制。这是日本企业成为世界上效率最高的企业的重要原因之一，也对日本经济振兴作出了贡献。

这种管理模式有很多优点。员工积极性高、责任心强。因为如果增加了用工成本，影响了工作效率，就会影响收入分配。传统的员工分享制度是年终企业给雇员分红，现代分享制度除了分红，还包括雇员有权购买企业的股票，拥有企业股权，甚至还有的雇主向雇员提供虚拟的股份，被称为“幻影股份计划”，其目的是激励雇员创造最佳工作业绩。

当然，员工分享制的成功与否还取决于环境，应该从企业实际出发。

企业家在企业发展中的作用——企业人治与法治

中国的企业，往往都是“其兴也勃，其亡也忽”，这似乎成了中国企业界一道“亮丽的风景线”。

新疆的德隆，在不到20年的时间内，白手起家，最辉煌时资产达1200亿元，但庞大的德隆帝国又在瞬间倒了下去。德隆是股份制企业，但它的兴亡却是由于一个人，德隆集团“兴也唐万新，亡也唐万新”。唐万新的胆识、魄力和超人的能力造就了德隆的辉煌，但他个性中的独断独行的作风也导致了德隆的失败。这样大的公司在近20年中居然只开了一次董事会，一切都由唐万新一人说了算。这样由一个人说了算的企业，岂有不垮之理？看来仅仅实现了股份制还是不行的。企业要成功必须从人治走向法治。

现代化的国家要由人治走向法治，现代化的企业也要走这条路。什么是企业的人治与法治呢？

人治企业是一个人说了算的企业，或者说是由一个人专制的企业。这个人也许是企业的所有者，也许是被授权的经营者。他大权在握，可以不受任何制约地作出企业的决策，并亲自控制企业的运行。这种企业也会有制度，但制度体现了专制者的意志，是制约别人而不制约自己的。这种企业也许有董事会，有各种打印成册的制度，但这一切形同虚设。决策出自一人，几乎大小事都由一个人说了算。这个人甚至会成为高居于企业之上的“神”。他的“语录”作为最高指示。他的思想、观念、个性体现在企业的各个方面，个人成了企业的化身。

法治企业是按一套早已制定出的制度来决策和运行的企业。制度是这个企业的根本。这种企业也需要一个精明强干的CEO，而且起着至关重要的作用。但他的权力不是绝对的、无限的。他的权力是制度赋予的，而且要受制度的制约，他是在制度的框架内发挥自己的作用。在制度面前，他是人而不是神，他没有超越制度的权力，在制度面前，他和其他人同样平等。在这样的企业中，包括CEO在内的所有人都按制度的安排发挥自己的作用。把企业比作一部机器，每个人都是这部机器上的一个零件，无非CEO这个零件更为重要，但再重要也不能决定这部机器的运行。制度保证他的作用得以充分发挥，但也能有效地制止他的错误。作为企业领导者，无论他是所有者，还是被授权的经营者，他可能犯错误，也可能离去，但并不影响企业的兴衰。

人治企业与法治企业发展的结果是完全不同的。人治企业完全取决于个人，这个人可以使企业兴旺，甚至可以说，没有这个人就没有企业的成功。但由于没有任何制度可以制约这个人，他的失误也会使企业失败。在这种企业中，个人的能力和见解是企业发展的界限。这个人正确，企业发展；这个人犯错误，企业失败。企业的兴亡系于一人之身。

法治企业依靠的不是一个人，而是一套制度。制度可以保证个人更好地发挥自己的作用，同时可以纠正个人的错误。作为企业的领导人，可以犯错误、退出或死亡，但企业可以依靠一套有效的制度而基业长青。这种企业也会有曲折，但具有自我纠错的机制，不会一条路走到头，直至企业消亡。

当企业的规模不大时，也许还不需要制度化的管理，可以由个人说了算。但当企业做大时，决策、管理、运行都要复杂得多。一个人的能力毕竟是有限的，这就是个人管理能力与环境变化要求的不对称性。另外，企业家作为一个人，无论多伟大，也不会不犯错误。管理学家把企业家的生命周期分为五个阶段：第一阶段，受命上任或创立企业，这时经验不足，但有胆识、有干劲；第二阶段，引导企业获得成功，这时不仅有干劲，而且在实践中积累了经验，这是企业和企业家的辉煌时期，企业家达到了自己事业的顶峰；第三阶段，企业家形成自己的风格，并稳定下来，企业处于平稳发展阶段；第四阶段，企业家满足于过去的成就，趋于保守，无论是思想还是体力都没有了当年的锐气，甚至会由于过去的成就而自我神化，这时企业在平稳中滋长着潜在的风险；第五阶段，功成名就，思想僵化，年事已高，思想跟不上时代潮流而又固执，但仍然掌握企业的大权，成为企业创新、发展的阻力，这就决定了企业衰亡的命运。这时，一个关键的错误就会断送企业。一般来说，在第一、第二阶段企业家犯严重错误的少，企业家人治的积极作用大于其消极作用。第三阶段是个转折期，向法治转变，企业家即使犯了错误也不会给企业以致命打击。但如果坚持人治，可能会导致更大错误的出现。第四、第五阶段肯定会出现重大失误。

任何一个企业在成功之后很容易走上人治之路。独裁、专制、自己一个人说了算、扩大自己的能力、不愿受制约，都是人性中固有的弱点。一个优秀的企业家在于克服自我，摆脱人性中固有的弱点，但能自觉迈出这一步的企业家现在真还不多。

依靠个人，企业会有一时的辉煌；依靠制度，企业才有基业长青。因此，建立法治企业应该成为各企业尤其是大型企业的奋斗目标。

第六节　人才与经济

萧何月下追韩信的原因——人才经济学

秦末农民战争中，韩信仗剑投奔项梁，项梁兵败后归附项羽。韩信曾多次向项羽献计，但始终不被采纳。苦闷之下，韩信离开项羽前去投奔了刘邦。

有一天，韩信违反军纪，按规定应当斩首，临刑前看见汉将夏侯婴，就问道："难道汉王不想得到天下吗，为什么要斩杀英雄？"

夏侯婴为韩信之语惊诧，认为此人不凡，看到韩信相貌威武，遂下令释放，并将韩信推荐到刘邦帐前，但未被重用。后来，韩信多次与萧何谈论治国治军之事，很受萧何赏识。

刘邦至南郑的行军途中，韩信思量自己难以受到重用，遂决定中途离去。这一情况被萧何发现，他将韩信追回。这就是小说和戏剧中的“萧何月下追韩信”。此时，刘邦正准备收复关中。萧何就向刘邦推荐韩信，称他是汉王争夺天下不能缺少的大将之才，应重用韩信。

刘邦采纳萧何建议，七月，择选吉日，斋戒，设坛场，拜韩信为大将。韩信与萧何成为刘邦左膀右臂，最终帮助汉王夺得天下。

于是，世人就有了这样的问题：萧何为什么要追韩信？其实，这个问题很好回答——很多人会说因为韩信是大将之才，简单地讲他是个人才。随着时代的发展，在当今社会，对人才的重视已经上升到“人才经济学”的高度。

什么是人才？这里就引出了人才的概念。从经济学的视野来对人才定义，有助于企业对人才的决策选择。

我们先看第一个问题：人才是什么。作为劳动者，人才是其中的一部分，但这一部分不同于一般劳动者，他们具有特殊的、专门的高质量、高素养和高能量，在劳动力这个总体内居于较高或最高层次。因此，在为数众多的劳动力群体中，人才有其不同性能，于是脱颖而出。简言之，人才就是有特殊工作性能的劳动者。

第二个问题是人才是不是生产要素。人才从一般劳动力中区别出来后，与土地、资本和技术等一起，仍旧是要素之一。只是随着经济的发展和科技的进步，人才这个要素在生产力和经济活动中的作用和位置不断提升。先进生产力主要表现为先进的科技成果，这离不开人才的创新劳动。

从供求关系上看，人才又不同于其他要素。其他要素在经济发展和科技进步后，都能达到先是供求平衡、后是供大于求。但是作为先进科技开发者的人才，永远供不应求，是不折不扣的稀缺资源，始终处于卖方市场。

第三个问题是人才的流动性和价格。既然是商品或稀缺资源，人才商品在供求驱动下，要交易，或者说必须流动，方能实现其人才功能。只有在市场经济体制下，人才通过自由流动，即供求双方的自由选择，才能得到优化配置。所谓“人尽其才”“各得其所”，无非是对人才这种特殊商品的自由交易的结果。

既然是商品，人才自然是有价的。这种价格也决定于供求，而在供不应求的情况下，人才价格的总趋势是高走即高价并且高涨。人才定价的尺度在于实际效益，但在未实现前有不确定性。于是，企业会采取其他方式如技术入股特别是期权，把报酬与效益挂钩于其结果，使买卖双方都不吃亏，防止了市场风险。

企业之间市场的竞争、产品的竞争，归根结底是人才的竞争。一切的竞争，都必须讲究成本，讲究"经济"二字。人才是商品，使用人才必有成本，这就必须重视"人才经济学"，即最经济使用人才。具体表现为，要经济地开发人才、经济地使用人才。

经济地开发人才，就要注重投入产出比，向人才投资要效益。曾经有很多企业在用人上存在一种不正确的倾向，那就是只重文凭不管能力。员工为了评职称、获文凭，出现了不少学非所用，甚至学与用干脆不沾边的现象。这种现象造成投资浪费，企业不仅浪费了物质成本，员工也浪费了时间成本，投资的效用不能在实际工作中表现出来。

要克服这种现象，企业就要注重培养为企业建设与发展所需要的人才，在人才培养、考核选取上，都要围绕企业自身发展需要，并为优秀人才提供激励方案，鼓励员工围绕实际工作需要而进行学习。只有这样，才能使企业全体人员看到美好的未来，自己也有成长和"想象"空间，才能静下心来提升职业能力，提升工作效率，为企业创造更大效益。

经济地使用人才，首先是要杜绝人才浪费。不少企业的领导缺乏战略眼光，不能合理地选用人才，不把人才的浪费当成一回事。领导因对某一件事情不满意就全面否定一个员工，轻易调换工作，使之多年积累的技术、技能被搁置，得不到合理的运用和开发。

经济地使用人才，其次要人才高效。要想使人才高效率工作，薪酬是重要考虑因素。企业应结合人才市场价格和企业实力，为人才制定出一套能够产生强大经济效用的薪酬方案。

刘邦平定天下之后，曾深有感触地对群臣说："吾所以得天下者何？夫运筹帷幄之中，决胜千里之外，吾不如子房；镇国家，抚百姓，给馈养，不绝粮道，吾不如萧何；连百万之军，战必胜，攻必取，吾不如韩信。此三人者，皆人杰也，吾能用之，此吾所以得天下。项羽有范增而不能用，此其所以为我擒也。"

如何用人，对企业而言，始终是个大学问。选贤任能、杜绝浪费，做到人尽其才，让每一个人发挥全部的聪明才智和积极性，是一个企业家应当也是必须具备的领导艺术。企业领导者应该像刘邦那样，不仅能够召集到人才，而且能够用好人才，从而最终实现“一统天下”。

职场中的“金饭碗”——不可替代性

弥子瑕是卫国的美男子，他很讨卫灵公的喜欢。

有一次，弥子瑕的母亲生了重病，可是京城离家甚远，为了尽快赶回家去替母亲求医治病，弥子瑕假传君令让车夫驾着卫灵公的座车送他回家。卫国的法令规定，私驾君王马车的人要受断足之刑。卫灵公知道了这件事，反而称赞道：“真是一个孝子！为了替母亲求医治病，竟然连断足之刑也无所畏惧了。”又有一次，弥子瑕陪卫灵公到果园散步。弥子瑕伸手摘了一个又大又熟的蜜桃，当他吃到一半的时候，想起了身边的卫灵公。弥子瑕把吃剩的一半递给卫灵公，让他同享。卫灵公毫不在意这是弥子瑕吃剩的桃子，说：“你忍着馋劲把可口的蜜桃让给我吃，真是对我好啊！”

弥子瑕年纪大了以后，容颜逐渐衰老，卫灵公就不那么喜爱他了。弥子瑕有得罪卫王的地方，卫灵公不仅不再像过去那样迁就他，而且还要历数弥子瑕的不是：“这家伙过去曾假传君令，擅自动用我的车子；目无君威地把没吃完的桃子给我吃。至今他仍不改旧习，还在做冒犯我的事！”

后来卫灵公终于找了一个借口，把弥子瑕治了罪。

弥子瑕前后遭遇截然不同的待遇，是因为以前他的美貌获得卫灵公的喜欢，后来容颜衰老就不再获得卫灵公的喜欢。换句话说，以前他是不可替代的，后来已经成为可替代的人了。这其实涉及经济学上的替代效应。

什么是替代效应？由于一种商品价格变动而引起的商品的相对价格发生变动，从而导致消费者对商品需求量的改变，称为价格变动的替代效应。替代性不仅仅存在于物品与物品之间，人与人之间也存在。我们知道，无论是一个社会，还是一个企业，其本身的资源都是稀缺的，一个成员在组织中能占多大份额，取决于他在这个组织里的重要性，即其替代性的大小。在组织中，如果一个人很容易被替代，那么他本身的价值是不高的。换句话说，如果一个人想要得到比别人更多的资源，他就必须比别人更具有不可替代性。

这也是为什么那些有技术、有才能的人在企业里备受宠爱的原因，因为这个世界上有技术、有才能的人太少了，找到一个能够替代的人可不是轻而易举的事。尤其是对于企业的中高层来说，不仅要才干出众、经验丰富，而且彼此之间的性格、行为方式能够磨合到位，彼此融洽，成为搭档，就更是不易，所以，企业对这类管理人才就更为珍惜。比如很多企业都努力提高企业研发人员的待遇，因为这些人掌握着企业的核心技术，一旦被其他企业重金挖走，给企业造成的损失将是巨大的，这些人对企业来说是不可替代的人。不像普通员工，你不愿意干，想干的人多的是，企业很容易从劳务市场上找到替代品，正是由于普通员工的替代品多，因而普通员工的工资与技术层、管理层差距很大。所以，那些著名企业CEO的年薪动辄几百万，而普通员工的年薪可能还不及他们的一个零头。

不要觉得不公平，如果你想让自己获得与他们同样的待遇，你就要先让自己也具有不可替代性。

不可替代性如何获得？有这样几个渠道：一是本身具有一种天赋，比如歌星拥有好嗓子，模特拥有高挑匀称的好身材等。二是通过血缘关系获得，比如私营公司老板的儿女是其父母事业的接班人、高干的子女拥有比常人更多成功的机会等，这些都是他们通过血缘关系获得的不可替代性。三是通过良好的人际关系，如战友之间的关系、同学之间的关系等。在如今的市场经济条件下，人缘在增强不可替代性的过程中的地位日益显现。四是借助地缘关系获得，如企业只招聘当地人，不招聘外地人。

如果以上不可替代性你都不具备，只有通过人力资本的投资来获得了。通过人力资本投资获得不可替代性是非常重要的。在现代高速发展的信息社会，进行人力资本的投资就是要培植自身的核心竞争力，以在激烈的市场竞争中获得更多资源，只有这样，才能让自己具备更牢固的不可替代性。

工作之前先算一笔账——择业与跳槽

小吴即将毕业于东北某名牌大学，所学专业正是时下热门的计算机专业。在人山人海的招聘会上，他信心满满地去求职。然后，在先后交了几十份简历获得了几份面试机会后，却没有了下文。不仅如此，他还发现其他同一专业的学友似乎也遇到了同样的困难。小吴疑惑不解，计算机不是热门专业吗？为什么会出现求职难的问题？

确实，虽然这两年IT行业看上去非常热门，但是现在很多大学的计算机本科毕业生都不太容易找到工作。这是因为当前人才市场上并不缺乏一般的计算机人才，缺少的是高级顶尖的IT人才。当然，这背后的因素是，前些年计算机人才走俏，人们一窝蜂地选择这个专业，各个学校都开设了计算机专业，造成这方面人才越来越多，庞大的毕业生数量使得整个就业形势受到影响，于是这个曾经热门的专业出现了“热门不热”的现象。

生活中不乏博弈思维的警语。“男怕入错行，女怕嫁错郎”便是这样的警语。它告诫人们在人生的关键点选择要慎之又慎，避免作出错误的决策。一旦发现当初择业出现失误时，人们往往便会转而“跳槽”。

“跳槽”，即指换工作、换单位。如果你去跳槽，那就说明你放弃了当前工作的收益，并同时放弃了这个机会可能带来的潜在收益，这些被放弃的所有收益就是你跳槽的机会成本。

跳槽在现代社会已经成为普遍现象，但我们也会发现身边总有一些频繁跳槽的人，他们总是对自己的工作不满意。跳来跳去成“跳蚤”，在跳槽之前，自己有没有算过一笔账呢？

临近年终，视跳槽为家常便饭的许娜又开始考虑跳槽的事了。说起来，许娜的个人资本也算不错：名牌大学财经系毕业，英语六级，口语不错，靓丽的外表。但她的资本使得她总不满足于现状。于是她每天必做的一件事就是研究人才网的招聘信息，如果哪家公司开出的待遇比现在的公司高，那她一定毫不犹豫地奔向那家公司。有好事者偷偷帮她算了一下，结果吓了一跳：毕业三年，许娜已经换了七八家公司，最夸张的时候她一个月连跳两家，其中一次才上三天班就跟老板说再见了。

许娜对那些好几年都待在一个单位，没有跳槽打算的人总是嗤之以鼻：“每个月拿这么一点工资，不跳槽，这辈子能混出什么来！”

其实，如果我们给许娜算一笔经济账，没准她就会重新考虑跳槽的问题了。对于一般人来讲，跳槽的成本与收益具体体现在哪些方面呢？

第一是时间的机会成本。如果想跳槽成功，就要花费时间搜集并分析招聘信息，对市场上的招聘企业作出正确的判断。这个过程中，跳槽者要付出时间、精力等成本，还要承担等待、焦虑、忧虑等心理压力。当信息不明朗时，还会为如何抉择而感到痛苦。

第二是薪资的机会成本。跳槽意味着你放弃本有的薪资，以及因此而可能获得的潜在薪资、福利等待遇。假如你本有的月薪是5000元，加上奖金、补贴和保险等，可能近8000元。如果你不能在辞职的当月找到工作，那么这8000元即是你跳槽所付出的机会成本。

第三是人际关系的机会成本。当你在一个环境里工作，获得的报酬不仅是货币工资，还包括学习锻炼的机会和人脉关系。人脉就是你的资源和钱脉，它同时也是你遇到困难和问题时的活期存折。

第四是升迁的机会成本。当你在一个新的环境里，往往很难一下子得到真正重用，尽管在职务或薪资上可能比原来高，但新的单位需要重新对你的人品和工作能力进行一段时间的考验。

那我们都会为什么跳槽呢？调查显示：与同事沟通不好、太累、离家太远、被领导批评、男（女）朋友不同意、待遇不合理、工作没挑战、没原因就是不想做，等等，都有可能成为我们跳槽的理由，也让很多企业领导大伤脑筋。

且不说，这些年轻的朋友没有想到企业为培养自己所付出的代价，自己的离职将给企业带来的损失，他们更没有为自己的职业生涯、事业发展做出铺垫。放弃一次事业机会，或许觉得自己还年轻，或许会认为还能有更好的机会。实际上，随意跳槽，不仅对企业是损失，对个人同样是很大的损失。

虽然跳槽有机会成本，但并不是反对跳槽。能够跳槽和允许跳槽其本身是时代进步的表现，人才只有在不断的双向选择中才能真正实现资源优化配置，才能产生最大效用。像古时的韩信、现在的唐骏都在一次又一次的跳槽中实现了自己的利益最大化。从经济学角度分析一下跳槽可能会产生的机会成本，只是提醒职场人士在跳槽之前要通盘考虑和分析，让自己的职业变动决策更加理性、科学和正确，把成本搞清楚了再作决策也不迟。

好羊离不开狼——鲇鱼效应

职业倦怠指个体在工作重压下产生的身心疲劳与耗竭的状态。这个概念最早由美国著名临床心理学家弗登伯格于 1974 年提出，他认为职业倦怠是情绪性耗竭的症状。后来的心理学家把职业倦怠定义为对工作上长期的情绪及人际应激源做出反应而产生的心理综合症。

职业倦怠由情绪衰竭、去人性化、个人成就感降低 3 个维度构成。一般认为，职业倦怠是个体不能顺利应对工作压力时的一种极端反应，是个体伴随于长时期压力体验下而产生的情感、态度和行为的衰竭状态。

职业倦怠的表象特征是：对工作总提不起兴趣；对于目前的职业状态充满

了厌倦情绪；工作效率急速下降，绩效水平处于较低状态；在工作中时常感到疲惫。

职业倦怠的产生和人的行为动机密切相关。每一个人的行为背后，都存在着一种动力，心理学称为动机。动机具有激起、调节、维持行为的功能，它的产生和人的需要、兴趣有密切的联系。当动机消失时，被它所推动的行为就会终止。

因此，当人对所从事的工作没有兴趣或缺乏动机，却又不得不为之时，就会产生厌倦情绪，身心陷入疲惫状态，工作绩效将会明显降低。长此以往，就掉入了职业倦怠的旋涡之中。

职业倦怠作为职场上一种常见现象，是客观存在的，已经成为许多人职业发展的障碍。如何避免陷入职业倦怠危机，心理学家、人力资源专家给出了两个方面的建议。

首先，加强自我认知。就是要认清自我价值，掌握自己的优势与不足，预测自己倦怠的征兆，了解自己的主观情绪是否影响了自己的生理和心理变化，做好应激的积极准备。

这一步是应对职业倦怠的基础。有了积极的自我认识，才能正视应激情境的客观存在；才能勇于面对各种现象、准确地对待周围环境中的一切人和事，有针对性地对自己进行心理控制并尽量与周围环境保持积极的平衡，成为自身行动的主人。

其次，要寻求积极的应付方式。应付是指成功地对付环境挑战或处理问题的能力。通常，积极的应付方式可以使自己有效地面对心理应激、重新恢复生理与心理的平衡水平状态；消极的应付则往往会使人继续停留在充满压力的应激状态，继续消耗自身潜在的能量，产生倦怠，甚至导致心理疾病。

让自己始终保持激情，在工作中持续积极起来，这需要为自己引入“鲇鱼效应”。西班牙人特别喜欢吃沙丁鱼，但沙丁鱼非常娇贵，对离开大海后的环境极不适应。当渔民们把刚捕捞上来的沙丁鱼放入鱼槽运回码头后，过不了多久沙丁鱼就会死去。而死掉的沙丁鱼口感很差，价格就会便宜很多——倘若抵港时沙丁鱼还存活着，卖价就要比死鱼高出很多倍。

为了延长沙丁鱼的活命期，渔民们想尽了办法。后来一位渔民无意中发现了一种方法：将几条沙丁鱼的天敌鲇鱼放在鱼槽中。因为鲇鱼是食肉鱼，放进鱼槽后，鲇鱼便会四处游动寻找小鱼吃。为了躲避天敌的吞食，沙丁鱼自然加速游动，从而保持了旺盛的生命力。如此一来，沙丁鱼就一条条活蹦乱跳地回到港口。这在经济学上被称作“鲇鱼效应”。

如果一个企业内部人员长期固定，就会缺乏活力与新鲜感，容易产生惰性。对于企业而言，让“鲇鱼”加入进来，就会制造一些紧张气氛。当员工们看见自己的位置多了些“职业杀手”时，便会有种紧迫感，知道该加快步伐了，否则就会被挤掉。这样一来，企业就能焕发出旺盛活力。

同样，如果一个人长期待在一种工作环境中从事同样的工作，就容易厌倦、疲惰，就会产生职业倦怠。对个人的成长而言，将“鲇鱼”加入进来，就会使自己产生竞争感，从而促进自己的职业能力成长和保持对工作的热情，就容易获得职业发展的成功。

为自己引入鲇鱼的方法就是：建立自己的职业理想，找到自己的职业发展目标，为自己树立职业学习榜样，在工作环境中认识到竞争对手的存在，适度保持职场压力。

“鲇鱼效应”其实就是一种压力效应。很多研究发现，适度的压力有利于我们保持良好的状态，更加有助于挖掘我们的潜能，从而提高个人的工作效率。比如运动员每到参加比赛，一定要将自己调整到感到适度的压力，让自己兴奋，进入最佳的竞技状态，如果他不紧张、没压力感，则不利于出成绩。适度的压力对挖掘自身的内在潜力资源，是有正面意义的。

有一位经验丰富的老船长，当他的货轮卸货后在浩瀚的大海上返航时，突然遭遇到了巨大的风暴。年轻的水手们惊慌失措，老船长果断地命令水手们立刻打开货舱，往里面灌水。“船长是不是疯了，往船舱里灌水只会增加船的压力，使船下沉，这不是自寻死路吗？”

船长望着这群稚嫩的水手们说：“百万吨的巨轮很少有被打翻的，被打翻的常常是船身轻的小船。船在负重的时候，是最安全的；空船时，则是最危险的。在船的承载能力界定范围之内，适当的负重可以抵挡暴风骤雨的侵袭。”

水手们按照船长的吩咐去做，随着货舱里的水位越升越高，随着船一寸一寸地下沉，依旧猛烈的狂风巨浪对船的威胁却一点一点地减少，货轮渐渐平稳下来。

《福布斯》总编辑大卫·梅克是一位才华横溢的编辑，可是他当总编时的管理方式却叫人难以接受。他对待下属从不留情面，而且总是一副冷冰冰的模样。尤其是他总是让团队成员感觉不安，总是会时不时地解雇一些表现不好的员工，逼得每一个编辑不得不为了饭碗竭尽全力地追求工作的完美。

正是由于大卫·梅克独特的鲇鱼式管理方法,《福布斯》的销售量和知名度才会得以节节上升。1964年,《福布斯》的销售量已达到40万份,这个成绩让它与老牌杂志《财富》《商业周刊》并驾齐驱。

这就是“压力效应”。那些得过且过、没有一点压力的人,就像是风暴中没有载货的船,人生的任何一场狂风巨浪都能将其陷入覆灭。而那些时刻认识到“鲇鱼效应”存在、在生活中适当存有压力、善于保持工作激情的人,是不会轻易被风浪击倒的,反而是时刻走在追求成功的道路上的。

为什么总是原地踏步——内卷化效应

内卷化效应是由美国人类文学家利福德·盖尔茨在20世纪60年代末提出的。他曾在爪哇岛长期生活。这位长住风景名胜的学者,无心观赏诗画般的景致,却潜心研究当地的农耕生活。他眼中看到的都是犁耙收割,日复一日,年复一年,原生态农业在维持着田园景色的同时,长期停留在一种简单重复、没有进步的轮回状态。于是,他把这种现象冠名为“内卷化”。

与利福德·盖尔茨一样的是,多年前,一位中央电视台记者也曾听到过一种令人深思的“重复”现象。这名记者到陕北采访一个放羊的男孩,曾留下一段经典对话:

“为什么要放羊?”

“为了卖钱。”

“卖钱做什么?”

“娶媳妇。”

“娶媳妇做什么呢?”

“生孩子。”

“生孩子为什么?”

“放羊。

这段对话形象地为“内卷化”现象做了令人印象深刻的解释。多少年来,农民的生存状态没有发生什么改进,在于他们压根儿没想到过改进。

内卷化效应概念便被广泛应用到了政治、经济、社会、文化及其他学术研究中。“内卷化”作为一个学术概念,是指一种社会或文化模式在某一发展阶段达到一种确定的形式后，便停滞不前或无法转化为另一种高级模式的现象。作为学术概念，其实并不深奥，观察我们的现实生活，“内卷化现象”比比皆是。

比如在偏远农村，虽然已经改革开放30多年，但当地的农民过的仍然是“一亩地一头牛，老婆孩子热炕头”的农耕生活；我们再看一些家族企业，重要岗位总是安排亲人把守，管理哲学是“打仗亲兄弟，上阵父子兵”，用自己的人放心。于是，在企业内部，人情重于能力，关系重于业绩，外部的新鲜空气难以吹进来，真正优秀的人才也吸引不进来，措施和办法因循守旧。几年过去了，厂房依旧，机器依旧，规模依旧，各方面都没有多大变化。

思想观念的故步自封，使得打破内卷化模式的第一道关卡就变得非常困难。而对于整天忙碌的人们，虽然没有站在黄土地上守着羊群，但在思想上是否就是那个放羊的小孩呢？怨天尤人或者安于现状，对职业没有信念，对前途缺乏信心，工作结束就是生活，生活过后接着工作，对内卷化听之任之，人生从此停滞不前。

我们身边随处可以看到陷入内卷化泥沼的人：老张当了一辈子干事，眼看着身边的人都一个一个升迁了，自己眼看到了退休的年龄，心里酸溜溜的难受；作家李米，二十出头就以一个短篇获得了全国性大奖，但是二十多年过去了，他不再有具有影响的东西问世，眼看和他同时起步的作家已成了全国知名作家；老王，技工一做十五年，同辈人已升任高工和主管，自己却还只是戴着一顶技工的帽子，心境抑郁……

同样的环境和条件，有的人几年一个台阶，无论是专业能力还是岗位，都晋升很快，士别三日即当刮目相看，而另一些人却原地不动，多少年过去了仍然还在原地踏步。为什么会出现这种现象？人为什么会陷入内卷化的泥沼？

分析个人的内卷化情况，根本出发点在于其精神。如果一个人认为这一生只能如此，那么命运基本上也就不会再有改变，生活就此充满自怨自艾；相信自己还能有一番作为，并付诸行动，那么便可能大有斩获。

“内卷化”的结果是可怕的，大到一个社会，小到一个企业，微观到一个人，一旦陷入这种状态，就如同车入泥潭，原地踏步，裹足不前，无谓地耗费着有限的资源，重复着简单的脚步，浪费着宝贵的人生。它会让人在一个层面上无休止地内缠、内耗、内旋，既没有突破式的增长，也没有渐进式的积累，让人陷入一种恶性循环之中。

生活陷入内卷化的普通人迫切需要改进观念，而那些成功人士也要理念更新，否则内卷化的后果往往更为严重。为什么有些人一辈子注定只能做一个小老板？并非他不想做大做强，而是思想观念停滞在小的层面。小老板需要精明，而大老板不仅需要精明，更需要气度。20 世纪 30 年代，我国的民营企业纷纷进入多事之秋，很多著名企业一夜之间轰然崩塌，其中一个主要原因是他们的思想观念停在原地。面对国际化接轨、现代化生产的企业，这些老板还在用小农思想进行管理。在市场中竞争如同逆水行舟，不进则退，倒闭是自然的事。

总而言之，一个企业或一个人要摆脱内卷化状态，就要先确信自己是否还有上进的志气。如果有，再看看自己的实力是否坚实。精益求精，发挥极限，这样才能最大限度地提升自己。只有充分地发挥自身力量，才能突破和创新，才能在未来的发展中呈现出一片勃勃生机。

化繁为简——奥卡姆剃刀定律

公元 14 世纪，英国奥卡姆的威廉对当时无休无止的关于“共相”“本质”之类的争吵感到厌倦，于是著书立说，宣传唯名论，只承认确实存在的东西，认为那些空洞无物的普遍性要领都是无用的累赘，应当被无情地“剃除”。

他所主张的“思维经济原则”，概括起来就是“如无必要，勿增实体”。因为他是英国奥卡姆人，人们就把这句话称为“奥卡姆剃刀”。

奥卡姆剃刀定律在企业管理中可进一步深化为简单与复杂定律：把事情变复杂很简单，把事情变简单很复杂。这个定律要求人们在处理事情时，要把握事情的本质，解决最根本的问题。尤其要顺应自然，不要把事情人为地复杂化，这样才能把事情处理好。

现代社会，人们似乎总有忙不完的事情，当忙完后才发现大多数时间是在做“无用功”。其实，随着工作步调愈趋复杂与紧凑，很多时候都将原本的简单问题复杂化了，给自己平增了麻烦。这时，“保持简单”是最好的应对原则。“简单”来自清楚的目标与方向，知道自己该做哪些事、不该做哪些事。工作中无所适从的时候，选择简单之法不失为聪明之举。

当年，迪士尼乐园经过三年施工，即将开放，可路径设计仍无完美方案。一次，总设计师格罗培斯驱车经过法国一个葡萄产区，一路上看到不少园主在路旁卖葡萄少人问津，山谷前的一个葡萄园却顾客盈门。原来，那是一个无人看管的葡萄园，顾客只要向园主付 5 法郎，就可随意采摘一篮葡萄。该园主让人自由选择的方法，赢得了众多顾客的青睐。

大师深受启发，他让人在迪士尼乐园撒下草种，不久，整个乐园的空地就被青草覆盖。在迪士尼乐园提前开放的半年里，人们将草地踩出许多小径，这些小径优雅而自然。后来，格罗培斯让人按这些踩出的路径铺设了人行道。结果，迪士尼乐园的路径设计被评为世界最佳设计。

我们在做任何事情的时候，千万不要把事情过于复杂化，简单的时候就是简单，太多的顾虑反而会让我们走弯路，事情的结果也会和我们希望的相反。根据“奥卡姆剃刀”这一原则，对任何事物准确的解释通常是那种“最简单的”，而不是那种“最复杂的”，这就像音响没有声音，我们总是会先看看是不是电源没有接好，而不会马上就将音响拆开检查是否哪个线路坏了。

从方法论角度出发，“奥卡姆剃刀”就是舍弃一切复杂的表象，直指问题的本质。可惜，当今有不少人，往往自以为掌握了许多知识，喜欢将一件事情往复杂处想。当我们的思路又变得开始复杂时，应该时刻提醒自己：该拿起奥卡姆剃刀了。因为，只有简单，才可以产生绝妙的主意。

杰克·韦尔奇的管理思想中有一条非常著名的论断，那就是“成功属于精简敏捷的组织”。他认为企业不必复杂化，对他来说，使事情保持简单是商业活动的要旨之一。他说，他的目标是“将我们在 GE 所做的一切事情、所制造的一切东西‘去复杂化’”。

将问题简单化，其关键点是要找到问题的关键。只有找到了问题的关键，解决起问题来便十分简单。当你在工作中遇到难题、一筹莫展的时候，不妨让自己冷静下来，仔细分析一下问题，找到“症结”，一切就能够顺利解决。

世界是复杂的，但也是简单的，只是我们常常被自己的习惯性思维禁锢，从而把简单的事情弄复杂了。如何将复杂的事情回归于简单，根除工作的“复杂病”，是每一个人需要思考的问题。

在管理企业制定决策时，应该尽量把复杂的事情简单化，剔除干扰，抓住主要矛盾。解决最根本的问题，才能让企业保持正确的方向。如果管理者认为只有焦头烂额、忙得要死，才能取得工作上的成功，那就大错特错。事情会朝着复杂的方向发展，而效率则来源于简单。不要被复杂的事务干扰，忽略了真正有效的东西。真正有效的方法，往往是最简单的。

日本最大的化妆品公司收到客户抱怨，买来的肥皂盒里面是空的。为了预防生产线再次发生这样的事情，工程师想尽办法发明了一台 X 光监视器去透视每一只出货的肥皂盒。同样的问题也发生在另一家小公司，他们的解决方法是买一台强力工业用电扇去吹每个肥皂盒，被吹走的便是没放肥皂的空盒。同样的事情，采用的是两种经济效益天差地别的办法，精明的管理者应该采取哪一种呢？

奥卡姆剃刀原理，向我们传递“简单与高效”的法则、理念和意识。爱因斯坦说：“如果你不能改变旧有的思维方式，你也就不能改变自己当前的生活状况。”

当管理者用奥卡姆剃刀改变思维时，就会惊奇地发现：工作与管理不再是烦琐而杂乱，简单才是最美，也最容易获得高效。

塑造自己的核心竞争力——竞争优势

孙丽毕业于北京外国语大学英语专业，在一家外资公司任部门经理助理，月薪3000元。年轻靓丽的她，毕业两年里换了几份工作，但不外乎助理、秘书、文员、前台等。最近，她一咬牙又辞了职，报名参加茶艺师培训，决心做个茶艺师。很多朋友不理解，放着好好的白领不当，辞职去学什么茶艺？可孙丽自有一番道理。

“说是白领，可每天干的活，不外乎跑跑腿、帮经理写写英文E－mail、打打字、接待客人什么的，凡有个大学文凭的人都能干。跳槽呢，最多挪个窝继续做助理，学不到一技之长。我一晃就要‘奔三’了，还不知道自己的核心竞争力在哪儿。”

生活忙忙碌碌，找不到出路，这样的生活是你想要的吗？如果不是，为何不选一种你想要的生活？孙丽准备学了茶艺之后，利用自己的英文特长，向外国友人介绍中国博大精深的茶文化。她要在茶艺世界里找到属于自己的天地。

“3000块的薪水说高不高、说低不低，工作也没什么挑战性，每天原地踏步，知识一点点被‘折旧’。与别的白领相比，我的英语水平不算专长，但在茶艺行业里，这就是我的优势。”孙丽说，“找到自己的优势，就特别容易获得发展，就容易建立自己的核心竞争力。”

任何优势都是建立在比较基础上的，都是相对的。没有比较，优势就无从谈起。在国际贸易之间，有个重要的经济学理论：比较优势理论。这个理论的定义是：如果一个国家在本国生产一种产品的机会成本（用其他产品来衡量）低于在其他国家生产该产品的机会成本的话，则这个国家在生产该种产品上就拥有比较优势。

与比较优势相对应的一个概念是绝对优势。比如甲和乙两个人，甲比乙会理财，那么，甲在理财方面对乙有绝对优势。中国的彩电制造技术比印度强，中国在彩电制造上对印度有绝对优势。比较优势和绝对优势是否决定了人与人之间的分工关系或者国与国之间的贸易关系？我们进行如下分析：

甲比乙会理财，在这两个人团队中当然是甲来理财。中国比印度会生产彩电，当然是中国向印度出口彩电。但进一步推敲就会发现这个推理并不能成立。甲比乙会理财，但甲比乙更会推销产品。在这个团队中谁来理财，谁来营销？答案是：为了团队的总体利益，甲只能忍痛割爱，将账本留给乙。乙虽然不如甲会理财，但乙在推销产品上能力更差。将账本给乙，能够为甲腾出时间去搞推销。在这个团队中，甲的比较优势是营销，而乙的比较优势是理财。人与人之间的分工合作关系是建立在比较优势之上，而不是绝对优势之上。

为什么会出现这样的结果？这种分配的前提是人的时间和精力是有限的。尽管甲各个方面都比乙强，但甲不可能一个人承担所有的任务——因为如果甲选择什么都自己做，受时间资源的限制，甲的收益会少于和乙合作所得的份额。同样道理，尽管中国在彩电生产上对印度有绝对优势，但在电脑生产上的绝对优势更大。因而中印贸易中会是中国向印度出口电脑，印度向中国出口彩电。两国的贸易关系是建立在比较优势之上，而不是绝对优势之上。

比较优势这个概念告诉我们，对一个各方面都强大的国家或个人，聪明的做法不是仰仗强势，四面出击，处处逞能或事必躬亲，而是将有限的时间、精力和资源用在自己最擅长的地方。反之，一个各方面都处于弱势的国家或个人也不必自怨自艾，抱怨自己的先天不足。要知道，“强者”的资源也是有限的。为了它自身的利益，“强者”必定留出地盘给“弱者”。比较优势理论的精髓就是我们中国人所说的“天生我材必有用”。

从比较优势理论引发出另外两个概念：静态比较优势和动态比较优势。在宏观经济上，静态比较优势强调的是原本已经拥有的优势，比如廉价劳动力、土地、自然资源、资本等；动态比较优势强调的是随着时间变化而逐渐形成的核心优势，比如培育高素质的管理和决策人才、自主开发造型新颖、技术先进产品的能力等。

宏观的经济学角度是如此，个人的职业生涯发展亦是同样的情况。很多人已经注意到了自己静态比较优势的重要性，他们会使自己在求职时已经拥有了“标准配置”——学历、外语的等级证书、职业资格证书等，但是这只是在进入职业生涯发展初期的一种静态优势，只是说明了现状而已。

人力资源专家更注重个人的职业生涯发展和规划，更关心职业生涯发展的可持续性，这就不得不要求每个人从动态比较优势入手，合理分配个人的时间和精力，用以增加自身的职业生涯发展的“资产”。

如何获得这些资产？人力资源专家的建议是有计划地把收入中的一部分以自我投资的形式发生消费行为。具体讲就是把看似是支出的那一部分钱投入到对于自己各种形式的培训充电上。培训充电的内容应该首要考虑自己的专业和工作领域，因为这更容易使自己建立个人核心竞争力，从而使我们在职场上拥有竞争优势。

·第三章·

信息时代需要读点经济知识：生存竞争要懂的经济学

第一节　信息

我们并不了解真实的世界——信息不完全

孔子被困在陈、蔡之间，只能吃没有米粒的野菜汤度日，七天没尝到粮食，白天也只得睡觉。一天，颜回讨到一点米回来做饭，饭快熟时，孔子看到颜回抓取锅中饭吃。一会儿，饭熟了，颜回拜见孔子并端上饭食。孔子装作不知颜回抓饭之事，说："今天我梦见了先君，把饭食弄干净了去祭先君。"颜回回答说："不行，刚才灰尘落进饭锅里，扔掉沾着灰尘的食物是浪费的，我就抓出来吃了。"孔子叹息着说："所相信的是眼睛，可眼睛看到的还是不可以相信；所依靠的是心，可是心里揣度的还是不足以依靠，看来了解人真的很不容易。"

孔圣人尚不易辨识真实的世界，而作为凡夫俗子的我们要洞穿世间万物就显得更不容易了。我们总是愿意选择相信眼前的世界，但是这却并不是最真实的世界，因为我们无法看到所有的信息。

古典经济学有一个重要假设，就是完全信息假设，即假设市场的每一个参与者对商品的所有信息都了如指掌。实际生活中却常常不是这么回事，我们一直生活在一个信息不完全的世界中。

我们知道，"天天平价、始终如一"是沃尔玛驰骋全球零售业沙场的营销策略，也是沃尔玛成功经营的核心法宝。但古往今来商家皆牟三分利！ 10元钱进货的商品8元钱卖，会不会有这样的事情呢？实际上，商店不可能把所有的商品都如此打折销售。我们能够注意到的是，只有部分商品如此打折，并且是轮流打折。这一次是饮料打折，下一次是衣服打折，还有可能是日用品打折。其他商品的价格和别的超市没有区别，这就是真实的沃尔玛营销状况。

去沃尔玛超市之前，消费者不可能知道究竟有什么商品在打折促销，当他来到沃尔玛，不可能只买自己预期的打折商品，很可能还买其他商品。在经济生活中，消费者掌握的商品信息往往是不完全的。以不完全信息为基本出发点，可以让我们对市场经济有更真实的了解。

在生活中，我们也经常能发现信息不完全，并由此导致误解的实例。一个年轻的小伙子带着女友到公园游览。他们在途中的一个凉亭停歇。小伙子看到不远处有卖冷饮的摊点，就问女朋友要不要雪糕。女友回答说不想要，小伙子就径直去了冷饮摊点，一会儿，他带了雪糕和可乐边吃边走了过来。女友很不高兴，埋怨男友不体贴："为什么你只买自己的份？"小伙子一脸无辜："你不是不想吃吗？"女友更不高兴了："可我没说我不要可乐。"接下来一路气氛凝重，两人玩得都不开心。

即使是一对恋人之间，也存在信息不完全的情形。可见，信息不完全在经济生活中具有普遍性。

实际上，信息不完全不仅是指那种绝对意义上的不完全，即由于认识能力的限制，人们不可能知道在任何时候、任何地方发生的任何情况，而且是指"相对"意义上的不完全，即信息不对称。因此，人们总是尽可能获取自己所要了解的完全信息。

政府只有在掌握完全信息的基础上，才能对事实有全面而真实的把握，以这些信息为根据所作出的决策才具有现实可行性。个人和企业也需要大量地掌握经济信息，才能在市场的变化面前适时地调整自己的策略，以实现利益的最大化。

在获取完全信息的过程中，信息商品为人们所推崇。作为一种有价值的资源，信息不同于普通商品。人们在购买普通商品时，先要了解它的价值，看看值不值得买。但是，购买信息商品无法做到这一点。人们之所以愿意出钱购买信息，是因为还不知道它，一旦知道了它，就没有人愿意再为此进行支付。这就出现了一个难题：卖者让不让买者在购买之前就充分地了解所出售的信息的价值呢？如果不让，则买者就可能因为不知道究竟值不值得而不去购买它；如果让，则买者又可能因为已经知道了该信息而不去购买它。在这种情况下，要能够做成生意，只能靠买卖双方的并不十分可靠的相互信赖。

信息是不完全的，这就决定了竞争是不完全的，决策个体之间存在直接的相互作用和影响，私人信息发挥着重要作用。在信息不完全和非对称条件下，完全理性转化为有限理性，即经济个体是自私的，按最大化原则行事，但他通常并不具有作出最优决策所需要的信息。因此，经济个体的能力是有限的，理性也就是有限的。

如今，信息经济学是经济学中兴起的分支，它抛弃了完全信息假设，而以不完全信息假设正视社会和市场，这一假设对我们认识经济世界有重要作用。

为什么买的不如卖的精——信息不对称

大家都知道“东床坦腹”是指乘龙快婿，究竟这两者之间有什么渊源呢？其实这与大书法家王羲之有关。

晋代太傅郗鉴想在丞相王导府上物色个女婿，便派他的门生到王家代自己挑选。门生来到东厢房王家子弟齐集的地方一个个相看一番，回去向郗鉴报告说：“王家的小伙子都很好，难分上下。不过，听说您要选女婿，他们个个都打扮得衣冠楚楚、举止矜持，希望能被选中；只有一个后生躺在东边的床上，敞开衣襟，露着肚皮，满不在乎，好像根本不知道您要选女婿似的。”郗鉴听了，高兴地说：“这个人正是我要选的佳婿。”于是郗太傅就把女儿许配给了这个人。原来那个躺在床上坦露肚子的就是日后成为大书法家的王羲之。

此故事作为美谈流传了下来，渐渐地人们就把别人的好女婿称为“东床佳婿”“东床坦腹”“东床”和“东坦”等。

王羲之敢于将自己的真实面展示给别人，而郗太傅也能慧眼识人。这和经济学中的信息对称有异曲同工之妙。信息对称就是指相关信息为所有参与交易各方共同分享。在市场条件下，要实现公平交易，交易双方掌握的信息必须对称。换句话说，倘若一方掌握的信息多，另一方掌握的信息少，二者不“对称”，这交易就做不成；或者即使做成了，也很可能是不公平交易。

在现实经济中，信息不对称的情况是十分普遍的，信息不对称甚至影响了市场机制配置资源的效率，造成占有信息优势的一方在交易中获取太多的剩余，出现因信息力量对比过于悬殊导致利益分配结构严重失衡的情况。

人们在购买商品的过程中，对商品的个体信息认知也会产生信息不对称的情形。一般而言，卖家比买家拥有更多关于交易物品的信息。有些商品是内外有别的，而且很难在购买时加以检验。如瓶装的酒类，盒装的香烟，录音、录像带等。人们或是看不到商品包装内部的样子（如香烟、鸡蛋等），或是看得到、却无法用眼睛辨别产品质量的好坏（如录音、录像带）。显然，对于这类产品，买者和卖者了解的信息是不一样的，卖者比买者更清楚产品实际的质量情况。

可以说自交换产生以来，人类社会一直处于信息不对称的情况之下。传统的经济学理论都是建立在信息对称的假设基础之上。当人们打破了自由市场在信息对称情况下的假设，才终于发现信息不对称的普遍性，研究信息经济学的学者因而获得了1996年和2001年的诺贝尔经济学奖。

信息不对称引起信息多的一方欺骗信息少的一方的可能性。政府与公众信息不对称将使行政权力失去监督，滋生政府腐败；企业委托人与代理人信息不对称会引起机会主义行为；劳动力市场上信息不对称会使雇主和求职者受到侵害；人与人之间信息不对称是诚信丧失的根源……所以，信息不对称问题是经济学的热门话题。

在我们的生活中，随处可见信息不对称。比如，如果你加倍努力干好工作，你的老板理应多付你工资，但因为他对你的努力程度只是有个模糊概念，所以你的业绩奖金只是你薪水的一小部分。如果老板能完全看清楚你的能力与努力，他就可以将你的薪水与表现挂钩。再举一个例子：比如你想在附近的餐馆吃饭，但是不知道哪家最好，所以最好的办法还是找一个大家都熟悉的品牌店，因为大家都知道品牌店不会差。由于顾客不会一家家去寻找最好的餐馆，所以一般来说老字号餐馆收费更高。

当然，经济生活中存在着大量信息不对称问题，但人们总是能够想出高超的解决办法，用以提高信息的质量，或减少因信息不对称所造成的损失。举个例子来说，当你需要购买电脑但同时对电脑硬件又不了解时，你会找懂行的朋友咨询，参考网站和杂志，希望借此能得到实用信息，在想购买的产品中作出理性的选择。通过不断地搜寻信息，以求获得最全面的信息，给自己的决策提供有价值的参考。

不过，信息不对称也不见得完全是坏事。比如国防机密，所有信息都公之于众，反倒会妨害国家安全。夫妻双方信息完全对称，各自连自己的一点隐私都没有，生活往往并不幸福。距离产生美，糊里糊涂地爱，也许能更幸福一点。其实仔细想想，信息对称，这世界反倒无趣了。在信息化的今天，还是给各方留一点私人空间为好。

只要我们收集对方信息所花费的成本小于所得的收益，减少信息不对称就是理性的。或者说，寻找更多信息增加的成本小于由此增加的利益，寻找更多信息就是理性的。绝对理想的东西在现实世界中是不存在的，我们追求次优化或较完美的状态，是我们认同不对称信息的重要原因。

现实世界是不完美的，信息不对称也是正常的。我们没有必要去追求完美，也没有必要在任何情况下都要实现信息完全对称。当然，也并不是说信息不对称就好得不得了。在许多情况下，我们还是要努力获得对方更多的信息。比如，政府行为要尽可能公开化；买二手车还需要请专家鉴定等。

21 世纪是一个信息社会，对于个人来说，拥有信息越多，越有可能作出正确决策。对于社会来说，信息越透明，越有助于降低人们的交易成本，提高社会效率。但是客观事实是，一小部分人垄断有关事物状态的信息，而另外绝大多数人则缺乏事物状态的信息。提高获取信息的能力，增加获得信息的渠道，以充满智慧和理性的头脑来指导行动，能尽可能减少信息不对称造成的损失。

劣币为什么会驱逐良币——柠檬市场

阿克洛夫在 1970 年发表了一篇名为《柠檬市场：质量不确定性和市场机制》的论文，他本人也于 2002 年获得诺贝尔经济学奖。“柠檬”在美国俚语中表示“次品”或“不中用的东西”，“柠檬市场”是次品市场的意思。当产品的卖方对产品质量比买方掌握更多信息时，柠檬市场会出现，低质量产品会不断驱逐高质量产品。

“劣币驱逐良币”是柠檬市场的一个重要应用，也是经济学中的一个著名定律。金属货币作为主货币有较长的历史。由于直接使用金属做货币有不便之处，历史上人们将金属铸造成便于携带和交易，也便于计算的“钱”。人为铸造的“金属货币”有了一个“面值”，或称为名义价值。这一点变化，使得铸币内在的某种金属含量（如黄金含量）产生了与面值不同的可能，如面值 1 克黄金的铸币，实际含量可能并不是 1 克，人们可以加入一些其他低价值的金属混合铸制，但它仍然作为 1 克黄金进入交易流通中。

16 世纪的英国商业贸易已经很发达，玛丽女王时代铸制了一些成色不足（即价值不足）的铸币投入流通中。当时在英国很受王室看重的金融家兼商人托马斯·格雷欣发现，当面值相同而实际价值不同的铸币同时进入流通时，人们会将足值的货币贮藏起来，或是熔化或是流通到国外，最后回到英国偿付贸易和流通的，则是那些不足值的“劣币”，英国由此受到巨大损失。鉴于此，格雷欣对伊丽莎白一世建议，恢复英国铸币的足够成色，以恢复英国女王的信誉和英国商人的信誉，以免在贸易中受到不足价值铸币的“驱逐”。

这就是“劣币驱逐良币”效应，产生这种现象的根源在于当事人的信息不对称。因为如果交易双方对货币的成色或者真伪都十分了解，劣币持有者就很难将手中的劣币花出去，或者即使能够用出去也只能按照劣币的“实际”而非“法定”价值与对方进行交易。

“劣币驱逐良币”的现象在市场上是普遍存在的。在信息不对称的市场中，产品的卖方对产品的质量拥有比买方更多的信息。在极端情况下，市场会止步萎缩和不存在，从而产生“柠檬市场”效应。柠檬市场效应是指在信息不对称的情况下，往往好的商品遭受淘汰，而劣等品会逐渐占领市场，从而取代好的商品，导致市场中都是劣等品。本来按常规，降低商品的价格，该商品的需求量就会增加；提高商品的价格，该商品的供给量就会增加。但是，由于信息的不完全性和机会主义行为，有时候降低商品的价格，消费者也不会作出增加购买的选择，提高价格，生产者也不会增加供给。

“二手车市场模型”可以形象地解释这种现象。假设有一个二手车市场，买车人和卖车人对汽车质量信息的掌握是不对称的。买家只能通过车的外观、介绍和简单的现场试验来验证汽车信息的质量，而这很难准确判断出车的质量好坏。因此，对于买家来说，在买下二手车之前，并不知道哪辆汽车是高质量的，他只知道市场上汽车的平均质量。当然，买家是知道市场里面的好车至少要卖 6 万元，坏车最少要卖 2 万元。那么，买车的人在不知道车的质量的前提下，愿意出多少钱购买他所选的车呢？所有典型的买家只愿意根据平均质量出价，也就是 4 万元。但是，那些质量很好的二手车卖主就不愿意了，他们的汽车将会撤出这个二手车市场，市场上只留下质量低的卖家。如此反复，二手车市场上的好车将会越来越少，最终将瓦解。

由传统的市场竞争机制得出来的结论是“优胜劣汰”，可是，在信息不对称的情况下，市场的运行可能是无效率的，并且会得出“劣币驱逐良币”的结论。产品的质量与价格有关，较高的价格诱导出较高的质量，较低的价格导致较低的质量。“劣币驱逐良币”使得市场上出现价格决定质量的现象，因为买者无法掌握产品质量的真实信息，这就出现了低价格导致低质量的现象。

明代的刘伯温讲过这样一个故事。四川有三个商人，都在市场上卖药。其中一人专门进优质药材，按照进价确定卖出价，不虚报价格，更不过多地取得盈利。另外一人进货的药材有优质的也有劣质的，他售价的高低，只看买者的需求程度来定，然后用优质品或次品来应对他们。还有一人不进优质品，只求多，卖的价钱也便宜。于是人们争着到专卖劣质药的那家去买药，他店铺的门槛每个月换一次，这样过了一年，他就非常富裕了。那个兼顾优质品和次品的药商，前往他家买药的稍微少些，过了两年也富裕了。而那个专门进优质品的药商，不到一年时间就穷得吃了早饭就没有晚饭了。

在这个故事中，卖优质药材的反倒穷得揭不开锅，卖劣质药材的反倒很快致富，这和柠檬市场上的“劣币驱逐良币”现象十分相似。

其实我们可以发现，“柠檬市场”无处不在。比如人才市场，由于信息不对称，雇主愿意开出的是较低的工资，这根本不能满足精英人才的需要。信贷市场也是个“柠檬市场”，信息不对称使贷款人只好确定一个较高的利率，结果好企业退避三舍，资金困难甚至不想还贷的企业却蜂拥而至。认识了“柠檬”现象，在很多时候可以使我们免受其害。

“穿井得人”的经济学原理——信息传递

据说，某部队的一次命令传递的过程是这样的：

少校对值班军官说：今晚8点左右，在这个地区可能看到哈雷彗星，这种彗星76年才能看见一次。命令所有士兵身穿野战服在操场上集合，我将向他们解释这一罕见现象。如果下雨的话，就在礼堂集合，我为他们放一部有关彗星的影片。

值班军官对上尉说：根据少校的命令，今晚8点，76年出现一次的哈雷彗星将在操场上空出现。如果下雨，就让士兵身穿野战服前往礼堂，这一罕见现象将在那里出现。

上尉对中尉说：根据少校命令，今晚8点，非凡的哈雷彗星将军将身穿野战服在礼堂出现。如果操场上有雨，少校将下达另一个命令，这种命令每隔76年才下达一次。

中尉对上士说：今晚8点，少将将带着哈雷彗星在礼堂出现，这是每隔76

年才有的事。如果下雨，少校将命令彗星穿上野战服到操场上去。

上士对士兵说：在今晚8点下雨的时候，著名的76岁的哈雷将军将在少校的陪同下，身穿野战服，开着他那辆“彗星”牌汽车，经过操场前往礼堂。

这个故事的真实性已经无关紧要，细心观察可以在我们的生活中发现类似的事，这就是信息在传递过程中的失真。一个人说街上有老虎，人们不信；两个人说街上有老虎，人们开始有点相信；当三个人都说街上有老虎时，人们肯定相信了，这就是“三人成虎”。在信息传递的过程中，往往存在失真的可能性。

《吕氏春秋》中曾有一个“穿井得人”的故事。

春秋时宋国有一个姓丁的人家家里没有水井，需要一个人经常到很远的地方打水洗涤。于是丁家下定决心打一眼井。井打好后，丁家人非常高兴，逢人便说：“我们打井节省了一个人的劳动力。”人们辗转相传，越传越走样，传到最后竟然成了：“丁氏打井打出了一个人。”于是，宋国的人都在议论这件事，后来，宋国的国君也听到了这件事。宋君派人去丁家问个究竟。丁氏答道：“是节省了一个人的劳动力，并非打井打出了一个人！”

这则寓言故事说明在信息传递的过程中，往往会发生以讹传讹的情况，这就要求人们必须加以辨别考察。

信息传递的模型是哈佛大学教授迈克尔·斯宾塞提出的，他因此与阿克洛夫同获2001年度的诺贝尔经济学奖。

当斯宾塞在哈佛大学读博士的时候，他观察到一个很有意思的现象：很多MBA的学生在进哈佛之前很普通，但经过几年哈佛的教育再出去，就能比教授多挣几倍甚至几十倍的钱。这使人禁不住要问为什么，哈佛的教育难道真有这么厉害吗？斯宾塞研究的结果是：教育不仅仅具有生产性，更重要的是教育具有信号传递的作用。

这就是名牌的作用。名牌大学或明星企业也可能出现次品，但这样的概率相对来说要低得多。而且，一个名牌大学的建立，是其多年有效信息费用累计的结果，没有人愿意轻易地毁掉自己的信誉，所以，即使出现了问题，解决的成本也会相应要低一些。

所以，在市场经济中，在企业眼中，品牌是最有效的信息传递手段。同样是刚毕业的大学生，企业会优先选择名校毕业生。

当将信息传递引用到现在的市场经济中时，我们又会看到它们被赋予了新的意义。在市场上，商家是拥有信息的一方，也能决定如何向外界传递信息。此时，传递信息的成本要依靠商家自己来付出。他们需要主动地通过广告等方式，在诸多同类产品中凸显出来，如此才可能有利可图。否则，如果一个企业没有卓有成效的信息传递，没有别具一格的形象推广，产品就不能有效地推向市场。

1995 年之前，康佳彩电公司事业刚刚有所起色，但由于在信息宣传上的不力，造成了消费者对康佳彩电存在很多认知盲点和误区。这给企业形象的树立和产品的广泛传播造成了很大障碍，以至于经常有消费者将康佳彩电的产品同其他质量次等的产品混为一谈。

为了改变身处彩电业劣势的状况，提高自己的知名度，康佳彩电吸取了过去的教训，并在推广最新款彩电“彩霸”系列时，加大了广告宣传的力度，利用频繁出现的彩色广告和鲜明的标语，给消费者留下了深刻印象。它还聘请影星周润发、张曼玉做产品形象代言人，从而为品牌做了更有影响的宣传。

由此可见，尽管康佳彩电的质量很好，但是缺乏过硬的信息传递技术，很难提高产品在市场上的影响力，从而让消费者缺乏对其的认识。

当今社会，任何一个企业都能体会到信息的价值。他们从信息中寻找商机，再利用信息将自己的产品推销出去。也就是说，信息的生产、制造、传播对于一个企业十分关键。一系列的行为必然会导致企业考虑信息所带来的成本。这些成本，其实就是信息的收集、加工、传播需要花费的时间、占用的精力，甚至花费的金钱，等等。

问题是，在当代社会，通讯发达，这令人们的注意力很难集中在一点。就如赫伯特·西蒙曾说的那样：“信息的丰富产生注意力的贫乏。”要想让人们注意到自己的特定产品，从而让自己获得最高的收益，企业不仅要在产品的设计、文字和印刷上增加成本投入，还不得不在信息传递和信息成本上投入越来越多的金钱。尤其是市场瞬息万变，每一天都不断地有新品牌占据市场，产品想变得“卓越”的代价将越来越大。

随着经济学研究的深入发展，特别是社会信息化进程的加快，信息传递的失真会带来额外的成本。因此，我们必须认识到降低或避免信息失真成本的重要性。要充分利用现代信息技术，减少信息传递的中间环节。如在企业中，建立扁平化企业组织，这样能最大幅度降低信息失真成本。此外，要建立一套避免信息失真的保障制度。如对那些专门制造虚假信息的提供者给予相应的处罚。

先听好消息还是坏消息——信息披露

信息的披露方式在很大程度上决定了结果如何。作为一个经济人，懂得如何披露信息至关重要。也就是说，在信息接收方面前，如何选择信息输出的策略，是极为关键的。

某知名网站的CEO就曾经说过，在互联网时代的今天，若想经营好网站就要懂得细节决定成败，特别是在网上，同用户交流的过程中，应当注意信息披露的方法。例如，当网站出现资金少、带宽小、访问慢等问题时，应当借助时机，一次性将问题摆出来。这样，除了能获得客户的体谅外，还能保证客户流失量最小化。

在生活中，信息披露运用得巧妙，还能够带来意想不到的效果。农历年将至，公司很多人都在盘算能拿到多少年终奖回家过年。过去几年公司效益不错，每个人年终都是双月工资以上。但是最近，公司高层有传言说各部门都要按比例上报裁员名单。员工都在不断犯嘀咕，裁员千万不要裁到自己。正在此时，公司出面辟谣，表示公司虽然碰到了困难，但公司再困难也会尽全力避免采用裁员的手段降低成本，但是希望大家做好心理准备，一起勒紧裤腰带（没有年终奖），共渡难关。员工们还能苛求什么呢？不走人已经算是好消息了，之前的流言风波平息了，大家的心态也慢慢平和了。又过了几天，公司郑重宣布：年终奖以一个月薪水为准……多数人的脸上显露的是意外的欣喜。不用说，当多数员工获知年终奖照发的消息时，他们更加努力地工作了，尽管他们年终收益实际上是减少了。

在好消息与坏消息面前，不一样的披露方式往往会直接导致不一样的结果。这一过程，也让众人清楚了信息披露的不同方法带来的不同效用，因此人们在日后的生活中可以加以运用，一定能获益匪浅。

而在上市公司，客观的信息披露是公司向投资者和社会公众全面沟通信息的桥梁。目前，投资者和社会公众对上市公司信息的获取，主要是通过大众媒体阅读各类临时公告和定期报告。投资者和社会公众在获取这些信息后，可以作为投资抉择的主要依据。真实、全面、及时、充分地进行信息披露至关重要，只有这样，才能对那些持价值投资理念的投资者有真正的帮助。信息披露的完整性和充足度是形成股票市场有效性的必要和充分条件，这种信息披露的完整性和充足度不仅是对上市公司的客观要求，更是对市场监管的客观要求。

信息披露不是要隐瞒信息或发布虚假信息，而是利用不同的披露方式给信息接收方带来不同的心理感受。不同的信息披露方式，将会带来不同的结果。在此，就要提到西方经济学家萨勒提出的四个信息披露规则了。

第一种情况，当你拥有众多好消息时，要分开将它们发布。因为，根据西方行为经济学大师卡尼曼的前景理论，将好消息在相隔一段时间后逐个发布出去，人们将经历多次感受到高兴的过程，带来的效用将远远大于将消息一同说出来所带来的总的效用。即当某人在同一天听到很多的好消息时，其所带来的效用就会逐渐减少，就像吃包子一样，刚开始吃第一个觉得特别美味，然后吃第二个、第三个……等吃到第六个的时候，就有些痛苦了。再来第七个，人已经非常饱了，即使硬吃下去也没什么效用了。好消息也一样，若同一时间被其“集体轰炸”，也就感觉不到消息有多么好了。

第二种情况，如果有几个坏消息，要将它们一并发布出去。人们因承受损失的痛苦也会有边际效用递减的情况，当你将两次不幸一同说出的时候，其痛苦就会小于分别经历这两次。

第三种情况，有一个大大的好消息和一个小小的坏消息时，两者带来的感受刚好相反，但当一同告诉别人时，好消息带来的幸福效用能冲散坏消息带来的痛苦，负面作用将减少很多。

第四种情况，一个大大的坏消息和一个小小的好消息出现时，就应当分别将两者公布。因为，这样好消息带来的效用就不会被坏消息导致的痛苦所淹没。按照前景理论，人们在损失和获得同样多的钱财时，前者更让人感受深刻，何况此处是一个大大的坏消息和一个小小的好消息。这样，获得消息的人仍能够感受到些许的幸福和满足。

做经济学世界中的“人精”——信息甄别

我们生活在信息社会中，每天都会接收到来自四面八方的信息，这些信息泥沙俱下，真假夹杂。提升自己甄别信息的能力，这是每一个经济人的基本能力。信息甄别是市场交易中没有私人信息的一方为了减弱非对称信息对自己的不利影响，能够区别不同类型的交易对象而提出的一种交易方式方法。

《列王纪上》所罗门王判案的故事：

两位母亲争夺一个孩子，双方都声称自己是孩子的亲生母亲，一时真假难辨，双方僵持不下。在那个没有亲子鉴定、DNA检测的时代，不可能用科技手段证明事实的真相。主持调解的所罗门王下令手下拿把刀来，告诉她们，将孩子一斩两半，两人各得一半。这时一位母亲的反应是“我得不到孩子，她也别想得到，斩就斩”；另一位母亲则哀求道“王啊，求你不要斩孩子，我把孩子让给她好了”。所罗门王此时已经知道心疼孩子的是真正的母亲，就把这个孩子判给了她。

所罗门王判案是一个典型的信息甄别案例。在市场经济中，消费者面对琳琅满目的商品和纷繁的信息，甄别是一项非常复杂的工作。在所罗门王判案的例子中，其实所罗门王并没有将孩子劈为两半，而是发出“将孩子劈为两半”的信号来甄别谁才是孩子的母亲。在我们的经济生活中，信息发送与信息甄别是比较常见的。

市场中的卖方，如果手中的商品有可能不为顾客所熟悉，但是商品质量确实比较高，他就会主动将商品信息向买方传递，让买方了解商品的信息。我们在市场中可以看到这样的情形：卖西瓜的小贩，会问你要不要给你挑好的西瓜切个三角形口子，如果不是鲜红的瓜瓤就不要你的钱了，这就是信号发送。

市场中的买方，因为怕自己得不到商品的真实信息而吃亏，面对纷繁的信息来源，必须运用自己的信息甄别能力来作决策。比如你要买一件羽绒服，就要想方设法知道里面究竟是鸡毛还是鸭绒。

为了降低信息甄别的成本，买方往往会要求卖方提供有关私人信息的可靠证据。当你买一件较贵重的物品时，对实际价值与价格不能鉴别，正在犹豫要不要买，老板有可能将他进货的发票在你面前晃一下，以表示这样的价格他只赚点毛利。当你真的看到发票上的价格时，你便坚定了买的决心。

虚假信息的普遍存在，在商场上十分明显。所谓“兵不厌诈”，很多商家都对其竞争对手、客户，甚至政府机关输送大量的虚假信息。例如有的商家为能销售低质产品，大力进行虚假宣传；个别商家为能逃税漏税，假造各种单据；还有商家为了挤兑对手，大肆向外界做虚假的宣传……

信息的不对称，导致消费者必须为之付出更多的成本。也就是说，双方的较量中，信息如同资本、土地一样，是一种需要进行经济核算的生产要素。俗话说，隔行如隔山。现在，这座山就是信息不对称，而要获得准确的信息，消费者就要具备一定的能力：信息甄别能力。商家对商品信息和营销策略的占有，才保证了每一次交易的获利。所谓“买家没有卖家精”说的都是这个道理。

相信很多人都会收到类似中奖多少的手机短信，如果不加甄别，往往会吃亏。若不是某些人贪小便宜，在利益面前失去理智，也不会自惹麻烦。经济学则认为这一切很正常，因为在利益面前，任何人都会心动的，经济学上的理性人永远不会失去理性，即永远都会朝着有利于自己的方向作出选择，他掌握的信息达到什么程度，他便会作出和他掌握的信息相一致的选择。

由此可见，在现实生活中，信息不对称带来的问题并没有让经济人得到真正理性的认识。信息不对称造成的劣势，几乎是每个人都要面临的困境。谁都不是全知全觉，那么怎么办？为了避免这样的困境，我们应该在行动之前，尽可能掌握有关信息。知识和经验都是将来用得着的“信息库”，每个人都应尽量扩大自己的知识储备从而成为市场上真正的“人精”。

信息甄别在日常生活中同样非常重要。福州的陈女士收到这样一条短信：本行接银联通知：您在南街大洋百货刷卡消费 7585 元已确认成功。此笔金额将从您的银联卡上扣除，如有疑问请咨询我行城南客户受理中心 0591 - 2271××××。中国建设银行福州银联管理中心。

收到这条短信，她的心“咯噔”了一下，她确实有张建行的信用卡，几天前还借给朋友使用过。陈女士很焦急，可是她现在联系不到那个朋友。

在这种情况下，应该如何甄别此条信息呢？既然陈女士联系不上她的朋友，她就应该通过其他途径甄别信息的真伪：可自己去银行实地查询，或打银行的电话查询（当然不是短信上告知的电话）。

该如何降低信息虚假性带来的损害？这是让很多人头痛的问题。经过上面的分析，信息的虚假性很难避免，群众可能因为很多原因向外散布虚假信息。为了提高信息甄别的质量，人们能做的就是采用各种方式不断筛选信息。一般来说，甄别信息的方法主要有以下几种：

（1）根据信息来源途径判别。第一手信息资料是相对可靠的，如果是道听途说，可靠程度就会降低。

（2）不盲目相信自己已获取的信息。根据自己的理性以及原有的经验来判断，不对获取的信息轻易下结论。

（3）多渠道获取信息。增加信息获取的途径，广泛的信息量有助于自己作出理性的决策。

（4）向权威机构核实。比如自己不能对市场上的高仿真钞票进行鉴别，应该向银行或其他部门核实。

为什么有人能利用信息致富——信息提取

有则“九方皋相马”的故事。秦穆公对伯乐说:“你的年纪大了，你能给我推荐相马的人吗？”伯乐说:“我有个朋友叫九方皋，这个人对于马的识别能力，不在我之下，请您召见他。”穆公召见了九方皋，派他去寻找千里马。三个月以后九方皋返回，报告说:“已经找到了，在沙丘那个地方。”穆公问:“是什么样的马？”九方皋回答说:“是黄色的母马。”穆公派人去取马，却是纯黑色的公马。穆公很不高兴，召见伯乐，对他说:“你推荐的人连马的颜色和雌雄都不能识别，又怎么能识别千里马呢？”伯乐长叹道:“九方皋所看见的是内在的素质，发现它的精髓而忽略其他方面，注意力在它的内在而忽略它的外表，关注他所应该关注的，不去注意他所不该注意的。像九方皋这样的相马方法，是比千里马还要珍贵的。”穆公试了试马，果然是千里马。

这则寓言故事说明只有透过现象看本质，才能提取有效信息，才能发现真正有价值的东西。在生活中面对同样的信息，不同的人可能予以不同的解读，从而作出不同的决策，这种差别来源于对有效信息提取的不同。

在美国有两家鞋子制造厂。为开拓市场，其中一家鞋厂老板派一名市场经理到非洲一个孤岛上去调查。那名市场经理一抵达，发现这里的人们都光着脚，一打听才知道，他们没有穿鞋子的习惯。于是他立即给老板发电报说:“这里的居民从不穿鞋，此地无市场。”而另一家鞋厂老板也派了一名市场经理过去。当这名市场经理抵达后，见到同样的情况时，却心中兴奋异常，也给老板发了一份电报:“此岛居民无鞋穿，市场潜力巨大。”

同样的境况，因为有效信息提取的不同而有不同的结论。这个故事应引起每个人的思考。现在市场上存在的信息多如牛毛，但仍有人感叹自己的信息来源不够充足。为什么会形成这样的矛盾？问题的关键就是——对有效信息提取的不同。市场上的信息无处不在，而我们需要提取的是对自己有用的信息。这个信息提取的过程可能是长期的，但必须是正确的。只有确保这种正确性，才能让信息为我们带来商机。

美国南北战争时期，受战事影响，市场上猪肉价格非常高。商人亚默尔观察这种现象很久了，他通过自己收集的信息认定这种现象不会持续太久。因为只要战争停止，猪肉的价格就一定会降下来。从此，他更加关注战事的发展，准备抓住重要信息，大赚一笔。一天，他在报纸上挖掘到了这样一个信息：李将军的大本营出现了缺少食物的现象。通过分析，他认为，战争快要结束了，战争结束就说明他发财的机会来了。亚默尔立刻与东部的市场签订了一个大胆的销售合同，要将自己的猪肉低价销售，不过可能要迟几天交货。按照当时的情形，他的猪肉价格实在是太便宜了。销售商们没有放过这一机会，都积极进货。不出亚默尔的预料，不久后，战争果然结束了，市场上的猪肉价格一下子就跌了下来。这时亚默尔的猪肉早就卖光了，而在这次行动中，他共赚了100多万美元!

现在，随着网络——“高速信息公路”——的普及，我们正走入信息经济时代，但有几个人能像发现市场的营销经理和亚默尔那样，找到对自己有效的信息？如今，人们追求的已经不是信息的全面，而是信息的有效。越来越多的信息充斥着电脑的荧屏，我们绝不能困在对全面信息的无限追求中，那将耗尽我们的时间和成本。只要能收取到对市场影响最本质的信息就足够了。

我们生活在信息社会中，提升自己提取有效信息的能力，这是每一个人的必备功底。有句话说得好，“世界上从来不缺少美，而是缺少发现美的眼睛”，其实运用到经济生活中也是同样的道理——生活对大家都是平等的，也从来不缺少机会，而是需要我们有一双敏锐的慧眼，来发掘有效信息。

第二节 选择与决策

当鱼和熊掌不可兼得时——机会成本

经济学的机会成本是指为了得到某种东西而要放弃的另一样东西。简单来说，可以理解为把一定资源投入某一用途后所放弃的在其他用途中所能获得的利益。我们在做一件事情上权衡利弊，然后作出最优选择，那个被放弃的而价值最高的选择，就是机会成本。

阳光明媚的午后，好不容易处理完公司的财务报告，喝杯下午茶休息一下吧，来点甜点怎么样，豆沙糕还是巧克力薄饼？“豆沙糕还是巧克力薄饼”类似于古老的“鱼还是熊掌”，被这个问题难住的人里面你不会是第一个，也不可能是最后一个。豆沙糕还是巧克力薄饼、茶还是咖啡、鱼还是熊掌，这种选择实际上就是一种机会成本考虑。

如果你喜欢吃豆沙糕，但你更喜欢吃巧克力薄饼，在两者之间选择，你就会选择巧克力薄饼；假如巧克力薄饼恰好没了，那么来点豆沙糕也无妨。因此，接受豆沙糕的机会成本是放弃巧克力薄饼。不妨给食用这两种食物的收益设个数：吃豆沙糕的收益是5，吃巧克力薄饼的收益是10。因为吃豆沙糕的经济利润是负的，所以我只能选择吃巧克力薄饼，而放弃豆沙糕。

当然，你选择巧克力薄饼的同时就要面对放弃享受豆沙糕这个机会成本。但你愿意这么做，因为你的选择应该是利益最大化的选择。吃豆沙糕还是巧克力薄饼？以上是经济学教给我们如何选择的方法。

值得注意的是，有些机会成本是可以用货币进行衡量的。比如，要在某块土地上发展养殖业，在建养兔场还是养鸡场之间进行选择，由于二者只能选择其一，如果选择养兔就不能养鸡，养兔的机会成本就是放弃养鸡的收益。在这种情况下，人们可以根据对市场的预期大体计算出机会成本的数额，从而作出选择。但是有些机会成本是无法用货币来衡量的，它们涉及人们的情感、观念等。

因此，我们必须不断地决定如何使用我们有限的时间或收入。当你决定是否购买汽车，或是否上大学时，在每一种情况下，你必须考虑作出一个选择需要放弃多少其他的机会。有时必须作出选择，但也会因此丧失许多既得利益。

不管怎样，我们在作选择的时候，应该时刻谨记机会成本的概念。经济学告诉我们，必须面对机会成本的选择。如果去KTV和去电影院对你同样有吸引力，不妨掷硬币决定去哪儿。当然，如果是重大决策，还是多犹豫一些为好。如果选择爱人，可不能用掷硬币的方法。机会成本越高，选择越困难，因为在心底我们从来不愿轻易放弃可能得到的东西。的确，有时作出一个选择真是太难了，可我们不得不选，而我们的人生轨迹将随着我们选择的坐标前行，回头看看我们的选择，仔细算算我们所付出的机会成本，值吗？

机会成本广泛存在于生活当中。一个有着多种兴趣的人在上大学时，会面临选择专业的困难；辛苦了五天，到了双休日，究竟是出去郊游还是在家看电视剧；面对同时间的面试机会，选择了一家单位就不能去另一家单位……对于个人而言，机会成本往往是我们作出一项决策时所放弃的东西，而且常常比我们预想中的还多。按经济学观点，做任何事情都需要一定的成本。以读研究生为例做一番分析。

先算一下经济方面的机会成本。众所周知，如今的考研一定程度上来说就是考“钱”。据报道，一个应届大学毕业生的考研费一般在2000～4000元之间，在职考研者的花费也不会少于这个数字。还有心理压力成本。几乎每个考过研的人都认为那段时间（复习时间）非常难熬，来自社会、家庭以及自身的压力都很大。特别是对于家庭状况不是很好的考生，考研不仅意味着不能为家里创收，还需要家里的补贴。再算算其他方面的机会成本。时间方面，考研者的时间成本都大于其直接用于考研的时间，考的次数越多，时间成本也越大。相反的例子莫过于比尔·盖茨了，他停学创业，而不是继续求学。如果真选择后者，说不定他也错过了时机，成就不了今日的微软。从某种意义上说，那些考研者是不是错过了很多机遇呢？

考研也应该考虑机会成本的问题。首先，仔细考虑一下，考上了这个专业的研究生，三年之后，你的就业方向和出路在哪里。这样的出路，是否令你感到满意，是否令你觉得为其付出三年的时光是非常值得的？再想一想，自己所要考的专业以及这个专业毕业生所从事的工作是否是你真正喜欢的，还是说只是迫于形势的压力而作出的无奈选择。要知道，一个人只有热爱他的工作，对他的工作时刻保有兴趣和激情，才可能作出好的成绩。最后要想，考上这个专业的研究生，是否能为你将来的就业增加一定分量的砝码，当然，这个砝码并非单指一纸文凭，还应该包括你自身学识的积累和能力的提高。

思考过以上的问题后，如果你当初的考研信念仍然坚定不移的话，那么考研仍是你的最优选择，那就静下心来全力以赴地准备考试吧；而如果你对自己是否考研产生了动摇，那么，奉劝你勇敢面对应该面对的问题，不要盲目作出选择。

信息不对称的产物——逆向选择

逆向选择是指在信息不对称的前提下，交易中的卖方往往故意隐瞒某种真实信息，使得买方最后的选择并非最有利于自己，这时候买方的这种选择就叫作逆向选择。“一个人掌握的信息达到何种程度，就会采取相应的选择。”这是信息经济学的一个基本原理。在双方信息不对称的情况下，总体而言，谁处于信息劣势，谁就会处于博弈劣势。

在现实的经济生活中，存在着一些和常规不一致的现象。例如，在产品市场上，特别是在旧货市场上，由于卖方比买方拥有更多的关于商品质量的信息，买方由于无法识别商品质量的优劣，只愿根据商品的平均质量付价，这就使优质品价格被低估而退出市场交易，结果只有劣质品成交，进而导致交易的停止。

逆向选择违背了市场竞争中优胜劣汰的选择法则。在生活中，有些人常常会因虚假广告上当受骗，蒙受损失，这便是由信息不对称造成的。下面我们就从“减肥广告”这个具体案例中了解究竟什么是逆向选择，以及逆向选择是怎样作出的。

铺天盖地的减肥产品一路咆哮着向市场压来，什么“一个半月能减48斤”，“快速减肥”，“签约减肥”，“不反弹不松弛”……单从这些字眼来看，那些渴望瘦下来的人士无疑会心动。再加上那些华丽的包装、煽情的语言，还有一些不为人知的噱头。但是，等你尝试之后就会发现，根本不是那么回事。

商家正是利用消费者对减肥原理、减肥器械、“无效退款”等不了解或了解不深的情况，故意隐瞒一些真实信息，置买卖双方于信息不对称的情境下，以此诱惑消费者作出对他们并非最有利的逆向选择，从而损害了消费者的利益。

因为虚假广告上当，从表面看是因为受害者目光不够准确，一时冲动花钱当了冤大头，但是以信息经济学的眼光看，则是由于受害者掌握的信息不够充分，只能根据手头仅有的信息作出选择。消费者总是希望买到质优价廉的商品，但是现实生活中常常出现等到真正使用时才发现质量糟糕的状况，这就是因为他当初购买该商品时掌握的信息处于劣势，不能发现真相。

在日常生活中，逆向选择的案例还有很多。逆向选择在招聘场合也是经常发生的，所以才会有那么多的人找不到合适的工作，而单位又慨叹招不到合适的人才。我们看到招聘会里人头攒动，人声鼎沸；我们又看到企业求贤若渴，迫不及待。两相对比的反差，正是招聘中逆向选择的规律在起作用。很多企业总是发愁，一个个求职者的简历五花八门，好不容易筛选出一份简历来，面试过关了，等到工作时，却没有实际能力，徒给企业造成浪费和损失。尤其是高层次人才，讲起话来滔滔不绝，使听者觉得他见多识广，经验也好像非常丰富，可是一旦开始工作，总是漏洞百出。

爱情里的逆向选择表现为好女子总是嫁了比较差的男子，有句俗话“好汉无好妻，赖汉娶个花枝女”，说的就是这个意思。在大学校园里，我们也经常慨叹，一对对恋人是那么的不协调。这种结果就是逆向选择造成的。但每个人在选择自己的另一半时可不是这样，我们总是希望找到理想中的好对象，也总是喜欢把自己的优势表现得完美，以引起好女子或好男子的青睐。通常我们看到的征婚广告，都是这么介绍自己的："年轻美貌、身体健康、才华横溢、爱好广泛，对爱情执着，对缘分珍惜。"

爱情本身也是一场交易，是男女双方各取所需的一场交易。在当代的信息社会里，如何才能实现一宗公平的交易呢？首先需要双方的诚信，需要双方都拥有足够的共同信息，互通有无，彼此了解，因为在信息大爆炸时代，假信息实在太多了，只有所获的信息是真实而可靠的，买卖双方的最终决策才可能是最好的"抉择"。

但事实是很多情况下，卖方知道的信息内容买方不一定知道，而买方的价格底线卖方也不知道。甚至卖方有时候为牟取暴利，故意隐瞒某种对自己不利的信息；而由于信息不对称，买方无法排除干扰，往往作出逆向选择，导致其利益受到损害。在爱情婚姻市场上，当你是卖家的时候，你一定会刻意隐瞒一些对自己不利的信息，而只把那些最出彩的精华部分提供给对方。因为爱情的市场经济也是契约经济，契约经济讲究合同关系，所谓合同就是结婚证，以领取结婚证的时间为界限，在这之前，所有的爱情都会存在"逆向选择"的问题，所以在契约达成之前，买卖双方总是绞尽脑汁瞒骗对方。

可以说，只要有市场，只要进行交易，就可能出现逆向选择。出现逆向选择的根本原因在于信息不对称，即买方和卖方所掌握的信息不一样。最佳也是最终的解决办法，就是尽量使交易双方信息对称，信息传递、沟通得愈充分，愈有利于交易的达成，也就愈有利于市场的健康发展。

一头大象与统计学家的决定——随机概率

概率是指事前不可预言的现象，即在相同条件下重复进行试验，每次结果未必相同，或知道事物过去的状况，但未来的发展却不能完全肯定。例如，以同样的方式抛置硬币可能出现正面向上也可能出现反面向上；走到某十字路口时，可能正好是红灯，也可能正好是绿灯。

第二次世界大战期间，德军经常对莫斯科进行空袭，为了躲避空袭，人们纷纷躲入防空洞，可是有一位统计学家对此却总是从容不迫，他的理由很简单：莫斯科共有 700 万居民，自己被袭击的概率太小了。后来，动物园的一头大象被炸死了，这让统计学家开始恐惧起来。当德军再次对莫斯科进行空袭，防空警报响起时，统计学家也像其他人一样，匆忙跑到了空袭避难所。朋友见到他，感到非常惊讶，问他为什么改变了先前一贯的做法。他的回答却让人感到非常意外："瞧，莫斯科有700万居民和一头大象，而昨天晚上，他们（德军）炸死了那头大象。"

难道大象之死使得统计学家忘记了统计学的定理公式吗？当然不是，只是大象的死惊醒了统计学家，使其由旁观者变成了参与者，使被炸到由一个小概率事件变成了大概率事件。

上面的故事中，统计学家要想赢德军，就必须设法猜出对方将在什么时间对莫斯科的什么地点进行空袭，以降低自己被炸的概率。之前不躲进防空避难所，是因为他认为莫斯科一共有700万市民，炸死他的可能性只有700万分之一；可是当他听说莫斯科城唯一的一头大象被炸死时，突然感觉到一旦被炸，死亡的概率很高。偌大的城市，唯一的一头大象居然被炸死，说明一旦被炸到，死亡的概率接近100%，此时概率计算的模式已经改变，所以他才会觉得恐慌，不得不像其他人一样逃入防空洞。

关于概率的问题是没有标准答案的，关键在于对概率大小的判断方式。这就好比玩桥牌，要想猜出对方将要出什么，就必须尽可能地多捕捉对方出牌的特点，从中总结规律，这样就可以利用对方的惯用技法猜出对方的出牌情况，如果从被猜测者的角度讲，就要避免让自己的出牌方式带有规律性。也正是因为统计学家最初对德军空袭概率模式计算的失误，导致了他对大象被炸死感到如此惊讶，进而完全改变了自己的应对策略。

在证券投资中有这样一个经典的笑话，说的是那些殚精竭虑的投资分析专家精心挑选出来的投资组合与一群蒙住双眼的猴子在股票报价表上用飞镖胡乱投射在投资收益率上没有质的区别。这也就是说，股价波动时我们无法通过对历史数据的分析来预测未来的走向。

我们的世界是不确定的，大家一般都无法准确掌控周围的一切。不过人们又总是不太喜欢随机事件。通常我们都认为随机的序列杂乱无章，是没有用处的，难以帮助我们进一步预测并掌握未来。事实上，我们平常玩的"剪刀——石头——布"正是利用概率的一种选择。假如你的出拳是有规律的变化，就往往会被对手发现，从而有更多赢你的机会。而当你根本不去想下一次该出什么时，即以随机概率出拳时，才不会被对方打败。这就是利用随机性进行博弈带来的好处。

所以，要想在博弈中取得胜利，不在于能否寻找到对手以前的进攻规律，因为从理论上讲，人们根本无法预测对手的行为。但是博弈一旦发生，就没有人想输，所以都会尽力计算对手出牌策略的实施概率，并且不断调整自己的计算模式，从而在博弈中取得胜利。

马屁股与火箭助推器——路径依赖

路径依赖是指人们一旦选择了某个体制，由于规模经济、学习效应、协调效应以及适应性预期等因素的存在，会导致该体制沿着既定的方向不断自我强化。一旦人们作了某种选择，就好比走上了一条不归之路，惯性的力量会使这一选择不断自我强化，并让你轻易走不出去。

第一个提出“路径依赖”理论并使之声名远播的是道格拉斯·诺思，由于用路径依赖理论成功地阐释了经济制度的演进，道格拉斯·诺思于1993年获得诺贝尔经济学奖。诺思认为，路径依赖类似于物理学中的惯性，事物一旦进入某一路径，就可能对这种路径产生依赖。这是因为，经济生活与物理世界一样，存在着报酬递增和自我强化的机制。这种机制使人们一旦选择走上某一路径，就会在以后的发展中得到不断的自我强化。

“路径依赖”理论被总结出来之后，人们把它广泛应用在选择和习惯的各个方面。在一定程度上，人们的一切选择都会受到路径依赖的可怕影响，人们过去作出的选择决定了他们现在可能的选择，人们关于习惯的一切理论都可以用“路径依赖”来解释。

一个广为流传、引人入胜的例证是：现代铁路两条铁轨之间的标准距离是4.85英尺。原来，早期的铁路是由建电车的人设计的，而4.85英尺正是电车所用的轮距标准。那么，电车的标准又是从哪里来的呢？最先造电车的人以前是造马车的，所以电车的标准是沿用马车的轮距标准。马车又为什么要用这个轮距标准呢？英国马路辙迹的宽度是4.85英尺，所以，如果马车用其他轮距，它的轮子很快会在英国的老路上撞坏。这些辙迹又是从何而来的呢？从古罗马人那里来的。因为整个欧洲，包括英国的长途老路都是由罗马人为他们的军队铺设的，而4.85英尺正是罗马战车的宽度。任何其他轮宽的战车在这些路上行驶的话，轮子的寿命都不会很长。可以再问，罗马人为什么以4.85英尺作为战车的轮距宽度呢？原因很简单，这是牵引一辆战车的两匹马屁股的宽度。故事到此还没有结束。美国航天飞机燃料箱的两旁有两个火箭推进器，因为这些推进器造好之后要用火车运送，路上又要通过一些隧道，而这些隧道的宽度只比火车轨道宽一点，因此火箭助推器的宽度是由铁轨的宽度所决定的。

所以，最后的结论是：路径依赖导致美国航天飞机火箭助推器的宽度，竟然是由两千年前两匹马屁股的宽度所决定的。

路径依赖反映了历史对现在和将来发展的影响。路径依赖意味着人们过去的选择决定了他们现在可能的选择，任何体制和行为都离不开一定的历史社会环境，沿着既定的路径、体制和行为的改变可能进入良性循环，不断优化，也可能顺着原来的错误路径往下滑，甚至被“锁定”在无效或低效的状态，陷入恶性循环而不能自拔。

人们关于习惯的一切理论都可以用“路径依赖”来解释。它告诉我们，要想路径依赖的负面效应不发生，那么在最开始的时候就要找准一个正确的方向。每个人都有自己的基本思维模式，这种模式很大程度上会决定你以后的人生道路。而这种模式的基础，其实早在童年时期就奠定了。作好了你的第一次选择，你就设定了自己的人生。

在国际 IT 行业中，戴尔电脑是一个财富的神话。戴尔计算机公司从 1984 年成立时的资产 1000 美元，发展到 2001 年销售额达到 310 亿美元，是一段颇富传奇色彩的经历。戴尔公司有两大法宝：“直接销售模式”和“市场细分”方式。而据戴尔的创始人迈克尔·戴尔透露，他早在少年时就已经奠定了这两大法宝的基础。

戴尔 12 岁那年，进行了人生的第一次生意冒险——为了省钱，酷爱集邮的他不想再从拍卖会上卖邮票，而是通过说服自己一个同样喜欢集邮的邻居把邮票委托给他，然后在专业刊物上刊登卖邮票的广告。出乎意料地，他赚到了 2000 美元，第一次尝到了抛开中间人，“直接接触”的好处。有了第一次，就再也忘不掉了。后来，戴尔的创业一直和这种“直接销售”模式分不开。

上初中时，戴尔就已经开始做电脑生意了。他自己买来零部件，组装后再卖掉。在这个过程中，他发现一台售价 3000 美元的 IBM 个人电脑，零部件只要六七百美元就能买到。而当时大部分经营电脑的人并不太懂电脑，不能为顾客提供技术支持，更不可能按顾客的需要提供合适的电脑。这就让戴尔产生了灵感：抛弃中间商，自己改装电脑，不但有价格上的优势，还有品质和服务上的优势，能够根据顾客的直接要求提供不同功能的电脑。

这样，后来风靡世界的“直接销售”和“市场细分”模式就诞生了。其内核就是：真正按照顾客的要求来设计制造产品，并把它在尽可能短的时间内直接送到顾客手上。

此后，戴尔便凭借着他发现的这种模式，一路做下去。从1984年戴尔退学开设自己的公司，到2002年在《财富》杂志全球500强中排名第131位，不到20年时间，戴尔公司成了全世界最著名的公司之一。正是初次做生意时的正确路径选择，奠定了后来戴尔事业成功的基础。

事实上，不仅仅是个人成就，其他方方面面同样也会遵循这种效应——人们会选择经常光顾一些熟悉的店铺，会选择同样的方式提高自己的工作效率，会喜欢在同样的商品上长年付出同样的价钱……

需要注意的是，在一直遵循对某种路径的依赖时，我们应当提醒自己，要随着条件和时间的变化进行必要调整。因为，当事物在某条固定的轨道上不停地运行时，恐怕效率已经降低，甚至消失了。若不及时地进行处理，路径依赖反而会对经济生活决策产生不利影响。

无可奈何下的选择——霍布森选择

在生活中，我们面临各式各样的选择，但很多不过是假选择，我们经常被表面上众多的选择项弄昏了头，其实质是，其他的选择项并不可行，摆在面前的只有一个选项或者没有选项。

1631年，英国剑桥商人霍布森从事马匹生意。他说：所有人买我的马或者租我的马，价格绝对便宜，并且你们可以随便挑选。霍布森的马圈很大，马匹很多，然而马圈只有一个小门。高头大马出不去，能出来的都是瘦马、赖马、小马，来买马的左挑右选，不是瘦的，就是赖的。霍布森只允许人们在马圈的出口处选。大家挑来挑去，自以为完成了满意的选择，最后的结果可想而知——只是一个低级的决策结果，其实质是小选择、假选择、形式主义的选择。

可以看出，这种选择是在有限的空间里进行着有限的选择，无论你如何思考、评估与甄别，最终得到的还是一匹劣马。后来，管理学家西蒙把这种没有选择余地的所谓“选择”讥讽为“霍布森选择”。

对于个人决策来说，如果陷入“霍布森选择”的困境，就不可能发挥自己的创造性。道理很简单，任何好与坏、优与劣，都是在对比选择中产生的，只有拟定出一定数量和质量的方案进行对比选择、判断才有可能做到合理。如只有在许多可供对比选择的方案中进行研究，并能够在对其了解的基础上进行判断，才算得上判断。因此，没有选择余地的“选择”，就等于无法判断，就等于扼杀创造。一个企业家在挑选部门经理时，往往只局限于在自己的圈子里挑选人才，选来选去，再怎么公平、公正和自由，也只是在小范围内进行挑选，很容易出现“霍布森选择”的局面，甚至出现“矮子里拔将军”的惨淡状况。“当看上去只有一条路可走时，这条路往往是错误的。”毫无疑问，只有一种备选方案就无所谓择优，没有了择优，决策也就失去了意义。

实际上，“霍布森选择”一直在我们的生活中存在着。虽然从理论上说你总是有许许多多的选择，但因某些限制的存在，减少了你选择的范围，事实上只提供了唯一的选择项。上世纪著名的汽车商亨利·福特曾经说：你可以订白色的、红色的、蓝色的、黄色的、黑色的，订什么颜色的汽车都可以，但是我生产出来的汽车只有黑色的。固执的福特再一次践行了“霍布森选择”。《庄子·齐物论》中有个“朝三暮四”的故事：

宋国有一个很喜欢饲养猴子的人，名叫狙公。他家养了一大群猴子，时间长了，他能理解猴子的意思，猴子也懂得他的心意。狙公宁可减少全家的食用，也要满足猴子的要求。然而过了不久，家里越来越穷困了，狙公必须要减少猴子吃栗子的数量。但狙公又怕猴子不顺从自己，就先欺骗猴子说：“给你们的栗子，早上三个，晚上四个，够吃了吗？”猴子一听，都站了起来，十分恼怒。过了一会儿，狙公又说：“给你们的栗子，早上四个，晚上三个，这该够吃了吧？”猴子一听，一个个都趴在地上，非常高兴。

在这个故事里，无论是“朝三暮四”还是“朝四暮三”，栗子的总量并没有变化，所以猴子们的行为显得很愚蠢。生活中，我们也往往会遇到类似的陷阱，我们经常听到“自由选择”，实际上，这种自由总是或多或少受到限制和约束，这使得选择的范围大大缩小。

举一个简单的例子，对于一个“自由”的大学生来说，他毕业后可以工作，可以攻读研究生，可以出国留学，甚至可以成为自由职业者。但是，真实的选择并不是这么回事：因为囊中羞涩，出国留学的选择其实已经名存实亡；因为英语基础差，超过考研英语分数线的可能性很低，这无疑又使读研成为弃选项；因为家里强烈反对他做自由职业者，于是必须得放弃这种选择……这就是残酷的现实给选择套上的枷锁，因此他必须在毕业后找寻一份正式的工作。

在商业竞争不发达的社会，“霍布森选择”很多见，比如多年前中国人单调的服装样式，几年前昂贵的电话初装费，你根本没有选择的权利。这种烦恼令每个人头疼，这毕竟不是我们个人所能改变的。现代商品经济下，生产资料日益丰富，走进超市面对各种品牌的同类商品往往会使人有点无从下手，不知道自己该选择哪个，很担心自己的选择会选中质量差的产品。谁能保证自己的选择就一定是正确的呢？而如果只有一种商品可供选择，人们对该商品的认知已经很清晰，不再有这些担心，人们至少可以选择买或不买。此外，如果只有一种选择，也可节省选择的机会成本。由此看来，“霍布森选择”也并不是一无是处。

当然，绝大多数人还是希望拥有更多的选择机会，更多的选择机会总是令人身心愉悦。因此，我们理应利用自己的智慧之眼，洞悉所谓的霍布森选择，为自己创造尽可能多的选择机会。

第三节　理性与均衡

任何人都不愿改变的最佳状态——帕累托最优

“帕累托最优”是指在不减少一方福利的情况下，就不可能增加另外一方的福利。通俗地讲，“帕累托最优”是指一个人已经处于这样一种极限状态：除非损害别人，否则就不能让自己变得更好。由此可以看出，“帕累托最优”是公平与效率的“理想王国”。这个概念是以意大利经济学家维弗雷多·帕累托的名字命名的，现在，帕累托最优已经成为博弈所希望达到的最优目标。

试举一例。球迷们去体育场观看一场精彩的足球比赛，球场能坐 50000 人。假如在比赛开场前，坐到了 49000 人，那么，体育场在此时还没有处在“帕累托最优”的状态，因为如果再进入 1000 名球迷，他们也可以看到比赛，即“他们的处境会变得更好”，这个增加球迷的过程就是“帕累托改进”。但是如果已经坐满了 50000 人，如果再进入 1000 名甚至更多的球迷，这些新增加的球迷可能会因为看到球赛而使“自己的处境变好”，但对于那原有的 50000 名观众来说，处境却会变差，原因很简单，超过规定人数，安全性就受到损害了。同样的情况也适用于长途汽车。在没有满员的情况下，可以再上乘客，以达到“帕累托最优”，但是满员后再超载，全体乘客的安全就会受到影响。

“帕累托最优”是资源分配的一种状态——在不使任何人境况变坏的情况下，不可能再使某些人的处境变好的状态。一旦达到了这种理想状态，想要使某些人的处境变好，就必定要使另外某些人的境况变坏。换句话就是，你的得到是以他人的失去为代价的。

根据帕累托的说法，如果社会资源的配置已经达到任何调整都不可能在不使其他人境况变坏的情况下，使任何一个人情况变更好，那么，这种资源配置的状况就是最佳的，是最有效率的。如果没有达到这种状态，即任何重新调整而使某人境况变好，而不使其他任何一个人情况变坏，那么说明这种资源配置的状况不是最佳的，是缺乏效率的。

春秋时期，鲁国非常弱小，有很多鲁国人在其他国家沦为奴隶。为了振兴国力，鲁国国君颁布了这样一条法律：如果鲁国人在其他国家中遇见沦为奴隶的同胞，可以先把这个奴隶赎回来，回国后国家给予报销赎金。

孔子有一位学生子贡，家里比较富裕，他曾多次将沦为奴隶的鲁国人赎回，而且事后并不去找国君报销。子贡觉得自己是在行使老师的仁义，他为此还非常得意。

后来，孔子知道了此事，他却批评了子贡：“我知道你追求高尚，也不缺钱花，可是这个补偿你一定要去领。现在你掏钱救人，受到社会的赞扬；但是从今以后，当别人在国外再遇见沦为奴隶的鲁国人时，他就会想我是不是应该去赎人呢？如果赎了人，回国后还去不去找国君要钱呢？不去找国君，自己会损失一大笔钱；如果去找国君，别人又会拿你来讥笑他。这样一来，他们再看到身为奴隶的鲁国人就会装作没有看见，你的行为正好是阻碍解救沦为奴隶的鲁国人的根源！”子贡听完老师的话，顿感羞愧。

还有一次，孔子的另一位学生看到有人掉进河里，于是他把溺水者救上岸来。被救的人为了表示感谢，送给孔子的这位学生一头牛，学生收下了。孔子对这个学生的行为大加赞赏，因为这会激励更多的人去救人。

孔子的行为暗含了经济学原理，这两件事体现的正是经济学中的帕累托效率准则。意大利经济学家帕累托曾针对资源的最佳配置提出了帕累托效率准则：经济的效率体现于配置社会资源以改善人们的境况，主要看资源是否已经被充分利用，如果资源已经被充分利用，要想再改善就必须损害别人的利益。

鲁国原有的制度其实已经发挥出很好的效果，人们开始积极赎回沦为奴隶的同胞，而子贡做出的这些改变，很可能会破坏这种积极性，从而使鲁国已有的制度出现问题。而有人掉落河中，人们积极去救还没有形成一定的风气，这个时候就需要进行鼓励。

在某种意义上，我们可以认为“帕累托最优”是一个兼顾公平与效率的“理想王国”。相反，如果还可以在不损害其他人的情况下改善某个人的处境，我们就可以认为资源尚未被充分利用，这时就不能说已经实现了帕累托最优。

在经济学上，“帕累托最优”无疑是一颗闪烁着迷人光泽的宝石。在这种状态下，每个人均不会为了自己的利益而损及他人，最终将实现社会的充分富裕。由此看来，“帕累托最优”确实令人神往。但是，需要指出的是，在经济学上，“帕累托最优”描述的是一种过于理想化的状态，在现实的经济生活中比较难以达到。为了达到“帕累托最优”，所以便有了“帕累托改进”。“帕累托改进”是指在没有使任何人处境变坏的前提下，使得至少一个人的处境能变得更好。

“帕累托改进”的特点是自己变好，同时又不使他人变差。正是由于“帕累托改进”没有损害到他人的利益，其行为所遇到的阻力往往很小。以我国初期的改革开放为例，其政策大多是“帕累托改进”，比如“分田到户”和“联产承包责任制”，它们的特点是使广大农民获得了切实的好处，而其他行业也没有受到什么损失，所以推行起来阻力不大。但是如果不是“帕累托改进”的话，即在使一部分人变好的同时，肯定会使另一部分人变差，阻力就会增大。

在博弈中，如果一方能够做到在不损害对手利益的情况下为自己争得利益，即可认为在进行“帕累托改进”。如果双方都在进行“帕累托改进”，往往就意味着双赢局面的实现。

我们不是完全的理性人——有限理性

在经济生活中，我们都是理性的经济人，只不过这种理性一般是有限理性。理性人的主观意愿就是最大限度地为自己谋福利，但能不能谋到福利是另一回事。以最少的成本获得最大的收益是经济人的理性选择，但由于人对事物的计算能力和认识能力是有限的，因而人们的理性往往表现为有限理性。

有限理性的概念最初是阿罗提出的，他认为有限理性就是人的行为“既是有意识地理性的，但这种理性又是有限的”。一是环境是复杂的，在非个人交换形式中，人们面临的是一个复杂的、不确定的世界，而且交易越多，不确定性就越大，信息也就越不完全；二是人对环境的计算能力和认识能力是有限的，人不可能无所不知。

20 世纪 40 年代，西蒙详尽而深刻地指出了新古典经济学理论的不现实之处，分析了它的两个致命弱点：假定目前状况与未来变化具有必然的一致性；假定全部可供选择的“备选方案”和“策略”的可能结果都是已知的。而事实上这些都是不可能的。西蒙的分析结论使整个新古典经济学理论和管理学理论失去了存在的基础。西蒙指出传统经济理论假定了一种“经济人”，他们具有“经济”特征，具备所处环境的知识即使不是绝对完备，至少也相当丰富和透彻；他们还具有一个很有条理的、稳定的偏好体系，并拥有很强的计算能力，靠此能计算出在他们的备选行动方案中，哪个可以达到尺寸上的最高点。

有一则“掩耳盗钟”的故事很能说明有限理性。

春秋时期，有人跑到晋国的范氏家里想偷点东西，看见院子里吊着一口大钟。小偷心里高兴极了，想把这口精美的大钟背回自己家去。可是钟又大又重，怎么也挪不动。他想来想去，只有一个办法，那就是把钟敲碎，然后再分别搬回家。

小偷找来一把大锤，拼命朝钟砸去，但是钟发出了巨大的声响。小偷想办法解决，终于想到一个好办法：把自己的耳朵堵住。他立刻找来两个布团，把耳朵塞住。于是就放手砸起钟来，钟声响亮地传到很远的地方。人们听到钟声蜂拥而至把小偷捉住了。

这则故事讽喻小偷的愚笨。但小偷其实仍旧是一个理性的经济人，他精于算计：要把大钟偷回家，就必须把大钟砸碎，但砸钟会发出声响，必须阻止钟声的传播，他选择了堵住自己的耳朵。可以说，小偷的行为不失理性，但是，他却是一个理性的傻瓜！为什么小偷是一个理性人，却还被视作傻瓜？因为他并不是一个完全理性人，他只是一个有限理性人。

有个关于餐具的测试：一家商店正在清仓大甩卖，有一套餐具，包括 8 个菜碟、8 个汤碗和 8 个点心碗，共 24 件，每件都完好无损。同时有一套餐具，共 40 件，其中有 24 件和前面那套的种类大小完全相同，也完好无损，除此之外，还有 8 个杯子和 8 个茶托，不过 2 个杯子和 7 个茶托已经破损了。在这种情况下，如果买下第二套餐具将比买下第一套多出了 6 个好的杯子和 1 个好的茶托，但人们愿意支付的钱却反而少了。

人们往往有这样的心理：一套餐具的件数再多，但即使只有一件破损的，就会认为整套餐具都是次品，理应价廉；而件数再少，只要全部完好，也就成为理所当然的合格品，当然应当高价。可以说，这是理性人的不理性，即“有限理性”。

在生活中我们因为有限理性而对“得失”的判断屡屡失误，事实上我们都做了理性的傻瓜。工人体育场将上演一场由罗大佑、周华健等众多明星参加的演唱会，票价很高，需要800元一张，这是你梦寐以求的演唱会，机会不容错过，因此很早就买到了演唱会的门票。演唱会的晚上，你正兴冲冲地准备出门，却发现门票没了。要想参加这场音乐会，必须重新掏一次腰包，那么你会再买一次门票吗？假设是另一种情况：同样是这场演唱会，票价也是800元。但是这次你没有提前买票，你打算到了工人体育场后再买。刚要从家里出发的时候，你发现自己不知什么时候把刚买的价值800元的MP4给弄丢了。这个时候，你还会花800元去买这场演唱会的门票吗？

与在第一种情况下选择再买演唱会门票的人相比，在第二种情况下选择仍旧购买演唱会门票的人绝对不会少。客观来讲，这两种情况是没有区别的，是等价的：在你愿意花800元钱去听演唱会的前提下，你面临的都是损失了价值800元的东西，然后你需要选择是否再花800元去参加演唱会。只不过在两种情况下你的损失形式不同：在第一种情况下，你是因为丢了一张票而损失了800元，而在第二种情况下你是因为丢了800元的MP4而损失了800元。

同样是损失了价值800元的东西，为什么我们大多数人会有截然不同的选择呢？其实对于一个理性人来说，他们的理性是有限的，在他们心里，对每一枚硬币并不是一视同仁的，而是视它们来自何方、去往何处而采取不同的态度，这是一种非理性的情况。

我们都是理性经济人，但“智者千虑，必有一失”，任何人都不可能是完全的理性人。在纷繁的世界中，我们应该学会去认识世界，分析事物，不再做理性的傻瓜！

人人理性却得不到最好的结果——囚徒困境

天鹅、梭鱼和大虾一同拉一辆车去搬运货物，它们同时套上绳子，“用足狠劲，身上青筋根根暴露”，可是小车还是在原地没有挪动半步。要说拉这么一辆小车，它们的力量本来是绰绰有余，为什么拉不动呢？原因是天鹅拼命往上飞，大虾一个劲儿往后爬，而梭鱼则一心要跳下水……其结果可想而知。

在这个故事中，天鹅当然要往天上飞，梭鱼当然要往水里游，虾当然要爬，每个看似合理的行动却导致了——小车没有挪动半步，这就涉及经济学中的一个概念——理性合成谬误。

什么是“理性合成谬误”？我们可以通过以下的故事来认识一下。在某城市郊区有个足球场，有一次足球场要举行一场重要的比赛，大家都想去看。到足球场有好几条路，其中有一条是最近的。王波选择了走最近的这条路，但发现其他人也都选择走这条路，于是这条路非常堵塞。因此在路上所花的时间远远多于自己的预期。好不容易来到足球场，精彩的比赛让人大开眼界，可惜前排有人站起来，影响了自己的观看效果。王波也选择站起来，这样他能看得清晰一些，结果，他后排的人也都选择站起来看。最后是所有人都在站着看比赛。

王波无疑是个理性的经济人，但是当大家都是理性经济人的时候，便会不断出现“理性合成谬误”的状况。同样的道理，如果人人都是理性经济人，从个体来看所作出的选择或决策无疑是理性的，但人人都基于同样的考虑作出相同的选择或决策时，就会发生“理性合成谬误”。寓言中的天鹅、梭鱼、虾所作出的选择无疑是理性的，但它们各自的理性选择却并没有拉动小车，这就是“理性合成谬误”。

而囚徒困境的故事更是典型的“理性合成谬误”。1950 年，担任斯坦福大学客座教授的数学家图克，为了更形象地说明博弈过程，他用两个犯罪嫌疑人的故事构造了一个博弈模型，即囚徒困境模型：

警方在一宗盗窃杀人案的侦破过程中，抓到两个犯罪嫌疑人。但是，他们矢口否认曾杀过人，辩称是先发现富翁被杀，然后只是顺手牵羊偷了点东西。警察缺乏足够的证据指证他们所犯下的罪行，如果罪犯中至少一人供认罪行，就能确认罪名成立。

于是警方将两人隔离，以防止他们串供或结成攻守同盟，并分别跟他们讲清了他们的处境和面临的选择：如果他们两人中有一人认罪，则坦白者立即释放而另一人将判 8 年徒刑；如果两人都坦白认罪，则他们将被各判 5 年监禁；当然，若两人都拒不认罪，因警察手上缺乏证据，则他们会被处以较轻的偷盗罪各判 1 年徒刑。

那么，两个罪犯会怎样选择？

囚徒到底应该选择哪一项策略，才能将自己个人的刑期缩至最短？两名囚徒由于隔绝监禁，并不知道对方的选择；即使他们能交谈，也未必能够尽信对方不会反口。

那么在困境中任何一名理性囚徒都会作出如此选择：

若对方选择抵赖，自己选择背叛，会让自己获释，所以会选择背叛。

若对方选择背叛，自己也要背叛，才能得到较低的刑期，所以还是选择背叛。

二人面对的情况一样，所以二人的理性思考都会得出相同的结论——选择背叛。背叛是两种策略之中的支配性策略。因此，这场博弈中唯一可能达到的纳什均衡，就是双方参与者都背叛对方，结果二人同样服刑5年。

这就是博弈论中经典的囚徒困境，可用下表表示。

囚徒困境

		囚徒乙	
		坦白	抵赖
囚徒甲	坦白	-5，-5	-8，0
	抵赖	0，-8	-1，-1

囚徒困境是博弈论的非零和博弈中具有代表性的例子，反映个人最佳选择并非团体最佳选择。虽然困境本身只属模型性质，但现实中的价格竞争、环境保护等方面，也会频繁出现类似情况。

囚徒困境假定每个参与者都是利己的，即都寻求最大自身利益，而不关心另一参与者的利益。参与者某一策略所得利益，如果在任何情况下都比其他策略要低的话，此策略称为“严格劣势”，理性的参与者绝不会选择。另外，没有任何其他力量干预个人决策，参与者可完全按照自己意愿选择策略。

以全体利益而言，如果两个参与者都合作保持沉默，两人都只会被判刑1年，总体利益更高，结果也比两人背叛对方、判刑5年的情况好。但根据以上假设，两人均为理性个人，且只追求个人利益。均衡状况会是两个囚徒都选择背叛，结果二人判决均比合作为高，总体利益较合作为低。这就是困境所在。

囚徒困境的主旨为，虽然囚徒们彼此合作，坚不吐实，可为全体带来最佳利益，但在信息不明的情况下，因为出卖同伙可为自己带来利益，必然会导致他们背叛自己的伙伴。

这种困境反映了个人理性与集体理性和它们之间的矛盾，对每个人而言都是理性的选择，能得到最优的结果，但对于整个集体来说却是非理性的，最终导致对集体中每个人都不利的结果。

每个人想到的首先都是自己的利益，进行的都是有利于自己的选择决策，但最后的结果，往往都没有使自己获利，大家都没有从中获得好处。以一个足球队而言，当球员在赛场所想的只是自己的风采，或是自己的位置，或者是在俱乐部的前途的时候，这支球队就不会有希望了。

为避免“理性合成谬误”，任何一个集体都应该加强内部协作。不仅每个人要充当理性的经济人，集体也应该成为理性的经济人，只有这样，才能实现集体和内部成员利益的最大化。

海盗如何分金——动态博弈

有这样一个故事，5个海盗抢得100枚金币，他们决定：

（1）抽签决定各人的号码（1，2，3，4，5）。

（2）由1号提出分配方案，然后5人表决，当且仅当超过半数同意时，方案通过，否则他将被扔入大海喂鲨鱼。

（3）1号死后，由2号提方案,4人表决，当且仅当超过半数同意时方案通过，否则2号同样被扔入大海。

（4）以此类推……

假定每个海盗都是很聪明的人，都能很理智地判断得失，从而作出选择，那么1号提出怎样的分配方案才能够使自己的收益最大化？

问题的答案是：1号独得97块金币，不给2号，给3号1块，给4号或5号2块。可以写成（97，0，1，2，0）或者（97，0，1，0，2）。

1号这样做不是找死吗？不怕被其他人扔到海里去？事实上，这个方案是绝妙的。因为这5个海盗都是绝顶聪明的。首先来看4号和5号是怎么想的：如果1号、2号、3号都喂了鲨鱼，只剩4号和5号的话。无论4号提出怎样的方案，5号都一定不会同意。因为只要5号不同意，就可以让4号去喂鲨鱼，那么自己就可以独吞全部金币。4号预见到这一结局，所以打定主意，不论怎样，唯有支持3号才能保命。而3号知道，既然4号的赞成票已在手中，那么就会提出自己独得100块的分配方案，对4号、5号一毛不拔。不过，2号料到3号的方案，他会提出（98，0，1，1）的分配方案，不给3号，给4号和5号各1块金币。因为这样对4号和5号来说比在3号分配时更有利，于是他俩将转而支持2号，不希望他出局。但是，1号比2号更占先机，只要他得到3票赞成，即可稳操胜券，如果他给3号1块金币，给4号或5号2块金币——这肯定要比2号给得多，那么，除了他自己的1票之外，他还能得到3号以及4号或5号的支持。这样他将不会被丢到海里去，并且还将拿到97块金币！

这个看起来似乎是自寻死路的方案实际上非常精确。前提在于，5个海盗个个工于心计，能够准确地预测分配过程中每一步骤将会发生的变化。而且全都锱铢必较，能多得一块就绝不少得，能得到一块也绝不放弃。这是一场精彩的博弈。

博弈论的基本概念有参与人、行动、信息、策略、支付（效用）、结果和均衡，其中参与人、策略和支付是描述博弈的基本要素，而行动和信息是“构件”，参与人、行动和结果统称为“博弈规则”。具体含义如下：

（1）参与人：又称为局中人，是博弈论中最基本的概念，是指选择自己的行为以使效用最大化的决策主体。

（2）行动：是指参与人在博弈的某个时点的决策变量。

（3）信息：参与人有关博弈的知识，特别是有关“自然”的选择、其他参与人的特征和行动的知识。信息集是指参与人在特定时刻有关变量值的知识。

（4）策略：是指参与人在给定信息情况下的行动规则，它规定在什么时候选择什么行动。

（5）支付：是指在一个特定的策略集合中参与人得到的确定的效用水平或指参与人得到的期望效用水平。

（6）结果：主要是指均衡策略组合、均衡行动组合、均衡支付组合等。

（7）均衡：是指所有参与人的最优策略集合。

在博弈中要掌握几点：第一，在竞争中要掌握主动权。1号海盗看起来最有可能喂鲨鱼，但他牢牢地把握住先发优势，结果不但消除了死亡威胁，还获得了最大的收益。5号海盗看起来最安全，丝毫不用担心被扔进大海，还有可能坐收渔人之利，却因不得不看别人脸色行事而只能分得一小杯羹，甚至两手空空。第二，在竞争中最重要的是规则。如果规则改变了，这道题的解答就完全是另一码事。当然有了规则，还必须要遵守，这真是一群讲规则的海盗，不抢、不闹、不来浑的，就动脑子玩智慧，凭智力赚取最大收益，看来他们早就跨入知识经济时代了。第三，在竞争中要保持头脑清醒。要善于分析得失，学会满足，不然可能一无所得，当然，这里不是说那种糊里糊涂的满足，对于应得的东西一定要努力争取。

回到“海盗分金”这个话题，其实这就是一场动态博弈。动态博弈指参与者的行动有先后顺序，并且后采取行动的人可以知道先采取行动的人会采取什么行动。

动态博弈的困难在于，在前一刻最优的决策在下一刻可能不再为最优，因此在求解上发生很大的困难。动态博弈行动有先后顺序，不同的参与人在不同时点行动，先行动者的选择影响后行动者的选择空间，后行动者可以观察到先行动者作了什么选择，因此，为了作最优的行动选择，每个参与人都必须这样思考问题：如果我如此选择，对方将如何应对？如果我是他，我将会如何行动？对于他的应对，什么是我的最优选择？

在动态博弈中，每个局中人的举动显然是先根据对方的行动做出的，就如下棋一样，你走一步，对方走一步，行动策略上有一个先后顺序，这就给了被动方变被动为主动的余地。

历史上著名的“请君入瓮”的故事也是动态博弈的经典实例。来俊臣问周兴说：“囚犯多不肯招认，应该采取什么办法？”周兴说：“这太容易了！抬个大瓮来，用炭火在四面烤，再叫犯人进到里面，还有什么能不招认！”于是来俊臣立即派人找来一口大瓮，按照周兴出的主意用火围着烤，然后站起来对他说：“有人告你谋反，皇上让我审查你，请老兄自己进到瓮里吧！”周兴大惊失色，只得叩头认罪。

我们知道，再精明的对手也会有其猝不及防的死穴。在生活中难免有遭遇小人之时，聪明人总是能够对自己的行动适时作出调整，化险为夷。

让威胁发挥效力——威胁与可信度

明代的刘伯温曾经写过一则“像虎”的故事。楚国有个人深受狐狸之害。他想了许多办法来抓狐狸，可是都没成功。后来，有人给他出主意，说：“老虎是百兽之王，普通的野兽见到它都会害怕得丢魂弃魄，只能趴在地上等死。”楚人受此启发，于是就用竹篾编了一个老虎模型，再用一张虎皮蒙在外面，放置在自家的窗户之下。没过几天，狐狸又来了，看见这个老虎模型，吓得瘫倒在地上，于是楚国人就抓住了这只狐狸。后来楚人又凭借老虎模型抓住了一只野猪。恰在此时，野外又发现了一种形状像马的动物，这位楚人立即带上老虎模型前往驱赶它。有人说：“这是‘驳’（bó）呀，它连真的老虎都会吃掉，你又何必带个假的老虎模型去送死呢？”可是楚人认为所有的动物都应该怕老虎。他到了野外之后，只听驳吼声如雷，迅速踢翻了他带去的老虎模型，接着拼命撕咬楚人，不一会儿就将这个楚人咬死了。

楚人制造了一个老虎模型，本来是只能用来吓唬狐狸和野猪一类并不强大的敌手的，可是他却错误地以为老虎模型无往不胜，结果在遇上真正的强敌之后，只能落得个粉身碎骨的可悲下场。由此可以得出结论：威胁并不是对所有对象都适用。

博弈论中的威胁就是对不肯合作的人进行惩罚的一种回应规则。威胁既有强迫性的威胁，比如恐怖分子劫持一架飞机，其确立的回应规则是假如他的要求不能得到满足，全体乘客都将死于非命；也有吓阻性威胁，比如美国威胁苏联，如果苏联胆敢在古巴建立导弹基地，美国就会实施打击。一般而言，威胁都是在策略选择之前做出的，因此在受到对方威胁时，首先必须考虑其可信度问题。

假如通过威胁来影响对方的行动，就必须让自己的威胁不超过必要的范围。因此，在博弈中，一个大小恰当的威胁，应该是大到足以奏效，而又小到足以令人信服。如果威胁大而不当，对方难以置信，而自己又不能说到做到，最终不能起到威胁的效果。

不可置信的威胁就是虽然你作出了某种威胁或承诺，但从利益最大化的角度来看，你不可能使这种威胁成为现实，可以通过一些信号或手段使一旦相应的情况出现，实施威胁成为你利益最大化的途径，从而让对手相信。

博弈的参与者发出威胁的时候，首先可能考虑威胁必须达到足以吓阻或者强迫对方的地步。接下来才考虑可信度，即让对方相信，假如他不肯从命，一定会受到相应的损失或惩罚。假如对方知道反抗的下场，并且感到害怕，他就会乖乖就范。

但是，我们往往不会遇到这种理想状况。首先，发出威胁的行动本身就可能代价不菲。其次，一个大而不当的威胁即便当真实践了，也可能产生相反的作用。因此可以说，发出有效的威胁必须具备非凡的智慧，我们来看一下女高音歌唱家玛·迪梅普莱如何威胁那些私闯园林的人们。

玛·迪梅普莱有一个很大的私人园林。总会有人到她的园林里采花、拾蘑菇，甚至还有人在那里露营野餐。虽然管理员多次在园林四周围上篱笆，还竖起了“私人园林，禁止入内”的木牌，可是这些努力都无济于事。当迪梅普莱知道这种情况后，就吩咐管理员制作了很多醒目的牌子，上面写着“如果有人在园林中被毒蛇咬伤，最近的医院在距此15公里处”的字样，并把它们树立在园林四周。从那以后，再也没有人私闯她的园林了。

威胁的首要选择是能奏效的最小而又最恰当的那种，不能使其过大而失去可信度。但是有时候威胁是不可信的。博弈论中，经常用“可置信”和“不可置信”的“威胁”或“承诺”来区分行动者说出来的策略，我们在对动态博弈的分析中会分析什么样的策略是可置信的，什么样的策略是不可置信的。而分析“威胁”或“承诺”是可置信的还是不可置信的方法是倒推法。我们通过商界中的一个例子来说明。

在某个城市只有一家房地产开发商A，没有竞争下的垄断利润是很高的。现在有另外一个企业B，准备从事房地产开发。面对着B要进入其垄断的行业，A想：一旦B进入，自己的利润将受损很多，B最好不要进入。所以A向B表示，你进入的话，我将阻挠你进入。假定当B进入时A阻挠的话，A的收益降低到2，B的收益是-1。而如果A不阻挠的话，A的利润是4，B的利润也是4。

因此，A的最好结局是“B不进入”，而B的最好结局是“进入”而A“不阻挠”。这两个最好的结局不能构成均衡。那么结果是什么呢？A向B发出威胁：如果你进入，我将阻挠。而对B来说，如果进入，A真的阻挠的话，它将会得到-1的收益，当然此时A也有损失。对于B来说，问题是：A的威胁可置信吗？

B通过分析得出：A的威胁是不可置信的。原因是：当B进入的时候，A阻挠的收益是2，而不阻挠的收益是4。4>2，理性人是不会选择做非理性的事情的。也就是说，一旦B进入，A的最好策略是合作，而不是阻挠。因此，通过分析，B选择了进入，而A选择了合作。

因此，我们都应该从博弈论中认识到威胁的重要性，能设法使自己的威胁具有可信度，并能以理性的视角判断出他人威胁的可信性，从而使博弈的结果变得对自己更加有利。

第四节　博弈策略

做一只聪明的小猪——智猪博弈

假设猪圈里有一头大猪、一头小猪，它们在同一个食槽里进食。猪圈的一头有猪食槽，另一头安装着控制猪食供应的按钮，按一下按钮会有10个单位的猪食进槽，但是谁按按钮就会首先付出2个单位的成本，若大猪先到槽边，大小猪吃到食物的收益比是9：1；同时到槽边，收益比是7：3；小猪先到槽边，大小猪收益比是6：4。那么，在两头猪都有智慧的前提下，最终结果是小猪选择等待。

实际上小猪选择等待，让大猪去按控制按钮的原因很简单：在大猪选择行动的前提下，小猪也行动的话，小猪可得到1个单位的纯收益（吃到3个单位食品的同时也耗费2个单位的成本）；而小猪等待的话，则可以获得4个单位的纯收益，等待优于行动。在大猪选择等待的前提下，小猪如果行动的话，小猪的收入将不抵成本，纯收益为-1个单位；如果小猪也选择等待的话，那么小猪的收益为零，成本也为零。总之，等待还是要优于行动。

智猪博弈

大猪/小猪	踩踏板	等待
踩踏板	7/1	4/4
等待	9/-1	0/0

在智猪博弈模型中，反正受罪的都是大猪，小猪等着就行。智猪博弈模型可以解释为谁是占有更多资源者，谁就必须承担更多的义务。

智猪博弈存在的基础，就是双方都无法摆脱共存局面，而且必有一方要付出代价换取双方的利益。而一旦有一方的力量足够打破这种平衡，共存的局面便不复存在，期望将重新被设定，智猪博弈的局面也随之被瓦解。

对小猪而言，不管大猪踩不踩踏板，自己不去踩踏板总是最好的选择。而大猪呢？它知道小猪是不会去踩踏板的，与其两者一起饿肚子，还不如自己去踩踏板，那样总还能获得食物。于是，主动去踩踏板成了大猪的唯一选择。这就出现了同样聪明的两头猪，却有不一样的付出：小猪舒舒服服地等在投食处，而大猪不得不来回奔波于踏板和食物之间。

赤壁之战是我国历史上著名的战役，实际上，赤壁之战中的孙权一方扮演的就是智猪博弈中“大猪”的角色，刘备一方则是拣了大便宜的“小猪”。赤壁正面作战的是孙权，出大力的也是孙权，但最大的胜利果实——荆州却被刘备夺去。多出力并没有多得，少出力并没有少得，这就是孙刘在赤壁之战中的博弈结果。但孙权必须要做这只“大猪”，不然东吴必定被曹操所吞并。

“智猪博弈”告诉我们，多劳却并不一定多得。这是因为“小猪”笃定一件事：大家是一个团队，就是有责罚，也是落在团队身上，所以总会有“大猪”悲壮地跳出来完成任务。在现实生活中，很多人都只想付出最小的代价，得到最大的回报，争着做那只坐享其成的小猪。其实每一个人在工作中所扮演的角色，不是“大猪”，就是“小猪”。既然有一些人会成为不劳而获的“小猪”，那么必定有另一些人去充当费力不讨好的“大猪”。

小李在一家合资企业上班，但所在的部门却只有三个人。这三个人正好分为三个等级：部门经理、经理助理和普通员工。小李正好是那个经理助理，处于中间级别。由于在这个部门中小李表现最积极，慢慢地，其他部门的同事也认识到：办事就找小李。有时候，公司老板也直接给小李派任务。小李桌上的文件越堆越高，一上班，他就忙得连轴转，像个不断打转的陀螺。部门经理和普通员工小张则每天无所事事，乐得逍遥自在。

到了年底，由于部门成绩出色，公司特别奖励了4万元，经理独得2万元，小李和小张各分得1万元。小李想到自己辛苦了一整年，到头来却和小张拿得一样多，心里觉得很憋气。

但是，小李心里明白：如果自己不拼命干活，那他连这1万元都得不到，因为指望经理和小张是得不到奖金的。思前想后，小李还得继续当那头辛勤的“大猪”。

“大猪”拼命干活，“小猪”跟着拿奖金，这样的事情在很多公司都有发生。“大猪”明知道“小猪”过的是不劳而获的生活，也知道“小猪”是不会去主动完成任务的。为了不至于最后落得大家都没“食物”吃，“大猪”总是会跳出来去踩那个踏板。

不过，在工作中，说到底还得凭真本事、靠实力。“小猪”们不劳而获的日子虽然安逸，却并不稳定。他们总得依靠“大猪”吃饭，心里总是没底的：万一哪天“大猪”一气之下跳槽走人，自己可就得饿肚子了。而且如果工作的性质发生改变，比如不再是团队合作性质的工作，而变为侧重独立工作的任务，那“小猪”们可就不能再心安理得地坐等“食物”掉下来了。

其实在生活当中，“大猪”们付出了很多，虽然得到了回报，却和付出不相当；而“小猪”们可以在短期内坐享其成，却不是长久之际。实际上，我们每一个人都会面临自己不得不吃亏的现实，但往往只有自己吃点明亏，才会得到更多。

事实上，最智慧的表现应该是既要有“大猪”的实力，也要有“小猪”的策略，两个角色交替，才会获得更多的幸福。

先发优势与后发制人——枪手博弈

彼此痛恨的甲、乙、丙三个枪手准备决斗。甲枪法最好，十发八中；乙枪法次之，十发六中；丙枪法最差，十发四中。我们来推断一下：如果三人同时开枪，并且每人只发一枪；第一轮枪战后，谁活下来的机会大一些？

一般人认为甲的枪法好，活下来的可能性大一些。但合乎推理的结论是，枪法最糟糕的丙活下来的几率最大。我们来分析一下各个枪手的策略。枪手甲一定要对枪手乙先开枪。因为乙对甲的威胁要比丙对甲的威胁更大，甲应该首先干掉乙，这是甲的最佳策略。同样的道理，枪手乙的最佳策略是第一枪瞄准甲。乙一旦将甲干掉，乙和丙进行对决，乙胜算的概率自然大很多。枪手丙的最佳策略也是先对甲开枪。乙的枪法毕竟比甲差一些，丙先把甲干掉再与乙进行对决，丙的存活概率还是要高一些。

通过概率分析，发现枪法最差的丙存活的概率最大，枪法好于丙的甲和乙的存活概率远低于丙的存活概率。

由此可以看出，在多人博弈中常常由于复杂关系的存在，而导致出人意料的结局。一位参与者最后能否胜出，不仅仅取决于自己的实力，更取决于实力对比关系以及各方的策略。

在曹操击败袁绍后，袁绍的两个儿子袁尚、袁熙投奔乌桓。为清除后患，曹操进击乌桓。袁氏兄弟又去投奔辽东太守公孙康。曹营诸将都建议曹操进军，一鼓作气平服辽东，捉拿二袁。曹操没有听从将领们的意见，只在易县按兵不动。过了数日，公孙康派人送来袁尚、袁熙的头颅，众人都感到惊奇。曹操将郭嘉的遗书出示给大家，他劝曹操不要急于进兵辽东，因为公孙康一直怕袁氏将其吞并，现在二袁去投奔他，必引起他的怀疑，如果我们去征讨，他们就会联合起来对付我们，一时难以取胜。如果我们按兵不动，他们之间必然会互相攻杀。结果正如郭嘉所料，大家深为叹服。

郭嘉的策略就是“坐山观虎斗”，最终获得了自己所希望的结果。如果面对不止一个敌人的时候，切不可操之过急，免得反而促成他们联手对付你，这时最正确的方法是静止不动，等待适当时机再出击。这与枪手博弈有异曲同工之妙。

我们在西方政治竞选活动中也会看到有关枪手博弈的影子。只要存在数目庞大的竞争对手，实力顶尖者往往会被实力稍差的竞选者反复攻击而弄得狼狈不堪，甚至败下阵来。等到其他人彼此争斗并且退出竞选的时候再登场亮相，形势反而更加有利。

因此，幸存机会不仅取决于你自己的本事，还要看你威胁到的人。一个没有威胁到任何人的参与者，可能由于较强的对手相互残杀而幸存下来。就像上文中所讲的甲枪手虽然是最厉害的枪手，但他的幸存概率却最低。而枪法最差的枪手，如果采用最佳策略，反而能使自己得到更高的幸存概率。

有时候，化解生活中的枪手博弈其实更是一种置身事外的艺术。《清稗类钞》中记载了这样的故事：

清朝末年，湖广总督张之洞与湖北巡抚谭继洵不和，两人在黄鹤楼上吃宴席时借着酒劲又争辩起来。谭继洵说长江江面宽五里三分，张之洞却说是七里三分，督抚二人相持不下，在场众僚莫衷一是。江夏知县陈树屏被迫发言："江面上涨，为七里三分；江面水落，为五里三分。两位大人所言极是。"张谭二人抚掌大笑，僵局就此化解。

而在激烈的市场竞争中，枪手博弈的运用更是无处不在。

博弈的精髓在于参与者的策略相互影响、相互依存。对于我们而言，无论对方采取何种策略，均应采取自己的最优策略！

让他三尺又何妨——斗鸡博弈

清康熙时，文华殿大学士兼礼部尚书张英在京为官。在他老家桐城，他的邻居吴氏是当地的豪绅大户，欲侵占张府的宅地，家人驰书京城，要张英凭官威压一压吴氏气焰。谁知张英却回诗一首："一纸书来只为墙，让他三尺又何妨。长城万里今犹在，不见当年秦始皇。"意思很明白：退让。家人得诗，主动退让三尺。吴氏闻之，也后撤三尺，于是形成了六尺宽的巷道，这就是"六尺巷"的由来。1958年，毛泽东接见前苏联驻华大使尤金时，曾引用过此诗，意在说明不与人计较斤两得失，大度处之。

由此可见，懂得退让并不是一种懦弱和失败，而是一种智慧。我们在工作和生活中要知道进退的道理，不要等到斗得两败俱伤的时候灰溜溜地败下阵来。这则故事又可引申出博弈论中一个著名的博弈模型——斗鸡博弈。

斗鸡博弈，又称为懦夫博弈。斗鸡博弈描述的是两个强者在对抗冲突的时候，如何能让自己占据优势，力争得到最大收益，确保损失最小。斗鸡博弈中的参与者都处于势均力敌、剑拔弩张的紧张局势。我们简单认识一下斗鸡博弈。

两只实力相当的斗鸡狭路相逢，每只斗鸡都有两个行动选择：一是退下来；一是进攻。如果斗鸡甲退下来，而斗鸡乙没有退下来，那么乙获得胜利，甲就很丢面子；如果对方也退下来，双方则打个平手；如果甲没退下来，而乙退下来，甲则胜利，乙则失败；如果两者都前进，则两败俱伤。

因此，对甲乙来说，最好的结果是，对方退下来，而自己不退。但是这种追求可能导致两败俱伤。

斗鸡博弈的收益矩阵

甲＼乙	前进	后退
前进	−2/−2	1/−1
后退	−1/1	−1/−1

上表中数字的意思是：如果两者均选择前进，结果是两败俱伤，两者均获得 -2 的支付；如果一方前进，另外一方后退，前进者获得 1 的支付，赢得了面子，而后退者获得 -1 的支付，输掉了面子，但没有两者均前进受到的损失大；两者均后退，两者均输掉了面子，获得 -1 的支付。

斗鸡博弈有两个纯策略纳什均衡：一方前进，另一方后退；一方后退，另一方前进。但关键是谁进谁退？在现实中，哪一只斗鸡前进，哪一只斗鸡后退，要进行实力的比较，谁稍微强大，谁就有可能得到更多的前进机会，但前进的代价依旧是“两败俱伤”的结局。一旦进入骑虎难下的博弈，尽早退出是明智之举。有时候，双方都明白二者相争必有损伤，但往往又过于自负，觉得自己会取得胜利，这就是所谓“当局者迷，旁观者清”。斗鸡博弈往往最后得到的是一种“驴子式的胜利”。

伊索寓言中有一个“驴子和驴夫”的故事。驴夫赶着驴子上路，但驴子逐渐偏离平坦的大道，沿着陡峭的山路走去。当驴子靠近悬崖边时，驴夫抓住驴子的尾巴，想把它拉回来。可驴子拼命挣扎，驴夫抓不住，驴子从山崖上滑下去了。驴夫无可奈何地说：“你胜利了！”

凡事都要决出输赢胜负，那么必然会给自己带来不必要的损失。只有一方先撤退，才能使双方获利。特别是占据优势的一方，如果具有这种以退求进的智慧，提供给对方回旋的余地，就会给自己带来胜利，而且双方都会成为利益的获得者。

有时候，当双方相争的时候，只要把形势说明，等双方都明白自己并没有稳操胜券的能力，僵持不下的斗鸡博弈就会化解了。

我们可以发现生活中常有这样的例子，比如男女双方结婚之后，因为一些家庭琐事就像两只斗架的公鸡，斗得不可开交。婚姻双方的斗鸡博弈，使整个家庭战火纷纷，硝烟弥漫。一般来说，到关键时候，总有一方对于对方的唠叨、责骂装聋作哑，或者妻子干脆回娘家去冷却怒火，或者丈夫摔门出去找朋友去诉苦，一场干戈化为玉帛。

在现实中，谁前进，谁后退，其实是实力的比较，谁的实力更强谁就有可能得到更多的前进机会。但这种前进并不是没有限制的，而是有一定的距离。一旦超过了这个界限，只要有一只斗鸡接受不了，那么斗鸡博弈中的严格优势策略就不复存在了。

做善用策略的高手——策略欺骗

有一个算命的道士，对于占卜吉凶、推演因果很有一套。有一次，有三个书生进京赶考，听说那道士算命非常灵验，便一同前去道士那里算命，虔诚地向道士说："我们三个此番进京赶考，劳烦道长算一算谁能考中？"

那道士眼都没睁，嘴里煞有介事地叨念了一会儿，向他们伸出一只手指，但却只字未说。三个考生莫名其妙，有个着急地问道："我们三人谁能考中？"那道士还是一言不发，依旧伸出一只手指，算是回答。三个考生见道士迟迟不肯开口说话，以为是天机不可泄露，只好心怀疑惑地走了。

三个考生走后，道士旁边的小童好奇地问："师父，他们三人到底有几个得中？"

道士胸有成竹地说："中几个都说到了。一只手指可以表示他们中的一个人中，可以表示只有一个不中，还可以表示三个人一齐中，当然也可以表示一个人都不中。"

小道童这才恍然大悟。

道士的一个手势便能将可能的四种结局都概括了，事实上这种两头堵的策略是很多“未卜先知”者惯用的手法，这就涉及博弈论中的策略欺骗。

在现实博弈活动中，参与者之间往往对自己和对方的优势和劣势都了如指掌，而且往往会想方设法地加以利用，把弱点作为突破对方防线的重点。正因如此，也就提供了策略欺骗的基础。

因此在现实博弈中，参与者都会想方设法地去猜测对手的策略，以图打破平衡。基本策略是：先随机出招，维持一个平局的局面，同时尽量从对方的行动中寻找规律，当捕捉到这种规律时就利用它。但是如果博弈双方都采用这种保守策略，博弈将永远维持在平衡状态，必须有一方首先出击，从而诱使对方也走出堡垒，这时才能开始一场真正的斗智。

一个善用策略行动的人，既要有自知之明，更要能利用对手对自己习惯及固有特点的了解，出其不意，把对手诱入局中。不过最重要的是，我们应该在生活中合理利用其中的策略。

明朝正德年间，福州府城内有位秀才郑堂开了家字画店，生意十分兴隆。有一天，一位叫龚智远的人拿来一幅传世之作《韩熙载夜宴图》来押当，郑堂当场付银 8000 两，龚智远答应到期愿还 15000 两。一晃就到了取当的最后期限，却不见龚智远来赎画，郑堂感觉到有些不大对劲，取出原画一看，竟是幅赝品。郑堂被骗走 8000 两银子的消息，一夜之间不胫而走轰动全城。

两天之后，受骗的郑堂却作出一个让人大跌眼镜的决定，他在家中摆了几十桌大宴宾客，遍请全城的士子名流和字画行家赴会。酒至半酣，郑堂从内室取出那幅假画挂在大堂中央，说道：“今天请大家来，一是向大家表明，我郑堂立志字画行业，绝不会因此打退堂鼓；二是让各位同行们见识假画，引以为戒。”待到客人们一一看过之后，郑堂把假画投入火炉，8000 两银子就这样付之一炬。郑堂的烧画之举再次轰动全城。

第二天一大早，那个本已销声匿迹了的龚智远早早来到郑堂的字画店里，推说是有要事耽误了还银子的时间。郑堂说：“无妨，只耽误了三天，但是需加三分利息。”铁算盘一打，本息共计是 15240 两银子。龚智远昨夜已得知自己的那幅画已经被他烧了，所以有恃无恐地要求以银兑画。郑堂验过银子之后，从内堂取出一幅画，龚智远冷笑着打开一看，不由得头晕目眩两腿发软，当下就瘫倒在地。

原来，郑堂依照赝品仿造了另一幅假画，而烧掉的是自己仿造的假画。

郑堂的策略欺骗之所以能奏效，在于郑堂将计就计，反过来运用自己的策略，请骗子龚智远入瓮，聪明的龚智远反倒成了傻子。这里的关键在于为了赢对方而自愿增加自己的行动步骤，甚至付出暂时的代价以诱敌深入。

在现实经济生活中，我们所接收到的信息十分庞杂，真信息、假信息叠加在一起，即使是理性经济人也无从分辨。在博弈过程中，博弈的参与者所发出的信息往往并不真实。比如你要买一件价格比较贵的羽绒服时，就需要鉴别真假。当你正在犹豫要不要买时，老板有可能将发票给你看，表示这样的价格他已经是在亏本出售。实际上这只是虚晃一招，他压根不会让你看到发票的真实信息。所以，千万不要被“眼前的假象”迷惑了。

博弈论中的策略欺骗对于我们的启示在于，我们应该将自己所收集到的信息，综合起来加以利用，运用全部策略智慧，尽可能获取整个事情的真相，从而让自己生活在“真实的世界”中。

需要明确的是，策略欺骗并不是让我们学会“骗”，而是要利用博弈论的知识，在市场行为及人际交往中为自己谋取最大的利益。

谈判与讨价还价的艺术——分蛋糕博弈

兄弟二人前去打猎，在路上遇到了一只离群的大雁，于是两个猎人同时拉弓搭箭，准备射雁。这时哥哥突然说道：“把雁射下来后煮着吃。”他弟弟表示反对，争辩说：“家鹅煮着吃好，雁还是烤着吃好。”两个人争来争去，一直没有达成一致的意见。来了一个打柴的村夫，听完他们的争论后笑着说：“这个很好办，一半拿来烤，一半拿来煮，就行了。”两个猎人停止了争吵，再次拉弓搭箭，可是大雁早已经没影儿了。

我们为兄弟二人的行为而捧腹时，也已料到：在他们看到大雁时，如果及时射箭会得到雁；在他们争论时，雁已经飞走了。其实，引申到现实生活中，也就是说有时收益并不是恒定的，当我们在谋划如何分配收益的时候，收益有可能在不断缩水。这便涉及经济学中的分蛋糕博弈理论，即谈判博弈，让我们来看一下该博弈的基本模型。

为简单起见，我们假设桌子上放了一块冰激凌蛋糕，两个孩子 A 和 B 在分配方式上讨价还价的时候，蛋糕在不停地融化。我们假设每经历一轮谈判，蛋糕都会朝零的方向缩小同样大小。

这时，讨价还价的第一轮由A提出分蛋糕的方法，B接受条件则谈判成功；若B不接受条件就进入第二轮谈判。第二轮由B提出分蛋糕的方法，A接受则谈判成功；如果不接受蛋糕便完全融化。

对于A来说，刚开始提出的方案非常重要，如果他所提出的条件，B不能接受的话，蛋糕就会融化一半，即使第二轮谈判成功了，也有可能还不如第一轮降低条件来的收益大。因此，经过再三考虑，明智的A在第一阶段的初始要求一定不会超过1/2个蛋糕，而同样明智的B也会同意A的要求。

在经济生活中，不管是小到日常的商品买卖，还是大到国际贸易乃至重大政治谈判，都存在着讨价还价的问题。分蛋糕的故事在很多领域都有应用。无论在日常生活、商界还是在国际政坛，有关各方经常需要讨价还价或者评判对总收益如何分配，这个总收益其实就是一块大“蛋糕”。

当然，在现实生活中，收益缩水的情况非常复杂，不同情况有不同的速度。但有一点是可以肯定的，那就是讨价还价的谈判过程不可能无限延长，因为谈判本身是需要成本的。假如各方始终坚持不愿妥协，暗自希望只要谈成一个对自己更加有利的结果，其好处往往超过谈判的代价。有很多谈判随着时间的拉长，蛋糕缩水就越厉害，因此双方真正僵持的时间不会太长。因此，具有这种成本的博弈最明显的特征就是，谈判者整体来说应该尽量缩短谈判的过程，减少耗费的成本。

在正常的商业谈判中，卖家会首先提出一个价码，接着买家决定是不是接受。假如不接受，他可以还一个价码，或者等待卖家调整自己的价码。假如一场谈判久拖不决，那么卖家会失去卖更多商品的机会，而买家也会失去使用新产品的机会。既然谈判会让买卖双方都有损失，为什么他们还是在不断地讨价还价呢？这是因为，博弈当事人的利益是对立的，双方实际上是一种零和博弈，一方效用的增加会损害另外一方的利益，为了避免两败俱伤，希望至少达成某种协议。这样，双方需要在达成协议的底线和争取较优的结果中进行权衡。

我们经常能看到这样的现象：非常急切的买方往往要付高一些的价钱购得所需之物；急切的销售人员往往也是以较低的价格卖出自己所销售的商品。正是这样，富有经验的人买东西、逛商场时总是不紧不慢，即使内心非常想买某种物品，也不会在商场店员面前表现出来；而富有经验的店员总是以“这件衣服卖得很好”的陈词滥调劝诱顾客。其实，这些做法也是有博弈论的根据的。因为在谈判的多阶段博弈是双数阶段时，则第二个开价者具有“后动优势”。

在具体的谈判技巧上，对于任何谈判都要注意，一方面要尽量摸清对方的底牌，了解对方的心理，根据对方的想法来制定自己的谈判策略；另一方面，谈判时能够忍耐的一方将获得更多的利益，因为很多急于结束谈判的人会及早让步妥协。

因此，从谈判博弈中我们也能学到一些小招数：一定要有耐心，不要暴露某些重要的细节，让别人以为你不会出手，当对手迫不及待地想利用你的迟延时，就可以出其不意地有力回击。

第五节　制度与规范

分粥的社会规则——制度

7个小矮人同住在一个小木屋中，他们想用非暴力的方式解决吃饭问题——分食一锅粥，但是没有任何容器称量。怎么办呢？大家试验了这样一些方法：

方法一：拟定一人负责分粥事宜。很快大家就发现这个人为自己分的粥最多，于是换了人，结果总是主持分粥的人碗里的粥最多最好。大家得出结论：权力导致腐败，绝对的权力导致绝对的腐败。

方法二：大家轮流主持分粥，每人一天。虽然看起来平等了，但是每个人在一周中只有一天吃得饱且有剩余，其余6天都饥饿难耐。结论：资源浪费。

方法三：选举一位品德尚属上乘的人，还能维持基本公平，但不久他就开始为自己和溜须拍马的人多分。结论：毕竟是人不是神！

方法四：选举一个分粥委员会和一个监督委员会，形成监督和制约。公平基本做到了，可是由于监督委员会经常提出多种议案，分粥委员会又据理力争，等粥分完，早就凉了！结论：类似的情况在政府机构比比皆是！

方法五：每人轮流值日分粥，但是分粥的人最后一个领粥。结果呢？每次7只碗里的粥都是一样多，就像科学仪器量过的一样。

这就是分粥的难题。要让分粥工作能够既有效率又有公平，却不是一件容易的事情。所幸的是，7 个小矮人通过实践与博弈，最终实现了效率与公平的共赢。

所谓“分粥”规则，是政治哲学家罗尔斯在其所著《正义论》中提出的。这个颇有趣味的小故事背后，罗尔斯所要揭示的却是社会财富的分配问题。罗尔斯把社会财富比作一锅粥，这锅粥当然不是敞开的“大锅饭”，所以罗尔斯假设 7 个小矮人共同分粥——这 7 个小矮人，实际上代表的就是政治经济学体制下的广大人民。而以上小矮人进行的不同的试验，代表的自然就是不同的制度。

在没有精确计量的情况下，无论选择谁来分，都会有利己嫌疑。经过多方博弈后，解决的方法就是第五种——分粥者最后喝粥，要等所有人把粥领走了，“分粥者”自己才能取剩下的那份。因为让分粥者最后领粥，就给分粥者提出了一个最起码的要求：每碗粥都要分得很均匀。道理明摆着——倘若分得不匀，最少的那碗肯定是自己的了。只有分得合理，自己才不至于吃亏。因此，分粥者即使只为自己着想，结果也是公正、公平的。

上述五种分粥制度假设的前提是所有的“分粥者”个个都是自私鬼，没有一个是大公无私的。正因如此，他们一有机会便会“以权谋私”。美国《独立宣言》起草人之一托马斯·杰斐逊说：“自由的政府不是以信赖，而是以猜疑为基础建立起来的。因此，在权力问题上，不是建立在对人性的信赖上，而是要用法律加以约束，防止其行为不端。”所以制度至关重要，制度是人选择、交易的结果。好的制度清晰而精妙，既简洁又高效，令人为之感叹。

从“分粥”中我们可以认识到制度的重要性。所谓制度，就是约束人们行为的各种规矩。“没有规矩，不成方圆”，制度在维护经济秩序方面起着重要作用。首先，制度可以避免人们交往过程中的不可预见行为。所谓不可预见行为，就是当事人在经济活动中的一个环节结束以后，不清楚下一步将会发生什么。有了制度以后，下一步该干什么规定得清清楚楚。也就是说，制度可以增强或保证人们在经济活动中的预期。例如财务制度的建立，使得公司内部资金使用十分规范，人们只需按照相应的规定行事即可。其次，制度能避免机会主义行为。“机会主义”在这里是指那些不遵循交易规则、一有机会就损人利己的经济行为。我国由计划经济向市场经济转型过程中，由于制度不健全，一些人钻价格双轨制的空子，把计划分配来的物资低价买来后，再拉到市场上高价卖出，从中牟取暴利，这就是典型的机会主义行为。

有一位包工头，每年年关都要“消失”一段时间，然后等到除夕夜才出现。他之所以玩“消失”，就是为了逃避农民工讨工资。但在这年年关，这位包工头不再是开车远走他乡玩失踪。他的车子呢？已经卖掉了。原来，今年年关，政府出台了一项制度，只要是拖欠农民工工资的包工头，下一年一概不再发包给他们。而这位包工头的主要服务对象就是政府部门组织的多项建设。他思前想后，没辙了，只得卖了车子，先付了农民工工资再说。

可见，合理的制度确实可以对不规范的行为起到良好的约束与引导作用。阿里巴巴集团创办的支付宝，在电子商务一度遭受信用质疑的时刻横空出世，化繁为简，弥补了中国金融业在电子商务领域的缺陷，让每一个消费者都可以放心地进行网上交易。支付宝取得成功的原因就在于取得了消费者的信任，而它之所以能够取得信任，就在于通过严格的制度规范了网上交易的程序，买主和卖主的权益都得到了最大程度的保障。

可见，无论是公司的制度，还是国家的制度，跟我们每一个人都有紧密的关系。往往一个新制度的产生，会给社会带来不可估量的影响。分粥规则给很多人都带来了启发与思考。要想制定合理的制度，就应该反思制度是否合理，制度是否简洁高效，制度是否处在激励与制约之间的平衡点上。

让滥竽充数的人无处可藏——效率

人是理性的，即在付出劳动既定的情况下追求利益最大化，或者在获得利益既定的情况下力求付出的劳动最小化。这种利己性无可厚非，人总是在各种环境下善用所依存的条件实现自身利益最大化。在《韩非子》中就记载了南郭先生“滥竽充数”的故事。

齐宣王爱好音乐，喜欢听人吹竽。每次听乐师吹竽，必定要挑选 300 个乐师一起合奏给他听。南郭先生听说齐宣王爱听合奏，便到齐宣王那里去推荐自己。齐宣王很高兴，以优厚的待遇将他留下来。事实上，南郭先生根本就不会吹竽，每次合奏时，他都是装腔作势。后来齐宣王死了，他的儿子齐湣王继承了王位，但是齐湣王喜欢听乐师独奏。南郭先生听到这个消息，赶紧逃走了。

几千年来，人们一直把南郭先生当作以次充好、以外行充专家的典型，实际上我们不得不说，在“合奏”的环境下，南郭先生的表现无疑是个理性人：他不劳而获。齐宣王实行的是一种平均主义大锅饭制度，无论竽吹得如何，付出了多大劳动，都得到同样的一份食物，吹竽者当然出力越少越好——装出一副吹的样子而不用力吹。但是，南郭先生是个理性人，其他竽手也是理性人，并且会效仿。南郭先生不吹竽仍可获得同样的食物会成为一个榜样，引起更多人效仿，长此以往，乐团的竽声只会越来越小。这就是平均主义大锅饭所引起的集体无效率。这就是经济学家常说的，坏的制度使好人也会做坏事——许多勤奋而有才华的吹竽手变懒。

要使南郭先生这样的懒人变得勤劳，靠的不是道德说教，而是大锅饭制度的改变。当齐湣王改变了大锅饭，要一个人一个人地吹竽时，南郭先生只有两条路，或者努力学吹竽，或者被淘汰。南郭先生最终选择了逃之夭夭。淘汰了南郭先生，就激励了其他人，效率必定提高。

人的懒惰或勤奋不是天生的，很大程度上是后天养成的。平均主义大锅饭制度可以把勤劳者变为懒人，而有效率的激励制度也可以把懒人变为勤劳者。这就是经济学家常说的另一句话，好的制度使坏人也会做好事——懒惰的南郭先生不得不勤劳，否则就被淘汰了。

其实，1958 年下半年开始的“人民公社化”运动中，口粮由公社、生产队掌管，农民不在自己家里吃“小锅饭”，而要一起到公共食堂吃“用一个大锅煮的饭”。但是，这种建立在绝对平均主义基础上的“大锅饭”制度，严重影响了劳动者的积极性：大锅饭制度养育了越来越多的“懒人”。

当时的农村搞人民公社，农民在一个生产队里一起干活，干多干少一个样，大锅饭，人人都不用对生产负责。由于分配上搞平均主义、吃大锅饭，影响了人们生产积极性的发挥，粮食产量极低，小岗村最好的年景每人每天 9 两粮食，收入 0.11 元；最差的一年每人每天 2.8 两粮食，收入 0.04 元。小岗村当时共有 20 户人家，115 人，除了 1 户外，其他农户每年都要外出讨饭。

1978 年末，小岗村 18 户农民冒着坐牢的危险在大包干协议上按下了手印。说得通俗一点就是单干。1979 年秋天，小岗生产队获得大丰收，粮食总产 6 万多公斤，相当于 1955 年到 1970 年 15 年的粮食产量总和。

小岗村“包田到户”的制度激发了农民的种粮积极性，而他们的创举正式拉开了中国改革的序幕，中国的发展从此掀开了新的一页。

从人性利己的角度来说，“大锅饭”并不能有效激励人。用道德说教去改变人性是无用的，要用制度去引导人性。在合理的制度之下，恶的人性也会产生好的行为；在不合理的制度之下，善的人性也会产生坏的行为。

产生南郭先生的行为不是南郭本人的人性如何，而是齐宣王的平均主义大锅饭制度；使南郭先生逃跑的也不是他良心发现，而是齐湣王改变了制度。平均主义可以把勤劳者变为懒人；激励制度可以把懒人变为勤劳者。打破了大锅饭制度，虽然打破了南郭先生之流的“饭碗”，但是却为更多的人提供了公平。

有激励才有动力——激励机制

一个老年人喜欢安静，他选择住在环境优美的市郊，但有一群孩子每天都到这里来玩，很吵闹。老人很厌烦这些小孩们，不希望自己在如此吵闹的环境中生活，但是如果直接撵他们走，恐怕也达不到他所预期的目标。于是他对孩子们说，你们来陪我，我很高兴，以后我每天给你们一人5块钱，孩子们都很高兴。几天后，老人说，以后给不了这么多了，每人只能给1块钱，孩子们不太高兴，但也勉强接受了。又过了几天，老人说，以后每天只能给1毛钱了。这次孩子们不干了，他们很气愤：这么少的钱，以后再也不来了！

经济学的基本前提是承认人的本性是利己的，也就是说，人们行为的目标是个人利益的最大化。当老人对小孩们的激励逐渐减少时，小孩们都认为自己的利益已经受到损害，不愿意再陪老人玩了。在这些小孩看来，过来玩是因为有金钱的激励，当激励减少时，他们当然愤愤不平。老人就是成功运用反激励达到了自己的目的。

什么是激励机制呢？用一种制度把个人利益与组织整体利益统一起来，让个人在实现自身利益的同时也实现了组织的整体利益，这样的制度就是激励机制。

18世纪英国政府为了开发新占领的殖民地——澳大利亚，决定将已经判刑的囚犯运往澳大利亚。从英国运送到澳大利亚的船运工作由私人船主承包，政府支付长途运输费用。据英国历史学家查理·巴特森写的《犯人船》记载，1790——1792年间，私人船主运送犯人到澳大利亚的26艘船共4082人，死亡498人，死亡率很高。其中有一艘名为海神号的船，424个犯人死了158人。英国政府不仅经济上损失巨大，而且在道义上受到社会的强烈谴责。

对此，英国政府实施一种新制度以解决问题。政府不再按上船时运送的囚犯人数支付船主费用，而是按下船时实际到达澳大利亚的囚犯人数付费。新制度立竿见影，据《犯人船》记载，1793 年，3 艘新制度下的船到达澳大利亚后，422 名罪犯只有 1 人死于途中。此后，英国政府对这些制度继续改进，如果罪犯健康良好还给船主发奖金。这样，运往澳大利亚罪犯的死亡率下降到 1% 左右。

如果从我们熟悉的一般思维方式上寻找解决以上犯人死亡的问题，可以列举出三种做法：对船主进行道德说教，寄希望于私人船主良心发现，为囚犯创造更好的生活条件；或者政府进行干预，使用行政手段强迫私人船主改进运输方法。但以上两种做法都有实施难度，同时效果也许甚微。然而，新的激励机制顺应了船主们牟利的需求，也使得犯人平安到达目的地。这就是激励机制的重要作用。

作为经济学中的重要原理之一，激励现象存在于人们的任何决策和行为之中。就个人而言，根据行为科学理论，只有尚未满足的需要才有激励作用，已经满足的需要只能提供满意感。需要本身并不能产生激励作用，对满足需要的期望才真正具有激励作用。当我们因为一个小小的成就而尝到甜头，受到激励时，我们会做出相对比较大的成就。激励会使我们在追求成功的道路上产生良性循环，而幸福感就在循环中不知不觉产生了。

而在工作过程中，在能力一定的情况下，激励水平的高低将决定其工作成绩的大小。综合运用多种激励方法是有效提高激励水平的一大法宝。激励机制是否产生了影响，取决于激励方法是否能满足个人的需要。主要的激励包括如下几种：

一是物质激励。通过满足个人利益的需求来激发人们的积极性与创造性。只对成绩突出者予以奖赏，如果见者有份，既助长了落后者的懒惰，又伤害了优秀者的努力动机，从而失去了激励意义。

二是精神激励。通过满足个人的自尊、自我发展和自我实现的需要，在较高层次上调动个人的工作积极性。精神激励主要有目标激励、荣誉激励、感情激励、信任激励、尊重激励。

三是任务激励。让个人肩负起与其才能相适应的重任，由社会提供个人获得成就和发展的机会，满足其事业心与成就感。

四是数据激励。明显的数据对人产生明显的印象，激发强烈的干劲。数据激励，就是把各人的行为结果用数字对比的形式反映出来，以激励上进，鞭策后进。

五是强化激励。对良好行为给予肯定，即正强化，使之能继续保持；对不良行为给予否定与惩罚，即负强化，使之能记住教训，不再犯同样的错误。

激励机制对个人的某种符合组织期望的行为具有反复强化、不断增强的作用，在这样的激励机制作用下，组织不断发展壮大，不断成长。此外，尽管激励机制设计者的初衷是希望通过激励机制的运行，能有效地调动个人的积极性，实现组织的目标，但是，无论是激励机制本身不健全，还是激励机制不具有可行性，都会对一部分人的积极性起抑制作用和削弱作用，这就是激励机制的致弱作用。

个人利益与集体利益的完美统一——激励相容

哈维茨创立的机制设计理论中“激励相容”是指：在市场经济中，每个理性经济人都会有自利的一面，其个人行为会按自利的规则行为行动；如果能有一种制度安排，使行为人追求个人利益的行为，正好与企业实现集体价值最大化的目标相吻合，这一制度安排，就是“激励相容”。现代经济学理论与实践表明，贯彻“激励相容”原则，能够有效地解决个人利益与集体利益之间的矛盾冲突，使行为人的行为方式、结果符合集体价值最大化的目标，让每个员工在为企业多作贡献中成就自己的事业，即个人价值与集体价值的两个目标函数实现一致化。

参与者理性实现个体利益最大化的策略，与机制设计者所期望的策略一致，从而使参与者自愿按照机制设计者所期望的策略采取行动。简单来说就是，没有人可以通过损害集体利益去实现自己利益的最大化。个人的利益和集体的利益是一致的，每个人努力为实现自己利益的目标工作，得到的结果也是集体利益的最大化。

就目前的实际情况而言，许多企业存在着激励不相容问题，在具体工作中表现为，企业认为职工“没有集体观念”“个人得失看得太重”等；另一方面，个人则认为企业“没有为个人的发展提供足够的空间”“制度设计不合理，抑制个人才能的发挥”“劳动成果没有得到相应的报酬与认可”等等。这些现实的矛盾与冲突，根本原因就在于激励相容机制的缺失，使得企业与个人在实现各自价值的过程目标函数产生了异化，进而表现出了企业与个人的“相互抱怨”。那么，如何才能设计出个人与企业价值的激励相容机制，从而实现两者价值最大化的“双赢”之道呢？

一是要设计合理的激励机制及手段。产生“相互抱怨”的企业都有一个共同的特点，即激励机制的缺失或扭曲。论资排辈、岗位僵死、固定的工资、平均的福利等现象在一些企业普遍存在，企业对个人的考核主要是根据资历、学历、职务或职称来确定。这种情况下，鼓励了员工片面地追求高学历、高职务、高职称，忙于应付各种考核，把相当一部分精力放在满足这些指标上，而忽视了实际能力的培养和发展。造成的结果是劳动报酬与劳动贡献发生偏离，影响了员工的工作态度，甚至出现怠工、出工不出力、出力不出活现象。解决问题的途径就是要设计合理的激励机制及手段，要将劳动贡献与报酬直接挂钩，淡化资历、学历、职称等对收入的影响，破除唯学历、资历、身价等条条框框，不拘一格选拔人才、使用人才、培养人才。激励手段中要将个人的收入更多地以货币收入的形式体现，尽量抑制个人对非货币收入的动机，使个人与集体的两个目标函数一致，使两者的价值追求“相容”，为实现个人与企业的“双赢”打下良好的制度基础。

二是要为员工提供多渠道的职业发展路径。目前，大多数企业员工的薪酬待遇是随着个人管理地位的提高而增加的，也就是说，对于从事具体业务的人而言，要想收入提高，就需谋得较高的管理职位。这种实质上收入分配的职务化，导致了员工个人发展路径的盲目化。一些员工本身优势在于专业项，但为了更高的物质收入，不得不把相当一部分精力从钻研业务中抽出来，去谋“职”、求“位”。为员工设计多渠道的职业发展路径就可以有效地解决这个问题。20 世纪初，美国在一些企业实施的“双阶梯激励机制”，是为了给组织中的专业技术人员提供与管理人员平等的职业发展机会而设计的一种职业生涯系统和激励机制。在这种机制下，专业技术人员的职业生涯可以有两条平等的路径：一条是管理职业生涯路径；一条是技术职业生涯路径，走技术阶梯的人员能够与管理人员享有平等的发展机会和发展层级。这样，一方面，可以鼓励那些在业务技术上有优势和潜力的员工专心走业务技术的道路，为企业业务的创新与发展作出特有的贡献；另一方面，在一定程度上有效地扭转了员工把进入管理层作为唯一的职业发展道路的局面，为员工个人职业生涯打开更多的通道。

三是要塑造健康向上的企业文化来凝聚优秀人才。没有良好的企业文化，员工与企业很难做到真正意义上的休戚相关。实践表明，企业仅仅靠条条框框的“条例”“规章”“制度”是不能有效地解决组织运行中的诸多问题，尤其是不能使设计良好的公司治理结构发挥出应有的作用，而企业文化作为各种规章制度发挥作用的根基，作为可以使人心服的“软件”，在人力资源潜能的调动中具有重要的作用。要在管理中贯彻“以人为本”的思想，强调对人性的理解和尊重，按人性的规律对人进行管理，将企业的经营思想、价值理念、行为方式等整合到员工的思想和工作中去，促使每个员工的积极性得以充分释放。

只有充分尊重劳动成果、激发个人潜能的制度设计，才是有效的、激励相容的制度。企业在设计激励相容机制时，要真正做到岗有所需、人有所值，实现人力资源配置最优化，切实把人力资源变为人力资本，保证企业价值实现的同时，能够使员工自身的优势和特长得到充分发挥，促进整体素质的提高、知识的升华和价值的实现。唯有如此，才能真正实现个人与企业价值的“双赢”。

制度和纪律是不可触摸的铁网——热炉法则

火炉面前人人平等，谁摸谁挨烫，这就是“热炉法则”。三国时代孔明挥泪斩马谡的故事就是热炉法则的应用。

马谡是诸葛亮的一员爱将。诸葛亮在与司马懿对战街亭时，马谡自告奋勇要出兵守街亭。诸葛亮虽然很赏识他，但知道马谡做事未免轻率，因而不敢轻易答应他的请求。但马谡表示愿立军令状，若失败就处死全家，诸葛亮只好同意给他这个机会，并指派王平将军随行，并交代马谡在安置完营寨后须立刻回报，有事要与王平商量，马谡一一答应。可是军队到了街亭，马谡执意扎营在山上，完全不听王平的建议，而且没有遵守约定将安营的阵图送回本部。司马懿派兵进攻街亭时，在山下切断了马谡军的粮食及水的供应，使得马谡兵败如山倒，蜀国的重要据点街亭因而失守。面对爱将的重大错误，诸葛亮没有姑息他，而是马上挥泪将其处斩了。

诸葛亮不因为马谡是自己的爱将就网开一面，保证了惩罚的平等性。事前预立军令状，做到了预防性。撤军后马上执行斩刑，体现了即时性。正因此，才使蜀国在实力最弱的情况下存活了那么长时间，军队也保持了长久的战斗力。

组织制订所有的制度、标准、规范都是为了执行，不执行，再好的制度也只不过是废纸一张，甚至比没有制度的危害性更大。怎样才能严格执行呢？那就是运用“热炉法则”。“热炉法则”向我们形象地阐述了执行制度时惩处的原则：

（1）热炉火红，不用手去摸也知道炉子是热的，是会灼伤人的预防性原则。这就要求领导者要经常对下属进行规章制度教育，以警告或劝诫不要触犯规章制度，否则会受到惩处。

（2）每当你碰到火炉，肯定会被灼伤的必然性原则。只要触犯单位的规章制度，就一定会受到惩处。

（3）当你碰到热炉时，立即就被灼伤的即时性原则。惩处必须在错误行为发生后立即进行，绝不拖泥带水，以便达到及时改正错误行为的目的。

（4）不管谁碰到热炉，都会被灼伤的公平性原则。对公平的追求来源于人类的天性，只有公平的制度才可能得到大家的认可及拥护。

（5）不管在任何时候碰到热炉，都会被灼伤的有效性原则。

制度明确规定了员工该做什么，不该做什么，就好像是标明了在哪里有“热炉”，一旦碰上它，就一定会受到惩罚。

海尔集团有个规定，所有员工走路都必须靠右行，在离开座位时则需将椅子推进桌洞里，否则，都将被课以罚款。在实践中，海尔就是这样做的。在奥克斯集团的各项纪律中，有一项规定是开会时不得有手机铃声，若违反，每次罚款50元。在奥克斯集团内，无论大会小会，都不会受手机铃声的干扰，即使是刚进奥克斯的新人也知道必须养成这样的良好习惯，绝不触犯。

这些企业之所以做这样的规定，用意无非是希望全体员工在心目中形成一种强烈的观念：制度和纪律是一个不可触摸的“热炉”。只有这样，才能做到令行禁止、不徇私情，真正实现“热炉法则”。

“热炉法则”不仅适用于企业管理，更适用于惩治腐败。纵观所有的腐败案件，大多都是由于权力过于集中，导致监督失控或形同虚设而造成的。有的领导干部往往自视甚高，一旦手中有那么一点权力，就把自己置身于团队之外、集体之外、制度之外，不受任何约束和监控，失去监督，甚至操纵权柄，放任自己，不考虑自己违规行为，结果走上了犯罪道路。“热炉法则”强调公平公正，事先预警，事后严惩，不失为惩戒腐败的利器。

在运用“热炉法则”的同时，我们也应看到，“热炉法则”的缺陷。惩罚制度毕竟是手段而不是目的，使用过滥就会适得其反。犯错误的载体人，是有血、有肉、有思想、有情感的，所以在达到处罚目的的同时，要充分考虑受罚员工的想法和承受能力，对不同状态的员工采取相应的方法与对策。从而达到通过处罚，教育员工，规范行为，促进发展的目的。并从技能培训、企业文化建设和建立科学的奖惩机制入手，使员工心悦诚服、勇于认错。这样的话，热炉给员工的就不仅仅有烫的感觉，也有温暖的感觉。

·第四章·

如何打理自己的财富：投资理财要懂的经济学

第一节　货币

认识孔方兄——货币起源

在太平洋某些岛屿和若干非洲民族中，以一种贝壳——“加马里”货币来交税，600个“加马里”可换一整袋棉花。再如美拉尼西亚群岛的居民普遍养狗，所以就以狗牙作货币，一颗狗牙大约可买100个椰子，而娶一位新娘，必须给她几百颗狗牙作礼金！

在太平洋加罗林群岛中的雅浦岛，这里的居民使用石头货币。这里每一枚货币叫作“一分”，但这样的“一分”绝不可以携带在身上。因为它是一个“庞然大物”的圆形石头，中心还有一个圆窟。按照当地人的规定，“分”的体积和直径越大，价值就越高。因此有的价值高的“分”的直径大到5米。这种货币是用石灰岩的矿物——文石刻成的，但雅浦岛上没有文石，当地人要远航到几百里外的帕拉乌岛把大石打下，装在木筏上运回。单是海上那惊险百出的航程，就要历时几个星期。

巨大的石头货币，有优点也有缺点。优点是不怕盗窃、不怕火烧水浸、经久耐磨；缺点是不易搬运、携带不得。所以用这种货币去购物时，必须要把货主带到石头货币旁边察看成色，然后讲价。由于搬运艰难，人们卖掉货物换来的石头货币，只好打上印戳，让它留在原地，作为自己的一笔“不动产”。

为什么狗牙和石头也能成为货币？货币为什么能买到任何东西？要解开货币的有关疑问，就必须了解货币是怎么来的。

货币的前身就是普普通通的商品，它是在交换过程中逐渐演变成一般等价物的。货币是商品，但又不是普通商品，而是特殊商品。货币出现后，整个商品世界就分裂成为两极：一极是特殊商品——货币；另一极是所有的普通商品。普通商品是以各种各样的使用价值的形式出现；而货币则是以价值的体化物或尺度出现。普通商品只有通过与货币的比较，其价值才能得到体现，所有商品的价值只有通过与货币的比较之后，相互之间才可以比较。

货币的发展一共经历了如下几个阶段：

（1）物物交换。人类使用货币的历史产生于物物交换的时代。在原始社会，人们用以物易物的方式，交换自己所需要的物资，比如一只羊换一把石斧。但是有时候受到用于交换的物资种类的限制，不得不寻找一种能够为交换双方都接受的物品。这种物品就是最原始的货币。牲畜、盐、稀有的贝壳、珍稀鸟类羽毛、宝石、沙金、石头等不容易大量获取的物品都曾经作为货币使用过。

在人类早期历史上，贝壳因为其不易获得，充当了一般等价物的功能，“贝”因此成为最原始的货币之一。今天的汉字如“赚”“赔”“财”等，都有“贝”字旁，就是当初贝壳作为货币流通的印迹。

（2）金属货币。经过长年的自然淘汰，在绝大多数社会里，作为货币使用的物品逐渐被金属所取代。使用金属货币的好处是它的制造需要人工，无法从自然界大量获取，同时还易储存。数量稀少的金、银和冶炼困难的铜逐渐成为主要的货币金属。某些国家和地区使用过铁质货币。

早期的金属货币是块状的，使用时需要先用试金石测试其成色，同时还要称重量。随着人类文明的发展，逐渐建立了更加复杂而先进的货币制度。古希腊、罗马和波斯的人们铸造重量、成色统一的硬币。这样，在使用货币的时候，既不需要称重量，也不需要测试成色，无疑方便得多。这些硬币上面带有国王或皇帝的头像、复杂的纹章和印玺图案，以免伪造。

中国最早的金属货币是商朝的铜贝。商代在我国历史上也称青铜器时代，当时相当发达的青铜冶炼业促进了生产的发展和交易活动的增加。于是，在当时最广泛流通的贝币由于来源的不稳定而使交易发生不便，人们便寻找更适宜的货币材料，自然而然集中到青铜上，青铜币便应运而生。但这种用青铜制作的金属货币在制作上很粗糙，设计简单，形状不固定，没有使用单位，在市场上也未达到广泛使用的程度。由于其外形很像作为货币的贝币，因此人们大都将其称为铜贝。

铜贝产生以后，它是与贝币同时流通的。铜贝发展到春秋中期，又出现了新的货币形式，即包金铜贝，它是在普通铜币的外表包一层薄金，既华贵又耐磨。铜贝不仅是我国最早的金属货币，也是世界上最早的金属货币。

（3）金银。西方国家的主币为金币和银币，辅币以铜、铜合金制造。随着欧洲社会经济的发展，商品交易量逐渐增大，到15世纪时，经济发达的佛兰德斯和意大利北部各邦国出现了通货紧缩的恐慌。从16世纪开始，大量来自美洲的黄金和白银通过西班牙流入欧洲，挽救了欧洲的货币制度，并为其后欧洲的资本主义经济发展创造了起步的条件。

（4）纸币。随着经济的进一步发展，金属货币同样显示出使用上的不便。在大额交易中需要使用大量的金属硬币，其重量和体积都令人感到烦恼。金属货币使用中还会出现磨损的问题，据不完全统计，自从人类使用黄金作为货币以来，已经有超过两万吨的黄金在铸币厂里或者在人们的手中、钱袋中和衣物口袋中磨损掉。于是作为金属货币象征符号的纸币出现了。世界上最早的纸币是宋朝年间于中国四川地区出现的交子。

目前世界上共有200多种货币，流通于世界190多个独立国家和其他地区。作为各国货币主币的纸币，精美、多侧面地反映了该国历史文化的横断面，沟通了世界各国人民的经济交往。目前世界上比较重要的纸币包括美元、欧元、人民币、日元和英镑等。

随着信用制度的发展，存款货币和电子货币对于我们已经并不陌生，但新的货币形式还将不断出现。货币如同神秘的魔术，它神奇地吸引着人们的注意力，调动着人们的欲望，渗透到每一个角落，用一种看不见的强大力量牵引着人们的行为。我们要正确认识货币，更要正确使用货币。

货币为什么能买到世界上所有的商品——货币功能

在现代社会中，金钱可以说是无处不在，它早就渗透了人们衣、食、住、行的各个方面。一个人如果没有钱，那么他在社会上就寸步难行；如果有了钱，就可以得到物质享受。由于钱有这个作用，所以它就有了一种令人疯狂的魔力，被蒙上了一层神秘的面纱。

但是钱并不完全等于货币。按照经济学理论的解释，任何一种能执行交换媒介、价值尺度、延期支付标准或完全流动的财富储藏手段等功能的商品，都可被看作是货币。有人不禁要质疑上述的论断：人民币、美元、欧元才是货币，肥皂、洗衣粉之类的商品也能说是货币吗？在我们的生活中，肥皂、洗衣粉当然不能算是做货币。这是为什么呢？

要认识货币，必须要了解货币具有哪些职能：

（1）价值尺度。正如衡量长度的尺子本身有长度、称东西的砝码本身有重量一样，衡量商品价值的货币本身也是商品，具有价值。没有价值的东西，不能充当价值尺度。

在商品交换过程中，货币成为一般等价物，可以体现任何商品的价值，衡量一切商品的价值量。货币在执行价值尺度的职能时，并不需要有现实的货币，只需要观念上的货币。例如，1 辆自行车值 200 元人民币，只要贴上个标签就可以了。当人们在作这种价值估量的时候，只要在他的头脑中有多少钱的观念就行了。用来衡量商品价值的货币虽然只是观念上的货币，但是这种观念上的货币仍然要以实在的货币为基础。人们不能任意给商品定价，因为，在货币的价值同其他商品之间存在着客观的比例，这一比例的现实基础就是生产两者所耗费的社会必要劳动量。

商品的价值用一定数量的货币体现出来，就是商品的价格。价值是价格的基础，价格是价值的货币表现。货币作为价值尺度的职能，就是根据各种商品的价值大小，把它表现为各种各样的价格。例如，1 头牛值 2 两黄金，在这里 2 两黄金就是 1 头牛的价格。

（2）流通手段。在商品交换过程中，商品出卖者把商品转化为货币，然后再用货币去购买商品。在这里，货币发挥交换媒介的作用，执行流通手段的职能。

在货币出现以前，商品交换是直接的物物交换。货币出现以后，它在商品交换关系中则起媒介作用。以货币为媒介的商品交换就是商品流通，它由商品变为货币（W－G）和由货币变为商品（G－W）两个过程组成。由于货币在商品流通中作为交换的媒介，它打破了直接物物交换和地方的限制，扩大了商品交换的品种、数量和地域范围，从而促进了商品交换和商品生产的发展。

由于货币充当流通手段的职能，使商品的买和卖打破了时间和空间上的限制：一个商品所有者在出卖商品之后，不一定马上就去购买商品；一个商品所有者在出卖商品以后，可以就地购买其他商品，也可以在别的地方购买其他任何商品。

（3）贮藏手段。货币退出流通领域充当独立的价值形式和社会财富的一般代表而储存起来的一种职能。

货币作为贮藏手段，是随着商品生产和商品流通的发展而不断发展的。在商品流通的初期，有些人就把多余的产品换成货币保存起来，贮藏金银被看成是富裕的表现，这是一种朴素的货币贮藏形式。随着商品生产的连续进行，商品生产者要不断地买进生产资料和生活资料，但他生产和出卖自己的商品要花费时间，并且能否卖掉也没有把握。这样，他为了能够不断地买进，就必须把前次出卖商品所得的货币贮藏起来，这是商品生产者的货币贮藏。随着商品流通的扩展，货币的权力日益增大，一切东西都可以用货币来买卖，货币交换扩展到一切领域。谁占有更多的货币，谁的权力就更大，贮藏货币的欲望也就变得更加强烈，这是一种社会权力的货币贮藏。货币作为贮藏手段，可以自发地调节货币流通量，起着蓄水池的作用。

（4）支付手段。货币作为独立的价值形式进行单方面运动（如清偿债务、缴纳税款、支付工资和租金等）时所执行的职能。

因为商品交易最初是用现金支付的。但是，由于各种商品的生产时间是不同的，有的长些，有的短些，有的还带有季节性。同时，各种商品销售时间也是不同的，有些商品就地销售，销售时间短；有些商品需要运销外地，销售时间长。商品的让渡同价格的实现在时间上分离开来，即出现赊购的现象。赊购以后到约定的日期清偿债务时，货币便执行支付手段的职能。货币作为支付手段，开始是由商品的赊购、预付引起的，后来才慢慢扩展到商品流通领域之外，在商品交换和信用事业发达的经济社会里，就日益成为普遍的交易方式。

在货币当作支付手段的条件下，买者和卖者的关系已经不是简单的买卖关系，而是一种债权债务关系。货币一方面可以减少流通中所需要的货币量，节省大量现金，促进商品流通的发展。另一方面，货币进一步扩大了商品经济的矛盾。在赊买赊卖的情况下，许多商品生产者之间都发生了债权债务关系，如果其中有人到期不能支付，就会引起一系列的连锁反应，使整个信用关系遭到破坏。

（5）世界货币。货币在世界市场上执行一般等价物的职能。由于国际贸易的发生和发展，货币流通超出一国的范围，在世界市场上发挥作用，于是货币便有世界货币的职能。作为世界货币，必须是足值的金和银，而且必须脱去铸币的地域性外衣，以金块、银块的形状出现。原来在各国国内发挥作用的铸币以及纸币等在世界市场上都失去作用。

在国内流通中，一般只能由一种货币商品充当价值尺度。在国际上，由于有的国家用金作为价值尺度，有的国家用银作为价值尺度，所以在世界市场上金和银可以同时充当价值尺度。后来，在世界市场上，金取得了支配地位，主要由金执行价值尺度的职能。

国际货币充当一般购买手段，一个国家直接以金、银向另一个国家购买商品。同时作为一般支付手段，国际货币用以平衡国际贸易的差额，如偿付国际债务，支付利息和进行其他非生产性支付等。国际货币还充当国际间财富转移的手段，货币作为社会财富的代表，可由一国转移到另一国，例如，支付战争赔款、输出货币资本或由于其他原因把金银转移到外国去。在当代，世界货币的主要职能是作为国际支付手段，用以平衡国际收支的差额。

为什么货币符号能当钱花——纸币

如今，人们已经不再使用金币、银币或者铜板买东西了，而是用一种特殊的货币——纸币。从纸币本身的质地来看，它自身的价值几乎可以忽略不计。但是，纸币不仅可以交换任何商品，甚至连昔日的货币贵族——黄金也可以交换。这是为什么呢?

北宋初年，成都一带商业十分发达，通货紧张，而当时铸造的铁钱却流通不畅。因为铁钱易腐烂、价值低，十单位铁钱只相当于一单位铜钱，用起来极为笨重。比如，买一匹布需要铁钱两万，重达500斤！于是当地16家富户开始私下印制一种可以取代钱币、用楮树皮造的券，后来被称作“交子”。当地政府最初想取缔这种“新货币”，但是这种“新货币”在经济流通中作用却十分明显，于是决定改由官方印制。

《成都金融志》中的文字解释:“北宋益州的‘交子铺’实为四川历史上最早的货币金融机构，而益州的交子铺则是最早由国家批准设立的纸币发行机构。”“交子”的出现，便利了商业往来，弥补了现钱的不足，是我国货币史上的一大业绩。此外，“交子”作为我国乃至世界上发行最早的纸币，在印刷史、版画史上也占有重要的地位，对研究我国古代纸币印刷技术有着重要意义。

在商品货币时代，金属货币使用久了，就会出现磨损，变得不足值。人们就意识到可以用其他的东西代替货币进行流通，于是就出现了纸币。纸币在货币金融学中最初的定义为发挥交易媒介功能的纸片。

其实严格来说，纸币并不是货币，因为货币是从商品中分离出来的、固定充当一般等价物的商品。纸币由于没有价值，不是商品，所以也就不是货币。在现代金融学中，纸币是指代替金属货币进行流通，由国家发行并强制使用的货币符号。纸币本身没有和金属货币同样的内在价值，它本身的价值也比国家确定的货币价值小得多，它的意义在于它是一种货币价值的符号。

纸币诞生后，在很长的时间内只能充当金属货币（黄金或白银）的“附庸”，就像影子一样，不过是黄金的价值符号。国家以法律形式确定纸币的含金量，人们可以用纸币自由兑换黄金，这种货币制度也被称为金本位制。在很长的历史时期里，金本位制是人类社会的基本货币制度，但它存在着先天无法克服的缺陷。

困扰金本位制的就是纸币和黄金的比价和数量问题。当依据黄金发行纸币的时候，必须确定一个比价，而此后不论是黄金数量发生变化还是纸币数量发生变化，原先的比价都无法维持，金本位制也就无法稳定运行。这个问题在后来的布雷顿森林体系中仍然存在，并最终导致了布雷顿森林体系的崩溃。

金本位制最终崩溃并退出历史舞台表明，纸币再也不能直接兑换成黄金，也就是不能直接兑换回金属货币，纸币这个金属货币的“附庸”终于走上了舞台的中央，成为货币家族的主角。纸币成为本位货币，以国家信用作保障，依靠国家的强制力流通。

事实上，接受纸币也是需要一些条件的。只有人们对货币发行当局有充分的信任，并且印刷技术发展到足以使伪造极为困难的高级阶段时，纸币方可被接受为交易媒介。今天，我们所使用的纸币，如中国的人民币、美国的美元等是一个国家的法定货币，是这个国家的中央银行统一发行、强制流通，以国家信用为保障。私人不能印刷、发行货币。在我国，人民币是中华人民共和国的法定货币，由政府授权中国人民银行发行。

“无脚走遍天下”——电子货币

最近几十年来，信息技术把我们带入了一个新的时代，货币家族又增添了一个新的成员——电子货币。电子货币无影无形，它是以金融电子化网络为基础，以商用电子化机具和各类交易卡为媒介，以电子计算机技术和通信技术为手段，以电子数据形式存储在银行的计算机系统中，并通过计算机网络系统以电子信息传递形式实现流通和支付功能的货币。银行卡就是我们常见的电子货币的载体之一。

货币的每一次演变都让人感到惊奇。电子货币更是货币史上一次神奇的改变。近年来，随着 Internet 商业化的发展，电子商务化的网上金融服务已经开始在世界范围内开展。

难以置信，人们足不出户，就可以坐在家里在网上商店购买商品，鼠标一点就可以完成货币支付。走进商场享受购物快乐，也不需要带上厚厚的现金，只要带一张薄薄的磁卡，轻轻一刷输入密码就可以完成交易。甚至出国旅行，也只需要带上一张小小的磁卡就可以了。这就是电子金融服务。它的特点是通过电子货币在 Internet 上进行及时电子支付与结算。以致人们可随时随地完成购物消费活动，进行货币支付。

6 月的某天，北京正值盛夏，一直热衷于网购的小岩在客厅里一边吃西瓜，一边在线浏览琳琅满目的商品。这一次，在澳大利亚的一个网站上，她看上了一款澳洲本地羊皮袄，通过“海外宝”的简单几步点击操作，便很快将它收入囊中。2008 年 6 月 11 日，国内最大的独立第三方支付平台支付宝公司与澳大利亚领先的在线支付公司建立的中文购物平台“海外宝”正式上线。Paymate 将澳大利亚实体店铺商家的商品放在平台上，这个平台支持支付宝作为支付工具，通过统一的物流派送，使中国的消费者可以和在国内购物网站上购买一样，方便地购买到来自澳大利亚的各种商品。

像小岩热衷的网购实际上就是网上金融服务的一种，它包括了人们的各种需要内容，网上消费、家庭银行、个人理财、网上投资交易、网上保险等。为了确保信息安全，网上支付的电子交易需要安全认证、数据加密、交易确认等控制。而这一切，都依赖于电子货币的产生和发展。

电子货币的产生首先是因为电子商务的产生，因为电子商务最终还是需要支付结算，这就需要有电子支付。但电子货币本质上并没有改变货币的本质，只是在形式上发生了变化。电子货币的出现方便了人们外出购物和消费。现在电子货币通常在专用网络上传输，通过设在银行、商场等地的 ATM 机器进行处理，完成货币支付操作。电子支付手段大大减少了经济运行的成本。

欧洲人早在个人计算机出现之前就意识到电子支付的好处。长期以来，欧洲人采取的都是直接转账的方式，由银行直接为消费者支付账单转移资金。尤其芬兰和瑞典等互联网用户比例世界领先，三分之二的交易都是通过电子方式完成的。芬兰和瑞典等国家网络银行客户的比例也超过了世界上其他的国家。

就现阶段而言，大多数电子货币是以即有的实体货币（现金或存款）为基础存在的具备“价值尺度”和“流通手段”的基本职能，还有“价值保存”“储藏手段”“支付手段”“世界货币”等职能，且电子货币与实体货币之间能以 1 ∶ 1 比率交换这一前提条件而成立的。

因为只有在高科技基础建设存在的情况下，电子货币才能以有效率和有效的方式在电子商务中被使用。有人认为，欲使电子货币成为未来“可流通”的货币，并且能够“使人信赖其安全性”的话，则此安全性技术自应受到政府管制，若无一定的监管标准，电子货币的信用何存？又如何能流通？但是，这里的问题是，政府监管的尺度应如何把握？政府的过分管制就会对技术的发展造成妨碍，这对于快速发展的电子商务是致命的，但是如果不加以管制，电子货币的信用就难以树立。因此把握政府管制的尺度是非常重要的。

由于电子货币使用十分方便，几乎所有的支付都可以用电子支付的方式完成，网上支付和银行卡支付已经成为目前我国电子支付的主流。在我国，全国性的商业银行目前都开通了网上银行业务，绝大多数经济发达地区的地方性商业银行也开通了网上银行服务，另外还有100多家非金融机构在从事网上支付业务。

于是，人们提出一个构想：未来是否会进入一个无现金的社会？1975年，《商业周刊》曾经预言：“电子支付方式不久将改变货币的定义”，并将在数年后颠覆货币本身。但电子货币由于缺乏安全性和私密性，短时间内并不能导致纸币体系的消亡。正如马克·吐温所说：“对现金消亡的判断是夸大其词了。”作为转移支付手段，大多数电子货币不能脱离现金和存款，只是用电子化方法传递、转移，以清偿债权债务实现结算。因此，现阶段电子货币的职能及其影响，实质是电子货币与现金和存款之间的关系。

货币的“规矩”——货币制度

没有规矩，不成方圆。货币也有货币的规矩——货币制度。货币制度是国家对货币的有关要素、货币流通的组织与管理等加以规定所形成的制度。完善的货币制度能够保证货币和货币流通的稳定，保障货币正常发挥各项职能。货币制度由国家以法律的形式规定下来。一国的货币制度至少要明确以下几个问题：

（1）规定货币材料。规定货币材料就是规定币材的性质，确定不同的货币材料就形成不同的货币制度。比如，货币是用贝壳还是铜铁？是用金银还是纸张？但是哪种物品可以作为货币材料不是国家随心所欲指定的，而是对已经形成的客观现实在法律上加以肯定。目前各国都实行不兑现的信用货币制度，对货币材料不再做明确规定。

（2）规定货币单位。货币单位是货币本身的计量单位，规定货币单位包括两方面：一是规定货币单位的名称；二是规定货币单位的值。比如，过去铜钱的单位是“文”“贯”，金银的单位是“两”“斤”，人民币的单位是“元”。在金属货币制度条件下，货币单位的值是每个货币单位包含的货币金属重量和成色；在信用货币尚未脱离金属货币制度条件下，货币单位的值是每个货币单位的含金量；在黄金非货币化后，确定货币单位的值表现为确定或维持本币的汇率。

（3）规定流通中货币的种类。规定流通中货币的种类主要指规定主币和辅币。主币是一国的基本通货和法定价格标准，辅币是主币的等分，是小面额货币，主要用于小额交易支付。金属货币制度下主币是用国家规定的货币材料按照国家规定的货币单位铸造的货币，辅币用贱金属并由国家垄断铸造。信用货币制度下，主币和辅币的发行权都集中于中央银行或政府指定机构。

（4）规定货币法定支付偿还能力。货币法定支付偿还能力分为无限法偿和有限法偿。无限法偿指不论用于何种支付，不论支付数额有多大，对方均不得拒绝接受；有限法偿即在一次支付中有法定支付限额的限制，若超过限额，对方可以拒绝接受。金属货币制度下，一般而言主币具有无限法偿能力，辅币则是有限法偿。

（5）规定货币铸造发行的流通程序。货币铸造发行的流通程序主要分为金属货币的自由铸造与限制铸造、信用货币的分散发行与集中垄断发行。自由铸造指公民有权用国家规定的货币材料，按照国家规定的货币单位在国家造币厂铸造铸币，一般而言主币可以自由铸造；限制铸造指只能由国家铸造，辅币为限制铸造。信用货币分散发行指各商业银行可以自主发行，早期信用货币是分散发行，目前各国信用货币的发行权都集中于中央银行或指定机构。

（6）规定货币发行准备制度。货币发行准备制度是为约束货币发行规模维护货币信用而制定的，要求货币发行者在发行货币时必须以某种金属或资产作为发行准备。在金属货币制度下，货币发行以法律规定的贵金属作为发行准备；在现代信用货币制度下，各国货币发行准备制度的内容比较复杂，一般包括现金准备和证券准备两大类。

在漫漫历史长河中，随着货币的演变，货币制度也在不停地演变，先后存在过银本位制、金银复本位制、金本位制、纸币本位制。银本位制的本位货币是银；金本位制则以金为本位货币；金银复本位制的本位货币是金和银；纸币发行以这些金属货币为基础，可以自由兑换。后来随着经济社会的发展，金属货币本位制逐步退出了历史舞台，世界各地都确立了不兑现的信用货币制度，即纸币本位制。

（1）银本位制。是指以白银为本位货币的一种货币制度。在货币制度的演变过程中银本位的历史要早于金本位。银本位制的运行原理类似于金本位制，主要不同点在于以白银作为本位币币材。银币具有无限清偿能力，其名义价值与实际含有的白银价值一致。银本位分为银两本位与银币本位。

（2）金本位制。是指以黄金作为本位货币的货币制度。其主要形式有金币本位制、金块本位制和金汇兑本位制。

①金币本位制。金币本位制是以黄金为货币金属的一种典型的金本位制。其主要特点有：金币可以自由铸造、自由熔化；流通中的辅币和价值符号（如银行券）可以自由兑换金币；黄金可以自由输出输入。在实行金本位制的国家之间，根据两国货币的黄金含量计算汇率，称为金平价。

②金块本位制。金块本位制是指由中央银行发行、以金块为准备的纸币流通的货币制度。它与金币本位制的区别在于：其一，金块本位制以纸币或银行券作为流通货币，不再铸造、流通金币，但规定纸币或银行券的含金量，纸币或银行券可以兑换为黄金；其二，规定政府集中黄金储备，允许居民当持有本位币的含金量达到一定数额后兑换金块。

③金汇兑本位制。金汇兑本位制是指以银行券为流通货币，通过外汇间接兑换黄金的货币制度。金汇兑本位制与金块本位制的相同处在于规定货币单位的含金量，国内流通银行券，没有铸币流通。但规定银行券可以换取外汇，不能兑换黄金。本国中央银行将黄金与外汇存于另一个实行金本位制的国家，允许以外汇间接兑换黄金，并规定本国货币与该国货币的法定比率，从而稳定本币币值。

（3）金银复本位制。金银复本位制指一国同时规定金和银为本位币。在金银复本位制下金与银都如在金本位制或银本位制下一样，可以自由买卖，自由铸造与熔化，自由输出输入。

金银复本位制从表面上看能够使本位货币金属有更充足的来源，使货币数量更好地满足商品生产与交换不断扩大的需要，但实际上却是一种具有内在不稳定性的货币制度。“劣币驱逐良币”的现象，即金银两种金属中市场价值高于官方确定比价的不断被人们收藏时，金银两者中的“贵”金属最终会退出流通，使金银复本位制无法实现。

（4）纸币本位制。纸币本位制又称作信用本位制，从国家法律而论，纸币已经无须以金属货币作为发行准备。纸币制度的主要特征是在流通中执行货币职能的是纸币和银行存款，并且为通过调节货币数量影响经济活动创造了条件。

纸币制度自实行之日起就存在着不同的争论。主张恢复金本位的人认为只有使货币能兑换为金，才能从物质基础上限制政府的草率行为，促使政府谨慎行事。赞同纸币本位制的人则认为，在当今的经济社会中，货币供应量的变化对经济的影响十分广泛，政府通过改变货币供应量以实现预定的经济目标，已经成为经济政策的不可或缺的组成部分。

第二节　银行

金融机构家族的“老大哥”——银行

银行是通过存款、贷款、汇兑、储蓄等业务，承担信用中介的金融机构。它是金融机构之一，而且是最主要的金融机构，它主要的业务范围有吸收公众存款、发放贷款以及办理票据贴现等。那么，银行是怎么发展而来的呢？

中世纪的时候，欧洲只有两种人有钱，一种是贵族，另一种是主教。所以，银行是不必要的，因为根本没有商业活动。到了17世纪，一些平民通过经商致富，成了有钱的商人。他们为了安全，都把钱存放在国王的铸币厂里。那个时候还没有纸币，所谓存钱就是指存放黄金。因为那时实行“自由铸币”制度，任何人都可以把金块拿到铸币厂里，铸造成金币，所以铸币厂允许顾客存放黄金。

但是这些商人没意识到，铸币厂是属于国王的，如果国王想动用铸币厂里的黄金，那是无法阻止的。1638年，英国的国王查理一世同苏格兰贵族爆发了战争，为了筹措军费，他就征用了铸币厂里平民的黄金，美其名曰贷款给国王。虽然，黄金后来还给了原来的主人，但是商人们感到，铸币厂不安全。于是，他们把钱存到了金匠那里。金匠为存钱的人开立了凭证，以后拿着这张凭证，就可以取出黄金。

这时正是17世纪60年代末，现代银行就是从那个时候起诞生的。所以，世界上最早的银行都是私人银行，最早的银行券都是由金匠们发行的，他们和政府没有直接的关系。

从上面这段资料，大家就可以看出，银行起源于古代的货币经营业。而货币经营业主要从事与货币有关的业务，包括金属货币的鉴定和兑换、货币的保管和汇兑业务。当货币经营者手中大量货币聚集时就为发展贷款业务提供了前提。随着贷款业务的发展，保管业务也逐步改变成存款业务。当货币活动与信用活动结合时，货币经营业便开始向现代银行转变。1694 年，英国英格兰银行的建立，标志着西方现代银行制度的建立。

“银行”一词，源于意大利 Banca，其原意是“长凳、椅子”，是最早的市场上货币兑换商的营业用具。英语转化为 Bank，意为存钱的柜子。在我国，之所以有“银行”之称，则与我国经济发展的历史相关。在我国历史上，白银一直是主要的货币材料之一。“银”往往代表的就是货币，而“行”则是对大商业机构的称谓。把办理与银钱有关的大金融机构称为银行。

在我国，明朝中叶就形成了具有银行性质的钱庄，到清代又出现了票号。第一次使用银行名称的国内银行是“中国通商银行”，成立于 1897 年 5 月 27 日。最早的国家银行是 1905 年创办的“户部银行”，后称“大清银行”，1911 年辛亥革命后，大清银行改组为“中国银行”，一直沿用至今。

在我国，银行有多种分类方法，一般大而化之的分类方法是把银行按如下方法分类：

一类是中国人民银行，它是中央银行，在所有银行当中起管理作用。

一类是政策性银行，如农业发展银行、国家开发银行、进出口银行，它们一般办理政策性业务，不以营利为目的。

第三类是商业银行，又可分为全国性国有商业银行，如工行、农行、中行、建行；全国性股份制商业银行，如招商银行、华夏银行、民生银行；区域性商业银行，如广东发展银行；地方性商业银行，如武汉市商业银行、才上市的南京银行。不过，随着银行业务范围的扩大，这三种银行的区别正在缩小。

最后一类是外资银行。外资银行有很多，比较著名的有花旗银行、汇丰银行等等。外资银行一般都设在一线城市，它的业务与国内银行有很大不同，现在已逐步放开它的业务范围。

值得注意的是，银行是经营货币的企业，它的存在方便了社会资金的筹措与融通，它是金融机构里面非常重要的一员。商业银行的职能是由它的性质所决定的，主要有 5 个基本职能：

（1）信用中介职能。信用中介是商业银行最基本、最能反映其经营活动特征的职能。这一职能的实质，是通过银行的负债业务，把社会上的各种闲散货币集中到银行里来，再通过资产业务，把它投向经济各部门；商业银行是作为货币资本的贷出者与借入者的中介人或代表，来实现资本的融通，并从吸收资金的成本与发放贷款利息收入、投资收益的差额中获取利益收入，形成银行利润。商业银行通过信用中介的职能实现资本盈余和短缺之间的融通，并不改变货币资本的所有权，改变的只是货币资本的使用权。

（2）支付中介职能。银行除了作为信用中介，融通货币资本以外，还执行着货币经营业的职能。通过存款在账户上的转移，代理客户支付，在存款的基础上，为客户兑付现款等，成为工商企业、团体和个人的货币保管者、出纳者和支付代理人。

（3）信用创造功能。商业银行在信用中介职能和支付中介职能的基础上，产生了信用创造职能。以通过自己的信贷活动创造和收缩活期存款，而活期存款是构成货币供给量的主要部分。因此，商业银行就可以把自己的负债作为货币来流通，具有了信用创造功能。

（4）金融服务职能。随着经济的发展，工商企业的业务经营环境日益复杂化，许多原来属于企业自身的货币业务转交给银行代为办理，如发放工资、代理支付其他费用等。个人消费也由原来的单纯钱物交易，发展为转账结算。现代化的社会生活，从多方面给商业银行提出了金融服务的要求。

（5）调节经济职能。调节经济是指银行通过其信用中介活动，调剂社会各部门的资金短缺，同时在央行货币政策和其他国家宏观政策的指引下，实现经济结构、消费比例投资、产业结构等方面的调整。此外，商业银行通过其在国际市场上的融资活动还可以调节本国的国际收支状况。

商业银行的“本钱”——银行资本金

做生意必须要有本钱。如果有人想做生意，而自己一分本钱都没有，你敢借钱给他吗？同样的道理，商业银行也要有自己的本钱，即资本金。谁敢把钱存进没有本钱的银行呢？

资本金是商业银行的立身之本。没有本钱或者本钱过少，商业银行就无法经营。商业银行的资本金与一般企业的资本金是大不相同的。按照国际惯例，企业负债率（即负债占总资产的比率）通常在60%～70%，资本金比率在30%～40%。但商业银行是特殊的企业，它的资金80%～90%是从各种各样的客户手中借来的，它的资本金只占全部资产的10%左右。各国的商业银行法均为商业银行设有最低注册资本限额的规定。此外，根据巴塞尔协议，商业银行的资本充足率要达到8%，其中核心资本要达到4%。

中外贸易的早期，香港的金融业务一般由主要的大洋行，比如怡和和旗昌来兼营。另外，一些总部在英国和印度的银行也在香港做一些金融业务，比如汇理银行、渣打银行等。只不过这些银行的重心并不在香港，因此，所提供的金融服务并不能完全满足贸易的需要。到了19世纪60年代，这种金融服务的欠缺状况已经越来越明显。

在印度的英国商人敏锐地意识到了这个商业机会。孟买的一些英国商人开始筹建面向中国市场的“中国皇家银行”。这个消息传到香港以后，引起了另一个英国人的注意，这个英国人就是汇丰银行的主要发起人苏石兰。当时，苏石兰是著名的大英轮船公司在香港的代理人，已经在港工作了十多年。由于大英轮船公司的声望和他本人的资历，苏石兰在香港已经有了相当程度的号召力。苏石兰决心抢先开办一家银行，方便在香港和日益兴盛的上海等地区进行贸易活动的洋行中的商人们的经济往来。

苏石兰拿着银行成立的计划书，走遍了香港的主要大洋行，希望得到这些洋行的支持，他本人持有注册资本金500万港元。大多数有名的洋行都欣然同意入股，所需资金很快募足。1864年8月6日，汇丰银行召开了由多家洋行参加的临时委员会第一次会议。1865年年初，汇丰完成筹备工作。3月3日，汇丰银行正式开业，总部就设在今天香港汇丰银行的所在地。140多年来，这个地址始终未变。如今的汇丰银行总部仍然保持着那个时代的印记，那老式的建筑记录了现代银行业的发展轨迹。

汇丰银行为什么能在短短的时间之内就迅速地成立起来？这都得益于创始人苏石兰获得了充足的资本金，这是任何一家银行成立必不可少的一大笔本钱。

从本质上看，属于商业银行的自有资金才是资本，它代表着投资者对商业银行的所有权，同时也代表着投资者对所欠债务的偿还能力。但是，在实际工作中，一些债务、商业银行持有的长期债券也被当作银行资本。

在日常经营和保证长期生存能力中，商业银行的资本金起到了关键的作用，这种关键的作用主要体现在6大方面：

（1）资本金是一种减震器。当管理层注意到银行的问题并恢复银行的营利性之前，资本通过吸纳财务和经营损失，降低了银行破产的风险。

（2）在存款流入之前，资本为银行注册、组建和经营提供了所需资金。一家新银行需要启动资金来购买土地、盖新楼或租场地、装备设施，甚至聘请职员，而这些都离不开大量的资金。

（3）资本增强了公众对银行的信心，消除了债权人（包括存款人）对银行财务能力的疑虑。银行必须有足够的资本，才能使借款人相信银行在经济衰退时也能满足其信贷需求。

（4）资本为银行的增长和新业务、新计划及新设施的发展提供资金。当银行成长时，它需要额外的资本，用来支持其增长并且承担提供新业务和建新设施的风险。大部分银行最终的规模超过了创始时的水平，资本的注入使银行在更多的地区开展业务，建立新的分支机构来满足扩大的市场和为客户提供便利的服务。

（5）资本作为规范银行增长的因素，有助于保证银行实现长期可持续的增长。管理当局和金融市场要求银行资本的增长大致和贷款及其风险资产的增长一致。因此，随着银行风险的增加，银行资本吸纳损失的能力也会增加，银行的贷款和存款如果扩大得太快，市场和管理机构就会给出信号，要求它或者放慢速度，或者增加资本。

（6）资本在银行兼并的浪潮中起了重要作用。根据规定，发放给一个借款人的贷款限额不得超过银行资本的15%，因此，资本增长不够快的银行会发觉自己在争夺大客户的竞争中失去了市场份额。

商业银行的资本金可以说是商业银行的命脉所在，是关系银行稳定的重要支柱。因此，金融监管部门和国际上的金融监管组织都对商业银行的资本金充足水平作出了较严格的规定，同时严格加以监督。

在稳定中增值——储蓄

中国人有储蓄的传统。过日子，一般都会积攒一部分以备将来的开销，像购房、看病、子女上学、自己养老，都需要大笔开支，都得事先积蓄准备。节省出来的钱放在哪里呢？放在家里不安全，投入股市风险又太大，一般人都会选择存进银行。储蓄是指存款人在保留所有权的条件下，把使用权暂时转让给银行或其他金融机构的资金或货币，这是最基本也最重要的金融行为或活动。

存款是银行最基本的业务之一，没有存款就没有贷款，也就没有银行。从产生时间来看，存款早于银行。中国在唐代就出现了专门收受和保管钱财的柜坊，存户可凭类似支票的“贴”或其他信物支钱。中世纪在欧洲出现的钱币兑换商也接受顾客存钱，属钱财保管性质，不支付利息，是外国银行存款业务的萌芽。随着银行和其他金融机构的出现，银行的储蓄存款业务得到迅速发展。

中国的老百姓有储蓄的传统，只不过在以前，人们储蓄是选择自己保存金钱，如今选择银行保存现金。在我国，储蓄存款的基本形式一般可分为活期储蓄和定期储蓄两种。

活期储蓄指不约定存期、客户可随时存取、存取金额不限的一种储蓄方式。活期储蓄是银行最基本、常用的存款方式，客户可随时存取款，自由、灵活调动资金，是客户进行各项理财活动的基础。活期储蓄以1元为起存点，外币活期储蓄起存金额为不得低于20元或100元人民币的等值外币（各银行不尽相同），多存不限。开户时由银行发给存折，凭折存取，每年结算一次利息。活期储蓄适合于个人生活待用款和闲置现金款，以及商业运营周转资金的存储。

定期储蓄存款是约定存期，一次或分次存入，一次或多次取出本金或利息的一种储蓄存款。定期储蓄存款存期越长利率越高。我国各大银行的定期储蓄主要包括：整存整取定期储蓄存款、零存整取定期储蓄存款、存本取息定期储蓄存款、定活两便储蓄存款、通知存款、教育储蓄存款、通信存款。

选择储蓄，图的是安全稳妥，所以在选择储蓄品种时，应当首先考虑方便与适用，在此基础上，再考虑怎么获得更多利息。日常的生活费、零用钱，由于需要随时支取，最适合选择活期储蓄。如果有一笔积蓄在很长时间内不会动用，可以考虑整存整取定期存款，以便获得较高的利息，存款期限越长，利息越高。如果要为子女教育提前积蓄资金，也可以选择银行开办的教育储蓄。

对于普通老百姓而言，储蓄是最基本的金融活动，储蓄理应成为每个人生活必不可少的一部分。

藤田田是日本所有麦当劳快餐店的主人。但他年轻的时候，麦当劳是世界闻名的连锁快餐公司，想要获得特许经营权，至少要有75万美元的现金，但藤田田只有5万美元。为了实现经营麦当劳的理想，藤田田决定去贷款。一天早上，他敲响了日本住友银行总裁办公室的门。银行总裁问他现在手里的现金有多少。“我有5万美元！”“那你有担保人吗？”总裁问。藤田田说：“没有。”总裁委婉地拒绝他的要求。在最后时刻，藤田田说：“您能不能听听我那5万美元的来历？”总裁点头默许。于是藤田田开始说道：“您也许会奇怪，我这么年轻怎么会拥有这笔存款？因为几年来我一直保持着存款的习惯，无论什么情况发生，我每个月都把工资奖金的三分之一存入银行。不论什么时候想要消费，我都会克制自己咬牙挺过来。因为我知道，这些钱是我为干一番事业积攒下来的资本。”听了这话，总裁不禁被这个年轻人的毅力和恒心触动了。接下来，他给藤田田存款的银行打去电话，得到了对方银行肯定的答复。放下电话，他告诉藤田田：“我们住友银行无条件地支持你经营麦当劳的举动，请来办理贷款手续吧！”

这位总裁后来对藤田田说道：“藤田田先生，我的年龄是你的两倍，我的工资是你的三十倍，可是我的存款到现在都没有你多。年轻人，你会很了不起的。我不会看错人的，加油吧！”在银行的这位贵人的帮助下，藤田田成为日本商界叱咤风云的人物。

想不到吧，存款有时候会给人生带来这么大的机遇。对于普通人来说，储蓄存款是必要的理财手段之一。由于现阶段众多家庭的投资风险承受能力有限，很多居民选择将闲置资金存入安全性高的银行。面对商业银行众多的储蓄存款业务，该如何为自己选择最合适的储蓄品种组合呢？选择合适的储蓄方法，应该选择最划算的储蓄方法。下面介绍 3 种储蓄组合方法：

1. 阶梯存储法

以 5 万元为例。2 万元存活期，便于随时支取；3 万元中，1 年期、2 年期、3 年期定期储蓄分别存 1 万元。1 年后，将到期的 1 万元再存 3 年期，依此类推，3 年后持有的存单则全部为 3 年期的，只是到期的年限不同，依次相差 1 年。这种方法的优点是：年度储蓄到期额保持等量平衡，既能应对储蓄利率的调整，又可获取 3 年期存款的较高利息。适宜于工薪家庭为子女积累教育基金等。

2. 连月存储法

每月存入一定的钱款，所有存单年限相同，到期日期也分别相差 1 个月。这种方法能最大限度发挥储蓄的灵活性，一旦急需，可支取到期或近期的存单，减少利息损失。

3. 组合存储法

存本取息与零存整取相组合的储蓄方法。先存为存本取息储蓄，1 个月后取出利息，再存为零存整取储蓄，以后每月照此办理。这样，存本取息储蓄的利息，在存入零存整取储蓄账户后又获得了利息。

贷款也有好坏之分——贷款

贷款是银行或其他金融机构按一定利率和必须归还等条件出借货币资金的一种信用活动形式。广义的贷款指贷款、贴现、透支等出贷资金的总称。银行通过贷款的方式将所集中的货币和货币资金投放出去，可以满足社会扩大再生产对补充资金的需要，促进经济的发展；同时，银行也可以由此取得贷款利息收入，增加银行自身的资金积累。

对于创业以及需要大笔资金的人来说，借贷是最快捷的筹集资金的方式。而且，聪明的借贷方式还能让你获得巨大的成功，你不但能够利用别人的资本赚钱，你赢得的部分，还有可能远远超过你借贷过程当中所要支付的利息。但前提是你要拥有让人值得信赖的信誉——按期还贷。

1960 年，28 岁的阿克森还在纽约自己的律师事务所工作。面对众多的大富翁，阿克森不禁对自己清贫的处境感到不满。他决心要闯荡一下。

有一天，他来到事务所邻街的一家银行，找到这家银行的借贷部经理后，阿克森声称要借一笔钱，修缮律师事务所。当他走出银行大门的时候，他的手中已经握有 1 万美元的现金支票。接着，阿克森把这 1 万美元存入了另一家银行。然后，阿克森又走了两家银行，重复了同样的做法。这两笔共 2 万美元的借款利息，用他的存款利息相抵，相差不了多少。几个月后，阿克森就把存款取了出来，还给了两家银行。这样，阿克森便在这几家银行建立了初步信誉。此后，阿克森便在更多的银行之间玩弄这种短期借贷和提前还债的把戏，但是数额越来越大。不到一年的时间，阿克森就建立了可靠的银行信用。

有了可靠的信誉，不久，阿克森就在银行借来了 10 万美元，买下了费城一家濒临倒闭的公司。当时是 20 世纪 60 年代的美国，到处都充满机会。8 年之后，在阿克森的用心经营下，他已经拥有高达 1.5 亿美元的资产！

阿克森就这样运用他聪明的头脑，在银行获得了足够的贷款，开始了创业的历程。其实不仅阿克森，几乎所有梦想创业的人都在梦寐以求得到一笔贷款。

如今，银行为了防止出现贷款坏账，提高贷款质量，需要对已经发放的贷款进行谨慎科学的管理，密切监控贷款的风险，所以要对贷款进行科学分类。

1998 年以前，中国商业银行将贷款划分为正常、逾期、呆滞、呆账四种类型，后三种合称为不良贷款，在我国简称“一逾两呆”。逾期贷款是指逾期未还的贷款，只要超过一天即为逾期；呆滞是指逾期两年或虽未满两年但经营停止、项目下马的贷款；呆账是指按照财政部有关规定确定已无法收回，需要冲销呆账准备金的贷款。中国商业银行的呆账贷款大部分已形成应该注销而未能注销的历史遗留问题。

这种分类方法简单易行，在当时的企业制度和财务制度下，的确发挥了重要的作用。但是，随着经济改革的逐步深入，这种办法的弊端逐渐显露，已经不能适应经济发展和金融改革的需要了。比如未到期的贷款，无论是否事实上有问题，都视为正常，显然标准不明。再比如，把逾期一天的贷款即归为不良贷款似乎又太严格了。另外，这种方法是一种事后管理方式，只有超过贷款期限，才会在银行的账上表现为不良贷款。因此，它对于改善银行贷款质量、提前对问题贷款采取一定的保护措施，常常是无能为力的。所以，随着不良贷款问题的突出，这种分类方法也到了非改不可的地步。

从1998年起，依据中国人民银行制定的《贷款风险分类指导原则》，我国银行开始施行新的贷款五级分类办法。贷款五级分类是目前国际上通行的比较科学的贷款划分方法，从每笔贷款偿还的可能性出发，把贷款划分为5个档次，评估贷款的质量和真实价值。

（1）正常贷款。借款人有能力履行承诺，还款意愿良好，经营、财务等各方面状况正常，能正常还本付息，银行对借款人最终偿还贷款有充分把握。借款人可能存在某些消极因素，但现金流量充足，不会对贷款本息按约足额偿还产生实质性影响。

（2）关注贷款。尽管借款人目前有能力偿还贷款本息，但存在一些可能对偿还产生不利影响的因素，如这些因素继续下去，借款人的偿还能力受到影响，贷款损失的概率不会超过5%。

（3）次级贷款。借款人的还款能力出现明显问题，完全依靠其正常营业收入无法足额偿还贷款本息，需要通过处分资产或对外融资乃至执行抵押担保来还款付息。贷款损失的概率在30% ~ 50%。

（4）可疑贷款。借款人无法足额偿还贷款本息，即使执行抵押或担保，也肯定要造成一部分损失，只是因为存在借款人重组、兼并、合并、抵押物处理和未决诉讼等待定因素，损失金额的多少还不能确定，贷款损失的概率在50% ~ 75%之间。

（5）损失贷款。指借款人已无偿还本息的可能，无论采取什么措施和履行什么程序，贷款都注定要损失了；或者虽然能收回极少部分，但其价值也是微乎其微，从银行的角度看，也没有意义和必要再将其作为银行资产在账目上保留下来，对于这类贷款在履行了必要的法律程序之后应立即予以注销，其贷款损失的概率在75% ~ 100%。

五级分类是国际金融业对银行贷款质量的公认的标准，这种方法是建立在动态监测的基础上，通过对借款人现金流量、财务实力、抵押品价值等因素的连续监测和分析，判断贷款的实际损失程度。也就是说，五级分类不再依据贷款期限来判断贷款质量，能更准确地反映不良贷款的真实情况，从而提高银行抵御风险的能力。

银行不是“保险箱”——银行风险

当你领到现金薪水时，如果有一部分不着急用，你可能立刻就想到把钱存到银行，因为你担心现钞揣在身上或者藏在家里很不安全。但是，也许你没有想过，银行也不是绝对安全的“保险箱”，同样面临着很多风险。那么商业银行主要面临哪些风险呢？

（1）信用风险。就是商业银行无法按期收回贷款本息的风险，这是商业银行最主要的风险。发放贷款是商业银行最传统也是最主要的业务，但贷款有可能由于种种原因收不回来，比如，由于贷款者恶意赖账或者由于贷款者无力偿还，形成坏账。一旦形成坏账，商业银行只能用资本金或者累积的盈余来弥补。当坏账规模过大，导致商业银行的资本耗尽、资不抵债时，商业银行只能破产倒闭。1982年夏天，意大利最大的私人银行阿姆伯西诺银行，因为无法收回在拉丁美洲的14亿美元贷款，致使银行资本严重亏空，最终这家拥有60亿美元存款的银行只好倒闭关门。

近几年来，国内经济进行体制改革，一些大中小型企业，由于长期运作不规范，造成企业严重亏损，以致形成银行有钱不敢贷款，企业生产缺乏资金、资信良好的企业不贷款，经营差的企业不能贷的局面。

（2）市场风险。是指由于利率、汇率、证券价格及其他资产和商品价格的波动给商业银行带来损失的风险。存款和贷款的利差是商业银行收入的主要来源，利率的波动自然会造成收入的波动。对于有些商业银行，尤其是那些开办跨国业务的银行，汇率波动也会给它们的外币资产带来贬值的风险。此外，一些实物资产的价格波动也会给商业银行带来风险。比如，用做贷款抵押物的房屋的价格跌了，也会间接给银行带来损失。

（3）操作风险。这是指由不完善或有问题的内部程序、人员及系统或外部事件所造成损失的风险。比如，由于银行内部控制不够严密，某个职员可能会违反规定错误操作或者干脆携款潜逃，给银行带来巨大损失。

这是一个操作风险的典型案例。1995 年 2 月 26 日，英国中央银行突然宣布：巴林银行不得继续从事交易活动并将申请破产清算。这则消息让全世界为之震惊，因为巴林银行是英国举世闻名的老牌商业银行，有着 233 年的悠久历史，在全球掌管着 270 亿英镑的资产，它曾经创造过无数令人羡慕的辉煌业绩，被人们看作是金融市场上一座辉煌耀眼的金字塔，连英国皇室的伊丽莎白二世和威廉王子都是它的顾客。这座久负盛名的“金字塔”怎么会一夜之间突然轰然倒塌呢？说起巴林银行破产的原因，更加让人难以置信：它竟葬送在巴林银行新加坡分行的一名普通职员之手！

搞垮这座“金字塔”的是一个刚满 28 岁，名叫尼克·里森的交易员。1992 年，里森加入巴林银行并被派往新加坡分行。由于工作勤奋、机敏过人，里森很快升任交易员，负责新加坡分行的金融衍生品交易。里森的主要工作是在日本的大阪及新加坡进行日经指数期货的套利活动。然而过于自负的里森并没有严格按照规则去做，他判断日经指数期货将要上涨，伪造文件、私设账户挪用大量的资金买进日经指数期货。1995 年日本神户大地震打碎了里森的美梦，日经指数大幅下挫，里森持有的期货头寸损失巨大。此刻如果里森立即平仓，损失还在可控的范围。然而自负的里森选择了孤注一掷，继续大量买进期货合约，结果损失进一步扩大。

1995 年 2 月 23 日，里森突然失踪，他失败的投机活动导致巴林银行的损失逾 10 亿美元之巨，已经远远超过了巴林银行 5.41 亿美元的全部净资产。英格兰银行束手无策，于 2 月 26 日正式宣告巴林银行破产。3 月 6 日，这家拥有 200 多年辉煌历史的老牌银行被荷兰商业银行以 1 英镑的象征性价格收购。

巴林银行破产的原因耐人寻味。从表面上看，巴林银行是由于里森个人的投机失败直接引发的。而实际上，深层次的原因在于巴林银行控制内部风险尤其是操作风险的制度相当薄弱。除此之外，商业银行还面临着国家风险、政策风险等。可见，银行面临的风险还真不少，必须要求监管当局加强对银行风险的防范和控制，既保护银行的利益，也保护存款人的利益。

监管当局首先要实行金融机构的市场准入监管。市场准入监管就是审查决定哪些人在什么情况下可以开办银行，哪些人在什么情况下不能开办银行。市场准入监管把那些有可能对存款人的利益或银行业健康运转造成危害的人和机构拒之门外。

在商业银行的日常运营中，监管当局需要严格监督银行的风险，主要包括资本充足率监管、损失准备金监管、流动性监管等。流动性是银行的资金周转能力，监管当局也应要求银行保持必要的流动性，以保证健康经营。

监管当局还肩负着惩治打击违法违规行为、维护正常金融秩序的使命。当商业银行或其他金融机构违规经营时，监管当局需要及时纠正，并对相关责任人和机构作出适当的处罚。

第三节 利率

神奇的指挥棒——利率

利率又称利息率，它表示的是一定时期内利息量与本金的比率，通常用百分比表示，按年计算则称为年利率。其计算公式是：

利息率＝利息量／本金／时间 ×100%

利率，就其表现形式来说，是指一定时期内利息额同借贷资本总额的比率。利率是单位货币在单位时间内的利息水平，表明利息的多少。利率通常由国家的中央银行控制。利率是经济学中一个重要的金融变量，几乎所有的金融现象、金融资产均与利率有着或多或少的联系。

利率与人们的生活联系较为紧密。在生活中，常常有民间借贷，有承诺的也好，无承诺的也好，还款时常要与同期的储蓄存款利息比一比。在炒股生涯中，常常要对自己的股票或资金算一算，自然而然要想到与同期的利率作比较。储蓄存款利率变了又变，涉及千家万户。但令人费解的是，利率为什么在不同的时期有不同的变化？这代表着什么？利率的高低又是由什么决定的？

现代经济中，利率作为资金的价格，不仅受到经济社会中许多因素的制约，而且利率的变动对整个经济产生重大的影响。因此，现代经济学家在研究利率的决定问题时，特别重视各种变量的关系以及整个经济的平衡问题。

凯恩斯认为储蓄和投资是两个相互依赖的变量，而不是两个独立的变量。在他的理论中，货币供应由中央银行控制，是没有利率弹性的外生变量。此时货币需求就取决于人们心理上的“流动性偏好”。而后产生的可贷资金利率理论是新古典学派的利率理论，是为修正凯恩斯的“流动性偏好”利率理论而提出的。在某种程度上，可贷资金利率理论实际上可看成古典利率理论和凯恩斯理论的一种综合。

英国著名经济学家希克斯等人则认为以上理论没有考虑收入的因素，因而无法确定利率水平，于是于1937年提出了一般均衡理论基础上的IS-LM模型，从而建立了一种在储蓄和投资、货币供应和货币需求这四个因素的相互作用之下的利率与收入同时决定的理论。

根据此模型，利率的决定取决于储蓄供给、投资需要、货币供给、货币需求四个因素，导致储蓄投资、货币供求变动的因素都将影响到利率水平。这种理论的特点是一般均衡分析。该理论在比较严密的理论框架下，把古典理论的商品市场均衡和凯恩斯理论的货币市场均衡有机地统一在一起。

各种利率是按不同的划分法和角度来分类的，以此更清楚地表明不同种类利率的特征。按计算利率的期限单位可划分为：年利率、月利率与日利率。按利率的决定方式可划分为：官方利率、公定利率与市场利率。按借贷期内利率是否浮动可划分为：固定利率与浮动利率。按利率的地位可划分为：基准利率与一般利率。按信用行为的期限长短可划分为：长期利率和短期利率。按利率的真实水平可划分为：名义利率与实际利率。按借贷主体不同划分为：中央银行利率，包括再贴现、再贷款利率等。商业银行利率，包括存款利率、贷款利率、贴现率等；非银行利率，包括债券利率、企业利率、金融利率等。按是否具备优惠性质可划分为：一般利率和优惠利率。

利率的各种分类之间是相互交叉的。例如，3年期的居民储蓄存款利率为4.95%，这一利率既是年利率，又是固定利率、差别利率、长期利率与名义利率。各种利率之间以及内部都有相应的联系，彼此间保持相对结构，共同构成一个有机整体，从而形成一国的利率体系。

通常计算利率的途径有若干种，现值是最简单的方式。其中最重要的就是到期收益率。也就是使债务工具所有未来回报的限制与其今天的价值相等的利率。所谓到期收益，是指债券持有到偿还期所获得的收益，包括到期的全部利息。

综合说来，利率出现的主要原因包括：

（1）延迟消费。当放款人把金钱借出，就等于延迟了对消费品的消费。根据时间偏好原则，消费者会偏好现时的商品多于未来的商品，因此在自由市场会出现正利率。

（2）预期的通胀。大部分经济会出现通货膨胀，代表一个数量的金钱在未来可购买的商品会比现在较少。因此，借款人需向放款人补偿此段期间的损失。

（3）代替性投资。借款人可以选择把金钱放在其他投资上。由于机会成本，借款人把金钱借出，等于放弃了其他投资的可能回报。

（4）投资风险。贷款人随时有破产、潜逃或欠债不还的风险，放款人需收取额外的金钱，以保证在出现这些情况时，仍可获得补偿。

（5）流动性偏好。人会偏好其资金或资源可随时交易，而不是需要时间或金钱才可取回，利息也是对此的一种补偿。

这里存在一个问题，作为利率应该通过市场和价值规律机制，在某一时点上由供求关系决定，它能真实地反映资金成本和供求关系。但是实际上，利率是由中央银行实施利率管制的，使利率尽力与市场变化相适应。

在现代社会中，利息和利率是沟通实物市场和货币市场的桥梁。无论你是大企业家还是一名普通工人都会关注利息和利率的变化情况。如果你是企业家，那么你会非常乐意在利率大幅下调后向银行进行巨额贷款以增加投资扩展自己的业务；如果你是普通工人，那么在利率大幅上升的时候，你也许会缩减自己的消费，将节省的钱存入银行来赚取利息。

利息收入赶不上物价上涨——负利率

你把钱存进银行里，过一段时间后，算上利息在内没有增值，反而贬值了。这就是负利率所引发的。负利率是指利率减去通货膨胀率后为负值。

你把钱存入银行，银行会给你一个利息回报，比如某年的一年期定期存款利率是3%。而这一年整体物价水平涨了10%，相当于货币贬值10%。一边是银行给你的利息回报，一边是你存在银行的钱越来越不值钱了，那么这笔存款的实际收益是多少呢？用利率（明赚）减去通货膨胀率（暗亏），得到的这个数，就是你在银行存款的实际收益。

例如，2008年的半年期定期存款利率是3.78%（整存整取），而2008年上半年的CPI同比上涨了7.9%。假设你在年初存入10000元的半年定期，存款到期后，你获得的利息额：(10000×3.78%)-(10000×3.78%)×5%=359.1元（2008

年上半年征收5%的利息税）；而你的10000元贬值额=10000×7.9%=790元。790-359.1=430.9元。也就是说，你的10000元存在银行里，表面上增加了359.1元，而实际上减少了430.9元。这样，你的银行存款的实际收益为-430.9元。

负利率的出现，意味着物价在上涨，而货币的购买能力却在下降。即货币在悄悄地贬值，存在银行里的钱也在悄悄地缩水。

虽然理论推断和现实感受都将“负利率”课题摆在了百姓面前，但有着强烈“储蓄情结”的中国老百姓仍在“坚守”储蓄阵地。银行储蓄一向被认为是最保险、最稳健的投资工具，但也必须看到，储蓄投资的最大弱势是：收益较之其他投资偏低，长期而言，储蓄的收益率难以战胜通货膨胀，也就是说，特殊时期通货膨胀会吃掉储蓄收益。因此，理财不能单纯依赖“积少成多”的储蓄途径。

面对负利率时代的来临，将钱放在银行里已不合时宜。对于普通居民来说，需要拓宽理财思路，选择最适合自己的理财计划，让“钱生钱”。负利率将会对人们的理财生活产生重大影响。以货币形式存在的财富如现金、银行存款、债券等，其实际价值将会降低，而以实物形式存在的财富如不动产、贵金属、珠宝、艺术品、股票等，将可能因为通货膨胀的因素而获得价格的快速上升。因此，我们必须积极地调整理财思路，通过行之有效的投资手段来抗击负利率。

抵御负利率的手段有很多，首先是进行投资，可以投资基金、股票、房产等，还可以购买黄金珠宝、收藏品。当然，我们必须以理性的头脑和积极的心态来进行投资，不要只看到收益，而忽视风险的存在。

除了投资之外，还要开源节流，做好规划。其中首先就是精打细算。在物价不断上涨的今天，如何用好每一分收入显得尤为重要。每月收入多少、开支多少、节余多少等，都应该做到心中有数，并在此基础上分清哪些是必要的开支、哪些是次要的、哪些是无关紧要的或可以延迟开支的。只有在对自己当前的财务状况明白清楚的情况下，才能做到有的放矢。

其次是广开财源，不要轻易盲目跳槽，在条件允许的情况下找一些兼职，与此同时也要不断地提升自我，增强职场与市场竞争力。

最后就是要做好家庭的风险管理，更具体来说，就是将家庭的年收入进行财务分配，拿出其中的一部分来进行风险管理。而提及风险，就必然要提到保险，保险的保障功能可以使人自身和已有财产得到充分保护，当发生事故的家庭面临资产入不敷出的窘境时，保险金的支付可以弥补缺口，从而降低意外收支失衡对家庭产生的冲击。从这一点来说该买的保险还是要买，不能因为省钱而有所忽视。

总之，你必须行动，不能坐等财产逐渐缩水。其实，负利率不可怕，最可怕的是你面对负利率却无动于衷。

最神奇的财富增值工具——复利

西方人把国际象棋称之为“国王的游戏”。相传国际象棋是一个古波斯的大臣所发明，国王对这个游戏的问世深为喜悦。当时该国正在与邻国交战，当战争进入对峙阶段，谁也无法战胜谁时，两国决定通过下一盘国际象棋来决定胜负。最后，发明国际象棋的这个国家赢得了战争的胜利。国王因此非常高兴，决定给大臣以奖赏。大臣就指着自己发明的棋盘对国王说：“我只想要一点微不足道的奖赏，只要陛下能在第一个格子里放一粒麦子，第二个格子增加一倍，第三个再增加一倍，直到所有的格子填满就行了。”国王轻易地就答应了他的要求：“你的要求未免也太低了吧？”但很快国王就发现，即使将自己国库所有的粮食都给他，也不够百分之一。因为从表面上看，大臣的要求起点十分低，从一粒麦子开始，但是经过很多次的翻倍，就迅速变成庞大的天文数字。

这就是复利的魔力。虽然起点很低，甚至微不足道，但通过复利则可达到人们难以想象的程度。复利不是数字游戏，而是告诉我们有关投资和收益的哲理。在人生中，追求财富的过程，不是短跑，也不是马拉松式的长跑，而是在更长甚至数十年的时间跨度上所进行的耐力比赛。只要坚持追求复利的原则，即使起步的资金不太大，也能因为足够的耐心加上稳定的“小利”而很漂亮地赢得这场比赛。

据说曾经有人问爱因斯坦：“世界上最强大的力量是什么？”他的回答不是原子弹爆炸的威力，而是“复利”。著名的罗斯柴尔德金融帝国创立人梅尔更是夸张地称许复利是世界上的第八大奇迹。

那么我们有必要了解一下复利与单利的区别。无论从事何种行业，生活中总会遇到一些存款和借款的情况，因此学会计算利息是很有必要的。利率通常有两种计算方法：单利和复利。

单利的计算方法简单，借入者的利息负担比较轻，它是指在计算利息额时，只按本金计算利息，而不将利息额加入本金进行重复计算的方法。如果用I代表利息额，P代表本金，r代表利息率，n代表借贷时间，S代表本金和利息之和。那么其计算公式为：

$I=P\times r\times n$

$S=P\times(1+r\times n)$

例如某银行向某企业提供一笔为期5年、年利率为10%的200万元货款，则到期时该企业应付利息为：

$I=P\times r\times n$

$=200\times 10\%\times 5$

$=100$（万元）

本金和利息为：

$S=P\times(1+r\times n)$

$=200\times(1+10\%\times 5)$

$=300$（万元）

复利是指将本金计算出的利息额再计入本金，重新计算利息的方法。这种方法比较复杂，借入者的利息负担也比较重，但考虑了资金的时间价值因素，保护了贷出者的利益，有利于提高使用资金的效率。复利计算的公式为：

$I=P\times[(1+r)n-1]$

$S=P\times(1+r)n$

若前例中的条件不变，按复利计算该企业到期时应付利息为：

$I=P\times[(1+r)n-1]$

$=200\times[(1+10\%)5-1]$

$=122.102$（万元）

本金和利息为：

$S=P\times(1+r)n$

$=200\times(1+10\%)5$

$=322.102$（万元）

由此可见，和复利相对应的单利只根据本金算利，没有利滚利的过程，但这两种方式所带来的利益差别一般人却容易忽略。假如投入1万元，每一年收益率能达到28%，57年后复利所得为129亿元。可是，若是单利，28%的收益率，57年的时间，却只能带来区区16.96万元。这就是复利和单利的巨大差距。

我们完全可以把复利应用到自己的投资理财活动中。假设你现在投资1万元，通过你的运作每年能赚15%，那么，连续20年，最后连本带利变成了163665元了，想必你看到这个数字后感觉很不满意吧？但是连续30年，总额就变成了662117元了，如果连续40年的话，总额又是多少呢？答案或许会让你目瞪口呆，是2678635元，也就是说一个25岁的年轻人，投资1万元，每年盈利15%，到65岁时，就能获得200多万元的回报。当然，市场有景气有不景气，每年都挣15%难以做到，但这里说的收益率是个平均数，如果你有足够的耐心，再加上合理的投资，这个回报率是有可能做到的。

因此，在复利模式下，一项投资所坚持的时间越长，带来的回报就越高。在最初的一段时间内，得到的回报也许不理想，但只要将这些利润进行再投资，那么你的资金就会像滚雪球一样，变得越来越大。经过年复一年的积累，你的资金就可以攀登上一个新台阶，这时候你已经在新的层次上进行自己的投资了，你每年的资金回报也已远远超出了最初的投资。

当然，复利的巨大作用也会从投资者的操作水平中体现出来。因为为了抵御市场风险，实现第一年的盈利，投资者必须研究市场信息，积累相关的知识和经验，掌握一定的投资技巧。在这个过程中，需要克服一些困难，但投资者也会养成一定的思维和行为习惯。在接下来的一年里，投资者过去的知识、经验和习惯会自然地发挥作用，并且又会在原来的基础上使自己有一个提高。这样坚持下来，使投资者越来越善于管理自己的资产，进行更熟练的投资，这是在实现个人投资能力的“复利式”增长。而投资理财能力的持续增长，使投资者有可能保持甚至提高相应的投资收益率。

这种由复利所带来的财富的增长，被人们称为“复利效应”。不但利率中有“复利效应”，在和经济相关的各个领域其实广泛存在着复利效应。比如，一个国家，只要有稳定的经济增长率，保持下去就能实现经济繁荣，从而增强综合国力，改善人民的生活。

储蓄也要收税——利息税

2008年10月9日，国务院决定对储蓄存款利息所得暂停征收个人所得税。自此，实行了将近十年的利息税政策暂时告一段落。

什么是利息税呢？利息税实际是指个人所得税的“利息、股息、红利所得”税目，主要指对个人在中国境内储蓄人民币、外币而取得的利息所得征收的个人所得税。对储蓄存款利息所得征收、停征或减免个人所得税（利息税）对经济具有一定的调节功能。

新中国成立以来，利息税曾三度被免征，而每一次的变革都与经济形势密切相关。1950 年，我国颁布《利息所得税条例》规定对存款利息征收所得税。但当时国家实施低工资制度，人们的收入差距也很小，因而在 1959 年停征了存款利息所得税。1980 年通过的《个人所得税法》和 1993 年修订的《个人所得税法》，再次把利息所得列为征税项目。但是，针对当时个人储蓄存款数额较小、物资供应比较紧张的情况，随后对储蓄利息所得又做出免税规定。

根据从 1999 年 11 月 1 日起开始施行的《对储蓄存款利息所得征收个人所得税的实施办法》，不论什么时间存入的储蓄存款，在 1999 年 11 月 1 日以后支取的，从 11 月 1 日起开始滋生的利息要按 20% 征收所得税。全国人大常委会在 2007 年 6 月 27 日审议了《国务院关于提请审议〈全国人大常委会关于授权国务院可以对储蓄存款利息所得税停征或者减征的决定（草案）〉》的议案。国务院决定自 2007 年 8 月 15 日起，将储蓄存款利息所得税的适用税率由现行的 20% 调减为 5%。而到了 2008 年 10 月 8 日，国家宣布次日开始取消利息税。

征收利息税是一种国际惯例。几乎所有西方发达国家都将储蓄存款利息所得作为个人所得税的应税项目，多数发展中国家也都对储蓄存款利息所得征税，只是征税的办法有所差异。

美国纳个人所得税，一般约 39%。没有专门的利息税，但无论是工资、存款利息、稿费还是炒股获利，美国纳税局都会把你的实际收入统计得清清楚楚，到时寄张账单给你，你的总收入在哪一档，你就按哪一档的税率纳税。

德国利息税为 30%，但主要针对高收入人群。如果个人存款利息单身者低于 6100 马克、已婚者低于 1.22 万马克，就可在存款时填写一张表格，由银行代为申请免征利息税。

日本利息税为 15%。

瑞士利息税为 35%，而且对在瑞士居住的外国人的银行存款也照征不误。

韩国存款利息被算作总收入的一部分，按总收入纳税。银行每 3 个月计付一次利息，同时代为扣税。

瑞典凡通过资本和固定资产获得的收入，都要缴纳资本所得税，税率为 30%。资本所得包括存款利息、股息、债息及房租等收入。但政府为了鼓励消费，会为那些申请了消费贷款的人提供 30% 的贷款利息补贴。

菲律宾利息税为 20%，在菲的外国人或机构（非营利机构除外）也照此缴纳。

澳大利亚利息计入总收入，一并缴纳所得税。所得税按总收入分不同档次，税率由20%至47%不等。

当然，也有不征收利息税的国家，例如埃及、巴西、阿根廷及俄罗斯等。而关于中国是否征收利息税，向来有所争论。取消利息税基于以下理由：

（1）利息税主要来源于中低收入阶层，加重了这些弱势群体的经济负担。中低收入者与高收入者相比很难找到比银行存款回报率更高的投资渠道；征收利息税使中低收入者的相对税收重于高收入者。

（2）自从1999年征收利息税以来，利息税的政策目标并没有很好地实现。恢复征收利息税以来，居民储蓄存款势头不但没有放慢，反而以每年万亿元以上的速度增长。

2008年，在央行下调存贷款利率的同时，国务院做出暂停征收利息税的决定。这两个政策一道出台，特别是自1999年11月1日开征以来便一直争议不断的利息税的暂停，对老百姓究竟有啥影响呢？

我们以2008年政策的出台为界点，免征利息税对老百姓的影响很小。在存款利率和利息税调整前，一个人1万元的一年期定期存款，按照调整前4.14%的存款利率，扣除5%的利息税后，一年实际可以拿到393.3元的利息收入；在下调存款利率和暂时免征利息税后，一个人1万元一年期的定期存款按照目前3.87%的利率，拿到手里的利息收入有387元，仅比政策调整前少了6.3元钱。

免征存款利息税，部分弥补了降低利率给普通百姓带来的利息收入的损失，尽管这种补偿是象征性的，但重大财经政策背后的这种"补偿民生"的思维值得肯定。毕竟在现实中，将自己财产的很大一部分放在银行存着以使今后的生活有保障的还是普通百姓。他们多数人对投资理财并不擅长，市场上也无太多投资工具可以为他们服务，因此，他们最信赖的还是存款。

利率变动影响了谁——利率风险

利率风险是指市场利率变动的不确定性给银行以及投资者造成损失的可能性。利率风险是银行的主要金融风险之一，由于影响利率变动的因素很多，利率变动更加难以预测。

银行日常管理的重点之一就是怎样控制利率风险。利率风险的管理在很大程度上依赖于银行对自身的存款结构进行管理，以及运用一些新的金融工具来规避风险或设法从风险中受益。

风险管理是现代商业银行经营管理的核心内容之一。伴随着利率市场化进程的推进，利率风险也将成为我国商业银行面临的最重要的风险之一。一般将利率风险按照来源不同分为重新定价风险、收益率曲线风险、基准风险和期权性风险。

1. 重新定价风险

如果银行以短期存款作为长期固定利率贷款的融资来源，当利率上升时，贷款的利息收入是固定的，但存款的利息支出却会随着利率的上升而增加，从而使银行的未来收益减少和经济价值降低。

2. 收益率曲线风险

重新定价的不对称性会使收益率曲线斜率、形态发生变化，即收益率曲线的非平行移动，对银行的收益或内在经济价值产生不利影响，从而形成收益率曲线风险。例如，若以五年期政府债券的空头头寸为10年期政府债券的多头头寸进行保值，当收益率曲线变陡的时候，虽然上述安排已经对收益率曲线的平行移动进行了保值，但该10年期债券多头头寸的经济价值还是会下降。

3. 基准风险

一家银行可能用一年期存款作为一年期贷款的融资来源，贷款按照美国国库券利率每月重新定价一次，而存款则按照伦敦同业拆借市场利率每月重新定价一次。虽然用一年期的存款为来源发放一年期的贷款，由于利率敏感性负债与利率敏感性资产重新定价期限完全相同而不存在重新定价风险，但因为其基准利率的变化可能不完全相关，变化不同步，仍然会使该银行面临因基准利率的利差发生变化而带来的基准风险。

4. 期权性风险

若利率变动对存款人或借款人有利，存款人就可能选择重新安排存款，借款人可能选择重新安排贷款，从而对银行产生不利影响。如今，越来越多的期权品种因具有较高的杠杆效应，还会进一步增大期权头寸，可能会对银行财务状况产生不利影响。

对于老百姓来说，也存在利率风险的问题。对很多追求稳定回报的投资者来说，大多会选择风险小、信用度高的理财产品，比如银行存款和有“金边债券”之称的国债。不少投资者认为，银行存款和国债绝对没有风险，利率事先已经确定，到期连本带息是少不了的。的确，至少从目前来看，银行和国家的信用是最高的，与之相关的金融产品风险也很小，但并不是说完全没有风险，比如央行加息，无论是银行存款还是国债，相关风险也会随之而产生，这里就是利率风险中的一种。

定期存款是普通老百姓再熟悉不过的理财方式，一次性存入，存入一定的期限（最短 3 个月，最长 5 年），到期按存入时公布的固定利率计息，一次性还本付息。想来这是没有什么风险可言，但一旦遇到利率调高，因为定期存款是不分段计息的，不会按已经调高的利率来计算利息，那些存期较长的定期存款就只能按存入日相对较低的利率来计息，相比已调高的利率就显得划不来了。

那么如何规避风险呢？平时应该尽量关注宏观经济政策的变化，如果货币政策向紧缩方向发展，存入的期限最好不要太长，1 年期比较适当；如果货币政策宽松的话则相反，从而规避利率下跌的风险；如果存入时间不长的话，可以到银行办理重新转存的业务。

凭证式国债也是老百姓最喜欢的投资产品之一，其因免税和利率较高而受到追捧，不少地方在发行时根本买不到，于是不少人购买国债时就选择长期的，也就是买 5 年期的，却不知一旦市场利率上升，国债的利率肯定也会水涨船高。类似于银行定期存款，国债提前支取要收取千分之一的手续费，而且半年之内是没有利息的。扣除了这些因素后，如果划得来的话，可以提前支取转买新一期利率更高的国债。

关注记账式国债的人比较少，但其确实是一种较好的投资，记账式国债收益可分为固定收益和做市价差收益（亏损）。固定利率是经投标确定的加权平均中标利率，一般会高于银行，其风险主要来自债券的价格。如果进入加息周期，债券的价格就会看跌，债券的全价（债券净价加应收计息）可能会低于银行存款利率甚至亏损。

由于债券价格与市场利率成反比，利率降低，债券价格上升；利率上升，则债券价格下跌。因此，投资者在投资记账式国债的时候可以根据利率的变化预期作出判断，若预计利率将上升，可卖出手中债券，待利率上升导致债券价格下跌时再买入债券，这时的债券实际收益率会高于票面利率。

总之，利率也是有风险的。投资者一定要根据自己的实际情况合理地进行资产配置，在财务安全的前提下获得更高的收益。

第四节　证券市场

随时可能倒塌的空中楼阁——虚拟经济

虚拟经济是相对实体经济而言的，是经济虚拟化（西方称之为“金融深化”）的必然产物。虚拟经济具有两个特性：一是经济性，一是虚拟性。所谓经济性，是指价值符号及它们的交换也是以劳动价值为基础的，没有价值及价值交换就与经济沾不上边，也就谈不上经济性。并且，价值符号还可以还原为价值实体，即从虚拟走向现实。所谓虚拟性，是指它的交换物在形态上是虚拟的而非实物的，它只是以价值符号为交易对象，而不以实物为交易对象。虚拟经济领域交易的只是价值符号而不是有形的实物。

因此，以价值符号互为交易对象及为此所构筑的交易平台，都属于虚拟经济范畴。银行、资金市场、证券市场、外汇市场、期货市场等都可以算作虚拟经济范畴。而信息在虚拟经济活动中有着重要的作用。公开、透明虽然是发达市场经济的一个基本原则，但是，掌握信息则存在差异。对于虚拟经济交易活动而言，信息的不对称成为交易利润产生的重要基础。虚拟经济活动中的高手就善于利用信息、信誉、未来前景等来创造利润。信息转化为利润是一个客观的经济现象。

虚拟经济是市场经济高度发达的产物，以服务于实体经济为最终目的。随着虚拟经济迅速发展，其规模已超过实体经济，成为与实体经济相对独立的经济范畴。虚拟经济具有高度流动性、不稳定性、高风险性和高投机性等特征。

（1）高度流动性。虚拟经济是虚拟资本的持有与交易活动，只是价值符号的转移，相对于实体经济而言，其流动性很高。随着信息技术的快速发展，股票、有价证券等虚拟资本无纸化、电子化，其交易过程在瞬间即刻完成。

（2）不稳定性。这是由虚拟经济自身所决定的。虚拟经济自身具有的虚拟性，使得各种虚拟资本在市场买卖过程中，价格的决定并非像实体经济价格决定过程一样遵循价值规律，而是更多地取决于虚拟资本持有者和参与交易者对未来虚拟资本所代表的权益的主观预期，而这种主观预期又取决于宏观经济环境、行业前景、政治及周边环境等许多非经济因素，增加了虚拟经济的不稳定性。

（3）高风险性。由于影响虚拟资本价格的因素众多，这些因素自身变化频繁、无常，使虚拟经济的存在和发展变得更为复杂和难以驾驭。非专业人士受专业知识、信息采集、信息分析能力、资金、时间精力等多方面限制，虚拟资本投资成为一项风险较高的投资领域，尤其是随着各种风险投资基金、对冲基金等大量投机性资金的介入，加剧了虚拟经济的高风险性。

（4）高投机性。有价证券、期货、期权等虚拟资本的交易虽然可以作为投资目的，但也离不开投机行为，这是市场流动性的需要所决定的。随着电子技术和网络高科技的迅猛发展，巨额资金划转、清算和虚拟资本交易均可在瞬间完成，这为虚拟资本的高度投机创造了技术条件，提供了技术支持。在新兴和发展不成熟、不完善、市场监管能力越差，防范和应对高度投机行为的措施、力度越差的市场，虚拟经济越具有更高的投机性，投机性游资也越容易光顾这样的市场，达到通过短期投机，赚取暴利的目的。

值得注意的是，虚拟经济并非虚假经济。举个简单的例子：

在一条街上，有两个人在卖烧饼，且只有两个人，我们称之为烧饼甲、烧饼乙。他们每个烧饼卖 1 元钱就可以保本。

一个游戏开始了：甲花 1 元钱买乙一个烧饼，乙也花 1 元钱买甲一个烧饼。甲再花 2 元钱买乙一个烧饼，乙也花 2 元钱买甲一个烧饼，现金交付。甲再花 3 元钱买乙一个烧饼，乙也花 3 元钱买甲一个烧饼，现金交付。

于是在整个市场的人看来，烧饼的价格飞涨，不一会儿就涨到每个烧饼 60 元。但只要甲和乙手上的烧饼数一样，那么谁都没有赚钱，谁也没有亏钱，但是他们重估以后的资产“增值”了！甲乙拥有高出过去很多倍的“财富”，他们身价提高了很多，“市值”增加了很多。

这个时候有路人丙，发现烧饼涨价了，他很惊讶。他毫不犹豫地买了一个，他确信烧饼价格还会涨，价格上还有上升空间。在烧饼甲、烧饼乙和路人丙赚钱的示范效应下，接下来买烧饼的路人越来越多，参与买卖的人也越来越多，烧饼价格节节攀升，所有的人都非常高兴，因为很奇怪：所有人都没有亏钱。但是突然有一天市场上来了一个人，说了句：“一个烧饼，成本价就是 1 元。”一语惊醒梦中人，人们在突然间也发现烧饼确实没有那么高的价值。于是，人们争相抛售，烧饼的价格也急剧下降。

这就是虚假经济。虚拟经济与虚假经济的联系，似乎一目了然，但事实并不如此。虚拟经济运行中，虚假成分的形成原因相当复杂，表现也各种各样。

简单地说，主要有3种情形：

（1）货币发行过多，导致投资膨胀、消费膨胀和通货膨胀。货币投放量过大，一方面由中央银行投入流通中的货币造成，另一方面则由商业银行创造的派生货币造成，在经济膨胀的场合，大于真实经济的部分，形成泡沫，即经济的虚假部分。

（2）金融资产质量低下。对银行等存款机构来说，坏账、呆滞账过多，是资产质量低下的表现；对证券市场来说，债券到期不能如期兑付本息、股票市价远高于其内在价值等，也是金融资产质量低下的重要表现。在资产质量低下的场合，金融资产的实际价值已大大低于账面价值，其差额属虚假成分。所谓金融泡沫、股市泡沫，实际上，指的就是这种由金融资产质量低下或金融资产价格膨胀所形成的虚假成分。

（3）币值高估或低估。在币值高估的场合，以外币计算的经济总量被扩大，扩大的部分属虚假范畴；在币值低估的场合，以外币计算的经济总量被缩小，缩小的部分也属虚假范畴。

虚拟经济中的虚假成分，是引发金融风险甚至金融危机的重要根源。1929年的世界大危机，主要原因在于纽约股市崩溃。但是，虚拟经济建立在实体经济的基础上，虚拟经济中所发生的诸多虚假，与实体经济的虚假，有着千丝万缕的联系。在大多数场合，前者主要是由后者引致的。

风云变幻的“大舞台”——证券市场

在普通老百姓的眼里，证券市场似乎总是那么虚幻、不可捉摸。一谈到证券市场，人们就会立刻想到那些一夜间变成百万富翁又一夜间沦为乞丐的传奇故事。在中国，人们首先想到的是股票市场，因为股票市场和老百姓接触最多。像大多数国家的股票市场一样，中国的股票市场也凝聚了“股民”们太多的情感，它有时让人激动兴奋、为之着魔，有时又让人绝望沮丧、失魂落魄。证券市场是现代金融市场体系的重要组成部分，主要包括股票市场、债券市场以及金融衍生品市场等。在现代市场经济中，证券市场发挥的作用越来越大。

从经济学的角度，可以将证券市场定义为：通过自由竞争的方式，根据供需关系来决定有价证券价格的一种交易机制。在发达的市场经济中，证券市场不仅反映和调节货币资金的运动，而且对整个经济的运行具有重要影响。

但是，证券市场与一般商品市场存在着明显的区别，主要表现在：

（1）交易对象不同。一般商品市场的交易对象是各种具有不同使用价值、能满足人们某种特定需要的商品。而证券市场的交易对象是作为经济权益凭证的股票、债券、投资基金券等有价证券。

（2）交易目的不同。证券交易的目的是实现投资收益或筹集资金。购买商品的目的主要是满足某种消费的需要。

（3）交易对象的价格决定不同。商品市场的价格，其实质是商品价值的货币表现，取决于生产商品的社会必要劳动时间。证券市场的证券价格实质是利润的分割，是预期收益的市场表现，与市场利率的关系密切。

（4）市场风险不同。一般商品市场由于实行的是等价交换原则，价格波动较小，市场前景的可预测性较强，因而风险较小。而证券市场的影响因素复杂多变，价格波动性大且有不可预测性，投资者的投资能否取得预期收益具有较大的不确定性，所以风险较大。

其实，证券的产生已有很久的历史，但证券的出现并不标志着证券市场同时产生，只有当证券的发行与转让公开通过市场的时候，证券市场才随之出现。因此，证券市场的形成必须具备一定的社会条件和经济基础。股份公司的产生和信用制度的深化，是证券市场形成的基础。

证券市场是商品经济和社会化大生产发展的必然产物。随着生产力的进一步发展和商品经济的日益社会化，资本主义从自由竞争阶段过渡到垄断阶段，依靠原有的银行借贷资本已不能满足巨额资金增长的需要。为满足社会化大生产对资本扩张的需求，客观上需要有一种新的筹集资金的手段，以适应经济进一步发展的需要。在这种情况下，证券与证券市场就应运而生。

股份公司的建立为证券市场的形成提供了必要的条件。随着生产力的进一步发展，生产规模的日益扩大，传统的独资经营方式和封建家族企业已经不能满足资本扩张的需要。于是产生了合伙经营的组织，随后又有单纯的合伙经营组织演变成股份制企业——股份公司。股份公司通过发行股票、债券向社会公众募集资金，实现资本的集中，满足扩大再生产对资金急剧增长的需要。因此，股份公司的建立和公司股票、债券的发行，为证券市场的产生和发展提供了坚实的基础。

信用制度的发展促进了证券市场的形成和发展。由于近代信用制度的发展，使得信用机构由单一的中介信用发展为直接信用，即直接对企业进行投资。于是，金融资本逐步渗透到证券市场，成为证券市场的重要支柱。信用工具一般都具有流通变现的要求，股票、债券等有价证券具有较强的变现性，证券市场恰好为有价证券的流通和转让创造了条件。由此可见，信用制度越发展，就越有可能动员更多的社会公众的货币收入转化为货币资本，投入证券市场中去。证券业的崛起也为近代信用制度的发展开辟了广阔的前景。

证券市场是市场经济发展到一定阶段的产物，是为解决资本供求矛盾和流动而产生的市场。因此，证券市场有 3 个最基本的功能：

1. 融通资金

融通资金是证券市场的首要功能，这一功能的另一作用是为资金的供给者提供投资对象。一般来说，企业融资有两种渠道：一是间接融资，即通过银行贷款而获得资金；二是直接融资，即发行各种有价证券使社会闲散资金汇集成为长期资本。前者提供的贷款期限较短，适合解决企业流动资金不足的问题，而长期贷款数量有限，条件苛刻，对企业不利。后者却弥补了前者的不足，使社会化大生产和企业大规模经营成为可能。

2. 资本定价

证券市场的第二个基本功能就是为资本决定价格。证券是资本的存在形式，所以，证券的价格实际上是证券所代表的资本的价格。证券的价格是证券市场上证券供求双方共同作用的结果。证券市场的运行形成了证券需求者竞争和证券供给者竞争的关系，这种竞争的结果是：能产生高投资回报的资本，市场的需求大，其相应的证券价格就高；反之，证券的价格就低。因此，证券市场是资本的合理定价机制。

3. 资本配置

证券投资者对证券的收益十分敏感，而证券收益率在很大程度上决定于企业的经济效益。从长期来看，经济效益高的企业的证券拥有较多的投资者，这种证券在市场上买卖也很活跃。相反，经济效益差的企业的证券投资者越来越少，市场上的交易也不旺盛。所以，社会上部分资金会自动地流向经济效益好的企业，远离效益差的企业。这样，证券市场就引导资本流向能产生高报酬的企业或行业，从而使资本产生尽可能高的效率，进而实现资源的合理配置。

“为他人作嫁衣裳”——投资银行

贝尔斯登，这个古老的著名的投资银行犹如纽约世贸大厦般，以不可思议的速度轰然倒塌。2008 年 3 月 16 号，摩根大通银行曾宣布将以每股 2 美元，总计 2.362 亿美元的超低价收购贝尔斯登公司。这个收购价格，只相当于贝尔斯登曾经 200 亿美元市值的 1%。由于此超低报价遭到了贝尔斯登股东的强烈抵制，在该月 24 号达成的新协议中，摩根大通同意提高换股比例，相当于把收购报价由每股 2 美元提高到 10 美元，成交金额为 11.9 亿美元。同时，摩根大通还将购入 9500 万股贝尔斯登增发股，此举将使摩根大通在贝尔斯登的持股比例提高到 39.5%。在美国次贷危机中，曾是全美最大的债券承销商的贝尔斯登，却最终通过“卖身”的方式避免了破产的噩运。

投资银行虽然名为“银行”，但它并不是真正的银行。投资银行是非银行金融机构，不做吸收存款、发放贷款的买卖，而是专为别人提供金融服务，“为他人作嫁衣裳”。我们有必要了解一下投资银行是怎么发展而来的。在美国，投资银行往往有两个来源：一是由综合性银行分拆而来，典型的例子如摩根士丹利；二是由证券经纪人发展而来，典型的例子如美林证券。

现代意义上的投资银行产生于欧美，主要是由 18、19 世纪众多销售政府债券和贴现企业票据的金融机构演变而来的。伴随着贸易范围和金额的扩大，客观上要求融资信用。于是一些信誉卓越的大商人便利用其积累的大量财富成为商人银行家，专门从事融资和票据承兑贴现业务，这是投资银行产生的根本原因。证券业与证券交易的飞速发展是投资银行业迅速发展的催化剂，为其提供了广阔的发展天地。投资银行则作为证券承销商和证券经纪人逐步奠定了其在证券市场中的核心地位。资本主义经济的飞速发展给交通、能源等基础设施造成了巨大的压力。为了缓解这一矛盾，19 世纪欧美掀起了基础设施建设的高潮，这一过程中巨大的资金需求使得投资银行在筹资和融资过程中得到了迅猛的发展。而股份制的出现和发展，不仅带来了西方经济体制中一场深刻的革命，也使投资银行作为企业和社会公众之间资金中介的作用得以确立。

20 世纪前期，西方经济的持续繁荣带来了证券业的高涨，把证券市场的繁华交易变成了一种狂热的货币投机活动。商业银行凭借其雄厚的资金实力频频涉足于证券市场，甚至参与证券投机；同时，各国政府对证券业缺少有效的法律和管理机构来规范其发展，这些都为 1929—1933 年的经济危机埋下了祸根。

经济危机直接导致大批银行倒闭，由此证券业极度萎靡。这使得各国政府清醒地认识到：银行信用的盲目扩张和商业银行直接或间接地卷入风险很大的股票市场对经济安全是重大的隐患。1933年后，美英等国将投资银行和商业银行业务分开，并进行分业管理。从此，一个崭新的独立的投资银行业在经济危机的萧条中崛起。

经过经济危机后近30年的调整，投资银行业再次迎来了飞速的发展。70年代以来，抵押债券、一揽子金融管理服务、杠杆收购（LBO）、期货、期权、互换、资产证券化等金融衍生工具的不断创新，使得金融行业，尤其是证券行业成为变化最快、最富革命性和挑战性的行业之一。这种创新在另一方面也反映了投资银行、商业银行、保险公司、信托投资公司等正在绕过分业管理体制的约束，互相侵蚀对方的业务。投资银行和商业银行混业及其全球化发展的趋势已经变得十分强大。

随着证券市场的日益繁荣，投资银行已经成为资本市场上重要的金融中介。他们不仅经营传统的证券发行承销、经纪业务，企业并购、基金管理、理财顾问、创业投资、项目融资、金融工程等业务也已经成为投资银行的核心业务。总之，投资银行已成为证券市场不可或缺的组成部分。

我国的投资银行业务是从满足证券发行与交易的需要不断发展起来的。从我国的实践看，投资银行业务最初是由商业银行来完成的，商业银行不仅是金融工具的主要发行者，也是掌管金融资产量最大的金融机构。80年代中后期，随着我国开放证券流通市场，原有商业银行的证券业务逐渐被分离出来，各地区先后成立了一大批证券公司，形成了以证券公司为主的证券市场中介机构体系。在随后的十余年里，券商逐渐成为我国投资银行业务的主体。但是，除了专业的证券公司以外，还有一大批业务范围较为宽泛的信托投资公司、金融投资公司、产权交易与经纪机构、资产管理公司、财务咨询公司等在从事投资银行的其他业务。

我国现代投资银行的业务从发展到现在只有短短数十年的时间，还存在诸如规模过小、业务范围狭窄、缺少高素质专业人才、过度竞争等这样那样的问题。但是，我国的投资银行业正面临着有史以来最大的市场需求，随着我国经济体制改革的迅速发展和不断深化，社会经济生活中对投融资的需求会日益旺盛，这些都将为我国投资银行业的长远发展奠定坚实的基础。

“钱”的供给与需求——资本市场

众所周知，华尔街早就已经不再是单纯的一条街，一个区域了，而是世界金融中心的代名词。这条街平均每天资本的流通量是2000亿美元，世界上较大的近千家金融机构都坐落于此，这里是全球资本市场最核心、最活跃的地方。如果要认识资本市场的分量，可以在华尔街跳动的数字和喧嚣的声音中去感受。

资本市场，也称“长期金融市场”“长期资金市场”，期限在一年以上各种资金借贷和证券交易的场所。资本市场上的交易对象是一年以上的长期证券。因为在长期金融活动中，涉及资金期限长、风险大，具有长期较稳定收入，类似于资本投入，故称之为资本市场。如果想了解资本市场的历史，还要从荷兰讲起。

大约在1600年，仅荷兰一个国家的商船数量就相当于英、法两国商船数量的总和。这表明当时荷兰的海运业是多么的繁荣。后来，尤其是到了17世纪，1602年，荷兰东印度公司成立，他们用其身后的这些船，继续荷兰和亚洲之间的贸易。荷兰的船队把别国市场上缺少的东西运过去，再把本国市场缺少的东西运回来，这其中的利润是十分可观的。但是，仅仅凭着一叶轻舟，要在海上航行数万公里，无论前面的利润有多么可观，那些出没无常的狂风巨浪会给远航的贸易带来无法回避的巨大风险。因为航海风险很大，随时可能会出现风暴、海难、疾病等情况，饮食条件又非常的糟糕，这些因素使得水手的生活非常艰苦。一旦船只出事，不光是货物化为泡影，甚至连水手的性命都保不住。

远航带来的超额利润是所有人都希望得到的，而获取它所必须承担的巨大风险又是所有人无法逃避的。那么，有没有一种办法既能够获得足够的利润又能够把风险控制在一定程度呢？于是，股份制的公司、股票以及股票市场就在人们这种分散投资的需求中诞生了。

荷兰东印度公司是世界上第一家公开发行股票的公司，它发行了当时价值650万荷兰盾的股票，它在荷兰的6个海港城市设立了办事处，其中最重要的一个当然就是阿姆斯特丹了，在这里发行的股票数量占总数的50%以上。当时，几乎每一个荷兰人都去购买这家公司的股票，甚至包括阿姆斯特丹市市长的用人。

这就是早期的资本市场。经过几个世纪的发展。资本市场的规模已经扩大到了全球视野，形成了系统的理论体系，这估计是17世纪的荷兰人所不曾想到的。

与货币市场相比，资本市场特点主要有：

（1）融资期限长。至少在1年以上，也可以长达几十年，甚至无到期日。

（2）流动性相对较差。在资本市场上筹集到的资金多用于解决中长期融资需求，故流动性和变现性相对较弱。

（3）风险大而收益较高。由于融资期限较长，发生重大变故的可能性也大，市场价格容易波动，投资者需承受较大风险。同时，作为对风险的报酬，其收益也较高。在资本市场上，资金供应者主要是储蓄银行、保险公司、信托投资公司及各种基金和个人投资者，而资金需求方主要是企业、社会团体、政府机构等。其交易对象主要是中长期信用工具，如股票、债券等。

我国具有典型代表意义的资本市场包括3部分：（1）国债市场。指期限在一年以上、以国家信用为保证的国库券、国家重点建设债券、财政债券、基本建设债券、保值公债、特种国债的发行与交易市场。（2）股票市场，包括股票的发行市场和股票交易市场。（3）中长期放款市场，该市场的资金供应者主要是不动产银行、动产银行。

资本市场是金融市场三个组成部分之一，它与调剂政府、公司或金融机构资金余缺的资金市场形成鲜明的对照。资本市场的资金供应者为各金融机构，如商业银行、储蓄银行、人寿保险公司、投资公司、信托公司等。资金的需求者主要为国际金融机构、各国政府机构、工商企业、房地产经营商以及向耐用消费零售商买进分期付款合同的销售金融公司等。

代理客户买卖证券——证券经纪人

曾经，好莱坞一部优秀影片《幸福来敲门》让无数人默默地感动。好莱坞每年都会拍些励志片，其中不乏经典。但这部片子带给观众的，不是强烈的震撼，而是一种缓缓的、沁入心底的共鸣。它讲述的是一个证券经纪人的故事，相信能够激起无数证券行业者的心灵震动。

它根据真实人物改编，讲述了美国投资专家克里斯·加德勒的奋斗故事。一个中年男人，尽管努力工作，但依然穷困潦倒，交不起税款、停车费，妻子因无法忍受而离开，留下他和5岁的儿子。后来，又因为付不起房租流落街头。最落魄时，身上仅剩下21美元。为了生存，他们住过救济站、地铁的厕所，靠卖几部医学仪器艰难度日。凭着自己的聪明，克里斯争取到了去著名的维特证券公司实习的机会，又凭借着过人的勤奋，最终成为年薪80万美元的证券经纪人，并且，于1987年创办了加德勒投资公司。

《幸福来敲门》中细致的人物刻画和诸多感动的细节不禁让人们对证券经纪人这一角色充满好感。而现实生活中，或许每一个证券经纪人的背后都和电影中一样有着精彩的故事，但当你作为一个投资者站在他们面前时，你不禁也要产生这样的疑问：证券经纪人真的可信吗？

证券经纪人是指在证券交易所中接受客户指令买卖证券，充当交易双方中介并收取佣金的证券商。在证券市场中，证券经纪人的比例不在少数，他们对投资者和金融机构的作用不可小觑。经纪人具备风险管理和保险理赔专业素质，能够促使与其合作的保险公司提高风险意识和风险管理水平，并有助于保障客户利益。他们一般都有着精练的专业知识，拥有良好的举止气质，他们拥有着让人艳羡的职业。

证券经纪人可分为3类，即佣金经纪人、两美元经纪人与债券经纪人。

（1）佣金经纪人：佣金经纪人与投资公众直接发生联系，其职责在于接受顾客的委托后在交易所交易厅内代为买卖，并在买卖成交后向委托客户收取佣金。佣金经纪人是交易所的主要会员。

（2）两美元经纪人：两美元经纪人不接受一般顾客的委托，而只受佣金经纪人的委托，从事证券买卖。

（3）债券经纪人：债券经纪人是以代客买卖债券为业务，以抽取佣金为其报酬的证券商，另外，债券经纪人亦可兼营自行买卖证券业务。

证券法规定，在证券交易中，代理客户买卖证券，从事中介业务的证券公司，为具有法人资格的证券经纪人。证券经纪业务是证券公司的主要业务，证券经纪业务的主体为证券经纪人。

证券经纪人的职责是在证券交易中，代理客户买卖证券，从事中介业务。这就是说，在证券交易中，广大的证券投资人相互之间不是直接买卖证券，而是通过证券经纪人。证券经纪人作为买卖双方的中介人，是这样代理客户买卖证券的：他询问证券买卖双方的买价和卖价，按照客户的委托，如实地向证券交易所报入客户指令，通过证券交易所，在买价和卖价一致时，促成双方证券买卖的成交，并向双方收取交易手续费（佣金）。

一般，证券经纪人和交易商在二级市场中从事交易。与经纪人不同，交易商随时准备按照给定的价格买卖证券，来连接买方和卖方。因此，交易商持有证券存货，并以略高于买价的价格销售证券，从中获利，也就是说，通过买价和卖价之间的“差价”获利。由于证券价格可能上升也可能下跌，交易商在买卖中承受较大的风险，经纪人却不持有参与交易的证券，没有风险，所以一些专门从事债券交易的公司可能破产，但经纪公司却不承担这些风险。

而我们要知道的是，证券经纪人为我们提供的消息可靠吗？他们的话可信吗？

假定你的经纪人告诉你一个消息，某A公司刚刚开发了一种能为运动员的脚疗伤的新产品，它的股票肯定会上升，建议你去购买其公司的股票。你是否应该听从他的建议呢？

根据有效市场假定认为，你应当对这类消息持怀疑态度。如果股票市场是有效的，这个消息就已经反映在A公司的股票价格中了，其预期回报率等于均衡回报率。这个小道消息不具有特殊的价值，也不能帮助你赚取额外的高收益。

当然，你可能会相信，这一小道消息是最新的消息，这样，你就会拥有其他市场参与者所没有的优势。如果其他市场参与者先于你得知这一消息，答案就是否定的。一旦这一消息被广泛流传，它所提供的未被利用的盈利机会就会迅速消失。股票价格中就会包含这一消息，你所获得的只是均衡回报率。但如果你是最早得知这一消息的人，它的确会给你带来好处。如果你是幸运儿之一，你就会通过购买A公司的股票而获取额外的高收益，从而帮助市场消除这一盈利机会。

第五节　投资

在机会与风险中淘金——股票投资

1929年，丘吉尔从财政大臣的职位上卸任后，他带着自己的家人到加拿大和美国旅行。他们先到了加拿大，9月进入美国，受到美国战时工业委员会主席、金融家巴鲁克的盛情款待。巴鲁克陪丘吉尔参观华尔街证券交易所，当时丘吉尔已有55岁，却颇有激情，马上开户进场炒股。在他看来，炒股赚钱实在是小菜一碟。

丘吉尔的第一笔交易很快被套住了，这使他很丢面子。他又瞄准了一只很有希望的英国股票，心想这家伙的老底我都清楚，准能获胜。但股价偏偏不听他的指挥，一路下跌。他又被套住了。如此折腾了一天，丘吉尔做了一笔又一笔交易，陷入了一个又一个泥潭。下午收市的时候，他的账户大幅度亏损。丘吉尔感觉颇为丢脸，一个劲儿地向巴鲁克抱怨。

正当他绝望之际，巴鲁克递给他一本账簿，上面记载着另一个“丘吉尔”的“辉煌战绩”。原来，巴鲁克早就料到丘吉尔在政治上是个老手，其聪明睿智在股市中未必有用武之地，加之初涉股市，很可能赔了夫人又折兵。因此，他提前为丘吉尔准备好了一根救命稻草，吩咐手下用丘吉尔的名字开了另外一个账户，丘吉尔买什么，另一个“丘吉尔”就卖什么，丘吉尔卖什么，另一个“丘吉尔”就买什么。

进行股票投资首先要对股票进行分析。股票是股份有限公司在筹集资本时向出资人发行的股份凭证，代表着其持有者（股东）对股份公司的所有权。这种所有权是一种综合权利，如参加股东大会、投票表决、参与公司的重大决策、收取股息或分享红利等。每个股东所拥有的公司所有权份额的大小，取决于其持有的股票数量占公司总股本的比重。股票一般可以通过买卖方式有偿转让，股东能通过股票转让收回其投资，但不能要求公司返还其出资。

股票在交易市场上作为交易对象，同商品一样，有自己的市场行情和市场价格。由于股票价格受到诸如公司经营状况、供求关系、银行利率、大众心理等多种因素的影响，其波动有很大的不确定性。正是这种不确定性，有可能使股票投资者遭受损失。价格波动的不确定性越大，投资风险也越大。

股票投资是一种重要的投资方式。人们常说投资要谨慎，但并不意味着要投资名气大的公司股票。2008 年中石油回归内地，不少人购买中石油股票，结果众多股民遭受重大损失。在这方面我们应该向巴菲特学习。

2008 年的世界首富是人称“股神”的沃伦·巴菲特。2001 年他斥资 23 亿元买进 1.4 ~ 1.6 港元之间的中石油。此后一直到 2006 年，他持有了 5 年中石油的股票。到 2007 年，中石油要回归中国内地发行 A 股，当所有人都看好中石油的时候，巴菲特却在香港股市上分批抛出了自己手上所有的中石油股票，卖价在 12 ~ 14 港元之间，这一笔就赚了几百亿港币。当他卖完股票，中石油股票仍然暴涨。结果中石油回归中国内地股市后，香港中石油股价也随之直线下跌了。

股市上有句谚语：“不要告诉我什么价位买，只要告诉我买卖的时机，就会赚大钱。”因此，对于股票投资者来说，选择买入时机是非常重要的。买入时机因投资时期长短、资金多少等因素有所不同，但也是有规律可循的。

（1）当坏消息如利空消息等传来时，投资者由于心理作用，股价下跌得比消息本身还厉害时，是买进的良好时机。

（2）股市下跌一段时间后，长期处于低潮阶段，但已无太大下跌之势，而成交量突然增加时，是逢低买进的佳时。

（3）股市处于盘整阶段，不少股票均有明显的高档压力点及低档支撑点可寻求，在股价不能突破支撑线时购进，在压力线价位卖出，可赚短线之利。

（4）企业投入大量资金用于扩大规模时，企业利润下降，同时项目建设中不可避免地会有问题发生，从而导致很多投资者对该股票兴趣减弱，股价下跌，这是购进这一股票的良好时机。

（5）资本密集型企业，采用了先进生产技术，生产率大大提高，从而利润大大提高的时候，是购买该上市股票的有效时机。

在确定何时买股票之前，选买点的重点是选择止损点。即在你进场之前，你必须很清楚若股票的运动和你的预期不合，你必须在何点止损离场。

股市大起大落对于短线操作既是个危机，又是个机会。只要保持清醒的头脑，盯住绩优股，抓住机会进场，确定自己的止损点，就能减少自己的投资风险而获利。一般，购入某股票后，该股的支撑线或10%左右的参考点，即可设为一个止损点。如果股价上扬，则可随时将止损点往上移。

确定股票的止损点，换句话说，你在投资做生意时，不要老是想你要赚多少钱，首先应该清楚自己能亏得起多少。有些人以10%的数量做止损基数，即10元进的股票，以9元做止损点。有些人将止损点定在支撑线稍下。有些人定20%的止损额。还有其他各种方法。无论什么方法，你必须有个止损点，这个止损点不应超出投资额的20%。请投资者牢记，否则一切的股票操作技巧都是空的。

让专家为自己理财——基金投资

老黄是沈阳市的一名退休员工。在2006年和2007年时，街坊邻居都在谈论基金的事，老黄也渐渐知道了基金是一种由专家帮助理财的产品。“有这么好的事我为什么不参与呢？”于是老黄拿出了2万元钱，准备到基市里“淘”一把。

在基金经理的推荐下，老黄选择了一只业绩好、口碑好、价格也好的名牌基金，没想到，那基金果然是随着2007年的大牛市一路上涨，可谓“芝麻开花节节高”。老黄高兴之余，后悔自己放着那么多专业的理财顾问不用，非自己瞎琢磨，看来，理财路上，自己还真只能算得上个小学生呀！

在2007年的牛市中，老黄简直不敢相信计算器上显示的数字，不禁畅想未来：“按照这么个涨法，过个十几年，自己也能成为百万富翁了啊！”谁知好景不长，老黄的如意算盘没打多久，美国就爆发了次贷危机，刚弄明白“次贷”是怎么回事，股市就开始一路狂泻，老黄在基金上的利润转眼缩水不少。但令老黄值得欣慰的是，自己与那些股民比起来，损失还是比较小的。

为什么老黄投资基金会“大赚小赔”？因为基金是由专业的投资专家——基金经理管理，他们拥有专业化的分析研究队伍和雄厚的实力，一般采取分散投资，所以基金比股票的风险小，收益也更为稳定。

我们现在说的基金通常指证券投资基金。证券投资基金是指通过发售基金份额，将众多投资者的资金集中起来，形成独立资产，由基金托管人托管，基金管理人管理，以投资组合的方法进行证券投资的一种利益共享、风险共担的集合投资方式。

证券投资基金是一种利益共享、风险共担的投资于证券的集合投资理财方式，即通过发行基金单位，集中投资者的资金，由基金托管人托管（一般是信誉卓著的银行），由基金管理人（基金管理公司）管理和运用资金，从事股票、债券等金融工具的投资。基金投资人享受证券投资的收益，也承担因投资亏损而产生的风险。我国基金暂时都是契约型基金，是一种信托投资方式。

与股票、债券、定期存款、外汇等投资工具一样，证券投资基金也为投资者提供了一种投资渠道。那么，与其他的投资工具相比，证券投资基金具有哪些特点呢？

基金将众多投资者的资金集中起来，有利于发挥资金的规模优势，降低投资成本。基金由基金管理人进行投资管理和运作，基金管理人一般拥有大量的专业投资研究人员和强大的信息网络，能够更好地对证券市场进行全方位的动态跟踪与分析。

我国《证券投资基金法》规定，基金必须以组合投资的方式进行投资运作。基金通常会购买几十种甚至上百种股票，投资者购买基金就相当于用很少的资金购买了一揽子股票，某些股票下跌造成的损失可以用其他股票上涨的盈利来弥补。因此可以充分享受到组合投资、分散风险的好处。

基金投资人共担风险，共享收益。基金投资收益在扣除由基金承担的费用后的盈余全部归基金投资者所有，并依据各投资者所持有的基金份额比例进行分配。为基金提供服务的基金托管人、基金管理人只能按规定收取一定的托管费、管理费，并不参与基金收益的分配。

基金相对于股票来说，更适合时间紧张、投资知识欠缺的中小投资者。这是由基金的特点决定的。基金具有以下特点：

（1）专家理财是基金投资的重要特色。基金管理公司配备的投资专家，一般都具有深厚的投资分析理论功底和丰富的实践经验，用科学的方法研究各种投资产品，降低了投资的风险。

（2）组合投资，分散风险。基金通过汇集众多中小投资者的资金，形成雄厚的实力，可以同时分散投资于股票、债券、现金等多种金融产品，分散了对个股集中投资的风险。

（3）方便投资，流动性强。基金最低投资量起点要求一般较低，可以满足小额投资者的需求，投资者可根据自身财力决定对基金的投资量。基金大多有较强的变现能力，使得投资者收回投资时非常便利。

投资基金，最忌讳的是你用价值投资的手段分析一只基金，却用短线手法来交易。频繁的短线交易，不过是为券商带来了丰厚的手续费。短线交易、波段操作的难度其实更大于长线投资，即使运气好，也不过只能挣点蝇头小利，因为缺乏足够的定力，常常在买进几天之后就匆匆卖出，然后再去寻找另外一只基金。

如果想要获得10年10倍的收益，换一种思路或许也能做到，很多人在基金上交易，都希望每年能获得巨额收益，比如一年翻番甚至更多。但结果总是事与愿违，常见的结局是，在10年或者更短的时间内，你的本金已经所剩无几。如果适当降低你的目标，每年稳定获得30%的年收益，10年后也可以获得10倍的收益。

有一个“72法则”可以简单快速测算出你的资金翻番需要多长时间，用72除以你的预期年收益率的分子，得出的数字就是你的资金翻番需要的年数。假如你预期年收益是9%，你的资金大概在8年后翻番；假如你的预期年收益为12%，大概需要6年的时间实现翻番。所以，在基金投资上，投资者宜放长线钓大鱼。

一种高风险的投资行为——期货投资

金融风暴使大宗商品经历了前所未有的振幅，大宗商品价格大多拦腰抄斩，在这场空前的风暴洗礼下，期货投资上演着或喜或悲的投资故事。吴先生在期货市场泡了十多年，金融风暴这波大行情，让他的资金一下从60万元暴涨至1000万元。

吴先生专门从事农产品期货市场研究，也从未间断亲自操盘投资。多年进行农产品研究，让吴先生本人坚信国家会不惜一切保护农民利益。他预测，国家一定会大量收储大豆，而且会提高收购价。2008年10月，国家收储大豆150万吨，收购价高于期货价。当时市场上还有人不相信这是真的。而吴先生预测国家还会收储，还会提高收储价，他给许多朋友讲，有些朋友还是不相信。

吴先生从大豆每吨3000元时开始建多头仓单，之后一直看“多”。2008年12月底，国家再次收储大豆150万吨，2009年1月，国家第三次收储大豆300万吨。大豆价格一路攀升，春节过后，吴先生平仓时已经赚了1倍多。

依据同样的判断和分析，采用同样的模式，2008年12月，他从每吨2800元开始做多白糖，直到春节过后，白糖涨到每吨3100元时平仓，又赚了一把。

在风险和利润的战争中，期货令无数人悲喜不已。期货的含义是：交易双方不必在买卖发生的初期就交收实货，而是共同约定在未来的某一时候交收实货，因此中国人就称其为期货。一般指期货合约，就是指由期货交易所统一制定的、规定在将来某一特定的时间和地点交割一定数量标的物的标准化合约。这个标的物，即对期货合约所对应的现货，可以是某种商品，如铜或原油，也可以是某个金融工具，如外汇、债券，还可以是某个金融指标，如三个月同业拆借利率或股票指数。

为什么要这样呢？因为卖家判断他手中的商品在某个时候价格会达到最高，于是选择在那个时候卖出，获得最大利润。简单来说，期货的赚钱方法就是赚取买卖的差价。

期货交易的特点是投资量小，利润潜力大。期货投机者一般只要投入相当于期货合约值10%的保证金即可成交。这是因为他们可以先订买约再订卖约，也可以先订卖约再订买约，最后买约卖约两抵，投机者结清合约的义务，故没有必要拿出相当于某一合约的商品全部价值的资金。期货投资者拿出的保证金是为了在必要时抵偿买约和卖约的商品价格差额。

举个简单的例子，期货投资人小林在5月份看涨豆价，于是买进一份9月份到期，成交价为每蒲式耳6元的大豆期货合约。大豆期货合约每份5000蒲式耳，买约值30000元，但小林只需付3000元的保证金就行了。

由于他判断准确，豆价在7月初涨至每蒲式耳7.5元。小林决定解单，即卖出一份成交价为每蒲式耳7.5元9月份到期的大豆期货合约。卖约值为37500元，扣去买约值30000元，获利7500元。小林原来3000元的投资翻了一番还多。

由于期货合约有统一规格，买卖双方不必直接打交道，而是通过期货合约清算所成交，故一纸合约可以多次易手。要买时，买方和期货合约清算所订买约。要卖时，卖方与期货合约清算所订卖约。

假如投机者认为某一商品价格看跌，他可先订卖约，待到价格下跌时，再签订低价买约而获利。如果他判断失误，商品价格非但没有下跌反而上涨，他就不得不签一高价买约而亏本。

因此，我们有必要了解期货套利有什么策略，在操作过程中是怎么进行套利的。

1. 利用股指期货合理价格进行套利

从理论上讲，只要股指期货合约实际交易价格高于或低于股指期货合约合理价格时，进行套利交易就可以盈利。但事实上，交易是需要成本的，这导致正向套利的合理价格上移，反向套利的合理价格下移，形成一个区间，在这个区间里套利不但得不到利润，反而会亏损，这个区间就是无套利区间。只有当期指实际交易价格高于区间上界时，正向套利才能进行；反之，当期指实际交易价格低于区间下界时，反向套利才适宜进行。

股指期货合约的合理价格我们可以表示为：$F(t, T)=s(t)+s(t)\times(r-d)\times(T-t)/365$。也就是说，涨得越高正向套利盈利空间越大，跌得越低反向套利盈利空间越大或越安全。

2. 利用价差进行套利

合约有效期不同的两个期货合约之间的价格差异被称为跨期价差。在任何一段时间内，理论价差的产生完全是由于两个剩余合约有效期的融资成本不同产生的。当净融资成本大于零时，期货合约的剩余有效期越长，基差值就越大，即期货价格比股指现货值高得越多。如果股指上升，两份合约的基差值就会以同样的比例增大，即价差的绝对值会变大。因此市场上存在通过卖出价差套利的机会，即卖出剩余合约有效期短的期货合约，买入剩余有效期长的期货合约。如果价格下跌，相反的推理成立。如果来自现金头寸的收入高于融资成本，期货价格将会低于股票指数值（正基差值）。如果指数上升，正基差值将会变大，那么采取相反的头寸策略将会获利。

无论商品价格上涨还是下跌，有经验的期货投机者都可以通过期货买约或卖约来获利。期货交易是专业性强、宜由行家操作的投资。除非你已经是行家，否则切勿涉足这一高风险投资区，以免追悔莫及。由于期货买卖的损益大起大落，投资者一定要有自知之明，量力而行。

我国共有四家期货交易所，分别是上海期货交易所、郑州商品交易所、大连商品交易所和中国金融期货交易所。前面三家主要开展商品期货交易，中国金融期货交易所主要推动金融衍生产品的开发和交易。

保值增值的宝贝——黄金投资

由于黄金具有美丽的光泽，自然稀少及优良的物理和化学性质，被各时期的人们所宠爱。在可考的人类五千年文明史中，没有任何一种物质像黄金一样，与社会演化和社会经济缔结成如此密切的关系，成为悠久的货币的载体、财富和身份的象征。因此，在人类文明史演化中，黄金具有货币和商品两种属性，相应地，黄金的价格也由其两种属性的动态均衡确定。

在货币的本位是黄金的时期，单位黄金的价格就是其计价商品的价格，黄金是商品交换的等价物。根据世界黄金协会公布的数据，人类历史上4000年开采的黄金总量约为16.1万吨，勉强填满两个符合奥运标准的游泳池，其中半数以上是在过去50年中挖出来的。现在全世界可供交易的黄金大概有7万吨（实际流通量约为2.5万吨），如果用全世界60亿人来衡量，人均只有12克，黄金的稀缺性显而易见。

与其他投资方式相比，投资黄金突显其避险保值功能，投资黄金因而成为一种稳健而快捷的投资方式。为什么人们如此热衷投资黄金呢？具体而言，投资黄金有以下三大好处。

首先，投资黄金可以保值增值，抵御通货膨胀。通货膨胀意味着货币实际购买力下降，而黄金作为一种稀缺资源，其价格也会随着货币购买力的降低而迅速上涨。有这样一个例子：100年前，1盎司（约31克）黄金可以在伦敦定制1套上好的西装；100年后的今天，1盎司黄金依然可以在伦敦定制一套上好的西装，甚至更好。当个人投资者面对CPI上涨给自己的财富和购买力带来威胁时，当股市处在震荡期时，黄金也许是财富最好的“避风港”。

其次，黄金的产权转移十分便利，是最好的抵押品种。房产的转让需要办理复杂的过户手续，股票的转让也要交纳佣金和印花税，而黄金转让则没有任何登记制度阻碍。假如您想给子女一笔财产，送黄金不用办理任何转让手续，比送一栋房子要方便得多。

最后，可以真正达到分散投资的目的。“不把鸡蛋放在同一个篮子”，不是买一堆股票或者一堆基金就是分散投资，最理想的分散投资应该是投资在互不相关的品种上，比如储蓄、股市、房地产、黄金甚至古董等等。将黄金加入自己的投资篮子可以有效分散风险，平抑投资组合的波动性，真正起到分散投资的目的。

目前市场上的黄金品种主要有：黄金的实物交易、纸黄金交易、黄金现货保证金交易、黄金期货这四种。那么究竟哪种适合自己，还要看个人的风险偏好及对黄金市场的了解程度。具体介绍如下：

1. 黄金的实物交易

顾名思义，是以实物交割为定义的交易模式，包括金条、金币，投资人以当天金价购买金条，付款后，金条规投资人所有，由投资人自行保管；金价上涨后，投资人携带金条，到指定的收购中心卖出。

优点：黄金是身份的象征，古老传统的思想让国人对黄金有着特殊的喜好，广受个人藏金者青睐。

缺点：这种投资方式主要是大的金商或国家央行采用，作为自己的生产原料或当作国家的外汇储备。交易起来比较麻烦，存在着“易买难卖”的特性。

2. 纸黄金交易

什么叫纸黄金？说得简单一点，就相当于古代的银票！投资者在银行按当天的黄金价格购买黄金，但银行不给投资者实金，只是给投资者一张合约，投资者想卖出时，再到银行用合约兑换现金。

优点：投资较小，一般银行最低为10克起交易，交易单位为1整克，交易比较方便，省去了黄金的运输、保管、检验、鉴定等步骤。

缺点：纸黄金只可买涨，也就是说只能低买高卖，当黄金价格处于下跌状态时，投资者只能观望。投资的佣金比较高，时间比较短。

3. 黄金现货保证金交易

通俗地说，打个比方，一个100块钱的石头，你只要用1块钱的保证金就能够使用它进行交易。这样如果你有100块钱，就能拥有100个100块钱的石头。如果每个石头价格上涨1块，变成101块，你把它们卖出去，这样你就纯赚100块钱了。保证金交易，就是利用这种杠杆原理，把资金放大，可以充分利用有限资金来以小博大。

4. 期货黄金

现货黄金交易基本上是既期交易，在成交后即交割或者在数天内交割。期货黄金交易主要目的为套期保值，是现货交易的补充，成交后不立即交易，而由交易双方先签订合同，交付押金，在预定的日期再进行交割。

优点：以少量的资金就可以掌握大量的期货，并事先转嫁和约的价格，具有杠杆作用。

黄金期货风险较大，对专业知识和大势判断的能力要求较高，投资者要在入市前做足功课，不要贸然进入。

成熟的金融市场里面有“四条腿”在走路，即货币市场、资本市场、外汇市场和黄金市场。目前，我国黄金市场由于处于初期阶段，交易量和交易范围都还很小，在全国整体金融产品里面大概只占0.2%的份额。的确，黄金作为一种世界范围的投资工具，具有全球都可以得到报价，抗通货膨胀能力强，税率相对于股票要低得多，公正公平的金价走势，产权容易转移，易于典当等比较突出的优点。选择黄金作为投资目标，将成为越来越多富裕起来的人、越来越多深陷股市泥潭的人需要思考的问题。

风险小，但回报稳定——债券投资

17世纪，英国政府在议会的支持下，开始发行以国家税收为还本付息保证的政府债券，由于这种债券四周镶有金边，故而也被称作“金边债券”。当然这种债券之所以被称作金边债券，还因为这种债券的信誉度很高，老百姓基本上不用担心收不回本息。后来，金边债券泛指由中央政府发行的债券，即国债。在美国，经穆迪公司、标准普尔公司等权威资信评级机构评定为“AAA”级的最高等级债券，也被称为“金边债券”。

1997年，我国受亚洲金融危机和国内产品供大于求的影响，内需不足，经济增长放缓。我国政府适时发行了一部分建设公债，有力地拉动了经济增长。在国家面临战争等紧急状态时，通过发行公债筹措战争经费也是非常重要的手段。例如，美国在南北战争期间发行了大量的战争债券，直接促进了纽约华尔街的繁荣。

债券投资可以获取固定的利息收入，也可以在市场买卖中赚取差价，随着利率的升降，投资者如果能适时地买进卖出，就可获取较大收益。债券是政府、金融机构、工商企业等机构直接向社会借债筹措资金时，向投资者发行，并且承诺按规定利率支付利息并按约定条件偿还本金的债权债务凭证。目前，国内的债券主要包括国债、金融债券、企业债券、公司债券等数种。

在众多投资工具中，债券具有极大的吸引力。投资债券主要有以下几个方面的优势：

1. 安全性高

国债是国家为经济建设筹集资金而发行的，以国家税收为保证，安全可靠。到期按面额还本，债券利率波动的幅度、速度比较和缓，与其他理财工具如股票、外汇、黄金等比较风险最低，适合保守型的投资者。

2. 操作弹性大

对投资者来说，手中拥有债券，当利率看跌时可坐享债券价格上涨的差价；当利率上扬时，可将手上票面利率较低的债券出售，再买进最新发行、票面利率较高的债券。若利率没有变动，仍有利息收入。

3. 扩张信用的能力强

由于国债安全性高，投资者用其到银行质押贷款，其信用度远高于股票等高风险性金融资产。投资者可通过此方式，不断扩张信用，从事更大的投资。

4. 变现性高

投资者若有不时之需，可以直接进入市场进行交易，买卖自由，变现性颇高。

5. 可充作资金调度的工具

当投资者短期需要周转金时，可用附买回的方式，将债券暂时卖给交易商，取得资金。一般交易商要求的利率水准较银行低，且立即可拿到资金，不像银行的手续那么多。

6. 可作商务保证之用

投资者持有债券，必要时可充作保证金、押标金。投资者以债券当保证金，在保证期间，仍可按票面利率计算。

基于上述种种优势，许多投资者都把目光聚集到它身上，并且公认其为家庭投资理财的首选。但是，债券市场也存在着风险，虽不像股票市场那样波动频繁，但它也有自身的一些风险。

（1）违约风险。发行债券的债务人可能违背先前的约定，不按时偿还全部本息。这种风险多来自企业，由于没有实现预期的收益，拿不出足够的钱来偿还本息。

（2）利率风险。由于约定的债券票面利率不同，债券发行时通常会出现折扣或者溢价，人们在购买债券时，通常是按照债券的实际价格（折扣或者溢价）而不是债券的票面价格来出价的。有些债券可在市场上流通，所以能够选择适当时机买进卖出，获取差价。而这些债券的市场价格是不断变动着的，利率发生变动，债券的价格也会跟着发生变动。在一般情况下，利率上调，债券价格就下降，而利率下调，债券价格就上升。在有些时候，利率的变动使债券价格朝着不利的方向变动，人们卖出债券的价格比买进时的低，就会发生损失。所以在购买债券时，要考虑到未来利率水平的变化。

（3）通货膨胀风险。例如，您购买了一种三年期的债券，年利率是3%，但这三年里每年的通货膨胀率都达到5%，投资这种债券就很划不来。

除了上面这三种常见的风险外，债券还有其他一些风险，如赎回风险、流动性风险等。每种风险都有自己的特性，投资者要采取相应的防范措施。

那么，投资者如何购买债券呢？在我国的债券一级市场上，个人可以通过以下渠道认购债券：凭证式国债和面向银行柜台债券市场发行的记账式国债，在发行期间可到银行柜台认购；在交易所债券市场发行的记账式国债，可委托有资格的证券公司通过交易所交易系统直接认购，也可向指定的国债承销商直接认购；企业债券，可到发行公告中公布的营业网点认购；可转换债券，如上网定价发行，可通过证券交易所的证券交易系统上网申购。

在债券的二级市场上，个人可以进行债券的转让买卖，主要通过两种渠道：一是通过商业银行柜台进行记账式国债交易，二是通过交易所买卖记账式国债、上市企业债券和可转换债券。

第六节　理财

你不理财，财不理你——理财

有一对兄弟，哥哥善于理财，成为富人，弟弟则是穷人。哥哥看弟弟很可怜，就送了弟弟一头牛，说你把牛养着，到了来年春天，我再送给你些种子，种下去，到了秋天就可以有收获。弟弟就开始悉心养牛，可是养了一段时间，觉得原来只是供自己吃，现在又要供牛吃，日子过得更加艰难了。

弟弟实在忍受不下去了，心想："我不如把牛卖了，买几只羊吧。先杀一只羊，犒劳自己，然后让剩下的羊生羊羔繁殖。"于是，他就把牛牵到集市上卖了，买回几只羊，杀了一只，美美地吃了一段时间。可是过了一段时间，他又忍受不下去了，就又杀了一只羊，最后只剩一只羊了。他就把那只羊卖了，买了几只鸡，心想鸡吃得少，将来通过鸡蛋孵小鸡也不错。可是过了一段时间，他又忍不下去了，开始一只一只地杀鸡。

好不容易熬到了来年春天，只剩最后一只鸡了。他的生活也越来越艰难，实在没有办法，就把心一横，连那最后一只鸡也给杀了。哥哥来给他送种子的时候，他正在吃鸡肉、喝鸡汤。他热情地邀请哥哥入座，哥哥什么也没有说，拂袖而去。

后来，这个弟弟一直在贫困线上挣扎。

有句话叫"你不理财，财不理你"，这个故事说明理财的重要性。理财之路也并不平坦，理财需要毅力，更需要智慧。

理财的实质是牺牲眼前的消费以增加未来的消费，而人性的弱点是贪图眼前，总是被眼前利益所诱惑。理财是要付出成本的，理财所要付出的成本就是牺牲眼前的消费，收益则是未来消费的增加。牺牲眼前的消费是一笔小钱，到了将来却是一笔大钱。理财最简单的方法是量入为出，一个人，如果每天收入 20 元，却花掉 21 元，那将是一件非常危险的事情，相反，如果他每天收入 20 元，却只花掉 19 元，他则会有 1 元的结余。这个道理谁都懂，但是知道是一回事，能不能身体力行又是一回事，很多人就是在明知这个道理的情况下破产的。

世界上不想发大财的人是没有的，问题是如何发大财。一般来说，发大财的人都经历了一个挣小钱的过程。在挣小钱的过程中，小钱不断积累，时间久了，你就有了大钱。这不但是钱财的积累，更重要的是经验、能力、社会关系等人力资本的积累，到了一定程度，你就具备了挣大钱的素质。你开始做小生意，一天赚10块钱，生意慢慢做大了，一天就会赚几万块钱。投资家沃伦·巴菲特，他的投资生涯是从卖报纸开始的，橡胶大王王永庆也是从小作坊开始的。可是许多人，就是不想经历挣小钱的过程，整天做着发财梦，直到想白了少年头，仍是两手空空。

可能不少人会有这种感觉：一到月底就觉得手头很紧，可是回头看看，发现自己虽然花了很多钱却没有买几样有价值的东西或办几件重要的事，一年下来自己也没办成什么大事情，也没有存下钱来！这是为什么呢？原因是你没有给自己制定科学的理财规划，或者虽然制定了理财规划却没有坚持执行。

理财是一门高深的学问，太节省的人要学会花钱，太浪费的人要学会省钱。花钱，绝不是拿1元钱买价值1元的货这么简单。花了1元钱，却得到了价值1.2元甚至价值1.5元的货，这才真正叫会花钱。

小李善于持家，周围人很羡慕她。

这天，几个好朋友聚在一起，大家要小李介绍一下自己的经验。小李一点都不谦虚，说："这有什么问题？最近我刚刚发现一个既能省钱，又不影响花钱的好办法！""什么办法？"大家显得很急切，异口同声地问道。

小李说："那我就给你们举个例子吧！比如我上周在家乐福看上一条裙子，我忍住了，就把买裙子的钱省下来了。"大家不禁一片赞叹，都很钦佩她的忍功。小李又说："这周我在商场看上了一件真丝衬衫，忍住了没买，把买真丝衬衫的钱也省下来！""这是截流理财法。"旁边的一个朋友的话还没说完，小李突然间果断地说道："今天我实在忍不住了，就把不买裙子省下来的钱去买了衬衫，再用不买衬衫省下来的钱去买了裙子。"

看来，小李会持家理财，只是徒有其名。理财之路不平坦，我们不仅仅需要知难而进的精神和坚韧顽强的毅力，还需要不断地学习、探索和实践，才能让自己的财富之树茁壮成长。要想增加自己的财富，必须拥有理财的智慧。

理财并不是要等到有钱了才开始理财，其实不论你是购物还是到银行存款、购买保险，都是在理财。简单来说，理财规划包括以下这些内容：

1. 证券投资规划

每个人总有一些储蓄，这些储蓄或者是留在手里以备不时之需的“活钱”，或者是为将来某项大额支出预备的“基金”，或者是积攒下来的纯粹的“余钱”。对于“活钱”，必须能够随时变现，否则一遇紧急情况就周转困难；对于支出“基金”，需要在一定时期变现；对于纯粹的“余钱”，要求保值增值。这些钱如果全部存到银行，收益是比较低的，因此可以拿出一部分进行风险虽高但收益也高的证券投资。

2. 不动产投资规划

如果你还没有房子，那么你就需要计划怎么解决住的问题。租房子划算还是买房子划算？抑或是先租后买，或者先买后出租？如果打算买房子，买房时是一次付清还是按揭贷款？按揭贷款的首付比例又是多少合适？如果你已经拥有了第一套住房，你还可以考虑再购买房子以保值增值，那么你应把资产的多大比例投资到不动产上？选择什么时机买入，又选择什么时机卖出？

3. 子女教育规划

子女的教育支出是越来越多家庭面临的大项支出，因此你必须早作打算。按照你的承受能力，子女要接受什么水平的教育？需要多少支出？在现有的支出约束下，怎样才能受到更好的教育？

4. 保险规划

风险时刻存在，你必须为自己的家庭计划好保险保障，防止一旦发生意外导致整个家庭陷入困境。拿出多少钱来购买保险？购买些什么保险？

保险实际上是一种分散风险、集中承担的社会化安排。从经济学角度看，保险是对客观存在的未来风险进行转移，把不确定损失转化为确定成本——保险费。拿意外伤害来说，我们每个人每时每刻都面临着遭受意外伤害的风险，但谁也无法确定到底会不会发生、何时发生，有时一旦发生就可能非常严重，昂贵的医疗费用甚至会使有的家庭走向崩溃的边缘。保险则由保险公司把大家组织起来，每个人缴纳保费，形成规模很大的保险基金，集中承担每个人可能发生的意外伤害损失。可见对于个人而言，保险就是在平时付出一点保费，以期在发生风险的时候获得足够补偿，不致遭受重大冲击。

保险中的可保风险仅指纯风险，就是只有发生损失的可能，而没有获利的可能。比如身体生病、财产被偷等就是纯风险。投资股票就不是纯风险，因为投资股票不仅可能亏损，也可能赚大钱。所以，保险公司是不会为股票投资上保险的。

不要向旅鼠学习——理性投资

旅鼠是一种普通、可爱的小动物，常年居住在北极，体形椭圆，四肢短小。旅鼠的繁殖能力极强，从春到秋均可繁殖，妊娠期20～22天，一胎可产9子，一年多胎。照此速度，每只母鼠可生下上千只后代。

当旅鼠的数量急剧地膨胀，达到一定的密度，例如1公顷有几百只之后，奇怪的现象就出现了：这时候，几乎所有的旅鼠都变得焦躁不安起来，它们东跑西颠，吵吵嚷嚷，且停止进食，似乎是大难临头，世界末日就要到来似的。

旅鼠的数量实在太多，渐渐形成大群，开始时似乎没有什么方向和目标，到处乱窜，就像是出发之前的忙乱一样。但是后来，不知道是谁下了命令，也不知谁带头，它们却忽然朝着同一个方向，浩浩荡荡地出发了。往往是白天休整进食，晚上摸黑前进，沿途不断有旅鼠加入，而队伍会愈来愈大，常常达数百万只，逢山过山，遇水涉水，勇往直前，前赴后继，沿着一条笔直的路线奋勇前进，绝不绕道，更不停止，一直奔到大海，仍然毫无惧色，纷纷跳下去，直到被汹涌澎湃的波涛所吞没，全军覆没为止。

巴菲特将投资者盲目随大溜的行为比喻为旅鼠的成群自杀行为。他的一句话指出了投资的关键所在："你不需要成为一个火箭专家。投资并非智力游戏，一个智商160的人未必能击败智商为130的人。理性才是投资中最重要的因素。"

20世纪40年代，纽约的某银行来了一位妇人，要求贷款1美元。经理回答，当然可以，不过需要她提供担保。

只见妇人从皮包里拿出一大堆票据说："这些是担保，一共50万美元。"经理看着票据说："您真的只借1美元吗？"妇人说："是的，但我希望允许提前还贷。"经理说："没问题。这是1美元，年息6%，为期1年，可以提前归还。到时，我们将票据还给你。"

虽心存疑惑，但由于妇人的贷款没有违反任何规定，经理只能按照规定为妇人办了贷款手续。当妇人在贷款合同上签了字，接过1美元转身要走时，经理忍不住问："您担保的票据值那么多钱，为何只借1美元呢？即使您要借三四十万美元，我们也很乐意。"

妇人坦诚地说："是这样，我必须找个保险的地方存放这些票据。但是，租个保险箱得花不少费用，放在您这儿既安全又能随时取出，一年只要6美分，划算得很。"妇人的一番话让经理恍然大悟，茅塞顿开。

这位妇人不愧是理财的高手！其实，在我们身边也有些看似平凡者，却积累了非凡的财富，其秘诀就是他们善于理财，因而比旁人获得更多的成功。

让财富增值，就需要投资，有投资就有风险。风险是由市场的变化引起的，市场的变化就像一个陷阱，会将你投入的资金吞没。变化之中，有你对供需判断的失误，也有合作方给你设置的圈套。股票市场，一不小心就会被套牢；谈判桌上，一不小心，就会受制于人；市场竞争，一不小心就会被对手挤出市场。

让财富增值，就需要投资，既然有投资就会有风险。美国著名经济学家萨缪尔森是麻省理工学院的教授，有一次，他与一位同事掷硬币打赌，若出现的是他要的一面，他就赢得 1000 美元，若不是他要的那面，他就要付给那位同事 2000 美元。

这么听起来，这个打赌似乎很有利于萨缪尔森的同事。因为，倘若同事出资 1000 美元的话，就有一半的可能性赢得 2000 美元，不过也有一半的可能性输掉 1000 美元。可是其真实的预期收益却是 500 美元，也就是 50％ ×2000+50％ ×(-1000)-500。

不过，这位同事拒绝了："我不会跟你打赌，因为我认为 1000 美元的损失比 2000 美元的收益对我而言重要得多。可要是扔 100 次的话，我同意。"

对于萨缪尔森的同事来说，掷硬币打赌无疑是一项风险投资，不确定性很大，无异于赌博。任何一个理性的投资人都会拒绝的。

有人做过一个标准的掷硬币实验，结果显示，掷 10 次、100 次与 1000 次所得到正面的概率都约为 50％，不过掷 1000 次得到正面的概率要比扔 10 次更加接近 50％。重复多次这种相互独立而且互不相关的实验，同事的风险就规避了，他就能稳定地受益。当我们在投资的时候，也要像萨缪尔森的这位同事一样，稳扎稳打，而不要抱着赌徒的心态去冒险。

因此，并不是每个人都具备投资的条件。可以说，大多数人是心有余而力不足，投资者应该具备哪些条件呢？

第一，应该审查一下家庭和个人的经济预算。如果近期等钱用的话，最好不要投资股票，哪怕是被认为的最优股也不宜购买。因为股票即使从长期来看是好的，但两三年内股价是升是降还很难说。只有在不等钱用的时候，或者即使损失了本钱，生活也不至于受影响的时候，才能投资。所以，投资者应有充分的银行存款足以维持一年半载的生活以及临时急用。除了购买公债没有风险外，其他投资都有风险。

第二，不应在负债的情况下投资。应将债务先偿清，或在自己还贷能力绰绰有余时再投资。因为投资的收益没有100%保障，所以投资者不宜借贷投资。

第三，在投资前应有适当的保险，如人寿保险、医疗保险、住宅保险等。

第四，投资应从小额开始，循序渐进。投资过多是大多数投资者失败的原因之一。不把所有的鸡蛋放到一个篮子里，分散投资，使投资多元化，也是规避风险的重要手段之一。

如果没有一定的心理素质和辨别能力，随时都有可能跌入陷阱，你必须眼观六路，耳听八方。你要不断地提升你自己，才能应对突如其来的变化，才能避开风险，走上坦途。投资组合就是由投资人或金融机构所持有的股票、债券、衍生金融产品等组成的集合，它的目的在于分散投资风险。投资者选择适合自己的投资组合，进行理性投资，以不影响个人的正常生活为前提，把实现资本保值、增值、提升个人的生活质量作为投资的最终目的。因此，个人投资首先必须使财产、人生有一定保障，无论采取什么样的投资组合模式，无论比例大小，储蓄和保险都应该是个人投资中不可或缺的组成部分。

不做投资的大傻瓜——更大笨蛋理论

1908—1914年间，经济学家凯恩斯拼命赚钱。他什么课都讲，经济学原理、货币理论、证券投资等。凯恩斯获得的评价是“一架按小时出售经济学的机器”。

凯恩斯之所以如此玩命，是为了日后能自由并专心地从事学术研究而免受金钱的困扰。然而，仅靠讲课又能积攒几个钱呢？

终于，凯恩斯开始醒悟了。1919年8月，凯恩斯借了几千英镑进行远期外汇投机。4个月后，净赚1万多英镑，这相当于他讲10年课的收入。

投机生意赚钱容易，赔钱也容易。投机者往往有这样的经历：开始那一跳往往有惊无险，钱就这样莫名其妙进了自己的腰包，飘飘然之际又倏忽掉进了万丈深渊。又过了3个月，凯恩斯把赚到的利和借来的本金亏了个精光。投机与赌博一样，往往有这样的心理：一定要把输掉的再赢回来。半年之后，凯恩斯又涉足棉花期货交易，狂赌一通大获成功，从此一发不可收拾，几乎把期货品种做了个遍。他还嫌不够刺激，又去炒股票。到1937年凯恩斯因病金盆洗手之际，他已经积攒起一生享用不完的巨额财富。与一般赌徒不同，他给后人留下了极富解释力的“赔经”——更大笨蛋理论。

什么是“更大笨蛋理论”呢？凯恩斯曾举例说：从100张照片中选择你认为最漂亮的脸蛋，选中有奖，当然最终是由最高票数来决定哪张脸蛋最漂亮。你应该怎样投票呢？正确的做法不是选自己真的认为最漂亮的那张脸蛋，而是猜多数人会选谁就投她一票，哪怕她丑得不堪入目。

投机行为建立在对大众心理的猜测之上。炒房地产也是这个道理。比如说，你不知道某套房的真实价值，但为什么你会以5万元每平方米的价格去买呢？因为你预期有人会花更高的价钱从你那儿把它买走。

凯恩斯的更大笨蛋理论，又叫博傻理论：你之所以完全不管某个东西的真实价值，即使它一文不值，你也愿意花高价买下，是因为你预期有一个更大的笨蛋，会花更高的价格，从你那儿把它买走。投机行为关键是判断有无比自己更大的笨蛋，只要自己不是最大的笨蛋，就是赢多赢少的问题。如果再也找不到愿出更高价格的更大笨蛋把它从你那儿买走，那你就是最大的笨蛋。可以这样说，任何一个投机者信奉的无非就是“最大笨蛋理论”。

对中外历史上不断上演的投机狂潮最有解释力的就是最大笨蛋理论：

1593年，一位维也纳的植物学教授到荷兰的莱顿任教，他带去了在土耳其栽培的一种荷兰人此前没有见过的植物——郁金香。没想到荷兰人对它如痴如醉，于是教授认定可以大赚一笔，他的售价高到令荷兰人只有去偷。一天深夜，一个窃贼破门而入，偷走了教授带来的全部郁金香球茎，并以比教授的售价低得多的价格很快把球茎卖光了。

就这样郁金香被种在了千家万户荷兰人的花园里。后来，郁金香受到花叶病的侵袭，病毒使花瓣生出一些反衬的彩色条或“火焰”。富有戏剧性的是病郁金香成了珍品，以至于一个郁金香球茎越古怪价格越高。于是有人开始囤积病郁金香，又有更多的人出高价从囤积者那儿买入并以更高的价格卖出。1638年，最大的笨蛋出现了，持续了五年之久的郁金香狂热悲惨落幕，球茎价格跌到了一只洋葱头的售价。

始于1720年的英国股票投机狂潮有这样一个插曲：一个无名氏创建了一家莫须有的公司。自始至终无人知道这是什么公司，但认购时近千名投资者争先恐后把大门挤倒。没有多少人相信它真正获利丰厚，而是预期更大的笨蛋会出现，价格会上涨，自己要赚钱。饶有意味的是，牛顿参与了这场投机，并且不幸成了最大的笨蛋。他因此感叹：“我能计算出天体运行，但人们的疯狂实在难以估计。”

投资者的目的不是犯错，而是期待一个更大的笨蛋来替代自己，并且从中得到好处。没有人想当最大的笨蛋，但是不懂如何投机的投资者，往往就成为了最大笨蛋。那么，如何才能使自己在投资和投机时避免做最大的笨蛋呢？其实，只要猜对了大众的想法，也就赢得了投机。

所以，要想知道自己会不会成为最大的笨蛋，除了需要深入地认识自己外，还需要具有对别人心理的准确猜测和判断能力。

只要有钱在手，就要拿它消费，不要害怕风险。在投资时不要有任何顾虑，也许你的钱投进去了，你就赚了，但你要是总在犹豫里徘徊，把钱攥得紧紧的，那你将永远赚不到钱。只有你把钱投进去了，才可能会有更大的笨蛋出现，要是你不投钱的话，那么发财的机会就永远是别人的，你就是最大的傻瓜。

如何才能惬意地生活——理财与财务自由

美国第一理财大师苏茜·欧曼被誉为“全球最出色，最富有激情，也是最美丽的个人理财师”，也可能是身价最高的理财师——和她共进晚餐的费用是1万美元。尽管如此，人们依然趋之若鹜，因为从她那里获得的理财建议，带给你的财富可能远远不止1万美元。她被《今日美国》杂志称作“个人理财的发电站”。

她原本只是一个平凡的女子，但对财富的追求改变了她的一生，也改变了很多人。这位美国个人理财权威曾经现身上海，接受了《钱周刊》的专访，对于什么是财务自由，苏茜给出了她自己的答案：

财务自由不是拥有百万、千万美元，而是感觉到自由，了解你自己和你自己所拥有的，知道即使明天因为生病或是公司裁员你丢了工作，你也不会有大麻烦，仍旧可以舒适地生活一段时间，不必发愁立即找工作。等你年老退休时，也许你的生活不算豪华奢侈，但你可以生活得很舒适，不会欠账。偶尔出去旅行，能自给自足。等你去世的时候，你留给家庭的财富会超过你原本拥有的。

想达到这种财务自由，其实首先要做的就是树立理财的意识。必须使已有的钱既保值又增值，选择恰当的理财方式。现在适合个人投资理财的方式有很多种：储蓄、股票、保险、收藏、外汇、房地产等，面对如此多的理财方式，最关键的问题是要选择适合自己的理财方式。

1. 职业

有的人认为个人投资理财首先需要投入大量的时间，即如何将有限的生命进行合理的分配，以实现比较高的回报。你所从事的职业决定了你能够用于理财的时间和精力，而且在一定程度上也决定你理财的信息来源是否及时充分，由此也就决定了你的理财方式的取舍。例如，如果你的职业要求你经常奔波来往于各地，甚至很少有时间能踏实地看一回报纸或电视，显然你选择涉足股市是不合适的，尽管所有的证券公司都能提供电话委托等快捷方便的服务，你所从事的职业也必然会影响到你的投资组合。

2. 收入

投资理财，首先要有一定的经济基础。对于一般普通家庭而言就是工资收入。你的收入多少决定了你的理财力度，那些超过自身财力，“空手道”式的理财方式不是一般人能行的。所以很多理财专家常告诫人们将收入的 1/3 用于储蓄，剩余 1/3 用于投资生财。按此算来，你的收入就决定了这最后 1/3 的数量，并进而决定了你的理财选择。比如，同样是选择收藏作为理财的主要方式，但资金太少而选择收藏古玩无疑会困难重重。相反，如果以较少的资金选择投资不大、但升值潜力可观的邮票、纪念币等作为收藏对象，不仅对当前的生活不会产生影响，而且还会获得相当的收益。

3. 年龄

年龄代表着阅历，是一种无形的资产。一个人在不同的年龄阶段需要承担的责任不同，需求不同，抱负不同，承受能力也不同，所以不同年龄阶段有不同的理财方式。对于现代人而言，知识是生存和发展的基础，在人生的每一个阶段都必须考虑将一部分资金投资于教育，以获得自身更大的发展。当然，年龄相对较大的人在这方面的投资可以少些。因为年轻人未来的路还很长，偶尔的一两次失败也不用怕，还有许多机会重来，而老年人由于生理和心理方面的原因，相对而言承受风险的能力要小一些。因此，年轻人应选择风险较大、收益也较高的投资理财组合，而老年人一般应以安全性较大、收益比较稳定的投资理财组合为佳。

4. 性格

性格决定个人的兴趣爱好以及知识面，也决定其是保守型的，还是开朗型的；是稳健型的，还是冒险型的，进而决定其适合哪种理财方式。个人理财的方式有很多种，各有其优缺点。比如，储蓄是一种传统的重要的理财方式，而国债是众多理财方式中最为稳妥的。股票的魅力在于收益大、风险也大，房地产的保值性及增值性是最为诱人的，至于保险则以将来受益而吸引人们，等等。每一种投资理财方式都不可能让所有人在各个方面都得到满足，只能根据个人的性格决定。如果你是属于冒险型的，而且心理素质不错，能够做到不以股市的涨落喜忧，那么，你就可以将一部分资金投资于股票。相反，如果你自认为属于稳健型的，那么，储蓄、国债、保险以及收藏也许是你的最佳选择。

不把鸡蛋放在一个篮子里——组合投资

组合投资有三句箴言："不要把所有的鸡蛋放在同一个篮子里"，意味着要分散风险；"不要一个篮子里只放一个鸡蛋"，即组合投资并不意味着把钱过度分散，过度分散反而会降低投资收益；"把鸡蛋放在不同类型的篮子里"，不同类型的篮子是指相关系数低的投资产品，例如股票基金与债券基金各买一些，这样的组合才能发挥组合投资的优势。

"股神"巴菲特在为他的恩师，同时也是其上一代最成功的投资大师本杰明·格雷厄姆的巨著《聪明的投资者》所作的序言中写道："要终生投资成功，不需要超高的智商、罕见的商业眼光或内线消息，需要的是作决定的健全心态构架、避免情绪侵蚀这种架构的能力。"在书中格雷厄姆也给投资者这样的忠告，即投资者应合理规划手中的投资组合。比如说50%的资金应保证25%的债券或与债券等值的投资和25%的股票投资，另外50%的资金可视股票和债券的价格变化而灵活分配其比重。当股票的盈利率高于债券时，投资者可多购买一些股票；当股票的盈利率低于债券时，投资者则应多购买债券。当然，格雷厄姆也特别提醒投资者，上述规则只有在股市牛市时才有效。一旦股市陷入熊市时，投资者必须当机立断卖掉手中所持有的大部分股票和债券，而仅保持25%的股票或债券。这25%的股票和债券是为了以后股市发生转向时所预留的准备。

美国经济学家马科维茨1952年首次提出投资组合理论，并进行了系统、深入和卓有成效的研究。该理论包含两个重要内容：均值—方差分析方法和投资组合有效边界模型。马科维茨的真知灼见是风险为整个投资过程的重心，一项投资计划若没有风险，困难将不存在，但利润亦相应低微。风险意味着可能发生的事较预期发生的更多！我们并不期待居住的楼宇发生火灾，但火灾可能发生，为了避免这种可能损失，只有买保险；同理，我们不希望所持的股票跌价，然而它可能下跌，因此我们不把所有资金购买一种股票，即使它看起来前景那么美好。马科维茨用资本资产定价模型来解答投资者如何在风险和收益之间做出取舍，即如何建立一个风险和报酬均衡的投资组合。所谓理性投资者，是指投资者能在给定期望风险水平下对期望收益进行最大化，或者在给定期望收益水平下对期望风险进行最小化。

人们进行投资，本质上是在不确定性的收益和风险中进行选择。投资组合理论用均值—方差来刻画这两个关键因素。所谓均值，是指投资组合的期望收益率，它是单只证券的期望收益率的加权平均，权重为相应的投资比例。用均值来衡量投资组合的一般收益率。所谓方差，是指投资组合收益率的方差。我们把收益率的标准差称为波动率，它刻画了投资组合的风险。

提供最高回报率的有效投资组合的投资基金在20世纪70年代风起云涌，如雨后春笋般纷纷成立，带热了华尔街甚至全球的金融业，令基金市场成为以万亿美元计的大生意。这是建立在马科维茨投资组合理论之上的。而马科维茨也因此获得了1990年诺贝尔经济学奖。

由于投资者类型和投资目标不同，我们合理选择投资组合时可以选择下面3种基本模式：

1. 冒险速进型投资组合

这一投资组合模式适用于那些收入颇丰、资金实力雄厚、没有后顾之忧的个人投资者。其特点是风险和收益水平都很高，投机的成分比较重。

这种组合模式呈现出一个倒金字塔形结构，各种投资在资金比例分配上为：储蓄、外汇、房地产等投资为50%左右。

投资者要慎重采用这种模式，在作出投资决定之前，首先要正确估计出自己承受风险的能力（无论是经济能力，还是心理承受能力）。对于高薪阶层来说，家庭财富比较殷实，每月收入远远高于支出。那么，将手中的闲散资金用于进行高风险、高收益组合投资，更能见效。由于这类投资者收入较高，即使偶有损失，也容易弥补。

2. 稳中求进型投资组合

这一类投资组合模式适用于中等以上收入、有较大风险承受能力、不满足于只是获取平均收益的投资者，他们与保守安全型投资者相比，更希望个人财富能迅速增长。

这种投资组合模式呈现出一种锤形组织结构。各种投资的资金分配比例为：储蓄、保险投资为40%左右，债券投资为20%左右，基金、股票为20%左右，其他投资为20%左右。

这一投资模式适合以下两个年龄段的人群：从结婚到35岁期间，这个年龄段的人精力充沛，收入增长快，即使跌倒了，也容易爬起来，很适合采用这种投资组合模式；45~50岁之间，这个年龄阶段的人，孩子成年了，家庭负担减轻且家庭略有储蓄，也可以采用这种模式。

3. 保守安全型投资组合

这一类投资组合模式适用于收入不高，追求资金安全的投资者。

保守安全型投资组合市场风险较低，投资收益十分稳定。

保守安全型的投资组合模式呈现出一个正金字塔形结构。各种投资的资金分配比例关系为：储蓄、保险投资为70%（储蓄占60%，保险10%）左右，债券投资为20%左右，其他投资为10%左右。保险和储蓄这两种收益平稳风险极小的投资工具构成了稳固、坚实的塔基，即使其他方面的投资失败，也不会危及个人的正常生活，而且不能收回本金的可能性较小。

其实你可以交更少的税——合理避税

一提到避税，你可能会问："纳税是不可推脱的责任，怎么又要说合理避税了？""避税不是违法犯罪的事吗？我们怎么能做？"对于这个问题，我们应该辩证看待。避税和逃税不同，避税是在合理的方式下，减少税务支出，而逃税是在必须纳税的项目上不纳。

合理避税也称为节税或税务筹划，指纳税人根据政府的税收政策导向，通过经营结构和交易活动的安排，对纳税方案进行优化选择，以减轻纳税负担，取得正当的税收利益。

从目前看，个人可以通过投资避税和收入避税两种方法有效避税。

1. 投资避税

个人投资者可以充分利用我国对个人投资的各种税收优惠政策来合理避税。目前对个人而言，运用得最多的方法还是投资避税。投资者主要可以利用的有股票、基金、国债、教育储蓄、保险产品以及银行推出的本外币理财产品等投资品种。

投资基金，由于基金获得的股息、红利以及企业债的利息收入，已经由上市公司在向基金派发时代扣代缴了20%的个人所得税，基金向个人投资者分配红利的时候不再扣缴个人所得税，目前股票型基金、债券型基金和货币型基金等开放式基金派发的红利都是免税的。对于那些资金状况良好、追求稳定收益的投资者而言，利用基金投资避税无疑是一种不错的选择。

国债作为“金边债券”，不仅是各种投资理财手段中最稳妥安全的方式，也因其可免征利息税而备受投资者的青睐。虽然由于加息的影响，债券收益的诱惑力有所减弱，但对于那些风险承受能力较弱的老年投资者来说，利用国债投资避税也是值得考虑的。

除此之外，对于那些家有“读书郎”的普通工薪家庭来说，利用教育储蓄来合理避税也是一种不错的选择。相比普通的银行储蓄，教育储蓄是国家为了鼓励城乡居民积累教育资金而设立的，其最大的特点就是免征利息税，因此教育储蓄的实得收益比其他同档次储蓄高出 20%。但教育储蓄并非是人人都可办理的，其对象仅仅针对小学四年级以上（含）的在校学生，存款最高限额为 2 万元。

除了上述投资品种之外，目前市场上常见的本外币理财产品也是可以避税的。

在这些常见的投资理财产品之外，因为我国的税法规定“保险赔款免征个人所得税”，因此投资者还可以利用购买保险来进行合理避税。从目前看，无论是分红险、养老险还是意外险，在获得分红和赔偿的时候，被保险人都不需要缴纳个人所得税。因此对于很多人来说，购买保险也是一个不错的理财方法，在获得所需保障的同时还可合理避税。

此外，公积金和信托产品也是不需缴纳个人所得税的，公积金虽然可以避税，但是不能随意支取，资金的流动性并不强。信托产品所获的收益也不需缴纳个人所得税，但由于信托产品的投资门槛和风险较高，不是大部分普通投资者都可投资的产品。

2. 收入避税

除了投资避税之外，还有一种税务筹划方法经常被人忽视，那就是收入避税。由于国家政策——如产业政策、就业政策、劳动政策等导向的因素，我国现行的税务法律法规中有不少税收优惠政策，作为纳税人，如果充分掌握这些政策，就可以在税收方面合理避税，提高自己的实际收入。

比如那些希望自主创业的人，根据政策规定，在其雇用的员工中，下岗工人或退伍军人超过 30% 就可免征 3 年营业税和所得税。对于那些事业刚刚起步的人而言，可以利用这一鼓励政策，轻松为自己免去 3 年税收。

对于大众而言，只要掌握好国家对不同收入人群征收的税基、税率有所不同的政策，也可巧妙地节税。小王是一家网络公司的职员，每月工资收入 6500 元，每月的租房费用为 800 元。我国的《个人所得税法》中规定工资、薪金所得适用超额累进税率，在工资收入所得扣除5000元的费用后，其应纳税所得额是6500元-5000元，即1500元，适用的税率较高。如果他在和公司签订劳动合同时达成一致，由公司安排其住宿（800元作为福利费用直接交房租），其收入调整为5700元，则小王的应纳税所得额为5700元-5000元，即700元，适用的税率就可降低。

对于那些高收入人群而言，合理的避税和节税就显得更为重要。张先生是一家公司的高级管理人员，年薪36万元，一次性领取。按照国家的税法，他适用的最高税率高达45%。如果他和公司签订合同时将年薪改为月薪的话，每个月3万元的收入能使他适用的最高税率下降到25%，节税的金额是相当可观的。

在我国《个人所得税法》中，劳务报酬、稿酬、特许权使用费、利息、股息、红利、财产租赁、转让和偶然所得等均属应纳税所得。因收入不同，适用的税基、税率也不尽相同，从维护纳税人的自身利益出发，充分研究这些法律法规，通过合理避税来提高实际收入是纳税人应享有的权益。我国和税务相关的法律法规非常繁多，是一个庞大的体系，一般纳税人很难充分理解并掌握。因此除了自己研究和掌握一些相关法律法规的基础知识之外，不妨在遇到问题时咨询相关领域的专业人士，如专业的理财规划师、律师等，以达到充分维护自身权益的目的。

第七节　保险

风险社会下的明智选择——保险

约公元前1000年的地中海是东西方贸易的重要交通要道。有一次，海上电闪雷鸣、风雨交加，一支满载贸易货物的商船船队在波涛汹涌的大海上时沉时浮。眼看狂风巨浪越来越猛烈，商船时刻都有倾覆沉没的危险。船队队长当机立断，命令全部商船向大海中抛弃货物，各船船舱中最靠近甲板的货物被扔进大海，船只重量变轻了，终于躲过一劫。风暴过后，各商船清点损失的货物，有的货主损失得多，有的则损失得少，为了公平起见，最终所有损失由所有货主共同分担。这种“人人为我，我为人人”的共同承担风险损失的办法，就是近代保险的萌芽。

保险就是投保人根据合同约定，向保险人支付保险费，保险人对合同约定的可能发生的事故而造成的财产损失承担赔偿责任，或者当被保险人死亡、伤残或达到合同约定年龄、期限时承担给付保险金责任的商业行为。

值得注意的是，保险中的可保风险仅指“纯风险”。纯风险的意思是说只有发生损失的可能，而没有获利的可能。比如财产被盗、身体得病等风险就是一种纯风险，只会遭受损失而不可能获利。投资股票亏损就不是纯风险，因为投资股票可能会赚大钱。所以，保险公司一般不为股票上保险。具体来说，可保风险必须具备以下条件：

（1）损失程度高。如果潜在损失不大，微不足道或者人们完全可以承受，这类风险根本不用采取“保险”。比如您根本不会因为担心遗失一个苹果而专门买保险。

（2）损失发生的概率小。如果损失发生的概率本身就很高，对这样的风险投保意味着昂贵的保费，也就谈不上转移、分散风险了。比如，某地区新自行车失窃率高达40%，如果对新自行车投保，您需要支付40%的纯保费，外加保险公司为弥补营业开支而收取的保费（比如10%），那么总保费就达到了车价的一半！显然投这样的险很不划算。

（3）损失有确定的概率分布。保险公司在确定收取保险费时，需要明确这种风险发生的可能性有多大，发生后造成的损失有多大，然后才能据此计算应交纳的保费。因此，保险公司必须掌握风险损失发生的概率分布，还要根据外部环境的变化及时调整这些数据。

（4）存在大量具有同质风险的保险标的。任何一个险种，保险标的数量必须足够大，否则就起不到分散、转移风险的作用。另外，根据“大数定律”，投保的人越多，保险标的越多，风险发生的概率和损失程度越稳定，这显然更有利于保险公司测算风险，保证稳定经营。

（5）损失发生必须是意外的。如果故意为之，保险公司将不予赔付。

（6）损失必须可以确定和测量。损失一旦发生，保险公司需要明确损失价值并给予赔偿，若不能确定和测量，就无法进行保险。

可保风险与不可保风险的区别并不是绝对的。比如在过去，战争、地震、洪水等巨灾风险一旦发生，保险标的会普遍受损，而且损失相差很大。由于保险公司财力不足、保险技术落后及再保险市场规模较小，这类风险一般不列为可保风险。但是近年来随着保险公司实力日渐雄厚，加上再保险市场规模扩大，这类巨灾险也被某些保险公司列入保险责任范围之内。

保险实际上是一种分散风险、集中承担的社会化安排。对于整个社会经济而言，保险能够起到维持经济发展的连续性的重要作用。在遇到重大灾害性事件时，巨大损失会严重冲击社会经济的稳定发展，甚至使社会经济发展的链条发生断裂，而保险则能够起到缓冲和补救作用，帮助社会渡过难关。2001 年 9 月 11 日，美国遭遇严重的恐怖袭击，世贸大楼被撞塌，数千精英殒命，损失巨大。但由于完善的保险体系，全球保险业为此偿付保险金达数百亿美元，美国经济也因此没有出现剧烈动荡。

我们常说保险就像蓄水池，每个人拿出一点保费，保险公司把这些资金集中起来可以弥补少数不幸者所遭受的损失。显然，如果参与这个蓄水池机制的人越多，蓄水池的作用发挥就会越稳定。

保险应遵循一定的原则——保险原则

保险必须遵循一定的原则，具体来说，主要包括如下几个方面：

1. 最大诚信原则

1996 年，45 岁的老龚患胃癌并住院治疗，为了不让老龚情绪波动太大，老龚的家属没告诉他真相。老龚手术出院后，继续正常工作。8 月，老龚在某保险业务员的劝说下投了一份人身保险，但填写保单时并没有申报自己患有癌症的事实。1997 年 5 月，老龚旧病复发，医治无效身亡。老龚家属要求保险公司赔付，而保险公司审查事实后却拒绝给付，这是为什么呢？

原来，保险这桩买卖最讲究的就是“最大诚信原则”。怎么算是最大诚信呢？最大诚信是要求当事人必须向对方充分而准确地告知有关保险的所有重要事实，不允许存在任何虚伪、欺骗和隐瞒行为。如果一方隐瞒了重要事实，另一方有理由宣布合同无效或者不履行合同约定的义务或责任。

之所以要规定“最大诚信原则”，是因为如果投保人不履行最大诚信原则，对保险公司来说将会产生很大的道德风险！人们买保险的时候都故意隐瞒一些重要事实，而这些事实可能增大保险标的发生损失的可能性，长此以往，保险公司就无法经营下去。

最大诚信原则不光保护保险公司的利益，对于投保人或被保险人义务来说也有好处。因为保险合同很复杂，专业性很强，而且所有的条款都是保险人制定的，老百姓对保险合同中的有些问题不容易理解和掌握。比如，保险费率是不是过高、承保条件是不是过于苛刻等，如果保险公司不遵守最大诚信原则，您恐怕很容易上当受骗！

所以说，保险当事人都要遵守最大诚信的原则，保险这桩买卖才能公平合理。

2. 保险利益原则

小张（男）和小王（女）大学时就是一对恋人，毕业后虽然在不同城市工作，但仍不改初衷，鸿雁传情。小王生日快到了，约好到小张那里相聚。小张想给她个惊喜，就悄悄买了份保单，准备生日那天送给小王。谁知在小王赶往小张所在城市的路上，遭遇车祸身亡。小张悲痛之余想起手里的保单，不料保险公司核查后却拒绝支付保险金。

这就涉及保险利益原则。简单地说，就是您不能给予您“毫不相干”的财产或者他人买保险。“毫不相干”在这里当然不是说丝毫没有关系，而是说没有法律上承认的利益关系。这里的保险利益要满足三个条件：第一，保险利益必须是合法的利益，为法律认可，受法律保护；第二，保险利益必须是客观存在的、确定的利益，不能是预期的利益；第三，保险利益必须是经济利益，这种利益可以用货币来计量。

为什么要讲究保险利益原则呢？试想，假如我们抛弃这个原则，任何人都可以随随便便给您上人身保险，同时指明受益人是他自己，那么您会不会觉得害怕？所以说，如果抛弃保险利益原则，就会产生极大的道德风险。

我国法律对人身保险的保险利益人范围作出了规定：“投保人对下列人员具有保险利益：本人；配偶、子女、父母；前项以外与投保人有抚养、赡养或者扶养关系的家庭成员、近亲属。除前款规定外，被保险人同意投保人为其订立合同的，视为投保人对被保险人具有保险利益。”

在上面的案例中，小张和小王虽然是恋爱关系，但并不是法律认可的保险利益，而且小张在小王不知情的情况下为其买保险，所以，不能认定小张对小王有保险利益，保险公司是可以宣布合同无效的。假如小张在买保险之前征得了小王的同意，情况就完全不同，根据上述第三款规定，保险公司就应按照约定支付保险金。

3. 近因原则

老李开了个杂货铺，还为自己的杂货铺和杂货铺里的货物买了财产保险。店铺保险金额 15 万元，店内货物保险金额 5 万元。一天杂货铺因电线老化失火，老李在无法将大火扑灭的情况下，奋力把店里的杂货搬了出来。孰料街上的人一哄而起，把货物抢了个精光。事故发生后，老李向保险公司提出索赔。保险公司经审查后确认，老李店铺完全烧毁，店内烧毁货物约1万元，抢救出来被哄抢的货物2万元。于是保险公司只答应赔付店铺损失和店内被烧毁的货物损失，共计16万元，而对于被哄抢的货物则拒绝赔付，理由是货物不是被火烧毁的。双方争执不下，诉至法院，结果法院判决保险公司败诉。保险公司应向老李赔偿全部损失18万元。

造成保险事故的原因通常很多，有主要的也有次要的，有直接的也有间接的。近因就是引起保险事故或者保险标的损失的具有决定性作用的因素。近因原则的意思是说造成保险事故和保险标的损失的。近因如果属于保险责任，保险公司就得赔偿；如果近因不属于保险责任之内，保险公司就可以不赔。

在上面的案例中，老李的店铺和在店铺内没有抢救出来的货物均被大火焚毁，火灾是近因，在保险责任之内，因而保险公司理应赔偿。但对于从店铺里抢救出来放在大街上、又被过路人哄抢而光的货物，保险公司却说损失不是由火灾引起的，这显然是违背近因原则的。因为搬出来的货物虽然不是烧毁的，但却是因为店铺发生火灾而搬出来的，也就是说，是火灾导致最终的哄抢。因此，火灾是这些货物损失的近因，不论第二原因、第三原因是否在保险责任范围内，保险公司都应该照价赔偿。

4. 损失补偿原则

老刘刚买了一辆小轿车，他非常爱惜自己的汽车，就给自己的车上了“双保险”。他先在一家保险公司买了一份15万元的保险，后又在另一家保险公司买了一份同样的保险，两份保险合计保险金30万元。一天，老刘行驶中合法停靠路边，下车办事。不料刚走没多会儿，一辆飞驰而过的载重大卡车竟把老刘的爱车碾成“铁饼”，汽车彻底报废。于是老刘分别向两个保险公司索赔，要求两保险公司各赔付15万元。但两保险公司查明事实后，各自只赔付了7.5万。老刘不服，告上法院，法院却支持保险公司的做法。

这涉及保险中的“损失补偿原则”。意思是说，发生了保险事故，保险公司只补偿损失的部分，使被保险人的经济状态恢复到保险事故发生以前的状态。这里就有两层含义：一是只有当保险责任范围内的损失发生了，才补偿损失，没有损失就不补偿；二是损失补偿以被保险人的实际损失为限，不能因为保险公司的赔偿，使被保险人获得比以前更多的经济利益。

保险的本意就是要通过集中保险资金补偿个别损失。坚持损失补偿的原则也是为了减少道德风险，如果人们可以通过保险获得额外利益，就会有很多人故意制造损失，以获取更多的赔偿。而老刘为自己的爱车买了“双保险”，也就是为同一保险标的重复保险。这种情况下一旦发生保险事故，保险公司的总赔付也是按照损失补偿的原则，所以两家保险公司总赔偿额为15万元，而不是30万元。两家保险公司则按照一定方式，比如根据各自收取的保费比例，分摊赔偿的保险金。

让你高枕无忧——财产保险

准确地说，财产保险是指以各种财产物资和有关利益为保险标的，以补偿投保人或被保险人的经济损失为基本目的的一种社会化经济补偿制度。财产保险是包括财产损失保险、责任保险、信用保证保险和农业保险四大类在内的财产保险体系。

财产损失保险是以承保客户的财产物资损失危险为内容的各种保险业务的统称，也是保险公司最传统、最广泛的业务。常见的是火灾保险，如团体火灾保险、家庭财产保险等；各种运输保险，如机动车辆保险、飞机保险、船舶保险、货物运输保险等；各种工程保险，如建筑工程保险、安装工程保险、科技工程保险等。

责任保险的保险标的是某种民事赔偿责任，具体来说是致害人（被保险人）对受害人（第三者）依法应承担的民事损害赔偿责任或经过特别约定的合同责任，当被保险人依照法律需要对第三者负损害赔偿责任时，由保险人代其赔偿责任损失。责任保险包括：公众责任保险、产品责任保险、雇主责任保险及职业责任保险等。

信用保证保险包括信用保险和保证保险。比如，你的公司向国外某企业出口了一批货物，但是你对买方能不能守信心里没底，你就可以向保险公司购买一份保险合同，约定你支付保费后，如果对方破产或赖账，就由保险公司代替买方企业向你偿还货款，这就是信用保险。再比如你想贷款买一部车，可是银行并不知道你姓甚名谁，对你的信用状况没有把握，银行就会要求你到保险公司为自己购买一份保险合同，约定如果你不能偿还贷款，由保险公司承担偿还责任，这就是保证保险。

农业保险则是指专为农业生产者在从事种植业和养殖业生产过程中，对遭受自然灾害和意外事故所造成的经济损失提供保障的一种保险。

财产保险的一个很大特点是损失补偿，它强调保险人要按照约定赔偿损失，而不允许被保险人通过保险获得额外利益。这就是我们所了解的损失补偿原则。

对大多数人来说，买一份家庭财产保险是最值得关注的事。如果财产受损，就可以从保险公司获得经济补偿。为了保障自己的利益，购买家庭财产保险时，你需要多留心、多注意。

（1）应当清楚为哪些财产投保财产险。这既要看自身的保险需求和财产险所能发挥的作用，也要结合保险公司的要求。比如，并不是所有的财产都能投保财产险，保险公司对可承保的财产和不保的财产都有明确的规定。像房屋、家具、家用电器、文化娱乐用品等可以投保财产险，而金银、珠宝、字画、古玩等的实际价值不易确定，必须由专门的鉴定人员作出鉴定，经投保人和保险公司特别约定后才能作为保险标的。另外，保险公司通常还对一些家庭财产不予承保财产险，具体包括：损失发生后无法确定具体价值的财产，如票证、现金、有价证券、邮票等；日用消费品，如食品、药品、化妆品之类；法律规定不允许个人收藏保管的物品，如枪支弹药、毒品之类。

（2）要注意家庭财产险的保险责任。一般的家庭财产综合险只承担两种情形造成的损失：一种是自然灾害，另一种是意外事故。如果财产被偷，这不是财产综合险的责任范围，保险公司不会给你赔偿，所以你最好给财产投保盗窃附加险。

除了上面提到的保险范围和保险责任外，你还需要了解除外责任、赔付比例、赔付原则、保险期限、交费方式、附加险种等内容，明确未来所能得到的保障。

（3）确定保险金额，避免超额投保和重复投保。按照保险公司的赔付原则，如果财产的实际损失超过保险金额，最多只能按保险金额赔偿；如果实际损失少于保险金额，则按实际损失赔偿。所以，在确定保险金额时，保险金额不要超出财产的实际价值，不然就得白白地多交保险费。有些人将同一财产向多家保险公司投保，这也是不可取的，因为财产发生损失时，各家保险公司只是分摊财产的实际损失，投保人得不到什么额外的好处。

（4）仔细填写保单，办好投保手续。保险公司会要求你提供一些证明材料，你事先要做好准备。填写保险单据时，明确姓名、地址、财产项目及各项目的保险金额等内容。如果你的财产存放在多个地点，最好分别进行投保。如果你的地址有所变更，需到保险公司办理变更手续。

（5）及时按约定交保险费，妥善保存保险单。保险合同里已经约定好交费方式，如果你没有遵照约定，保险公司是可以不承担赔付责任的。

（6）出险后的注意事项。财产一旦出险，应当积极抢救，避免损失扩大。与此同时，应保护好现场，及时向公安、消防等部门报案，向他们索取事故证明。还要尽快向保险公司报案，并提供保险单、事故证明等必要单证。

与你共渡难关——人身保险

人身保险就是以人的寿命和身体为保险标的的一种保险。投保人按照保险合同约定向保险人交纳保险费，当被保险人在合同期限内发生死亡、伤残、疾病等保险事故或达到合同约定的年龄、期限时，由保险人依照合同约定承担给付保险金的责任。

我们知道，财产保险强调损失补偿，但是人身保险就不同了，它的标的是人的生命和身体，可人的生命和身体是不能用货币来衡量的，更不可能要求保险公司向车祸中失去双腿的被保险人“补偿损失”。也就是说，人身保险合同的保险金额不像财产保险那样以保险标的价值为依据，而是依据被保险人对保险的需求程度、投保人的缴费能力以及保险人的可承受能力来确定的。只要您愿意，您就可以为自己或他人购买多份人身保险合同。人身保险讲究保险受益人应依法受益，除了医药费不能重复给付外，您可以获得多份保险金。

传统人身保险的产品种类繁多，但按照保障范围可以划分为人寿保险、人身意外伤害保险和健康保险。

人寿保险又可分为定期寿险、两全保险、年金保险、疾病保险等；健康保险则又可分为疾病保险、医疗保险、失能收入损失保险、护理保险等。其中，年金保险因其在保险金的给付上采用每年定期支付的形式而得名，实际操作中年金保险还有每季度给付、每月给付等多种形式。养老年金保险可以为被保险人提供老年生活所需的资金，教育年金保险则可以为子女教育提供必要的经费支持。

同时，消费者可能会在人身意外伤害保险和定期寿险的选择上难以抉择，其实两者还是有较大不同的。首先，意外伤害保险承保因意外伤害而导致的身故，不承保因疾病而导致的身故，而这两种原因导致的身故都属于定期寿险的保险责任范围。其次，意外伤害保险承保因意外伤害导致的残疾，并依照不同的残疾程度给付保险金。定期寿险有的不包含残疾给付责任，有的虽然包含残疾责任，但仅包括《人身保险残疾程度与保险给付比例表》中最严重的一级残疾。最后，意外伤害保险一般保险期间较短，多为一年及一年期以下，而定期寿险则一般保险期间较长，可以为五年、十年、二十年甚至更长时间。

随着经济的发展，资本市场化程度的日益提高，近几年在国内投资市场上又出现了将保障和投资融于一体的新型投资型险种，主要包括分红型、万能型、投资连结型等三种类型。

分红型保险，是指保险公司将其实际经营成果优于定价假设的盈余，按照一定比例向保单持有人进行分配的人寿保险。与普通型产品相比，分红型产品增加了分红功能。但需要注意的是，其分红是不固定，也是不保证的，分红水平与保险公司的经营状况有着直接关系。通常来说，在保险公司经营状况良好的年份，客户可能分到较多的红利，但如果保险公司的经营状况不佳，客户能分到的红利就可能比较少甚至没有。

万能型保险指包含保险保障功能并设立有保底投资账户的人寿保险，它具有以下特点：

（1）兼具投资和保障功能。保费的一部分用于提供身故等风险保障，扣除风险保险费以及相关费用后，剩余保费在投资账户中进行储蓄增值。

（2）交费灵活、收费透明。通常来说，投保人交纳首期保费后，可不定期不定额地交纳保费。同时，与普通型又称传统型人身保险产品及分红保险不同，保险公司向投保人明示所收取的各项费用。

（3）灵活性高，保额可调整。账户资金可在一定条件下灵活支取。投保人可以按合同约定提高或降低保险金额。

（4）通常设定最低保证利率，定期结算投资收益。此类产品为投资账户提供最低收益保证，并且可以与保险公司分享最低保证收益以上的投资回报。

投资连结型保险是指包含保险保障功能并至少在一个投资账户拥有一定资产价值的人寿保险，其具备万能险第一、二项的特点，但两者之间也有不同。

投连险灵活性高，账户资金可自由转换。由于投资连结保险通常具有多个投资账户，不同投资账户具有不同的投资策略和投资方向，投保人可以根据自身偏好将用于投资的保费分配到不同投资账户，按合同约定调整不同账户间的资金分配比例，并可以随时支取投资账户的资金。

另外，投连险通常不设定最低保证利率。投资收益可以在账户价格波动中反映出来，目前我国保险公司通常不少于一周公布一次账户价格。因此，若具体投资账户运作不佳或随股市波动，投入该投资账户的投资收益可能会出现负数。

人身保险合同与其他保险合同一样，要求投保人、被保险人和保险人做到最大诚信。如果您误报、漏报、隐瞒年龄和身体健康状况等事实，保险公司有权更正，如果您少缴保费了，就得补缴；如果您多缴了，保险公司就得退还。如果保险公司认为您没有尽到最大诚信原则，就可以解除合同。当然，在国外，法律规定保险公司只能在两年内要求解除合同，两年之后就不可以了，这也是为了防止保险公司滥用最大诚信原则，随便解除合同。

条款看清楚，投保理赔不迷糊——投保与理赔

买保险时，投保人要和保险公司签订保险合同，这是一份很重要的法律文书，它记载了投保人和保险公司各自的权利和义务，直接关系到保险所能给予的保障程度。在签订保险合同之前，投保人一定要准确理解保险合同中的每一条款。一般来说，保险合同有如下一些基本内容：

（1）当事人的姓名和住所。

（2）保险标的。通俗地讲，就是为什么东西保险，保险的对象既可以是财产，也可以是人的寿命和身体，它是确定保险金额的重要依据。

（3）保险责任与责任免除（也称除外责任）。不是任何险都能保，保险合同中通常明确了保险公司的赔付范围，只有在此范围以内，保险公司才承担赔偿责任。例如，财产险一般只承担两种情形造成的损失，一种是自然灾害，如雷击、洪水、破坏性地震；另一种是意外事故，如火灾、爆炸。另外，保险合同还载明保险公司不承担赔偿责任的风险项目，例如，被保险人故意将财产损坏、战争使财产损毁等，保险合同将这些情形规定为责任免除，保险公司可以据此不予赔付。

（4）保险期间和保险责任开始时间。保险期间是指保险责任的有效期限，如果在这一期限内发生保险事故，保险公司才会予以赔付。保险期间是计算保险费的重要依据。保险责任开始时间则是指保险公司开始承担赔偿责任或给付保险金的时间。

（5）保险价值。保险价值就是保险标的价值，它是确定保险金额和损失赔偿额的重要依据。对于多数财产类标的，可以利用标的市场价格来评价标的的保险价值，而有些标的没有市场价格，这时就需要投保人和保险公司双方约定保险价值。如果保险合同里事先约定了保险价值，这种保险就叫定值保险，当发生保险事故时，不管财产的实际价值有多少，都只根据合同中约定的保险价值计算赔偿金额。

（6）保险金额。通俗地说，保险金额就是指保险公司最多赔付多少钱。保险费就是根据保险金额算出来的。比如财产保险，一所住宅的实际价值为100万元（保险价值），保险金额可以低于或等于100万元，但不能超过100万元，否则合同将无效。而人身保险，由于人的身体和寿命无法用金钱衡量，故由投保人和保险公司双方约定一定数量的保险金额。

（7）保险费。保险费就是人们俗称的保费，我们已在"保险的价格：保险费率"一节中介绍了保险费的确定方法。

（8）保险金赔偿给付办法。保险合同中需要明确保险公司支付保险金的办法、标准和方式。原则上，保险公司赔偿应支付现金，但财产险的赔付也可以采用修复或重置的方式。保险合同中也规定免赔额或免赔率，设置这一条款主要是为了减少投保人故意损坏财产的道德风险，控制保险公司的责任。

（9）违约责任和争议处理。当事人如果出现违约，应当承担什么样的法律责任？如果出现争议，应采用何种处理争议的方式？保险合同也对这两个问题提前作出了明确的规定。

理赔则是指保险事故发生后，保险人对被保险人所提出的索赔案件的处理。被保险人遭受灾害事故后，应立即或通过理赔代理人对保险人提出索赔申请，根据保险单的规定审核提交的各项单证，查明损失原因是否属保险范围，估算损失程度，确定赔偿金额，最后给付结案。如损失系第三者责任所致，则要被保险人移交向第三者追偿损失的权利。那么，如何实现保险理赔呢？必须注意以下两个方面：

（1）把握索赔时效。发生保险事故后，如果在保险公司的保险责任范围内，被保险人或受益人有权利向保险公司请求赔付保险金，保险公司有义务受理索赔申请，承担赔付责任。不过保险公司的这项义务并非一直存在，有一个有效期限。如果在有效期内索赔，保险公司必须予以受理，如果超过期限，保险公司可以认为被保险人或受益人放弃索赔权利，从而拒绝受理索赔。理论上将这一期限称为索赔时效。按照我国《保险法》的规定，人寿保险的索赔时效为两年，其他保险的索赔时效为五年。索赔时效的起算日不一定是发生保险事故的当天，而是被保险人或受益人是哪一天知道保险事故发生的，那一天就作为起算日。

（2）备齐申请理赔手续。索赔时需要提供的单证主要包括：保险单或保险凭证的正本、已交纳保险费的凭证、能证明保险标的或者当事人身份的有关原始文本、索赔清单、出险检验证明，还有根据保险合同规定需要提供的其他文件。

·第五章·

居民的钱袋与宏观经济息息相关：关注民生要懂的经济学

第一节　国民经济

老僧为什么带头吃喝玩乐——总供给与总需求

在二次世界大战刚刚结束的时候，日本的经济濒临崩溃。当时有一位德高望重的老僧，突然一反常态，带头吃喝玩乐起来。这和战后的悲惨气氛格格不入，而这和他大德高僧的身份就更不相符。但是，当时的著名作家，诺贝尔文学奖的获得者川德康成和其他一些文化名流却对这位老僧的所作所为十分推崇。因为当时日本战败，很多人对未来和生活失去了信心，老僧在做的事情，就是鼓舞人们去享受人生，希望能唤醒人们对生活的兴趣。只有人们开始热爱人生了，才能谈得上重建家园，后来日本的经济发展证实了这一点。

在经济萧条时，当总供给大于总需求的时候，也就是社会的需求已经远远小于社会的供给时，必须唤醒人们的消费欲望，才能增加生产，复苏经济。老僧带头吃喝玩乐就是为了刺激大家的消费欲望，增加生产，让社会的总需求与总供给大致平衡。

总供给与总需求是宏观经济学中的一对基本概念。总供给是经济社会的总产量（或总产出），它描述了经济社会的基本资源用于生产时可能有的产量。一般而言，总供给主要是由生产性投入（最重要的是劳动与资本）的数量和这些投入组合的效率（社会的技术）所决定的。

总需求是经济社会对产品和劳务的需求总量。总需求由消费需求、投资需求、政府需求和国外需求构成，其中国外需求由国际经济环境决定，而政府需求主要是一个政策变量，因此消费需求和投资需求是决定总需求量的基本因素。

在现代经济中，如果社会总需求大于社会总供给，意味着市场处于供求的紧张状态，就会出现物价上涨和社会不稳定；如果社会总需求小于社会总供给，意味着市场处于疲软状态，就会出现企业开工不足，失业率上升和经济萧条。一般政府通过经济手段和行政手段调节经济运行，使经济在社会总供求完全均衡的基础上运行。

清代乾隆时，两淮盐政的尤拔世上书奏报，指责当地盐商挥霍成性，引发奢靡之风，请求乾隆皇帝对他们加以惩处，并力荐安养民生应当倡导节俭。乾隆看此奏章后，不以为意，遂批示“此可不必，商人奢用，亦养无数游手好闲之人。皆令其敦俭，彼徒自封耳。此见甚鄙迂。”这几句话是说，富商们奢侈消费能够增加就业，供养更多闲散之人。若让他们节俭，反倒对百姓没有好处。如此看来，富商的消费有什么不对？又有什么理由要加以禁止？乾隆的一番说辞，让大臣们茅塞顿开，从此不再提禁奢之事。

从历史上看，乾隆皇帝的这一主张的确是明智之举。富人的积极消费极大地刺激了清朝的经济发展，并促生了有名的康乾盛世。也是从这个案例中，后人提出了这样的主张——鼓励富人消费。

很多人对此仍不理解，为什么要鼓励富人消费呢？历史上，富人消费的例子，最后不都是丧家败国吗？像史书中描写的，丢掉夏朝的桀，残暴奢靡，他曾倾空国库，建筑自己的豪华寝宫——倾宫；曾大费人力在王宫内设计酒池肉林；曾用整块的玉石雕建宫门，并用象牙修饰蜿蜒的长廊。而败光商朝的纣王也毫不逊色，穷奢极欲的程度有过之而无不及。吃饭要吃旄象豹胎；穿衣要锦衣九重；住房要广厦高台；观景要登摘星之阁，高筑鹿台。这些，最后不都导致了国家的灭亡了吗？

此类说法，难免有些偏激和片面。要知道，夏桀、商纣是富人消费的极端例子，他们不惜动用全国人民的财富来任由自己挥霍，引起民怨民愤，才导致自己的灭亡。但历史上大多数富人的消费花的是自己的收入，并不对其他人造成危害，为什么不鼓励呢？从宏观层面来说，社会经济有供给有需求，二者维持在整体平衡，当众人减少消费，必然会引起需求不足，从而导致供给过剩，最终危害整体社会经济运行状况。

如果总供给与总需求不平衡时，市场价格就会脱离市场价值而偏向某一个方面，这就不会反映社会需求的实际情况，经济结构就不会协调，经济运行就不会正常。在总供给与总需求的矛盾中，总需求往往是矛盾的主要方面，因此，应该把调控总需求作为重点。总需求大于总供给是由超国民收入分配造成的，即国民收入在货币价值形态上的分配超过了国民收入的实际生产额。在这种情况下，就表现为通货膨胀。控制超国民收入分配，保持社会总供给与总需求的基本平衡，是宏观经济调控的首要任务。

中国不再是封闭的经济体——四部门经济

四部门经济是包括家庭、企业、政府和国外等四个部门的经济，即在三部门之外增加了国外部门，四部门经济也叫开放经济。

开放经济的对立面就是封闭经济，封闭经济在经济学意义上指一国在经济活动中没有与国外的经济往来，如没有国际贸易或国际金融、劳动力的交流，仅仅存在国内的经济活动，本国经济与外国经济之间并未存在密切的往来，成为封闭经济状态。

开放经济的好处是交流了经济，使经济活起来，不像封闭经济一潭死水没有生机。开放经济是与封闭经济相对立的概念。在开放经济中，要素、商品与服务可以较自由地跨国界流动，从而实现最优资源配置和最高经济效率。一般而言，一国经济发展水平越高，市场化程度越高，越接近于开放经济。在经济全球化的趋势下，发展开放经济已成为各国的主流选择。开放经济与外向型经济的不同在于：外向型经济以出口导向为主，开放经济则以降低关税壁垒和提高资本自由流动程度为主。在开放经济中，既出口，也进口，基本不存在孰重孰轻的问题，关键在于发挥比较优势；既吸引外资，也对外投资，对资本流动限制较少。

现实经济生活中的经济大都是四部门经济。四部门经济要正常循环，除保证商品市场、金融市场、要素市场和政府收支均衡外，还必须保证国际收支均衡，即国际收支大体相等。

2009年12月27日，商务部副部长钟山在“2009中国开放经济高层论坛”上表示，2009年是中国外贸最为困难的一年，也是对外贸易取得积极成效的一年。

据介绍，2009年，中国的对外贸易特别是出口会超过德国，将成为世界第一出口大国，这完全是在预料之中的。2008年中国外贸占世界贸易总额的8%，而2009年则很可能会上升到9%。

钟山指出，中国外贸2009年陷入最困难的一年主要是因为外需严重不足，同时，还有贸易保护主义的抬头。在这种情况下，中国完成了保市场、保份额的任务，并且出口结构进一步优化，出口产品质量进一步提高，在应对贸易摩擦方面也取得了重大突破。现在，全世界平均每人每年要穿一双内地制造的鞋，买2米内地生产的布，穿的衣服中有3件来自内地。内地的彩电、洗衣机、冰箱等70多种工业产品量和出口量居世界第一。

当前，全球经济的发展重心正在由西方转向东方，内地经济已成为世界经济发展的重要动力。中国改革开放以来特别是加入WTO以后，内地经济发展很快，对外经济贸易增长迅猛。

中国对外开放即将成功地走过30个年头。综合国力的迅速增强、国际经济地位的持续提升已经为国际社会所公认。以开放实现发展是当代发展战略中的一个普遍共识，开放有利于吸收国际资本，开拓国际市场，从而创造就业，优化资源配置，拉动经济增长，甚至实现发展奇迹。然而开放型发展战略也必然同时面对国际经济波动的风险，乃至承受巨大的冲击。

任何一个开放经济都不可能不面对外部冲击。但是，从发达的开放经济来看，除了国家必要的调控手段外，应对冲击更多依靠的是市场自身的适应能力。从企业来说，能够敏锐地对国际市场的变化作出反应，进行生产与经营战略调整，包括在诸如石油、原材料价格和汇率等变动中作出适应性调整，是一个开放型经济应对国际经济冲击的基础。日本企业曾通过技术进步、产业外移等应对了油价上涨和汇率升值等带来的压力。

对外开放是建设经济强国的基本国策。毫无疑问，维护国家经济安全是开放战略的必然要求。既能有效抵御各种突发的外部冲击，又能防止各种渐进形式的长期不利性，是建设开放型经济体系的内在主题。

本国对战略产业的有效控制是维护国家产业安全的基础。经济全球化深化了国际分工，开放经济的许多产业是国际化的，甚至完全是由外资发展起来的。对大部分产业来说，深化分工有利于提高效率，从而发挥本国的要素优势。但是，任何一个国家都需要拥有自己的核心产业和核心竞争力，才能在国际经济竞争中获得更大利益，立于不败之地。

只依靠廉价劳动力参与国际分工至多只能脱贫，不可能建设经济强国。由外资建立起来的高新技术产业只是存在，而非拥有。特别是对于一个大国来说，即使不必追求完整的国民经济体系或工业体系，也仍然必须拥有自己的战略性产业。这些战略性产业对国民经济发展具有基础性和关键性的作用，也能够防范国际政治动荡和经济波动等带来的冲击和影响。

衡量经济活动的有效尺度——GDP

网上流传着一则有关 GDP 的笑话：

一天两位青年饭后去散步，为了某个数学模型的证明争了起来。正在难分高下的时候，突然发现前面的草地上有一堆狗屎。甲就对乙说，如果你能把它吃下去，我愿意出五千万。五千万的诱惑可真不小，吃还是不吃呢？乙掏出纸笔，进行了精确的数学计算，很快得出了经济学上的最优解：吃！于是甲损失了五千万，当然，乙的这顿饭吃得也并不轻松。

两个人继续散步，突然又发现了一堆狗屎，这时候乙开始剧烈反胃，而甲也有点心疼刚才花掉的五千万。于是乙说，你把它吃下去，我也给你五千万。于是，出现了不同的计算方法，相同的计算结果——吃！甲心满意足地收回了五千万，而乙似乎也找到了一点心理平衡。

可突然，他们同时号啕大哭：闹了半天我们什么也没得到，却白白吃了两堆狗屎！他们怎么也想不通，只好去请他们的导师，一位著名的经济学泰斗给出解释。

听了两位高徒的故事，没想到泰斗无比激动，只见泰斗颤巍巍地举起一根手指头，无比激动地说："一个亿啊！一个亿啊！我亲爱的同学，感谢你们，你们仅仅吃了两堆狗屎，就为国家的 GDP 贡献了一个亿的产值！"

吃狗屎能创造 GDP，这是件可笑的事情。在可笑之余，我们应该先了解什么是 GDP。GDP 即英文 gross domestic product 的缩写，也就是国内生产总值。通常对 GDP 的定义为：一定时期内（一个季度或一年），一个国家或地区的经济中所生产出的全部最终产品和提供劳务的市场价值的总值。

自从 20 世纪 30 年代美国经济学家库兹涅茨建立这个体系以来，GDP 这个指标一直在使用和改进中。应该说，GDP 是能基本反映一国整体经济运行状况与历史趋势的。到现在为止，还没有一个人能提出广为公众接受的另一种指标体系来替代 GDP，也没有一个国家不使用 GDP 这个指标，或者放弃 GDP 统计的计划。

在经济学中，GDP 常用来作为衡量该国或该地区的经济发展综合水平通用的指标，这也是目前各个国家和地区常采用的衡量手段。GDP 是宏观经济中最受关注的经济统计数字，因为它被认为是衡量国民经济发展状况最重要的一个指标。一般来说，国内生产总值有三种形态，即价值形态、收入形态和产品形态。从价值形态看，它是所有常住单位在一定时期内生产的全部货物和服务价值与同期投入的全部非固定资产货物和服务价值的差额，即所有常住单位的增加值之和；从收入形态看，它是所有常住单位在一定时期内直接创造的收入之和。GDP 反映的是国民经济各部门增加值的总额。

1. 生产法

生产法是从生产角度计算国内生产总值的一种方法。从国民经济各部门一定时期内生产和提供的产品和劳务的总价值中，扣除生产过程中投入的中间产品的价值，从而得到各部门的增加值，各部门增加值的总和就是国内生产总值。计算公式为：总产出 − 中间投入 = 增加值。

GDP= 各行业增加值之和

也可以表示为：GDP ＝ Σ各产业部门的总产出 − Σ各产业部门的中间消耗

2. 收入法

收入法是从生产过程中各生产要素创造收入的角度计算 GDP 的一种方法。即各常住单位的增加值等于劳动者报酬、固定资产折旧、生产税净额和营业盈余四项之和。这四项在投入产出中也称最初投入价值。各常住单位增加值的总和就是 GDP。计算公式为：

GDP ＝ Σ各产业部门劳动者报酬 + Σ各产业部门固定资产折旧 + Σ各产业部门生产税净额 + Σ各产业部门营业利润

3. 支出法

支出法是从最终使用的角度来计算 GDP 及其使用去向的一种方法。GDP 的最终使用包括货物和服务的最终消费、资本形成总额和净出口三部分。计算公式为：

GDP（国内生产总值）= 最终消费 + 资本形成总额 + 净出口

从生产角度，等于各部门（包括第一、第二和第三产业）增加值之和；从收入角度，等于固定资产折旧、劳动者报酬、生产税净额和营业盈余之和；从使用角度，等于总消费、总投资和净出口之和。

美国经济学家萨缪尔森认为，GDP 是 20 世纪最伟大的发明之一。他将 GDP

比作描述天气的卫星云图，能够提供经济状况的完整图像，能够帮助领导者判断经济是在萎缩还是在膨胀，是需要刺激还是需要控制，是处于严重衰退还是处于通胀威胁之中。如果没有像 GDP 这样的总量指标，政策制定者就会陷入杂乱无章的数字海洋而不知所措。

国家经济的体温计——PPI

根据国家统计局发布的数据显示，2009 年 12 月份 PPI 在各方预期之内如期转正，上涨 1.7%。2009 年 12 月份的 PPI 同比增幅，比 11 月份均明显加快。马建堂具体分析上涨因素称，CPI 分项数据中，食品和居住项目是主要上涨因素。数据显示，食品上涨了 5.3%，拉动了 CPI 上涨 1.74 个百分点；包括住房在内的居住项目价格上涨 1.5%，拉动 CPI 上涨 0.21 个百分点。PPI 方面，主要是采掘工业品以及原料，钢材、水泥、十大有色产品上涨较多，去年 12 月份分别同比上涨 17.6% 和 3.6%，对 PPI 上涨分别贡献 0.9 和 0.7 个百分点。这两者总共贡献的百分点“已经接近总体上涨的 1.7（个百分点）了”。

生产者物价指数（PPI）：生产者物价指数主要的目的在于衡量各种商品在不同生产阶段的价格变化情形。PPI 是衡量工业企业产品出厂价格变动趋势和变动程度的指数，是反映某一时期生产领域价格变动情况的重要经济指标，也是制定有关经济政策和国民经济核算的重要依据。目前，我国 PPI 的调查产品有 4000 多种（含规格品 9500 多种），覆盖全部 39 个工业行业大类，涉及 186 个调查种类。

由于 CPI 不仅包括消费品价格，还包括服务价格，CPI 与 PPI 在统计口径上并非严格的对应关系，因此 CPI 与 PPI 的变化出现不一致的情况是可能的。CPI 与 PPI 持续处于背离状态，这不符合价格传导规律。价格传导出现断裂的主要原因在于工业品市场处于买方市场以及政府对公共产品价格的人为控制。

PPI 通常作为观察通货膨胀水平的重要指标。由于食品价格因季节变化较大，而能源价格也经常出现意外波动，为了能更清晰地反映出整体商品的价格变化情况，一般将食品和能源价格的变化剔除，从而形成“核心生产者物价指数”，进一步观察通货膨胀率变化趋势。

在美国，生产者物价指数的资料搜集由美国劳工局负责，他们以问卷的方式向各大生产厂商搜集资料，搜集的基准月是每个月包含 13 日在内该星期的 2300 种商品的报价，再加权换算成百进位形态，为方便比较，基期定为 1967 年。一般而言，当生产者物价指数增幅很大而且持续加速上升时，该国央行相应的反应应是采取加息对策阻止通货膨胀快速上涨，则该国货币升值的可能性增大；反之亦然。

真正的经济学家注重PPI，而媒体注重Core PPI，将食物及能源去除后的，称为“核心PPI”（Core PPI）指数，以正确判断物价的真正走势——这是由于食物及能源价格一向受到季节及供需的影响，波动剧烈。Core PPI短期内会产生误导作用。

PPI上升不是好事，如果生产者转移成本，终端消费品价格上扬，通胀上涨。如果不转移，企业利润下降，经济有下行风险。

美国劳工部2009年12月15日公布，美国11月生产者物价指数月率上升1.8%，预期为上升0.8%；年率上升2.4%，预期为上升1.6%。此数据表明美国通胀压力上升，增强了美联储将提早升息的预期。

2010年1月10日，韩国央行（Bank of Korea）公布数据显示，韩国12月生产者物价指数月比上升0.5%，年比上升1.8%，主要由于农业及渔业产品价格上涨。略高于11月0.4%的增幅，农业及渔业产品价格上升为其主因。韩国12月生产者价格指数年比上升1.8%，为8个月以来首次实现年比上升，因韩国12月石油进口价格年比上升86.4%，11月该国生产者价格指数年比下降0.4%。韩国2009年生产者物价指数年比下降0.2%，为7年以来首次下降，主要由于石油价格及其他商品价格下滑。

从上面我们也可以看出，2010年世界预期的通胀率都上升。由于2008年，世界经济危机大规模爆发以后，世界各国纷纷降息，从而为社会注入了很大的流动性，导致物价指数上涨。生产者物价指数的上升也提醒，政府决策机构和企业生产者一定要尽早预防通胀。

看上去挺美，却马上要破碎——泡沫经济

20世纪80年代后期，日本的股票市场和土地市场热得发狂。从1985年年底到1989年年底的4年里，日本股票总市值涨了3倍。土地价格也是接连翻番，到1990年，日本土地总市值是美国土地总市值的5倍，而美国国土面积是日本的25倍！两个市场不断上演着一夜暴富的神话，眼红的人们不断涌进市场，许

多企业也无心做实业，纷纷干起了炒股和炒地的行当——全社会都为之疯狂。

灾难与幸福是如此靠近。正当人们还在陶醉之时，从1990年开始，股票价格和土地价格像自由落体一般往下猛掉，许多人的财富转眼间就成了过眼云烟，上万家企业迅速关门倒闭。两个市场的暴跌带来数千亿美元的坏账，仅1995年1月至11月就有36家银行和非银行金融机构倒闭，当年爆发剧烈的挤兑风潮。极度的市场繁荣轰然崩塌，人们形象地称其为“泡沫经济”。20世纪90年代，日本经济完全是在苦苦挣扎中度过的，不少日本人哀叹那是“失去的十年”。

西方谚语说：“上帝欲使人灭亡，必先使其疯狂。”泡沫经济是指虚拟资本过度增长与相关交易持续膨胀日益脱离实物资本的增长和实业部门的成长，金融、证券、地产价格飞涨，投机性交易极为活跃的经济现象。泡沫经济寓于金融投机，造成社会经济的虚假繁荣，最后必定泡沫破灭，导致社会震荡，甚至经济崩溃。

最早的泡沫经济可追溯至1720年发生在英国的“南海泡沫公司事件”。当时南海公司在英国政府的授权下垄断了对西班牙的贸易权，对外鼓吹其利润的高速增长，从而引发了对南海股票的空前热潮。由于没有实体经济的支持，经过一段时间，其股价迅速下跌，犹如泡沫那样迅速膨胀又迅速破灭。

泡沫经济寓于金融投机。正常情况下，资金的运行应当反映实体资本和实业部门的运行状况。只要金融存在，金融投机必然存在。但如果金融投机交易过度膨胀，同实体资本和实业部门的成长脱离得越来越远，便会造成社会经济的虚假繁荣，形成泡沫经济。

在现代经济条件下，各种金融工具和金融衍生工具的出现以及金融市场自由化、国际化，使得泡沫经济的发生更为频繁，波及范围更加广泛，危害程度更加严重，处理对策更加复杂。泡沫经济的根源在于虚拟经济对实体经济的偏离，即虚拟资本超过现实资本所产生的虚拟价值部分。

泡沫经济得以形成具有以下两个重要原因：

第一，宏观环境宽松，有炒作的资金来源。

泡沫经济都是发生在国家对银根放得比较松，经济发展速度比较快的阶段，社会经济表面上呈现一片繁荣，给泡沫经济提供了炒作的资金来源。一些手中握有资金的企业和个人首先想到的是把这些资金投到有保值增值潜力的资源上，这就是泡沫经济成长的社会基础。

第二，社会对泡沫经济的形成和发展缺乏约束机制。

对泡沫经济的形成和发展进行约束，关键是对促进经济泡沫成长的各种投机活动进行监督和控制，但到目前为止，社会还缺乏这种监控的手段。这种投机活动发生在投机当事人之间，是两两交易活动，没有一个中介机构能去监控它。作为投机过程中最关键的一步——货款支付活动，更没有一个监控机制。

1988 年 8 月 23 日，有“海角天涯”之称的海南岛从广东省脱离，成立中国第 31 个省级行政区。海口，这个原本人口不到 23 万、总面积不足 30 平方千米的海滨小城一跃成为中国最大经济特区的首府，也成为全国各地淘金者的“理想王国”。

据《中国房地产市场年鉴（1996）》统计，1988 年，海南商品房平均价格为 1350 元 / 平方米，1991 年为 1400 元 / 平方米，1992 年猛涨至 5000 元 / 平方米，1993 年达到 7500 元 / 平方米的顶峰。短短三年，增长超过 4 倍。

高峰时期，这座总人口不过 160 万的海岛上竟然出现了两万多家房地产公司。这些公司当然不都是为了盖房子，而是为了炒房子。

由于投机性需求已经占到了市场的 70% 以上，一些房子甚至还停留在设计图纸阶段，就已经被卖了好几道手。每一个玩家都想在游戏结束前赶快把手中的“花”传给下一个人。只是，不是每个人都有潘石屹这样的好运气。1993 年 6 月 23 日，当最后一群接到“花”的玩家正在紧张寻找下家时，终场哨声突然毫无征兆地吹响了。当天，时任国务院副总理的朱镕基发表讲话，宣布终止房地产公司上市、全面控制银行资金进入房地产业。

这场调控的遗产，是给占全国 0.6% 总人口的海南省留下了占全国 10% 的积压商品房。全省“烂尾楼”高达 600 多栋、1600 多万平方米，闲置土地 18834 公顷，积压资金 800 多亿元，仅四大国有商业银行的坏账就高达 300 多亿元。吉利汽车老总李书福在海南楼市泡沫中损失了 3000 万，从此发誓不碰房地产。

泡沫经济是对一地虚假繁荣经济的比喻，这种看上去很美丽的泡沫经济看似很繁荣，但是突然之间，一个微小的触动就足以让繁荣灰飞烟灭。

由于贪婪，人们就会心生恐惧，恐惧又导致了危机；而当人们从恐惧中恢复过来的时候，又再次陷入贪婪之中。一次次的恶性循环，也就导致了一次次的经济危机。

回归理性，或许能使我们在贪婪和恐惧之间，找到一条财富之路。

第二节　经济周期

经济发展的高潮与低谷——经济周期

经济周期，又称商业周期或商业循环，它是指国民总产出、总收入和总就业的波动。这种波动以主要的宏观经济变量，如就业率、物价水平、总产量等普遍的扩张或收缩为基本特征。一般来说，一个完整的经济周期可以分为萧条、复苏、繁荣、衰退几个阶段，其中两个最主要的阶段是衰退阶段和扩张阶段。繁荣，即经济活动扩张或向上的阶段（高涨）；衰退，即由繁荣转向萧条的过渡阶段（危机）；萧条，即经济活动收缩或向下的阶段；复苏，即由萧条转向繁荣的过渡阶段。

经济周期的特征：

（1）经济的波动性：经济周期或经济的周期性波动，最突出的表现是经济中的实际 GDP 对潜在 GDP 呈现出来的阶段性的偏离。

（2）共同运动性：用与同期产出的相关系数表示。大多数宏观经济变量具有顺周期的特征。只有实际利率除外。

（3）持久性：西方经济学家一般认为，经济周期的形式和持续时间是不规则的。没有两个完全相同的经济周期，也没有像测定行星或钟摆那样的精确公式可用来预测经济周期的发生时间和持续时间。相反，经济周期可能更像天气那样变化无常。这就增加了人们对经济周期认识上的复杂性。

经济永远在繁荣和衰退之间循环，人们对于未来生活总是从乐观的高峰跌落到失望的深渊，又在某种契机下雄心再起。

经济周期既有破坏作用，又有“自动调节”作用。在经济衰退中，一些企业破产，退出商海；一些企业亏损，陷入困境，寻求新的出路；一些企业顶住恶劣的气候，在逆境中站稳了脚跟，并求得新的生存和发展。

经济周期可以通过很多重要的渠道影响到我们。例如，当产出上升时，找工作变得比较容易；当产出下滑时，寻找一份理想的工作就会比较困难。

经济周期不同阶段的影响：经济周期波动的扩张阶段，是宏观经济环境和市场环境日益活跃的季节。这时，市场需求旺盛，订货饱满，商品畅销，生产趋升，资金周转灵便。企业的供、产、销和人、财、物都比较好安排。企业处于较为宽松有利的外部环境中。经济周期波动的收缩阶段，是宏观经济环境和市场环境日趋紧缩的季节。这时，市场需求疲软，订货不足，商品滞销，生产下降，资金周转不畅。企业在供、产、销和人、财、物方面都遇到很多困难。企业处于较恶劣的外部环境中。

从1978年以来，我国经济增长率最高的波峰年分别是1978年（11.7%）、1984年（15.2%）、1992年（14.2%）和2007年（13%）；经济增长率最低的波谷年分别是1981年（5.2%）、1990年（3.8%）、1999年（7.6%）和2009年（假设2009年为本轮周期的波谷年，增长率为8%）。如果依据波峰年计算周期的长度，从1978年到2007年的29年间，总共形成了3个经济周期，周期的平均长度为9.66年；若依据波谷年计算周期的长度，从1981年到2009年的28年间也形成了3个经济周期，周期的平均长度为9.33年。

从工业化到现在，世界经济呈现出具有规律性的周期变动已经历了5个长周期，即分别以“早期机械化”技术革命、“蒸汽动力和铁路”技术革命、“电力和重型工程”技术革命、“福特制和大生产”技术革命和“信息和通信”技术革命为主导的世界经济周期。

作为市场经济中的任何一分子，对经济周期波动必须了解、把握，并能制订相应的对策来适应周期的波动，否则将在波动中丧失生机。在市场经济条件下，企业家们越来越多地关心经济形势，也就是“经济大气候”的变化。而作为政府部门，认识经济周期在市场经济中的运行规律和特征，有助于政府在制定扩张性或收缩性的经济政策以及进行政策转换时，增强预见性，避免滞后性。

经济周期一般有长短之分，下面主要介绍几种经济周期的学说。

库兹涅茨周期，一种长经济周期。1930年美国经济学家库兹涅茨提出的一种为期15~25年，平均长度为20年左右的经济周期。由于该周期主要是以建筑业的兴旺和衰落这一周期性波动现象为标志加以划分的，所以也被称为“建筑周期”。

朱格拉周期，是一种中周期。1862年法国医生、经济学家克里门特·朱格拉在《论法国、英国和美国的商业危机以及发生周期》一书中首次提出。提出了市场经济存在着9～10年的周期波动。这种中等长度的经济周期被后人一般称为“朱格拉周期”，也称“朱格拉”中周期。

基钦周期，是一种短周期，又称“短波理论”。厂商生产过多时，就会形成存货，就会减少生产。1923年美国的约瑟夫·基钦从这一现象出发，在《经济因素中的周期与倾向》中把这种2到4年的短期调整称为“存货”周期，人们亦称为“基钦周期”。

康德拉季耶夫周期，长周期或长波。它是1926年苏联经济学家康德拉季耶夫提出的一种为期50～60年的经济周期。该周期理论认为，从18世纪末期以后，经历了3个长周期。第一个长周期从1789年到1849年，上升部分为25年，下降部分为35年，共60年。第二个长周期从1849年到1896年，上升部分为24年，下降部分为23年，共47年。第三个长周期从1896年起，上升部分为24年，1920年以后进入下降期。

没有一刻，经济是停滞的——经济流动

根据央行公布的数据，截至2009年6月末我国国家外汇储备余额达到了2.1316万亿美元，其中5月份我国金融机构新增外汇占款为2425.65亿元，幅度大大高于2009年以来金融机构单月平均1500亿元左右的外汇占款增量，6月份金融机构新增外汇占款为1327.16亿元。尽管6月份金融机构外汇占款增速有所放缓，但外贸顺差仍呈下降态势，中国经济回暖向好预期加大了资金流入的冲动。

从国内情况来看，央行在短时间内向市场注入了巨量流动性。央行公布数据显示，6月份代表经济活跃程度的狭义货币供应量（M1）同比增速为24.79%，代表流动性情况的广义货币供应量（M2）同比增速达到28.46%，成为自1997年3月央行公布此项数据以来的最快增速。2009年上半年我国新增信贷爆发式增长，6个月信贷规模达到7.37万亿，同比增速达到34.4%，也创造了改革开放以来的增速之最。在M1加速的同时，M1、M2同比增速的“剪刀口”却连续第5个月不断收窄，意味着存款活期化趋势明显，经济活动在回暖，开工项目在增加。

经济复苏，国内流动性充裕，再加上更多的短期国际资本的流入，充裕的流动性将会促使通胀预期不断升温，但在实际通胀发生前，适度宽松的货币政策仍将继续。

流动性指整个宏观经济的流动性，指在经济体系中货币投放量的多少。流动性应以适度为好，流动性太小，市面上的流动资金少，就会拖经济发展的后腿；

流动性过剩，会造成经济泡沫，比如股市和房地产泡沫，引发投资热，造成通货膨胀。

由于货币具有使用上的灵活性，人们宁肯以牺牲利息收入而储存不生息的货币来保持财富的心理倾向。

凯恩斯认为，在资本市场上，人们有一种宁愿持有货币，而不愿持有股票和债券等能生利但较难变现的资产的偏好。由此他提出流动性陷阱的假说，即当一定时期的利率水平降低到不能再低时，人们就会产生利率上升而债券价格下降的预期，货币需求弹性就会变得无限大，即无论增加多少货币，都会被人们储存起来。发生流动性陷阱时，再宽松的货币政策也无法改变市场利率，使得货币政策失效。

流动性偏好的主要内容是：

（1）利率。凯恩斯认为利率是纯粹的货币现象。因为货币最富有流动性，它在任何时候都能转化为任何资产。利息就是在一定时期内放弃流动性的报酬。利率因此由货币的供给和货币的需求所决定。

（2）货币需求曲线的移动。在凯恩斯流动性偏好理论中，导致货币需求曲线移动的因素主要有两个，即收入增长引起更多的价值储藏，并购买更多的商品；物价的高低通过实际收入的变化影响人们的货币需求。

（3）货币供给曲线的移动。凯恩斯假定货币供给完全为货币当局所控制，货币供给曲线表现为一条垂线，货币供给增加，货币供给曲线就向右移动，反之，货币供给曲线就向左移动。

（4）影响均衡利率变动的因素。所有上述这些因素的变动都将引起货币供给和需求曲线的移动，进而引起均衡利率的波动。

总共的资金量，在一个时间阶段是几乎不会变化的：一部分被以储蓄的形式封存在银行中，另一部分流通在市场中和人民手中。所谓流动性过剩，就是流通在市场上和人民手中的资金过多，造成货币泛滥，每一个货币对应的商品价值太小，也就是“货币贬值”，严重的，就会引发通货膨胀。

2010年1月27日德国中央银行行长、欧洲中央银行执委阿克塞尔·韦伯说，随着经济复苏势头不断增强，欧洲央行可能在今年上半年采取进一步措施回收流动性。

韦伯说，并非所有紧急流动性措施都具有相同的必要性，因此并不能排除欧洲央行在下半年以前撤回部分措施的可能性，不过他表示这一过程会是循序渐进的。

欧洲央行已宣布停止进行12个月期的无限制贷款，6个月期的无限制贷款措施也将在今年3月份后停止。另外，欧洲央行去年5月份宣布的600亿欧元资产担保债券购买计划也将在今年6月份到期。

韦伯还表示，目前的利率水平是合适的，尽管欧元区存在一些通胀上行风险，但预计通胀率在短期内不会显著高于2%。

欧洲央行收回流动性是为了避免流动过剩。随着经济的逐步复苏，全世界都将面临着流动性过剩的问题。

流动性过剩也是我国宏观经济面临的一个主要问题，货币发行量过多，超过了经济均衡时的货币需求水平。它不仅影响货币市场，还影响商品市场、资产市场、外汇市场及国内固定投资。

造成目前流动性过剩的根源来自中国不断推升的贸易顺差，出口企业不断把收回的美元兑换给国家，国家就得不断向经济体系投放人民币，这就造成了流动性过剩的现象。

经济陷入流动性陷阱的特点。

从宏观上看，一个国家的经济陷入流动性陷阱主要有3个特点：

（1）整个宏观经济陷入严重的萧条之中。需求严重不足，居民个人自发性投资和消费大为减少，失业情况严重，单凭市场的调节显得力不从心。

（2）利率刺激投资和消费的杠杆作用失效。利率已经达到最低水平，名义利率水平大幅度下降，甚至为零或负利率，在极低的利率水平下，投资者对经济前景预期不佳，消费者对未来持悲观态度，这使得货币政策对名义利率的下调已经不能启动经济复苏，只能依靠财政政策，通过扩大政府支出、减税等手段来摆脱经济的萧条。

（3）货币需求利率弹性趋向无限大。

经济发展的衡量标准——经济增长率

2010年1月26日国际货币基金组织举行2010年全球经济预测报告发布会。预计美国经济2010年的增长率为2.7%，高于此前增长1.5%的预测。以中国为代表的亚洲发展中国家将迅速从全球经济衰退中复苏，平均经济增长率为8.4%，而中国经济增长率为10%。中国的经济复苏是可持续性的，中国经济在2011年仍将增长9.7%。

国际货币基金组织在报告中表示：“亚洲主要新兴经济体将引领全球经济的

复苏。”除中国外，印度的经济也呈现强劲增长势头，预计2010年印度经济增长7.7%。作为亚洲最大经济体的日本2010年预计增长1.7%。该组织将中国2010年增长预测从去年9%上调到10%。该组织首席经济学家布兰彻在报告发布会上说：“中国的增长仍然部分基于强有力的财政刺激和信贷宽松。但中国私人部门需求恢复的前景看起来也非常不错。所以，我们认为中国的复苏可以持续。”

经济增长通常是指在一个较长的时间跨度内，一个国家人均产出（或人均收入）水平的持续增加。总产出通常用国内生产总值（GDP）来衡量，所谓经济增长就是指国内生产总值的增长必须保持合理的、较高的速度。

与经济周期波动中产出的恢复性增长不同，经济增长在此来说是一个长期概念，其实质是潜在国民产出的增加或经济系统生产能力的增长。其次，经济增长也不同于“经济发展”（economic development）。如果说经济增长是一个单纯的“量”的概念，那么经济发展就是一个比较复杂的“质”的概念，衡量的是一个国家以经济增长为基础的政治、社会、文化的综合发展。也就是说，经济增长是经济发展的“必要而非充分”条件。

经济增长率是末期国内生产总值与基期国内生产总值的比较。对一国经济增长速度的度量，通常用经济增长率来表示。经济增长率也称经济增长速度，它是反映一定时期经济发展水平变化程度的动态指标，也是反映一个国家经济是否具有活力的基本指标。它的大小意味着经济增长的快慢，意味着人民生活水平提高所需时间的长短，所以政府和学者都非常关注这个指标。

如果变量的值都以现价计算，则公式计算出的增长率就是名义增长率，反之如果变量的值都以不变价（以某一时期的价格为基期价格）计算，则公式计算出的增长率就是实际增长率。在量度经济增长时，一般都采用实际经济增长率。

经济增长率的计算分为两种，一个是年度经济增长率的计算，衡量的是两年之间经济的变化。

年度经济增长率的计算比较简单，就是后一年的经济指标（如GDP或人均GDP）减去前一年的经济指标再除以前一年的经济指标，如果我们用百分数来表示的话还要再乘上百分百，比如我国2003年的GDP是61687.9亿元（按1990年价格计算，以下同），而2004年的GDP是67548.2亿元，因此2004年的经济增长率就是0.095，用百分数来表示就是9.5%。

另外一个就是年均经济增长率的计算，衡量的是若干年来经济的平均变化情况。

年均经济增长率的计算就比较复杂，为了准确起见，我们用数学符号和公式来表述。假设一个经济变量 y 的值由初始值 y_0 经过 n 个时间段（比如年、月、日等）后变为 y_n，则在每个时间段里 y 的平均增长率应该是 $g=(y_n/y_0-1)/n$。举例来说，按 1990 年价格计算，中国 1952 年人均 GDP 为 1250.24 元，2004 年人均 GDP 为 5196.5 元，则按照这个公式计算，这 52 年人均 GDP 年均增长率为 6.07%。但是如果年均经济增长率比较小的话，也可以按照指数的形式来计算，计算公式是 $g=(I_n\cdot y_n/y_0)/n$。比如，以 1996 年美元来衡量，美国的真实人均国内生产总值（GDP）从 1870 年的 3340 美元上升到 2000 年的 33330 美元，则按照这个公式计算，美国这 130 年的人均年均增长率是 1.8%。

经济增长率的高低体现了一个国家或地区在一定时期内经济总量的增长速度，也是衡量一个国家或地区总体经济实力增长速度的标志。

决定经济增长的因素主要有以下几个方面：

一是投资量。一般情况下，投资量与经济增长成正比。

二是劳动量。在劳动者同生产资料数量、结构相适应的条件下，劳动者数量与经济增长成正比。

三是生产率。生产率是指资源（包括人力、物力、财力）利用的效率。提高生产率也对经济增长直接作出贡献。

三个因素对经济增长贡献的大小，在经济发展程度不同的国家或不同的阶段，是有差别的。一般来说，在经济比较发达的国家或阶段，生产率提高对经济增长的贡献较大。在经济比较落后的国家或阶段，资本投入和劳动投入增加对经济增长的贡献较大。

经济发展过快并不是好事——经济过热

2004 年 4 月 13 日，国家统计局发布 2004 年一季度国民经济和社会发展统计数据：“今年一季度国内生产总值同比增长 9.7%。其中第一产业增长 4.5%；第二产业增长 11.6%；第三产业增长 7.7%。中国经济在去年增长 9.1% 的基础上继续高位运行。”

公布的各项数据中，43% 的固定资产投资增长率特别引人注目，尤其在前两个月投资增长 53%，创 1994 年以来同期最高。国家统计局新闻发言人郑京平表示，固定资产投资增长过快，造成主要原材料、能源、运输等“瓶颈”约束加剧和价格上涨压力加大。2003 年中国经济在遭受“非典”的打击后仍然能够保持 9.1% 的高速度让全世界都张大了嘴巴。2004 年一季度 GDP 同比增长 9.7%，固定资产投资增长率 43%。“中国经济就像一辆下坡的高速大巴！”《金融时报》专栏专家詹姆斯·金这样描述他对中国经济高速发展的惊讶。

在这个阶段，经济学界曾经就中国经济是否过热发生了激烈的争论。争论的双方分别为主张已经过热的吴敬琏、樊钢、林毅夫和主张不过热的厉以宁、萧灼基、胡祖六等。

所谓经济过热，是指市场供给发展的速度与市场需求发展的速度不成比例。当资本增长速度超过市场实际所需要的周期量后，在一定的周期阶段内就出现相应的市场资源短缺与一定资源的过剩同时出现的矛盾现象。

在一定时期经济过热会表现为经济高速发展与物价指数双高的现象。依据经济学的定义看，实际增长率超过了潜在增长率叫经济过热，它的基本特征表现为经济要素需求超过总供给，由此引发物价指数的全面持续上涨。

具体判断:（1）固定资产投资增长速度连续几年明显快于 GDP 的增长，是经济过热在一个方面的重要反映。（2）能源原材料供应紧张，价格上升太快。（3）产能过剩、产品积压。在现有的投资增长中，许多投资停留在中间环节，有的项目选得不好，没有形成生产能力，也有的形成了生产能力，但开工不足，产能过剩。这些反映在经济增长速度上，虽然 GDP、企业利润、财政税收、就业等都有了增长，但缺少最终需求支撑，产生了很大浪费。（4）资源环境压力增大，安全生产事故时有发生。经济增长所带来的资源消耗高、浪费大问题，加剧了环境的压力，也是经济过热在一个方面的重要表现。

在 20 世纪 90 年代初期，GDP 增幅连续几年超过 10%，由于总供给明显超过总需求，通货膨胀持续了数年。所以经济发展过热也不是件好事。

经济过热可以分为“消费推动型经济过热”和“投资推动型经济过热”。由于居民消费旺盛而导致的经济过热称为消费推动型经济过热；“投资推动型经济过热”，亦即“过度投资”，它包含两个方面的意思。

第一，投资项目完工后，生产的产品没有预期的市场需求，产品大量堆积，资金无法收回，导致生产资料的严重浪费。在这个层面上的“过度”指的是投资相对市场需求过度。

第二，投资规模铺开得过大，以至于超过了财力负担能力，使得投资不能按预定计划完成，无法形成预期的生产能力。这个层面上的“过度”是投资规模相对于财力负担的过度。

国家需要使出哪些撒手锏——经济衰退

2001 年东南亚国家经济表现远不如 2000 年，出现了自金融危机爆发以来的第二次衰退。新加坡经济自 2001 年第二季度以来即呈现负增长，全年的经济增长率为 -2.0%，是东南亚国家中表现最为疲软的；马来西亚经济自 2001 年第三季度起转呈负增长，全年的经济增长率虽仍取得 0.4% 的正增长，但远低于 2000 年的 8.3%；菲律宾经济在投资与消费支出支撑下增长 3.4%，略低于 2000 年的 4.0%；印尼经济增长 3.3%，低于 2000 年的 4.8%；泰国经济增长也明显放缓，增长 1.8%，低于 2000 年的 4.6%。

新加坡所受的影响程度比其他东盟四国大得多，其经济增长率从 2000 年的 10.3% 下降到 2001 年的 -2.0%，下降了 12.3 个百分点，远远大于其他东盟四国的下降幅度。其他东盟四国在金融危机期间都是重灾区，到了第二次经济衰退期间尽管它们的国内经济结构还存在不少问题，不良债权处理也还不彻底，但它们对美国市场、信息技术产品的出口依赖程度已比新加坡低，故其所受的影响程度也较低。其他东盟四国中马来西亚的经济对出口的依赖程度及其出口对美国市场的依赖程度最高，加之其出口产品多为信息电子产品，因此所受到的影响在东盟四国中也最大（其经济增长率的下降幅度比其他三国至少高出 5 个百分点）。

经济衰退（Recession），指经济出现停滞或负增长的时期。不同的国家对衰退有不同的定义，但美国以经济连续两个季度出现负增长为衰退的定义被人们广泛使用。而在宏观经济学上通常定义为“在一年中，一个国家的国内生产总值（GDP）增长连续两个或两个以上季度出现下跌”。但是这个定义并未被全世界各国广泛接受。比如，美国国家经济研究局就将经济衰退定义成更为模糊的“大多数经济领域内的经济活动连续几个月出现下滑”。凯恩斯认为对商品总需求的减少是经济衰退的主要原因。

衰退阶段的特征：

（1）通常消费者购买急剧下降。由于厂商会对此作出压缩生产的反应，所以实际会下降。紧随其后，对工厂和设备的企业投资也急剧下降。

（2）对劳动的需求下降。首先是平均每周工作时间减少，其后是被解雇员工的数量和失业率上升。

（3）产出下降，导致通货膨胀步伐放慢。对原材料的需求下降，导致其价格跌落。工资和服务的价格下降的可能性比较小，但在经济衰退期它们的增长趋势会放慢。

（4）企业利润在衰退中急剧下滑。由于预期到这种情况，普通股票的价格一般都会下跌，同时，由于对贷款的需求减少，利率在衰退时期一般也会下降。

2007 年 2 月 13 日美国新世纪金融公司（New Century Finance）发出 2006 年第四季度盈利预警。2007 年 3 月 13 日，新世纪金融公司宣布濒临破产，美股大跌，道指跌 2%、标普跌 2.04%、纳指跌 2.15%。面对来自华尔街 174 亿美元逼债，作为美国第二大次级抵押贷款公司——新世纪金融（New Century Financial Corp）在 4 月 2 日宣布申请破产保护、裁减 54% 的员工。

2007 年 7 月 19 日，贝尔斯登旗下两家对冲基金陷入崩溃，8 月 8 日，美国第五大投行贝尔斯登宣布旗下两只基金倒闭，原因同样是由于次贷风暴。2008 年 3 月 14 日该投资银行面临破产。

2007 年 8 月 2 日，德国工业银行宣布盈利预警，后来更估计出现了 82 亿欧元的亏损，因为旗下的一个规模为 127 亿欧元的"莱茵兰基金"（Rhineland Funding）以及银行本身少量地参与了美国房地产次级抵押贷款市场业务而遭到巨大损失。德国央行召集全国银行同行商讨拯救德国工业银行的一揽子计划。美国第十大抵押贷款机构——美国住房抵押贷款投资公司 8 月 6 日正式向法院申请破产保护，成为继新世纪金融公司之后美国又一家申请破产的大型抵押贷款机构。到 2008 年 1 月，汇丰控股拨备损失将需 130 亿美元。

2007 年 8 月 9 日，法国第一大银行巴黎银行宣布冻结旗下三只基金，同样是因为投资了美国次贷债券而蒙受巨大损失。此举导致欧洲股市重挫。8 月 13 日，日本第二大银行瑞穗银行的母公司瑞穗集团宣布与美国次贷相关损失为 6 亿日元。日、韩银行也因美国次级房贷风暴产生损失。据瑞银证券日本公司的估计，日本九大银行持有美国次级房贷担保证券超过一万亿日元。此外，包括 Woori 在内的五家韩国银行总计投资 5.65 亿美元的担保债权凭证（CDO）。2007 年 9 月，花旗集团和美林证券，分别亏损 110 亿和 79 亿美元。2008 年 1 月 14 日，瑞士银行宣布 4 季度亏损 114 亿欧元。同样地，次贷危机发生后香港股票市场连续四个月下跌，跌幅接近 10000 点。时至 2008 年年初，随着美联储不断地向市场提供流通性与降低利率，整个金融市场波澜不惊，看似一切都在掌控之中。有些乐观的分析人士甚至表示危机会在年底见底。

2008 年 9 月 16 日，俄罗斯主要证券交易所之一的俄罗斯交易系统（RTS）停止了股票和债券的交易。这是由于俄罗斯交易系统指数已经下跌超过 8%，停盘将持续到 17 日开盘。俄罗斯副总理兼财政部部长阿列克谢·库德林认为，俄罗斯股市下跌的关键因素是西方持续的经济危机，而政治因素将很快消失。库德林说："当然，关键因素是西方持续的金融危机，而我们股市的指数是跟随着世界指数的。"

2008 年 10 月 10 日，冰岛因次贷危机基本冻结了外汇资产，并将三大银行国有化，但因债务问题与英国等国发生外交纠纷。

2008 年 12 月 24 日英国国家统计局宣布，第三季度英国 GDP 比前一季度下降 0.5%，这是过去 16 年来英国经济首次出现收缩。受此影响，24 日伦敦汇市英镑对美元继续下挫，1 英镑兑换 1.5269 美元，为 2002 年 8 月以来的最低点。

金融危机波及全球，随着全球金融危机的深化，全球经济也不可避免地出现了经济衰退、货币贬值、企业倒闭、失业猛增等现象。在欧美国家，失业的白领沦落至街头卖艺度日。经济衰退使得不少商家面临破产。拥有 800 多家店铺的伍尔沃思连锁超市已宣布 2009 年 1 月 5 日全部关张；有 122 年历史的咖啡老店切尔西惠塔德宣布被接管；欧洲人不得不暂时告别过度开支；重新崇尚节俭的"敦刻尔克精神"在英国重现。

为应对全球经济衰退的局势，中国政府使出了以下"撒手锏"：

1. 积极的财政政策

央行宣布，自 2008 年 10 月 27 日起，将商业性个人住房贷款利率的下限扩大为贷款基准利率的 0.7 倍；最低首付款比例调整为 20%。央行还下调了个人住房公积金贷款利率。

2008 年 11 月 5 日，国务院常务会议公布拉动内需十项措施和 4 万亿元投资计划，包括在全国全面实施增值税转型改革。

2008 年 11 月 12 日，国务院提出扩大内需四项实施措施：核准审批固定资产投资项目；决定提高部分产品出口退税率；确定中央财政地震灾后恢复重建基金的具体安排方案；提出进一步加强林业生态恢复重建的政策措施。

2. 宽松的货币政策

2008 年 10 月 29 日，中国人民银行宣布一年期人民币存贷款基准利率均下调

0.27个百分点。2008年11月26日，中国人民银行宣布下调金融机构一年期人民币存贷款基准利率各1.08个百分点；下调工商银行、农业银行、中国银行、建设银行、交通银行、邮政储蓄银行等大型存款类金融机构人民币存款准备金率1个百分点，下调中小型存款类金融机构人民币存款准备金率2个百分点。

3. 产业结构的调整政策

2008年11月20日，国务院常务会议确定了促进轻纺工业健康发展的6项政策措施：增加各级财政扶持中小企业发展专项资金规模；继续适当提高纺织品、服装和部分轻工产品出口退税率，清理和取消涉及轻纺企业的各种不合理收费等。

2009年2月25日，有色金属业和物流业振兴规划获通过，至此，纺织业、钢铁业、汽车业、船舶业、装备制造业、电子信息产业、轻工业、石化产业、物流业、有色金属业十大规划全部出齐。

第三节 国民收入

生活在城市与农村的两个世界里——城乡差距

2007年8月28日，农业部部长孙政才在向全国人大常委会作国务院关于促进农民稳定增收情况的报告时指出，近几年是我国农民收入增长最快的几年，但城乡居民收入差距也在不断扩大。2007年，农村居民人均纯收入实际增长9.5%，为1985年以来增幅最高的一年；而城乡居民收入比却扩大到3.33∶1，绝对差距达到9646元（农村居民收入4140元，城市居民收入13786元），也是改革开放以来差距最大的一年。

这是一个以户籍人口为标准进行统计的数据，如果以职业人口为标准进行农业、非农业人口收入的数据统计，差距可能还会更大。孙政才部长说，2007年我国农村外出就业劳动力达1.26亿人，乡镇企业从业人员为1.5亿，扣除重复计算部分，2007年农民工达到2.26亿人。这2.26亿农民工在城市打工的收入，事实上都计算为农村居民收入而不是城市居民收入了。要想了解中国城乡差距的真实状况，应该把农民打工的非农收入计入城市居民收入而不应该计入农村居民收入。

城乡居民收入差距是指城镇居民人均可支配收入与农民人均纯收入之间的比

率。城乡居民收入的比率为3.3 ：1，也就是说3.3个农民的收入才相当于一个城镇居民的收入。社会群体之间的收入差距超出合理的范围，不仅严重影响农业、农村经济和整个国民经济的持续健康发展，而且还有可能演变成社会问题和政治问题。假如考虑到可比性的因素，城乡收入差距在4~6倍。

城乡居民收入存在较大差距最根本的原因在于我国城乡二元管理体制，也就是城乡分割管理体制。由于这种二元体制，无论国民收入分配，还是资源配置、工农业产品价格等方面，都存在着差别，而最终的反映就是城乡居民的收入差别——当然，这个差别在不同时期是有大有小的。

新中国成立后，我国提出了加速实现工业化的奋斗目标。但在当时的历史条件以及西方国家的封锁下，实现工业化的途径和手段，似乎只能是从农业中取得资本的原始积累。于是，政府通过政策和制度手段，通过工农业产品价格的“剪刀差”，将资本从农业转向工业。据统计，在1950—1978年的29年中，政府通过“剪刀差”大约取得了5100亿元；在1979—1994年的16年间，政府通过工农业产品剪刀差从农民那里占有了大约15000亿元的收入，同期农业税收总额1755亿元，各项支农支出3769亿元，政府通过农村税费制度提取农业剩余约12986亿元，农民平均每年的总负担高达811亿元。

改革开放以来，我国城乡居民收入差距经历了一个先缩小后扩大、再缩小再扩大的过程。1978—1985年，由于农村实行家庭联产承包责任制，农民收入迅速增加，城乡居民收入差距从1978年的2.57倍缩小到1.86倍。但1984年城市经济体制开始改革，城乡收入差距又开始拉大，到1994年达到2.86倍。从1994年开始城乡之间收入差距出现了下降的趋势，但是从1997年起又逐步扩大。

改革开放以来，城乡二元管理体制存在的一些弊端得到了一定程度的革除，比如农民可以进城务工，符合条件的还可以成为城市居民等。但是，二元管理并没有得到根本性的改变，新的体制还没有完全建立起来，城市居民与农村居民依然存在着一条鸿沟，在国民收入分配上依然是重城市居民而轻农村居民。工农业产品的剪刀差继续扩大，使农民在农业上的收入低微；对进城务工的农民在分配上也是另行一套，农民工和城里人即使从事同一工作，并且工作质量丝毫不逊色，收入也仍然大大低于城市职工，还不能普遍享受医疗保险、社会养老保险、失业保险、住房公积金等社会福利待遇。特别是在我国经济面临通胀的压力下，农业生产资料价格大幅度上升，农民生活消费指数高于城市居民生活消费指数，而农民增收又缺乏新的支持，这样，城乡居民收入的差距自然而然扩大了。

无论高速发展的国民经济，还是巨大的改革开放成就，农民都作出了巨大的贡献和牺牲。现在到反哺农业的时候了，让农民切实享受到经济发展和改革开放的成果，缩小城乡收入差距乃至消除这种差距，根本的途径还是彻底改革城乡二元管理体制。统筹城乡发展，推进城乡一体化。

真正属于自己的价值——GNP

国民生产总值GNP是指一个国家的国民在一年中生产的最终产品（包括劳务）的市场价值的总和。一个国家常住机构单位从事生产活动所创造的增加值（国内生产总值）在初次分配过程中主要分配给这个国家的常住机构单位，但也有一部分以劳动者报酬和财产收入等形式分配给该国的非常住机构单位。同时，国外生产单位所创造的增加值也有一部分以劳动者报酬和财产收入等形式分配给该国的常住机构单位。从而产生了国民生产总值概念，它等于国内生产总值加上来自国外的劳动报酬和财产收入减去支付给国外的劳动者报酬和财产收入。

GNP是本国常住居民生产的最终产品市场价值的总和，它以人口为统计标准。换言之，无论劳动力和其他生产要素处于国内还是国外，只要是本国国民生产的产品和劳务的价值都记入国民生产总值。常住居民包括居住在本国领土的本国公民、暂住外国的本国公民和常年居住在本国的外国公民。

举个例子来说，中国境内的可口可乐工厂的收入，并不包括在我们的GNP之中，而是属于美国的；而青岛海尔在国外开厂的收入则可以算在我们的GNP中。与GNP不同的是，GDP只计算在中国境内产生的产值，它包括中国境内可口可乐工厂的收入，但不包括青岛海尔在国外开厂的收入。

因此，国民生产总值和国内生产总值的关系是：

国民生产总值=国内生产总值+暂住国外的本国公民的资本和劳务创造的价值-暂住本国的外国公民的资本和劳务创造的价值

我们把暂住国外的本国公民的资本和劳务创造的价值减暂住本国的外国公民的资本和劳务创造的价值的差额称作国外净要素收入，于是有：

国民生产总值=国内生产总值+国外净要素收入

当国外净要素收入为正值时，国民生产总值就大于国内生产总值；反之，当国外净要素收入为负值时，国民生产总值就小于国内生产总值。

国内生产总值与国民生产总值之间的主要区别有哪些呢？GDP强调的是创造

的增加值，它是“生产”的概念，GNP 则强调的是获得的原始收入。一般讲，各国的国民生产总值与国内生产总值二者相差数额不大，但如果某国在国外有大量投资和大批劳工的话，则该国的国民生产总值往往会大于国内生产总值。

如果一个国家在国外有大量投资和大批劳工的话，那么该国的 GNP 往往会大于 GDP。比方，日本在海外有大量的投资，那么，它的 GNP 就比 GDP 数字要大。在 2001 年度，日本的 GNP 比 GDP 高 8.5 万亿日元（大约折合 800 亿美元），相当于日本 GDP 的 2.5 个百分点。换句话说，即使是日本国内经济增长率为零，但是，有来自国外的这 800 亿美元的投资净收入，也可以保证其 GNP 增长 2.5% 左右。

再比如菲律宾，有大量的菲律宾妇女在海外充当用人（简称“菲佣”），她们每年汇往菲律宾的外汇收入高达 100 亿美元！这样，菲律宾的 GNP 肯定比 GDP 要高。

不同时期的国民生产总值的差异既可能是由于商品和劳务的实物数量的区别，也可能是由于价格水平的变化。为了能够对不同时期的国民生产总值进行有效的比较，我们选择某一年的价格水平作为标准，各年的国民生产总值都按照这一价格水平来计算。这个特定的年份就是所谓的基年（base year），这一年的价格水平就是所谓的不变价格（constant price）。

用不变价格计算的国民生产总值叫作实际国民生产总值（Real GNP），用当年价格（current price）计算的国民生产总值叫作名义国民生产总值（Nominal GNP）。

需要指出的是，在实际国民生产总值的核算中，各个国家一般每过几年就重新确定一个基年。当我们把 2000 年作为基年时，该年的名义国民生产总值和实际国民生产总值就会相等。假定价格水平一直处于上升过程，那么，在 2000 年以前，名义国民生产总值就会小于实际国民生产总值；在 2000 年以后，名义国民生产总值就会大于实际国民生产总值。

收入差别为什么这么大——个人收入

2010 年 3 月 18 日，美国知名媒体福布斯杂志中文版率先发布了 2009 年中国名人榜。姚明继 2008 年以 5600 万美元（按照当时汇率折合大约 3 亿 8780 万元人民币）年收入位居排名榜首之后，在 2009 年姚明同样以 3 亿 5777 万人民币的收入继续雄踞所有排名榜首，几乎没有受到任何经济危机的影响。而刘翔的个人收入依然稳居第二名，以1亿3028万傲视姚明之外的“名人榜群雄”。

此外，我们所熟悉的明星还有：章子怡7800万的个人收入虽然无法和姚明相提并论，但还是相当可观；易建联的个人收入从2008年的2900万人民币上升至2009年的3710万；而郭晶晶的个人收入也达到3050万；乒乓名将张怡宁的个人收入达到1345万，王励勤个人收入达到1150万；而林丹的个人收入则为1475万。

近年来，个人收入的多少被看作身份的象征，于是出现了各种类型的收入排行榜。不管是哪种排行榜，也无论在排行榜中位居第几，能在榜上留名的人物，他们的个人收入都非常可观。姚明这些明星们的收入如此之高，当然也是和他们的辛苦付出以及明星效应成正比的。

个人收入作为一项经济指标，是指个人从各种途径所获得的收入的总和。个人收入反映的是个人的实际购买水平，预示了消费者未来对于商品、服务等需求的变化。个人收入指标可以用于预测个人的消费能力，是对未来消费者的购买动向及评估经济情况好坏的一个有效指标。

总体说来，个人收入提升总比下降的好，个人收入提升代表经济景气，下降当然是放缓、衰退的征兆，对货币汇率走势的影响不言而喻。如果个人收入上升过急，央行担心通货膨胀，又会考虑加息，加息当然会对货币汇率产生强势的效应。

对于大多数人来说，个人收入主要由两部分组成，一是工资总额，二是工资外收入。关于工资总额很好理解，就是单位在一定时期内直接支付给本单位职工的全部报酬总额，包括计时工资、计件工资、奖金津贴、补贴、加班工资等。而工资外收入则是指职工在工资总额以外在本单位内及单位外获得的现金或实物，主要包括保险性福利费用、财产性收入、转移性收入等。

个人收入主要反映了居民的收入情况。随着全国经济运行质量的提高，人们的个人收入水平也得到了较大幅度的增长。在个人收入的分配与再分配过程中，“个人可支配收入”比单纯的个人收入更有价值，因为它代表每个人可用于消费支出或用来储蓄的货币金额。个人可支配收入指个人收入扣除向政府缴纳的个人所得税、遗产税和赠予税、不动产税、人头税、汽车使用税以及交给政府的非商业性费用等以后的余额。

国家统计局于2009年7月27日公布了上半年的居民收入情况，全国城镇居民人均可支配收入实际增长11.2%，全国农村居民人均现金收入实际增长8.1%。

调查资料显示，2009 年上半年城镇居民人均可支配收入 8856 元人民币，农村居民人均现金收入 2733 元。

但是很多人认为国家统计局公布的居民收入增长之快，与他们自身的真实收入相比，存在很大偏差。其实制约公众工资增长和消费“感觉”的，不单是收入和消费的绝对增长幅度，还有住房、养老、医疗、教育、保险等公共产品的供给与保障。目前这些公共产品的供给却始终难以让人乐观——昂贵的医疗救治、动辄大谈市场化的教育、坚挺飞涨的房价犹如三座大山，压得在俗世中生活的人们喘不过气来。尤其在经济危机的大背景之下，人们生存的状况更是步履艰难。如此情境下，可支配收入自然感觉不到涨；消费支出，更是分分都要花在刀刃上。

我们的个人收入是在不断增长的，这一点毋庸置疑。在个人收入不断增长的同时，我国的 GDP 也在不断攀升，只是近些年来个人收入的增长幅度多数年份低于 GDP 的增长，居民最终对 GDP 的分享逐年减少，因此，居民个人收入与 GDP 之间的差距越拉越大。政府部门应该把更多的精力放在提高居民收入上，让更多的人能从 GDP 的增长中分得一杯羹。

真正的个人收入——人均可支配收入

2008 年我国某地区城镇居民人均家庭总收入为 24668.34 元，比上年同期增长 9.6%，人均可支配收入为 23876.85 元，比上年同期增长 9.2%。

（1）工资性收入仍是可支配收入增长的主力军。2008 年城镇居民人均工资性收入为 19207.21 元，比上年同期增长 31.5%，工资性收入占可支配收入的 80.4%，是家庭生活来源的主渠道。我国经济的稳定增长，将为居民工资性收入水平的不断提高奠定基础。

（2）经营性收入小幅下降。2008 年城镇居民人均经营性收入为 4546.41 元，比上年同期下降 11.7%，经营性收入占可支配收入比重为 19%。主要是由于受物价上涨的影响，个体经营者的经营成本上升，原材料价格、人员工资等负担加重，效益放缓。

（3）财产性收入大幅回落。受股市、基金大跌，全球金融海啸影响，居民投资减少，投资理财收入降幅较大。2008 年城镇居民人均财产性收入为 557.75 元，同比下降 39.4%；其中股息与红利收入同比下降高达 60.7%。

（4）居民转移性收入降幅最大。城镇居民人均转移性收入 356.96 元，同比下降80.5%，其中人均离退休养老金收入同比下降89.1%。原因是由于采取新的抽样方式又是百分百换样本，抽中的样本是那种外来务工较多的地方，从而使得今年离退休养老金收入大幅度下降，而影响整个转移性收入。

人均可支配收入指个人收入扣除向政府缴纳的个人所得税、遗产税和赠予税、不动产税、人头税、汽车使用税以及交给政府的非商业性费用等以后的余额。个人可支配收入被认为是消费开支的最重要的决定性因素。因而，常被用来衡量一国生活水平的变化情况。

人均可支配收入反映了该国个人的实际购买力水平，预示了未来消费者对于商品、服务等需求的变化。个人收入指标是预测个人的消费能力、未来消费者的购买动向及评估经济情况好坏的一个有效指标。

人均可支配收入提升总比下降的好，每个人都希望自己口袋里的钱越来越多。

人均可支配收入实际增长率=（报告期人均可支配收入/基期人均可支配收入）/居民消费价格指数-100%

一般来说，人均可支配收入与生活水平成正比，即人均可支配收入越高，生活水平则越高。在一定时期内，由于物价上涨的因素，使得相同的货币所能购买到的生活消费品和社会服务的数量与基期相比相应减少，造成货币的购买力下降，货币贬值。因此，计算人均可支配收入的实际增长时，必须扣除价格因素的影响。

2010年1月21日，国家统计局发布数据，全年城镇居民家庭人均总收入18858元。其中，城镇居民人均可支配收入17175元，比上年增长8.8%，扣除价格因素，实际增长9.8%。在城镇居民家庭人均总收入中，工资性收入增长9.6%，经营净收入增长5.2%，财产性收入增长11.6%，转移性收入增长14.9%。农村居民人均纯收入5153元，比上年增长8.2%，扣除价格因素，实际增长8.5%。其中，工资性收入增长11.2%，第一产业生产经营收入增长2.2%，第二、第三产业生产经营收入增长10.0%，财产性收入增长12.9%，转移性收入增长23.1%。全年城镇就业人员比上年净增910万人。年末农村外出务工劳动力1.49亿人，比一季度末增加170万人。

2010年1月，贵阳市政府召开新闻发布会，向媒体通报了全市2009年经济社会发展完成情况。面对国际金融危机冲击，2009年，贵阳市GDP实现902.61亿元，比上年增长13.3%。同时，城市居民人均可支配收入15041元，增长8.9%，增加了1229元。农民人均纯收入5316元，增长10.3%。新增就业岗位5.2

万个，城乡统筹就业 7.8 万人，城镇登记失业率 3.5%，96.6% 的返乡农民工、5.9 万名高校毕业生实现就业。

第四节　民生经济

街头巷尾讨论的经济话题——CPI

2009 年 11 月 12 日，北京市统计局、国家统计局北京调查总队发布 2009 年 1 至 10 月北京市经济运行情况显示：10 月份，全市居民消费价格（CPI）同比下降 2.3%，降幅比 9 月份缩小 0.2 个百分点，连续 2 个月降幅缩小。从环比看，10 月份居民消费价格比 9 月份上涨 0.3%，连续 4 个月环比上涨。1 至 10 月，居民消费价格比上年同期下降 1.7%，降幅比 1 至 3 季度扩大 0.1 个百分点。

经济危机之后，普通居民对物价的感觉是更贵了，CPI 恐怕是大家谈论最多的经济词汇。确实，我们周边的很多朋友，不管他从事什么工作，不管他的年纪是长是幼，甚至连英文字母都不认识的老大妈，也在谈论 CPI。对于普通老百姓而言，大家对 CPI 的关注归根结底还是对日常生活所需品的价格变化，比如说猪肉的价格变化、面粉的价格变化、蔬菜的价格变化等的关注。那么 CPI 能如实地反映出老百姓最关心的日常生活费用的增长吗？

我们先来了解一下到底什么是 CPI。所谓 CPI，即消费者物价指数（Consumer Price Index），英文缩写为 CPI，是反映与居民生活有关的产品及劳务价格统计出来的物价变动指标，通常作为衡量通货膨胀水平的重要指标。

如果消费者物价指数升幅过大，表明通胀已经成为经济不稳定因素，央行会有紧缩货币政策和财政政策的风险，从而造成经济前景不明朗。一般来说，当 CPI>3% 的增幅时，我们把它称通货膨胀；而当 CPI>5% 的增幅时，我们把它称为严重的通货膨胀。鉴于以上原因，该指数过高的升幅往往不被市场欢迎。例如，某一年，消费者物价指数上升 2.5%，则表示你的生活成本比上一年平均上升 2.5%。当生活成本提高，你拥有的金钱价值便随之下降。换句话说，一年前面值 100 元的纸币，现在只能买到价值 97.5 元的货品及服务。

CPI 是怎样计算的？其实 CPI 的整个计算过程你不需要知道，你只需要知道，通常你买猪肉或喝饮料的平均价格就是 CPI。CPI 的上涨意味着你承担的日常花费也在上涨。例如，2007 年我国 CPI 上涨达到 4.8%，也就是说，你日常的花费增加了 48%。

但是真实的日常生活费用情况 CPI 是反映不出来的，有时我们对物价的感觉与公布的统计数据会有差异。我国 CPI 当中包含八大类商品：第一类是食品，第二类是烟酒及其用品，第三类是衣着，第四类是家庭设备用品和维修服务，第五类是医疗保健和个人用品，第六类是交通和通信，第七类是娱乐、教育、文化用品和服务，第八类是居住。与居民消费相关的所有类别都包括在这八大类中。在 CPI 价格体系中，食品类权重占到 32.74%。

从 2007 年下半年开始到今年年初，这八类商品当中，上涨的状况是不一样的，主要上涨的是哪一类呢？主要上涨的是以肉类为代表的食品，如肉类、粮食、豆制品，以及食用油、蔬菜，也就是说上涨的主要是食品价格。2007 年物价指数到了 4.8，4.8 当中有 4.0 是由于食品价格上涨造成的。4.0 比 4.8，等于 83.3%。2007 年中国物价上涨达到 10 年来最高点的原因是由于食品价格的上涨。2008 年前 5 个月 CPI 上涨幅度达到 8.1%，在这么一个高度，食品价格上涨大约占了 84%。2008 年我国物价上涨的压力也很大，出现这种状况的主要原因还是食品价格的上涨。

与老百姓生活密切相关的是生活必需品的价格，即以肉类为代表的食品的价格。它与电视机、电冰箱的价格有着很大的差别。电视机、电冰箱价格上涨了，我们可以不买，没有这些东西我们照样能活下去；房价高得离谱，买不起就不买了，可以租房子住，尽管房租也涨了。但是，鸡鸭鱼肉等食品价格上涨了，我们却不能不买，离开它们，我们还怎么活！

而 CPI 里面最重要的组成部分，并且被严重低估的就是鸡鸭鱼肉等食品的价格——它导致你吃饭的花费大幅上涨。例如猪肉价格上涨 26%，蛋类价格上涨 37%，也就是说你每吃一顿肉就要多付 26% 的钱，吃一顿鸡蛋就多付 37% 的钱。倘若这种情况并没有得到改善，反而进一步加剧，每一个老百姓吃饭的花费平均增加了 50%，也就是说，你一日三顿，不管是早点、中餐还是晚饭，你每吃一顿饭就得多付 50% 的钱。

然而 50% 的吃饭费用的上升没有直接反映在 CPI 里面，为什么？因为 CPI 是我们所有用到的消费品的平均数，刚才我们说到的 4.8% 代表所有消费品的增长，其中包括电器、住房等。所以真正重要的指标不能从整体去看，要单个来看，看肉价上升多少，大米价格上升多少，食用油价格上升多少。CPI 并不能如实反映你日常生活费用的增长，要想了解日常生活费用的增长，你只有单个去看。

所以，在看 CPI 的时候，我们要注意到这些，一不小心，CPI 说谎，就会与我们的亲身感受有差距。

衡量生活水平的尺度——恩格尔系数

在中国流行了上千年的问候语不知道什么时候就被一句“你好”取代了。为什么“吃了吗”被“你好”替代了呢？经济学家认为随着经济的发展，人们花在吃上的支出比例越来越少，而花在服装、汽车、娱乐上的消费比例越来越多了。这种现象被称为“恩格尔系数”降低。

恩格尔系数（Engel's Coefficient）是食品支出总额占个人消费支出总额的比重。19 世纪德国统计学家恩格尔根据统计资料，对消费结构的变化得出一个规律：一个家庭收入越少，家庭收入中（或总支出中）用来购买食物的支出所占的比例就越大，随着家庭收入的增加，家庭收入中（或总支出中）用来购买食物的支出比例则会下降。推而广之，一个国家越穷，每个国民的平均收入中（或平均支出中）用于购买食物的支出所占比例就越大，随着国家的富裕，这个比例呈下降趋势。

恩格尔定律的公式：

$$\text{食物支出占总支出的比率（R1）}=\frac{\text{食物支出变动百分比}}{\text{总支出变动百分比}}\times 100\%$$

或

$$\text{食物支出占收入的比率（R2）}=\frac{\text{食物支出变动百分比}}{\text{收入变动百分比}}\times 100\%$$

恩格尔定律主要表述的是食品支出占总消费支出的比例随收入变化而变化的一定趋势。揭示了居民收入和食品支出之间的相关关系，用食品支出占消费总支出的比例来说明经济发展、收入增加对生活消费的影响程度。

2009 年年初，武汉市统计局公布了 2008 年武汉市居民收入与消费调查结果。2008 年武汉居民人均消费支出为 11432.97 元，比 2007 年增加 832.97 元，增长 7.9%，其中食品支出增长最多，为 11.8%。

造成武汉市市民恩格尔系数增加的原因是与 2008 年以来的食品价格上涨分不开的。2008 年以来，武汉市食品价格涨势明显，特别是油脂类、肉类、水产品类价格上涨速度较快，带动了居民食品消费支出的增加。

消费支出反映了居民的物价消费水平，是很重要的宏观经济学变量，被作为宏观调控的依据之一。恩格尔系数是国际上通用的衡量居民生活水平高低的一项重要指标，国际上常常用恩格尔系数来衡量一个国家或地区人民生活水平的状况。

吃是人类生存的第一需要，在收入水平较低时，它在消费支出中必然占有重要地位。随着收入的增加，在食物需求基本满足的情况下，消费的重心才会开始向穿、用等其他方面转移。因此，一个国家或家庭生活越贫困，恩格尔系数就越大；反之，生活越富裕，恩格尔系数就越小。

根据联合国粮农组织提出的标准，恩格尔系数在59%以上的为贫困，50%～59%为温饱，40%～50%为小康，30%～40%为富裕，低于30%为最富裕。它一般随居民家庭收入和生活水平的提高而下降。

恩格尔定律是根据经验数据提出的，它是在假定其他一切变量都是常数的前提下才适用的，因此在考察食物支出在收入中所占比例的变动问题时，还应当考虑城市化程度、食品加工、饮食业和食物本身结构变化等因素都会影响家庭的食物支出增加。只有达到相当高的平均食物消费水平时，收入的进一步增加才不对食物支出发生重要的影响。

随着经济的迅速发展，人们花在食物上的支出相对于以前多出不少，但是食物支出占整个家庭支出的比例已经呈现下降的趋势，花在住房、汽车、教育、娱乐等其他方面的支出占据越来越大的比重。这就是恩格尔系数在不断降低。

国家统计局的资料显示，改革开放以来，由于收入持续快速增长，我国居民家庭的恩格尔系数呈现下降趋势，与1978年的57.5%相比，2007年我国城镇居民家庭恩格尔系数为43.1%，这是居民消费结构改善的主要标志。这表明，我国人民以吃为标志的温饱型生活，正在向以享受和发展为标志的小康型生活转变。

但是恩格尔系数也并不是对每一个人或每一个家庭都完全适合的。如自诩为美食家的人，以吃尽天下美食为己任，他花在食物上的消费比例肯定比其他消费多，但依此断定他贫困或富裕就有失偏颇。

气候是全球“最大的公共产品”——气候经济学

2009年10月17日，马尔代夫总统纳希德将在该国水下6米处的海底主持一次内阁会议。纳希德和其他内阁成员身穿潜水服，在该国首都马累东北约35千米处的吉利岛海域水底举行了为时30分钟的会议，会议期间内阁成员签署了一项要求各国减少温室气体排放的决议。呼吁世界各国领导人采取措施减少温室气体排放，以减缓海平面上升的步伐。

马累集中了全国约三分之一的人口，只有不到6平方千米，它周围的大部分都修筑了防波堤，以抵御海水入侵。尽管如此，在2004年12月的海啸中，海水还是冲上马累城，给首都造成了不小的破坏。马累西北约100千米处有一个图拉杜岛。图拉杜岛岛长杜斯马尔说，从2002年填海造地开始，海水侵蚀现象越来越严重。在小岛的东侧，椰子树的树根在海潮的拍打下已经裸露出来，有的椰子树已经倾倒。

在全国约200个居民岛中，大约50个面临着海水侵蚀问题，其中16个岛需要立即采取行动。此外，很多居民岛的地下淡水资源正在枯竭，居民饮水出现困难。

当马尔代夫的政要用“水下内阁会议”的方式向全世界发出警告和恳求的声音时，几乎所有人都意识到，全球变暖如果得不到遏止，将因此导致物种的灭亡，最终会蔓延到食物链的终端——人类。

作为一个人口不到40万的小国，马尔代夫在世界上的影响力有限。但在气候变化面前，马尔代夫已经成为人类命运的一面镜子。纳希德总统和他的部长们潜入水下开会的另类行为能让更多的人醒悟过来，采取行动拯救马尔代夫，同时也拯救人类自己。气候是人类最大的公共产品。

哥本哈根气候大会全称是《联合国气候变化框架公约》，第15次缔约方会议暨《京都议定书》第5次缔约方会议，这一会议也被称为哥本哈根联合国气候变化大会，于2009年12月7日—18日在丹麦首都哥本哈根召开。

2009年12月7日起，192个国家的环境部长和其他官员们在哥本哈根召开联合国气候会议，商讨《京都议定书》一期承诺到期后的后续方案，就未来应对气候变化的全球行动签署新的协议。

根据2007年在印尼巴厘岛举行的第13次缔约方会议通过的《巴厘路线图》的规定，2009年年末在哥本哈根召开的第15次会议将努力通过一份新的《哥本哈根议定书》，以代替2012年即将到期的《京都议定书》。考虑到协议的实施操作环节所耗费的时间，如果《哥本哈根议定书》不能在2009年的缔约方会议上达成共识并获得通过，那么在2012年《京都议定书》第一承诺期到期后，全球将没有一个共同文件来约束温室气体的排放，会导致遏制全球变暖的行动遭到重大挫折。因此，很大程度上，此次会议被视为全人类联合遏制全球变暖行动的一次很重要的努力。

在哥本哈根峰会的最后12小时，全球主要强权国家的领袖以及最贫穷落后国家的领袖穿梭会面，为了一个共同的目标：行动起来，对抗气候暖化。

联合国气候变化框架公约第15次缔约方会议和京都议定书第5次缔约方会议于当地时间19日下午在丹麦首都哥本哈根沉重落幕。会议通过的《哥本哈根协议》无法律约束力，低于外界预期。

潘基文当天发表了一篇充满感情色彩的讲话。他说，过去的两天令人“筋疲力尽”。我们进行的讨论“时而有戏剧性，时而非常热烈”。

从《京都议定书》，到巴厘岛路线图，再到哥本哈根大会，发展中国家和发达国家两大阵营分歧严重，数十年的谈判更像口水仗难获突破。这其中就因为涉及利益问题。不同的国家，有着不同的个体利益，有着不同的诉求，气候合作不是一个国家的事情，是需要各个国家为此做出牺牲，也是各个国家之间的一个博弈的过程。

从全球角度看，气候恰恰符合“公共产品”特征——人人需要合适的气候，但没有一个人或一个国家能独立提供，也无法独享专用。美国首位诺贝尔经济学奖得主保罗·萨缪尔森是公共产品理论奠基人。他敏锐地指出，公共产品的共享特征，使人们容易产生“搭便车”的冲动，即他人栽树我乘凉。同样，从理性出发，人类应超越国家局限，成立“气候基金”等全球应对机制，像一国提供国防那样，为每个人提供气候安全这一“公共产品”。

美国也在中国减排的监督核查等问题上大做文章。毫无疑问，美国已将中国视为头号经济对手。中美在气候变化问题上的博弈，似乎也已成为两国争夺未来世界经济主导地位广泛竞争的一部分。

其核心问题是：减排的成本是多少，由谁承担；而与成本相对应所产生的收入归谁？由于减排成本的存在，受减排指标约束的国家的有关行业和企业的国际竞争力可能受到影响，特别是相对于那些不受减排指标约束的国家而言。这是美欧在谈判中特别关心的一个问题。因此，它们试图通过推行“边境调节”对相关进口产品征税。此举将气候变化与国际贸易挂钩，实质是在推行“绿色贸易保护主义”，并可能会从根本上威胁现存国际贸易体系的运行，这是中印等发展中国家所不能容忍和强烈反对的。

减排需要发达国家利用资金和技术帮助发展中国家。欧盟和美国，他们手中掌握着节能减排的高新技术和雄厚的资本优势。如果美国等西方发达国家不帮助发展中国家，发展中国家必然要走粗放型的发展方式。如中国，在电力、钢铁、交通、水泥、化工、建筑等重点行业与高耗能行业及通用技术领域中，未来低碳经济发展需要60余种骨干技术的支撑，但中国目前仍有42种尚未掌握核心技术和核心知识产权。美国同意带领西方国家每年筹措1000亿美元援助贫困国家对付气候变暖，直到2020年。这等于承认西方贪婪的发展，是气候变暖的一个历史原因，也需要为此负责并作出补偿。

如果能达成具有法律效力的强有力的协议，全球碳市场将持续增长并成为支持发展中国家低碳产业发展的重要来源。2012年全球碳交易市场容量为1400亿欧元，约合1900亿美元，全球碳交易在2008年至2012年间，市场规模每年可达500亿欧元。

青山绿水与生活改善同步——绿色GDP

在过去的二十多年里，中国是世界上经济增长最快的国家之一，但是，由于资源的浪费、生态的退化和环境污染的加剧，在很大程度上抵消了经济增长的成果。

一直以来，一些地方政府始终将GDP放在第一位，往往忽视了环保。因为强调环保就要投入，许多工程就不能开工，就会影响GDP的增长。在“重发展、轻环保”思想的指导下，有些领导甚至要求环保部门为违法建设开绿灯。

绿色经济GDP是简称，是指从GDP中扣除自然资源耗减价值与环境污染损失价值后剩余的国内生产总值，称可持续发展国内生产总值，是20世纪90年代形成的新的国民经济核算概念。

1993年联合国经济和社会事务部在修订的《国民经济核算体系》中提出，绿色GDP可分为总值与净值。总值即GDP扣减资源耗减成本和环境降级成本。净值即GDP扣减资源耗减成本、环境降级成本和固定资产折旧。中国科学院可持续发展课题研究组提出的绿色GDP为：GDP扣减自然部分的虚数和人文部分的虚数。自然部分的虚数从下列因素中扣除：环境污染所造成的环境质量下降；自然资源的退化与配比的不均衡；长期生态质量退化所造成的损失；物质、能量的不合理利用所导致的损失；资源稀缺性所引发的成本；自然灾害所引起的经济损失。人文部分的虚数从下列因素中扣除：由于疾病和公共卫生条件所导致的支出；由于失业所造成的损失；由于犯罪所造成的损失；由于教育水平低下和文盲状况导致的损失；由于人口数量失控所导致的损失；由于管理不善（包括决策失误）所造成的损失。

绿色GDP能够反映经济增长水平，体现经济增长与自然环境和谐统一的程度，实质上代表了国民经济增长的净正效应。绿色GDP占GDP比重越高，表明国民经济增长对自然的负面效应越低，经济增长与自然环境和谐度越高。实施绿色GDP核算，将经济增长导致的环境污染损失和资源耗减价值从GDP中扣除，是统筹"人与自然和谐发展"的直接体现，对"统筹区域发展""统筹国内发展和对外开放"是有力的推动。同时，绿色GDP核算有利于真实衡量和评价经济增长活动的现实效果，克服片面追求经济增长速度的倾向和促进经济增长方式的转变，从根本上改变GDP唯上的政绩观，增强公众的环境资源保护意识。

为正确衡量我国的经济总量并正确引导经济增长方式，我国正在积极推行绿色GDP的计算方法。改革现行的国民经济核算体系，对环境资源进行核算，从现行GDP中扣除环境资源成本和对环境资源的保护服务费用。

绿色GDP用公式可以表示为：

绿色GDP=GDP总量－（环境资源成本＋环境资源保护服务费用）

通过绿色GDP的试点，我们可以勾勒出一个日渐清晰的蓝本：民众需要舒适从容的生存空间，国家要走可持续的良性发展道路。

2006年9月7日我国首份绿色GDP核算研究报告，即《中国绿色国民经济核算研究报告2004》正式对外公布。该报告指出，2004年全国因环境污染造成的经济损失5118亿元。其中，水污染的环境成本为2862.8亿元，占总成本的55.9%；大气污染的环境成本为2198.0亿元，占总成本的42.9%；固体废物和污染事故造成的经济损失57.4亿元，占总成本的1.2%，占当年GDP的3.05%。

除了污染损失，还对污染物排放量和治理成本进行了核算。如果在现有的治理技术水平下，全部处理2004年排放到环境中的污染物，需要一次性直接投资约10800亿元，占当年GDP的6.8%左右。同时每年还需另外花费治理运行成本2874亿元，占当年GDP的1.8%。

这是中国第一份有关环境污染经济核算的国家报告，从这份报告中我们也可以看出，这些GDP耗费了我们很多的资源，如果扣除资源治理的费用，我们的GDP增长非常有限。所以，在GDP的计算中采用绿色GDP的算法非常有价值。

第五节 社会福利

一元钱帮助千万人——社会慈善基金

2008年5月29日，中国红十字会李连杰壹基金创始人李连杰在亚洲协会第18届企业年会上发表慈善演讲，呼吁全人类关注受灾群众和困难群体，只要人人都献出爱心，世界就会变得更美好。

“我梦想着搭建一个平台，可以将整个人类的爱心都显示在这个平台上。很简单的一个想法，每个人每个月1块钱，或者每个人每个月的1个小时。如果我们有一个平台是专业的、透明的、可持续性的，如果人类有几百万人，甚至上千万人在这个平台上发自内心地给一点点捐助，1块钱不少，100万不多，加在一起，我们可以改变这个地球。我会用我的生命，用我的一切去承担，创立这种平台。”李连杰说。

李连杰表示，2008年他不接拍新的电影，集中精力做好慈善工作。“壹基金已为四川地震灾区筹到7000万元（到现在）。这就像一颗炸弹，如果我们不能科学地、理性地、有序地把这个钱用在灾区，它随时会爆炸。”李连杰强调，壹基金不是一个演艺人个人的行动，是整个团队的行动，是NGO组织的行动。

明星做慈善，具有天然的号召力。近年来，李连杰、成龙、李亚鹏等站出来设立慈善基金，通过自己的努力和号召力帮助社会中的弱势群体，提高社会福利。

根据性质不同，慈善基金会分为两种形式：公募和非公募，企业的慈善基金会形式属于后者，即基金会没有向社会筹集捐款的权利。

在慈善基金发展成熟的欧洲、美洲国家，流行着一种等号说法：“企业家＝慈善家”。在4年前，美国企业和个人的慈善基金为社会提供的资助额度已经达到290亿美元，是现在中国的整整60倍。

近年来，一些企业家纷纷站出来做慈善，曹德旺、陈光标等就是中间比较有代表性的人物。

百元大钞以10万元扎成一捆、垒成13行犹如“钱山”、四名“金盾护卫”

荷枪实弹保卫，2010年1月14日上午在中国工商银行江苏分行大厅，中国“首善”陈光标说，眼前这笔现金，是从中国127名企业家和个人那里筹集来的捐款，他们共筹集了4316万元现金，想在春节前把这笔钱装入8万个红包，送到新疆、西藏、云南、贵州、四川等地区特困户手中。

以往都是以个人捐赠吸引公众视线的陈光标，这回却没有“独善其身”，首次大规模发动中国企业家、个人捐款。陈光标说，这次捐的最多的是中萌世纪厦门投资有限公司董事长郑朋，捐600万元，捐的最少的是南京一位孤寡老人，十几块钱。他自己捐了200万元。

在现场，来自中国各地的20名企业家将现金分成1000元、2000元不等，装入红包，做上标记。春节前，参加活动的127人将分成5个小组，按照当地民政、教育部门提供的困难群众名单，分别前往新疆、西藏、云南、贵州、四川，将8万个红包送到当地特困户手中。

已累计捐赠10亿元、成为中国捐赠数额最大企业家的陈光标，还通报了2009年公司超500万元的捐赠明细，“请大家给我一点掌声，慈善需要掌声，而且我的捐款肯定全部到位，媒体可以监督”。

高调慈善、发放现金已是陈光标的一贯作风。“我不怕被指‘作秀’，我就是要把这个‘秀’做大，希望更多的人跟我学‘作秀’，带动更多的爱心人士加入其中，回报社会。”他说。2009年7月16日，中国“首善”陈光标今天在接受“中华慈善突出贡献人物奖”时发出倡议，希望富人每年拿出百分之二十的财富扶贫：百万富翁年捐20万元、资助100户人；千万富翁年捐200万、资助1000户人；亿万富翁年捐2000万、资助10000户人。

慈善基金一直被西方企业津津乐道的好处不光只是“免税”，还有被西方企业家称为品牌的“软性广告”。在国外，每一个企业家都有一个观念：企业品牌不仅是企业财产，更是社会公共财产，从更大的范围上说，品牌甚至会成为一个城市、省份、国家或者一个时代的象征。所以很多国外企业家十分乐意投入慈善基金，塑造“公益品牌”，使企业的“特色品牌”体现公益价值，提升亲和力，吸引消费者。再者对于企业内部，慈善基金会通过员工之间义务募捐，创造活动经费，帮助困难职工，增加全体员工的合作性、互动性，有利于创造“和谐、愉快”的企业道德文化。

2009年10月19日，《中国经济周刊》从可靠消息源获悉，新华都实业集团董事长陈发树将以个人出资的形式成立“新华都慈善基金”，资金形式全部为流通股股票，市值约为80亿元人民币，占到陈发树个人所持有股份的90%左右。我国的慈善事业也日渐发展起来，我们相信，随着社会的发展，越来越多的企业和越来越多的公众会主动承担起社会责任，把中国的慈善事业做好做大，帮助那些需要帮助的人。

瑞士人为什么如此懒惰——福利国家

福利首先是同人的生活幸福相联系的概念。在英语里，“福利”是welfare，它是有well和fare两个词合成的，意思是“好的生活”。但是，什么是“好的生活”却是一个仁者见仁，智者见智的事情。它既可以指物质生活的安全、富裕和快乐，也可以是精神上、道德上的一种状态。社会福利是指国家依法为所有公民普遍提供旨在保证一定生活水平和尽可能提高生活质量的资金和服务的社会保障制度。

福利国家是资本主义国家通过创办并资助社会公共事业，实行和完善一套社会的福利政策和制度，对社会经济生活进行干预，以调节和缓和社会矛盾，保证社会秩序和经济生活正常运行。第二次世界大战以后，随着世界经济的不断发展和繁荣，生产的社会化程度进一步提高，特别是产业结构的大调整，引发了人们社会观念的大变革，使社会保险在世界较大的范围内实现了向国家化、全民化和福利化方向的转变。为达到更广泛的社会平等和更大程度的经济平等的目标，1948年英国宣布第一个建成了福利国家。此后，瑞典、荷兰、挪威、法国、意大利等国也纷纷参照执行了英国的全面福利计划，使社会保险制度在世界范围内得到空前发展。到1993年，实行社会保险制度的国家已达到163个。

高福利必然伴随着高税收。法国是一个高福利国家，也是一个高税收国家，税收分别占财政收入的90%和国内生产总值的50%左右。在个人所得税上，以家庭为纳税单位，具体征税对象的收入标准根据家庭人口数目，按照累进税率征税。凡家庭或主要居住地在法国、在法国从事主要职业活动、或在法国获得主要经济收入者，不论是否拥有法国国籍，均需按收入（包括在法国境外的收入）申报个人所得税。

到过瑞士的人都会对瑞士的湖光山色以及居民的悠闲自在羡慕不已。有人说，瑞士人放着大钱不挣，只追求生活质量。由于比较完善的社会福利制度，瑞士人上至政府官员下到黎民百姓，生活都是悠然舒适。瑞士人早已过了忙忙碌碌创造财富的阶段。

瑞士的社会福利制度相当完善，瑞士人一旦参加工作，雇主就必须为其建立社会保险账户，未雨绸缪，为他储蓄养老金。虽然近年来全球经济的不景气波及瑞士，但是这并不影响瑞士人将“休息，是最重要的权力”作为座右铭。瑞士是极为重视劳工福利的国家，作息时间均制度化，员工每年除一般假日，尚享有四至六周的带薪休假（长短视年龄而不以年资而定），每年年底并加发第13个月薪为年终奖金（试用期间按规定亦应依照比例发给）。此外，雇主必须依规定负担员工第一及第二退休保险费以及失业保险费、子女补助费、工作意外保险费、保险公司行政手续费等费用的半数（合计约为员工月薪毛额的13%至15%），故员工每个子女可由各邦政府发给100至260瑞郎不等（各邦所规定的数额不同）的子女补助费。

……

长期以来，瑞士的教育、医疗和养老等一直都是由政府出资，而且大部分住房和保险也都是免费的。有资料显示，2006年瑞士领取社会救济的比例为33‰，即有14万多人领取了社会救济，近25万人获得了社会援助。在领取社会救济金的人群中，儿童、青少年以及不足25岁的年轻人所占比例较高。在接受社会援助的人群中大约有44%持外国国籍，其中54.4%没有受过职业培训。

但是后来由于欧洲经济陷入困境，以英国为代表的部分国家开始转向自由市场经济，不断改革全民福利制度，在大部分国企私有化的同时，削减福利开支。近年来，西方许多国家纷纷采取措施，削减社会福利。

北欧国家的社会福利制度持续发展了很多年，到今天已经形成一套非常完善的制度和机制。这种独具特色的高福利制度，为他们的国民提供了“从摇篮到坟墓”的保障：免费的教育、高额的医疗补贴、完善的就业保障体系等。可以毫不夸张地说，这些国家的居民从生到死经济上都可以高枕无忧。也正因如此，在20世纪90年代的经济危机出现后“北欧模式”曾广遭诟病。

按照主流经济学的逻辑，“高福利养懒汉”，这似乎是基于“不变的人性”得出的“铁律”。经济学家们认为，高福利必定会增长人们的惰性，不利于激发国民的劳动积极性和创新动力；高福利靠高税收支撑，而高税收必定不利于国民经济私营部门的发展。

但是，历来以高福利、高税收著称，曾经“北欧病”缠身的北欧国家却在21世纪初始拔世界竞争力较量的头筹。2004年10月13日，芬兰再次被达沃斯世界经济论坛评选为“世界上最有竞争力的经济体”，这已经是芬兰连续三年获此殊荣。而同时，瑞典获得第三、丹麦第五、挪威第六、冰岛第十。换句话说，北欧五国都居于世界最具竞争力国家的前10位。

带薪休假去旅游——企业福利

带薪年休假，是指劳动者连续工作一年以上，就可以享受一定时间的带薪年假。2007年12月7日中国国务院第198次常务会议已经通过《职工带薪年休假条例》，自2008年1月1日起施行。从此，职工带薪年休假就有了法律保障。带薪休假已经成为现代社会的一个热点问题。

企业福利就是企业给员工提供的用以改善其本人和家庭生活质量的，以非货币工资或延期支付形式为主的各种补充性报酬和服务。比如，企业给员工提供的防暑降温用品、班车、免费旅游服务、福利房，等等。企业福利成为知名企业抢夺人才的重要法宝。在美国，企业福利在员工收入中的比例高达40.2%。

一般来说，企业福利由法定福利和企业自主福利两部分组成。法定福利是国家通过立法强制实施的对员工的福利保护政策，主要包括社会保险和法定假期。企业自主福利，即企业为满足职工的生活和工作需要，自主建立的，在工资收入和法定福利之外，向雇员本人及其家属提供的一系列福利项目，包括企业补充性保险（如企业年金）、货币津贴、实物和服务等形式。

对于企业来说，各种企业福利项目在具有一定社会功能的同时，也成为企业吸引人才、留住人才的主要激励方式。包括带薪休假在内的企业福利已经成为当今员工对企业的期待。现金和员工福利都是留住员工的有效手段，但是两者特点不同。尽管看得见、拿得着的现金可以对人才产生快速的冲击力，短时间内消除了员工福利的差异化要求，但其非持久性的缺点往往会使其他企业可以用更高的薪水将人挖走，尤其对于资金实力不足的中小企业而言，如果仅仅依靠现金留人，将很难幸免人才大流失的灾难。而具有延期支付性质的员工福利，不但可以避免财力匮乏的尴尬，还可以很好地维系住人才，成为减缓企业劳动力流动的“金手铐”。

对于员工来说，医疗保险、养老保险、工伤保险等法定企业福利项目，可以使员工生病得到医治、年老能有依靠、遭受工伤后获得赔偿等，从生理上满足员工的需要。而更多企业自主福利却可以满足员工在情感上的需要。例如企业提供的带薪休假福利，能够更好地缓解员工的工作压力，让他们有更多时间陪伴家人，从而满足人们在感情、亲情方面的需要；企业举办的各种集体出游活动、公司宴会活动可以使员工在工作之外有更多的接触机会，增进员工之间的了解，融洽公司内部成员间的同事关系，也有助于人们获得情感上的满足。这些都可以让员工感觉到企业和自己不仅仅是一种单纯的经济契约关系，而是带有了某种程度的类似家庭关系的感情成分，这无疑改善了员工的工作境遇。

在坚持货币工资仍然占员工收入较大比例的情况下，大多数企业都想方设法地根据本行业、本企业以及员工的需要来设计执行多种多样的福利项目，各种不同类型的福利项目多达1000多种。在我国改革开放初期，许多外资企业到中国开展经营的时候采取的是高工资、无住房的报酬政策，但是后来它们渐渐发现，尽管公司支付的货币工资很高，但是在没有住房的情况下，优秀员工的流动率非常高，因此这些公司后来纷纷建立了自己的住房资助计划。

不过，需要指出的是，从经济学的角度来看，在总的报酬成本一定的情况下，企业的福利和工资之间是一种相互替代的关系，因此两种报酬形式都存在所谓的边际收益递减的问题，所以企业的福利与工资之间的比例应当保持在一个合理的限度上，否则，即使是在一个市场经济中的产权明晰企业中，也会导致“福利病”的出现。福利过高可能产生的问题包括：容易淹没企业的货币工资水平，导致对人才的吸引和保留不利。在大多数情况下，员工对于福利的消费方式几乎没有什么选择余地，因此福利成分过大，实际上会降低相同的总报酬对于劳动者的实际效用水平。福利大多采取平均主义的发放方式，容易导致平均化问题的出现，从而弱化工资的激励作用。在某种程度上说，福利水平过高往往会把一些不喜欢承担风险的人留在企业中，而这些人的生产率往往比那些愿意承担风险的员工要低。

每个老人都会老有所养——老年福利

巴东县金果坪乡福利院内几名老人围坐在火炉旁取暖，老人们头上悬挂着焦黄的熏腊肉。据福利院院长李传和介绍，福利院种有蔬菜，保证老人每餐有鲜菜吃，院里办起了养猪场，保证老人餐餐有肉吃，为了迎合老人的口味，还建起炕房专门为老人熏制腊肉。此外，该院的老人一日三餐，餐餐有食谱，生活过得有滋有味。

这是在我国偏远农村地区对一些五保户老人实行的集中养老，也是当前我们农村老年人的福利体现。2007年5月23日，民政部在北京发布了《2006年民政事业发展统计报告》。截至2006年年底，全国65岁及以上人口达到10419万人，有老年维权组织7.4万个，老年学校37176所，各类老年福利机构38097个，床位153.5万张，老龄事业健康发展，为构建和谐社会作出了积极贡献。

从某种程度上说，我们现在的老年福利制度还只是补缺型福利，只是针对一部分老年人和特殊老年群体。《关于加强老年人优待工作的意见》要求，贫困老年人要按规定纳入城乡社会救助体系。《城市居民最低生活保障条例》规定，城市"三无"老年人均可按当地城市居民最低生活保障标准，全额享受低保救助。目前，全国所有城市贫困老年人均已纳入低保救助范围，实现了"应保尽保"，一些地方还对鳏寡老年人、贫困老年人给予重点救助，将其享受的低保金在当地规定标准的基础上上浮20%左右，到2007年底全国2272.1万城市低保对象中有60岁以上老年人口298.4万人，占13.13%多。2003年民政部门将农村贫困老年人口列为农村特困户救济的重点，各地在制定特殊困难群体救助政策和办法时，普遍对其给予了照顾；2007年底农村低保制度在全国普遍建立，全国3566.3万农村低保对象中有60岁以上老年人口1017.8万人，约占28.54%。城乡贫困老年人口的基本生活得到了有效保障。

老年人的福利问题已经是一个非常严重的社会问题。既有我国老年人人口规模庞大的原因，也有老年福利的标准逐步提高的原因。

中国有句老话叫"老有所养"，而在老龄化如此严重的当下，这个词却成了一个沉甸甸的社会课题。截至2008年年底，北京市老年人口总数已突破254万人，占到人口总数的15%，且老龄化趋势越来越明显。

1990年10月，我国正式进入老龄社会。目前，全国60岁以上老年人口已达1.6亿，并以每年800万到900万的速度增长。据预测，到2020年，我国老年人口总数达2.48亿人，老龄化水平达到17%；2050年将达到4.37亿人，约占总人口的30%，达到老龄化的峰值。与发达国家相比，我国老龄化社会不仅来得快、势头猛，而且老年人口规模大、高龄老年人比例高，老龄化带来的社会问题将更加突出。

2009年1月12日，北京市民政局等联合下发了《关于加快养老服务机构发展的意见》以下简称《意见》，提出了养老服务以“全面关怀、重点照顾”为理念，努力实现“9064”养老服务新模式。即到2020年，90%的老年人在社会化服务协助下居家养老，6%通过政府购买社区照顾服务养老，4%入住养老院集中养老。

《意见》还就养老服务机构扶持政策作出规定：市级政府投资的养老院建设由市发改委立项批准实施；区县级的由区县政府制定规划，市、区县两级政府按照1：1比例投入建设资金。对经民政部门批准、社会力量投资兴办的新建、扩建或改建的养老院，经评审优选，由市政府固定资产投资按照不同标准给予一次性建设资金支持，同时提高社会兴办及“公办民营”养老院的运营补贴标准。规定征地拆迁费由承建项目开发公司负担；基本建设费主要由区县政府承担，市级公益金按照30%比例予以资助。政府投资建设的保障型养老院及具有示范作用的普通型养老院，经审核确认后采取划拨方式供地，其他类型的按土地有偿方式供地。

北京市将逐步建成集中照料与社区居家互为补充的养老服务体系，推动老年福利服务由补缺型向适度普惠型转变，逐步惠及所有的老年人群体。

30年的改革开放提高了全社会的物质文化生活水平，大大改善了国民福利。我国的老年福利政策也随之不断改革和完善，老年福利事业发生了重大的历史性变化。老年人享受的社会福利总量显著增加，福利补贴的数量和福利项目的种类不断增加，福利设施的布局愈趋合理，覆盖范围不断从特定老年群体扩大到全体老年人。

从此不再怕看病——新型农村合作医疗

江西上栗县东源乡民主村李武元逢人就说：“咱农民看病也报销，农村合作医疗真是好，这得感谢党的政策好。”

原来，李武元的爱人因得“风湿性心脏病”几度危及生命，多次转院，经湖南湘雅医院手术治疗后恢复健康，却用去医药费4万余元，高额的费用已使他们的家庭经济陷入困境。正当李武元夫妻一筹莫展的时候，县农医局人员风尘仆仆来到了这个十分偏僻的村庄，详细地询问病情及目前治疗情况后，亲手把一万元医疗补偿金送到他们手中。李武元接过厚厚的一叠补偿金，捧在胸前哽咽着声音说："想不到只出 10 元钱就能得到这么多的补偿金，感谢政府处处为老百姓着想，感谢政府又为我们农民办了一件大好事。"说完，激动得不禁流下了热泪。

新型农村合作医疗是由我国农民自己创造的互助共济的医疗保障制度，在保障农民获得基本卫生服务、缓解农民因病致贫和因病返贫方面发挥了重要作用。

它为世界各国，特别是发展中国家所普遍存在的问题提供了一个范例，不仅在国内受到农民群众的欢迎，而且在国际上也得到了好评。

合作医疗在将近 50 年的发展历程中，先后经历了 20 世纪 40 年代的萌芽阶段、50 年代的初创阶段、60 ~ 70 年代的发展与鼎盛阶段、80 年代的解体阶段和 90 年代以来的恢复和发展阶段。面对传统合作医疗中遇到的问题，卫生部组织专家与地方卫生机构进行了一系列的专题研究，为建立新型农村合作医疗打下了坚实的理论基础。在 1974 年 5 月的第 27 届世界卫生大会上，第三世界国家普遍表示出极大兴趣。联合国妇女儿童基金会在 1980 ~ 1981 年年报中指出，中国的"赤脚医生"制度在落后的农村地区提供了初级护理，为不发达国家提高医疗卫生水平提供了样本。世界银行和世界卫生组织把我国农村的合作医疗称为"发展中国家解决卫生经费的唯一典范"。

新型农村合作医疗制度从 2003 年起在全国部分县（市）试点，到 2010 年逐步实现基本覆盖全国农村居民。

2002 年北京市只有两个区县开展了新农合试点工作。到 2004 年年底，北京市 13 个涉农区县全部铺开了新农合工作，在实现以区县为单位 100% 覆盖的基础上，实现了 100% 的村覆盖。

北京市 13 个涉农区县从 2007 年开始统一人均筹资标准，即 2007 年 220 元，2008 年 320 元，2009 年 420 元，2010 年 520 元。在每年增加的 100 元中，以政府投资为主的格局基本形成。2009 年北京市新型农村合作医疗共筹资 11.9 亿元，其中市、区（县）、镇（乡）三级政府筹资占筹资总额的 85.7%。

2006 年，享受新型农村合作医疗补偿的人次仅为 19.8 万，到 2008 年，增加到 27.4 万人次，截至 2009 年第三季度，补偿人次突破 30.6 万。住院补偿受益面由 2004 年的 2.9% 扩大到 2008 年的 6.1%，2009 年预计为 8% 以上。

2004 年住院补偿率仅为 29%，到 2008 年提高到 48.4%，2009 年达到 50% 以上，这就意味着农民每花 100 元的住院费能拿回 50 元补偿，门诊补偿也由 2004 年的 6% 增加到 2009 年前三季度的 32%。新农合保障水平的提高，极大地减轻了农民医疗费用负担。

随着国家、省、县财政对参合农民配套资金的增加，全国各县对新农合制度实施办法进行了修订，拓宽了新农合药品目录，增加补偿范围，大幅度提高了补偿比例，提高了乡镇医疗机构补偿比例达到了80%，使参合农民住院诊疗人次不断增加，补偿率明显提高，受益面不断扩大，参合农民真正得到了实惠。

新型农村合作医疗的性质由“互助共济”逐步转变为政府主导的农村居民基本医疗保障；新型农村合作医疗的统筹模式由侧重大病统筹逐步向住院与门诊医疗费用统筹兼顾过渡；新型农村合作医疗制度设计定位由侧重减缓“因病致贫、因病返贫”的进程向进一步扩大参合农民医疗补偿受益面过渡。

第六节　经济指数

衡量国民经济运行的基本指标——宏观经济指数

宏观经济指数：一致指数是反映当前经济的基本走势，由工业生产、就业、社会需求（投资、消费、外贸）、社会收入（国家税收、企业利润、居民收入）等4个方面合成；先行指数是由一组领先于一致指数的先行指标合成，用于对经济未来的走势进行预测；滞后指数是由落后于一致指数的滞后指标合成得到，它主要用于对经济循环的峰与谷的一种确认。

为了满足宏观经济管理的需要，探求经济周期波动规律，西方经济统计学家们早在一个世纪以前就开始了经济景气监测预警的研究工作。从19世纪末到20世纪的70年代，经过半个多世纪的不懈努力，经济景气监测预警体系得以不断充实和完善，并为世界各国所熟悉。

宏观经济动向分析方法，是在既有的统计指标基础之上，筛选出具有代表性的指标，建立一个经济监测指标体系，并以此建立各种指数或模型来描述宏观经济的运行状况和预测未来走势。由于这套指标的描述和预测功能，我们也称该指标体系为宏观经济的“晴雨表”或“报警器”。但它之所以能像“晴雨表”或“报警器”那样发挥监测和预警的作用，第一是因为经济本身在客观上存在着周期波动；第二是因为在经济波动过程中，经济运行中的一些问题可以通过一些指标率先暴露或反映出来。利用景气指数进行分析，就是用经济变量之间的时差关系指示景气动向。首先，确定时差关系的参照系，即基准循环，编制景气循环年表；其次，根据基准循环选择超前、同步、滞后指标；最后，编制扩散指数和合成指数来描述总体经济运行状况、预测转折点。

宏观经济景气指数

日期	预警指数	一致指数（1996 年 = 100）	先行指数（1996 年 = 100）	滞后指数（1996 年 = 100）
2008.01	121.3	102.57	102.67	101.93
2008.02	117.3	102.54	103.30	102.25
2008.03	117.3	102.45	102.81	102.29
2008.04	117.3	103.26	102.51	102.78
2008.05	117.3	103.34	102.15	102.57
2008.06	114.7	103.43	101.69	102.08
2008.07	112.0	102.77	101.10	101.02
2008.08	105.3	101.93	100.12	100.35
2008.09	102.0	100.73	98.85	99.60
2008.10	85.3	99.02	97.55	98.51
2008.11	78.7	97.61	97.43	97.09
2008.12	78.7	95.75	97.98	95.54
2009.01	74.7	94.30	98.60	93.83
2009.02	73.3	92.96	98.63	92.01

经济波动的复苏、扩张、收缩和萧条都不是在某一个月发生的，而是通过许多经济变量在不同的经济过程中的不断演化而逐渐展开的。我们可以根据不同的经济变量参与经济波动各个阶段的先后顺序来确定基准点，最后再根据专家建议来确定各阶段特别是峰和谷的转折点日期。峰和谷的转折点日期就构成了景气循环年表。所以，景气监测的第一步工作就是编制景气循环年表。根据景气循环年表，我们就可以把一系列监测指标划分为先行、一致、滞后指标。一致指标，也叫同步指标。这些指标峰与谷出现的时间与总体经济运行峰与谷出现的时间一致，可以综合地描述总体经济所处状态。如工业总产值、社会消费品零售总额等。先行指标，也叫领先指标。利用这些指标可以事先预测总体经济运行的峰和谷。如机械产品订货、股票指数、广义货币 M2 等。滞后指标是对总体经济运行中已经

出现的峰和谷的一种确认。如利息率、库存等。对这些指标进行逆转，也可以得到很好的超前指标。这些超前、一致、滞后指标，共同构成了景气指标体系。

经济的周期波动是通过一系列经济变量的活动来传递和扩散的。任何一个经济变量本身的波动都不足以代表宏观经济的整体波动，要反映宏观经济整体波动过程必须综合考虑各个变量的波动，景气指数的编制为解决这个问题提供了一个有效的工具。一方面，它能如实刻画现实经济波动的轨迹，反映当前宏观经济波动所处的位置；另一方面，它还能够预测未来经济波动的峰谷。

从亚市早盘说起——消费者信心指数

2009 年 7 月 1 日亚市早盘，美元指数在经历了隔夜尾盘的止跌回升后，暂时稳于 80.00 关口上方。由于上一个交易日美国最新公布的经济数据没能进一步支撑市场的乐观情绪，特别是 6 月消费者信心指数的再度回落，消费者对目前经济和就业形势以及未来经济和就业前景的看法仍然十分悲观，受此影响，美元再度受到投资者避险买盘的抬升进而走高，不过涨幅有限。

世界大企业联合会在 6 月 30 日发布的报告显示，6 月份消费者信心指数回落，尤其是对未来 6 个月经济活动的预期指数出现下降。数据显示 6 月份消费者信心指数降至 49.3，该数据远低于此前接受调查的经济学家所预计的 56.0，5 月份修正后的指数为 54.8。6 月份现状指数由 5 月份的 29.7 降至 24.8，初值为 28.9；6 月份消费者对未来 6 个月经济活动的预期指数降至 65.5，5 月份为 71.5，初值为 72.3。同时，消费者对目前就业形势以及未来就业前景的看法也变得更为悲观。受此影响，投资者对美元的避险需求再度被激发，美元指数也在该时段迅速攀升至 80.00 位置上方。

什么是消费者信心指数？为什么亚市的货币汇率会和消费者指数联系在一起？

20 世纪 40 年代，美国密歇根大学的调查研究中心为了研究消费需求对经济周期的影响，首先编制了消费者信心指数，随后欧洲一些国家也先后开始建立和编制消费者信心指数。1997 年 12 月，中国国家统计局景气监测中心开始编制中国消费者信心指数。北京作为全国的首都，在广泛借鉴国内外经验的基础上，于 2002 年年初，在省市一级率先建立了消费者信心指数调查制度。

消费者信心指数是反映消费者信心强弱的指标，是综合反映并量化消费者对当前经济形势评价和对经济前景、收入水平、收入预期以及消费心理状态的主观感受，预测经济走势和消费趋向的一个先行指标。

消费者信心指数由消费者满意指数和消费者预期指数构成。消费者满意指数是指消费者对当前经济生活的评价，消费者预期指数是指消费者对未来经济生活发生变化的预期。消费者的满意指数和消费者预期指数分别由一些二级指标构成：对收入、生活质量、宏观经济、消费支出、就业状况、购买耐用消费品和储蓄的满意程度与未来一年的预期及未来两年在购买住房及装修、购买汽车和未来6个月股市变化的预期。

根据经济学的理论，消费是收入的函数。消费者信心（或情绪）归根结底是消费者对其家庭收入水平的估价和预期的反映，这种估价和预期建立在消费者对各种制约家庭收入水平因素的主观认识上。这些因素主要包括：国家或地区的经济发展形势、失业率、物价水平、利率等。一定时期这些因素的变动必然使得消费者信心（或情绪）产生变化，而消费者信心（或情绪）的变化导致其消费决策的改变从而影响经济发展的进程。消费者信心指数就是对消费者消费心理感受变化的测度，它是通过居民住户调查收集资料，采用一定的统计方法计算得到的反映消费者信心变动程度的指标。

对消费者信心（或情绪）调查目前国际上通行的做法是问卷调查法。问卷的设计紧密围绕以下几个方面内容：经济发展形势、家庭收入和就业、物价水平、消费或购买意愿。每一方面由两类问题构成：对现状的看法和对未来的预期。前者指消费者对上述几个基本方面当前整体状况的评价；后者指消费者对几个基本方面未来一段时期（如半年或一年）发展变化趋势的估计或预期。如美国会议委员会发布的美国消费者信心指数自1967年开始至今调查问卷只含有5个问题，分别是：对目前经济形势、就业形势的评价；对未来6个月经济形势、就业形势和家庭总收入的估计。

在调查问卷中每一问题一般有三个答案：肯定的（积极的）、否定的（消极的）和中性的（不变），由消费者根据自己的看法或判断选择其一。指数通常以加权平均法得出，结果以百分点表示。随着具体计算方法的不同，指数的取值也分为两种：一是取值在0～200。100是中值，表明消费者的信心（或情绪）是一种中立态度。0表明极端悲观情绪，200反映的则是极度乐观情绪；二是取值在0～100。50是中值，100反映的则是极度乐观情绪。前面提到的美国会议委员会发布的美国消费者信心指数属于第一种取值形式。

根据调查结果，可以分别计算现状评价指数和预期指数，以及综合的消费者信心指数。指数的基期可以选择计算的初期为100（或50），也可以选择某一特定时期的消费者信心指数为基期值。例如美国会议委员会发布的美国消费者信心指数自1967年开始发布，基期就以1967年初为100，每两个月发布一次。从1977年6月开始，改为每月一次。从1986年开始以1985年的各月平均值为指数基期值。

2009年1月28日，知名咨询调查公司尼尔森与中国国家统计局中国经济景气监测中心联合发布《中国消费者信心指数报告》。报告显示，2010年年初，中国消费者信心指数持续攀升，创下自2007年下半年以来的新高。

调查显示，中国消费者信心指数在过去9个月时间里攀升了16个点，达到104。这一指数大幅提升主要归因于消费者对就业市场的信心增强，以及个人财政状况改善。63%的中国消费者表示对未来12个月的个人财政状况充满信心。其中，中国西部地区消费者信心水平上升幅度最大，缩小了与全国其他地区的差距。

尼尔森公司大中华区总裁马祺指出："中国消费者的消费意愿有所增长。这是经济企稳回升，逐渐步入正轨的迹象。"他介绍说，2009年年初，中国消费者信心指数跌至低谷，"工作稳定"与"经济状况"成为消费者最关注的问题。如今，随着经济形势有所好转，收入与健康成为消费者关心的首要问题。

这项调查也显示，中国消费者对购买高新科技产品兴趣浓厚。与其他城市相比，中国一线城市消费者更愿意将余钱投资于股市以及计划出游。

经济自由是摆脱贫困的必由之路——经济自由度指数

经济自由度指数（Index of Economic Freedom）是由《华尔街日报》和美国传统基金会发布的年度报告，涵盖全球155个国家和地区，是全球权威的经济自由度评价指标之一。

经济自由度指数编制者认为，国家的经济自由对社会繁荣非常重要。"在经济自由度越高的经济体当中，人均GDP明显越高。这种现象在所有经济自由度水平上均有体现，而且在经济自由度提升时的效果尤其显著。"

2007年的世界经济自由度指数采用百分制（0～100）的评分办法，将有关经济自由度测评的10个大类指标逐一评定，摒弃了过去5~1的评分办法，使评分和评价呈同向关系。在计算出各个大类指标得分后，进行简单平均，即得出某一经济体的具体该指数。得分越高，说明经济自由度越高；反之，经济自由度越低。依据得分情况，各个经济体被列入5个不同的自由度区间，即"自由经济体"（得分在80～100)、“较自由经济体”(70至低于80)、“中等自由经济体”(60至低于70)、“较不自由经济体”(50至低于60)和“受压制经济体”(0至低于50)。

每个国家按照10个大衡量指标获得1～5的评分——最好的得分是1分，最差的得分是5分。这10个指标分别是：银行业和金融业状况、资本流动和外国投资、货币政策、政府财政负担、贸易政策、工资和物价、政府对经济的干预程度、产权、行业监管及黑市交易。这些得分累加后的平均值就是总体指数。总体指数分值最低的是最自由经济体，其次是较自由、较不自由和受压制经济体。

2010年“经济自由度”排名靠前的经济体

排名	经济体	得分
1	中国香港	89.7
2	新加坡	86.1
3	澳大利亚	82.6
4	新西兰	82.1
5	爱尔兰	81.3
6	瑞士	81.1
7	加拿大	80.4
8	美国	78.0
9	丹麦	77.9
10	智利	77.2

2010年1月20日，由《华尔街日报》和美国传统基金会发布的2010年“经济自由度指数”在香港正式公布。香港依旧是世界上最自由的经济体。这是香港连续16年名列榜首。事实上，自该指数编制以来，香港从来没有被其他经济体超越。亚太地区还有另外三个经济体进入了全球排名前十位，分别是新加坡(第二位)、澳大利亚(第三位)和新西兰(第四位)。其中新加坡自该指数编制以来，一直名列第二位。

根据该报告香港2010年获得的总评分为89.7分，远高于全球平均59.4分。传统基金会指香港拥有具竞争力的税制、维护知识产权、灵活的劳工市场，再加上高学历及干劲十足的劳动人口，促使香港成为一个创新及繁荣的经济体系。传统基金会同时称赞香港是全球其中一个最顶尖的金融及商贸中心。金融界的法律和规管架构既透明又具效率。商贸业务的监管亦简单直接。此外，香港在引进外来直接投资方面，继续位列亚洲第二。

澳门跻身前20位，属于“较为自由”级别。该项数据指，在全球179个经济体中，澳门名列第20位，较去年晋升一级，在亚太地区41个国家和地区中排名第6。澳门在10项经济自由度评分中，以政府开支一项得分最高，远高于全球平均分，仅次于缅甸和新加坡，名列全球第三。该报告认为，澳门公共财政继续录得盈余，令澳门特区政府能够轻松应对全球金融危机及推出援助措施。

在今年的指数排名中，单从得分上看，香港和新加坡的评分均略有下降。香港在十大经济自由度的评分领域内有4项获得了最高得分，而新加坡的强项是给予私营企业最灵活的雇用和解聘员工的权利。澳大利亚排名第三位，指数编制者们指澳大利亚“确立了清廉政府的榜样”。不过自金融海啸暴发以来，各国政府均加强了对经济，特别是对金融机构的控制。全球经济自由度平均水平略有下降，较2009年得分下降0.1点。这也是自本指数编制以来第二次出现平均值下降的情况。

13个亚太地区经济体的2010年自由度指数有所改善，27个下滑。亚太区经济自由度平均得分低于世界平均水平。印度和中国大陆仍然处于“较不自由”经济体，不过指数编制者表示，“应当注意到过去印度和中国的经济自由度正在逐步改善”。

即使在被认为是最自由的经济体香港，也有不少精英阶层认为，不能过度放纵市场。香港一些投资银行家指出，欧美各国在金融海啸暴发之后各自出台的经济刺激方案与干预银行业的措施，让外界认识到，即使是在这些号称“经济自由”的国家里，也不能任由市场自行解决问题。香港特区政府行政会议召集人梁振英去年两度接受《第一财经日报》独家专访时更是不断强调，小政府大市场的理念在金融海啸之后，应该予以重新调整。

而在同一天，中国国家统计局公布，2009年我国国内生产总值比上一年增长了8.7%。面对中国这份漂亮的成绩单，许多专家对这个同一天公布的“经济自由度指数”提出了质疑，有专家更是直言“这个很荒谬”，因为在2009年全球经济低迷的大背景下，一个没有经济自由的国家，是不可能在世界金融危机的今天，创造出主要经济体最好的成绩来的。

哪个城市更适合我们生存——生活成本指数

在网上，有人专门为生活在广州、上海、北京三地的人算了一笔生活成本账。

以下成本均以没有女朋友、基本不生小病、基本杜绝朋友聚会、极少吃水果、从不打碎锅碗瓢盆……的单身男性为标准计算（单位：元 / 月）。

广州

房租及水电煤、宽带 1100 元（一般房租都要 800，如果一个人住一房一厅大都在 1000 以上），吃饭 600 元，一般不吃大餐，周末时候偶尔和同事 AA 制去享受一下，一次 50 元以下。手机、交通费等 150 元（平时上班有班车坐的），日用品 300 ~ 400 元。目前，每月花费平均 1900 元左右。

上海

房租及水电煤 700 ~ 900 元（合租两室户），交通费 100 ~ 200 元（有班车的可免，不含的士），通信费 100 元（因人而异，但 50 元是底线），餐费 600 元（未考虑公司有免费工作餐及请客吃饭），其他还有人情往来、充电、娱乐等，总的来说，在上海每月消费 1600 左右应该是一个参考指标。

北京

房租及水电煤 800~1000 元（合租两室户），交通费 200 元（有班车的可免，不含的士），通信费 100~200 元（各人不同，200 元比较平均），餐费 450 元（未算公司有免费工作餐及请客）。大致上，在北京每月起码消费 2000 元左右。

如果你觉得在北京或者纽约坐地铁上班太贵，那么看看东京吧。在东京乘地铁要花 3.25 美元，要是顺手买份报纸喝杯咖啡，11.7 美元会迅速从你口袋里消失。相同的东西，在东京的价格要比纽约贵 24%。

随着全球化的发展，“城市生活质量”已经成为今天“地球村”里许多居民非常关注的问题。2009 年 7 月 7 日，美国著名咨询公司美世公司（Mercer）发布了《2009 年全球城市生活成本排名》调查报告。报告显示，日本首都东京成为全球生活成本最高的城市。北京的排名跃居前十，香港、上海、深圳、广州排名前 25 位。在这份调查报告中，调查者选取了全球六个大洲的 143 座城市作为调查对象，对各个地区 200 多个项目的花费进行了比较，其中包括住房、交通、食品、服装、家用品、娱乐消费等。在比较过程中，调查人员将美国生活费用最高昂的城市纽约作为评判标准，其指数为 100，其他城市的指数都同纽约对比。第一名东京的指数为143.7，最后一名约翰内斯堡的指数为49.6。

在这份排名榜上，位于前25名的城市大多属于发达国家；而在这“25强”中，中国内地城市就占据了4个席位。

在生活成本升高的前提下，城市中的两类人群明显呈现出了不同的生活状态。以北京为例，大多数本地人由于住房有保障，并且社会保障很齐全，个人收入也随着经济增长而提高。因此，生活成本的提高对他们不会带来太多的压力，他们的生活质量得到了提升。但对于在北京工作的外地务工者而言，收入增长速度赶不上生活成本的提高速度，这使得他们的压力越来越大，生活质量也因此受到影响。

假设一个漂在北京的人，他一个月最基本的生活费用应该达到多少呢？我们不妨举一个北漂族的具体例子。小黄在2008年大学毕业后只身来到北京，在中关村的一家私营企业找到了一份工作，月收入大约3000元。小黄在朝阳区某地与他人合租了一套二居室，一个月的房租为1500元。每天早餐需要3元，午餐需要10元，晚餐需要10元，每个月的食物消费大约700元。每天的交通费大约需要5元，因此一个月的交通费大约150元。每个月日常用品费和服装费用大约400元。此外，手机通信费大约需要100元。我们综合一下这些花费，一共2850元。值得注意的是，这些计算并没有包括他的交际费用以及娱乐费用等，如果将这些也考虑进去的话，小黄真的是“入不敷出”了。小黄的花费高吗？其实这是最基本的生活费用了。

为什么身在发展中国家的我们，会“享受”着发达国家的生活成本呢？我国正处于改革开放后30年高速发展的积累期，各地在城市化进程中，所需的生产要素很大部分都向北京、上海、深圳、广州等大城市集中。这些要素包括劳动力、资本、技术等。大城市在日渐繁华的同时，流动人口也大大增加，物质消费需求和住房需求也越来越大，这些提高了城市的生活成本。

在北京、上海等大城市里工作、生活的人，有50%以上都是外地人。在户籍制度的保障下，本地居民的生活质量随着城市发展迅速上升，但外地人的生活质量并不同步。

就目前来看，在北京等大城市要降低生活成本没有立竿见影的方法，政府应该通过一些经济手段控制房价及房租，减少其占劳动者收入支配的百分比，并尽量给外地务工者提供更完善的社会保障制度，这样才有可能尽力降低他们的生活成本。

社会贫富差距有多大——基尼系数

在经济学中有一个社会现象：富者很富，穷者很穷。用经济学术语来说，这就是收入分配中的“马太效应”。在国民收入分配领域，马太效应进一步显现出贫者越贫、富者越富的状态，这种情况对经济的协调发展和社会的和谐进步会产生一定影响。因此，用以测量贫富差异程度的基尼系数应运而生。

世界银行发表了一份数据，最高收入 20% 人口的平均收入和最低收入 20% 人口的平均收入，这两个数字的比在中国是 10.7 倍，而美国是 8.4 倍，俄罗斯是 4.5 倍，印度是 4.9 倍，最低的是日本，只有 3.4 倍。

基尼系数是意大利经济学家基尼于 1912 年提出的，定量测定收入分配差异程度，国际上用来综合考察居民内部收入分配差异状况的一个重要分析指标。

基尼系数的经济含义是：在全部居民收入中，用于进行不平均分配的那部分收入占总收入的百分比。基尼系数最大为“1”，最小等于“0”。前者表示居民之间的收入分配绝对不平均，即 100% 的收入被一个单位的人全部占有了；而后者则表示居民之间的收入分配绝对平均，即人与人之间收入完全平等，没有任何差异。但这两种情况只是在理论上的绝对化形式，在实际生活中一般不会出现。因此，基尼系数的实际数值只能介于 0 ~ 1 之间。

为了研究国民收入在国民之间的分配问题，美国统计学家洛伦兹 1907 年提出了著名的洛伦兹曲线。它先将一国人口按收入由低到高排队，然后考虑收入最低的任意百分比人口所得到的收入百分比。将这样的人口累计百分比和收入累计百分比的对应关系描绘在图形上，即得到洛伦兹曲线。

横轴 OH 表示人口（按收入由低到高分组）的累积百分比，纵轴 OM 表示收入的累积百分比，弧线 OL 为洛伦兹曲线。

一般来讲，洛伦兹曲线反映了收入分配的不平等程度。弯曲程度越大，收入分配越不平等，反之亦然。特别是，如果所有收入都集中在一人手中，而其余人均一无所获时，收入分配达到完全不平等，洛伦兹曲线成为折线 OHL。另外，若任一人口百分比均等于其收入百分比，从而人口累计百分比等于收入累计百分比，则收入分配是完全平等的，洛伦兹曲线成为通过原点的 45 度线 OL。

一般来说，一个国家的收入分配，既不是完全不平等，也不是完全平等，而是介于两者之间。相应的洛伦兹曲线，既不是折线 OHL，也不是 45 度线 OL，而是像图中这样向横轴突出的弧线 OL，尽管突出的程度有所不同。

将洛伦兹曲线与45度线之间的部分A叫作“不平等面积”，当收入分配达到完全不平等时，洛伦兹曲线成为折线OHL，OHL与45度线之间的面积A+B叫作“完全不平等面积”。不平等面积与完全不平等面积之比，就是基尼系数。用公式表示即G=A/（A+B）。显然，基尼系数不会大于1，也不会小于零。

目前，国际上用来分析和反映居民收入分配差距的方法和指标很多。基尼系数由于给出了反映居民之间贫富差异程度的数量界线，可以较客观、直观地反映和监测居民之间的贫富差距，预报、预警和防止居民之间出现贫富两极分化，因此得到世界各国的广泛认同和普遍采用。

国际上通常把0.4作为收入分配差距的“警戒线”。一般发达国家的基尼指数在0.24到0.36之间，美国偏高，为0.4。2007年，中国的基尼系数达到了0.48，已超过了0.4的警戒线。

一部分人已经先富起来了，这是中国的客观现实。大部分人虽然已经解决了温饱问题，收入有所提高，却还算不上富裕，这也是中国的客观现实。居民收入差距不断地扩大，就是中国客观现实的反映。

改革开放以来，我国在经济增长的同时，贫富差距逐步拉大，综合各类居民收入来看，基尼系数越过警戒线已是不争的事实。我国社会的贫富差距已经突破了合理的限度，总人口中20%的最低收入人口占收入的份额仅为4.7%，而总人口中20%的最高收入人口占总收入的份额高达50%，突出表现在收入份额差距和城乡居民收入差距进一步拉大、东中西部地区居民收入差距过大、高低收入群体差距悬殊等方面。缩小收入差距是摆在政府面前的一个突出的问题。

将基尼系数0.4作为监控贫富差距的警戒线，应该说，是对许多国家实践经验的一种抽象与概括，具有一定的普遍意义。但是，各国、各地区的具体情况千差万别，居民的承受能力及社会价值观念都不尽相同，所以这种数量界限只能用作宏观调控的参照系，而不能成为禁锢和教条。

·第六章·

政府管理宏观经济的学问：百姓看通经济政策要懂的经济学

第一节 政府与经济

最小的政府是不是最好的政府——守夜人

家庭的管理是国家管理的一个缩影。在封建社会里，普天之下莫非王土，国就是家，家就是国，治家就是治国。从这个道理上来看，治家和治国是相通的。

政府是国家的管理者，是市场经济社会里财富的分配者。按道理说，国家管理机构应该是越精简越好，越精简效率越高，管理费用越低，也就意味着全社会的交易成本越低。但是，问题并不像人们想象的那么简单。由于每一个社会中的人都是经济人，他们都想谋求自己的利益，政府工作人员是一个“吃皇粮”的阶层，旱涝保收，所以每一个人都想晋升到这个阶层中来。而且，国家的管理者由于更容易接近社会公有的财富，他们就有为自己谋求更多利益的机会，机会主义者就会利用这些机会，为自己利益的最大化而作出有利于自己的选择。为了提高效率，就应该精简机构，减少冗余；为了体现公平原则，避免管理者私自占有公有财富，就需要监督和制约。

国家的管理要比一个家庭的管理复杂得多得多。它是一个庞大、繁杂的系统，管理机构和立法部门也不是人们想象中的那么神圣。管理者本身也是经济人，他们利用社会财富再分配的机会，给社会带来很多不良的后果，最终导致政府失灵。

（1）“内部效应”，它使公共利益受到无数有形和无形的损害。政府谋求内部私利而非公共利益被称为“内部效应”，它是政府失灵最重要的原因。其实政府本身也是市场经济社会里的一个特殊团体，而作为社会中的一个成员，政府官员首先也是一个经济人，他们也不是不食人间烟火的神仙，为了谋求自身利益的最大化，很多时候他们需要和社会的一些经济组织结成联盟或者就某些问题达成妥协，最终导致社会财富分配的不公平，社会资源的浪费，资源配置的不合理等现象。

（2）政府的不断膨胀，导致决策的失误。政府的决策和个体的决策不同，中国有一句俗话，师傅多了烟囱砌歪了，就是这个道理。一个师傅说往东一点，一个师傅说该往西一点，另一个师傅又说该往北一点，而最后一个师傅则说还是再往南一点才行……烟囱还没有砌起来，已经东倒西歪了……政府的机构越来越多，一件事情多个部门管理，公共物品产权不明晰，管理权力也不明确，决策机构各执一词，最后各个部门或者利益集团从各自的利益而不是公众的利益出发，彼此让步、妥协，管理者的利益实现了最大，公众的利益却因此而受到损害。这些部门和集团就仿佛那些砌烟囱的师傅，最后不是把烟囱砌歪了，就是建到半路烟囱就倒塌了，或者这个烟囱可能永远也建不起来。

一个烟囱砌倒了也许没有什么，但是如果一座大桥建成不久就倒塌了，一座大楼建完了而忘了设计楼梯，投入巨额资金建设的防洪大堤最后却成了豆腐渣工程，一座炽矿瓦斯爆炸竟然炸死上百名工人……这就不像砌倒一个烟囱那么简单了。

（3）政府和立法部门的膨胀导致管理的低效率。由于官僚机构垄断了公共物品的供给，缺乏竞争，结果必然导致低效率。比如，我们行政管理的审批权，由于管理者为了垄断权力，一件事情有十几个部门伸手来“管理”，结果为了一个项目，有的人竟然跑了5年，盖了250多个公章，等手续都办齐了的时候，商机早已经没有了，黄花菜早凉了。

官僚机构由于追求规模的最大化，所以他们会想方设法使自己的机构越来越臃肿，人越来越多，办公的场所也越来越大。政府官员追求的并不是社会所创造的利润最大，而是他们规模的最大化，通过扩大规模而提高自己的利益，使自己升迁的机会更多，使自己管理的公共物品更多，使自己办公的空间更豪华……

（4）官僚机构的膨胀导致了政府官员的腐败。政府官员的腐败是政府失灵的最大的痼疾，而且是全世界都为之头痛的一件事。这个问题由于人们讲的太多，这里就不做赘述了。

那么如果没有政府会怎么样呢？

在一个没有政府的社会中，人人都处于一种绝对自由的空间里。每一个人在追求个人利润最大化的时候造成危及他人利益的结果，造成外部的不经济，这同样是人们不想看到的另外一种可怕的结果，它远比政府干预所造成的危害要大得多。个人的争端可能引起家庭的争端，家庭的争端又可能导致部落的争端，部落的争端会酿成民族的争端，民族的争端会爆发国家之间的战争……这样的社会是一个更为恐怖的社会，所以没有政府的绝对自由的社会状态，只能是一种理想的最佳状态，现实中是不可能存在的。

根据诺思的理论，国家是一种强制性的安排。一方面国家权力是保护个人权利的最有效的工具，它具有巨大的规模效益。国家的出现及其存在的合理性，也正是为了保护个人权利和节约交易费用的需要。另一方面国家权力又是个人权利最大和最危险的侵害者。国家权力的扩张总是通过侵害个人的权利实现的。这正是诺思悖论所揭示出的道理：没有国家办不成事，但有了国家又有很多麻烦。

在 2008 年 3 月 16 日举行的十一届全国人大一次会议第五次全体会议上，《关于国务院机构改革方案的决定》以 2744 票高票获得通过，备受关注的国务院"大部制"改革即将启幕。

海南按照党中央、国务院的要求，一马当先地推进行政管理体制改革，为全国的体制改革积累了非常宝贵的经验，完成了中央对海南"成为全国省一级机构全面改革的试点单位"的历史重托。

作为中国唯一省级建制的经济特区，海南既承担了进行社会主义市场经济体制的改革试验，又承担了一场向政府的权力开刀的改革试验——从体制上创造新优势，实行"小政府、大社会"。

"小政府、大社会"新体制，首先就是要缩小政府的行政干预职能，扩大社会功能。在举国都还在计划经济的体制内运行时，一个地方的决策者，首先选择向自己手中的权力开刀，无疑是非常勇敢的自我"革命"。

建省前的海南行政区，区直单位有 461 个，其中部、委、办 16 个，局级 80 个，副局级 22 个，处级 38 个，科级 306 个。区直行政单位 84 个，事业单位 163 个，企业单位 214 个。区直单位共有 84889 人，其中行政 4708 人，事业单位 11126 人，企业单位 69685 人。机构臃肿不说，还党政不分、政企不分，生产领域与流通领域相割裂，由于决策独立性差，连合理分配既有经济资源都很困难，更不用说有效吸引外来的经济资源。

1988 年 5 月，得到中央批准的海南"小政府"新体制方案，省直机构总共才 48 个，比原来行政区的机构还少了 36 个，人员编制也比原行政区少了 200 多人。

"小政府"实施的直接结果，是导致了一大批行政机构的转轨。原行政区的机构如水电局、水产局、轻工局、机械局等11个经济主管局，以及物质总公司、纺织工业总公司、燃化工业总公司等8个行政性公司转为经济实体，进入"大社会"。新建的省总工会、共青团省委、省妇联、省科协等群众团体也由"官办"改为民办，不再列入国家机关工作部门序列。

政府的权力小了，企业独立决策权力大了，社会的活力被有效地激发出来。

由于实行"小政府、大社会"，海南的市场机制得到迅速发展。仅仅两年时间，全省生产资料市场调节率就达到72.8%，成为全国第一个全面放开粮食价格的省份。各种金融性公司达到37家，外汇存款2.7亿美元，对特区经济的发展起到了基础性推动作用。

"小政府、大社会"体制对社会功能的发展也起到了明显的推动作用。从1988年4月到1990年3月，全省申请成立的社团达101个，包括各种学会、研究会、协会和联谊会等，这些社团承担了许多过去由政府承担的社会职能，在经济发展、文化教育、对外交往等方面发挥了重要作用。

由率先推行"小政府、大社会"拉开改革开放序幕的海南，势如破竹地取得多项"全国第一"，一下子成为国内外关注的"热点"和"亮点"：全国第一个实现省级行政机构最小、公务员最少、农民负担最轻；全国第一个简化审批手续实行公司直接登记制；全国第一个实现"公路交通无关卡"；全国第一个实现综合性社会保障制度；全国第一个实行大型基础设施股份制……长期沉默的海南一鸣惊人，迅速形成了"十万人才下海南"，经济发展日新月异的可喜局面。所以人们认为最好的政府应该是这样一种状态：小政府，大社会。

指令型的经济发展模式——计划经济

计划经济体制在我国早已被废止，但是计划经济被废止的原因仍然值得研究。

邓小平曾说："计划经济不等于社会主义，资本主义也有计划；市场经济不等于资本主义，社会主义也有市场。"但是大部分人没有深入理解这句话的含义。通过对实体经济和虚拟经济的关系的研究，我们发现，原来计划经济是一种不利于生产力发展、带有自然经济色彩的、落后的经济体制。

在计划经济体制下，生产条件完全由国家或集体所有，即生产资料和土地完全归国家所有。土地是国家的土地，工厂是国家的工厂，银行是国家的银行，甚至个人本身也没有什么自主权，一切由国家安排，这种所有制的实现形式和自然经济的所有制实现形式何其相似！

在计划经济体制下，从事经济活动的人没有任何独立性，完全依附于政府和其所在单位。无论在农村，还是在城市，个人对单位的依附，就像单个蜜蜂离不开蜂群一样。那时的生产和生活以个人尚未脱离人民公社和城市的企事业单位的脐带这一事实为基础。我国成为一个个人单位化、单位行政化、生活政治化甚至军事化的社会。人与人之间的自由、平等、所有权和自私自利的商品交换关系完全不存在，只有严格的等级制度关系。任何个人离开了土地，离开了单位，就无法生活了。而且每一个人除了与自己单位的人们发生联系，很少与外界其他人有联系了。更重要的是，人在单位与单位之间很难流动，在城市之间、在地区之间的流动就更困难了，至于在国与国之间流动就更是连想都不敢想了。这和自然经济下的人对氏族公社的依赖性没有多大差别！

在计划经济体制下，政府机构显示了有计划的社会分工。计划经济体制是一个典型的政企不分、政企合一的体制。社会分工十分细微，相当严密，但这种分工不是由市场交换自发形成，而是由政府机构的权威决定的。这和自然经济的分工确有相同之处！

在计划经济体制下，社会关系是清清楚楚的人与人之间的关系。每一个人在社会中的地位及与他人的关系是由该人在单位的行政地位所决定的。在那里，官阶大小明明白白，上下尊卑一目了然，每一个人收入的多少完全由级别决定。此外，人们基本上没有其他的收入。所以，人与人的关系就是纯粹的人与人的关系，一点也不被物与物的关系所掩盖，丝毫不被货币关系所迷惑。可见，计划经济下的人与人之间的关系多么具有自然经济下的人与人之间的关系色彩！

计划经济基本上是生产经济，贸易处在无足轻重的地位。在计划经济下，产品就是产品，不是商品。即使有一部分产品到了别人的手里，变成了别人使用的物品，这些物品仍然是产品，不是商品。因为这些产品不是通过市场而是通过政府计划转到别人手里，不是由人与人之间、企业与企业之间、企业与商人之间、商人与消费者之间交换变成商品的。那时，有货币，有商店，也有银行，也有买卖行为。不过那时的货币并不是真正意义上的货币，货币实际上成了政府按级别发放给个人的领物凭证。货币一旦离开了政府发放的其他票证，在很多场合基本上没有购买能力了。商店并不是低价买、高价卖，追求利润的企业，仅仅是按政府计划向社会各阶层的人分配有用物品的机构。买卖行为与其说是买卖，倒不如说是一种领取行为。因为人们拿着政府发给的钱票和其他票证，只能按国家规定的数量购买，多一点都不行，如果说那是购买也是十分牵强的。货币基本上失去了作为货币所具有的流通手段和支付手段的功能，更没有作为资本所具有的自行增值、自我增加的功能。那时的银行并不具有现代银行所具有的结算功能、社会资本总管理人的功能、宏观经济神经中枢的功能及其他功能，利息一点都起不到调节宏观经济杠杆的作用。正如邓小平同志所说的那样："我们过去的银行是货币发行公司，是金库，不是真正的银行。"可见，计划经济的生产体制和贸易体制多么具有自然经济的特点！

劳动的自然形式直接成为劳动的社会形式。今天，几乎每一个从事经济活动的人都懂得，在市场经济下，或者说，在货币经济和信用经济下，每个人、每个企业所从事的生产劳动是否具有社会性，主要看他的劳动产品是否能够卖出去，转换成货币，成为别人或别的企业的有用物品。只有生产的产品能够卖出去，转换成货币而花费的劳动才是社会劳动，否则，生产的产品卖不出去，转换不成货币，即使花费的劳动再多，也是私人劳动，也是对社会没有用的劳动，当然，也就不具备社会性。但是，在计划经济体制下，只要你是人民公社社员、工厂工人、政府机关职员或干部，也就是说，不管你从事什么劳动，不管你生产的产品是否卖得出去，是否转化为货币，你都会无忧无虑地领到一份工资或分到一份实物。个人没有失业的忧患，企业没有破产的危险。劳动直接成为社会劳动，产品直接成为社会的产品，企业也直接成为社会的企业，这种劳动的自然形式和社会形式多么具有自然经济的模式！

在计划经济下，存在大规模的联合和协作，但这种联合和协作以直接命令为基础，注重的是国家利益和整体利益，忽视个体利益。马克思于1851年8月28日致恩格斯的信中严厉地批判了这种联合。他写道："按照自我牺牲法则建立的联合，为联合而进行的联合，是一种纯粹宗教性的行为，是一种毫无积极意义的超自然的同盟，是一种神话。不能把联合同必须在生产者和消费者之间的相互性基础上发展的新的关系混为一谈。联合使缔约者处于同等地位，是他们的自由服从于社会义务，使他们丧失个性。"在计划经济年代，我国特别强调和推行马克思在这里严厉批判的按照自我牺牲法则建立的大联合，为了联合而进行的联合，只对能力弱和懒惰的人有好处的联合，使联合者的自由服从于社会义务，使他们丧失个性的联合。这种联合的结果也正如马克思所说的那样，并没有产生出好的结果，甚至是有害的。这些事情，都是中国人民所熟知的，无须用事实加以证明。因为这种联合具有自然经济下联合的弊端！

在计划经济体制下，人仅仅被看成劳动者，没有被看成追求自我利益的经济人。生产资料仅仅被看成生产工具，没有被看作能带来剩余价值的价值。土地仅仅被看作劳动的对象，没有当作能产生地租的资本。到这里，我们才能清楚认识到，计划经济是一个没有虚拟经济与之配合的单纯的实体经济。虚拟经济是货币经济、信用经济，而货币和信用是经济社会的血液。正如马克思引用法国经济学家杜尔哥的话所说的那样："资本的不断预付和不断流回，就是人们称为货币流通的东西。这种有用的和有成效的流通，赋予社会的一切劳动以生气，维持政治机体的运动和生命。人们完全有理由把这种流通比作动物躯体内的血液循环。"难道我们改革开放以前实行的计划经济不像一个白血病患者吗？难道好端端的社会主义经济运行起来却缺乏生气，不是因为货币供给不足、交换不够、信用不发达、资本不流动所引起的吗？难道计划经济和自身造血功能有问题、供血经常不足的白血病人不相似吗？毋庸置疑，这种带有自然经济色彩的计划经济是一种落后经济。

倒卖批文惹的祸——寻租

和珅被誉为历史上的"贪污之王"，他的财产相当于当时清朝15到20年的财政收入。在他的巨额财产中，绝大部分的份额是他的贪污受贿所得。

和珅利用自己的职务之便，经常索贿受贿。有一年，有个叫孙士毅的总督，从安南（今越南）回京述职。在前往金銮殿的宫门之外偶遇和珅，和珅一眼就看到他手中拿着一个用珠子做成的鼻烟壶，大如雀卵，雕刻精巧，晶莹剔透。和珅一见，便爱不释手，口中连连称赞，把玩了一会儿，就对孙士毅说，孙大人如果不嫌弃在下的话，能否把这个玩意送给在下呀？孙士毅说是用来进献皇帝的。和珅没想到孙士毅竟然拒绝了他，觉得很没面子，只好掩饰说，只不过是一句玩笑罢了。几天之后，孙士毅又在军机处见到和珅，和珅手拿一个鼻烟壶，正是他进献给皇上的那个。和珅得意地笑道，此物乃是皇上所赐的。

大多数人不像孙士毅那样不懂"世故人情"，而是积极向和珅"送好处"，为自己谋得利益。据说，江苏吴县有一个大珠宝商，将特大珍珠藏在金制的圆盒里面，外面配有精致的小木箱，一个要卖2万金。尽管价格不菲，但是一些官员还是争相购买，还唯恐买不到。有的人问这些官员："你们买如此昂贵的珠子，有什么用途啊？"这些官员回答说："献给和中堂。"

其实和珅的贪污行为可以用一个经济学词汇来归结——寻租。那么，究竟什么才是"寻租"呢？诺贝尔经济学奖获得者布坎南认为，寻租是指通过国家的保护所产生的财富的转移，旨在通过引入政府干预或者终止它的干预而获利的活动。这种努力把有限的社会资源进行了一种非生产性的活动，降低了社会的生产活动。寻租者通过特殊的地位或者垄断权力将本应该属于别人或者公众的财富转移到了自己的手中。

寻租则是把权力商品化，或曰以权力为资本，去参与商品交换和市场竞争，谋取金钱和物质利益，即通常所说的权物交易、权钱交易、权权交易、权色交易，等等。像物质形态的土地、产业、资本那样，在这里，权力也被物化了，转化为商品货币，进入消费和财富等环节。权力寻租所带来的利益，成为权力腐败的原动力。

寻租理论最早产生于20世纪70年代的美国，它是现代经济学的一个重要分支。1974年，美国的经济学家克鲁格首次公开发表了《寻租的政治经济学》一文，深入研究和探讨了由于政府对外贸易的管制而产生的对租金的争夺活动。这篇文章因此成了现代寻租理论的里程碑，克鲁格因此也被视为寻租理论的鼻祖。

为什么会有这么多的寻租活动呢？因为社会有设租的存在。许多行业都规定了特殊的经营群体，这样由于进入的限制，人们为了进入这些领域，就需要开展寻租活动，争夺经营权。由于特殊行业的管理者拥有绝对的审批权力，是人们公认的"肥缺"，所以很多官员就开展寻租活动，争夺这个权力以及权利。

所以，寻租理论认为，寻租存在的根本原因就是政府行政干预的存在，行政干预越多，管制越多，寻租的机会就越多，社会资源的浪费就越严重，负面的效益就越大。图洛克把寻租看成"负总和的游戏"。所谓"负总和"，就是说财富根本没有任何增加，只是从一个人的手中转到了另外一个人的手中，而财富在过手的过程中还要损失一定的交易成本。寻租活动就整个社会效益来说它创造的是一个负值，社会的财富减少了。

王得归曾任某县原县委书记，2006年，因受贿200多万元，被市中级法院一审判处有期徒刑15年。在入狱之前，王得归为自己算了一笔贪污账，结果他很是后悔。因为他的贪污成本竟也是如此巨大。王得归说自己的犯罪行为不仅给党的事业造成严重损害，在社会上产生恶劣的影响，也给自己的家庭和亲人带来沉重的打击和巨大的压力，造成了政治上身败名裂，经济上倾家荡产，精神上严重创伤的悲惨结果。

为能让自己得到宽大处理，王得归彻底坦白交代了他的全部犯罪事实。为了退还赃款，两家的兄弟姐妹倾尽全力为他筹退了150万元。通过财产清算，最后他仅剩85平方米的住房得以避风雨。王得归懊悔自己的行为，想到服刑期间及释放后的生活，想到一家人要全靠妻子每月千元的工资，他悔恨不已。王得归懊悔地说："假若我不犯罪的话，我还可以工作10年，退休后再活10年，这20年工资、退休金可达65万元。这样看来经济上损失惨重。其实更为悲惨的是对亲人精神上带来的创伤。"

就是这些掌握社会权力的官员们，将国家赋予的权力当成一种可以出租获利的物品，对外出租，获得租金。寻租包括两个方面：官员手中有了可以出租的权力，他要寻找到租用他权力的人才能收到租金，所以他要寻找租用的一方；另外，社会上的一些能够接近这些掌握国家垄断权力的人，也要寻找拥有对外出租权力的垄断人物，他要寻找到出租的一方。

以新闻界为例，最基本的方式是利用操控新闻报道权，来达到向报道对象"寻租"的目的。方式主要有两种：一是假借曝光之名威胁、敲诈报道对象；一是为报道对象胡编乱造，大肆吹捧，以换取经济回报。除了赤裸裸的权钱交易外，还有变相的拉赞助、拉广告、收礼品、到企业兼职、参加企业出钱的旅游活动等。那么如何来控制官员手中的权力呢？

首先要限制政府官员的权力。那些政府中不受权力约束的官员是寻租活动的根源。因为政府也是由人支配的，政府官员也是理性有限的经济人，要限制寻租活动，首先就要通过制度建设约束政府工作人员的行为和权力，制止权力的滥用。

其次要尽可能依靠法律和行政的手段减少行政审批项目，也就是说要减少人为"设租"的可能性。

最后还要增加政府行为的透明度，加强社会公众和舆论的监督。最大限度地降低信息不对称的程度，使公众对政府的决策、审批有合法的知情权。

在可能的情况下，当内部的阻力足够大的时候，借助外在力量的推动来减少寻租活动也不失为一种比较好的办法。因为自己的刀有时候削不了自己的把。比如，国家借加入世界贸易组织的契机，大量削减行政审批，向国际接轨，这就是借助外力推动的最好证明。

对于贪污腐败来说，总要有一个腐败成本与腐败收益。贪官们在进行贪污时，也会作为一个经济人来权衡这两方面。当成本大于收益时，贪官就会放弃腐败；反之，就会助长腐败行为的发生。

低成本、高收益，听起来利润非常大的一项经济活动必然同时伴随高风险。贪污就是这样一种交易活动。贪污的成本非常少，但是由于贪污带来的收益却可以让贪官们一下置办几处豪宅，可谓收益巨大。但是贪污本身是违反国家法律的，贪官在贪污的时候要警惕被国家司法机构查处身败名裂的风险。但与这种风险相比来说，贪污带来的高利润真正成了“贪污的诱饵”。

“挖坑”能带动经济发展——政府干预

大家都是理性经济人的时候，便会出现“理性合成谬误”的状况。因为，市场经济中的参与者都是理性经济人，但人人理性也会发生集体的“理性合成谬误”，从而导致“市场失灵”现象的发生，政府干预主义便应运而生了。

大家知道，自斯密之后的西方经济学界，人们普遍接受以亚当·斯密为代表的古典学派的观点，即在自由竞争的经济中，政府只扮演一个极其简单的被动的角色——“守夜人”。然而，自由主义经济随着20世纪的一场大萧条而受到严峻挑战。1929～1933年的全球性经济危机就是自由经济主义弊症爆发的结果。因此，以凯恩斯为代表的政府干预主义者浮出水面。他们认为，现代市场经济中的政府不再仅仅扮演“守夜人”的角色，而是要成为一只“看得见的手”。政府必须平衡以及调节经济运行中出现的重大结构性问题。这就是政府干预理论。

政府干预理论来源于英国经济学家凯恩斯的一本著作《就业利息和货币通论》，其中有一则著名的经济学寓言“挖坑”。

乌托邦国处于一片混乱中，整个社会的经济处于完全瘫痪的境地，工厂倒闭，工人失业，人们束手无策。这个时候，政府决定兴建公共工程，雇佣200人挖了很大的坑。雇200人挖坑时，需要发200个铁锹；发铁锹时，生产铁锹的企业开工了，生产钢铁的企业也开始工作了；发铁锹时还得给工人发工资，这时食品消费也都有了。通过挖坑，带动了整个国民经济的消费。大坑终于挖好了，政府再雇200人把这个大坑填好，这样又需要200把铁锹……这样，萧条的市场终于一点点复苏了。经济恢复后，政府通过税收，偿还了挖坑时发行的债券，一切又恢复如常了。

也就是说，当一国经济萧条时，政府应该出来做事，用这只“看得见的手”，通过政府投资及调控的方式进行公共设施建设，把经济拉动起来，让经济从萧条中摆脱出来。凯恩斯的这只“看得见的手”开始在人们的经济生活中频频挥舞，带动整个资本主义世界从经济危机的泥沼中走出来，并使资本主义经济在世界范围内蓬勃发展。

不过，在20世纪70年代，世界上一些发达资本主义国家陷入了“滞胀”的状态，无论政府如何挥舞那只“看得见的手”，经济总是停滞不前，而物价却在不断地上涨。这便是“政府失灵”的状况。

在现代市场经济的发展中，为了克服“市场失灵”和“政府失灵”，人们普遍寄希望于“两只手”的配合运用，以实现在社会主义市场经济条件下的政府职能的转变。我们应该正确看待政府干预的积极方面及其局限性。

灯塔为什么只能由政府来兴建——公共产品

早期的英国，灯塔设施的建造与管理是由私人提供的。由于海上航行经常出事故，为了满足航海者对灯塔服务的需要，一些临海人家自己出钱建设了灯塔，然后根据过往船只的大小和次数向船只收费，以此作为维护灯塔日常开销的费用并获取一定的利润。

经营一段时间后，灯塔的建造者逐渐发现，过往的船只总是想方设法逃避缴费。他们或者绕过灯塔行驶，或者以自己熟悉海路为名干脆就拒绝缴费。建造者们只能增雇人手加强管理，但他们又没有执法权，就是真碰上不交费的人，他们也无可奈何。而且，增雇人手也加大了建造者们的成本，慢慢地他们就变得入不敷出了。于是，私人建造的灯塔慢慢地也就关闭了。

可是，海上航行必须需要灯塔的指引，那么灯塔就只能由政府出面来建设。过往的船只从此不用再向政府交费，他们将免费使用灯塔资源。

这个故事说明，并不是所有的产品和服务都可由私人提供。政府和其他公共组织的重要职责之一就是要向民众供给私人不愿意提供的产品或服务——公共物品。

经济学家认为公共物品非排他性和非竞争性。所谓非排他性，是指某人在消费一种公共物品时，不能排除其他人消费这一物品（不论他们是否付费），或者排除的成本很高。简言之，排他性是指一件商品我用了别人就不能再用，比如，我吃了一口苹果，别人就不可能再吃我已经吃的这口。所谓非竞争性，是指某人对公共物品的消费并不会影响别人同时消费该产品及其从众获得的效用，即在给定的生产水平下，为另一个消费者提供这一物品所带来的边际成本为零。竞争性是指我用了一件商品别人就会少用一件，我吃了一个苹果其他人可以吃的苹果就少了一个。

比如，城市道路上的路灯照亮了我回家的路，并不妨碍照亮我邻居回家的路；我得到了路灯照亮道路的好处，也并没有减少我的邻居得到相同益处的机会。路灯便是由政府提供的公共物品。可以试想一下，假如路灯有一天坏了，政府不去维修。你会去维修路灯吗？对大多数人来说答案是否定的。假如没有政府维修，我们的路灯多数会黑掉。

我们可以通过一个小故事，来探讨政府应该如何提供公共物品的问题。

美国一个小镇的居民喜欢在7月4日美国国庆日这天看烟火。这个小镇的企业家艾伦决定举行一场烟火表演，可以肯定艾伦会在卖出门票时遇到麻烦。因为所有潜在的顾客都能想到，他们即使不买票也能看烟火。烟火没有排他性，人人都可以看烟火。实际上，人人都可以搭便车，即得到看烟火的机会而不需要支付任何成本。

尽管私人市场不能提供小镇居民需要的烟火表演，但还是有办法解决小镇的问题：当地政府可以赞助7月4日的庆祝活动。镇委员会可以向每个人增加2美元的税收，并用这一收入雇佣艾伦提供烟火表演。

因此，政府可以解决这个问题。如果政府确信，总利益大于成本，它就可以提供公共物品，并用税收为它支付，可以使每一个人获得观看烟火的权利。因此，这种公共物品理应由政府来提供。

其实，生活中，我们能经常享受到免费的产品和服务。总体而言，公共物品基本上可以分为三类：第一类是纯公共物品，即同时具有非排他性和非竞争性；第二类公共物品的特点是消费上具有非竞争性，但是却可以较轻易地做到排他，有学者将这类物品形象地称为俱乐部物品；第三类公共物品与俱乐部物品刚好相反，即在消费上具有竞争性，但是却无法有效地排他，有学者将这类物品称为共同资源或公共池塘资源物品。

俱乐部物品和共同资源物品通称为“准公共物品”，即不同时具备非排他性和非竞争性。准公共物品一般具有“拥挤性”的特点，即当消费者的数目增加到某一个值后，就会出现边际成本为正的情况，而不是像纯公共物品，增加一个人的消费，边际成本为零。准公共物品到达“拥挤点”后，每增加一个人，将减少原有消费者的效用。

通常而言，纯公共物品都需要政府来提供，其中一个最典型的例子就是国防。对于一个国家来说，没有什么比国家安全更重要了。但国防作为一种经济品，与面包等私人物品完全不一样。10 块面包可以按人头分为许多份，而且一个人吃过的面包另一个人就不可能再吃一遍。而国防一旦有人提供，就会对所有人产生平等的影响。无论是和平主义者还是好战分子，无论是老年人还是青年人，无论是目不识丁者还是饱学之士，都会享受到同样质量的国防服务。

第二节　财政政策

政府的钱袋子很重要——国家财政

自 2000 年以来我国农村税费改革，实行“三取消、两调整、一改革”政策。“三取消”即取消统筹费、农村教育集资等专门面向农民征收的行政事业性收费的政府性基金、集资，取消屠宰税，取消农村劳动积累工和义务工；“两调整”即调整农业税政策，调整农业特产税政策；“一改革”即改革村提留征收使用办法。随着上述农村税费改革政策的实行，农民负担显著下降。从 2004 年开始，我国农村税费改革进入新阶段，实行了“三取消”的政策。即取消烟叶以外的农业特产税，取消农业税、牧业税。

对财政困难县乡政府增加县乡税收收入和对省市级政府增加对财政困难县财力性转移支付给予奖励，对县乡政府精简机构和人员给予奖励，对产粮大县给予财政奖励，对以前缓解县乡财政困难工作做的好的地区给予补助。2005 年中央财政实行这一政策的财力投入共约 150 亿元，2006 年投入 210 亿元，这对缓解县乡基层困难，必将起到积极作用。

以上这些就是国家财政。国家财政是指国家为了维持其存在和实现其社会管理职能，凭借政权的力量参与国民收入分配的活动。国家财政收支包括财政收入和财政支出两个方面。我国的财政收入包括预算收入和预算外收入两部分。

根据预算法第十九条的规定，预算收入包括税收收入、依照规定应当上缴的国有资产收益、专项收入和其他收入。除预算收入，按照我国财政管理体制的规定，各地方、部门、各单位还有一部分不纳入国家预算，自行管理使用的财政性资金，称预算外资金，如各种附加和其他不纳入预算的基金收入等。这些基金是国家预算资金的补充，是国家财政资金来源的重要组成部分，也是国家的财政收入。我国财政支出也包括预算支出和预算外支出两部分。根据预算法第十九条规定，预算支出包括：经济建设支出；教育、科学、文化、卫生、体育等事业发展支出；国家管理费用支出；国防支出；各项补贴支出和其他支出。预算外支出是指财政性预算外资金的支出，如地方、各部门、各单位自行管理使用的、不纳入国家预算的那部分财政性资金的支出。

如果将1949年与抗日战争前比较，农业产值降低二成以上，工业产值降低一半以上；上万公里的铁路线路和3200多座桥梁遭到严重破坏，津浦、京汉、粤汉、陇海和浙赣等主要干线，几乎没有一条可以全线通车；恶性通货膨胀与庞大的投资资本，加剧了物价的波动和物资的匮乏。这一切使新中国的财政面临极其困难的局面，国家财政收入远不能满足财政支出的需要。1949年财政收入只有303亿斤小米，赤字达264亿斤小米。

伴随着1949年新中国的成立，新中国财政也在极其困难的经济环境中、在战争的废墟中建立起来。在旧中国的历史上，中国财政一向是以贫弱的姿态出现在世界面前的。清政府割地赔款的屈辱，可以看到中国财政收入主要来源——海关被外国人所把持，旧中国民不聊生，恶性通货膨胀的局面。

到1952年，在三年经济恢复时期，新中国财政总收入为361.07亿元，总支出为362.19亿元；基本建设支出为86.21亿元，占三年财政总支出的23.8%；经济建设投资、文教卫生科学事业投资以及社会救济等投资占三年财政总支出的40.5%。这些投资巩固和扩大了国有经济在国民经济中的领导地位，也扩大了国有经济向国家提供财政收入的比重。1950年国有经济向国家提供了21.75亿元的财政收入，占财政收入的35%；1951年提供了59.74亿元，占财政总收入的47.8%；1952年增加到101.01亿元，占财政总收入的58.1%。国有经济上缴国家财政收入的比重增加，进一步巩固了国家的财政基础。

国家财政一般具有3个职能：

（1）资源配置职能。由于市场存在失灵，市场自发形成的配置不可能实现最优的效率状态，因而需要政府介入和干预。财政的配置职能是由政府介入或干预所产生的，它的特点和作用是通过本身的收支活动为政府提供公共物品、提供经费和资金，引导资源的配置，弥补市场的失灵和缺陷，最终实现全社会资源配置的最优效率状态。财政配置的机制和手段有：根据政府经济职能确定财政收入占GDP的合理比例，从而实现资源配置总体效率；优化财政支出结构，保证重点支出，压缩一般支出，提高资源配置的结构效率；合理安排政府投资的规模和结构，保证国家的重点建设；通过政府投资、税收政策和财政补贴等手段，带动和促进民间投资、吸引外资和对外贸易，提高经济增长率；提高财政资源配置本身的效率。

（2）收入分配职能。在市场经济条件下，由于各经济主体或个人所提供的生产要素不同、资源的稀缺程度不同以及受各种非竞争因素的干扰，各经济主体或个人获得的收入会出现较大的差距，甚至同要素及劳动投入不相对称，而过分的悬殊将涉及社会公平问题。因此财政的收入分配职能主要是确定显示公平分配的标准和财政调节收入分配的特殊机制和手段。财政实现收入分配职能的机制和主要手段有：划清市场分配与财政分配的界限和范围；规范工资制度；加强税收调节；通过转移性支出，如社会保障支出、救济金、补贴等，使每个社会成员得以维持起码的生活水平和福利水平。

（3）经济稳定与发展职能。经济稳定包含充分就业、物价稳定和国陵收支平衡等多重含义。发展是通过物质生产的不断增长来全面满足人们不断增长的基本需要。财政实现稳定和发展职能的机制和主要手段有：经济稳定的目标集中体现为社会总供给和社会总需求的大体平衡；在财政实践中，可以通过一种制度性安排，发挥某种“自动”稳定作用；政府通过投资补贴和税收等多方面安排，加快公共设施的发展，消除经济增长的瓶颈，并支持第三产业的兴起，加快产业结构的转换，保证国民经济稳定与调整发展的最优结合；财政就切实保证前面提到的那些非生产性的、社会的公共需要。

陷入财政窘境的政府——财政赤字

2004 年，福布斯公布了一项名单——谁是 20 世纪美国最优秀的总统？在美国前总统里根去世后，这一原本没有定论的问题再次成为美国人争论的焦点。最后被美国公众认为最会搞经济的克林顿荣居榜首。

克林顿为何被评为 20 世纪最优秀的美国总统？原因是，美国政府一向以财政赤字而闻名，而前总统克林顿时代赤字却转为盈余。

在克林顿入主白宫的 8 年内（1993 年到 2001 年），美国国内生产总值（GDP）的增长非常强劲，年均涨幅高达 3.5%，高于吉米·卡特和里根两人在任时的水平，只是稍逊于肯尼迪和约翰逊所在美国 60 年代经济腾飞时的表现。而且在他的任期内，美国就业形势一片大好，新增加的就业机会远远多于除卡特之外的任何一位“二战”后的美国总统。此外，克林顿也很会抓住时机，他在美国人均收入涨幅停滞多年，刚刚出现上升势头的时候适时决定增税，结果使联邦政府的收入出现了大规模的盈余。最终，克林顿凭着自己手下一个最小规模的政府机构，实现了自约翰逊总统时期以来美国 GDP 最强劲的涨幅，也使美国政府自杜鲁门总统以来，首次真正地出现了财政盈余的局面。

但小布什上台后，适逢经济衰退，又对外连续用兵，导致再次出现高额赤字。巨大的财政赤字引发贸易赤字，美国成为世界上双赤字最为严重的国家。如今的美国是发达国家寅吃卯粮的典型代表。

财政赤字即预算赤字，指一国政府在每一财政年度开始之初，总会制定一个当年的财政预算方案，支出大于收入的经济现象。理论上说，财政收支平衡是财政的最佳情况，在现实中就是财政收支相抵或略有节余。如果国家财政出现入不敷出的局面，那么这种支出差额在进行会计处理时，需用红字书写，这也正是“赤字”的由来。赤字的出现有两种情况：一是有意安排，被称为“赤字财政”或“赤字预算”，它属于财政政策的一种；二是预算并没有设计赤字，但执行到最后却出现了赤字，也就是“财政赤字”或“预算赤字”。

在现实中，很多经济处于上升状态的国家都需要大量的财富解决大批的问题，经常会出现入不敷出的局面。因此财政赤字看来似乎不可避免。不过，这也反映出财政赤字的一定作用，即在一定限度内，可以刺激经济增长。在居民消费不足的情况下，政府通常的做法就是加大政府投资，以拉动经济的增长，但是长期的财政赤字会给国民经济造成很大负担，不是长久之计。

2008 年 6 月 24 日财政部部长谢旭人 24 日表示，与 2009 年 3 月向十一届全国人大二次会议报告的 2008 年中央预算执行数比较，中央财政收入增加 15.01 亿元，中央财政支出增加 15.01 亿元。收支相抵，中央财政赤字 1800 亿元，控制在十一届全国人大一次会议批准的数额之内。

谢旭人当天向十一届全国人大常委会第九次会议报告 2008 年中央决算情况。他表示，汇总中央和地方决算，2008 年全国财政收入 61330.35 亿元，比 2007 年增长 19.5%。全国财政支出 62592.66 亿元，增长 25.7%。

中央财政收入 33626.93 亿元，增长 17.5%。加上调入中央预算稳定调节基金 1100 亿元，安排使用的收入总量 34726.93 亿元。中央财政支出 36334.93 亿元，增长 22.8%，安排中央预算稳定调节基金 192 亿元以备以后使用，支出总量合计

36526.93 亿元。

这是中国 2008 年的财政赤字，有很多人也许会担心我们的财政赤字如何弥补？

（1）动用历年结余。动用历年结余就是使用以前年度财政收大于支形成的结余来弥补财政赤字。财政出现结余，说明一部分财政收入没有形成现实的购买力。在我国，由于实行银行代理金库制，因此，这部分结余从银行账户上看，表现为财政存款的增加。当动用财政结余时，就表现为银行存款的减少。因此，只要结余是真实的结余，动用结余是不会存在财政向银行透支的问题。但是，财政结余已构成银行的信贷资金的一项来源，随着生产的发展而用于信贷支出。财政动用结余，就意味着信贷资金来源的减少，如果银行的准备金不足，又不能及时通过适当的收缩信用规模来保证财政提款，就有可能导致信用膨胀和通货膨胀。因此，财政动用上年结余，必须协调好与银行的关系，搞好财政资金与信贷资金的平衡。

（2）增加税收。增加税收包括开增新税、扩大税基和提高税率。但它具有相当的局限性，并不是弥补财政赤字稳定可靠的方法。首先，由于税收法律的规定性，决定了不管采用哪一种方法增加税收，都必须经过一系列的法律程序，这使增加税收的时间成本增大，难解政府的燃眉之急。其次，由于增加税收必定加重负担，减少纳税人的经济利益。所以，纳税人对税收的增减变化是极为敏感的，这就使得政府依靠增税来弥补财政赤字的试图往往受到很大的阻力，从而使增税可能议而不决。拉弗曲线标示增税是受到限制的，不可能无限地增加，否则，必将给国民经济造成严重的恶果。

（3）增发货币。增发货币是弥补财政赤字的一个方法，至今许多发展中国家仍采用这种方法。但是从长期来看，通货膨胀在很大程度上取决于货币的增长速度，过量的货币发行必定会引起通货膨胀，将带来恶性后果。因此，用增发货币来弥补财政赤字只是权宜之计。

（4）发行公债。通过发行公债来弥补财政赤字是世界各国通行的做法。这是因为从债务人的角度来看，公债具有自愿性、有偿性和灵活性的特点；从债权人的角度来看，公债具有安全性、收益性和流动性的特点。因此，从某种程度上来说，发行公债无论是对政府还是对认购者都有好处，通过发行公债来弥补财政赤字也最易于为社会公众所接受。

2009 年 8 月 12 日，美国财政部公布 7 月份联邦财政赤字为 1807 亿美元，使

2008 ~ 2009 年财政年度（截至 9 月 30 日）头 10 个月的赤字总额达到 1.27 万亿美元。

2009 年 2 月 1 日我国财政部发布的去年财政收支情况显示，财政收入增速为 19.5%，2008 年财政赤字 1110.13 亿元。专家认为相比西方国家赤字率，我国依然较低。

稳健与积极的财政政策是什么——财政政策

1993 年到 1997 年间，为应对经济过热和通货膨胀，实施了适度从紧的财政政策，并与适度从紧的货币政策相配合，促使国民经济成功地实现了“软着陆”，形成“高增长、低通胀”的良好局面。

1998 年，由于受到亚洲金融危机的影响，我国国内出现了有效需求不足和通货紧缩趋势明显的问题。在这种情况下，我国政府果断决定实施积极的财政政策，不仅有效抵御了亚洲金融危机的冲击，而且推动了经济结构调整和持续快速增长。

2004 年以来，我国经济开始走出通货紧缩的阴影，呈现出加速发展的态势。但也出现了部分行业和地区投资增长过快等问题，通胀压力不断加大。在这种情况下，从 2005 年起将积极的财政政策转向稳健的财政政策。

2008 年金融危机以前，我国宏观调控的重要任务是促进经济平稳较快发展，防止经济增长由偏快转向过热，防止物价由结构性增长转变为明显的通货膨胀。同时，着力优化经济结构和提高经济增长质量。因此，我们的财政政策采取“有保有压”，实行稳健的财政政策，控制财政支出从而促进经济协调健康发展。

金融危机发生后，为了应对国际金融危机，保持经济平稳较快发展，从 2008 年 11 月起对财政政策做出重大调整，实行积极的财政政策。这是 1998 亚洲经济危机后再次转向实施积极的财政政策。

财政政策是指国家根据一定时期政治、经济、社会发展的任务而规定的财政工作的指导原则，通过财政支出与税收政策来调节总需求。增加政府支出，可以刺激总需求，从而增加国民收入，反之则压抑总需求，减少国民收入。它由国家制定，代表统治阶级的意志和利益，具有鲜明的阶级性，并受一定的社会生产力发展水平和相应的经济关系制约。

财政政策是随着社会生产方式的变革而不断发展的。在奴隶社会和封建社会，由于受自给自足的自然经济制约，国家不可能大规模组织社会经济生活。奴隶主和地主阶级的财政政策主要为巩固其统治地位的政治职能服务。在资本积累阶段和资本主义形成时期，统治者一般都推行掠夺性财政政策，以加速资本积累的过程。

早期的资本主义国家，一般都实行简政轻税、预算平衡的财政政策，以利于自由资本主义的发展。国家垄断资本主义时期，生产社会化与资本主义私有制的矛盾日益激化，政府的经济职能逐渐增强，财政政策不仅为实现国家政治职能服务，而且成为政府干预和调节社会经济生活的重要工具。特别是20世纪30年代凯恩斯主义产生，财政政策成为调节经济、挽救经济危机的重要手段：常常在经济萧条时期实行扩张性财政政策，以刺激社会总需求，加快经济复苏；在经济高涨时期，则实行紧缩性财政政策，以减少社会总需求，延缓经济危机的来临。

社会主义国家由于建立了以生产资料公有制为主体的经济制度，国家集中了全体人民的意志，代表着人民的根本利益，能自觉地根据客观经济规律的要求制定财政政策。一方面促进人民民主政权的巩固，另一方面组织和协调社会经济生活，为巩固社会主义生产方式，满足人民日益提高的物质文化生活需要服务。

目前，我国政府提出和实施的积极财政政策，是有其特定的经济社会背景和政策含义的。

（1）积极的财政政策是就政策作用大小的比较意义而言的。改革开放以来，由于多种原因，我国财政收入占GDP的比重，以及中央财政收入占全部财政收入的比重不断下降，出现了国家财政的宏观调控能力趋于弱化，“吃饭财政”难以为继的窘境。面对中国经济成功实现“软着陆”之后出现的需求不足、投资和经济增长乏力的新形势及新问题，特别是面对亚洲金融危机的冲击和影响，必须使我国财政政策尽快从调控功能弱化的困境中走出来，对经济增长发挥更加直接、更为积极的促进和拉动作用。这就是“更加积极”或积极的财政政策的主要含义。

（2）积极的财政政策是就我国结构调整和社会稳定的迫切需要而言的。随着改革开放的深入，市场化程度的不断提高，我国社会经济生活中的结构性矛盾也日渐突出，成了新形势下扩大内需、开拓市场、促进经济持续快速健康发展的严重障碍。而作为结构调整最重要手段的财政政策，显然应在我国的结构优化和结构调整中，发挥比以往更加积极的作用。此外，由于社会收入分配差距扩大，国有企业改革中下岗、失业人数增加，城市贫困问题的日渐显现等原因，作为社会再分配唯一手段的财政政策，也必须在促进社会公平、保证社会稳定方面发挥至为关键的调节功能。这是市场机制和其他政策手段所无法替代的。形势的变化，紧迫的客观需要，使中国的财政政策不能不走上前台，充分发挥其应有的积极作用。

（3）积极的财政政策不是一种政策类型，而是一种政策措施选择。中外的经济理论表明，现代市场经济条件下的财政政策，大体可分为扩张性财政政策、紧缩性财政政策和中性财政政策三种类型。如20世纪30年代美国的“罗斯福新政”，及其与之配套、至少实行了10年之久的扩张性财政政策；日本自20世纪60年代以来所奉行的扩张性财政政策等，都具有这种政策特征和政策取向。而我国当前实施的积极的财政政策，只是在适度从紧财政政策大方向下，根据变化了的新情况、新问题和始料不及的某些外部因素而采取的一种应对性财政政策举措，并不是一种政策类型。

我国财政政策的基本手段有：

①国家预算。主要通过预算收支规模及平衡状态的确定、收支结构的安排和调整来实现财政政策目标。

②税收。主要通过税种、税率来确定和保证国家财政收入，调节社会经济的分配关系，以满足国家履行政治经济职能的财力需要，促进经济稳定协调发展和社会的公平分配。

③财政投资。通过国家预算拨款和引导预算外资金的流向、流量，以实现巩固和壮大社会主义经济基础，调节产业结构的目的。

④财政补贴。它是国家根据经济发展规律的客观要求和一定时期的政策需要，通过财政转移的形式直接或间接地对农民、企业、职工和城镇居民实行财政补助，以达到经济稳定协调发展和社会安定的目的。

⑤财政信用。它是国家按照有偿原则，筹集和使用财政资金的一种再分配手段，包括在国内发行公债和专项债券，在国外发行政府债券，向外国政府或国际金融组织借款，以及对预算内资金实行周转有偿使用等形式。

⑥财政立法和执法。它是国家通过立法形式对财政政策予以法律认定，并对各种违反财政法规的行为（如违反税法的偷税抗税行为等），诉诸司法机关，按照法律条文的规定予以审理和制裁，以保证财政政策目标的实现。

⑦财政监察。它是实现财政政策目标的重要行政手段。即国家通过财政部门对国有企业事业单位、国家机关团体及其工作人员执行财政政策和财政纪律的情况进行检查和监督。

此外，由于财政政策是国家整个经济政策的组成部分，同其他经济政策有着密切的联系。所以，财政政策的制定和执行，要有金融政策、产业政策、收入分配政策等其他经济政策的协调配合。所谓财政政策和货币政策的配合，是指政府将财政政策和货币政策按某种形式搭配组合起来，以调节总需求，最终实现宏观经济的内外平衡。譬如目前我国实行的就是积极的财政政策和适度宽松的货币政策。

从1999年开始，欧元演绎了一段成功的故事。在物价稳定、刺激贸易和投资、金融市场整合以及欧元国际化等预期方面，欧元漂亮地完成了它的使命，甚至超额完成任务。

“在呼吁所有国家都需要转变财政政策和货币政策方面，我们领导了世界。”但英国首相布朗在唐宁街举行的月度新闻发布会上说出这番话的时候，一定没有想到不久后就会发生这样的事——2008年12月中旬，在伦敦的找换店中，英镑兑欧元的汇率牌价已低至1.0532欧元，扣除手续费及佣金后，实际汇率低至0.918欧元。

“我留给儿子的只有我的名字！”这是拿破仑的名言，他留给后世的却是“欧罗巴合众国”的构想。这一梦想在1815年6月的滑铁卢战役中彻底破灭。“二战”后，曾经试图以武力一统欧洲的德国和法国，开始探索通过经济联合走向政治联合的途径。从欧洲煤钢联营、欧洲经济共同体到欧洲联盟，欧洲一直在这条道路上前进。欧元的推出，才真正实现了这一个伟大的梦想。

在向梦想前行的道路上，伴随的是欧盟国家之间在财政政策上的共同努力。

欧盟早在推出欧元之前，于1991年12月通过了《欧洲经济和货币联盟条约》(又称《马约》)，要求加入欧元区的国家政府财政赤字不能超过GDP的3%，政府债务余额不能超过GDP的60%。2003年时任德国财政部副部长的麦考·威瑟到中国访问时曾表示:“这两个数字不是变魔术变出来的，也不能说有什么科学的演算方法，这两个数字是长期讨论的结果。”经过与有关国家的讨论和磋商，欧盟最后才决定采用3%和60%这两个财政趋同标准。

为什么欧盟国家要采用一定的财政政策以支持欧元？因为财政政策可以调节货币总需求。金融学中关于财政政策的明确含义是指国家根据一定时期政治、经济、社会发展的任务而规定的财政工作的指导原则，如增加政府支出，可以刺激总需求，从而增加国民收入；反之则压抑总需求，从而减少国民收入。税收对国民收入是一种收缩性力量，因此，增加政府税收，可以抑制总需求从而减少国民收入；反之，则刺激总需求增加国民收入。

为什么不愿摘去“贫困县”的帽子——财政补贴

2009年2月5日，财政部公布了由该部和科技部出台的《节能与新能源汽车示范推广财政补助资金管理暂行办法》。

办法决定，在北京、上海、重庆、长春、大连、杭州、济南、武汉、深圳、合肥、长沙、昆明、南昌等13个城市开展节能与新能源汽车示范推广试点工作，以财政政策鼓励在公交、出租、公务、环卫和邮政等公共服务领域率先推广使用节能与新能源汽车，对推广使用单位购买节能与新能源汽车给予补助。

其中，中央财政重点对购置节能与新能源汽车给予补助，地方财政重点对相关配套设施建设及维护保养给予补助。

为保证试点工作的顺利进行，各试点省（市）财政部门要抓紧制定节能与新能源汽车示范推广实施方案报财政部、科技部。同时，试点城市要跟踪节能与新能源汽车示范运行情况，定期将实际节能效果、财政补助资金安排使用情况以及试点工作中发现的问题函告财政部、科技部。

办法还规定，示范推广的节能与新能源汽车，必须符合混合动力乘用车和轻型商务车与同类传统车型相比节油率须达到5%以上，混合动力客车节油率须达到10%以上；生产企业对动力蓄电池等关键零部件必须提供不低于3年或15万公里（以先到者为准）的质保期限等要求。

2009年，国家为了拉动经济增长，增加消费，对汽车、彩电、摩托车等多个产品实行了财政补贴政策。

财政补贴是一种转移性支出。从政府角度看，支付是无偿的；从领取补贴者角度看，意味着实际收入的增加，经济状况较之前有所改善。正因为财政补贴的这种特性，比如“国家级贫困县”就能每年分配到一些财政补贴，即使已经不再贫困，依然不愿摘取“贫困县”的帽子，原因就在于此。

财政补贴总与相对价格的变动联系在一起，它具有改变资源配置结构、供给结构、需求结构的影响。

我们可以把财政补贴定义为一种影响相对价格结构，从而可以改变资源配置结构、供给结构和需求结构的政府无偿支出。

国家为了实现特定的政治经济目标，由财政安排专项基金向国有企业或劳动者个人提供的一种资助。中国现行的财政补贴主要包括价格补贴、企业亏损补贴等。补贴的对象是国有企业和居民等。补贴的范围涉工业、农业、商业、交通运输业、建筑业、外贸等国民经济各部门和生产、流通、消费各环节及居民生活各方面。

从补贴的主体划分，财政补贴分为中央财政补贴和地方财政补贴。中央财政补贴列入中央财政预算。中央财政负责对中央所属国有企业由于政策原因发生的亏损予以补贴，同时对一部分主要农副产品和工业品的销售价格低于购价或成本价的部分予以补贴。地方财政补贴列入地方财政预算。地方财政负责对地方所属的国有企业由于政策原因而发生的亏损予以补贴，也对一部分农副产品销售价格低于购价的部分予以补贴。

财政补贴是在特定的条件下，为了发展社会主义经济和保障劳动者的福利而采取的一项财政措施。它具有双重作用：一方面，财政补贴是国家调节国民经济和社会生活的重要杠杆。运用财政补贴特别是价格补贴，能够保持市场销售价格的基本稳定；保证城乡居民的基本生活水平；有利于合理分配国民收入；有利于合理利用和开发资源。另一方面，补贴范围过广，项目过多也会扭曲比价关系，削弱价格作为经济杠杆的作用，妨碍正确核算成本和效益，掩盖企业的经营性亏损，不利于促使企业改善经营管理；如果补贴数额过大，超越国家财力所能，就会成为国家财政的沉重负担，影响经济建设规模，阻滞经济发展速度。

2009 年第四季度，共有 46 家上市公司公告了收到各种形式的政府财政补贴情况，所涉及款项总额为 16.73 亿元，无论公告家数还是款项总额，均远高于 2008 年同期。2008 年同期，公告收到政府各类财政补贴的上市公司仅为 25 家，金额共计 2.92 亿元。

不少上市公司的高新技术项目都收到了财政补贴，彰显地方政府对高新技术项目开发的支持力度。其中多家公司补贴额超千万：长征电气获技改补贴金 1000 万元；中科英华的“年产 1 万吨高档电解铜箔项目”建设获 3000 万元专项资金；巨轮股份获得国家产业振兴和技术改造专项资金补贴 2100 万元；拓日新能更是获得国家太阳能光电建筑应用示范项目补贴共计 4562 万元。

2009 年末政府财政补贴大增与 2008 年下半年的金融危机有直接关系。2008 年下半年的金融危机对上市公司业绩冲击严重，不少公司很可能面临连续两年亏损的状况。政府部门在 2009 年末对一些公司给予财政补贴，可以起到减少损失、提高利润的作用。

发行国债对经济有什么影响——国债政策

财政部发布公告，决定于2009年12月21日发行2009年记账式贴现（二十六期）国债，实际发行面值150亿元，期限182天，经招标确定的发行价格为99.355元，折合年收益率为1.32%。本期国债将成为2009年的最后一期国债。

根据财政部公告，本期国债通过全国银行间债券市场和证券交易所面向社会各类投资者发行。2009年12月21日开始发行并计息，12月23日发行结束。12月25日起在各交易场所上市交易，交易方式为现券买卖和回购。本期国债上市后，可以在各交易场所间相互转托管。

据不完全统计，2009年国债发行规模为2008年的两倍左右，即在1.4万亿和1.6万亿元之间。“弹性空间”是2000亿元的代发地方政府债券。2008年，实际发行国债为8558亿元。

2009年发行的记账式国债共25只，其中1年期和3年期国债各4期；5年期国债5期；7年期和10年期国债各6期。从期限来看，中长期国债数量明显高于短期国债数量；发行时间相对集中，主要在二三季度，其中5～7月是一个高潮，每月均有3期发行。本期国债发行之后，2009年全年国债发行完毕。

众所周知，国债最初属于政府筹集财政资金以弥补财政赤字的一种手段。其实，国债不仅仅是一种政府的筹资手段那么简单，它亦是一国调节经济的重要工具。因此政府发行国债目的有如下三个：一是弥补财政资金的不足。二是直接调节经济。三是两者兼而有之。

政府发行国债主要有两种方式：一种是向中央银行发行，一种是向社会公众发行。虽然都为国家财政集资的手段，但由于发行方式不同，其产生的经济效应也会有所不同。如果是向中央银行发债，银行会直接增加货币的供给量，政府通过对新增加货币的运用，最终必然导致整个市场上货币量的增加。因此，政府通过向央行发债具有货币创造效应。在充分就业的条件下，这会导致通货膨胀的发生。从另一种角度讲，这其实是国家对居民的强制储蓄或者说国家凭借其权利对居民所征收的铸币税。第二种方式则不同，由于国债发行对象是社会公众，在财政资金增加的同时，使得企业或民众手中货币量减少，即财富从居民手中转移到政府手中。只是产生一种财富的转移效应，并没有直接增加市场上的货币量。因此从对经济的影响程度上讲，第二种方式更趋于中性。

国债的作用显然可以从政府发行国债的目的上找到答案。具体可以从货币政策和财政政策角度来看，首先把它看作货币政策，它主要是用来调节货币市场上的供需均衡。当货币市场上货币供大于求时卖出国债或新发行国债；反之，则买入国债，从而实现货币市场的均衡。然后，从财政政策的角度来看，发行国债使得资金使用权从市场微观主体转移到政府。从而政府可以将这部分资金有效地用在刀刃上，如一些国家重点项目、因经济结构性失衡而被扭曲的一些产业上、突发性事件、社会公共事业等，从而降低市场行为的盲目性。我们不难看出，前者是出于政府直接调节经济的目的；后者则是出于弥补财政资金的不足。

在全球金融危机不断深化，并逐渐向实体经济蔓延，全球需求萎缩，而国内依旧产能过剩的严峻形势下，尽快启动内需成了时下燃眉之急。虽说如此，在启动内需的路径选择上却是大有文章可做。目前国际上主流的做法是由政府集资，然后由政府支配这部分资金。我国也仿效了这种做法。另一方面，由于我国跟欧美等西方国家在这次危机中所扮演的角色的是不一样的，危机的传导跟作用机制也都是有差别的，所以政府对资金的运用也应有所不同。欧美等西方国家主要是将资金用于信用注资，以最大限度地减少金融危机对实体经济的传导。

第三节　货币政策

最后的放贷者——中央银行

假设一个岛上有1000口人，与世隔绝，人与人之间靠交换物品过活，但有时候你手里用来交换的东西不一定就是对方想要的，怎么办？人们就用都喜欢的金银作为交换的东西，于是交换方便了。但金银要磨损，携带也不方便，当交换活动频繁时，发现这个东西太烦琐，限制了交换活动。于是为了解决这个问题，想了一个办法，就是由岛上的管理者发行一种符号，用它来代替金银，于是钞票出现了。

刚开始这种钞票可以随时地兑换金银。大家都很放心，因为钞票就是金银。可是岛上金银的产量太小，当人们的交换活动更加频繁时，钞票不够用了，只能暂停交换。暂停交换的后果就是大家不生产别人想要的东西了，因为虽然别人用，但交换不出去，套用现在的话说就是经济发展减速了。于是大家想了一个办法，成立一家钱庄，这个钱庄是大家的，由钱庄来发行钞票，印出的钞票借给想用钱的人，然后这个人有钱了再还给钱庄。于是银行就出现了。

银行的出现，能保证交换活动更持续地进行。大家都拼命地生产，岛上的东西越来越多，银行根据产品的生产数量，不停地印制钞票，以保证交换能更深入地进行。后来人们的交换活动更频繁了，一家钱庄太少了，于是出现了很多钱庄。总要有个管钱庄的吧，于是指定一家钱庄管理其他钱庄，并且钞票只能由这家钱庄印刷，然后通过其他钱庄借给用钱的人，中央银行也就这么出现了。

中央银行产生于17世纪后半期，形成于19世纪初。它产生的经济背景如下：

（1）商品经济的迅速发展。18世纪初，西方国家开始了工业革命，社会生产力的快速发展和商品经济的迅速扩大，促使货币经营业越来越普遍，而且日益有利可图，由此产生了对货币财富进行控制的欲望。

（2）资本主义经济危机的频繁出现。资本主义经济自身的固有矛盾必然导致连续不断的经济危机。面对当时状况，资产阶级政府开始从货币制度上寻找原因，企图通过发行银行券来控制、避免和挽救频繁的经济危机。

（3）银行信用的普遍化和集中化。资本主义产业革命促使生产力空前提高，生产力的提高又促使资本主义银行信用业蓬勃发展。主要表现在银行经营机构不断增加，银行业逐步走向联合、集中和垄断。

中央银行是一国最高的货币金融管理机构，在各国金融体系中居于主导地位。中央银行的职能是宏观调控、保障金融安全与稳定、金融服务。

中央银行是“发币的银行”，对调节货币供应量、稳定币值有重要作用。中央银行是“银行的银行”，它集中保管银行的准备金，并对它们发放贷款，充当“最后贷款者”。

中央银行是“国家的银行”，它是国家货币政策的制订者和执行者，也是政府干预经济的工具；为国家提供金融服务，代理国库，代理发行政府债券，为政府筹集资金；代表政府参加国际金融组织和各种国际金融活动。

中央银行所从事的业务与其他金融机构所从事的业务的根本区别在于，中央银行所从事的业务不是为了营利，而是为实现国家宏观经济目标服务，这是由中央银行所处的地位和性质决定的。

中央银行的主要业务有：货币发行、集中存款准备金、贷款、再贴现、证券、黄金占款和外汇占款、为商业银行和其他金融机构办理资金的划拨清算和资金转移的业务等。

当发生银行危机时，银行之间也会互相寻求贷款以应付挤兑风潮。但是，银行的准备金都是有限的，当山穷水尽之时，谁才是最后的贷款人呢？

2008年10月，随着西方各国纷纷陷入金融危机，法国总统萨科奇呼吁中印等国参加一次有关重建世界金融体系的“紧急全球峰会”，以共同应对目前全球金融危机，世界银行行长佐利克随后也提出相似建议。在欧美金融危机愈演愈烈的情况下，越来越多的西方政治家将中国视为全球金融稳定的关键力量。因为中国金融健康并持有巨额外汇储备，成为这场危机“国际最后贷款人”的最佳人选，也被赋予决定未来金融秩序的能力。

美国国会公布的7000亿美元救市计划根本无法增强市场信心，在解决流动性方面作用有限，从而无法制止实体经济的衰退。这意味着未来信用违约会越发严重，将进一步打击规模空前的衍生品市场，直至美国金融系统崩溃，陷入债务危机。因此，在危机进程中做“国际最后贷款人”形同“危机最后陪葬人”，必祸及自身。

中国深刻地认识到了这一点。因此温家宝总理发言说：“中国经济增长态势不出现大的起落，就是对世界经济的最大贡献”，中国央行也重复了这一观点。受西方金融危机的影响，作为拉动中国经济增长的主要力量，出口已出现明显回落，实体经济或较快下滑，这会引起中国资产价格的波动，尤其是与金融密切相关的房地产业，潜在着较大的金融风险。因此，维持经济增长与稳定资产价格成为当前最重要的任务。中国并无意扮演“最后贷款人”的角色。

通常，在某一国国内发生银行危机时，中央银行，可以为其他商业银行提供再贷款以满足商业银行短期的资金需要，防范银行系统内的危机，看上去，就像是商业银行背后的贷款人。因而，“最后贷款人”这一概念原是人们习惯上对中央银行的这一行为的描述。

“最后贷款人”被认为是危机时刻中央银行应尽的融通责任，它应满足对高能货币的需求，以防止由恐慌引起的货币存量的收缩。当一些商业银行有清偿能力但暂时流动性不足时，中央银行可以通过贴现窗口或公开市场购买两种方式向这些银行发放紧急贷款，条件是他们有良好的抵押品并缴纳惩罚性利率。最后贷款人若宣布将对流动性暂不足商业银行进行融通，就可以在一定程度缓和公众对现金短缺的恐惧，这足以制止恐慌而不必采取行动。

“最后贷款人”这一理念最先是由沃尔特·白芝浩提倡的。

沃尔特·白芝浩1826年出身于一个银行世家，母亲来自从事银行业的斯塔基家族，父亲是斯塔基银行总部的经理人。1848年，22岁的白芝浩毕业于伦敦大学，获硕士学位。此后他又专修了三年的法律，获得律师资格，但是并没有执律师业，而进入了他父亲的银行。1858年他与曾任英国财政大臣且是后来闻名世界的《经济学家》杂志创办人的詹姆斯·威尔逊（James Wilson）的长女结婚。两年后，威尔逊去世，他接管了《经济学家》杂志社，担任第三任主编直到1877年辞世。

沃尔特·白芝浩虽并不是拥有经济学学位的经济学家，但他博学多才，个人禀赋加上诸多方面的家族知识渊源，使得白芝浩成了真正让《经济学家》杂志家喻户晓的关键先生。他在诸多领域都有建树，他是影响至今的法学家、金融学家。

在1873年出版的《伦巴德街》一书中，白芝浩详细阐述了他关于央行“最终贷款人”的观点：在有良好的抵押物的基础上，英格兰银行应该随时准备以高利率向商业银行提供无限量的贷款。实际上，早在1866年9月白芝浩就在报纸上公开这一观点。这一论点最终对中央银行职能的演进产生了重大影响。但是当时，英格兰银行一位董事将其言论称为“是本世纪以来货币和银行领域中所冒出的最恶劣的教条”。

这是因为，如材料中所说，“最后贷款人”的角色并不好把握。

中央银行不应降低成本甚至无成本地向商业银行降息。2008年金融危机爆发后，世界主要央行致力于向银行体系注入流动性，实际上是不计成本地向商业银行提供定量贷款，这样的最后贷款人角色并不符合白芝浩的原意。中央银行在金融市场出现动荡时袖手旁观需要承担巨大的外部压力，也要抵制力挽狂澜的内在诱惑。中央银行的任务是防止经济增长由不景气转变成经济衰退，最后贷款人角色并不是要求央行充当“老好人”，谁没有钱了，就要把钱送去。白芝浩曾经强调高利率和抵押物就是附加一种惩罚性融资条件，同时借此分辨出银行资产的好坏，而不能够满足贷款条件的，央行有理由将其拒之门外。因此，扮演“最后贷款人”的角色，还需要谨慎把握好力度，否则对提升经济状况并不能起到有力的作用。

认识宏观经济中的货币——M0、M1、M2

按照货币形态流动性的高低，将其划分为不同的货币层次，随着流动性的降低，货币层次呈递增的趋势，就出现了M0、M1、M2、M3、M4……等边界不同的货币层次。关于货币量层次划分，各国划分不同，就是同一国家在不同时期其划分方法也不一样。在我国关于货币量层次的划分也不一样。

1. 美国现行货币量层次

M1= 现金① + 活期存款② + 其他支票存款③ + 旅行支票

M2=M1+ 由商业银行发行隔夜回购协议（RP）+ 隔夜欧洲美元存款 + 货币市场互助基金股份（MMMF）+ 在所有存款机构的储蓄和货币市场存款账户（MMDA）④ + 在所有机构的小额定期存款⑤

M3=M2+ 所有存款机构的大额定期存款⑥ + 定期回购协议和定期欧洲美元 + 货币市场互助基金股份（机构）

M4=M3+ 短期财政部证券 + 商业票据 + 储蓄债券 + 银行承兑票据

2. 日本现行货币层次

M1= 现金 + 活期存款（现金指银行券发行额和辅币之和减去金融机构库存现金后的余额；活期存款包括企业支票活期存款、活期储蓄存款、通知即付存款、特别存款和纳税准备金存款）

M2+CD=M1+ 准货币 + 可转让存单（准货币指活期存款以外的一切公私存款；CD 是指可转让大额定期存单）

M3+CD=M2+CD+ 邮政、农协、渔协、信用合作和劳动金库的存款以及货币信托和贷方信托存款。此外还有广义流动性等于“M3+CD”加回购协议债券、金融债券、国家债券、投资信托和外国债券

3. 我国现行的货币层次

目前，中央银行对货币层次的划分具有权威性，其划分方法是：

M0= 流通中现金

M1=M0+ 单位活期存款 + 个人持有的信用卡存款

M2=M1+ 居民储蓄存款 + 单位定期存款 + 其他存款

M3=M2+ 金融债券 + 大额可转让定期存单

在萨缪尔森的《宏观经济学》一书中，他是这样区分的：

M1= 现钞 + 支票

M2=M1+ 储蓄存款。而在英国的银行体系中还有 M0、M3 等项目。

根据我们国家统计局的公开资料，我国是以 M0、M1、M2 为框架体系。其中货币总量：M0、M1、M2。

M0= 流通中现金

M1=M0+ 非金融性公司的活期存款

M2=M1+ 非金融性公司的定期存款 + 储蓄存款 + 其他存款。

货币总量以 M1 出现，则消费和终端市场活跃；以 M2 出现，则投资和中间市场活跃。美联储和各商业银行可以据此判定应如何判定货币政策。M2 过高而 M1 过低，表明投资过热、需求不旺，有危机风险；M1 过高 M2 过低，表明需求强劲、投资不足，有涨价风险，货币总量则基本保持稳定。

M1 和 M2 的背离反映了什么？

由于活期存款主要指企业存款，而同时企业定期存款，增幅较往年并无明显增加，基本可以否定企业定期存款对活期存款的替代使得 M1 与 M2 产生背离的可能性。M1 和 M2 的背离说明，居民的货币资产存量增速大于企业的货币资产存量的增速。

消费增速下降与居民储蓄增速加快并存。居民的收入，一方面用于消费，另一方面用于储蓄，而储蓄的方式，可以选择货币资产（主要体现形式为定期储蓄），也可以选择金融资产，如股票或者债券等有价证券的形式存在。

从居民收入及分配去向看，居民储蓄（特别是定期储蓄）的增加可能来自三个方面：收入增加、消费减少、其他金融资产的减少。由于缺乏收入和其他金融资产的数据，我们很难确定，居民储蓄的增加主要来自哪个方面。

但是，有这样一个事实值得注意。2004 年 10 月 29 日，央行加息后，居民储蓄存款持续上升。而且，定期储蓄涨幅更大，与此相对应，社会消费增长幅度 2005 年有所下降（我们这里的分析都是以货币来度量，不需要考虑物价因素）。

从时间上看，居民定期储蓄增幅加快，主要原因在于存款利率的提高（当然还有物价的走低）。与此相对应的是 2005 年消费增速开始下降。也就是说，在当前 CPI 涨幅较低的情况下，当前银行存款利率水平已使得居民选择更多的储蓄，这对解决我国内需不足问题是不利的，消费的增长不甚乐观。

格林斯潘打“喷嚏”引起全球“伤风”——货币政策

来看一则新闻：

美国联邦储备委员会主席格林斯潘的两个“喷嚏”竟引起中国期货市场震荡，成批富豪破产。

4月20日，格林斯潘在国会作证时声称美元已走出通货紧缩。他“金口”一开，全球股市、期市立马“跌”声一片。由于市场预期美元很有可能会在短期内加息，因此直接导致国内铜铝胶等期货品种21日至22日两天连续跌停。4月23日铜、铝等品种继续大跌。金属期货头一年多来的收益三天内损失殆尽，许多百万富翁一夜破产。香港恒生指数也在三天内跌去223点。

22日，格林斯潘又声称：“美联储不急于加息。”美股、港股随即大反弹。短短三四天内，全球股市“玩”了一次大蹦极。

格林斯潘是谁？他是美联储的前任“掌门人”。1987年由美国总统里根任命的艾伦·格林斯潘执掌美联储，一直到2005年本·伯南克接替格林斯潘，出任下任美联储主席。格林斯潘为白宫工作18年，历经里根、布什、克林顿、小布什四位总统任期，成为美国史上任期时间最长的联储局主席。

对中央银行的掌门人，美国金融界评论：“格林斯潘一开口，全球投资人都要竖起耳朵”“格林斯潘打个喷嚏，全球投资人都要伤风”。“笨蛋！谁当总统都无所谓，只要让艾伦当美联储主席就成。”——这是1996年美国大选前夕《财富》杂志放在封面的一句口号。

美国联邦储备系统（Federal Reserve System，简称Fed）负责履行美国的中央银行的职责，这个系统是根据《联邦储备法》（*Federal Reserve Act*）于1913年成立的，主要由联邦储备委员会、联邦储备银行及联邦公开市场委员会等组成。从成立起至今，美联储局一直控制着美国的通货与信贷，起着“最后的借款人”的作用，并运用公开市场业务、银行借款贴现率和金融机构法定准备金比率三大杠杆调节经济，旨在为美国“提供一个更安全、更稳定、适应能力更强的货币金融体系”。

格林斯潘之所以“打个喷嚏，全球投资人都要伤风”，在于他是美国中央银行的掌门人，手握重要法宝——货币政策。

早在1993年7月，美联储主席艾伦·格林斯潘（Alan Greenspan）就曾突然宣布，今后以实际利率作为对经济进行宏观调控的主要手段。这是由于美国社会投资方式发生了很大变化，大量流动资金很难被包括在货币供应量之内，使货币供应量与经济增长之间的必然联系被打破，因此以“中性”的货币政策促使利率水平保持中性。对经济既不起刺激也不起抑制作用，从而使经济以其自身的潜在增长率在低通胀预期下增长。

实际上，美联储作为中央银行——一国最高的货币金融管理机构，在金融体系中居于主导地位。货币政策是中央银行的法宝，指的是中央银行为实现既定的经济目标运用各种工具调节货币供给和利率，进而影响宏观经济的方针和措施的总合。通过中央银行调节货币供应量，影响利息率及经济中的信贷供应程度来间接影响总需求，以达到总需求与总供给趋于理想的均衡的一系列措施。货币政策分为扩张性的和紧缩性的两种。

扩张性的货币政策是通过提高货币供应增长速度来刺激总需求，在这种政策下，取得信贷更为容易，利息率会降低。因此，当总需求与经济的生产能力相比很低时，使用扩张性的货币政策最合适。因此，我们可以看到，当2008年美国金融危机影响我国经济发展时，我国的货币政策是适度宽松的，利息较低，全社会贷款总额持续上涨。

紧缩性的货币政策是通过削减货币供应的增长率来降低总需求水平，在这种政策下，取得信贷较为困难，利息率也随之提高。因此，在通货膨胀较严重时，采用紧缩性的货币政策较合适。

货币政策的最终目标一般有四个：稳定物价、充分就业、促进经济增长和平衡国际收支等。货币政策调节的对象是货币供应量，即全社会总的购买力，具体表现形式为：流通中的现金和个人、企事业单位在银行的存款。流通中的现金与消费物价水平变动密切相关，是最活跃的货币，一直是中央银行关注和调节的重要目标。

运用货币政策所采取的主要措施包括以下几个方面：

（1）公开市场业务。这是中央银行吞吐基础货币，调节市场流动性的主要货币政策工具，通过中央银行与指定交易商进行有价证券和外汇交易，实现货币政策调控目标。

（2）存款准备金政策。存款准备金是指金融机构为保证客户提取存款和资金清算需要而准备的资金，金融机构按规定向中央银行缴纳的存款准备金占其存款总额的比例就是存款准备金率。存款准备金制度是在中央银行体制下建立起来的。中央银行通过调整存款准备金率，影响金融机构的信贷资金供应能力，从而间接调控货币供应量。

（3）中央银行贷款。指中央银行对金融机构发放的贷款，是中央银行调控基础货币的重要渠道和进行金融调控的传统政策工具。一般来讲，中央银行贷款增加，是“银根”将有所放松的信号之一；反之，是“银根”将可能紧缩的信号之一。

（4）利率政策。中国人民银行根据货币政策实施的需要，适时地运用利率工具，对利率水平和利率结构进行调整，进而影响社会资金供求状况，实现货币政策的既定目标。

因此，我们可以看出，国家的货币政策犹如一只“大手”，不断地矫正国家经济发展的方向，对经济产生重大的影响。当我们对国家的货币政策有个清晰而深入的了解，对于我们判断国家宏观调控的方向有着重要意义。

印钞机对经济的巨大作用——货币发行

最早到美洲大陆谋生的人大多是非常穷困的贫民，没有什么财产。当时的北美还没有发现大型的金矿和银矿，所以在市场上流通的货币极为短缺。加之与母国英国的严重贸易逆差使得大量金银货币流向英国，更加剧了流通货币的稀缺。

为了应对这个难题，人们不得不使用各种替代货币进行商品交易。诸如动物的皮毛、贝壳、烟草、大米、小麦、玉米等接受程度较高的物品被各地用来当钱使。

长期的金属货币奇缺和替代实物货币应用的不便，促使当地政府跳出传统思维，开始了一种崭新的尝试，那就是由政府印刷和发行纸币来作为统一和标准的法币。这种纸币和欧洲流行的银行券最大的区别就是，它没有任何金银实物做抵押，是一种完全的政府信用货币。社会上的所有人都需要向政府交税，而只要政府接受这种纸币作为缴税的凭证，它便具备了在市场上流通的基本要素。

新的货币果然大大地促进了社会经济的迅速发展，商品贸易日趋繁荣。但是，一种没有抵押的货币是银行家的天敌，因为没有政府债务做抵押，政府就不需要向银行借当时最为稀缺的金属货币，银行家手上最大的砝码一下子就失去了威力。这种新的纸货币必然会导致美洲殖民地脱离英格兰银行的控制。愤怒的英国银行家们立刻行动起来，在他们控制之下的英国议会于 1764 年通过《货币法案》（Currency Act），严厉禁止美洲殖民地各州印发自己的纸币，并强迫当地政府必须使用黄金和白银来支付向英国政府缴纳的全部税收。

富兰克林痛苦地描述这个法案给殖民地各州带来的严重经济后果：“只一年的时间，（殖民地的）情况就完全逆转了，繁荣时代结束了，经济严重衰退到大街小巷都站满了失业的人群。”

美国第三届总统的托马斯·杰斐逊有一句警世名言：“如果美国人民最终让私有银行控制了国家的货币发行，那么这些银行将先是通过通货膨胀，然后是通货紧缩，来剥夺人民的财产，直到有一天早晨当他们的孩子们一觉醒过来时，他们已经失去了自己的家园和父辈曾经开拓过的土地。”

200多年后再来聆听1791年杰斐逊的这一段话时，我们不禁惊叹他的预见惊人的准确。今天，美国私有银行果然发行了国家货币流通量的97%，美国人民也果然欠着银行44万亿美元的天文数字般的债务，他们也许真的有一天一觉醒来就会失去家园和财产，就像1929年发生过的一样。

人类自古以来都选择某些确切的实物作为货币，例如黄金、白银、铜。这种方式使得货币比较稳定，财富的真正价值能够得到比较客观的体现。虽然金银铜也会因产量增加而贬值，但它也会有所消耗。因此贵金属货币贬值的速度不会太快，通货膨胀的速度也不会太快。即使后来出现了纸币，长期以来，纸币作为一种方便的工具，背后都有金银等实物支撑，例如曾经长期存在的金本位制。相对稳定的货币，使得社会能够积累真实的财富。

在美国实行金本位制的时候，每一张美元纸币，背后都有相应的黄金。美元不能乱印乱发，通货膨胀的速度较慢。自从美国取消了金本位制后，美元背后便失去了真实的支撑。那么，没有真实财富支撑的美元变成什么了？美元变成一个许诺，以及相信这种许诺的心理程度。

没有了可参照的黄金，当人们卖出自己的真实财富，收到的美元，其实就是印着数字的一张纸。从此，美国人有了一个人类历史上最方便的获得财富的方法：印钞票。只要人们相信美国能够还钱，相信美国有能力还钱，人们就还愿意把真实财富交给美国，收入绿纸。说的简单一点，绿纸就是美国政府打的欠条、白条。

于是，以金融资本主导的美国经济出现了“从纸到纸”的循环：美联储发行纸币支付巨额贸易逆差——各顺差国再以得到的美元购买美国发行的其他类型的纸：政府债券或公司股票——美元回流进入美国资本市场。正是这种“从纸到纸”的循环支撑了美国资本市场的虚假繁荣。

近年来，美方不断压迫人民币升值。但是，其实美方也知道，人民币升值根本不可能减少美国的贸易逆差，正如85年广场协议之后日元的升值没有减少美国的逆差一样。原因很简单，自美元与黄金脱钩以来，美元一直逐渐贬值，而近10年，美元货币印刷总量超过过去40年印刷总量。

2009年11月，朝鲜开始执行币值改革措施，兑换比率是100：1，也就是说1000元的旧货币现在只能兑换成10元的新货币。改革导致了一些混乱，人们纷纷前往黑市将朝鲜货币兑换成人民币和美元。

朝币不能与外国货币自由兑换。韩联社称，朝鲜的一些外汇官员将外国货币走私进朝鲜，然后将其中一部分“捐献”给朝鲜中央银行。再加之，朝鲜缺乏现代化的金融及货币体系，使朝鲜的货币供应量大增，造成最近一些资产价格上涨，如豪华公寓的价格。

但是本次货币改革遇到了40~50岁在集市做生意的中年妇女商贩的“抵抗”。也就是说，朝鲜的市场商贩大都是养活子女的40~50岁妇女，但她们因本次货币改革，其间苦苦储存的现金都变成了一堆废纸，加上做生意也变得不可能，从而对此直接表示不满。

一位朝鲜内部消息人士表示：“那些拼命做生意的朝鲜大嫂们都生气了。”再说，情况紧急的中年妇女商贩们不怕被抓走，三五成群地聚在一起谴责政府当局。该消息人士透露说：“年轻的保安前去制止却受到大妈们的强烈抵抗，她们愤怒地说‘滚蛋’‘你没有父母吗’等。”

朝币币值改革看似有利于清除黑市交易，但也对普通民众造成了伤害，老百姓辛辛苦苦一辈子积攒下来的钱瞬间就成了一堆废纸。一些经济学家认为，这实际上是政府对公众的掠夺。

凯恩斯对此曾说：“用（通货膨胀）这个办法，政府可以秘密地和难以察觉地没收人民的财富，100万人中也很难有一个人能够发现这种偷窃行为。”而这些都是建立在以不兑现纸币为基础的法定货币体制之上的。

1945年8月到1948年8月，南京国民政府法币的发行量从5000亿元激增至660万亿元，增长1320倍。1948年8月，又停止法币，发行金圆券，原有的法币，按照1：300万收兑，这就是说，300万法币只能换1元金圆券。并且声称，金圆券发行以20亿为限。事实上，从1948年8月发行金圆券以来的不到一年里，其发行额超过了原来限额的几万倍。当时曾出现了类似“天方夜谭”的一幕：印钞厂昼夜不停地赶印纸币，仍然供不应求，情急之下只好赶到美国、英国大量印刷。据报道，到1949年5月，国民党政府的货币发行额比1937年6月增加了1445亿倍，而全国物价上涨85000亿倍。有人根据国民政府的物价统计，对100元“法币”购买力做过这样一个对比计算：

1937年可买两头黄牛，

1938年可买一头黄牛，

1939年可买一头猪，

1941年可买一袋面粉，

1943年可买一只鸡，

1945年可买两个鸡蛋，

1946年可买1/6香皂，

1947年可买一粒煤球，

1948年可买0.002416两大米，

1949年可买1粒米的千万分之2.45。

那么，那些价值哪里去了呢？被掠夺走了。被谁掠夺走了呢？被以控制银行的四大家族蒋介石、陈果夫、宋子文、孔祥熙掠夺走了。这四大家族在1927年并不富有，但在此后特别是在40年代进行反革命内战过程中，他们就掠夺高达200亿美元的民脂民膏（那时的200亿美元约相当于现在的4000亿美元）。在全国解放前，四大家族的官僚资本占旧中国资本主义经济的80%，全部官僚资本约占全国工业资本的2/3，占全国工矿、交通运输业固定资产的80%。除了增加赋税、大量举债、收受贿赂等方法，利用银行滥发纸币，制造通货膨胀是一个重要的掠夺方法。正如列宁所说：“滥发纸币就是鼓励投机，让资本家靠投机而大发横财。”

银行放出多少贷款对经济的影响——银行准备金率

存款准备金为何有如此强大的威力？

大家都知道，银行（bank）起源于板凳（bench）。起初只是为顾客兑换货币，后来增加新业务，替有钱人保管金银，别人把金银存放在他的保险柜，它给人开张收据，并收取一定的保管费。天长日久，有聪明人看出其中门道，虽然每天都有人存，有人取，但他们的保险柜里，总有些金银处于闲置状态，很少有保险柜被提空的情况。于是兑换商玩起“借鸡下蛋”的把戏，别人每存一笔钱，他们只在手中保留一部分，剩下的则悉数贷出去。被兑换商保留在手里的那部分金银，就是后来的存款准备金。

金融机构为保证客户提取存款和资金清算需要而准备的在中央银行的存款，中央银行要求的存款准备金占其存款总额的比例就是存款准备金率。准备金本来是为了保证支付的，但它却带来了一个意想不到的“副产品”，就是赋予了商业银行创造货币的职能，可以影响金融机构的信贷扩张能力，从而间接调控货币供应量。现已成为中央银行货币政策的重要工具，是传统的三大货币政策工具之一。

确切地说，存款准备金就是中央银行（中国人民银行）根据法律的规定，要求各商业银行按一定的比例将吸收的存款存入在中央银行开设的准备金账户，对商业银行利用存款发放贷款的行为进行控制。商业银行缴存准备金的比例，就是准备金率。准备金，又分法定存款准备金和超额准备金。前者是按照法定存款准备金率来提取的准备金。后者是超过法定准备以外提取的准备金。

中央银行可以通过公开市场操作、调整再贴现率和存款准备金比率来控制自身的资产规模，从而直接决定基础货币的多少，进而影响货币供给。中央银行通过调整法定存款准备金率以增加或减少商业的超额准备，来扩张或收缩信用，实现货币政策所要达到的目的。

它的主要作用有以下 3 点：

（1）保证商业银行等存款货币机构资金的流动性。当部分银行出现流动性危机时，中央银行就有能力对这些银行加以救助，以提供短期信贷的方式帮助其恢复流动性。

（2）集中使用一部分信贷资金。这是中央银行作为银行的银行，这一“最终贷款人”的责任，也可以向金融机构提供再贴现。

（3）调节货币供给总量。举个例子，银行吸收了 1000 元存款，存款准备金率是 10%，那么银行同期可用于投资等的最高额度是 900 元，100 块准备金必须存在央行指定的账户上。存款准备金的作用之一是防范挤兑风险，现在被政府好好利用了一把，成了抑制投资的工具之一。

我国的存款准备金制度是在 1984 年建立起来的，至今存款准备金率经历了 26 次调整。最低的一次是 1999 年 11 月存款准备金率由 8% 下调到 6%；最高一次为 2008 年 6 月由 16.5% 上调至 17.5%。

上调存款准备金率是央行减少商业银行流动性泛滥的一个重要措施，会减少信贷的资金供应量，是紧缩信号，对投资有直接联系。当中央银行提高法定准备金率时，商业银行可提供放款及创造信用的能力就下降。因为准备金率提高，货币乘数就变小，从而降低了整个商业银行体系创造信用、扩大信用规模的能力，其结果是社会的银根偏紧，货币供应量减少，利息率提高，投资及社会支出都相应缩减。反之，亦然。

比如，如果存款准备金率为7%，就意味着金融机构每吸收100万元存款，要向央行缴存7万元的存款准备金，用于发放贷款的资金为93万元。倘若将存款准备金率提高到7.5%，那么金融机构的可贷资金将减少到92.5万元。

存款准备金制度有利于保证金融机构对客户的正常支付。随着金融制度的发展，存款准备金逐步演变为重要的货币政策工具。当中央银行降低存款准备金率时，金融机构可用于贷款的资金增加，社会的贷款总量和货币供应量也相应增加；反之，社会的贷款总量和货币供应量将相应减少。

这样通过调整存款准备金率，可以影响金融机构的信贷能力，从而间接调控货币供应量，达到控制经济增长的目标。

央行存款准备金率上调和存款利率上调之间没有必然的联系。无论是加息，还是上调存款准备金率，其用意都是为了抑制银行信贷资金过快增长。上调存款准备金率，能直接冻结商业银行资金，强化流动性管理。同时，上调存款准备金率也体现了“区别对待”的调控原则。同加息相比，上调存款准备金率是直接针对商业银行实施的货币政策工具，不似加息“一刀切”式直接影响企业财务和百姓生活。

央行决定提高存款准备金率是对货币政策的宏观调控，旨在防止货币信贷过快增长。今年以来，我国经济快速增长，但经济运行中的突出矛盾也进一步凸显，投资增长过快的势头不减。而投资增长过快的主要原因之一就是货币信贷增长过快。提高存款准备金率可以相应地减缓货币信贷增长，保持国民经济持续快速、协调健康发展。

菲律宾央行调高再贴现利率，印度央行大幅上调银行存款准备金率，马来西亚央行称过低利率不能维持太久，本周议息的几家央行传递出一个信息：亚洲经济体已经开始释放货币紧缩信号。

2010年1月29日，印度央行宣布上调存款准备金率75个基点，上调幅度大于预期，市场普遍认为印度央行加息在即。印度央行昨日发表议息声明称，维持基准利率不变，但将银行现金存款准备金率由5%上调至5.75%，这一幅度高于此前市场普遍预期的5.5%。声明称，上调银行准备金率将分两个阶段进行，从2月13日起调高50个基点，2月27日起再上调25个基点。分析人士称，这标志着印度央行又向“退出”迈进一步。

在2009年10月份的货币政策会议上，印度央行就取消了信贷危机爆发后迅速推出的若干非常规的流动性支持举措，紧接着又在去年11月份将商业银行法定流动资金比率由24%调升至25%，进一步收紧货币政策。

马来西亚央行周二连续七次决议维持基准利率在2%不变，但也首次强调，过低的利率不能维持太长时间；菲律宾央行周四发布的议息声明中表示，维持指标利率在4.0%不变，但将短期比索再贴现利率从3.5%上调到4.0%。此外，新加坡央行周四也表示，与美联储所签订的300亿美元换汇协议在2月1日将自动失效。

随着经济持续复苏，亚洲经济体纷纷表达对过剩流动性推升资产价格风险的担忧。但撇开美联储单独行动有很大风险，于是亚洲决策当局开始使用其他举措来抑制信贷增长，并收回流动性以防经济过热。

第四节　宏观调控

市场失灵下的政府作用——宏观调控

市场调节不是万能的。有些领域不能让市场来调节，有些领域不能依靠市场来调节。即使在市场调节可以广泛发挥作用的领域，市场也存在着固有的弱点和缺陷，包括自发性、盲目性、滞后性。最后，宏观调控有利于帮助人们认识市场的弱点和缺陷，保证市场经济健康有序的发展。

宏观调控就是国家运用计划、法规、政策等手段，对经济运行状态和经济关系进行干预和调整，把微观经济活动纳入国民经济宏观发展轨道，及时纠正经济运行中的偏离宏观目标的倾向，以保证国民经济的持续、快速、协调、健康发展。

经济学认为，宏观调控的手段和作用是通过制订计划（经济手段），指明经济发展的目标、任务、重点；通过制定法规（法律手段），规范经济活动参加者的行为；通过采取命令、指示、规定等行政措施（行政手段），直接、迅速地调整和管理经济活动。其最终目的是补救“看不见的手”在调节微观经济运行中的失效。如果政府的作用发挥不当，不遵循市场的规律，也会产生消极的后果。

在现代市场经济的发展中，市场是“看不见的手”，而政府的引导被称为“看得见的手”。事实上，经济学家把“宏观调控”这个词就理解为宏观经济政策。所以实际应用上，宏观调控的含义正在改变。在市场经济环境下，长期引领西方经济的自由经济主义观念对政府的宏观调控不甚赞同。20 世纪 80 年代，有经济研究部门叫宏观调节部，表明在当时的经济形势下对宏观调节还有一点敬畏，后来慢慢改称了“宏观调控”，这是因为政府对经济的控制有所加强。宏观调控由此演变为一个长期的宏观经济政策概念，在任何时候都要存在。

我国宏观经济调控的主要目标是：

（1）促进经济增长。经济增长是经济和社会发展的基础。持续快速的经济增长是实现国家长远战略目标的首要条件，也是提高人民生活水平的首要条件。因此，促进经济增长是宏观调控的最重要的目标。促进经济增长是在调节社会总供给与社会总需求的关系中实现的。因此，为了促进经济增长，政府必须调节社会总供给与社会总需求的关系，使之达到基本平衡。

（2）增加就业。就业是民生之本，是人民群众改善生活的基本前提和基本途径。就业的情况如何，关系到人民群众的切身利益，关系到改革发展稳定的大局，关系到全面建设小康社会的宏伟目标，关系到实现全体人民的共同富裕。促进充分就业是我国政府的责任。我国面临严峻的就业形势，一方面劳动供给数量庞大，另一方面劳动力需求显得有限。因此必须坚持实行促进就业的长期战略和政策，长期将增加就业的宏观调控目标落到实处，并严格控制人口和劳动力增长。就业的增加取决于经济增长速度和经济增长的就业弹性。要增加就业，首先要促进经济持续快速增长，这是增加就业的基础，同时还必须提高就业弹性。为了提高就业弹性，要积极发展劳动密集型产业、第三产业、中小企业、非公有制企业，要大力推进城镇化，加快小城镇建设。

（3）稳定物价。在市场经济中，价格的波动是价格发挥调节作用的形式，但价格的大幅度波动对经济生活是不利的。如果物价大幅上升和通货膨胀，会刺激盲目投资，重复建设，片面追求数量扩张，经济效益下降；如果物价下降和通货紧缩，则会抑制投资，生产下降，失业增加。在社会主义市场经济条件下，绝大多数商品和服务的价格由市场决定，但政府可以运用货币等经济手段对价格进行调节，必要时也可以采用某些行政手段（如制止乱涨价、打击价格欺诈），以保持价格的基本稳定，避免价格的大起大落。

（4）保持国际收支平衡。国际收支是指一个国家或地区与其他国家或地区之间由于各种交易所引起的货币收付或以货币表示的财产的转移。

采取宏观调控的手段：

（1）法律手段，指国家通过制定和运用经济法规来调节经济活动的手段。主要通过经济立法和经济司法进行调节经济，有权威性和强制性。

（2）经济手段，是国家运用经济政策和计划，通过对经济利益的调整来影响和调节经济活动的措施。主要方法有：①财政政策和货币政策的调整。②制定和实施经济发展规划、计划等，对经济活动进行引导，是一种间接手段，但是是主要手段。

（3）行政手段，指国家通过行政机构，采取带强制性的行政命令、指示、规定等措施，来调节和管理经济。如利用工商、商检、卫生检疫、海关等部门禁止或限制某些商品的生产与流通，有直接性、权威性、无偿性和速效性等特点。

砸玻璃为什么会促进经济发展——乘数效应

一日，某经济学家坐在桌前看书。妻子在擦窗户。小儿子非常顽皮，在街上玩的时候，用石头扔妈妈，没想到一不小心，将刚擦好的玻璃打碎了。妻子非常生气，抓起孩子就要打。经济学家突然喝道："为什么要打孩子？他打碎一块玻璃，却能让装玻璃的工人有活干，能让玻璃厂多生产一块玻璃，能增加一个工人的工资，增加了国家多少的 GDP 啊。"妻子听了非常生气："那我呢，我辛辛苦苦擦的玻璃就这样被打碎了，我岂不是白忙了？"经济学家答道："本来你擦玻璃对 GDP 就没什么贡献，也没什么好难过的。"妻子听后，非常生气。

孩子打碎玻璃，带来经济增长，妻子擦玻璃却对经济没有任何贡献，这道理从何说起？按照经济学家的解释，家里的门窗玻璃被打破了，的确是一种财产损失，但因过后要修理，安上新的玻璃，于是家里就会增加开支，对社会经济构成需求，从而创造了新的 GDP，刺激了经济，这未尝不是一件好事情。妻子的家务活动，因为没有挣到薪水，因此对 GDP 的增长没有贡献。

怪诞的解释方法让人觉得有些不解。难不成以后应当鼓励孩子多砸几块玻璃？但经济学中确实有这样的道理。在经济学中，有一个词语叫"乘数效应"，就是指通过某项投资或消费从而带动相关产业的发展，从而带动经济的发展。具体来说，乘数效应是指在公共工程项目之后带来的消费水平和私人投资水平的上升。政府通过扩大国债发行规模，扩张财政支出，投资于公共工程，可以发挥财政支出所产生的乘数效应，解决经济发展的资金短缺，增加就业，提高社会消费需求。

乘数效应是宏观经济学的一个概念，也是一种宏观经济控制手段，是指支出的变化导致经济总需求与其不成比例的变化。当政府投资或公共支出扩大、税收减少时，对国民收入有加倍扩大的作用，从而产生宏观经济的扩张效应；当政府投资或公共支出削减、税收增加时，对国民收入有加倍收缩的作用，从而产生宏观经济的紧缩效应。

在宏观经济学中，支出的变化会导致经济总需求与其不成比例的变化，最初投资的增加所引起的一系列连锁反应会带来国民收入的数倍增加。假设投资增加了100亿元，若这个增加导致国民收入增加300亿元，那么乘数就是3，如果所引起的国民收入增加量是400亿元，那么乘数就是4。

为什么乘数效应所带来的乘数会大于1呢？比如某政府增加100亿元用来购买投资品，那么此100亿元就会以工资、利润、利息等形式流入此投资品的生产者手中，从而国民收入增加了100亿元，这100亿元就是投资增加所引起的国民收入的第一轮增加。这100亿元转化为了工资、利息、利润、租金的形式流入了为制造此投资品的所有生产要素所有者的口袋。因此，投资增加100亿元，第一轮就会使国民收入增加100亿元。随着得到这些资本的人将开始第二轮投资、第三轮投资，经济的增长就会以大于1的乘数增长。

乘数效应也叫“凯恩斯乘数”。事实上，在凯恩斯之前，就有人提出过乘数原理的思想和概念，但是凯恩斯进一步完善了这个理论。凯恩斯的乘数理论为西方国家从“大萧条”中走出来起到了重大的作用，甚至有人将其与爱因斯坦的相对论相提并论，认为20世纪两个最伟大的公式就是爱因斯坦的相对论基本公式和凯恩斯乘数理论的基本公式。

凯恩斯乘数理论对于宏观经济的重要作用在1929～1933年的世界经济危机后得到重视，一度成为美国大萧条后“经济拉动”的原动力。

在我国，公共项目的“乘数效应”对经济发展的贡献功不可没。2008年美国金融风暴带给我国经济的影响巨大，中国经济增长放缓、出口减少、就业压力增大。金融危机的背景下，普通百姓们自然要“节衣缩食”，但人们的眼光都集中到了政府的身上。2008年11月5日，国务院常务会议上确定了总额度为4万亿元的两年经济振兴计划，来应对中国经济运行过程中的下滑风险，这样的大手笔是史无前例的。这项经济振兴计划包括加快民生工程、基础设施、生态环境建设和灾后重建等多项扩大内需的措施，促进经济平稳较快增长。正是因为庞大的公共项目的支持，中国率先走出了金融危机的阴影。

再以北京奥运会为例，奥运对北京经济发展的“乘数效应”是不可忽视的。与奥运会直接或相关的产业有50多项，包括建筑、建材、信息产业、现代制造、服务业等。奥运因素的注入直接拉动这些产业的快速发展，对经济产生第一轮拉动，而这些行业的增长又需要其他与之密切相关的行业的支持，因而产生新一轮的经济拉动作用。如此循环传导，奥运投资的乘数效应拉动了国民经济的整体增长。奥运投资所引发的“拉动效应”所带动的投资和消费市场就是通常所说的“奥运蛋糕”。如果按照“大投资”额来计算，以1.9为乘数，据此算下来的“奥运蛋糕”将近6000亿元。

如今，最初被用于宏观经济调控的乘数效应也不仅仅限于宏观调控中了。在管理中，同样存在着乘数效应。管理者都希望管理能达到乘数效应。比如，一个促进销售计划的实施，管理者希望这个计划的效果可以成倍地增加，但是如果没有其他的策略配套实施，乘数效应很难实现。

银行提供的货币和贷款会通过数次存款、贷款等活动产生出数倍于它的存款，即通常所说的派生存款。货币乘数的大小决定了货币供给扩张能力的大小，而货币乘数的大小又由以下4个因素决定：

（1）法定准备金率。定期存款与活期存款的法定准备金率均由中央银行直接决定。通常，法定准备金率越高，货币乘数越小；反之，货币乘数越大。

（2）现金比率。现金比率是指流通中的现金与商业银行活期存款的比率。现金比率的高低与货币需求的大小正相关。因此，凡影响货币需求的因素，都可以影响现金比率。例如银行存款利息率下降，导致生息资产收益减少，人们就会减少在银行的存款而宁愿多持有现金，这样就加大了现金比率。现金比率与货币乘数负相关，现金比率越高，说明现金退出存款货币的扩张过程而流入日常流通的量越多，因而直接减少了银行的可贷资金量，制约了存款派生能力，货币乘数就越小。

（3）定期存款与活期存款间的比率。由于定期存款的派生能力低于活期存款，各国中央银行都针对商业银行存款的不同种类规定不同的法定准备金率，通常定期存款的法定准备金率要比活期存款的低。这样即便在法定准备金率不变的情况下，定期存款与活期存款间的比率改变也会引起实际的平均法定存款准备金率改变，最终影响货币乘数的大小。一般来说，在其他因素不变的情况下，定期存款对活期存款比率上升，货币乘数就会变大；反之，货币乘数会变小。

（4）超额准备金率。商业银行保有的超过法定准备金的准备金与存款总额之比，称为超额准备金率。显而易见，超额准备金的存在相应减少了银行创造派生存款的能力，因此，超额准备金率与货币乘数之间也呈反方向变动关系，超额准备金率越高，货币乘数越小；反之，货币乘数就越大。

总之，货币乘数的大小主要由法定存款准备金率、超额准备金率、现金比率及定期存款与活期存款间的比率等因素决定。而影响我国货币乘数的因素除了上述四个因素，还有财政性存款、信贷计划管理两个特殊因素。

我国古代有很多乘数效应的例子，比如古代忠孝从某种意义上来说就是一种乘数效应。对于忠孝者而言，君或者长辈对他们的教育或者激励也仅仅限于几次偶尔的说教或者奖赏，但是这种思想却一直延续下去，达到了很好的乘数效应。

乘数效应在管理中也有应用，管理者自然希望每一个决策都能实现乘数效应，即一种措施产生多重效果，但乘数效应不是一劳永逸的，乘数效应是包括一系列的措施在里面，只有这些相应的配套措施发挥了功效，乘数效应才可能发生功效。所谓的配套措施，是使当初措施的效果进一步发挥的配套措施。比如，管理中的激励措施，单纯的激励是不可能在没有激励的情况下继续发挥作用的，必须要有相应的比如，企业文化等的配套才可以，只有做好这些相应的措施，作用才可能发挥。

为国民经济发展指明方向——经济发展战略

经济发展战略：是指关于经济发展中带有全局性、长远性、根本性的总的构想，在一定时期内，国家关于国民经济发展的基本思想及其为此而实施的总体规划和方针政策。

经济发展战略概念，是在第二次世界大战以后运用起来的。由于一系列新独立的发展中国家的出现，经济发展问题日益突出，逐渐形成以发展中国家的经济发展为研究对象的发展经济学，随之产生经济发展战略概念。美国发展经济学家A.O.赫希曼（1915～）较先使用这一概念，1958年他出版了《经济发展战略》一书。60年代，不少国家总结工业化的经验，提出“进口替代的发展战略”“出口替代的发展战略”等经济发展的不同形式。同时，联合国先后制定了60年代、70年代、80年代三个十年的国际发展战略，使发展战略概念在国际上更为流行。

中国过去虽长时期没有使用经济发展战略概念，但在不同的时期提出的总路线、总任务和总方针、总政策等，实际上含有经济发展战略的意义。中国采取的经济发展战略，遵循社会主义基本经济规律，从中国的特殊国情出发，坚持社会主义方向。它既不同于“传统的发展战略”，也不同于“变通的发展战略”。

十一届三中全会（1978年12月）以后，中国的经济发展战略发生了重大的转变，即更加注意在经济增长基础上逐步满足人们日益增长的物质文化需要；强调以高效益为中心任务；主要依靠对现有企业进行技术改造，从事内含扩大再生产；开发物力资源和开发人力特别是智力资源并重；在自力更生基础上实行对外开放。中国经济建设的战略部署大体分三步走：第一步，实现国民生产总值比1980年翻一番，解决人民的温饱问题；第二步，到20世纪末，使国民生产总值再增长一倍，人民生活达到小康水平；第三步，到21世纪中叶，人均国民生产总值达到中等发达国家水平，人民生活比较富裕，基本实现现代化。

制定经济发展战略必须有科学的依据。一般来说，主要有以下几个方面：

（1）基本国情。制定经济发展战略必须从本国与经济社会密切相关的各种基本情况出发，使战略目标的确定，发展途径的选择符合客观条件、立足本国实际。国情的具体内容包括：

①自然资源条件。主要有土地、水资源、生物资源和矿物资源以及地理位置、气候等条件。

②人口状况。人口状况包括人口数量、素质、构成、就业等方面。人既是生产者，又是消费者，在具体制定经济发展战略时，要充分考虑人口价值具有两重性。在决策时，要把人口现状与发展国家经济、社会等方面状况结合起来统筹考虑。

③经济条件。主要有生产力发展水平、产业结构、基础设施、居民收入及消费水平、科技教育等情况。这是一个国家经济实力大小的重要表现，也是制定经济发展战略的基础。

④经济社会结构。主要有社会经济成分、管理体制、政治制度等状况。这些因素中，有的规定着经济发展的情况和方向，有些影响经济发展的动力和途径，有的起制约作用等。因此，在研究制定经济发展战略时应当综合考虑。

⑤科技发展水平。当代科技发展水平对社会经济各个方面的影响日益突出，

因此在制定社会经济发展战略时，也需要充分考虑到科技发展给未来带来的潜在影响，并据此估价和调整其他领域的发展政策。

（2）客观规律。制定经济发展战略必须符合客观规律的要求，经济规律是社会经济现象及其运动过程内在的、本质的、必然的联系。因此，制定经济发展战略，要善于学习和总结实践经验，从经济实践中找出经济发展的规律性，作出科学的决策。

（3）国际环境。国际政治和经济的形势及条件，对国内经济发展有着重大影响。当今世界，生产国际化加强，国际经济关系日趋密切。国际环境包括国际贸易关系、国际金融资本转移、技术转让和商品贸易、国际劳力市场、国际经济结构等方面的内容。

经济发展战略通常包括3个基本组成部分：

（1）制定战略的实际依据和理论依据。要考虑本国的经济、社会、科学技术、教育、文化等的历史和现状，并明确所遵循的基本指导思想和重要指导原则。

（2）提出在一定时期内拟实现的综合的、概括的总体目标和在某些方面比较具体的目标。

（3）提出实现战略目标的途径和手段。包括战略重点、实施步骤、力量部署、重大的政策措施等。

经济发展战略有不同层次和不同范围，一个国家、一个部门、一个地区、一个企业，都可有自己的经济发展战略。下一层次或较小范围的经济发展战略，是上一层次或较大范围的经济发展战略的组成部分。其中，最重要的是全国性的宏观经济发展战略。

民营经济战略。我国市场化改革和体制转轨的核心内容，是国有和民营经济发展战略问题。对此，国家一方面通过各种途径优化国有经济，推动国有企业建立现代企业制度的改革，实现国有经济的合理“退出”与“进入”；另一方面大力支持民营经济的发展，为其创造良好的外部环境，最终使民营经济撑起了“半壁江山”。

对外经济战略。与改革相伴随的是对外开放，面对经济全球化的大趋势，我国在对外经济发展战略方面取得了重大突破，突出表现在对外经济联系不断扩大，对全球经济金融的影响力也日益增强。在20世纪末之前，出口拉动经济增长被作为经济发展战略的重要方向，对此财政政策进行了全方位的支持，包括出口退税政策、补贴政策等都得到广泛运用。而进入21世纪，一方面要适应WTO的要求，另一方面我国也从追求出口规模转为重视出口质量。因此财政政策也进行了许多战略调整，例如规范财政补贴，运用税收来约束“两高一资”行业出口，鼓励高技术设备进口等。正是由于这些财政政策契合了对外开放战略的调整，才使得我国经济在获得对外开放利益同时，尽可能地规避了国际经济动荡的风险。

产业经济发展战略。在国家重大经济战略中，产业经济发展战略尤其受到各界的关注。实现农业产业化经营、工业的升级换代、服务业比例的提高，一直是经济结构调整的焦点。近年来，我国产业结构调整的进展突出表现为高新技术产业和现代服务业加速发展、装备制造业规模和水平不断提升、能源交通等基础产业支撑经济社会发展能力显著增强、行业集中度进一步提高、不同所有制工业互相促进共同发展等。财政政策成为促进产业结构调整的“主角”。例如，通过增值税政策的改革调整，促使企业增强内生技术创新能力；通过合理运用财政贴息手段，引导和吸引社会投资，促使资源配置更符合国家产业政策和规则。

区域经济协调发展战略。实现区域经济协调发展是我国又一重大经济战略。应该说，实现区域协调发展，逐步缩小区域发展差距，是我国现代化建设进程中的一项长期任务。而当前推进西部大开发，振兴东北地区等老工业基地，促进中部地区崛起，鼓励东部地区率先发展，是中央从全局高度确定的区域发展总体战略。与区域经济发展相适应的财政政策，成为不同时期国家区域战略的重要支撑。从总量看，1994年到2006年，中西部地区累计享受转移支付占总额的84.6%，从发展趋势看，中西部地区分享的转移支付比重从1994年的69.6%上升至2006年的86.1%。

可持续经济发展战略。可持续经济发展战略是我国改革开放的一项重要国策。它强调坚持以经济建设为中心，从经济与人口、资源、环境、社会的相互协调中推动经济建设的发展，并在发展过程中带动人口、资源、环境和社会问题的解决，从而实现经济、资源、生态、社会的可持续发展。

稳定物价是政府的头等大事——价格政策

不同的社会制度有不同的价格政策。资本主义国家的价格，是自发地由价值规律和市场供求决定的。但在一定的社会历史条件下，国家也制订价格政策，对某些商品价格进行干预，以此参与国民收入的分配和再分配。

如对某些农产品制订高于市价的优待价格、作为价格变动上限的目标价格和防止外部低价冲击的入境价格，以及制订旨在占领国外市场的低于国际市场价格水平的倾销价格等。资本主义国家的价格政策从根本上说在于维护资产阶级的利益，是资本家用来剥削劳动人民并在资产阶级之间瓜分剩余价值的一种手段。社会主义国家的价格政策，是国家为了发展社会主义经济，对国民收入进行有计划的分配和再分配的经济手段。国家利用价格调节各个社会集团之间的经济利益，体现了国家、集体和个人之间在根本利益上相一致的社会主义关系。

中国古话说："他山之石，可以攻玉。"当前物价上涨是全球性现象，原因错综复杂。各国为稳定物价，都采取了一些积极有效的措施。

日本一直是世界上零售物价最稳定的国家之一，其稳定物价的成功做法主要有以下几个方面：

一是高度重视生活必需品供给的稳定。

日本提出，确保市场上生活必需品的供给，对于物价总水平的稳定具有决定性的意义。以蔬菜为例，蔬菜等鲜活农产品的生产和供给状况极易受气候影响，价格波动的频度和幅度远大于其他生活必需品。因此，日本的各种经济组织，一方面，指导蔬菜等农产品的生产和上市有计划地进行；另一方面，当出现菜价一定程度或大幅度上升时，"稳定蔬菜供给基金"等组织，根据市场的有效需要，不失时机地向市场增投蔬菜，扩大供应，保证需求，从而平抑菜价。

二是政府紧握流通的批发环节，调控生产和市场，稳定物价。

在日本，农产品批发业主要是经营粮食、蔬菜、果品的批发。农产品批发的主要组织形式是各类农产品批发市场。考虑到分散交易很难看准市场的动态和价格变动的走向，只有当众多的交易对象聚集在一起时，才能通过"供求竞争"形成合理的价格。因此，政府高度重视并充分利用批发市场的作用，促进流通，调节供求，稳定物价。为此，大藏省和东京都联合出资兴建农产品中央批发市场，以便于政府对东京整体市场进行有效监督和调控，并促市场的繁荣，进而为稳定物价奠定坚实的基础。

三是建立、健全有效的统计和信息系统，及时公开经济信息，引导消费，稳定物价。

日本不仅把统计和信息系统作为制定政策的重要依据，而且把及时公开经济信息作为强化民众监督、防止"搭车涨价"和不正当竞争的手段加以运用，尽可能迅速地向国民提供有关商品供求、价格变动的正确信息，引导消费者保持合理的消费行为，防止因抢购、囤积等不正当的行为引起物价上涨。在经济企划厅物价局设置“物价热线电话”，倾听消费者对物价的意见和建议，接受消费者的投诉，解答消费者的咨询等。可靠信息、有效传递，是稳定民心进而稳定物价不可或缺的环节。

2007 年 10 月消费品价格指数同比增幅达 10.8%，年内通货膨胀率超过 11%。因此，俄罗斯采取多管齐下政策，抑制物价上涨。

一是利用提高贷款或再贷款利率、增加黄金储备等金融手段缓解通胀压力。提高贷款或再贷款利率，减少流通中的货币流通量，是遏制物价上涨的重要措施。

二是通过进出口调节，提高或降低部分产品税率，增加本国市场供应。

俄罗斯最近把小麦和大麦出口关税由零分别调高至 10% 和 30%，有效期至 2008 年 4 月 30 日；把奶制品、蔬菜和所有食用油进口关税由 15% 降为 5%，有效期 6 个月；为了增加和保证市场供应，有限度地开放部分商品进口，如批准从中国 4 家企业进口兔肉，从美国 18 家企业进口牛肉，从巴西、匈牙利、德国和澳大利亚进口肉制品等。

三是实施直接的价格干预。

俄罗斯政府日前宣布，已准备好 150 万吨小麦，择机投放市场，平抑小麦价格，并支持国内 30 家大型食品生产销售企业签署了食品价格冻结协议，把 6 种食品价格（小麦面包、黑麦面包、牛奶、酸奶、葵花籽油和鸡蛋）冻结在 2007 年 10 月 15 日的水平上，有效期至 2008 年 1 月 31 日。

四是对低收入弱势群体发放食品补贴。

俄罗斯政府宣布，从 2007 年 12 月 1 日起，将基本养老金标准每月提高 300 卢布，2008 年 8 月 1 日起，再提高 234 卢布。

五是加大了对价格违法行为的打击力度。

俄罗斯政府对 40 多家涉嫌“蓄意串通涨价”的企业进行了调查，除处以数十万至数千万的“不诚信罚款”外，并对相关企业提起诉讼。

2010 年 1 月 28 日，湖北省物价局公布 2010 年春运期间客运价格政策，要求农村道路、城区有线路编号的“城乡一体化”客运班车，城市公交车、中巴车、客运出租车、轮渡等，春运期间票价一律不得上涨。

湖北省物价局要求铁路旅客票价严格按国家规定执行，铁路售票窗口及客票销售代理人要执行国家规定的送票费和铁路客票销售服务费，并实行明码标价。

水路旅客运输票价已经实行市场调节，各级价格、交通主管部门要加强对水路旅客运输市场的监测和引导，保持运输票价平稳。

在中国，价格政策是根据社会主义基本经济规律、国民经济有计划按比例发展规律和价值规律的要求，按照社会主义建设各个历史时期的具体情况及路线、方针制定的。大体上可以分为两类：一是全局性、长期性的总的价格政策；二是局部性的各类商品价格的具体政策和短期性的适应当时需要的价格政策。具体包括：商品等价交换或近乎等价交换政策；保持市场物价基本稳定和合理调整政策；逐步缩小工农业产品交换价格剪刀差的政策；制订商品的各种比价和差价政策，按质论价政策；农产品收购价格政策；工业品出厂价格政策；小商品作价政策；议购议销价格政策；若干主要产品加价政策；价格补贴政策；等等。

让贫困地区也能尽快发展——扶贫政策

中国的农村扶贫政策是20世纪80年代中期开始形成的。1984年9月，中共中央、国务院联合发出了《关于帮助贫困地区尽快改变面貌的通知》。1986年全国人民代表大会六届四次会议将“扶持老、少、边、穷地区尽快摆脱经济文化落后状况”作为一项重要内容，列入国民经济“七五”发展计划。为此，国家从上到下成立了专门机构负责农村扶贫工作，制定了扶持标准，确定了国家和省（区）扶持的贫困县。中央和地方政府每年拨出专项资金用于贫困地区的开发。

20世纪80年代中期以来，中国的农村扶贫政策经过两次大的调整。第一次是1994年提出和实施了《国家八七扶贫攻坚计划》，第二次是2001年制定和实施了《农村扶贫开发纲要（2001~2010）》。但总体而言，到目前为止，农村扶贫的基本政策并没有大的改变。农村扶贫的主要政策包括：满足贫困地区经济增长和扶贫双重目标、坚持以项目为中心的开发式扶贫、采用区域瞄准方式和推动政府主导下的全社会扶贫。这些主要的政策措施是相互配合的。

地区经济增长与扶贫。中国的农村贫困人口具有明显的区域特征，主要分布在中西部的老、少、边和偏远的山区。中国政府从20世纪80年代中期开始就试图改变这些地区的生产和生活条件，并将促进贫困地区的经济增长和帮助贫困人口脱贫结合起来，贫困人口主要是通过地区的经济增长所提供的各种市场机会和就业机会受益。

开发式扶贫。80年代中期以前，对农村贫困人口的救助主要是针对丧失劳动能力和失去家庭成员的支援网络的特殊贫困群体（五保户），以及因大的自然灾害而处于短期贫困的人口（灾民），救助的主要方式是由国家或集体直接提供粮食、衣物和少量的现金等生活补助。开发式扶贫所强调的重点是通过支持贫困地区和贫困人口的农业和非农业生产等多种创收活动来提高贫困人口的收入和消费水平，同时通过农村基础设施的建设来改善贫困地区的生产和生活条件，它所针对的是有劳动能力和生产资料的贫困人口。

区域瞄准。中国在农村扶贫的瞄准方式上采用的是区域瞄准，即中央政府的绝大部分扶贫项目和扶贫投资主要是针对贫困地区的，而不是直接针对贫困家庭和贫困人口。贫困人口更多的是从各类区域发展项目中受益（如通过参加公共工程项目获得工资收入），只有少量的信贷资金能够直接到户。20 世纪 80 年代中期以来，中央政府将县作为基本的瞄准单位，并且确定了 592 个贫困县作为“国家八七扶贫攻坚计划”和新的扶贫开发纲要的主要工作对象。在贫困人口规模较大且高度集中的条件下，区域瞄准不失为一种既节约管理成本又有一定的准确性的有效瞄准方式。但随着贫困人口规模的不断减少和进一步分散到边远贫困的山区，以县为基本瞄准对象会导致瞄准准确性的下降和扶贫资源大量漏出到非贫困群体。为了适应这种变化，2001 年中国政府确定了 14.8 万个贫困村，通过缩小瞄准单位来提高瞄准的准确性。

政府主导下的全社会扶贫。中国扶贫的另一个特点就是政府主导，政府不仅主导扶贫政策的制定，同时也主导扶贫资源的动员和分配。根据国家统计局对贫困县扶贫投资的统计，1998~2001 年中央政府的扶贫投资占贫困县总扶贫投资的 71%，如果加上地方政府的扶贫投资，这一比例则高达 83%（中国农科院农经所贫困与发展室，2004）。中国政府主导农村扶贫的同时，也鼓励社会各界的参与。中央和地方政府通过行政的力量动员和安排了党政部门和大型国家企事业单位的定点扶贫，同时还动员和安排了东西对口扶贫；民间机构在其他领域的活动受到较多限制的情况下，政府通过优惠和宽松的政策鼓励和容许各类民间组织和非正规的金融机构参与各种形式的农村扶贫工作；政府还通过利用外资的方式吸引了大量的国际和双边机构的发展援助资金用于贫困地区的开发。

城市也存在扶贫。中国的城市社会保障体系的建立主要由地方政府负责，中央政府对有困难的地区提供一定的补助。从 1993 年开始，上海市政府在全国建立了第一个城市居民最低生活保障制度，随后逐步在全国的大中城市得到试验和推广，并出现了不同的模式，其中上海模式、武汉模式和重庆模式是低保制度在不同发展阶段的典型代表。1997年，国务院出台了《国务院关于在全国建立城镇居民最低生活保障制度的通知》，目的是在全国全面推行城镇低保制度。为了使城镇低保工作进一步制度化，1999年，国务院又颁布了《城市居民最低生活保障条例》，对城镇低保的对象、申请和审批程序、补贴标准、动态管理及监督和举报等一系列制度方面的问题做出原则性的规定。到目前为止，城市低保制度已经基本覆盖了所有城市和县政府所在地的镇。根据民政部的统计，截至2004年3月，全国936万城市居民家庭中的2249万人正在享受低保补贴，人均每月低保补贴61元。由于城市低保主要由地方政府负责，全国并没有一个统一的标准，不同的城市低保的覆盖范围和补贴标准差异也比较大。如同为大城市的北京市和天津市，前者的平均补贴标准为人均236元，而后者只有83元；一些西部地区的县级低保补贴标准只有10多元。

1992年4月，国务院以国办发［1992］14号文件下发了《国务院办公厅关于开展对三峡库区移民工作对口支援的通知》，向全国发出了对口支援三峡工程移民的号召。北京市积极响应，闻风而动。5月20日，北京市朝阳区委副书记安训生、常务副区长孙玉林率区农办、计经委、劳动局、商委、经协办等单位负责人来县考察。考察期间，孙玉林与县长杨泽柱签订了《关于三峡工程库区移民对口支援协议书》，拉开了北京市对口支援巴东的序幕。17年来，北京市的对口支援工作涵盖北京市所有的部门和区县，开展对口支援巴东工作。据有关资料不完全统计，北京市对口支援巴东移民搬迁、救灾、农业产业化建设、城市建设、工矿企业、社会事业等方面的无偿资金23111.4万元；捐赠工作用车、环保用车、消防车共66辆，小型整耕机20台，电脑、电视机502台、学习机21台，捐赠的各种设备有：价值198.59万元的路波设备，价值23万元的广播电视设备，价值10万元的环保设备，价值6万元的气象设备，价值31.8万元的医疗设备，价值20万元的教学科研设备，价值10万元的体育器材，价值22万元的铁合金机械设备，价值30万元的科技设备，价值30万元的公安设备，价值30万元的制药设备，价值596万元的养路机械设备，价值100万元的工商系统办公设备，还有音乐、体育用品、数码相机、电影放映机、环保服、摄像机、城市垃圾桶、对讲机等。支援价值205万元的救灾物资及衣被8.3万件，棉被5100床、单衣10万件，快餐面2930件，矿泉水310件，洗涤品200件，文具1.38万件。开展中小学校长、医务人员、计生干部、厂长经理、服务缝纫、家政服务、公安技能、通信等各种培训605人次，组织医疗专家来县开展大型义诊2次，义诊3234人次，进行复明手术33人。成建置接纳劳务人员1166人，库区移民转业安置2000名，救助失学儿童2020人，在巴东建立柑橘标准示范园500亩，独活示范基地25亩以及支援虹鳟鱼项目建设，西洋参种植技术培训及转让，三峡酒厂、巴东卷烟厂、道地中药材基地建设和神农溪旅游详细规划的编制。

2010年1月24日，恩施市“616”工程工作座谈会在省住房和城乡建设厅召开。湖北省实施“616”对口支援工程2年多来，各参援单位和受援地紧密配合，为民族地区对接项目600多个，落实资金30多亿元，有力推动了民族地区经济社会快速发展，巩固和发展了平等团结互助和谐的社会主义民族关系，加强和改善了党对民族地区发展的领导，取得了良好的经济、政治和社会效益。

我们国家的扶贫政策的形式在不断创新，力度在不断加大，发达地区对不发达地区的支持加大，贫困地区的经济面貌得到了极大的改变，但我国的扶贫还须下大力气。我国的扶贫政策更需要因地制宜、因时制宜，从而提高扶贫的效果。

第五节　税收

国家为什么要强制征税——税赋归宿

公元前119年，汉武帝时颁布算缗令。所谓算缗，就是征收商人和手工业者的财产税，以及车、船税。由于他们隐匿或虚报，公元前114年汉武帝又发布“告缗令”，奖励告发逃避算缗的富人，主要是商贾，给予告发者应征缗钱之半。

在杨可主持下，告缗之风遍及全国。告缗运动使缗钱税的性质发生变化，一是课税范围由原先以现钱和车船为主扩大到包括田宅、畜产、奴婢在内的一切财产，将全部财产均按一定价格折合成现钱以充作纳税基数。二是课税对象由初时“只为商贾居货者设”，扩大到“凡民有蓄积者，皆为有司所隐度矣，不但商贾末作也”。

《汉书·食货志下》记载，告缗运动使“中家以上大抵皆遇告……得民财物以亿计，奴婢以千万数，田大县数百顷，小县百余顷，宅亦如之。于是商贾中家以上大抵破”。虽增加了政府的收入，打击了大商人，但也阻碍了私营工商业的发展。

告缗制度延续近十年，直到国家财政有明显好转，才停止执行。

这里涉及“税赋归宿”的概念。它是指一项税收最终的经济负担者。在这里要指明，它是相应于法定纳税人而制定的。之所以这样规定，是因为最终的税收负担者和法定纳税人有时候并不一致。

也许有些人对此还是有些迷惑。以个人所得税为例，工薪阶层对于它是非常熟悉的，其纳税人自然是有一定工薪收入的个人，而它的税收负担者不也正是这个人吗？是的，在这种情况下，两者是一致的。但是，以商场里的衣服为例。按照我国税法，商家是要缴纳增值税的，此时商家是法定的纳税人。然而，此刻的实际税收负担者却往往是消费者——他们所承担的数额就包括在衣服的价格里。只不过，在消费者的小票上没有标明而已。在经济学上，这种行为被称为“税负转嫁”。其实，我们打电话时交的话费，用电时交的电费等，里面都有税，只是在目前，我国给予消费者的收据上都未曾注明。

在这里需要指出的一个原则是，“只要消费，就会纳税”，我们每一个消费者都是纳税人。到目前为止，我国共有22种税（包括增值税、消费税、营业税、企业所得税、个人所得税、资源税、房产税、城市维护建设税、城市房地产税、城镇土地使用税、土地增值税、耕地占用税、车辆购置税、车船税、契税、印花税、烟叶税、关税、船舶吨税等）。在这些名目繁多的税当中，有些是由个人上缴的，有些是由企业上缴的。

曾有一份研究报告指出，在我国，假如1袋1公斤的盐价格为2元，其中就包含大约0.29元的增值税和大约0.03元的城建税。而每瓶3元的啤酒包含大约0.44元的增值税、0.12元的消费税和0.06元的城建税。如果你花100元买了一件衣服，其中包含14.53元的增值税和1.45元的城建税。如果花100元买一瓶化妆品，其中除14.53元的增值税，还包含25.64元的消费税和4.02元的城建税。如果你吸烟，每包烟8元，其中大约4.7元是消费税、增值税和城建税。如果去餐馆吃饭，最后结账时不论多少，餐费的5.5%是营业税及城建税。你如果使用一次性木筷，还会包括些许消费税。你去理发店理发，同样，费用的5.5%是营业税及城建税……总之，一个人只要生活在社会中，只要有购买行为，就免不了交税。因此，可以说，我们人人都是纳税人。但是，正如刚才提到的，税收负担者和纳税人并不一致，为此，需要进一步了解“税负转嫁”。

“税负转嫁”有多种方式，包括前转、后转、混转、旁转、消转、税收资本化等多种方式。在此我们仅对其中几种举例加以简要说明。

1. 前转

纳税人沿商品流转方向，以提高商品价格的方式将税负转嫁给消费者，称为前转。比如，前面所举衣服的例子，商家将税负转嫁给了消费者。

2. 后转

与前转相反，纳税人逆着商品流转的方向，以压低购进商品价格的方式将税负转嫁给商品的提供者。比如，在零售端对营养补品征税时，零售商便压低进货价格向厂家购买，从而将税负后转给厂家。

3. 混转

又叫散转，纳税人将自己的税负分散转嫁给多方负担。严格说来，它是前转和后转等转嫁方式的结合。比如，印染厂在面对税负时，将其中一部分用提高产品价格的办法转嫁给购货商，一部分用压低原料购进价格的办法转嫁给纺纱厂等。

在初步了解了税负转嫁方式后，再回到和消费者息息相关的"税负前转"上来。这里还涉及两个值得一提的问题。

首先，作为实际的税收负担者，消费者不知道自己纳了多少税。纳税人经常是通过消费活动来纳税的，但是由于缴纳的税金隐藏在商品之中，纳税人不但不知道自己在消费活动中到底纳了多少税，有时候，甚至连自己是不是纳税人都不知道。像在超市买衣服，就有不少人错误地以为自己根本就不是纳税人。如果要真正改变在商品税中消费者纳税被模糊的情况，就需要改变税制结构，这并非一日之功。不过，如果在商品销售中给消费者的发票能够注明哪些是价格，哪些是税负，消费者就会清楚了解自己的消费中有多少支出是用于国家税收。这对于培养、普及整个社会的纳税意识是有好处的。

其次，面对自己是"税负前转"的最终承担者，可能许多人会为自己负担了商品增值税而愤愤不平，因为它的法定纳税人本应是那些商家，最后却落到了自己头上。即使自己不是完全负担，追求利润的商家也会将相当一大部分税负推给消费者。

对此需要有一个正确的认识。税负转嫁是商品经济的一种正常的经济现象，在我国的市场经济条件下是客观存在的。而且，经济学也很早就已证明，一旦税率确定，税额在商家和顾客之间的分配也将随之确定。也就是说，对卖一件衣服而言，税率确定后，商家承担多少税负，又转嫁给消费者多少税负，这个比例是确定的，并不会存在商家想转嫁多少税负就转嫁多少的情况。那么，这又是为什么呢？这就要涉及商品的需求弹性和供给弹性的问题了。

经济学认为，某种商品税额的分配由需求弹性和供给弹性共同确定。如果某种商品供给的价格弹性为零，那么销售税将全部由供方负担。如果需求的价格弹性为零，那么销售税将全部由需方负担。简单地说，谁的弹性小，谁负担的税额份额就大。谁的弹性大，谁承担的税额就小。

由此可以得出结论，供应弹性大、需求弹性小的商品的课税易于转嫁；供应弹性小、需求弹性大的商品的课税不易转嫁。这个规律说明，商家是不能一味考虑将销售税负转嫁给消费者的。甚至，当税负转嫁与纳税人（比如商家）追求的利润目标发生冲突时，纳税人还会自愿放弃税负转嫁。原因很简单，转嫁税负势必提高商品价格，进而影响到其销量，而权衡的一个重要标准就是上面所说的供求弹性。以租房为例。租房的供给弹性几乎为0（房屋数量摆在那里，不会轻易增加），假设这时对房东征税，那么房东是很难将这税负转嫁到租客身上的。原因在于，如果那样，租客将考虑寻找更便宜的住房或者与人合租，这样一来，房东的利润必将受到影响。在这种情况下，纳税人（房东）必须在税负转嫁与销量减少之间权衡，而最终做出的结果往往是放弃了税负转嫁，即不涨房价，自己承担这份征税。

赋与税的区别何在——“税”的演变

几个世纪以前，伦敦曾经征收一种窗户税，房屋的窗户越多就需要缴纳越多的税。这个税种开征之后，在伦敦出现了很多阴冷、潮湿、不见阳光，几乎没有窗户的房子。上有政策下有对策，你收窗户税，老百姓在设计房子的时候就不要窗户，或者少要窗户，或者把已有的窗户取消掉。这个税种并没有提高国家多少收入，却迫使老百姓的住宅环境变得更为恶劣。在新奥尔良，则出现了另外一种奇怪的景观，那里的房子前面是一层的，后面却仿佛凸起了一个驼峰一样，出现了二层、三层。为什么会有那么古怪的建筑呢？原来也是税收的作用，因为那里对房子征税是根据正面楼层的数量来计算的。所以人们为了合理避税设计出了这种前面一层后面两层的古怪房子。税收负面的影响，产生很多无谓的损失，使人们正常的生活发生扭曲，比如，伦敦没有阳光的房子。

可见，不合理的税收会给人们带来很多意想不到的负担和后果，这在我国历史上也一样。

我国历史上税收有过各种各样的名称。除“税”这个词，还称作赋、租、捐、课、调、算、庸、粮、榷布、钱，等等。有时它们之间还发生混用或联用的现象。在中国历史上混用或联用最多的词是“赋税”“租税”和“捐税”。

税

“税”字最早出现在《春秋》所记鲁宣公十五年的“初税亩”（公元前594年），这是春秋时期鲁国对农业赋税制度的改革。实行“初税亩”后，土地所有者只要交税，全部收获就可以归自己支配，这是首次以法律形式承认了土地私有。“税”字是由“禾”“兑”两个字组成。“禾”指农产品，“兑”有送达和交换的意思，因而送交农产品的为税。当然在现代，税的范围决不仅限于对农产品的征收，而是国家对整个社会产品和国民收入再分配的一种手段。

租税

租在现代与税的含义是不同的。租是指财产的所有者，在一定时期内让渡财产使用权而取得的代价和报酬。租是经济利益的有偿交换，税是国家无偿的征收，二者的概念是有区别的。因此把租和税合起来（称为租税）概括税收这种特殊分配形式，显然是不合适的。但是在古代，租与税是通用的。这是因为在我国奴隶社会，有一种土地公有制的概念，即“普天之下，莫非王土，率土之滨，莫非王臣”。在这种观念下，国家向诸侯、公卿、大夫征税，同天子以土地所有者的身份，向诸侯、公卿、大夫收租是等同的。这就是所谓的租税合一，在很长一段时期里人们一直使用“租税”这个名称。现在看来，使用这个名称是不科学的。

捐税

捐与税的含义本来是不同的。捐是一种自愿的交纳，亦称捐纳、捐输，始于战国时代。捐最初是国家授爵的一种方式，是自愿的、临时财政收入。以后各代政府除了利用捐纳授爵，还经常以捐为形式征集财源，满足特定用途的需要，如筹措军费、赈济灾民、举办工程等。从而使捐纳带有强制性。明代以后，捐纳盛行，逐渐成为政府的经常性财政性收入。并且各级地方政府往往巧立名目，征收苛捐，以致捐与税难以划分，故统称为捐税。

赋税

赋在古代有特定的含义。税收产生初期用来满足军事需要征收的军需品叫作赋。如征用的兵车、武器、衣甲等。所以赋字由“贝”加“武”二字组成，即货币用于战争的意思。中国古代的税最早是指对土地产品和工商业的征收，用于国家一般经费。正如《汉书·刑法志》的记载：有税有赋，税以足食，赋以足兵。各国实行“初税亩”以后，各国的军赋改为按田亩征用，如鲁国的丘甲规定方“一里为井，十六并为丘，每丘出成于一匹，牛三头”。由于按田亩征收军赋，赋和税的名称才逐渐混用，统称赋税。

值得注意的是，其中的一大部分，早已退出了历史舞台，我们今天不再使用。今天我们还经常“税费”连用，那么什么是费呢？费是指一方当事人向另一方当事人提供某种劳务或某种资源的使用权，而向受益人收取的代价。

大体上可分为两大类：一类是经济活动中，由于相互交换劳动而向受益人收取的费用。如企业支付的运输费、保管费、专利费等，这些费用纯属经济生活中的劳务报酬性质，有的直接属于业务经营费用，由于这类费用收取的主体是单位和个人，所以同税收是完全不同的，不能同税收混淆起来；另一类是国家机关为单位和居民提供特定服务或履行特定职能而收取的费用，它属于国家财政收入的一种形式。

目前国家机关对企业和居民的收费，主要有三种：一是事业收费，包括公路部门收取的养路费、房管部门收取的房租、城建部门收取的地段租金、环境保护部门收取的排污费等；二是规费，主要包括公安、民政、司法、卫生和工商管理等部门，向单位和居民收取的手续费、工本费、诉讼费、化验费、商标注册费和市场管理费等各项费用；三是资源管理费，主要包括石油部门收取的矿区使用费，集体企业经批准开采国家矿藏等资源，向国家管理部门交纳的矿山管理费、沙石管理费等项费用。许多人也分不清税与费，只要交钱就认为是交税。这种税费不分的情况，对税收工作干扰很大。因此，分清税与费的基本界限十分必要。一般说税与费的界限有3点：

（1）看征税主体是谁。属于代表政府所属的各级税务机关、海关等征收的一般是税；由其他机关、经济部门和事业单位收取的一般是费。

（2）看是否具有无偿性。税收具有无偿性，税收是纳税人单方面向国家所履行的义务缴纳，国家不必为此向缴纳者提供任何对等的服务，国家征税遵循无偿原则；而收费则是遵循有偿的原则，收费是国家为单位和居民提供某种劳务或资源使用权而向受益者收取的报酬，是有偿的。无偿征收的是税，有偿收取的是费，这是两者在性质上的根本区别。

（3）看是否专款专用。税款一般是由税务机关征收以后，统一上缴国家，纳入国家预算，由国家通过预算统一支出，用于社会公共需要，不采取专款专用的原则。而收费则不同，多用于满足本身义务支出的需要，一般具有专款专用的性质。

税与费是完全不同的两个经济范畴，税费不分，把税与费混为一谈，在当前各地乱收费现象十分严重的情况下，对税收工作干扰极大，这势必会影响税收工作的正常开展，也不利于税法宣传和提高公民的纳税意识。因此，正确认识税与费的基本界限，对我国税收事业的健康发展很有必要。

税率增高，抽烟的人不减反增——税率

税率是税额与课税对象之间的数量关系或比例关系，是指课税的尺度。我国现行税率可分三种：比例税率、定额税率和累进税率。

税对课税对象和计税依据的征收比例和征收额度。税率表现为税额占课税对象的比例。税率是税法的核心要素，是计算应纳税额的尺度，体现税收负担的深度，是税制建设的中心环节。在课税对象和税基既定的条件下，税率的高低直接关系到国家财政收入和纳税人的负担；关系到国家、集体、个人三者的经济利益。税率的高低和税率形式的运用，是国家经济政策和税收政策的体现，是发挥税收经济杠杆作用的关键。税率的种类一般可分为比例税率、累进税率、定额税率三种基本形式。此外，还有一些在特定条件下使用的零税率、负税率、累退税率、差额税率等。

我国现行税率大致可分为以下3种：

（1）比例税率：实行比例税率，对同一征税对象不论数额大小，都按同一比例征税。比例税率的优点表现在：同一课税对象的不同纳税人税收负担相同，能够鼓励先进，鞭策落后，有利于公平竞争；计算简便，有利于税收的征收管理。但是，比例税率不能体现能力大者多征、能力小者少征的原则。比例税率在具体运用上可分为以下几种：

①行业比例税率：即按不同行业规定不同的税率，同一行业采用同一税率。

②产品比例税率：即对不同产品规定不同税率，同一产品采用同一税率。

③地区差别比例税率：即对不同地区实行不同税率。

④幅度比例税率：即中央只规定一个幅度税率，各地可在此幅度内，根据本地区实际情况，选择、确定一个比例作为本地适用税率。

（2）定额税率：定额税率是税率的一种特殊形式。它不是按照课税对象规定征收比例，而是按照征税对象的计量单位规定固定税额，所以又称为固定税额，一般适用于从量计征的税种。定额税率的优点是：从量计征，不是从价计征，有利于鼓励纳税人提高产品质量和改进包装，计算简便。但是，由于税额的规定同价格的变化情况脱离，在价格提高时，不能使国家财政收入随国民收入的增长而同步增长；在价格下降时，则会限制纳税人的生产经营积极性。在具体运用上又分为以下几种：

①地区差别税额：即为了照顾不同地区的自然资源、生产水平和盈利水平的差别，根据各地区经济发展的不同情况分别制定的不同税额。

②幅度税额：即中央只规定一个税额幅度，由各地根据本地区实际情况，在中央规定的幅度内，确定一个执行数额。

③分类分级税额：把课税对象划分为若干个类别和等级，对各类各级由低到高规定相应的税额，等级高的税额高，等级低的税额低，具有累进税的性质。

（3）累进税率：累进税率指按征税对象数额的大小，划分若干等级，每个等级由低到高规定相应的税率，征税对象数额越大税率越高，数额越小税率越低。累进税率因计算方法和依据的不同，又分以下几种：

①全额累进税率：即对征税对象的金额按照与之相适应等级的税率计算税额。在征税对象提高到一个级距时，对征税对象金额都按高一级的税率征税。

②全率累进税率：它与全额累进税率的原理相同，只是税率累进的依据不同。全额累进税率的依据是征税对象的数额，而全率累进税率的依据是征税对象的某种比率，如销售利润率、资金利润率等。

③超额累进税率：即把征税对象按数额大小划分为若干等级，每个等级由低到高规定相应的税率，每个等级分别按该级的税率计税。

④超率累进税率：它与超额累进税率的原理相同，只是税率累进的依据不是征税对象的数额而是征税对象的某种比率。

在以上几种不同形式的税率中，全额累进税率和全率累进税率的优点是计算简便，但在两个级距的临界点税负不合理。超额累进税率和超率累进税率的计算比较复杂，但累进程度缓和，税收负担较为合理。

里根一年只拍四部电影背后的秘密——拉弗曲线

1980 年 1 月，里根刚竞选上总统，其竞选班子特别安排了一些经济学家来为里根上课，让他学习一些治理国家必备的经济学知识。第一位给他上课的就是拉弗。拉弗正好利用这个机会好好地向里根推销了一通他的关于税收的“拉弗曲线”理论。当拉弗说到“税率高于某一值时，人们就不愿意工作”时，里根兴奋地站起来说:“对，就是这样。二次大战期间，我正在‘大钱币’公司当电影演员，当时的战时收入附加税高达 90%。我们只要拍四部电影就达到了这一税率范围。如果我们再拍第五部，那么第五部电影赚来的钱将有 90% 给国家交税了，我们几乎赚不到钱。于是，拍完了四部电影后我们就不工作了，到国外旅游去。”

正因为里根本人的经历与“供给学派”提供给他的理论如此契合，所以他主政后，就大力推行减税政策，从而也使得一开始并没有引起人们注意的“拉弗曲线”理论登上了经济学主流的大雅之堂。

拉弗曲线的主要含义是：当税率为零时，税收自然也为零；而当税率上升时，税收额也随之上升；当税率增至某一点时，税收达到最高额，这个点就是最佳税率。当税率超过这个最佳税率点之后，税收额不但不增，反而开始下降。因为当税率的提高超过一定限度时，企业的经营成本提高，投资减少，收入减少，即税基减小，反而导致政府的税收减少。

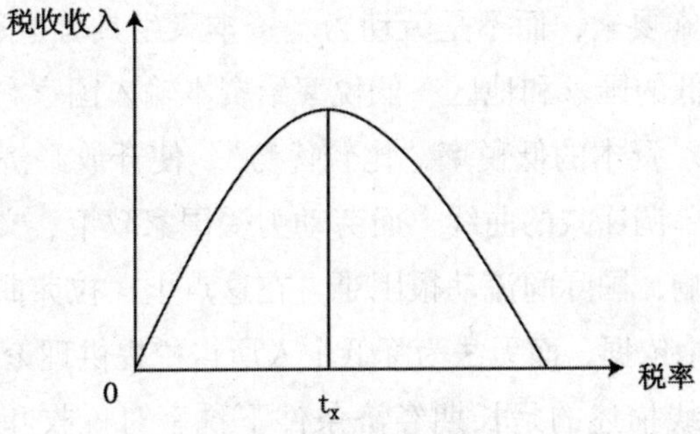

拉弗曲线

拉弗画的这条用来描绘税收与税率之间关系的曲线就被叫作“拉弗曲线”。而拉弗画这条线的意思是提醒政府：适时降低税率能够刺激生产，税收总额反倒会因为税率的降低而增加。如上图所示，这条曲线是两头向下的倒 U 形。当税率超过图中抛物顶点时，挫伤积极性的影响将大于收入影响，所以尽管税率被提高了，但税收收入却开始下降。

要理解这一理论，先从一般人的认识说起。一般人认为，税率越高，对于相同数量的税基来说，能征收到的税收越多。比如对100元的收入征税，100元是税基，如果税率是5%，那么国家可以从中收取5元税收；而如果将税率提高到10%，国家可以从中收取10元的税收，与原来相比，国库中多了5元钱。

在一定范围内对征税对象多赚到的收入提高税率，国家的确可以多征到税；但税率提高一旦突破某个限度后，人们工作的积极性下降，加之主动纳税的热情不高，相反，偷税漏税的动机增强，由此导致税基下降，国家能征到的税反而减少；如果国家将税率提高到更高的程度时，企业将因为利润下降而出现投资积极性下降，甚至可能因为不堪重负而倒闭，税基进一步下降，从而国家可能征到的税也进一步减少。

经济学家拉弗教授就因为发明这条著名的“拉弗曲线”而著称于世，并当上了里根总统的经济顾问，为里根政府推行减税政策出谋划策。但“拉弗曲线”却在实际应用中饱受争议。原因在于以下几方面。

理论上，拉弗曲线缺乏体系的完整性，它仅是解决“滞胀”的一种对策而已，具有一定的局限性。

第一，拉弗曲线的成立必须满足一定的前提条件。必须满足完全竞争市场体系和封闭经济环境，然而，在现实经济中这两个前提都不存在。完全竞争市场是一种理想的市场体系，在现实生活中难以找到。在开放经济条件下，在国际间较易自由流动的是资本要素，而不是劳动力。资本天生具有追逐剩余价值的特性，投资者会选择税率低的国家和地区，低税率给资本输入国家和地区带来就业和税收收入的大幅增长。资本的低税率“比较优势”，使开放经济的税率与税收的函数关系表现为一条单调递减的曲线。而劳动力受国家政策、文化环境、历史背景等多方面因素的影响，国际间流动很困难。在这点上，拉弗曲线最多只能为降低企业所得税提供理论依据，而无法为降低个人所得税提供理论依据。

第二，拉弗曲线描述的是长期经济条件下税率对税收和经济的影响。在短期，各项政策从制定到实施，再到结果，具有一定的“时滞性”。正是这种“时滞作用”，使短期税率与税收的函数关系表现为一条单调递增的曲线。

第三，拉弗曲线忽视了阶层分析方法，只注意了收入与赋税的关系，而忽视了收入后面不同收入阶层的人群，把不同收入的人简单地抽象为“人们”。累进税分为超额累进税和全额累进税两种，各国一般采用超额累进所得税。累进税意味着，收入越多，征税的比例越大。低收入者并不负担高税率，因而不会受高累进税率的伤害。真正负担高税率的只是高收入者额外高的那部分收入，所以高税率只对这部分收入产生较大的负作用。

第四，拉弗曲线的工作观是功利的，不能完全解释人们努力工作的原因。高累进税率影响工作的结果可能有三种，一种是拉弗曲线所预言的，一些高收入者宁愿要更多的闲暇而不是更多的工作；一种情况是一些人会更努力工作，以便赚更多的钱来弥补赋税的损失；而对于“那些欣赏自己的工作以及工作所带来的权力观念或成就观的众多的医生、科学家、艺术家以及企业经理们将为8万美元就像为10万美元一样努力地工作”。

第五，拉弗曲线将个人收入全部视为劳动收入，而忽视了非劳动收入。根据拉弗曲线理论，边际税率越高，闲暇的代价就越小，因而旷工增加，加班减少，人们用于提高技术水平的时间也相对减少，因此，高边际税率妨碍人们的工作积极性，劳动生产率下降。随着个人所得税率的逐步增加，理性人将通过增加劳动时间来增加收入，直至工作极限；然后，增加闲暇时间，减少工作时间，个人收入也随之减少。因此，对劳动收入轻征税、对非劳动收入重征税，有助于鼓励劳动者的工作积极性。

第六节　就业

女大学生为什么会“急嫁”——失业

2009年过完年后，又到了高校毕业生拿着简历奔走于招聘会之时，个别女大学生并不急着找工作，却把精力放到了“找对象”上，她们觉得这样可以避过就业难题，过上舒适的生活，校园中就出现了“急嫁族”。

“急嫁族”的出现，从一个侧面反映出了社会的重要问题：大学生就业难。其实，就业是民生之本，不管人们是否关注生产的减损、战争的痛苦、瘟疫的蔓延，事实上，每个人在关注就业问题。因为，就业问题牵扯到每一个人的切身利益，也牵涉到社会的安定团结。人们都期望社会能实现充分就业而不期待大规模的失业，因为那样会危及自己的生存。

受到2008年金融危机的影响，各大企业都裁员降薪。2009年，全国将有超过600万的高校毕业生需要就业。就业形势的严峻，致使在求职旺季，有不少毕业生无法在短时间内找到工作，尤其是在每年的6月至8月，既是求职高峰，也是失业高峰。并且许多毕业生在寻找工作时并没有参考自己的兴趣特长、所求职工作的各项需要，而是为了“找份工作”而“找工作”。

现象一：简历海投

“我投了六家银行和两家证券公司，到目前为止都没有回音。班里大部分同学都在海投简历，没有人收到Offer。”来自某商学院金融专业的大四毕业生小张说。

现象二：备战大型招聘会

“虽然今年就业形势不佳，但我还没有投简历和参加面试。与其将简历投进网络的茫茫大海，我更有兴趣认真准备接下来的几场大型的招聘会。”某师范大学政治学与行政学专业的小蔡说。

现象三：为工作而迷茫

陈雨，来自某大学数学与计算科学学院。“我投了5份简历，参加了1次校园宣传会，还没有收到面试机会，而我们班，55位同学有18个保研，10个拿到Offer，大部分是暑假实习之后留在实习单位。”目前，陈雨一直担心自己以后没着落，投了很多简历都没消息；身边的人都收到了Offer，自己没收到。

随着我国改革进一步深入展开，就业问题已不仅仅是单纯的经济问题，而更成为不容回避的社会问题。在经济学中，一个人愿意并有能力获取报酬而工作，但尚未找到工作的情况，就被认为是失业。

有劳动能力并愿意工作的人得不到适当的就业机会。没有劳动能力的人不存在失业问题。有劳动能力的人虽然没有职业，但自身不想就业的人，也不称为失业者。

对失业的规定，在不同的国家往往有所不同。在美国，年满16周岁而没有正式工作或正在寻找工作的人都称为失业者。按照国际劳工组织（ILO）的统计标准，凡是在规定年龄内一定期间内（如一周或一天）属于下列情况的均属于失业人口：

（1）没有工作，即在调查期间内没有从事有报酬的劳动或自我雇佣。

（2）当前可以工作，就是当前如果有就业机会，就可以工作。

（3）正在寻找工作，就是在最近期间采取了具体的寻找工作的步骤，例如到公共的或私人的就业服务机构登记、到企业求职或刊登求职广告等方式寻找工作。

美国劳工部表示，2009年7月份非农就业人数减少了24.7万人，而经济学家的预期为减少32万人。失业率从6月的9.5%下降至9.4%，而经济学家的预期为上升至9.6%。这是美国失业率15个月来首次下降。

失业是普遍存在的现象，一般来说，人们都不愿意失业。但失业者可领取一定的失业救济金，但其数额少于就业时的工资水平，因而生活相对恶化，促使其重新就业。从这一点上来说，不少西方经济学家认为，一个合理的失业率及其失业现象的存在，是促进社会发展所必需的条件之一。

不过，如何确定具体的失业人员数量是非常困难的。在我国农村，就存在大量的隐性失业人口。造成失业的原因有很多，因此失业的结构与变动情况是观察重点。失业一般可分为以下几种：

（1）摩擦性失业。摩擦性失业是非自愿失业中的第一种重要类型，用通俗的话来说，就是人们在不断地更换工作时造成的失业。所谓摩擦性失业是指人们为了找到最适合自己嗜好和技能的工作而在换工作的过程中发生的失业现象，是因劳动力市场运行机制不完善而造成的。之所以会造成这种失业，主要是因为，在劳动力市场上的信息流通不顺畅的情况下，一方面，新进入劳动力市场的劳动者在找工作时，缺乏求职经验和信息，不能及时寻找到市场上存在的职位空缺，而造成失业；另一方面，对于那些有工作经验却曾经离职过一段时间的求职者来说，重新的求职过程和花费时间以寻找合适工作，都会带来一定时间段内的失业。

有经济学家认为，这样的失业是劳动力市场里的“润滑剂”，因为它能带来劳动力市场的高效率。不过，生活中，我们常常看到的是，刚刚毕业的大学生由于对劳动力市场不了解，更容易盲目求职，不断更换工作。这样，反而对就业市场不利，极大地提高了失业率。

对于市场本身来说，其需求信息存在时间、空间的局限性，因此，无法从根本上消除摩擦失业，但可以通过加速信息的流通和提高信息透明度、公开度等来降低此类失业发生的的比率。

（2）结构性失业。结构性失业则是指一国或者区域因经济结构变化，产业兴衰转移，导致人们的技能与要招聘的技能不能配合而形成的失业。同摩擦性失业不同，结构性失业是由更宏观的因素造成的，例如，一国或者地区的经济结构调整等重大政策的执行，就会带来结构性失业。此时，失业者虽然能够得到劳动市场有关职位空缺的信息，由于能力与其不符，仍旧无法获得工作。也就是说，在结构性失业的情况下，职位空缺的信息能被劳动者所获得，但由于个人技能同结构性调整时造成的空缺职位不符，从而造成失业。可是，对于一个不断发展的经济体（国家和地区）来说，经济结构的不断调整是不可避免的，所以，此类失业通常也无法彻底解决。

面对结构性失业，政府若想减少其发生的概率，就必须通过加强教育及接受新的职业培训的方式来培养劳动者的相关技能，并且不时地为求职者和就业者提供最新的政策信息，以便让人们有更多的机会进行职业生涯规划和技能调整。相对来说，这一调整过程会比较复杂，但并没有其他有效应对方法。

（3）周期性失业。它指经济周期中的衰退或萧条阶段因需求下降而造成的失业，循环性失业等，其主要是因经济的周期变动而引起的失业。所以，它也就具有阶段性，通常发生在经济周期衰退的阶段。

详细来说，经济在复苏和繁荣阶段，厂商为了扩充生产，大量增加雇佣人数，结果当经济发展到衰退和谷底时，由于社会需求不足，前景黯淡，厂商又会压缩生产，大量裁减雇员，从而形成员工的失业。

同前两种失业最大的不同就是，由于周期性失业由整体经济水平的衰退而引发，所以，它所造成的失业人口众多且分布广泛，是经济发展最严峻的局面，通常需要较长时间才能有所恢复。

我国《劳动法》对促进就业作了专章的规定。我国政府促进就业的措施主要有:（1）通过促进经济发展，创造就业条件，扩大就业机会。（2）采取措施鼓励企业、事业组织、社会团体在法律、行政法规规定的范围内兴办产业或者拓展经营，增加就业。（3）支持劳动者自愿组织起来就业和从事个体经营实现就业。（4）建立和完善劳动就业的服务体系。

70岁退休？可预知的人口红利枯竭——人口红利

故事一：一个饭桌上坐着两个老人、一个年轻的女人，还有一个看上去三四岁的小孩，三个人伺候孩子一个人吃饭。很明显，两个老人一个是孩子的外婆，一个是孩子的奶奶，而另一个年轻女人是孩子的母亲。

故事二：早上一个奶奶送孙女上学。孙女走在前面，奶奶在后面拖着一个带轮子的书包。这种书包是博士生们经常用的。因为博士生一般都有特别多的书需要在图书馆、办公室或者家之间转移，这样的书包会很有帮助，因为容量很大，而且可以在地上拖着走，不费力。可是这个小女孩不过三四年级，竟然就需要这么一个包。

这故事反映了中国人口结构的一个侧面：孩子们在享受着“人口红利”（故事一），享受的太多；但同时，孩子们又被要求为未来的“人口负利”做准备（故事二），一个孩子要承担四个老人，两个父母，负担又太重。

经济学中的“人口红利”用大白话可以说是：如果干活的人多，不干活的人少，那这个经济的活力会高一点。而三个大人伺候一个孩子吃饭，三个人干活，一个人吃饭，这样的“人口红利”不知道是好事还是坏事。

经济学中的所谓“人口红利”，是指一个国家的劳动年龄人口占总人口比重较大，抚养率比较低，为经济发展创造了有利的人口条件，整个国家的经济成高储蓄、高投资和高增长的局面。

一国人口生育率的迅速下降在造成人口老龄化加速的同时，少儿抚养比亦迅速下降，劳动年龄人口比例上升，在老年人口比例达到较高水平之前，将形成一个劳动力资源相对丰富、抚养负担轻、于经济发展十分有利的“黄金时期”，人口经济学家称为“人口红利”。中国目前的人口年龄结构就处在人口红利的阶段，每年供给的劳动力总量约为1000万，劳动人口比例较高，保证了经济增长中的劳动力需求。由于人口老龄化高峰尚未到来，社会保障支出负担轻，财富积累速度比较快。

严格来说，任何完成了人口转变的国家，都会出现这样一种“人口红利”。许多新兴工业化国家尤其是东亚国家因为人口转变的历程较短，往往只用几十年的时间就走完了发达国家上百年才完成的人口转变历程。人口年龄结构变化和经济高速增长之间因而表现出了非常强的关联性，人口转变给经济增长带来的“红利”效应开始被越来越多的人所注意。

日本是亚洲最早实现人口转变和经济腾飞的国家，“人口红利”也出现得最早，大约开始于1930~1935年，结束于1990~1995年，持续了60年左右的时间。其他亚洲国家和地区包括中国、韩国、新加坡、中国香港、泰国、马来西亚、印度尼西亚、菲律宾和越南等在内，差不多在晚于日本30年后出现“人口红利”，目前这些国家都正处在人口的“红利”期。

“人口红利”必然带来经济增长吗？观察上述处于“人口红利”期的国家，不难发现，这些国家在经济发展水平方面发展差异巨大。最富裕的国家如新加坡人均GDP超过3万美元，而最穷的国家越南人均GDP在2005年仅有600多美元。相同的“人口红利”期所导致的经济增长的不同结果意味着“人口红利”并不必然导致经济增长。

事实上，“人口红利”更像一个机会，只有抓住这一机会并加以很好利用才能使“机会”转变为“红利”。从这个意义上说，“人口红利”只是经济增长所面临的一个有利条件：在一定时期内劳动力资源非常丰富。而这一“有利条件”或者说“优势”能否转变为实实在在的经济成果，显然依赖于劳动力资源能否得到充分利用。如果在“人口红利”期，劳动力资源无法得到充分利用，则当人口的“机会窗口”关闭后，“人口红利”也会随之消失。

需要指出的是，“红利”在很多情况下和“债务”是相对应的。“人口红利”也不例外。具体来看，与“人口红利”相对应的“人口负债”就是不断加速的人口老龄化的影响。人口老龄化将会从多个方面影响到我国经济的持续增长能力。首先，老龄化会带来社会抚养比不断提高，劳动力的负担和成本加大。其次，老龄化会加大消费性人口比例，降低生产性人口比例。最后，劳动力年龄结构“老化”将严重影响到劳动生产率。上述三个方面的影响都会在一定程度上削弱经济的竞争能力，并进一步影响到经济可持续增长的活力。

因此，在我们享受“人口红利”丰厚回报的时候，千万不要忘记今后可能会面对的人口“负债”。而要有效地化解将来的“债务”，我们必须做好这样两件事：一是必须长时期保持经济又好又快增长；二是必须尽快建立起覆盖全体居民的社会保障体系。

个人的价值有多大——人力资本

通过教育、培训等方式和手段，在人身上积淀的，具有稀缺性的、能够投入生产中并能产生价值增值的知识、技能、经验和健康等质量因素之和。也有人建议把它解释为就业者的素质和能力，它是未来收入增长的一个源泉。

人力资本是一个多维度的概念。现代经济学已经将人力资本和技术知识作为经济增长的主要解释变量，而技术知识的创新与运用，又是在人力资本的作用下完成的。人力资本同其他资本一样，已成为获取经济收益和非经济收益所凭借的一种手段。

人力资本的价值在古典经济学中虽已受到注意，但直到20世纪60年代知识经济的兴起，美国经济学家、现代人力资本理论的奠基人舒尔茨才开始真正重视人力资本在经济发展中的意义。

1945 年“二战”结束以后，战败国德国和日本受到很大的创伤。很多人认为，这两个国家的经济恐怕要很久才能恢复到原有的水平。但实际上，大约只用了 15 年的时间，德国和日本的经济就奇迹般地恢复了，而且 60 年代以后，这两个国家继续以强大的发展势头赶超美苏，并最终使经济实力上升为世界第二和第三的位置。这其中的原因让许多人迷惑不解，人们开始探究传统经济学的不足。

一般而言，国民财富的增长与土地、资本等要素的耗费应该是同时进行的，但统计资料却显示，“二战”以后，国民财富增长速度远远大于那些要素的耗费速度，这是一个难解之谜。经济领域中这些难以解释的特殊现象的出现，引起了西方经济理论界的高度重视，经济学家们纷纷提出自己的观点。舒尔茨的人力资本理论就是在这样的背景下应运而生的。他提出了著名的观点：在影响经济发展诸因素中，人的因素是最关键的，经济发展主要取决于人的质量的提高，而不是自然资源的丰瘠或资本的多寡。

舒尔茨人力资本理论的基本内涵是，把资本分为物质资本和人力资本两种形式。人力资本是体现在劳动者身上的、以劳动的数量和质量表示的资本。劳动者的知识水平、劳动技能的高低不同，决定了人力资本对经济的生产性作用的不同，结果使国民收入增长的程度也不同。

人力资本，比物质、货币等硬资本具有更大的增值空间，特别是在当今后工业时期和知识经济初期，人力资本将有着更大的增值潜力。因为作为“活资本”的人力资本，具有创新性、创造性，具有有效配置资源、调整企业发展战略等市场应变能力。对人力资本进行投资，对 GDP 的增长具有更高的贡献率，因为人力资本的积累和增加对经济增长与社会发展的贡献远比物质资本、劳动力数量增加重要得多，发达国家是最明显的例子。美国在 1990 年人均社会总财富大约为 42.1 万美元，其中 24.8 万美元为人力资本的形式，占人均社会总财富的 59%。其他几个发达国家如加拿大、德国、日本的人均人力资本分别为 15.5 万美元、31.5 万美元、45.8 万美元。

随着竞争的加剧，人力资本所表现出来的作用也越来越明显。舒尔茨曾说，人的知识、能力、健康等人力资本的提高对经济增长的贡献远比物质、劳动力数量的增加重要得多。

比如，全美最受尊崇的通用公司 CEO 杰克·韦尔奇自 1981 年入主通用，在短短的 20 年时间里，通过实施一系列人力资本管理与竞争变革，使通用这个百年老企业重新焕发出新的活力，公司排名也从世界第 10 位上升到第 2 位，成为全球最具竞争力的跨国公司。

朋友，你的资本你都发现了吗？年轻、健康、智慧……这些人力资本的重要构成部分是金钱都换不来的，这些资本的存在，就可以帮助你成就你自己。

你拥有的资本不一定是你的长处，有时候也许并不是你希望拥有的东西，但无论如何，它们都是你特有的资本。

希望你能真正清楚自己有哪些资本，要成功就一定要好好利用你的资本。你要不断地发掘自己的内在潜力，并努力使这些潜力发挥出更大的能量，从而使自己的职业生涯更加辉煌。

很多人都知道，在美国想要找一份好工作，在很大程度上会受到你教育水平与经历的影响。受教育的程度越高，个人经历与阅历越丰富，在其他条件相同的情况下，你就会比别人更容易获得一份好工作。

普通员工没有职业律师收入高，主要是因为两者在人力资本投资上的极大差别所致。培养一名律师需要 5 ~ 10 年的专业学习时间，而培养一名普通员工最多只要一两个月就够了。用于学习手艺或受培训的时间及货币财富共同构成了人们为进行人力资本投资而支付的全部机会成本。正是由于这种投资，人们在单位时间的生产率才会得到提高，而正是这种生产率的提高使雇主愿意起用他，并为他付出较高的报酬。

要补休还是要加班费——劳动与休闲

工作对于一个人来说至关重要，因为工作是人生存和发展的根本，是创造物质财富的前提。但是休闲作为工作的孪生姐妹，对人们的生活同样起着举足轻重的作用。只有通过休闲缓解紧张、积蓄体力，人才能够重新获得劳动能力和焕发生命力。工作和休闲这对孪生姐妹，始终伴随着人类的生存和发展，当经济学家把劳动作为一种经济活动来研究的时候，休闲活动也不可避免地纳入到了经济学研究领域。

工作和休闲的关系可通过劳动理论解释：每个人每天的时间都是有限的 24 小时。时间资源配置主要有两种用途：工作和休闲。工作是指有报酬的活动，如上班或从事商业活动。休闲是指没有报酬甚至需要支出的活动，如睡觉、读书、旅游等。一个人把多少时间花在工作或休闲上，主要取决于劳动的价格，即实际工资水平。

实际工资水平的变动会引起替代效应。当实际工资水平增加时，人们会放弃休闲娱乐，转而增加工作时间。因为工作越多意味着收入越多。比如，你平时的工资是每天 80 元，但是节假日加班可以获得三倍于平时的工资，为了获得更多的报酬，有的人会放弃节假日的休息，选择在单位加班。由此可见，工作和休闲存在相互替代的关系，在一定的可自由支配时间内，劳动时间越长，休闲时间就越短，反之亦然。

如今，越来越多的人只把眼光放到工资和收入上，而忽视了休闲和休息的重要性，由此导致的亚健康人士越来越多。

35 岁的浩文已经有了自己的公司，现在正是“黄金积累期”，每天工作超过 15 个小时，晚上经常连续 3 场应酬。但是浩文最近的日子很难过，因为他一直失眠。即使凌晨才回到家累得虚脱，还是睡不着，经常睁着眼睛到早晨 6 点再爬起来开车上班。除此之外，浩文还发现胃不大对劲，经常闷痛，心脏也不舒服，有一次居然还在家里昏倒了。医生让他做 24 小时心电图，结论是严重早搏。浩文开始吃中药，枫斗（一种中药）天天喝，太太每周用虫草炖鸡汤，但是没有完全好转，签字或者端酒杯，手都会明显颤抖。直到公司旅游，浩文带员工去了趟日本，没了工作电话的骚扰，居然在旅游车上睡了 3 天，回来后人人都说他气色好了不少。

其实，像浩文这样拼命工作而导致身体健康处于亚状态的人很多。更好地均衡自己的工作和休闲时间，在关注自己收入的同时，也必须关注自己的健康，因为“身体是革命的本钱”。

世界上不工作的人很少，但不懂得工作的人很多。现代人尤其是具有“三高”（高学位、高职位、高收入）的精英阶层，工作时间不但没有缩短，反而有加长的趋势。这些精英阶层的竞争力一方面来自信息资本、知识资本。而信息资本、知识资本消耗快、储备慢，他们不但要投入大量的时间一边工作一边补充，另一方面还要应对群体的内部竞争。这样，工作时间自然会延长。为此，工作必须要注重休闲。

休闲可以看成社会经济发展进步的标志，休闲质量的高低就反映了国民生活水平和生活质量的高低。闲暇时间是个人用来享受、娱乐、发展个性的时间，由此闲暇消费就具备了与其他消费不同的特殊性。

我们必须重视休闲的作用。合理的闲暇使劳动者的体力、智力得到恢复和发展，大大有利于劳动者质量的提高。这是因为增加闲暇时间，能使劳动者的才能得到充分的发挥，就能发展社会生产力，创造更多的社会财富，劳动者素质的提高，劳动技能的提高能够有效地提高劳动的生产效率，从而促进社会生产力的发展。

休闲为弥补当代社会生活方式中人们的许多要求创造了条件，更为重要的是，它通过身体放松，欣赏艺术、科学和大自然，为丰富生活提供了可能性。无论是在城市还是农村，休闲都是重要的。它为人们提供了激发基本才能的变化条件：意志、知识、责任感和创造能力的自由发展。合理的闲暇消费能充分发挥每个劳动者的爱好和专长，发挥自己的聪明才智，促进人的全面发展。因为在闲暇时间里，人们主要从事业余的科学文化活动、体育以及各种娱乐和休息，使智力和体力得到恢复和发展。

当然，休闲消费是社会经济发展进步的标志，但也有一个合理化的问题。就目前而言，闲暇消费应以提高全民族的思道德德素质和科学文化素质为目标，提倡健康文明的生活方式，不断提高居民的精神文化生活的质量。

政府也可以根据消费者闲暇消费的发展趋势，适当地加以引导并在政策上予以扶持，就能创造出新的消费热点，促进经济的良性发展。我国目前的"假日经济""旅游经济"等就是一个明显的例子。

在现代社会，增加休闲时间是一个全球运动，也是现代化发展的必然结果。但是，加班加点在有些地方具有"普通性"。长期超时工作，已经严重威胁到人们的身心健康。当工作的压力直接威胁到人的身心健康时，工作的意义又是什么呢？在关注经济增长速度、关注人们收入提高的同时，是否更应该关注人们快乐指数、幸福指数的提高？而关注快乐指数、幸福指数的提高，其中最主要的就是关注和实现人们工作与休闲时间的平衡。

经济增长与失业有什么关系——奥肯定律

美国著名的凯恩斯派经济学家阿瑟·奥肯发现了周期波动中经济增长率和失业率之间的经验关系，即当实际 GDP 增长相对于潜在 GDP 增长（美国一般将之定义为 3%）下降 2% 时，失业率上升大约 1%；当实际 GDP 增长相对于潜在 GDP 增长上升 2% 时，失业率下降大约 1%。若当年实际上的 GDP 增长率超过潜在 GDP 增长率的 2 个百分点，则可以使失业率低于自然失业率 1 个百分点，即失业率与实际 GDP 增长率缺口之间的比例为 1 ：2。这条经验法则以其发现者为名，称之为奥肯定律。

奥肯定律曾经相当准确地预测失业率。例如，美国 1979 ~ 1982 年经济滞胀时期，GDP 没有增长，而潜在 GDP 每年增长 3%，3 年共增长 9%。根据奥肯定律，实际 GDP 增长比潜在 GDP 增长低 2%，失业率会上升 1 个百分点。当实际 GDP 增长比潜在 GDP 增长低 9% 时，失业率会上升 4.5%。已知 1979 年失业率为 5.8%，则 1982 年失业率应为 10.3%（5.8%+4.5%）。根据官方统计，1982 年实际失业率为 9.7%。与预测的失业率 10.3% 相当接近。

奥肯定律的一个重要结论是：为防止失业率上升，实际 GDP 增长必须与潜在 GDP 增长同样快。如果想要使失业率下降，实际 GDP 增长必须快于潜在 GDP 增长。因此，摆在政府面前的选择是，即一定要保持 GDP 的高速增长，这样一方面能迅速提高我国人民的生活水平，同时也能较好地解决未来的就业压力。

研究实际 GDP 增长与失业率变动的关系，必须根据实际 GDP 增长比潜在 GDP 增长是快还是慢，以及快多少和慢多少，决不能只根据实际 GDP 增长，而置潜在 GDP 增长于不顾。

不过值得注意的是，奥肯所提出经济增长与失业率之间的具体数量关系只是对美国经济所做的描述，而且是特定一段历史时期的描述，不仅其他国家未必与之相同，而且今日美国的经济也未必仍然依照原有轨迹继续运行。因此，奥肯定律的意义在于揭示了经济增长与就业增长之间的关系，而不在于其所提供的具体数值。

经济增长了，就业率就提高了，这是世界各国的普遍规律。然而，这条规律如今在中国似乎不灵了，当中国正在为经济增长欢呼时，却发现失业率也在增长。

国家统计局公布的数据显示，1985 ~ 1990 年，全国 GDP 年平均增长率为 7.89%，同期就业人口年平均增长率为 2.61%；1991 ~ 1995 年，全国 GDP 年平均增长率为 11.56%，同期就业人口年平均增长率为 1.23%；1996 ~ 1999 年，全国 GDP 年平均增长率为 8.30%，同期就业人口年平均增长率为 0.96%。近年来，我国经济增长速度较快，而与此同时，登记失业率亦然居高不下。可见，我国就业增长率并没有随 GDP 增长率同步增长，反而出现较大幅度降低现象。被国内外实践普遍证明的“奥肯定律”，为何在中国“失灵”？

有人认为，很多地方在经济快速增长同时，都在不断优化产业结构，资金、技术密集型企业替代了传统劳动密集型企业。实际上按正常规律，资金和技术密集型产业替代传统的劳动密集型产业，必然会促进另一种劳动密集型产业——第三产业的发展。然而在中国，第三产业并不发达。它只有两种合理的解释：一是虽然经济增长了，但老百姓的收入并没有随之水涨船高，于是内需无法启动，第三产业发展不起来；二是第三产业虽有发展，但是第三产业的劳动条件和劳工权益太差，劳动者的工作时间长、工作强度大，劳动密集型产业变成了“工时超长型产业”，自然吸纳不了太多的员工。

有资料表明，在经济增长过程中，国民工资总额占GDP的比重逐年下降，而税收占GDP比重逐年上升，这几年政府税收是国民工资总额的2至3倍。这种现象产生了十分有害的负面影响：既大面积地损害了劳动者的基本权利，也限制了正常的就业机会增加，并损害了民生状况，进而降低了经济发展的内需拉动力。

以往，很多人往往有一个不切实际的幻想，认为经济增长可以一俊遮百丑，只要经济增长了，社会上的许多矛盾和问题都会迎刃而解。于是不惜一切代价招商引资，不惜一切代价维护资本利益。

现在，我们必须重新审视经济增长的目的：经济增长是为了增进民众福利，还是GDP和税收的数字攀升？经济增长使人与自然、人与人更和谐，还是有意无意地加剧了贫富差距以及人与资源、环境、人与社会的紧张对立？如果是前者，经济增长的正当性问题就得到了解决；如果是后者，那样的经济增长就是非正义的，不仅不能解决社会发展中遇到的任何问题，反而会制造出更多的环境问题、经济问题、社会问题乃至政治问题。

·第七章·

与五大洲的朋友做生意：对外交往要懂的经济学

第一节　国际贸易

我们生活在地球村——经济全球化

经济全球化是指世界经济活动超越国界，通过对外贸易、资本流动、技术转移、提供服务、相互依存、相互联系而形成的全球范围的有机经济整体。经济全球化是当代世界经济的重要特征之一，也是世界经济发展的重要趋势。

世界各国、各地区经济，包括生产、流通和消费等领域相互联系、相互依赖、相互渗透，以前那些由于民族、国家、地域等因素所造成的阻碍日益减少，世界经济越来越成为一个不可分割的有机整体。其内容主要包括以下方面：

生产全球化。举例而言，美国波音公司生产的波音客机，所需的450万个零部件，来自6个国家的1500家大企业和1.5万家中小企业。波音公司所完成的不过是科技的设计、关键零部件的生产和产品的最终组装而已。据统计，目前全世界有40%的产品是由跨国公司生产的。

贸易全球化。世界市场的形成使各国市场逐渐融为一体，并极大地促进了全球贸易的发展。国际贸易的范围不断扩展，世界市场容量越来越大，各国对世界市场的依赖程度也日益增大。

金融全球化。各国金融命脉更加紧密地与国际市场联系在一起。迅速扩展的跨国银行，遍布全球的电脑网络，使全世界巨额资本和庞大的金融衍生品在全球范围内流动。

投资全球化。国际投资中资本流动规模持续扩大。1995年发达国家对外投资总额达到了2.66万亿美元，是1945年的130多倍。资本流向从单向发展为双向，过去只有发达国家输出资本，现在发展中国家也对外输出资本，包括向发达国家输出。

区域性经济合作日益加强。区域经济组织遍及全世界，如欧洲联盟、北美自由贸易区等。许多区域集团内部，都实现了商品、资本、人员和劳务的自由流通，使得区域内能够合理配置资源，优化资源组合，实现规模经济，提高经济效益。

一方面，全球化为发展中国家提供了难得的发展机遇，有利于吸引外资，弥补国内建设资金的不足；有利于引进先进技术和设备，实现技术发展的跨越；有利于学习先进管理经验，培养高素质的管理人才；有利于发挥比较优势，开拓国际市场。另一方面，它也不可避免地会给发展中国家带来不利因素和风险。发展中国家的经济和科技水平相对落后，不仅面临着发达国家经济和技术优势的巨大压力，而且国家经济主权和经济安全也受到严重挑战。正因为如此，世界银行首席经济学家斯蒂格利茨把全球化具有的两重性比喻为“一柄双刃剑”。

1. 在全球化过程中，发展中国家处于不利地位

几百年资本主义、殖民主义统治的结果，世界经济发展的严峻现实是，南北之间即南半球广大发展中国家（约占世界人口的四分之三）与北半球发达国家（约占世界人口的四分之一）之间，也就是穷国和富国之间，在经济发展和人民生活水平上的差距很大。这是世界范围的一种不公平现象。资本主义殖民体系崩溃之后，南北差距并未缩小，其原因是西方发达国家依靠国际经济旧秩序，垄断世界商品市场和金融市场，通过压低发展中国家初级产品的进口价格，抬高发达国家制成品和高精尖产品的出口价格，进行不等价交换，同时进一步加强了资本输出，从而使南北之间的差距越来越大，由原来的几倍扩大到十几倍、几十倍，甚至上百倍。经济全球化趋势仍然是在国际经济旧秩序没有根本改变的情况下形成和发展的。西方发达国家在资金、技术、人才、管理以及贸易、投资、金融等各个方面都占有优势。目前国际经济的“游戏规则”，虽然其中有符合社会化大生产的一面，但总体上是在西方发达国家主导下制定的，国际经济和金融组织也都控制在美国等西方发达国家手中。它们利用这些优势，成为经济全球化的最大受益者。经济全球化由发达国家首先推动并在其中一直起着主导作用，而发展中国家虽然是政治上独立的主权国家，但在国际经济关系中处于受支配的地位，不可避免地带来发展中国家与西方发达国家贫富差距的进一步扩大。

2. 在全球化过程中，发展中国家主要产业乃至整个经济命脉有可能被跨国公司与国际经济组织所控制

经济全球化的主要推动力是跨国公司。根据联合国《1997 年世界投资报告》的最新统计，目前全世界已有 44000 个跨国公司母公司和 28 万个在国外的子公司和附属企业，形成了庞大的全球生产和销售体系。这些跨国公司控制了全世界 1/3 的生产，掌握了全世界 70%的对外直接投资、2/3 的世界贸易与 70%以上的专利和其他技术转让。我国部分国内市场已经被跨国公司控制，轻工行业如洗涤用品、饮料等，外商投资企业在产量、销量上占了 35%～50%；移动通信设备仅美国摩托罗拉天津独资企业一家已占国内市场的 90%，国内企业彻底退出竞争，外商一统天下。德国西门子在华 39 个合资企业中规模最大的北京国际交换系统有限公司的产品今年在中国市场的份额达到 23%，全国程控交换机外商占 70%的市场。

有的研究者指出，在全球化背景下爆发的亚洲金融危机，给一些发展中国家造成巨大的损失。有的评论认为，从外部因素来说，西方国际垄断资本先是使短期资金大量涌入亚洲国家，使之看作是难得的融资而纷纷引进。而当这些国家将资金造成大量不良资产时，西方金融投机家就利用短期资金进行套利，并把资金撤走。到了发生金融危机的国家需要国际援助时，他们又通过自己操纵的国际金融、经济组织提出种种损害受援国的条件，进一步控制这些国家的金融机构和经济命脉。随着经济全球化的发展，当今世界各种全球性和区域性国际组织日趋增多，比如世界银行、国际货币基金组织、关贸总协定和世界贸易组织。他们对国家经济主权的渗透性越来越大，已成为对发展中国家进行强有力经济干预的机构。为了获得更大的国家利益，发展中国家不得不让渡一部分国家经济主权。

3. 在全球化过程中，发展中国家生态环境和可持续发展的矛盾会日益尖锐

经济全球化已经并正在导致一种崭新的全球分工格局的出现：发达国家主要发展知识密集型的高新技术产业和服务业，而把劳动和资源密集型的产业向发展中国家转移。广大发展中国家除了继续作为原材料、初级产品的供应者外，还成为越来越多的工业制成品的生产基地。发展中国家的经济发展和高新技术相对落后，不得不以消耗稀缺自然资源和污染环境为代价，参与国际竞争，争取“后发效应”。在全球化背景下，日趋激烈的综合国力竞争，主要体现在资源的争夺上，这实际上是一场没有硝烟的战争。这场战争的结果，将会进一步强化西方发达国家在高新科技领域的垄断地位，进一步加剧发展中国家的环境污染和生态环境的破坏，影响发展中国家的可持续发展。

“东亚共同体”难道仅仅是一个梦想——区域一体化

一体化的含义是把各个部分结合为一个整体。在经济学领域里，一体化首先出现于对企业经营活动的研究中。自20世纪50年代初起，一体化被广泛应用于对国际经济活动的研究中，用来形容多个国家独立的经济活动融合为紧密相连的一个整体的经济活动。按照涉及的国家范围来划分，经济一体化可以分为区域性的经济一体化和世界性的经济一体化。就目前经济一体化的实践和理论来看，经济一体化主要是区域性的。

经济一体化定义最早是由荷兰经济学家丁伯根在1954年提出的。他认为：“经济一体化就是将有关阻碍经济最有效运行的人为因素加以消除，通过相互协调与统一，创造最适宜的国际经济结构。”丁伯根还把经济一体化分为消极一体化和积极一体化。他认为，消除歧视和管制制度，引入经济交易自由化是消极的一体化；而运用强制的力量改造现状，建立新的自由化政策和制度是积极的一体化。

欧洲一体化是在“二战”后起步的，1950年5月9日，法国外长舒曼向西德总理阿登纳提议将两国的煤钢生产置于一个超国家的高级机构管理之下，并将该机构向其他国家开放，这项建议得到了意大利、荷兰、比利时和卢森堡的响应。1951年4月18日，6国在巴黎签订了《欧洲煤钢联营条约》，正式成立“欧洲煤钢共同体”。1957年3月25日，6国在罗马签订《欧洲经济共同体条约》和《欧洲原子能共同体条约》，统称《罗马条约》，决定建立“欧洲经济共同体”和“欧洲原子能共同体”，条约于1958年1月1日正式生效。1967年7月1日，6国正式将“欧洲经济共同体”“欧洲原子能共同体”和“欧洲煤钢共同体”的部长理事会及委员会等主要机构合并，统称“欧洲共同体”。

1991年12月9日，欧共体在荷兰马斯特里赫特召开特别首脑会议，签订了《欧洲经济和货币联盟条约》及《欧洲政治联盟条约》，通称为《马约》，1993年11月1日，该条约在得到所有成员国的批准后正式生效，欧共体正式更名为欧盟。

欧盟在其历史上共进行了5次扩大：1973年1月1日吸纳英国、丹麦和爱尔兰；1981年1月1日接纳希腊；1986年1月1日吸收西班牙和葡萄牙；1995年1月1日，欧盟进行了第4次扩大，奥地利、瑞典和芬兰加入欧盟；2002年12月，欧盟与波兰、匈牙利、捷克、斯洛伐克、爱沙尼亚、拉脱维亚、立陶宛、斯洛文尼亚、马耳他和塞浦路斯结束入盟谈判，确定上述10国将于2004年5月1日正式加入欧盟，2003年4月16日，10个中东欧候选国在希腊雅典与欧盟签署入盟条约，从法律上确保了10国按期入盟。

无论是从历史还是从现今经济发展的趋势来看，实现区域一体化都有着重要的意义。

日本在1615～1854年这两百多年间，被德川幕府彻底封闭。外国人不能进去，日本人不许出来。应该说，在一定程度上，“闭关”政策给国家带来了稳定的经济结构，并一度带来繁荣，然而从长远看，自我封闭阻碍了社会各方面的进步，尤其是切断了与欧洲第一次工业革命的联系，使得科技远远落后于西方。而后的历史也证明了，自我封闭在根本上是一种错误、愚蠢的决定。

从理论上说，最理想的经济一体化当然是全球经济一体化，在这个体系内，世界上各个国家的经济彼此开放，相互联系，相互依存。但是事情总会有一个漫长的过程，现实中的做法是先实施地区经济一体化。在这个区域内，建立一个由各国政府授权组成、具有超国家性的共同机构，并制定统一的贸易、财政与金融等政策，从而优化资源配置，形成一个高度协调发展的有机体。

经济一体化是指在现有的生产力水平和国际分工的基础上，两个以上的国家协商建立的经济联盟。在这个多国区域内清除了任何贸易壁垒，并由经济联盟建立的统一机构来监督政策及措施的运行。

在东亚建立一个贸易共同体的想法已有悠久的历史。20世纪40年代开始，日本便产生在东亚建立大东亚共荣圈的设想。然而这种想法并不成功，因为它主要是作为一种意识形态存在，日本想凭借其庞大经济、军事和政治力量，建立日元圈和日本势力范围。在其随后的历史进程中，亚洲的一体化明显落后于欧洲，这其中是有原因的。

首先，欧洲各国整体经济水平差别不大，地区一体化后不会对经济造成巨大波动。而在亚洲，仅仅中日韩三国的经济发展水平就存在相当差距。其次，中国无论经济和政治体制都与日本、韩国不同。再次，东亚国家彼此间存在着历史及领土问题的纠纷。最后，一些国家内部还存在不同的声音。在欧盟的发展过程中，一些国家的议会曾阻止本国政府加入欧盟的一些条约，如爱尔兰议会就阻止了本国加入《里斯本条约》。而在东亚，日本国内的反对声音认为，日本应该与价值观相近的美国形成共同体，应加入北美自由贸易协定，而非东亚共同体。更有一些人认为，日本加入共同体后，将会被强势发展的中国经济圈所蚕食。由此可见，东亚一体化的进程依然障碍重重。

不过东亚一体化的发展趋势是不可阻挡的。随着科技和经济的不断进步，“地球村”的概念越来越明显，这加快了人类文明的融合和发展，地区经济政治一体化也更加突出。在欧洲，欧盟还在扩展和深化，设置统一的欧盟总统的构想在讨论中。在北美，美国、加拿大和墨西哥的一体化合作已经形成。在南亚，以印度为核心的南亚共同体也呼之欲出。此外，拉美、非洲等有自己的地区合作组织。因此，东亚建立一个以中日主导的共同体是大势所趋。

东亚国家的经济文化交往历史悠久，起源于中国的儒教文化深深影响着东亚各国。长期以来，中、日、韩共同组成了鲜明的东方文化。汉字文化圈或筷子经济圈一直为人所乐道。

此外，东亚地区经济发展迅猛，成为继西欧、北美经济区之后的世界第三大经济区。统计数据显示，中、日、韩外贸总额超过两万亿美元，其中58%来自三国之间的区域内贸易，高于北美自由贸易区的55%，逊于欧盟的65.5%。一个“相互依赖”的区域性贸易链正在东北亚地区逐渐成形。有评论认为，鸠山首相还把东亚共同体定位为继欧盟、美国之后的世界经济的第三极，希望将东亚变成带动世界经济增长的“牵引机车”。实际上，东亚经济区不仅是拉动世界经济增长的马达，更是促进东亚共同体形成的催化剂。

东亚共同体虽然目前还只是一个概念，但是，东亚各国的合作早已经开始。东盟10国已经形成机制，而中、日、韩也参加了东盟的10+3会议。最近，中、日、韩三国也建立了自己的领导人会议制度，这些都可以说是东亚共同体的初级阶段。

经济领域的世界大战——国际贸易

传说在古代，有一个国家的皇帝下了一道奇怪的圣旨，本国的大臣都得穿丝绸衣服，而老百姓却不能养蚕，只能种粮食。结果丝绸价格一涨再涨，仍然供不应求。见到这一情况，邻国几乎举国的老百姓都去养蚕制丝，再转而卖到这个国家，许多人发了大财。几年过后，这个国家的皇帝又下了第二道命令，本国大臣只能穿土布衣服，于是邻国的丝绸一下子卖不动了，不仅如此，由于举国造丝，无人种粮，他们只得向这个国家高价购买。然而紧接着，皇帝下了第三道命令：本国的粮食一粒都不能卖到外国去。结果可想而知，不动干戈，一个没有种粮食的国家便就此灭亡了。

以经济学的眼光看，这就是利用国际贸易毁灭了一个国家。这向我们传达了一个信息：国际贸易对于一个国家来说，是非常重要而又伴随着风险的。

国际贸易（International Trade）是指不同国家（和/或地区）之间的商品和劳务的交换活动。国际贸易是商品和劳务的国际转移。国际贸易也叫世界贸易。国际贸易由进口贸易（Import Trade）和出口贸易（Export Trade）两部分组成，故有时也被称为进出口贸易。从根本上说，国际贸易和国内贸易并无不同，但是它在不同国家和地区间进行，容易受到国际政治、经济、双边关系等局势变化的影响，因此更为复杂。

对于任何一个国家而言，国际贸易都同时有着正面和负面影响。

国际贸易可以有效利用世界的资源，从而为各国提供更多的发展机遇，使其变得更加富裕。比如泰国生产稻米的成本较低，而日本生产电子产品的成本较低，那么泰国和日本可以进行稻米与电子产品的贸易（当然过程会很复杂），这样就有效避免了资源浪费。特别是在经济全球化的今天，如果在世界范围内形成国际分工协调与合作，每个国家都有希望得到更多的机会。

但是，国际贸易毕竟是一种世界范围的市场竞争，它的负面影响也很明显。由于国与国之间经济发展的不平衡，经常会出现发达国家依靠强大的经济实力，不考虑全局利益，自私地进行经济侵略，有可能让发展中国家受到更大的损失。在这种情况下，国际贸易就更像是一场经济领域的世界大战了。

受全球经济危机的影响，美国2009年对中国产品发起了更加有恃无恐的贸易保护措施。据中国商务部统计，2009年一年，美国已对中国产品发起10余起“贸易救济调查”。

从2009年9月美国对中国轮胎加征35%的惩罚性关税开始，贸易大战没有停息过。仅在当年的11月份，美国就对中国发起了多起贸易保护行为。

11月3日，美国商务部初裁对中国输美金属丝托盘实施惩罚性关税；4日，美国就所谓的中国原材料出口问题请求世贸组织设立专家组；5日，美国商务部初步裁定对从中国进口的油井管征收反倾销税；6日，美国国际贸易委员会一天之内对三起涉华贸易案作出初步裁定，其中有两起涉案产品将面临反倾销与反补贴关税惩罚。11月24日，美国商务部作出终裁，以中国油井管存在补贴为由，宣布将对相关中国输美产品加征10.36%至15.78%的反补贴关税，涉及金额约27亿美元，被称为迄今为止美国对华贸易制裁数额最大的一起案件。

不过，在这一场贸易大战中，中国并没有示弱。在2009年9月份，中国轮胎被加征35%的惩罚性关税后几天，中国商务部宣布对美国部分进口汽车产品和肉鸡产品启动反倾销和反补贴立案审查；紧接着，美国商务部初步裁定对从中国进口的油井管征收反倾销税，中国商务部立即宣布对原产于美国的排气量在2.0升及2.0升以上进口小轿车和越野车发起反倾销和反补贴调查；美国也不示弱，又宣布对中国生产的铜板纸等实施反倾销与反补贴的合并“双反”调查。在这期间，欧盟对中国生产的不锈钢管征收反倾销税、澳大利亚对中国生产的铝合金型材征收16%的反倾销税等也不时出现，中国正面临一场空前的国际贸易大战。

贸易战的危害有史为鉴：1930年，美国国会通过《斯姆特－霍利关税法》将进口产品关税全线上调了20%，以保护国货，时任美国总统胡佛为了青史留名，在任内最后时间，签署了要求所有联邦政府项目使用美国原材料的《买美国货法案》。美国此举的结果是恶化了欧洲的经济，没有解决自身的产能过剩危机，导致全球经济大萧条。第二次世界大战之所以烽烟四起，这些保护措施“与有功焉”。

国际贸易纠纷一旦爆发，势必异常激烈，因为它往往关系到一个国家某个行业的整体利益，进而牵连国家的经济命脉。因此，维护自由贸易、反对成员国采取单方面的贸易限制措施的世界贸易组织便应运而生，并对解决国际贸易纠纷起到了积极的作用。我国在加入WTO后，与中国有关的诸多贸易争端便可以依据世贸组织的多边机制予以应对，更好地维护自身的利益，取得更快的经济发展。

中国生产瓷器与美国生产葡萄酒——比较优势

比较优势理论（Theory of Comparative Advantage）可以表述为：在两国间，劳动生产率的差距并不是在任何商品上都是相等。对于处于绝对优势的国家，应集中力量生产优势较大的商品，处于绝对劣势的国家，应集中力量生产劣势较小的商品，然后通过国际贸易，互相交换，彼此都节省了劳动，都得到了益处。

比较优势理论的核心内容是“两利取重，两害取轻”。试以中国生产的瓷器和美国生产的葡萄酒为例来说明。

在国际分工前，中国生产1单位瓷器需要100个劳动日，1单位葡萄酒需要120个劳动日；美国生产1单位瓷器需要90个劳动日，1单位葡萄酒需要80个劳动日。按绝对成本论，两国不可能发生贸易。因为在美国，这两种产品的生产成本都比中国低，美国不需要从中国进口，中国也没什么便宜货可以卖。但通过成本比较，就可以找到各自的比较优势：美国对中国的比较成本：瓷器是90/100（=0.9），葡萄酒是80/120（=0.6666），美国的比较优势在葡萄酒；中国对美国的比较成本：瓷器是100/90（=1.1），葡萄酒是120/80（=1.5），中国的比较优势在瓷器。

而在国际分工后，中国专门生产瓷器，分工前220个劳动时间，1单位瓷器和1单位葡萄酒。现在220个劳动时间生产2.2单位瓷器。美国专门生产葡萄酒，分工前170个劳动时间，生产1单位瓷器和1单位葡萄酒。现在170个劳动时间生产2.125单位葡萄酒。综合中国与美国的产量，分工前中国与美国390（100+120+90+80）个劳动日共生产2单位瓷器与2单位葡萄酒，分工后390个劳动日共生产2.2单位瓷器和2.125单位葡萄酒。两国通过分工，专门生产比较成本较低的产品，可以增加世界产量，通过交换，双方都可以得到利益。

这一原则告诉我们，任何一个国家，不论它的经济力量是强是弱，都能根据比较优势原则，确定自己具有相对优势的产品，安排生产，进行贸易，使贸易双方都可以利用同样的劳动耗费，交换到比分工前所能得到的更多的产品。由这一原则，我们得出了比较优势战略。

比较优势战略，就是通过市场机制和经济的对外开放，由价格机制向国内生产者显示该国要素和商品的供求及相对稀缺性，并通过这些相对价格的引导，能够充分发挥比较优势的经济部门的发展，从而促进经济长期稳定增长。

比较优势战略来源于比较成本理论。比较成本理论认为，不同国家生产不同产品存在劳动生产率或成本的差异，各国应分工生产本国具有相对优势的产品，各个国家按照比较利益原则加入国际分工，从而形成对外贸易的比较利益结构。发展中国家自然资源和劳动力丰富，发达国家资本和技术资源丰富，据此形成的贸易格局是：发达国家进口劳动密集型和自然资源密集型产品，出口资本、技术密集型产品；发展中国家进口资本、技术密集型产品，出口劳动密集型产品，现实的国际分工格局也基本如此。

一般而言，中国现阶段劳动力相对多，资本相对短缺，应该发展劳动力相对密集型的产业，或是资本密集型产业中劳动力相对密集的区段。但是，劳动力密集型产业或者资本密集型产业中劳动力相对密集的区段，可能成千上万，每个地方的资源不可能把符合这两个条件的所有产品都生产出来，这就必须作出选择。

具体的选择应该遵循以下四个原则。

一是选择当地有传统的产业。举几个例子：扬州有个杭集镇，是全国的牙刷之都，如果杭集镇牙刷厂不开工，全世界的牙刷都要配给。这个镇从清朝道光年间开始生产牙刷，有历史传统。南昌有一个文港镇，是全国的钢笔之都，从宋朝就开始生产笔了，很有历史传统，现在国内生产的70%的钢笔都出自这个地方。

二是当地有国有企业。20世纪50年代，国有企业在很多产业不具备比较优势，当时我国一穷二白。改革开放26年，我国平均每年经济增长速度为9.4%，经济规模提高了10.3倍，现在，资本拥有量、技术拥有量和20世纪50年代已经改善非常多，许多原来不具备比较优势、需要政府保护补贴才能生存下来的企业，现在其实可以焕发活力了。以重庆为例，重庆原来是老工业基地，现在则是全世界的摩托车生产之都，全国摩托车每年生产一千多万辆，重庆要生产400多万辆。这是因为，过去的重工业基地，为此打下了许多装备业的基础，当地有国有企业形成的产业群聚，现在已经符合我国的比较优势。

三是当地要有独特的资源。宁夏的枸杞子，新疆哈密的葡萄干，都是当地的独特资源。

四是当地已有产业可以向上下游延伸。比如说义乌，原是农区，基本上没有工业，但现在义乌有很多工业，如织袜业、文具业等，因为义乌有市场，从销售可以延伸到生产，生产的产品用于劳动力密集、技术相对比较传统型的产品，符合比较优势，又同市场经验相结合。

什么让各国人民生活越来越好——国际分工

有这样两个相邻的国家，一个大国，一个小国。大国是平原地区，适合于谷物生长；小国是山区，适应于种桑和生产丝绸，而不太适应种植谷物。长期以来，两国之间倒也相安无事，每每有争端之际，小国万众一心的防备让大国感到难以下手！

有一天，大国的大王忽然要求本国的百姓们不得种桑，只能种粮。一时间丝绸大涨，粮价下跌。于是小国的人多种桑树，减少种粮，多生产丝绸，以满足大国消费的需要。

很多年过去了，小国越来越富，生产的丝绸质量越来越好，技术附加值也越来越高，年轻人都从事各类丝绸类技术开发与生产，也做丝绸换粮食的国际贸易。时间一长，小国的人都不种粮食了。

而大国不种桑以后，粮食种得也不错，尽管粮食价格下跌，但产量也提高了，粮库多得装不下，多余的部分也能卖到小国去，日子过得虽不如小国富有，但也还不错。

古代的国际经济一体化就这样在不知不觉中就完成了。日子一天天过去了，大家都生活在相互依存的世界中，小国和大国因为经济上的联系加强，军事上的争端减少了，日子也富裕了。

这个寓言故事告诉我们，在国际经济一体化的今天，国家经济分工很重要，没有分工就没有效率，但在注重发挥自己比较优势的同时，还必须重视经济结构的安全。

事实上，参与国际分工并没有错。国际分工指世界上各国之间的劳动分工，是各国生产者通过世界市场形成的劳动联系，是国际贸易和各国（地区）经济联系的基础。它是社会生产力发展到一定阶段的产物，是社会分工从一国国内向国际延伸的结果，是生产社会化向国际化发展的趋势。对于任何国家而言，都具有自己的比较优势，出口具有自己比较优势的产品，积极参与国际分工，能促进经济的发展。

亚当·斯密曾经举过这样的一个例子。在狩猎社会，一个人在一开始既打猎又造弓箭，后来他发现自己更擅长造弓箭，他专门造弓箭去换猎物比二者都干的效率更高。另外一个人在开始的时候也是既打猎又造弓箭，后来他发现自己更擅长打猎，他专门打猎去换弓箭比二者都干的效率更高。于是，他们各自发挥自己的比较优势，然后进行交换，这样他们比以前生活得更好。

从历史来看，国际分工主要经历过 3 个阶段。

（1）18 世纪开始的第一次工业革命，由于机器的发明及其在生产上的应用，生产力空前提高，分工空前加深。这次科技革命首先在英、法等国进行，它们发展为工业国，而其他广大国家则处于农业国、原料国的地位，这是资本主义国际分工的形成阶段。

（2）19 世纪末至 20 世纪初开始的第二次工业革命，特别是发电机、电动机、内燃机的发明及其广泛应用，生产力水平提高，分工更加精细。这次科技革命是在英、美、德等国进行的，其他国家在引进技术与机器设备的推动下，某些基础设施与某些轻工业和采矿业有一定发展，但仍不同程度处于初级产品供应国的地位。这是资本主义国际分工的发展阶段。

（3）20 世纪 40 年代和 50 年代开始的第三次科技革命，它导致了一系列新兴工业部门的诞生，如高分子合成工业、原子能工业、电子工业、宇航工业等。对国际加工的型号深化产生了广泛的影响，使国际加工的形式和趋向发生了很大的变化，使国际加工的形式从过去的部门间专业分工向部门内专业化分工方向迅速发展。

主要表现在：不同型号规格的产品专业化；零配件和部件的专业化；工艺过程的专业化。任何一个专业发达技术进步的国家也不可能生产出自己所需的全部工业产品。当今世界，少数经济发达国家成为资本（技术）密集型产业国，广大发展中国家成为劳动密集型产业国，它们各自内部以及相互之间又形成更细致的分工。

比如波音公司能够 24 小时工作，光纤电缆、网络将世界各地的设计师和工程师连接起来。波音 747 喷气式客机的 450 万个零部件是由世界上 6 个国家的 1500 家大型企业和 1.5 万家个小型企业参与协作生产出来的，人们已经无法判断波音的飞机是哪个国家的产品。在比较优势和分工交换的指引下，跨国公司不断努力降低交易成本和要素成本，并且让分工遍及世界每一个角落。

国际分工主要分为垂直分工和水平分工两种形式。我们经常见到的发达国家与发展中国家的分工形式是垂直型分工，即部分国家供给初级原料，而另一部分国家供给制成品，比如发展中国家生产初级产品，发达国家生产工业制成品。当然在国际经济中，分工并不是如此简单，往往某个产品从原料到制成品，必须经过多次加工。经济越发达，分工越细密，产品越复杂，工业化程度越高，产品加工的次序就越多。

值得注意的是，当代发达国家的相互贸易主要是建立在水平型分工的基础上的。水平分工可分为产业内与产业间水平分工。产业内分工是指同一产业内不同厂商生产的产品虽有相同或相近的技术程度，但其外观设计、内在质量、规格、品种、商标、牌号或价格有所差异，从而产生的分工和相互交换，它反映了寡头企业的竞争和消费者偏好的多样化。随着科学技术和经济的发展，工业部门内部专业化生产程度也越来越高，部门内部的分工、产品零部件的分工、各种加工工艺间的分工越来越细。

由于发达资本主义国家的工业发展有先有后，侧重的工业部门有所不同，各国技术水平和发展状况存在差别，因此，各类工业部门生产方面的分工日趋重要。各国以其重点工业部门的产品去换取非重点工业部门的产品。工业制成生产之间的分工不断向纵深发展，由此形成水平型分工。

对于中国来说，积极参与国际分工，同时重视经济结构安全，让国际贸易使我们生活得更加美好！

出口与进口的关系——顺差与逆差

从前有两座岛屿，名字分别叫作“勤俭岛”“挥霍岛”。勤俭岛的居民人如岛名，很是勤劳、节俭，每天努力工作以产出更多的食物。食物除了满足本岛居民的需要外，还能出口到挥霍岛。居民们节衣缩食，把储蓄下来的钱用于扩大再生产。与勤俭岛不同，挥霍岛上有些居民没有工作，却很喜欢消费。他们用本岛发行的债券作交换，从勤俭岛进口食物。债券、食物均以“挥霍岛币”计价。

随着手中债券的大量增加，勤俭岛居民开始少收债券，转为直接收取“挥霍岛币”，再大量购买挥霍岛土地。最终，他们似乎有望买下整个挥霍岛。然而，失业者不见得就比别人笨，挥霍岛人不甘心成为地主家的佃农，大量涌入印钞厂，开足马力地发行挥霍岛币。俗话说得好，物以稀为贵。货币发行量过大之后，挥霍岛币及其化身——债券都变得不值钱了，数量保持不变的土地因而变得很值钱。这给勤俭岛人带来了很大的麻烦，多年积蓄下来的挥霍岛币、债券一天天地贬值，本来想在挥霍岛买套别墅，现在却连一个车位也买不起了。

伤敌一千，自损八百，挥霍岛人的情况也不太妙。货币贬值之后，有些勤俭岛人拒收挥霍岛币、债券。从勤俭岛进口食物变得不太容易，轮到挥霍岛人节衣缩食了。这反过来又导致了勤俭岛上的食物销售困难，生产停滞，大量香喷喷、白生生的牛奶不得不被倒入河中。两败俱伤之后，二岛居民都开始反思了。勤俭岛人发觉，刺激消费、启动内需太重要了，既然食物生产过多，每个人就都得多吃一些，也别减肥、储蓄了。挥霍岛人也认识到，没什么不能没工作，有什么也不能有过多的债务。如此过了几年，勤俭岛人挥霍，挥霍岛人勤俭。然后角色互换，再来一次轮回……

故事中，勤俭岛在对外贸易中，处于明显的顺差地位。而与之相反，挥霍岛则处于逆差地位。贸易顺差是指在特定年度一国出口贸易总额大于进口贸易总额，又称“出超”，表示该国当年对外贸易处于有利地位。贸易逆差是指一国在特定年度内进口贸易总值大于出口总值，俗称“入超”，反映该国当年在对外贸易中处于不利地位。而贸易平衡是指一国在特定年度内外贸进、出口总额基本上趋于平衡。

“勤俭岛和挥霍岛”是美国投资大师巴菲特讲过的一则寓言故事，他以挥霍岛的贸易逆差来比喻美国的巨额贸易逆差，并指出它会给国家带来巨大危害——导致美国的净资产以惊人的速度向海外转移。那么，究竟是顺差好还是逆差好呢？这需要我们理性地加以分析。

国际收支逆差会导致本国外汇市场上外汇供给减少，需求增加，从而使得外汇的汇率上涨，本币的汇率下跌。如果该国政府采取措施干预，即抛售外币，买进本币，政府手中必须有足够的外汇储备，而这又会进一步导致本币的贬值。政府的干预将直接引起本国货币供应量的减少，而货币供应量的减少又将引起国内利率水平的上升导致经济下滑，失业增加。

从引起国际收支逆差的原因来看，如果国际收支逆差是由经常项目的逆差所引起的，那么必然导致与出口有关的部门就业机会的减少，导致经济下滑。如果国际收支的逆差是由资本项目逆差所引起的，那么意味着大量资本外流，国内资金供应紧张，推动利率水平的上升，导致失业增加，经济下滑。

国际收支顺差有利于促进经济增长，增加了外汇储备，增强综合国力；也有利于维护国际信誉，提高对外融资能力和引进外资能力；有利于经济总量平衡，加强一国抗击经济全球化风险的能力，有助于国家经济安全；有利于人民币汇率稳定和实施较为宽松的宏观调控政策。

但是国际收支顺差也有弊端。

1. 国际收支顺差使得人民币升值的压力加大，国际贸易摩擦增加。

国际收支顺差使得国内外汇市场上的外币供给大于外币需求，必然产生外币贬值的预期和人民币升值的预期。因此，国际收支顺差产生人民币升值的压力：国际收支顺差越大，人民币升值的压力越大；人民币升值的预期，又加大了外资流入和国际收支顺差的扩大，进一步加大了人民币升值的压力。

国际收支顺差加剧了国际贸易摩擦。我国贸易顺差增加，就意味着与我国进行贸易的国家有逆差，逆差国就会利用 WTO 的规则，限制我国产品进口，保护本国产业。在加入 WTO 后，由于中国与美国贸易逆差比较大，使用反倾销最多的是美国，我国是被反倾销最多的，居 WTO 成员国第一位，并且我国被反倾销案例的数量在逐年增长。

2. 国际收支顺差弱化了货币政策效应，降低了社会资源利用效率。

外汇流入随着国际收支顺差的增加而增多，在固定汇率和外汇结售汇制度下，中央银行要以人民币购买外汇，货币的投放随着外汇流入的增多而递增。随着大量的人民币被动地投入到流通领域，中央银行的基础货币账户更加受制于外汇的流入，不但削弱了中央银行货币政策的效应，还导致物价水平上升。

国际收支顺差与国内居民储蓄相结合，导致社会资源利用效率低下。国际收支顺差引起的大量外汇储备高达 4000 多亿美元，同时，国内居民储蓄高达 11 万亿元人民币，两者相加有 14 多万亿元人民币。这 14 多万亿元人民币没有形成有效投资，是经济社会中的闲置资金，与这些闲置资金相对应的是生产资料和人力资源的闲置，社会资源利用效率低下。因而，我国出现了经济增长和失业增加并存的现象。

3. 国际收支顺差提高了外汇储备成本，增加了资金流出。

在国际金融市场上进行外汇操作总是有风险的，最明显的是汇率风险。我国实行钉住美元的固定汇率，每当美元贬值和美国国内出现通货膨胀，我国外汇储备都随之贬值，造成外汇储备的损失。国际收支顺差越大，需要到国际金融市场上运营的外汇越多，国家外汇储备的成本越高。

国际收支顺差增加了资金流出。在结售汇制度下，由于流入的外国资金都要转换成外汇储备，外汇储备主要是储备美元、欧元的债券。国际收支顺差越多，外汇储备越多，外国债券越多，资金流出也越多。这两方面形成了内在的矛盾：国际收支顺差引导外资流入，出口越多和外国直接投资越多，资金流入越多；国际收支顺差导致外汇储备增加，外汇储备越多，资金流出越多。

4. 国际收支顺差导致经济对外依存度过高，民族经济发展空间狭窄，出口结构难以调整。

出口和引进外资都是有代价的：一是出口使国内资源被国外利用，而且出口对国际市场依赖性强，出口的数量和结构随国际市场需求而变化；二是外资不论是间接融资还是直接融资，都是有代价的。间接融资，如外国贷款到期要用外汇来还，需要国内有更多的出口产品换取外汇。直接融资，如跨国公司在我国直接投资设立生产和销售企业，那更是直接地利用我国的各种资源，不但其利润要汇回母公司所在地，而且，其产品占领了我国的市场。三是国内经济受制于国际市场，一旦出口受挫，本国经济萧条，外国资本会乘虚而入，控制我国市场和关乎经济命脉的产业，经济发展受制于外国资本，导致经济发展缺乏自主性。

5. 国际收支顺差影响了国内金融业利率市场化进程。

在利率市场化条件下，国际收支顺差意味着国内货币供给增加，在市场对货币的需求增长幅度小于货币供给增长幅度时，货币市场供给大于需求，金融市场的利率下降。目前，国际市场利率比较低，如果我国金融市场利率下降，那么，国内利率与国际市场利率的利差会缩小，这种利差的缩小会减缓国际资本的流入，有利于减少国际收支顺差。然而，利率下降会导致人民币贬值，产生通货膨胀。自 2003 年下半年以来，我国经济正面临通货膨胀的压力，为了防范通货膨胀对经济的消极影响，中央银行不得不维持现行的存款管制利率和贷款浮动利率，从而推迟了利率市场化的进程。

所以对于顺差和逆差应该理性认识，不是只要顺差就好。

第二节 贸易保护

为什么中国被看成是“非市场经济国家”——贸易保护主义

2004 年 4 月 14 日，在对外贸易领域同时发生了两件事：一是新西兰正式承认中国的市场经济地位，从而使中国在获得梦寐以求的市场经济地位问题上首次取得突破；二是美国商务部对出口到美国的中国彩电做出终裁，裁定中国企业存在倾销行为。两件事都是有关反倾销中的“市场经济地位”问题，但结果却迥然不同。为什么中国经过 20 多年改革开放、已经建立起市场经济体制并加入 WTO 的情况下，仍被包括美国、欧盟在内的许多西方国家称为“非市场经济国家”呢?

这是因为，中国不断发展的对外贸易让许多国家暗怀戒心。当物美价廉的“中国制造”在世界市场“攻城略地”时，美国把中国视为非市场经济国家，从而采用对中国不利的反倾销规则。该规则规定，对非市场经济国家，“只要用来确定正常价值的方法是合适与合理的”，就可用某一市场经济国家相似产品的价格作为标准来确定是否是倾销以及倾销的幅度，并施以对应的高征税措施。这样一来，中国很多出口产品没有倾销而被判定为倾销，本来倾销幅度轻微而被裁定为高度倾销，从而受到严重打击。

实际上，这就是贸易保护主义的一种形式。贸易保护主义是一种为了保护本国制造业免受国外竞争压力而对进口产品设定极高关税、限定进口配额或其他减少进口额的经济政策。它与自由贸易模式正好相反，后者使进口产品免除关税，让外国的产品可以与国内市场接轨，而不使它们负担国内制造厂商背负的重税。

贸易保护主义经常被人们与重商主义和进口替代联系起来。重商主义认为保持一个可观的贸易顺差对一个国家是很有利的。在对外贸易中实行限制进口以保护本国商品在国内市场免受外国商品竞争，并向本国商品提供各种优惠以增强其国际竞争力的主张和政策。在限制进口方面，主要是采取关税壁垒和非关税壁垒两种措施。前者主要是通过征收高额进口关税阻止外国商品的大量进口。后者则包括采取进口许可证制、进口配额制等一系列非关税措施来限制外国商品自由进口。这些措施也是经济不发达国家保护民族工业、发展国民经济的一项重要手段。对发达国家来说则是调整国际收支、纠正贸易逆差的一个重要工具。

为什么我们在理论上证明了贸易保护不能为国家带来好处，但实际上很多国家的政府都要搞贸易保护呢？这是因为我们在理论证明时暗含了一个假设，就是假设政府在制定政策过程中都是以本国家的整体利益最大化为目的的，但实际上政府在一些势力的影响下也可能偏离这个目标。贸易保护对生产者有利，生产者虽然人数较少，但贸易保护分摊给每个生产者的平均收益较大，因而该利益集团要求政府实施贸易保护政策的热情高，对政府的影响就大；贸易保护对消费者不利，消费者虽然人数众多，但不实施贸易保护分摊给每个消费者的平均收益较小，所以该利益集团反对政府实施贸易保护政策的热情低，对政府的影响就小。这样一来，政府的贸易保护政策便得以盛行。

举个例子来说，美国番茄质量次价格高，墨西哥番茄质量高价格低。无论从哪个角度看，美国让墨西哥番茄进入都是有利的。但是1996年克林顿政府却限制墨西哥番茄出口到美国，这是为什么？这是因为番茄进口受益的是消费者，而每个消费者收益并不大。受损的却主要是佛罗里达州的种植者，他们虽然人数少，但分摊到每个人身上的损失却不小。

但是，有时适当的贸易保护主义还是必要的。20世纪50年代，日本汽车质量次价格高。为了扶植汽车工业，日本政府不仅限制外国汽车的进口，而且通过日本发展银行为国产车提供优惠贷款。其他促进出口的措施还包括出口补贴、出口贷款、特殊优惠税收条款等。这些措施帮助日本汽车工业快速发展，终于在60年代中期，日本汽车具有了国际竞争力，在美欧市场上占有了很大份额。这个事实说明尽管自由贸易对各国都是好事，但自由贸易的实现是有条件的。在条件不具备时通过征收关税、制定配额、出口补贴等措施限制进口，鼓励出口，以保护本国产业仍是必要的。这里一个很重要的问题是本国什么产业值得保护，什么产业不值得保护，因为不可能所有产业都保护。在这方面幼稚产业论值得借鉴。所谓幼稚产业，是指处于成长阶段尚未成熟但具有潜在优势的产业。像当年日本的汽车工业就是幼稚产业，对这样的产业，政府加以保护是值得的。穆勒认为，当某一产业规模较小，其生产成本高于国际市场价格的时候，如果任由自由竞争，该产业必然会亏损。如果政府给予一段时间的保护，使该产业发展壮大具有一定规模了再去面对国际间的自由竞争，并能获得利润，那么该产业可以称为幼稚产业。

但不管怎么说，贸易保护主义盛行，对任何国家都不是好事，我们应该冲开贸易保护的种种壁垒，开创自由贸易的新时代。

阻碍国际贸易的限制性措施——贸易壁垒

中国如今已经成为世界加工厂，“中国制造”更是遍布世界各地，但与此同时，国际社会不断传来对“中国制造”的反倾销、反补贴措施，世界空前的贸易壁垒正在袭击“中国制造”。据世界贸易组织秘书处发布的数据显示，2008 年全球新发起反倾销调查 208 起，反补贴调查 14 起，中国分别遭遇 73 起和 10 起，占总数的 35% 和 71%。对我国实施反倾销的国家不仅有欧美、澳大利亚、加拿大、日本等发达国家，也包括土耳其、印度等一些发展中国家，案件涉及钢铁、鞋、玩具、轮胎、铝制品、日用品、机电、矿产、养殖品等中国在出口方面具有优势的行业。

美欧的各项措施，对我国出口行业带来了重大冲击。一个个贸易保护措施，将我国的产品拒之门外。虽然气愤不已，但这样的现象在全世界非常普遍，国与国之间的贸易摩擦也是频频上演。这些现象足以说明中国出口遭遇世界范围内的贸易壁垒。那么什么是贸易壁垒呢？

贸易壁垒又称贸易障碍，是指对国与国间商品劳务交换所设置的人为限制，主要是指一国对外国商品劳务进口所实行的各种限制措施。贸易壁垒一般分关税壁垒和非关税壁垒两类。

所谓关税壁垒，是指进出口商品经过一国关境时，由政府所设置海关向进出口商征收关税所形成的一种贸易障碍。按征收关税的目的来划分，关税有两种：一是财政关税，其主要目的是增加国家财政收入；二是保护关税，其主要目的是为保护本国经济发展而对外国商品的进口征收高额关税。保护关税越高，保护的作用就越大，甚至实际上等于禁止进口。

非关税壁垒，是指除关税以外的一切限制进口措施所形成的贸易障碍，又可分为直接限制和间接限制两类。直接限制是指进口国采取某些措施直接限制进口商品的数量或金额，如进口配额制、进口许可证制、外汇管制、进口最低限价等。间接限制是通过对进口商品制订严格的条例、法规等间接地限制商品进口，如歧视性的政府采购政策、苛刻的技术标准、卫生安全法规、检查和包装、标签规定以及其他各种强制性的技术法规。

在世界经济日趋一体化的今天，贸易壁垒的存在为自由贸易添加了不和谐的因素。国际间竞争的加剧，导致发达国家和发展中国家都纷纷采取了各种贸易壁垒。但发达国家技术先进，这使得他们能够更有效地突破发展中国家的贸易壁垒，冲击发展中国家的市场；相反，发展中国家产品往往要受到发达国家的严苛管制。基于此，各国之间也产生了贸易争论。

作为发展中国家之一的中国，同样也面临众多贸易壁垒。并且根据相关资料显示，我国因国外贸易壁垒所造成的损失，十分巨大。

有资料显示，1990 年以来，针对中国的反倾销案件占世界总量的 1/7 ~ 1/6，而在中国加入 WTO 后，更成为各国反倾销的“众矢之的”。

另有资料表明，中国有 3/5 以上的出口企业和 2/5 以上的出口产品面临技术性贸易壁垒的限制。且根据中国国家质检总局 2008 年 12 月 30 日公布的最新调查结果表明，仅 2007 年一年，国外技术性贸易措施让中国出口企业损失上百亿美元。全年出口贸易直接损失 494.59 亿美元，占同期出口额的 4% 以上，企业新增成本 264.31 亿美元，比 2006 年增长 72.76 亿美元。

诸多的调查结果显示，我国处于不利地位。在各国先后树立起来的贸易壁垒背后，中国很“受伤”。中国外贸发展面临的新挑战就是技术性贸易壁垒，而作为发展中国家，我国出口的产品多是低技术含量产品，市场被发达国家的众多指标卡在国门之外。

实际上，贸易壁垒形成对自由贸易经济的一种障碍。虽然贸易壁垒的形成有保护国内产业发展、增加政府财政收入及保住短期工作机会等好处，但从长期来说，会阻碍经济发展。在一来一往进出口贸易壁垒下，会使国际贸易形成恶性循环，使各国都不能真正获益。现代企业已经走向全球化分工，国家之间贸易的频繁往来，事实上就是执行专业化分工的结果，如果我们为了排除国际竞争的压力而建立了贸易壁垒，必定会阻断国际间的贸易往来，等于放弃了专业分工的机会而导致整体生产力下降。可见，实施贸易壁垒保护，对长期的经济发展反而不利。

因此，必须从国家层面、地方政府以及出口企业层面上采取有效的应对之策。国家应该从国际合作层面在世贸组织等多边框架下，大力呼吁反对贸易保护主义，督促有关国家采取实际行动履行承诺。同时积极推动新一轮世贸谈判，与有关国家加强双边谈判，争取使更多国家承认我国的市场经济地位。

从企业层面来看，企业作为应对贸易保护主义的主体，应尽快努力提高技术创新和培育自主品牌的能力，变“以廉取胜”为“以质取胜”。同时，通过对外直接投资、兼并收购当地企业等方式，将跨境出口转化为企业的内部贸易，有效避免贸易摩擦。

消除关税的经济成本——零关税

从2010年1月1日起，中国和东盟6个老成员国（印度尼西亚、马来西亚、泰国、菲律宾、新加坡、文莱）之间，将有超过9成的产品实现零关税。中国对东盟平均关税将从之前的9.8%降到0.1%。东盟6个老成员国对中国的平均关税从12.8%降到0.6%。

所谓的零关税，是指进出口商品在经过一国关境时，由政府设置的海关不向进出口国征收关税。

众所周知，一国海关依法会对其进出境的货物或者物品征税，这也是世界各国普遍征收的一个税种，即关税。征收关税是一国政府增加其财政收入的方式之一，也是通过收税抬高进口商品的价格，降低其市场竞争力，减少在市场上对本国产品的不良影响的重要途径。关税有着保护本国生产业的作用。既然关税的作用如此重要，又为何要实施零关税政策呢？实施零关税又会给我国带来哪些影响呢？

中国自2001年加入世界贸易组织之后，一直致力于逐步降低平均关税水平，实现自己的入世承诺。目前中国的平均关税水平虽仍高于发达国家3.8%的平均关税率，但与某些发展中国家相比已处于较低的水平。不仅如此，中国与某些贸易伙伴签署的零关税协议又进一步降低了中国的平均关税水平，帮助中国在双边或多边贸易自由化进程中获取更多的优势与利益。

2004 年 1 月 1 日，中国内地与香港《关于建立更紧密经贸关系安排协议（CEPA）》开始实施，该协议的第一阶段规定，374 项原产香港的货物获得零关税优惠，同时内地对香港服务提供者开放 18 个行业的市场。2004 年 10 月、2005 年 10 月，中国内地又分别与香港签署了 CEPA 补充协议，即第二、第三阶段的协议。其中，第二阶段协议规定对原产香港的 713 类进口货物给予零关税优惠，并继续扩大 11 个服务行业的开放措施，新增加 8 个开放的服务领域。自 2006 年 1 月开始实施的第三阶段协议安排，几乎所有符合原产地规则的香港进口货物都可获得零关税优惠，在服务贸易方面又增加了 23 项开放措施。此外，中国内地还与澳门签署了关于建立更紧密经贸关系的安排协议，规定对原产澳门的产品实行零关税。

实践证明，中国内地与香港、澳门的零关税协议对双方都是有利的。对香港和澳门而言，CEPA 对两地区经济发展的刺激作用是十分显著的。以香港为例，CEPA 第一阶段的顺利实施，有力地帮助香港经济摆脱了多年的困境，并走上蓬勃发展之路。2004 年，香港经济增长率达 8.1%，是四年来最高，并明显高于过去 20 年 4.8% 的平均增长率。香港多项经济指标出现双位数的增长，其中，出口贸易全年实质增长达 15.3%，服务输出增长达 14.9%。

与此同时，CEPA 也有助于促进中国内地制造业的出口。虽然中国内地已经成为公认的世界制造业基地之一，但出口市场过于集中于欧美与日本市场，反倾销事件屡屡发生。CEPA 的实施有助于一些中国内地企业将部分生产工序设在香港，利用“香港制造”的产地来源地位，规避西方国家对中国大陆产品的歧视性政策和贸易保护措施。其次，中国内地制造业产品可以有机会更好地利用香港服务业走向国际市场，并获取从国际市场采购设备和原材料的便利，从而最终促进中国内地制造业产品的出口。由此可见，中国内地与香港、澳门的零关税协议的确带来了贸易创造效应。该效应有利于双方经济的发展，尤其是中国内地的消费者可以以更优惠的价格获得更优质的香港原产品。

以上案例说明，实施零关税可以降低进出口交易的成本，产生贸易创造效应。零关税的实施还可能扩大协议成员国具有比较优势产品的生产规模和贸易规模，使其国内生产资源由非优势产业向优势产业转移，从而导致产业结构调整，并带来优势产业的规模经济效应。与此同时，零关税的实施有利于增强生产要素的流动性，加之“技术外溢”效应的发挥，将使资源配置更加合理、有效，不仅有助于国内外投资的增长，更有利于资源的优化组合，从而提高国内产业的国际竞争力。

现阶段我国零关税机制的发展仍处于初期阶段，虽产生了一定的贸易推动作用，但并未充分发挥零关税机制的贸易创造效应。随着国际贸易自由化的不断发展，零关税机制也越来越受到各国的普遍重视。2002 年 12 月，在世贸组织召开的市场准入谈判小组会议上，美国正式提交了“非农产品零关税”方案，建议所有成员在 2015 年前取消所有工业品和消费品的关税。对我国而言，不应消极拒绝“零关税”，因为这将使我国在世界经济发展的进程中面临被“孤立”和“边缘化”的危险。我国必须积极做好准备，以更主动、更策略和更有效的方式来发展和应对零关税机制，从而最大限度地获取经济利益，保障国家经济安全。

美国农民比中国农民更逍遥——贸易补贴

2008 年 8 月 28 日，世界贸易组织的网站公开了美国政府的一封来信。在信中，美国就中国农产品（如猪肉、小麦）关税、补贴和出口规则问题，向 WTO 提出一系列质疑。美国政府在信中的主要攻击点是中国的生猪饲养政策。

信中称，中国的企业所得税率为 25%，但中国生猪饲养等肉类企业似乎不必交纳此等所得税。美方要求中方解释猪肉生产和加工商是否属于“从事农、林、牧、渔业项目的企业”，并要求中方公布猪肉生产商和加工商 2007 和 2008 年的总收入。

2007 年中国生猪存栏数因疾病等问题大幅下滑，导致市场猪肉价格飙升。为此，中国政府采取一系列措施，鼓励和促进生猪饲养和肉类加工。美国政府在致 WTO 的信中指责，中国对饲养的每头母猪补贴 100 元人民币，是过去补贴的两倍，而此前中国对生猪饲养补贴已高达 8.86 亿美元，美方要求中方提供新补贴方案细节和补贴总额。

美国是世界上农业补贴最多的国家之一，竟然指责中国的农产品补贴，实在是令人“匪夷所思”。贸易补贴是指一个国家的政府或公共机构，采用直接或间接的方式向本国出口企业提供现金补贴，或者提供财政上的优惠。此举有利于提高出口企业在国际贸易中的竞争力。但是从另一个角度来说，贸易补贴又会使外国同类企业受到不利影响，容易导致不公平竞争。因为这个原因，关于贸易补贴的争议从来就没有停止过。

贸易补贴可以是直接的，也可以是间接的。直接贸易补贴简单来说就是负税，其后果与税收正相反。间接贸易补贴则一般采取放宽信贷、廉价使用能源或免费使用基础设施等方式。补贴量可以与贸易量保持某一固定比例关系，称为从量补贴；也可以与贸易值保持某一固定比例关系，称为从价补贴。

比如在贸易补贴中的出口补贴，又称出口津贴，是一国政府为降低出口商品的价格，加强其在国外市场上的竞争能力，在出口某种商品时给予出口厂商的现金补贴或财政上的优惠待遇。其方式有直接和间接两种。直接补贴，出口某种商品时，直接付给出口厂商的现金补贴。间接补贴，政府对某些出口商品给予财政上的优惠。

美国是世界上贸易补贴最多的国家之一，尤其是农业补贴最多。对于美国的农民而言，无论在地里种什么，他们都不用担心将来卖不出去，因为在他们背后，有美国的农业补贴。美国农业补贴的形式繁多，种类各异，几乎覆盖了所有大宗农产品，每年平均每个农户能从政府那里得到 1 万多美元的补贴。巨额的补贴使得美国农产品在国际市场上长期占据“半壁江山”，美国的小麦、大豆和玉米占有率分别高达 45%、34% 和 21% 以上。

高额的农业补贴使美国农产品在国际市场上具有显著的价格优势。比如在 2000 年，美国对小麦的直接补贴为每吨 45 美元，对玉米的直接补贴为 27 美元。这也就意味着：美国的农民可以将每吨小麦降价 45 美元，每吨玉米降价 27 美元，降价后再与其他国的生产者竞争。这样，对于那些无力提供补贴的发展中国家而言则极为不公，因为他们的农民无法与美国进行价格战。相比较其他国家的农民而言，美国农民的日子过得更加舒适。

贸易补贴在很大程度上可以被利用为实行贸易保护主义的工具，成为国际贸易中的非关税壁垒。长期以来，各国政府为了国内经济发展或其他政策的需要，或者为了促进出口，在不同的时期对不同的行业或产品实行补贴，这已经成了一种普遍的现象。一国政府有权采取它认为适当的任何政策促进国内经济发展和提高人民的生活水平，这是一国的主权所在，也是符合联合国宪章精神的。一国政府采取什么样的经济政策，实行何种具体方法，对哪些行业予以补贴，这都是一国的内政，其他国家本来是无权干涉的。

然而，一国对国内工业的补贴会直接或间接地影响其对外贸易，而一旦这些国内措施影响了给予补贴国与他国的经济交往，则问题就不那么简单了。在国际贸易中，补贴与反补贴措施问题一直是一个复杂棘手、争议颇多的问题。一国政府采取补贴措施，受到补贴措施影响的国家采取反补贴措施，而受到反补贴措施影响的国家又采用其他方法对付，这种补贴与反补贴的斗争成了国际贸易中的一个重要方面。

而我国在对外贸易中，也遭遇到国外的反补贴调查。2004年4月至10月，加拿大边境服务署（CBSA）先后对原产于或出口自中国的烧烤架、碳钢和不锈钢紧固件以及复合地板发起了反倾销和反补贴合并调查，这三起案件标志着我国出口产品出现了新的挑战，国外对华贸易摩擦的新热点开始产生。随着加拿大CBSA于2004年12月9日作出最终裁决，裁定对原产于或出口自中国的碳钢和不锈钢紧固件100%地受到了中国政府的补贴。随着加拿大国际贸易法庭（CITT）于2005年1月7日对涉案产品作出了存在损害的肯定性裁决。自此，正式翻开了国外对中国出口产品征收反补贴税的序幕。

当前补贴与反补贴已经成为国际贸易中的突出问题，我国也应该切实重视起贸易补贴引起的纠纷问题，并开展补贴与反补贴的立法与实践。

西班牙人为什么要烧温州鞋——商品倾销

位于西班牙东部的埃尔切市是个以制鞋业闻名的小城。从2004年9月14日开始，一向平静的埃尔切街头出现了一些匿名传单，在鞋店比较密集的商业区甚至还出现了一些标语。这些传单和标语的内容都差不多，让人触目惊心——“不用再为我们的鞋店担忧了，起来做点实事吧。让我们把那些进入我们城市的亚洲鞋倒出来烧掉吧！”另外，传单还鼓动当地鞋商于16日晚7时在卡鲁斯商业区进行示威游行。

尽管街头的大部分标语被一些善意的市民撕去，但到16日下午，卡鲁斯商业区还是聚集了四五百名当地鞋厂主、鞋商和工人。他们高举着“把亚洲鞋倒出来烧掉”的标语，喊着口号，向位于该区的几家中国鞋店涌来。

这时一辆载有一集装箱鞋子的货车正好停在华商陈九松的仓库门口准备卸货，这些游行的人见状立即包抄过来。他们一边向货车投掷石块，一边恶意谩骂。继而，人群中的一些过激分子拿来汽油将货车点燃。熊熊大火不仅吞没了整辆货车，还将旁边的仓库点燃。当地消防员和防暴警察接到消息后赶来驱散了闹事者，并花了几个小时才将大火扑灭。然而，那辆货车上的一集装箱温州鞋子以及仓库已被付之一炬，直接经济损失达80万欧元。

西班牙“烧鞋事件”属于极端的民间反倾销行为，但近年来中国企业被国外指控倾销的事件屡屡发生，中国已经成为世界上遭受反倾销最多的国家。在关注反倾销事件的时候，我们首先应该明晰，“倾销”究竟是怎样的经济行为呢？

倾销是指某国的制造商或出口商将某种产品以低于正常价值的价格出口到另一国的贸易行为。1994 年关贸总协定第 6 条的协议规定，如果在正常的贸易过程中，一项产品从一国出口到另一国，该产品的出口价格低于在其本国内消费的相同产品的可比价格，即以低于其正常的价值进入另一国的商业渠道，则该产品将被认为是倾销。

按照倾销的目的，商品倾销可分为偶发性倾销、间歇性倾销和持续性倾销三种形式。其中偶发性倾销持续时间短、数量小，比如公司为了处理在国内市场上的积压库存，而以低价在国外市场上倾销就属于这种情况。它对进口国没有明显的不利影响，相反，该国的消费者还会受益，所以，一般不会遇到反倾销的打击。而间歇性倾销是指为了打击竞争对手、形成垄断，以低价的方式在国外市场销售，一旦目的达到，就会利用垄断力量提升价格，从而获得高额利润。这种倾销显然破坏了公平的市场竞争原则，进而破坏了国际贸易秩序，所以是各国反倾销的打击对象。持续性倾销是指无期限地、持续地以低于国内市场的价格在国外市场销售商品。

由此可以看出，倾销通常具有以下若干特征：

第一，倾销是一种人为的低价销售措施。它是由出口商根据不同的市场，以低于有关商品在出口国的市场价格对同一商品进行差价销售。

第二，倾销的动机和目的是多种多样的，有的是为了销售过剩产品，有的是为了争夺国外市场，扩大出口，但只要对进口国某一工业的建立和发展造成实质性损害或实质性威胁或实质性阻碍，就会招致反倾销措施的惩罚。

第三，倾销是一种不公平竞争行为。在政府奖励出口的政策下，生产者为获得政府出口补贴，往往以低廉价格销售产品，同时，生产者将产品以倾销的价格在国外市场销售，从而获得在另一国市场的竞争优势并进而打压竞争对手，再提高价格以获取垄断高额利润。

第四，倾销的结果往往给进口方的经济或生产者的利益造成损害，特别是掠夺性倾销扰乱了进口方的市场经济秩序，给进口方经济带来毁灭性打击。

从倾销的特征来看，温州鞋出口欧洲并不能构成倾销行为。温州鞋之所以价格如此低廉，在于中国产品具有成本优势。制鞋业是比较典型的劳动密集型产业，廉价的劳动力使得中国劳动密集型产品具有明显的比较优势。中国制造产业工人的时薪费用大约为 1 美元 / 小时。与此相对应，最高的前联邦德国地区达到 28.28 美元 / 小时，最低的斯里兰卡为 0.5 美元 / 小时，就此而言，中国的劳动成本确实具有优势。

但是，国际贸易中的倾销行为会破坏公平的市场竞争原则，进而破坏国际贸易秩序，所以各国都非常重视反倾销。反倾销是指进口国主管当局根据受到损害的国内工业的申诉，按照一定的法律程序对以低于正常价值的价格在进口国进行销售的，并对进口国生产相似产品的产业造成法定损害的外国产品，进行立案、调查和处理的过程和措施。

为了制止倾销而采取反倾销措施应该说是合理的，但如果反倾销措施的实施超过了其合理范围或合理程度，反倾销措施也会成为一种贸易保护主义措施，从而对国际贸易的扩展造成阻碍性影响。

随着中国外贸的不断扩大，中国正遭遇越来越多的反倾销案。对于中国出口企业而言，当务之急是在应对反倾销时，做好充分的准备，合理利用世界贸易组织的《反倾销协议》等条例，通过调节争端的机制维护自己的利益。

扼住外国商品销售的数量“魔咒”——进口限额

自2004年起，印度政府要求所有进口的硼酸都必须与杀虫剂有关，不论产品是否用作杀虫剂或只是作为生产原料使用（例如，可以用于生产玻璃或陶瓷）。硼酸的大多数用途都是作为非杀虫剂使用。硼酸的销售商无法进口硼酸用于再销售，因为他们无法获得政府部门颁发的“无异议证书”。无异议证书需要在申请进口许可之前向印度农业部的“中央杀虫剂与登记委员”会申请。无异议证书的要求从2006年7月开始延长3年。硼酸的最终用户在获得向中央杀虫剂与登记委员会颁发的进口许可后可以进口硼酸。但是，进口许可也包括吨数限制，超过限制数额的不得进口。同时，印度本国的提炼厂可以生产并销售非杀虫剂用途的硼酸，只要有记录表明他们没有将其销售给杀虫剂最终用户即可。

印度政府限制印度的硼酸进口，实际上是一种进口限额政策。进口限额是指一国政府在一定时期内，对某些商品进口的数量和金额，事先作出规定，在限额内可以进口，超过限额的不准进口，或征收较高的关税或罚款的制度，又称“进口配额制”。进口配额主要有绝对配额和关税配额两种。绝对配额是指在一定时期内，对某些商品的进口数量或金额规定一个最高数额，达到这个数额后，便不准进口。

实行进口限额的主要方式有：

（1）全球限额、国别地区限额和分派限额。全球限额只规定一定时期内某类或某种商品允许进口的总数量或总金额，所有国家的进口都受这个数量的限制。国别地区限额是有针对性地限制一定时期内从某个地区或某些国家进口某类或某种商品的数量或金额，由于这是专对某些来源国或地区的，故又称选择性限额，有时也称为歧视性限制。如果并非专对某些国家或地区，而对所有来源国或地区都分别确定一个不同的具体限额，则称为分派限额。

（2）关税限额。这是指在一定进口额度内给以减、免关税待遇，超过额度即恢复征收正常关税或更高的关税。

（3）季节性限额和混合限额。季节性限额通常用于农产品，当国内丰收或正值收获季节，便限额进口；当国内歉收或正值生产淡季，便放宽或取消进口限额。在这种情况下的进口称为有条件进口。混合限额实际上是混合使用国产原料的规定。例如，规定面粉工业、制糖工业中必须使用一定数量的本国小麦和甜菜，然后根据年产量的比例确定允许进口外国原料的限额。

进口限额通常由输入国单方或通过与输出国事先磋商后宣布，限定某类或某些品种的商品在规定期限内允许进口的最高数量或金额。

一国政府可以采取各种不同的手段来干预本国的进出口，从而影响本国的经济活动。征收关税和实行进口限额是影响进口的两种主要的方法，它们都可以起到限制本国的进口，保护国内同类产品的生产，调节国际贸易收支状况的作用，但它们对本国经济的影响又是有所不同的。

对进口商品征收关税后，本国经济可能受到下述影响：（1）该种商品的国内价格提高，不利于进口商品的销售，使进口数量受到限制。对进口数量的影响大小，取决于关税率的大小及该商品国内市场的需求弹性大小。税率越高，进口越受限制，弹性越大，进口也越受限制。（2）由于国内价格提高，将促进本国同类产品的生产厂商产量增加，导致成本下降，价格也随之下降，从而促进本国同类产品的生产与销售。（3）政府得到关税收入，可以用这种收入来从事与增加公共福利有关的事业，补偿消费者的损失。当然，关税要做到既有效地保护本国的产业又不使国际贸易状况恶化，就必须有一定限度。过高的关税会使外国商品不再进口，同时引起贸易伙伴国报复，引起出口的缩减，国内经济状况恶化。

实行进口限额与关税不同的是：只要支付了进口税，进口商仍可以自己决定进口的数量。而实行了进口限额，则政府严格限制了进口商品的数量或者价值。因此，它排除了外国厂商的价格竞争对国内价格的任何影响。比如，如果外国厂商为对付关税而压低价格，那么关税对进口的影响不会很明显，而进口限额则仍可以完全控制商品的进口。另外，进口限额也更有利于本国厂商免受国外同类产品的竞争，只要进口的数量达到限额，外国厂商甚至不能在本国市场上免费赠送产品，当然，这也不利于本国厂商改进技术，降低成本，提高产品的国际竞争力，便于政府加强对国际贸易状况的宏观控制。

与关税壁垒政策相比，进口限额同样是限制进口量而采取的贸易政策，提高了进口商品的国内价格，并增加本国产量及减少进口量，达到保护国内市场及劳动力的目的。在国内市场对某种商品进口需求增长从而引起国内价格相对于国际市场价格剧涨时，高关税有时不能完全制止进口增加，而限额能够做到。进口限额使垄断集团得以把被限制商品的国内市场价格提高到国际市场水平以上，而不用担心进口增加带来竞争。

因此，配额限制的政策有时也用来作为贸易制裁的手段，当过多的进口商品扰乱了国内市场的供需时，政府可以借此作为自卫的机制，防止国内产业继续受到伤害。采取进口限额与进口关税的目的都是有意要扶植国内的新兴产业，以摆脱对进口商品的依赖，尤其对发展中国家而言，会以发展国内产业经济为优先，而对进口货物实施贸易限制。

第三节　国际金融

各种货币之间的关系——汇率

故事发生在美国和墨西哥边界的小镇上。有一个单身汉在墨西哥一边的小镇上，他付了1比索买了一杯啤酒，啤酒的价格是0.1比索，找回0.9比索。转而他来到美国一边的小镇上，发现美元和比索的汇率是1∶0.9。他用剩下的0.9比索换了1美元，用0.1美元买了一杯啤酒，找回0.9美元。回到墨西哥的小镇上，他发现比索和美元的汇率是1∶0.9。于是，他把0.9美元换为1比索，又买啤酒喝。这样在两个小镇上喝来喝去，总还是有1美元或1比索。换言之，他一直在喝免费啤酒，这可真是个快乐的单身汉。

这个快乐的单身汉为什么能喝到免费的啤酒呢？这跟汇率有关系，在美国，美元与比索的汇率是1∶0.9，但在墨西哥，美元和比索的汇率约为1∶1.1。那么什么才是汇率呢？

汇率是一国货币兑换另一国货币的比率。由于世界各国货币的名称不同，币值不一，所以一国货币对其他国家的货币要规定一个兑换率，即汇率。

各国货币之所以可以进行对比，能够形成相互之间的比价关系，原因在于它们都代表着一定的价值量，这是汇率的决定基础。在金本位制度下，黄金为本位货币。两个实行金本位制度的国家的货币单位可以根据它们各自的含金量多少来确定它们之间的比价，即汇率。如在实行金币本位制度时，比如英国规定 1 英镑的重量为 123.27447 格令，成色为 22 开金，即含金量 113.0016 格令纯金；美国规定 1 美元的重量为 25.8 格令，成色为千分之九百，即含金量 23.22 格令纯金。根据两种货币的含金量对比，1 英镑 =4.8665 美元，汇率就以此为基础上下波动。

在纸币制度下，各国发行纸币作为金属货币的代表，并且参照过去的做法，以法令规定纸币的含金量，称为金平价，金平价的对比是两国汇率的决定基础。但是纸币不能兑换成黄金，因此，纸币的法定含金量往往形同虚设。所以在实行官方汇率的国家，由国家货币当局规定汇率，一切外汇交易都必须按照这一汇率进行。在实行市场汇率的国家，汇率随外汇市场上货币的供求关系变化而变化。

汇率是两种不同货币之间的比价，因此汇率多少，必须先要确定用哪个国家的货币作为标准。由于确定的标准不同，于是便产生了几种不同的外汇汇率标价方法。

1. 直接标价法

直接标价法，又叫应付标价法，是以一定单位（1、100、1000、10000）的外国货币为标准来计算应付出多少单位本国货币。就相当于计算购买一定单位外币所应付多少本币，所以就叫应付标价法。在国际外汇市场上，包括中国在内的世界上绝大多数国家目前都采用直接标价法。如日元兑美元汇率为 119.05 即 1 美元兑 119.05 日元。

在直接标价法下，若一定单位的外币折合的本币数额多于前期，则说明外币币值上升或本币币值下跌，叫作外汇汇率上升。反之，如果要用比原来较少的本币即能兑换到同一数额的外币，这说明外币币值下跌或本币币值上升，叫作外汇汇率下跌，即外币的价值与汇率的涨跌成正比。

2. 间接标价法

间接标价法又称应收标价法。它是以一定单位（如 1 个单位）的本国货币为标准，来计算应收若干单位的外汇货币。在国际外汇市场上，欧元、英镑、澳元等均为间接标价法。如欧元兑美元汇率为 0.9705 即 1 欧元兑 0.9705 美元。在间接标价法中，本国货币的数额保持不变，外国货币的数额随着本国货币币值的变化而变化。如果一定数额的本币能兑换的外币数额比前期少，这表明外币币值上升，本币币值下降，即外汇汇率下跌。反之，如果一定数额的本币能兑换的外币数额比前期多，则说明外币币值下降、本币币值上升，即外汇汇率上升，即外汇的价值和汇率的升跌成反比。因此，间接标价法与直接标价法相反。

由于直接标价法和间接标价法所表示的汇率涨跌的含义正好相反，所以在引用某种货币的汇率和说明其汇率高低涨跌时，必须明确采用哪种标价方法，以免混淆。

随着经济全球化的发展，世界各国之间的经济往来越来越紧密，而汇率作为各国之间联系的重要桥梁，发挥着重要作用。

（1）汇率与进出口。一般来说，本币汇率下降，即本币对外的币值贬低，能起到促进出口、抑制进口的作用。若本币汇率上升，即本币对外的比值上升，则有利于进口，不利于出口。

汇率是国际贸易中最重要的调节杠杆。因为一个国家生产的商品都是按本国货币来计算成本的，要拿到国际市场上竞争，其商品成本一定会与汇率相关。汇率的高低也就直接影响该商品在国际市场上的成本和价格，直接影响商品的国际竞争力。

（2）汇率与物价。从进口消费品和原材料来看，汇率的下降要引起进口商品在国内的价格上涨。至于它对物价总指数影响的程度则取决于进口商品和原材料在国民生产总值中所占的比重。反之，本币升值，其他条件不变，进口品的价格有可能降低，从而可以起抑制物价总水平的作用。

（3）汇率与资本流动。短期资本流动常常受到汇率的较大影响。当存在本币对外贬值的趋势下，本国投资者和外国投资者就不愿意持有以本币计值的各种金融资产，并会将其转兑成外汇，发生资本外流现象。同时，由于纷纷转兑外汇，加剧外汇供求紧张，会促使本币汇率进一步下跌。反之，当存在本币对外升值的趋势下，本国投资者和外国投资者就力求持有以本币计值的各种金融资产，并引发资本内流。同时，由于外汇纷纷转兑本币，外汇供过于求，会促使本币汇率进一步上升。

世界上没有完美无缺的事物，对于任何一个国家来说，汇率都是一把“双刃剑”。汇率变动究竟会带来怎样的好处与坏处，要视一个国家的具体情况而定。

中国早已经是世界第二大经济体——购买力平价

世界银行于2007年12月中旬发布一组数据显示，2005年中国购买力平价为1美元等于3.45元人民币，相当于当年汇率8.19的42%。也就是说，中国购买力平价水平要远远低于汇率，国内价格水平要低于国际价格水平。按世界银行新的购买力平价数据推算，2005年中国实际GDP总量为53332亿美元，居世界第2位，仅次于美国，占世界总量的9.7%。而按汇率法测算，中国GDP总量为22438亿美元，居世界第5位，排在美国、日本、德国和英国之后，占世界总量的5.1%。

中国的社会财富怎么会有这么多？是不是搞错了？其实不是，我们在了解购买力平价理论后就清楚是怎么回事了。

在经济学上，购买力平价是一种根据各国不同的价格水平计算出来的货币之间的等值系数，使我们能够对各国的物价水平进行合理比较，这种理论汇率与实际汇率可能有很大的差距。该理论指出，在对外贸易平衡的情况下，两国之间的汇率将会趋向于靠拢购买力平价。一般来讲，这个指标要根据相对于经济的重要性考察许多货物才能得出。

第一次世界大战后，世界经济形势动荡不安，各国通行不兑现纸币，物价上涨，通货膨胀加速。卡瑟尔针对这种情况提出以购买力平价为基础，确立各国新的官方汇率，从而消除因物价变动而造成的贸易困难，恢复正常的国际贸易关系，这就是本国与外国货币之间的汇率应等于本国与外国价格水平之间的比率。

例如，如果有代表性的一组货物在美国值2美元，在法国值10法郎，汇率就应该是1美元等于5法郎。因此，购买力平价理论认为：一个平衡的汇率是使所比较的两种通货在各自国内购买力相等的汇率，偏离于使国内购买力相等的汇率是不可能长期存在的。如果一件货物在美国所值的美元价格相当于法国所值的法郎价格的1/5，而汇率却是1美元等于1法郎，那么，每个持有法郎的人就会把法郎换成同数的美元，而能够在美国购买5倍的货物。但市场上对美元的需求会使汇率上涨，一直达到1美元等于5法郎为止，也就是达到它的货币购买力的比率与各国货币所表示价格水平的比率相等为止。

购买力平价理论认为，人们对外国货币的需求是由于用它可以购买外国的商品和劳务，外国人需要其本国货币也是因为用它可以购买其国内的商品和劳务。因此，本国货币与外国货币相交换，就等于本国与外国购买力的交换。所以，用本国货币表示的外国货币的价格也就是汇率，取决于两种货币的购买力比率。由于购买力实际上是一般物价水平的倒数，因此两国之间的货币汇率可由两国物价水平之比表示。这就是购买力平价说。

购买力平价决定了汇率的长期趋势。不考虑短期内影响汇率波动的各种短期因素，从长期来看，汇率的走势与购买力平价的趋势基本上是一致的。因此，购买力平价为长期汇率走势的预测提供了一个较好的方法。

购买力平价的大前提为两种货币的汇率会自然调整至一水平，使一篮子货物在该两种货币的售价相同（一价定律）。在巨无霸指数，该一“篮子”货品就是一个在麦当劳连锁快餐店里售卖的巨无霸汉堡包。选择巨无霸的原因是，巨无霸在多个国家均有供应，而它在各地的制作规格相同，由当地麦当劳的经销商负责为材料议价。这些因素使该指数能有意义地比较各国货币。

两国的巨无霸的购买力平价汇率的计算法，是以一个国家的巨无霸以当地货币的价格，除以另一个国家的巨无霸以当地货币的价格。该商数用来跟实际的汇率比较，要是商数比汇率为低，就表示第一国货币的汇价被低估了（根据购买力平价理论）。相反，要是商数比汇率为高，则第一国货币的汇价被高估了。

巨无霸指数是一个非正式的经济指数，用以测量两种货币的汇率理论上是否合理。假设一个巨无霸在美国的价格是 4 美元，而在英国是 3 英镑，那么经济学家认为美元与英镑的购买力平价汇率就是 3 英镑 -4 美元。而如果在美国一个麦当劳巨无霸的价格是 2.54 美元，在英国是 1.99 英镑、在欧元区是 2.54 欧元，而在中国只要 9.9 元的话，那么经济学家由此推断，人民币是世界上币值被低估最多的货币。因为根据一价定律，相同的商品在全世界都应当有相同的价格。如果巨无霸指数大于 1，则说明在这个国家麦当劳的价格较美国低，反之则比美国高。从汇率的角度说，就是这个国家货币的汇率被低估，或者美元汇率被高估。

同样的产品在世界各地的货币标价却相差巨大，而且与官方的汇率换算完全不符，因此在一些西方经济学家眼中，麦当劳的巨无霸已经成为评估一种货币真实价值的指数。

因此，购买力平价理论用于比较不同国家之间的生活水平。现行的货币汇率对于比较各国人民的生活水平将会产生误导。例如，如果墨西哥比索相对于美元贬值一半，那么以美元为单位的国内生产总值也将减半。可是，这并不表明墨西哥人变穷了。如果以比索为单位的收入和价格水平保持不变，而且进口货物在对墨西哥人的生活水平并不重要（因为这样进口货物的价格将会翻倍），那么货币贬值并不会带来墨西哥人的生活质量的恶化。如果采用购买力平价就可以避免这个问题。

而对购买力平价理论持批评意见的经济学者认为，假定所有国家的同一种商品价格相等是错误的。不同国家的人对于同一种商品的估价是不同的。例如一种在甲国是奢侈品的商品，在另一个国家可能只是一般日用品。而购买力平价理论却没有考虑到这种情况。汇率表示你的本国货币在另一个国家的购买力，而购买力平价汇率跟你能在另一国买到多少东西无关。并且，购买力平价在统计学上具有欺骗性——例如可以通过精心的选择所用的商品获得对某国有利或者不利的结果。

不得不说的国际货币体系——布雷顿森林体系

谈到国际汇率，就不得不提到布雷顿森林体系。1944 年，第二次世界大战的第二战场刚刚开辟，欧洲战场一片硝烟弥漫。当全世界关注的目光都集聚在这里的时候，来自 44 个盟约国国家的 730 多位代表却齐聚在冷清的美国新罕布尔什州风景优美的布雷顿森林郡的华盛顿山度假宾馆，在此吵得不可开交。这里究竟发生了什么事，他们在讨论什么？

这些整天争吵不休的人看似聒噪，其实却都大有来头。他们很多都是当时《纽约时报》《泰晤士报》《金融时报》上经常采访的对象，其中著名的有美国财政部长摩根索、美联储的主席艾考斯、参议员托比、经济学家怀特等人。

说这一座小小的华盛顿山度假宾馆此时大腕云集一点也不为过。但是，这些人里最大的腕却是一位英国人。当时，人们绝不会想到，此人的肖像不仅将出现在那些最著名的杂志封面上，他的名字还将出现在此后的 60 年中的任何一版的宏观经济学和货币金融学教科书上。他就是对现代政府经济政策影响最大的经济学家，可能也是有史以来对现实经济影响力最重要的经济学家约翰·梅纳德·凯恩斯。此时，凯恩斯已经身患重病，但他依然“冷酷无情地驱使自己和别人工作”，而他当时的主要对手——美国财政部经济学家哈里·怀特也紧张戒备，每天只睡 5 个小时。

这一次聚集了世界大腕，足足开了 20 天的会议，终于争吵出一个结果，那就是著名的布雷顿森林体系——世界上第一个全球性的金融货币体制协议，就是在此时诞生的。

1914 ~ 1918 年的第一次世界大战在相当程度上摧毁了世界贸易。1929 年的世界经济大萧条使得金本位制度彻底破产。两次世界大战之间的 20 年中，国际货币体系分裂成几个相互竞争的货币集团，各国货币竞相贬值，动荡不定，因为每一经济集团都想以牺牲他人利益为代价，解决自身的国际收支和就业问题，呈现出一种无政府无组织的状态。30年代世界经济危机和二次世界大战后，各国的经济政治实力发生了重大变化，美国登上了资本主义世界盟主地位，美元的国际地位因其国际黄金储备的巨大实力而空前稳固。这就使建立一个以美元为支柱的有利于美国对外经济扩张的国际货币体系成为可能。

1944年，盟国取得第二次世界大战的胜利已成定局，它们在美国新罕布什尔州的布雷顿森林召开会议，商讨战后的世界贸易格局，建立一个新的国际货币体系，以促进战后的世界贸易和经济繁荣。22个盟国代表签署了一份盟约——《布雷顿森林协定》，规定以黄金为基础，以美元作为最主要的国际储备货币。美元直接与黄金挂钩，各国货币则与美元挂钩，并可按35美元一盎司的官价向美国兑换黄金。美元可以兑换黄金和各国实行可调节的钉住汇率制，是构成这一货币体系的两大支柱。这就是布雷顿森林体系。

《布雷顿森林协定》还成立了国际货币基金组织，简称IMF，它是维持这一体系正常运转的中心机构，它有监督国际汇率、提供国际信贷、协调国际货币关系三大职能。同时，世界银行也由此时产生，它的主要职责是提供长期贷款，帮助发展中国家提供实物资本。这些贷款的资金主要来源于世界银行在发达国家的资本市场上发行的债券。

布雷顿森林体系的形成，暂时结束了战前货币金融领域里的混乱局面，维持了战后世界货币体系的正常运转。固定汇率制是布雷顿森林体系的支柱之一，但它不同于金本位下汇率的相对稳定。布雷顿森林体系的形成，在相对稳定的情况下扩大了世界贸易。美国通过赠与、信贷、购买外国商品和劳务等形式，向世界散发了大量美元，客观上起到扩大世界购买力的作用。同时，固定汇率制在很大程度上消除了由于汇率波动而引起的动荡，在一定程度上稳定了主要国家的货币汇率，有利于国际贸易的发展。

布雷顿森林体系的一个重要特征是，美国被确立为储备货币国。这与美国经济实力的雄厚是分不开的，但也正因如此，给布雷顿森林体系的瓦解埋下了倒塌的基础。

布雷顿森林体系虽然推动了世界贸易的增长，却存在着严重的缺陷。因为布雷顿森林体系的最根本基础其实是美国的经济基础。假若美国国际收支持续性逆差，美元对外价值长期不稳，美元则会丧失其中心地位。另外，美国要履行35美元兑换一盎司黄金的义务，必须拥有充足的黄金储备。如果美国黄金储备流失过多，储备不足，就难以履行兑换义务，并且无力进行市场操作和平抑金价，美元比价下降，国际货币制度的基础随之动摇。布雷顿森林体系还规定了汇率浮动幅度需保持在1%以内，导致汇率缺乏弹性，限制了汇率对国际收支的调节作用。

随着历史的发展，布雷顿森林体系的弊端逐渐暴露。1971年7月第七次美元危机爆发，尼克松政府于8月15日宣布实行“新经济政策”，停止履行外国政府或中央银行可用美元向美国兑换黄金的义务。这意味着美元与黄金脱钩，支撑国际货币制度的两大支柱有一根已倒塌。1973年3月，西欧又出现抛售美元，抢购黄金和马克的风潮。3月16日，欧洲共同市场9国在巴黎举行会议并达成协议，联邦德国、法国等国家对美元实行“联合浮动”，彼此之间实行固定汇率。

至此，战后支撑国际货币制度的另一支柱，即固定汇率制度也完全垮台。这宣告了布雷顿森林制度的最终解体。随着全球经济一体化的进程，过去美元一统天下的局面不复存在。世界正在向多极化发展，国际货币体系将向各国汇率自由浮动、国际储备多元化、金融自由化、国际化的趋势发展。单一的货币制度越来越难以满足经济飞速发展的需要，这就是布雷顿森林体系倒塌的根本原因。

人民币更加值钱了——货币升值

货币升值是指某国货币相对于其他国家来说价值增加或上升了。自2005年7月21日我国开始实行以市场供求为基础、参考一揽子货币进行调节、有管理的浮动汇率制度以来，人民币兑美元中间价屡创新高，升值幅度逐渐加快。2005年人民币对美元升值2.56%，2006年升值3.35%，2007年升值6.9%。到2008年，人民币兑美元汇率中间价已经突破7.0的关口，再创汇改以来新高。

在人民币大幅升值的背景下，有人认为人民币升值是中国国力昌盛、强大的表现，它是人民币走向世界的前奏曲。有人则认为对于我们这样一个发展中的人口大国来讲，人民币升值是一种虚假繁荣，是一种泡沫。

人民币升值后，中国老百姓不无惊喜地发现，对比美元，自己手中的人民币愈发“经花”了。这样的对比，确实“看上去很美”。实际上，对此是有人欢喜有人忧。因为，人民币升值涉及方方面面，利益与损失交错。

持续几年的人民币升值，对我们到底有哪些益处？这是人们关心的问题。

第一，扩大国内消费者对进口产品的需求，使他们得到更多实惠。人民币升值给国内消费者带来的最明显变化，就是手中的人民币“更值钱”了，当然这是相对于购买国外的产品或服务而言的。你如果出国留学或旅游，将会花比以前更少的钱。或者说，花同样的钱，将能够办比以前更多的事。如果买进口车或其他进口产品，你会发现，它们的价格变得“便宜”了，从而让老百姓得到更多实惠。伴随着人民币的升值，中国人在世界很多地方花钱比以前更加划算了。

第二，减轻进口能源和原料的成本负担。我国是一个资源匮乏的国家，大量能源和原料需要进口。在国际能源和原料价格比较高的情况下，国内企业势必承受越来越重的成本负担。目前我国需要大量的能源和原材料用于国内建设和发展，如果人民币升值到合理的程度，便可大大减轻我国进口能源和原料的负担，从而使国内企业降低成本，增强竞争力。

第三，有利于实现我国的产业结构调整。随着人民币的升值，部分无技术含量、无品牌附加值的低级加工贸易，必将遭到淘汰。长期以来，我国依靠廉价劳动密集型产品的数量扩张实行出口导向战略，使出口结构长期得不到优化，我国在国际分工中因此一直扮演“世界打工仔”的角色。人民币适当升值，有利于推动出口企业提高技术水平，改进产品档次，从而促进我国的产业结构调整，改善我国在国际分工中的地位。

第四，有助于缓和我国和主要贸易伙伴的关系。鉴于我国出口贸易发展的迅猛势头和日益增多的贸易顺差，我国的主要贸易伙伴一再要求人民币升值。对此，简单地说“不”，对贸易双方都没有好处。因为这会不断恶化我国和它们的关系，给我国对外经贸发展设置障碍。人民币适当升值，可有效减少经贸纠纷。

不过，不能笼统地说，人民币升值了对我们有好处，其实人民币升值对我们也有负面影响。要不然，人民币早就大幅升值了。当人民币升值以后，由于有利于进口，不利于出口，我们可以更便宜地买到外国的商品，但我们将本国商品卖给外国就难了，很多出口企业因为人民币升值而无法生存下去，由此带来失业率的上升。

此外，人民币升值对我国巨额外汇储备也产生缩水的威胁。目前，中国的外汇储备高达2万多亿美元，居世界第一位。充足的外汇储备是我国经济实力不断增强、对外开放水平日益提高的重要标志，也是我们促进国内经济发展、参与对外经济活动的有力保证。然而，人民币升值使得巨额外汇储备面临缩水的威胁。假如人民币兑美元等主要可兑换货币升值10%，则我国的美元外汇储备便缩水10%。这是我们不得不面对的严峻问题。

当然，人民币升值还会影响金融市场的稳定。人民币如果升值，大量境外短期投机资金就会趁机进入，大肆炒作人民币汇率。在中国金融市场发育还很不健全的情况下，这很容易引发金融货币危机。

其实，人民币升值以后，最大的负面影响无疑是劳动力就业出现问题。在国际市场上，我国产品尤其是劳动密集型产品的出口价格远低于别国同类产品价格。究其原因，一是我国劳动力价格低廉，二是由于激烈的国内竞争，使得出口企业不惜血本，竞相采用低价销售的策略。人民币一旦升值，为维持同样的人民币价格底线，用外币表示的我国出口产品价格将有所提高，这会削弱其价格竞争力。而要使出口产品的外币价格不变，则势必挤压出口企业的利润空间，这不能不对出口企业特别是劳动密集型企业造成冲击。而我国出口产品的大部分是劳动密集型产品，出口受阻必然会加大就业压力。

人民币升值有利有弊，但人民币究竟升值还是贬值，以及升值或贬值的幅度有多大，都需要政府依据各方情势仔细权衡。

需要指出的是，普通老百姓对人民币升值的理解，表面上看是“更值钱”“更划算”，但是，普通老百姓很容易陷入人民币升值预期下的“货币幻觉”。具体说来，就是如果人民币相对美元升值，也意味着个人的人民币资产相对美元更值钱。但价格只存在于交易当中，如果个人不打算与外币进行兑换或交易，不打算购买美国商品，不打算出国旅游，不打算投资美国资本市场，你就享受不到这部分相对于外币而言增值的人民币，带来购买力增加的好处。

“山寨”货币为什么会得到承认——货币贬值

讪滴戌村位于泰国北部阳光明媚的平原上，10多年前亚洲金融危机爆发后，该村村民便开始自行印制货币了。当时，由于大量热钱涌向国外，泰国货币——“铢”急剧贬值。当地村民无奈之下，便通过自行印制货币以求自保，这种山寨货币上的图案是当地儿童绘制的水牛和寺院。在村子里的集市上，许多村民都用当地货币购买日用品，如新鲜蔬菜、猪肉、水果。而这种货币的流通范围还在不断扩大，甚至连附近的碾米厂也开始收这种钱。

其实，这种现象的直接原因在于泰国的法定货币“泰铢”不断贬值，而导致当地村民不愿意使用本国货币。那么，什么是货币贬值呢?

货币贬值是货币升值的对称，是指单位货币所含有的价值或所代表的价值的下降，即单位货币价格下降。

从国内角度看，货币贬值在金属货币制度下是指减少本国货币的法定含金属量，降低其对金属的比价，以降低本国货币价值的措施。货币贬值在现代纸币制度下是指流通中的纸币数量超过所需要的货币需求量即货币膨胀时，纸币价值下降。从国际角度看，货币价值表示为与外国货币的兑换能力，它具体反映在汇率的变动上，这时货币贬值就是指一单位本国货币兑换外国货币能力的降低，即本国货币对外汇价的下降。例如，如果 100 美元去年兑换 300 元人民币，今年兑换 400 元人民币，则人民币贬值了。货币贬值在国内引起物价上涨现象。但由于货币贬值在一定条件下能刺激生产，并且降低本国商品在国外的价格，有利于扩大出口和减少进口，因此第二次世界大战后，许多国家把它作为反经济危机、刺激经济发展的一种手段。

实际上，当一种货币大幅度贬值是不是真的能达到预期的目标，贬值是否能促进出口的增加和经济的好转？恐怕答案未必是肯定的。

有效贬值是基于这样一个假设：两个国家、两种货币，即只有本国与外国、本币与外币，本币贬值即是外币升值。现实情况却是，目前全球有 200 多个经济体，出于主权的考虑，几乎每个经济体都有自己的货币，因此，一种货币面对的不是一种外币而是多种外币，外国也是一个集合概念、一个国家的外国，同时也是他国的外国，每个国家面对的是一个共同的而不是分割的国际市场，况且出口市场也并不是无限的，而是有限的。进口国还会设置很多进口限制措施。国家之间不仅存在贸易伙伴关系，还存在出口竞争。

为简便起见，假设某一商品的国际市场只有 a、b 两个供应国即出口国为出口竞争关系，其他国家均为需求国即进口国，a、b 各占市场份额 50%，首先，a 国的国际收支出现逆差，为改善其逆差状况，采用货币贬值政策，a 国的货币贬值有效，增加了出口，而扩大的份额正是 b 国丧失的份额。b 国不甘心份额的减少，也采取贬值措施，争回失去的份额，由此开始产生一轮又一轮恶性贬值竞争，形成贬值陷阱。

首先，从单个国家来看，a、b 两国的每一轮货币贬值都是有效的，第一轮贬值中，a 国货币贬值 10%，市场份额由 50% 增加到 75%，出口需求弹性 2.5（2.5=25% / 10%），b 国的贬值同样也是有效的，b 国货币贬值 10% 后市场份额由剩下的 25% 恢复到 50%，弹性也是 2.5，第二轮贬值同样具有弹性，且同样有效，如此可以循环往复。

其次，从总体而言，贬值却是无效的，因为，经过两轮甚至多轮贬值，市场份额又回到初始状态，仍然是50%对50%。再深入的结论是，这种贬值对改善一国的国际收支无效，它实际上会恶化一国的国际收支，并通过联动效应、恶化所有参与恶性贬值竞争国的国际收支。经过两轮贬值后，两种货币的汇率比初始期均贬值19%（19%=100%-90%×90%），而市场份额却保持不变，即出口量保持不变，意味着两个国家的出口收入均下降19%，这种从单独一次来看贬值有效，而从总体来看贬值无效的现象，可称之为“贬值陷阱”。

贬值陷阱是一个怪圈，因为从每一轮贬值来看，好似效果都很明显，刺激了各国运用货币贬值政策来解决国际收支问题的偏好，而将效果不明显归咎于贬值力度不够，从而更加大幅度贬值。然而，这种货币贬值的结果却使国际收支状况更加恶化，是无效的，而且连带其他国家同陷国际收支失衡泥潭。

在现实的国际贸易中，某个国家的货币贬值还有可能引发周边国家的货币连锁贬值。果真如此的话，这会使发展中国家的贸易条件轮番恶化，不仅无法刺激本国出口，实际反而将国内资源补贴给了国外消费者。贬值即便可以产生短期效应，但对于长期效应而言，无疑是泼瓢冷水。此外，货币贬值会刺激资金外流，一旦外资形成货币贬值预期，将会大规模流出，从而导致资本市场更加动荡，不利于经济稳定。

凶猛的金融鳄鱼——热钱

在1848年的美国政府中，专业的马戏团小丑丹·赖斯，在为扎卡里·泰勒竞选宣传时，使用了乐队花车的音乐来吸引民众注目。此举为泰勒的宣传取得了成功，越来越多的政客为求利益而投向了泰勒。到1900年，威廉·詹宁斯·布莱恩参选美国总统选举时，乐队花车已成为竞选不可或缺的一部分。由此学界产生了一个术语：从众效应——又被称为“乐队花车效应”。因为“从众效应”同样在平民中得到应验：在总统竞选时，参加游行的人们只要跳上了搭载乐队的花车，就能够轻松地享受游行中的音乐，又不用走路，因此，跳上花车就代表了“进入主流”。于是，越来越多的人跳上花车。这种效应在资本市场被称为“热钱羊群效应”，指的是一种典型的“套利投机性质”的“异常情况”：受从众效应影响，当购买一件商品的人数增加，人们对它的偏爱也会增加。这种关系会影响供求理论所解释的现象，因为供求理论假设消费者只会按照价格和自己的个人偏爱来买东西。比如在股票市场中，如果某一只股票有很多人在买，那么买的人就会越来越多。所以在证券交易市场中，从众效应可以使一只证券短时间内提升至一个不合理水平。而这些在短期内推动证券大幅上涨的资本，就是投机性短期资本，即热钱。

这种投机性短期资本，即热钱。热钱，又称游资，或叫投机性短期资本，指为追求最高报酬及最低风险而在国际金融市场上迅速流动的短期投机性资金。它的最大特点就是短期、套利和投机。国际间短期资金的投机性移动是为了逃避政治风险，追求汇率变动、重要商品价格变动或国际有价证券价格变动的利益。

热钱在市场活动中无处不在：石油、股市、楼市、粮市……任何大宗商品价格的涨跌都与热钱脱不了干系。热钱是市场中一只看不见的手，而这只手的力量是巨大的，2008 年油价的大起大落，全球股市的巨大动荡都与这只市场中的“黑手”有着密切的关系。

2009 年以来，包括“金砖四国”在内的新兴市场股票出现大幅上涨。俄罗斯莫斯科时报指数自年初以来累计涨幅已经高达 135%，在彭博社跟踪监测的全球 89 个股票市场中涨幅第一。从 3 月到 10 月，200 多亿美元外资涌入巴西股市，将圣保罗股市的博维斯帕指数推高至 67239 点，比年初上升了 79%。而印度和中国股市目前累计涨幅也均超过了 75%。而与之形成鲜明对比的是，覆盖 20 多个发达市场的 MSCI 世界指数自年初以来仅涨了约 25%，美股涨幅不到 14%。

热钱的流入将造成一国资本项目顺差、外汇储备激增、本币大幅升值、流动性过剩以及资产市场行情火爆，而热钱流出则造成一国资本外逃（资本项目逆差）、外汇储备骤降、本币大幅贬值、流动性紧缩以及资产价格泡沫破灭等大难题。最令人不安的是热钱流动方向的突然逆转，通常会成为新兴市场国家金融危机的导火索。

2009 年 11 月 18 日央行发布的数据显示，截至 10 月末我国外汇占款达 18.766 万亿元，月度新增 2286 亿元，增量较 9 月下降超过四成。不过，这一增量仍属较高水平。此外，10 月份我国 FDI 增量达 71 亿美元，贸易顺差达 240 亿美元，超过 9 月份近一倍。

美元贬值和中国经济复苏带来的逐利冲动，正催促国际热钱潮涌中国。在适度宽松的货币政策和贸易便利化的外汇政策下，押注人民币升值预期的热钱不断翻新资本流入方式，加剧境内流动性过剩，推高资产价格。

自从 2005 年 7 月 21 日中央银行宣布 1 美元兑 8.27 元人民币汇率调整为 1 美

元兑 8.11 元人民币那一刻起，人民币升值的步伐便不可阻挡。因为大量的国际资本看好中国，它们以各种形式涌向中国，将外币换成人民币。当然，他们的目的只有一个，就是为了赚钱，他们赚钱的方式有以下几种。第一，等人民币汇率升到一定程度，比如 15%，就将换来的人民币换回美元，手上就比当初多了 15% 的美元，这就是套汇。第二，换成人民币后存进中国的银行里吃利息，只要中国提高利率，就能赚钱，这是套利。第三，购买人民币资产。热钱不是用来建厂，而是用来买股票、买房子，他们要搭上中国经济成长的快车。

自 2005 年以来，随着人民币的升值及升值预期，过多热钱进入中国会加大市场的流动性，造成流动性过剩，而货币供给越多，中国面临的通胀压力就越大。此外，热钱还加大了人民币升值压力。而投机资金进入股市、楼市后，容易制造泡沫。而热钱还会给股市造成严重伤害。

总的来说，预防热钱危机要做好以下几方面的工作：

（1）加强外汇监测体系，及早察觉外汇在本国的异常流动。

（2）注意政策、制度的可逆性设计，一旦热钱大量外流时，政策制度可以进行相应的应对和补救。

（3）保持理性政策，防止经济大起大落。保持经济的平衡增长而不是追求过度的繁荣，始终是稳定国家货币和金融体系的根本。

以越南为例，在经历热钱危机后，在金融开放进程上不再过于求大求快，而是通过制度化对资金进行约束，引导它为优化经济结构服务。央行不仅缩减了货币供应量，还对贷款采取了更加严格的措施。此外，越南还计划对外国资本占有股份上限加以规定，据悉，目前越南的上市公司外国资本只允许最多占有 49%。在 2008 年 5 月，东南亚国家联盟 10 国以及中国、日本和韩国 3 国计划出资至少 800 亿美元建立共同外汇储备基金，以帮助参与国抵御可能发生的金融危机，维护地区金融稳定，这无疑是构筑了一道强大的堤坝，以遏制“热钱”再度兴风作浪。

2002 年，曾经担任美国总统经济顾问委员会主席、世界银行首席经济学家、诺贝尔奖得主斯蒂格利兹教授出版专著《全球化及其不满》，详尽剖析了投机热钱对国家金融稳定的巨大危害。他的结论是：“我们必须采取措施对‘热钱’实现监管和征税。国际金融组织不仅不应该反对和阻挠对热钱的监管和征税，相反，它们应该行动起来，更好地监管投机‘热钱’。”

第四节　金融危机

美国老太太与中国老太太的故事新解——次贷危机

2007年年初，大西洋彼岸刮起了一场“金融飓风”，以美国著名的住房抵押贷款公司为代表的贷款机构、以美林为代表的投资银行，以及以花旗为代表的金融超市等成为这场“金融飓风”的直接风眼，同时，大大小小的对冲基金、海外投资者等都遭受了飓风的波及。众多金融机构暴露出的巨额亏损消息，一时成为美国社会的热点新闻。美国大多数人认为这只是美国金融的一次小感冒，直到2007年下半年，有关金融危机的报道和评论逐渐平息下来，人们似乎又恢复了平静的生活，人们已经暂时忘记了次贷事件。

然而，2008年年初，有关次贷危机的报道再次成为媒体关注的热点，不断出现的坏消息提醒人们次贷危机不仅没有结束，反而是在向纵深方向发展。这不是一场感冒，而是实实在在的一场危机，从虚拟经济波及实体经济，人们的生活已经受到影响，破产、倒闭、裁员、减薪，坏消息一个接一个，全世界的神经都随之紧绷了起来。

美国到底发生了什么？危机怎么来得如此急促？接下来还会发生什么？伴随着经济下滑、工作岗位减少、收入降低等一系列的连环事件，人们切实感受到一场新的危机已经来到身边。要了解这场危机的来龙去脉，必须首先了解什么是“次贷危机”。

曾经有这样一个故事，大意是说有一个中国老太太和美国老太太，中国老太太攒了一辈子的钱，到了临死前才攒够了买新房的钱，才住上了新房。而美国老太太则先贷款，住进了新房，到死贷款也还完了，她也因此住了一辈子的新房。这个经济故事的寓意很明显，称赞美国老太太的提前消费、透支消费行为，在同样的环境下，只不过是稍稍改变了消费模式，美国老太太就能提前住了一辈子的新房，而中国老太太却是固执己见，在临死前才圆了自己的住房梦。

在美国，大多数人崇尚提前消费，在住房方面更是如此，“贷款买房”的制度就是一种非常好的金融制度。一般它要求贷款者付至少20%的首付款，表示贷款者的责任心。其次，贷款的总数不能超过贷款者年收入的 4 倍，也就是说年收入 10 万元的家庭，银行顶多借给你 40 万元买房子。这是最基本的金融产品，这个产品使很多原来买不起房子的年轻夫妻可以拥有一处自己的房子，实现了他们的梦想，同时激活了相关的经济。在这种制度下，银行与贷款者的责任与风险都非常清楚：贷款者知道如果付不出每个月的贷款就有可能失去房产和 20%的首付款。银行知道如果呆账达到一定程度就会被政府关闭，取消营业资格。在责任与风险的平衡下，社会活动平稳运转。

但是问题是，并不是每个美国人都能有资格申请贷款买房。这时候，美国人利用自己的聪明智慧创新出了“次级债”。美国抵押贷款市场的“次级”（sub prime）及“优惠级”（Prime）是以借款人的信用条件作为划分界限的。根据信用的高低，放贷机构对借款人区别对待，从而形成了两个层次的市场。信用低的人申请不到优惠级，只能在次级市场寻求贷款。两个层次市场的服务对象均为贷款购房者，但次级市场的贷款利率通常比优惠级贷款高 2% ~ 3%。次级抵押贷款由于给那些受到歧视或者不符合抵押贷款市场标准的借款者提供贷款，所以在少数族裔高度集中和经济不发达的地区很受欢迎。从这一点来看，应该说美国次级抵押贷款的出发点是好的，在最初的 10 年里，这种金融产品的适度发放也取得了显著的效果。1994 ~ 2006 年，美国的房屋拥有率从 64%上升 69%，超过 900 万的家庭在这期间拥有了自己的房屋，这很大部分应归功于次级房贷。

1980 年，美国国会为鼓励房贷机构向低收入家庭发放抵押贷款，通过了《存款机构放松管制和货币控制法》。该法取消了抵押贷款利率的传统上限，允许房贷机构以高利率、高费率向低收入者放贷，以补偿房贷机构的放贷风险。在利用次级房贷获得房屋的人群里，有一半以上是少数族裔，其中大部分是低收入者，信用记录也较差。因此，次级抵押贷款具有高风险性。相比普通抵押贷款 6% ~ 8%的利率，次级房贷的利率有可能高达 10% ~ 12%，这样一来，钱少、信用差的贷款者承担高利率，高利率的放贷者承担高风险，前者有房住，后者赚大钱。

那么，“次贷危机”是如何引发的呢？通俗点来说，“次贷”就是为那些本来没有资格申请住房贷款的人创造一个市场，使这些信用不足的人或者贷款记录不良的人也可以来贷款。这些次级贷款是需要通过中介机构来申请，中介机构本来应该把住第一关。但是，中介机构为争取更多的业务，他们开始违规、造假，提供假的数据和假的收入证明。银行看到过去的信用记录很好，于是就向这些申请人贷款，然后银行又把这些贷款转化成债券，卖给房地美和房利美，房地美和房利美再把这些债券分割成面值更小的债券，卖给普通投资者。

就这样，连收入证明都拿不出来的人也可以贷款，通过中介机构的包装欺骗银行，银行再把债券卖给房地美和房利美，房地美和房利美在不知情的情况下将其分割成面值更小的债券卖给全世界，包括 AIG 等公司。终于有一天，这些次级债的借款人开始还不起利息了，银行拿不到利息，就不能向房地美和房利美兑现，房地美和房利美拿不到钱就无法给社会大众，于是引发了一连串的经济崩溃。

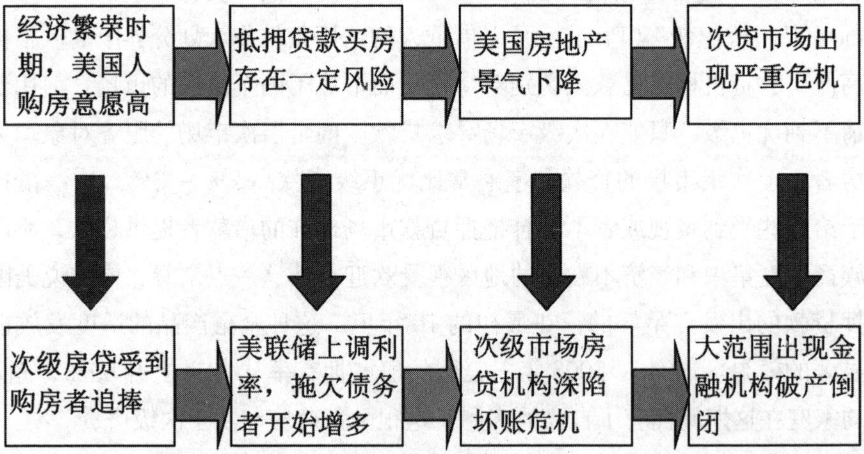

次贷危机形成示意图

正是如此，一场原本只涉及单一地区、单一金融产品的危机已经通过蝴蝶效应演变成了一场波及全球的金融风暴。

只能转移的投资风险——次级债券

作为世界上最大的经济体和最主要的经济增长引擎，美国怎么会因一场次贷危机遭受这样重大的冲击呢？其实，次级抵押贷款总额占美国国内金融市场的比例是比较小的，相对于全美 8 万亿美元的住房贷款总额，在危机爆发时，次级抵押贷款总额为 1.89 万亿美元，所占比重并不大。

虽然美国次级债务的违约规模并不算很大，但是，美国的金融家们却将次级贷款转化为许多与之关联的金融衍生产品，其规模高达几十万亿到上百万亿美金，构成了一个庞大无比而又错综复杂的金融网络。这样，一旦上游次贷出现问题，便牵一发而动全身，整个美国金融系统因为连锁反应会全部牵扯进去。

在次级抵押贷款的转化过程中，起着关键作用的，便是次级债。在美国，次级债特指基于次级住房抵押贷款而发行的资产支持证券。

美国的债券同样按照信用进行评级，基本分为三类：优级、次优级和次级。优级债券指由高信用的政府或者公司发行的债券，像国债就属于此类。次优级债券的风险比优级相对要高，但收益同时也会相对高出一些。次级债券是指信用等级和评级相对较差的债券。在美国，次级信用往往意味着违约，但是同时，它也是高收益的代名词。

在美国这样一个富有“创新”精神的国家，美国的金融家将抵押贷款证券化，曾被认为是一项“伟大的创举”。它的一个显著好处就是“风险转移”。次级贷款市场具有高风险性，次贷机构、投资银行对此当然洞若观火。如果出现大批违约事件，放贷机构将不可避免地承担巨大风险。因此，金融家们便充分发扬创新精神，发明了一种新的金融产品，即次贷“证券化”。在这个过程中，购房者的贷款被集中到一起，打包整理成一种次级贷款支持证券，再投放市场。购买这些证券的人们，将取得借款人偿还的本金和利息。

证券投资是一个高风险高回报、低风险低回报的行业，这早已经成为共识。然而，当投资者们面对“次级抵押贷款证券化”这一新产品时，却发现了极具诱惑力的一幕：这种证券由于评级高，从而属于低风险，然而，其回报却比同属高评级的国债以及优质公司的债券都要高。顿时，全世界的投资者都被吸引过来。在投资者、银行、保险公司、其他非银行金融机构以及企业等各类经济主体的参与下，次级债市场迅猛火爆起来。

次级抵押贷款证券化，这一金融发明的本意是使银行在没有负担的情况下，将巨额贷款打包成次级债券，卖给众多的投资者。在次级债繁荣时期，次级贷款被打包为证券的比例，曾经从31.6%一路增到2006年的80.5%。

在20世纪90年代时，美联储实行低利率，个人贷款对于投资者具有很大的吸引力，但是由于其评级低于投资级，始终得不到投资者的广泛接受。在这种情况下，金融机构为了转移风险，开拓市场，便以次级贷款为主，创造出大量的金融衍生品，充分满足不同偏好的投资者需求。

MBS、CDO、CDS均是以住房抵押贷款或商业住房抵押贷款为支持的证券化产品。在众多金融衍生品中，CDO的作用非同小可。CDO市场的暴跌直接加速了次级债危机的连锁反应。

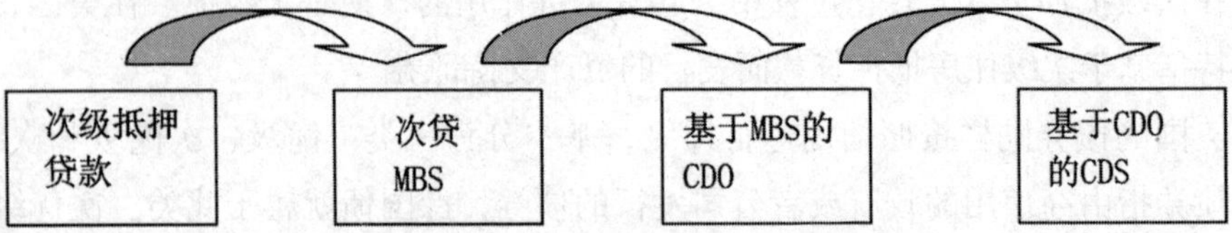

金融衍生产品的传递

金融衍生产品能够分散风险，但必须指出，这一作用是不能被神话的。然而，华尔街的精英们却高估了自己的智慧，与次级债相关的金融产品设计过于复杂，甚至连一些专业人员也难以理清头绪。加上监管软弱，投机盛行，这一市场始终充斥着巨大风险。在美国房市大热时期，次级债市场随之火爆。

次级抵押贷款要求借款人每月都要按照一定的利率返还资金。在房市大热的时候，借款人的房子不断增值，从而确保了借款人的还款能力。这一点至关重要，因为唯有这样，次级债券才能保证其价值，就会有人购买，就会把次贷市场的风险转移分散给各个投资于次级债的人。这就是次级债能够获得收益的根本所在——房市必须不倒。

作为同属于金融产品的“次级贷”与“次级债”，它们是一脉相承的。与之对应的则是从次级贷危机到次级债危机的传导，这体现了金融系统在资金、信用及风险上均沿着链条传导的特点。既然华尔街的金融机构将次级债卖给了国际投资者，当美国的次级抵押贷款市场发生危机时，其影响就会不可避免地波及全世界。

新世纪第一场全球经济大动荡——金融危机

“来也匆匆，去也匆匆”，在金融市场中混迹的人多会对自己的财富如此感叹。由次贷危机引发的金融危机，使得曾经令人瞩目的“华尔街模式”一夜坍塌，令无数财富荡然无存。普通百姓也已经切身感受到金融危机的冲击，因此对我们来说，十分有必要了解金融危机在美国的演变历程。

当1999年时，美国允许商业银行进行混业经营，之后美国政府对银行业的监管逐渐放松。金融行业开始迅速扩张，金融业利润占全部上市公司利润的份额从20年前的5%上升到当前的40%，扩张明显大于其所服务的实体经济，并成为整个经济的支柱。2000 年以后，随着房地产行业的逐渐繁荣，与之相关的金融衍生产品开始迅速发展，商业银行也越来越多地介入衍生品的开发与推广中，并为今天的金融危机埋下隐患。金融衍生品是指由原生资产派生出来的金融工具，金融衍生品一般独立于现实资本运动之外，却能给持有者带来收益，它本身没有价值，具有虚拟性。

最初进入这个市场的商业银行与投资银行获得暴利，因此吸引越来越多的参与者介入衍生产品市场。参与者越来越多，金融产品种类的开发越来越多，包括次贷、商业性抵押债券、信用违约掉期等，业务规模也就越来越庞大，直到商业银行与投资银行之间的业务深入渗透。业务的相互渗透意味着高风险的相互渗透，造成了“我中有你，你中有我”的局面，这是金融危机影响深远的主要原因之一。

但是，突然之间，拥有 85 年历史的华尔街第五大投行贝尔斯登贱价出售给摩根大通；拥有 94 年历史的美林被综合银行美国银行收购；历史最悠久的投行——158 年历史的雷曼宣布破产；139 年的高盛和 73 年的摩根士丹利同时改旗易帜转为银行控股公司。拥有悠久历史的华尔街五大投行就这样轰然倒下，从此便成了历史。华尔街对金融衍生产品的滥用就是导致此次“百年一遇”的金融灾难的罪魁祸首。

托·约·邓宁格曾有一句名言：“有 20%的利润，资本就活跃起来；有 50%的利润，它就铤而走险；有 100%的利润，它就敢践踏一切人间法律；有 300%的利润，它就敢犯任何罪行，甚至冒绞首的危险。”金融危机的爆发原因可以归结为一句话：当欲望变成魔鬼时，贪婪必然铸成危机。

我们可以简单地演示一下金融危机是如何爆发的。

1. 杠杆

许多投资银行为赚取暴利，采用杠杆操作，假设一个银行 A 自身资产为 30 亿，30 倍杠杆就是 900 亿。也就是说，这个银行 A 以 30 亿资产为抵押去借 900 亿的资金用于投资，假如投资盈利 5%，那么 A 就获得 45 亿的盈利，相对于 A 自身资产而言，这是 150%的暴利。反过来，假如投资亏损 5%，那么银行 A 赔光了自己的全部资产还欠 15 亿。杠杆是一柄双刃剑，在牛市中，利用杠杆借款可以获得暴利；相反，熊市来临，地产行业出现危机并导致市场转折的时候，杠杆就变成自杀工具。

2.CDS

把杠杆投资拿去做“保险”，这种保险就叫CDS。比如，银行A为了逃避杠杆风险就找到了机构B。A对B约定，B帮A的贷款做违约保险，A每年付B保险费5000万元，连续10年，总共5亿元，假如A银行的投资没有违约，那么这笔保险费就直接归B。假如违约，B要为A赔偿，为A承担风险。对于A来说，如果不违约，就可以赚45亿元，这里面拿出5亿元用来做保险，还能净赚40亿元。如果有违约，反正有B来赔。所以对A而言既规避了风险，还能赚到钱。B经过认真的统计分析，发现违约的情况不到1%。如果做100家的生意，总计可以拿到500亿元的保险金，如果其中一家违约，赔偿额最多不过50亿元，即使两家违约，还能赚400亿元。A、B双方都认为这笔买卖对自己有利，因此双方成交并皆大欢喜。

3.CDS市场

B做了这笔保险生意之后并且赚到钱后，C也想分一杯羹，就跑到B处说，只要B将100个CDS卖给他，C可以将每个合同2亿元成交，总共200亿元。对于B来说，400亿要10年才能拿到，现在一转手就有200亿元，而且没有风险。因此B和C马上就成交了，这样一来，CDS就像股票一样流到了金融市场之上，可以交易和买卖。当C拿到这批CDS之后，并不想等上10年再收取200亿元，而是把它挂牌出售，每个CDS标价2.20亿；D看到这个产品，算了一下，认为自己还是有赚头，立即买了下来。一转手，C赚了20亿元。从此以后，这些CDS就在市场上反复地炒，以至于CDS的市场总值炒到了何种程度已经没人知道。

4.次贷

A、B、C、D、E、F……所有的人都在赚大钱，那么这些钱到底从那里冒出来的呢？从根本上说，这些钱来自A以及同A相仿的投资人的盈利。而他们的盈利大半来自美国的次级贷款。享受次级贷款的这些人经济实力本来不够买自己的一套住房，但次贷为他们解决了这个问题。越来越多的人参与到房地产市场中，房价持续上涨，尽管次级贷款的利息一般比较高，但是享受次级贷款的人们在此时并不担心贷款利息的问题，只要房子处于升值的过程中，穷人还是赚钱的。此时A很高兴，他的投资在为他赚钱；B也很高兴，市场违约率很低，保险生意可以继续做；后面的C、D、E、F等都跟着赚钱。

5.次贷危机

有涨必定有跌，房价涨到一定的程度就涨不上去了。当房价往下跌的时候，原先享受次贷的高额利息要不停地付，终于到了走投无路的一天，把房子甩给了银行。此时违约就发生了。此时A并不感到担心，反正有B做保险。B也不担心，反正保险已经卖给了C。那么现在这份CDS保险在哪里呢，在G手里。G刚从F手里花了300亿元买下了100个CDS，还没来得及转手，突然接到消息，这批CDS被降级，其中有20个违约，大大超出原先估计的不到1%的违约率。每个违约要支付50亿元的保险金，总共支出达1000亿元。加上300亿元CDS收购费，G的亏损总计达1300亿。虽然G是一个大的金融机构，也经不起如此巨大的亏损，因此G濒临倒闭。

6. 金融危机

如果G倒闭，那么A花费5亿美元买的保险就泡了汤，更糟糕的是，由于A采用了杠杆原理投资，根据前面的分析，A赔光全部资产也不够还债。这样，从A到G的所有人都会从这连锁危机中损失惨重。

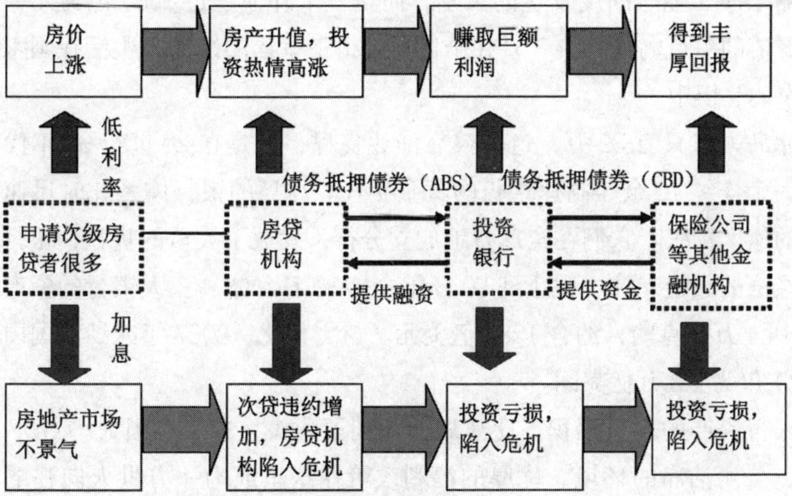

金融危机形成示意图

现实中的金融危机远比上述模型要复杂得多，不过，我们也能从模型当中看出金融危机的产生及发展历程。

如果次级债没有受到投资者疯狂的追捧，恐怕也不会有金融危机的局面。美国依靠资本市场的泡沫来维持消费者的透支行为，市场被无节制地放大了。这就是美国金融危机的实质。华尔街打着金融创新的旗号，推出各种高风险的金融产品，不断扩张市场，造成泡沫越来越大。当泡沫破灭的那一刻，危机便爆发了。

贪婪与恐惧是人类天生的本性，市场总是在人们的贪婪中走向过度繁荣，而在人们的恐惧中出现灾难。任何一种过度扩张的结果总是以过度繁荣为危机来临的起点，而以灾难作为终结。

金融创新其实并没有错，金融创新的危险在过度衍生与膨胀，华尔街的转型是一个新的开始，它给我们的一个启示是：政府对金融业务的监管并不在于抑制创新，而在于抑制过度扩张所导致的泡沫。

金融危机下的国家级灾难——国家破产

2008 年 10 月 6 日，冰岛总理哈尔德通过电视讲话，对全体国民发出警报："同胞们，这是一个真真切切的危险。在最糟的情况下，冰岛的国民经济将和银行一同卷进旋涡，结果会是国家的破产。"此时，他面对的冰岛不再是这个世界最美丽干净、金融高度发达的天堂，而是一个外债超过 1383 亿美元、本国货币大幅贬值的黑色乌托邦，昔日在全世界过得最幸福的冰岛人生活在国家破产、朝不保夕的恐惧中。

冰岛人口只有 32 万，过去仅靠渔业支撑，但是在 20 世纪 90 年代，全世界进入一个连续 10 余年高速增长的黄金年代。冰岛的银行体系此时迅速萌芽并以疯狂的速度扩张。它们在全球各地成立分行，发放了大量的贷款，银行因此成为冰岛经济的最强支柱。截止到 2008 年 6 月 30 日，冰岛三大银行的资产规模总计达到 14.4 万亿克朗，约合 1280 亿美元。与之相比，2007 年冰岛的国内生产总值（CDP）仅为 1.3 万亿克朗。

银行资产的大量累积，让冰岛人尝到了甜头，这个小国人均 GDP 占到世界第四，美丽洁净的环境、优厚的福利政策让这里成为一方世人向往的"幸福乐土"。但是当金融危机袭来时，这个国家才发现他们原来正是巴菲特所说的"裸泳者"。总理哈尔德承认，由于冰岛银行产业几乎完全暴露在全球金融业震荡波中，冰岛面临"国家破产"。

破产，如同一场噩梦，与企业如影随形，那些资不抵债者最终会在《破产法》的框架内或者拍卖变现或者资产重组以获新生，而旧有商号如一块随风飘摇的破布很快在人们的记忆中消失得无影无踪。可我们从来没有听说过哪个国家会破产。但这种现象现在却真实地出现了，冰岛由于金融危机的冲击，严重地资不抵债，濒临破产的边缘。

理论上濒临“国家破产”的冰岛会不会破产呢？答案是肯定不会。理由有很多，其中最重要的一条是，国家有别于企业的最显著特点是“国家主权神圣不可侵犯”。在结束了帝国殖民时代之后，这一原则日益成为国际共识，成为大小贫富悬殊国家之间交往的原则。所以，对于那些贫困国家，尽管外债缠身，理论上足够“破产”几百次，但是并没有被拍卖掉，这些穷国家也没有随之在国际政治版图上消失，沦落为其他债权国家的“新殖民地”。反过来说，倘若国际间有“国家破产”的“市场空间”，那么，美国仅举华尔街上的一个个富可敌国的金融大佬之力，就可以用经济手段，兵不血刃地将一个个破产小国收入囊中，如此一来，世界就依然是“强权政治”的天下。显然，让“国家破产”成为可能，就意味着对弱肉强食的霸权政治放行，最终破坏基于历史、文化、民族、宗教等渊源而形成的民族国家之间的脆弱国际平衡。

当然，国家破产的概念不是特别严格，从理论上说，一个经济单位，小到家庭，大到国家，如果资不抵债就是陷入了破产的境地。但是国家和其他单位不同，国家手上第一有苛税权，第二有发钞票的权力，第三有举债权，有这三权在就使他不可能破产。

有经济学家认为，所谓的国家破产实际上也就是对于一个国家经济状况的一种描述。首先，就是出现大量的财政赤字、对外贸易赤字；其次，就是出现大量外债；最后，该国家没有偿还外债的能力，同时也没有改善国内经济状况的办法。在这种情况下，就可以说这个国家要破产了。

因此，“国家破产”更像是一个形容词，以体现一国经济形势之危急；而不是一个动词，并不预示着一个国家马上就会吹灯拔蜡、改换门庭。就拿冰岛来说，纵然外债远超过其国内生产总值，但是依然可以在现有的国际秩序框架内找到克服时艰的途径，比如向俄罗斯这样的大国借债，还可以寻求国际货币基金组织（IMF）的援助。

早在2000年，国际货币基金组织（IMF）的第一执行总裁克鲁格尔女士曾提出过一个解决机制，将IMF的地位放在了国家破产解决程序的核心地位，但是很明显，这一方案遭到了所有国家的反对。两年后，IMF再次提出一个改进后的方案，该条款从法律上允许债权人中的一个“绝大多数集体”（占债权人总量的60%～70%）可以进行债务重组，同时该重组须将其余的债权人包括在内，而IFM只起到监督和最后仲裁的作用。

为了应对当年的阿根廷债务危机，阿根廷当年的债务危机与现在所说的“国家破产”几乎相同，美国政府也提出过相应的解决方案，但实际上也没有起到任何作用。

有经济学专家认为，要挽救国家破产的危局，就必须从国内、国际多方面寻求解决的办法和渠道：第一，是国际求助，比如这次冰岛向俄罗斯寻求贷款，从国外获得帮助来缓解自己的压力；第二，就是通过谈判解决债务问题，比如上一次拉美国家的债务危机，进行国际谈判，对那些无法偿还的债务进行免除、延期等措施，这也是一种缓解危机的办法；第三，就是要发动国内民众共渡难关。只有国际、国内多方面共同地努力和配合，才能真正起到挽救的效果。

刺激经济复苏需重拳出击——4万亿元投资

美国金融风暴带给中国经济的影响是巨大的，对中国经济增长放缓、出口减少、就业压力增大等诸多不利形势的担心，随着2008年下半年统计局数据的出台而一一得到了验证。在金融危机的背景下，政府作为人民的主心骨，他们应该如何动，备受百姓们的关注。

在日趋严峻的经济形势面前，我国政府采取了灵活审慎的宏观经济政策。2008年11月5日，国务院常务会议上终于确定总额度为4万亿元的两年经济振兴计划。

这项经济振兴计划主要包括实行积极的财政政策和适度宽松的货币政策，出台更加有力的扩大国内需求措施，加快民生工程、基础设施、生态环境建设和灾后重建，提高城乡居民特别是低收入群体的收入水平。大致包含内容如下：

一是加快建设保障性安居工程。加大对廉租住房建设支持力度，加快棚户区改造，实施游牧民定居工程，扩大农村危房改造试点。

二是加快农村基础设施建设。加大农村沼气、饮水安全工程和农村公路建设力度，完善农村电网，加快南水北调等重大水利工程建设和病险水库除险加固，加强大型灌区节水改造。

三是加快铁路、公路和机场等重大基础设施建设。重点建设一批客运专线、煤运通道项目和西部干线铁路，完善高速公路网，安排中西部干线机场和支线机场建设，加快城市电网改造。

四是加快医疗卫生、文化教育事业发展。加强基层医疗卫生服务体系建设，加快中西部农村初中校舍改造，推进中西部地区特殊教育学校和乡镇综合文化站建设。

五是加强生态环境建设。加快城镇污水、垃圾处理设施建设和重点流域水污染防治，加强重点防护林和天然林资源保护工程建设，支持重点节能减排工程建设。

六是加快自主创新和结构调整。支持高技术产业化建设和产业技术进步，支持服务业发展。

七是加快地震灾区灾后重建各项工作。

八是提高城乡居民收入。提高明年粮食最低收购价格，提高农资综合直补、良种补贴、农机具补贴等标准，增加农民收入。提高低收入群体等社保对象待遇水平，增加城市和农村低保补助，继续提高企业退休人员基本养老金水平和优抚对象生活补助标准。

九是在全国所有地区、所有行业全面实施增值税转型改革，鼓励企业技术改造，减轻企业负担1200亿元。

十是加大金融对经济增长的支持力度。取消对商业银行的信贷规模限制，合理扩大信贷规模，加大对重点工程、"三农"、中小企业和技术改造、兼并重组的信贷支持，有针对性地培育和巩固消费信贷增长点。

这就是"4万亿一揽子计划"，要完成上述工程建设，到2010年年底至少需要投资4万亿元。这项规模空前的财政刺激方案吸引了广大民众和国际上的眼光。根据该方案，中国在2009~2010年内在基础设施和社会福利方面支出约4万亿元人民币，这相当于2007年中国GDP的1/6，全社会固定资产投资的三分之一，财政总收入的4/5，来防止经济增速的过快下滑。

中央政府一举推出十大政策刺激内需、雷厉风行的应对举措，无疑将会大大激起人们对经济形势的信心。实质上，围绕刺激内需的目标，"一揽子计划"已经进入具体实施阶段。与以往的政策出台相比，对老百姓而言，此次"一揽子计划"透露出一些非常积极的信号。

在所公布的十大举措里，每一项都是重大利好，每一项都释放了积极信号，让人精神为之一振。从宏观层面来说，这些措施是应对金融危机，化解和削弱金融危机对我国的影响，通过扩大内需来提高我国抗击金融危机的能力。从微观层面来说，这些措施的主旨是让利于民，是以民生为重，通过加快民生工程、基础设施、生态环境建设等措施，提高城乡居民收入水平。

作为这一揽子方案的推出，提振民间信心是这项政策的主要目的。如果只有政府单打独干，民众对经济的发展失去了信心，可以预见这十大措施的效果也不会太好。目前中国的企业和居民户缺的是信心，在信心缺失的情况下，投资和需求弄不好也会持续下滑。

当然，百姓对巨额资金如何筹措也十分关心。根据发改委安排，到2010年年底，中央投资安排将达到1.18万亿元。自1998年以来，中央的财政收入一直处于同比快速增长的态势，2008年财政收入更是突破6万亿元。受经济增长放缓、企业效益下降等多重因素影响，2009年的财政收入压力将增大，财政赤字率将上升很快，2009年的预算财政赤字将达到创纪录的9500亿元。因此，发行国债是必然的选择。通过发行公债来弥补财政赤字，是世界各国通行的做法。但发行国债，货币资金将被回收，市场流通的货币量下降，对私人部门投资会产生“挤出效应”。

拉动经济发展的三驾马车分别是投资、消费、出口，与出口拉动和启动消费比起来，政府投资拉动无疑是对经济改善见效最快的手段。但我们也应该看到，4万亿元投资仅仅是推动了投资这一项，这势必导致三者关系的失衡。投资会增加未来的产能，而如果外需短期内不能恢复，内需又持续不足的话，势必会出现产能过剩。

与此同时，4万亿元计划也会延缓我国的经济结构改革。近几年来，政府通过各类手段，促使产业结构升级，以减少对自然资源的依赖，缓解环境保护的压力，促进经济的可持续发展。在市场优胜劣汰中，一些本来因自身原因应该进行改革的行业和该被淘汰出局的企业，现在有了政府买单，又可以在新的相对优越的投资环境中延迟改革和升级，显然，这不是好事。

刺激措施更像是强心针，而不是治本之药，但4万亿元必须出手，在全球性金融危机的背景下，我们必须维持经济的平稳与快速发展。只有这样，老百姓才能在经济发展的过程中享受更多的利益。

谁能解决中国人的吃饭问题——粮食危机

在金融危机的背景下，粮食问题也显得愈加重要。“国以农为本，民以食为天”，农业和粮食的经济地位可想而知，经济发展和社会进步的基础必须建立在人们不饿肚子的前提下。而2008年国际粮食危机为中国敲响了警钟，随着下半年金融危机的蔓延，粮食危机不被人关注，然而全球粮食危机依然存在。我国对粮食生产的高度重视，促使我国粮食生产和消费都未出现危机迹象。但在金融危机的冲击下，农产品价格有可能进一步下跌，这也成为我国爆发粮食危机的不确定因素。

2008年中国粮食总产量达到创纪录的10570亿斤，是40年来第一次实现粮食总产连续5年增加。连续5年增产，似乎使国人有理由对应对全球粮食危机，有个乐观而明朗的态度。但是，应该看到，危机的引发因素都还存在，潜在的粮食生产危机是我们面临的重大危机。吃饭是人的第一需要，粮食问题是关系国计民生的大问题，在国际金融危机的情境下，更应该注意粮食安全问题。

改革开放后我国农村实行家庭联产承包责任制，这个体制的好处是大大激发了农民的种粮积极性，弱点就是抗风险能力差。农民所拥有的生产规模通常非常小，我们通常说的“一亩三分田”，其实随着人口的增长，很多地方的人均耕地已经不足一亩。在资本面前，农民根本没有发言权，甚至没有发言的机会。相比城市和工业，农村同样没有发言权。在缺乏保护、组织的情况下，农民们面临着比制造业和服务业更大的市场风险，而且他们还承担着二、三产业部门极少具有的自然风险。因此，在双重风险袭击下的农业，就变成了一个弱质部门。因此，存在隐性的粮食生产危机。

由于美国金融危机的冲击，我国主要商品价格都出现了下跌趋势，农产品价格更是首当其冲。这样，农民种粮的收益势必会进一步降低，农民种粮的积极性将继续遭到打击，职业农民不断流失，土地撂荒严重。在多数农产品处于供求平衡状态下，外部不确定因素对农产品价格的影响作用大，市场波动使从事农业生产的风险明显增加。部分农产品价格暴跌、农民增产不增收问题可能更加突出。

要满足人们日益增长的粮食需求，保障粮食安全，主要的思路是不断提高粮食生产能力。因此，国家出台了免征农业税、最低收购价政策、最严格的耕地保护政策、建立粮食储备体系、加强粮食市场监管等一系列保护粮食生产能力和粮食安全的政策措施，对保障我国粮食安全起到了极其重要的作用。

我国每年要消耗粮食10600亿斤，这是一个庞大的数字，是世界消费总量的1/4，目前世界粮食总贸易量不到我国消费量的2/5。有人说，只要中国经济发展好了，可以从国外买粮食。但是世界上能有哪个国家能提供如此多的粮食？如果中国的粮食出现问题，没有任何一个国家能拯救中国。

因此，必须实行最严格的耕地保护制度和最严格的节约用地制度。18亿亩耕地的红线绝对不能触碰，从严控制城乡建设用地总规模，从规划、标准、市场配置、评价考核等方面全面建立和落实节约用地制度。

“无农不稳，无粮则乱”是我国几千年历史积累下来的政治智慧，我国作为世界上最大的粮食生产和消费国，目前我国粮食生产的基础并不稳固。每年的粮食产需依然存在一定缺口，每年都要挖几百亿斤库存。随着人们消费水平和消费观念的不断转变，对粮食质量和品种的要求也会越来越高，粮食消费趋势也会不断变化，因此，需要认真分析当前及今后一段时期内适应粮食消费趋势的措施，及时应对，确保我国的粮食安全。

第五节　经济转型

美国记者为什么离不开中国产品——中国制造

一位美国记者萨拉曾经突发奇想：如果没有中国制造，世界将会怎样？于是她决定从2005年1月1日开始带领全家不买中国产品，看看这一年的生活是怎么样的。萨拉把这一年的很多生活经历与有趣的故事记录了下来，这就是后来成为著名畅销书的《离开中国制造的一年》。

在这一年中，萨拉一家的生活中接连遇到了很多有趣而充满挫折的真实经历——萨拉不得不给4岁的儿子购买标价为68美金的意大利鞋。老鼠横行，一家人还得为使用“人道”的中国捕鼠器还是“非人道”的美国捕鼠器而犯难。最后，为了不让老公造反、不让儿子失望，在2006年元旦，萨拉只能向中国制造“投降”，萨拉在《离开中国制造的一年》的结尾写道：“我们最终决定，还是跟中国进口产品共存的好。发誓一辈子不用中国产品，似乎不太现实。不靠中国产品过日子太难了，至少不懈地坚持下去太难了。我不知道自己还有没有勇气再来一次，从某些方面来说，我情愿不去设想，未来10年不靠中国产品过活，日子会有多难。”

提起“中国制造”，人们不禁感到颇为自豪——中国制造可以说创造了多项世界第一的纪录，也让全世界的消费者重新认识了中国的制造能力。从新中国成立时连最简单的火柴和铁钉都被称为“洋火”“洋钉”的一穷二白，到我们建立了完整的工业体系，飞机、卫星、导弹、轮船、火车、汽车、计算机、通信电子等都建立了自己的品牌，这是一个质的飞跃。

我们来看一组振奋人心的数据：据商务部2008年最新统计，目前世界500强除了极少数公司没有在中国投资投产外，95%以上把中国作为自己的生产基地，通过合资或OEM代工的方式进行“中国制造、全球消费”的运营。现在我国在全球制造业中所占的份额，2006年已经达到8%，总量上超过日本，成为全球第二制造大国，有172类产品总量居世界第一，同时我国还参与了全球产业链的分工，作为世界工厂的地位已经形成了。这是我们制造业跨越式发展的一个重要标志。

“中国制造”取得如此世界瞩目的成就，是否意味着我们就可以高枕无忧了？答案当然是否定的。

就目前来看，“中国制造”之所以遍布世界，其主要的原因在于价廉物美。“中国制造”的主体贸易有一半以上是加工贸易，其产品完全按照外国提供的要求和标准生产，产品的附加值很少。因此，即使有了这样辉煌的出口成绩，中国还不能称作真正的世界工厂，最多只能称作一个世界加工厂。

与日韩制造相比，客观而论，“中国制造”也有一些产品具有高端、高质、节能、环保和可持续发展的特性，但就整个出口产业来说，“中国制造”还普遍缺乏创新能力和自主知识产权。

美国汽车市场2007年的销售统计资料表明，排在前五位的汽车品牌中，日本汽车占据四席。在此之前的2005年，美国《消费者报告》便将现代索纳塔评为可信赖度第一的汽车。像丰田、本田、雅马哈、索尼、佳能、东芝、松下等日本产品，也被世界各地消费者接受。值得一提的是，在现代汽车刚刚进入美国市场的时候，曾经标着5000美元的低价，由此导致美国消费者对其质量产生怀疑，而“日本制造”在美国也经历过被认为“劣质产品”的阶段，但日本企业用了不到10年的时间便将其变为了高质量的代名词，现在许多美国人都觉得日本产品的质量已经高于本国。

我们再来看看下面这些数字：据统计，近年来我国设备投资的2/3依赖进口，光纤制造装备的100%、集成电路芯片制造设备的85%、石油化工装备的80%、轿车工业设备、数控机床、纺织机械、胶印设备的70%被进口产品占领；中国每年要花费6000亿元从国外进口重大设备；劳动生产率大概只是美国的1/23……世界知名品牌少、核心技术创新少、拥有自主知识产权企业少、依靠低廉的劳动力和价格占领市场，要摆脱这些问题，“中国制造”还有很长的路要走。

除了自身具有的短板之外，“中国制造”还面临着诸多挑战。第一，随着中国国家经济水平逐步缩短与西方发达国家的差距，人民生活水平不断提升，低工资、低待遇的中国劳动力初期开发阶段已经成为历史，以往的核心竞争力是拥有低劳动力成本优势，但目前这种优势正在衰退，而且这将是一个不可逆转的发展趋势。第二，各种原材料、能源价格的不断上涨，成本优势更加面临丧失殆尽的危险。此外，全民环保意识的提升，以及知识产权保护的加强，更加对原有的中国制造业企业提出了挑战。

世界工厂还是世界加工厂——加工贸易

曾有这样一个故事：美国从中国进口“芭比娃娃”玩具，进口价为2美元，在美国的零售价为9.99美元。在付给中国的这2美元中，1美元是运输和管理费用，65美分用于进口原材料，中国只获得35美分的劳务费。故事是10多年前的老故事，价格也是10多年前的旧价格，然而时至今日，中国对外贸易中加工贸易的情形并没有多大的改变，拿的依然是低利润，扮演的仍旧是“世界加工厂”的角色。

加工贸易，主要指对外加工装配、中小型补偿贸易和进料加工贸易。发展加工贸易的好处是投资少，时间短，见效快，有利于充分利用我国丰富的劳动力资源，有利于扩大出口，增加外汇收入。而通常所说的“三来一补”，指来料加工、来件装配、来样加工和中小型补偿贸易，其中来样加工不在加工贸易的范围内。

20多年前，珠海建立了我国第一个加工贸易项目，此后，我国的加工贸易一发而不可收。1981年，全国加工贸易出口11亿美元，占出口额的5%。到1990年，加工贸易出口254.2亿美元，占出口总额的41%。截至2003年，加工贸易带来的累计贸易顺差达3942亿美元。2006年前7个月，来料加工装配、进料加工、出料加工3种贸易方式出口总额2682.2亿美元，占同期出口总额（5089.02亿美元）的52.7%。加工贸易在我国的对外贸易中始终占据着约50%的份额，是我国外贸出口的主导力量，对我国经济的发展功不可没。

加工贸易能够迅速占领半壁江山，得益于改革开放初期，国内企业管理水平还不高，企业技术设备能力也不强，导致许多企业设备闲置。加工贸易的出现和发展恰逢其时，这对于我国充分利用国内外两种资源、开拓国内外市场、引进先进技术和管理经验等都起到了重要作用。

然而，加工贸易走到今天，已经到了生死存亡的关键时刻。实施加工贸易最早的珠三角地区，有很多加工型贸易企业实际上只是算作跨国企业的一个加工车间，还称不上是一个完整的企业，因此无法与跨国企业讨价还价。加工贸易面临的最大问题，还是收益分配问题——我方所得份额太少。我国加工贸易产业整体竞争优势仍在传统劳动密集型产品和中低技术、成熟技术的工序上，加工制造档次依然处于低端，缺乏自己的核心技术，所获得的利润也相当低，加上近年来国内国际竞争加剧，加工企业纷纷低价竞争，使得利润越摊越薄。

另外，加工贸易已经成为被不法分子利用走私“飞料”的一个渠道。我国的加工贸易政策规定，对加工贸易进口料件实行“保税”监管政策，即用于加工贸易出口的料件进口时，免征关税与增值税，出口时不退增值税。以加工贸易名义进口的料件，若用于生产内销产品，要补交关税与增值税。这样防止某些不法分子以加工贸易进口原材料之名行走私之实。

“世界加工厂”的产业模式对资源有较大的消耗。从人均资源占有量上看，我国是资源紧缺国。多年对资源的消耗浪费，使我国的资源紧缺问题也日益严重。加工贸易带来的利润已经不足以弥补对环境的破坏。

我国加工贸易出口产品集中在机电、服装、纺织以及鞋类等一些轻工产品方面，这些产品大多与我国的一般贸易出口产品冲突，加工贸易出口的增长势必影响我国一般贸易的出口。

按照国际原产地的统计原则，虽然我国企业只是赚到了“加工费”，但是却要按照出口产品的全额来计算贸易额。也就是说，国外一些原材料在我国经过加工之后再出口，带给我国的只是微薄的利润，却在名义上造成了我国和发达国家之间的贸易不平衡。而这“过路财神”带来的名义上的巨额顺差却成为发达国家不断给人民币升值施加压力的借口。

最后，对加工贸易的政策庇护也不复存在了。从2007年7月1日起，中国553项“高耗能、高污染、资源性”产品的出口退税被取消，服装等2268项易引起贸易摩擦的商品的出口退税率也被调低。而在此之前的4月份，有990种产品被列入《2007年加工贸易禁止类商品目录》。

在如此严峻的形势考验下，我国的加工贸易究竟何去何从，是向内地转移，还是积极转型？近年来，一些国外的跨国公司开始将内部服务业和研发中心向外转移，我国可以以加工贸易的形式积极介入国际高新技术产业的某些环节，在附加值较高的产业领域进行加工贸易。除了技术升级、产业升级，加工贸易的结构也要升级。加工贸易应由加工制造为主向采购、加工制造、分销服务、售后服务以及研发和信息资讯为一体的方向转型，适应成本和市场混合驱动型跨国公司的发展需要。在升级之后，加工贸易将具有新的活力。

此外，我国中西部地区的人口有7亿之多，不仅市场潜力巨大，而且在劳动力素质上与东部、沿海地区也相差不大。通过放开对投资中西部地区加工贸易许可的限制，加工贸易企业从沿海地区迁移到中部地区，可以节约更多成本。还可以考虑两条腿走路——内销与外销并举。

利用合法途径争取自己的权益——反倾销

美国商务部2009年11月24日作出终裁，以我国油井管存在补贴为由宣称将对相关产品实施10.36%至15.78%的反补贴关税制裁。该案涉及金额约27亿美元，是迄今为止美国对华贸易制裁的最大一起案件。据了解，仅2009年前3季度，就有19个国家和地区对我国产品发起88宗贸易救济调查，其中包括57宗反倾销调查。在金融危机和国际贸易保护主义加剧的背景下，我国俨然已成为国际贸易摩擦的主要对象。

全球金融危机爆发之后，由于国际市场需求快速萎缩，各国企业都面临着争夺国际、国内市场的双重压力。许多国家为扶持和保护本国产业，防范国际市场萎缩导致的贸易转移，纷纷出台各种贸易保护措施。目前全球35%的反倾销调查和71%的反补贴调查都针对中国出口产品。截至2008年，中国已连续14年成为遭受反倾销调查最多的经济体，连续3年成为遭受反补贴调查最多的经济体。仅自2008年11月以来，我国就遭受超过100项的贸易保护主义壁垒，占同期世界各国各地区采取的贸易保护主义措施的三分之一强，名列世界第一。

有关专家分析，我国之所以饱受反倾销之苦，其主要的外部原因是中国作为新兴贸易大国与世界各国的经贸交往规模日益扩大，在市场竞争愈益激烈情况下，发生贸易摩擦和纠纷的机会也会越来越多。其次，经济衰退期间各国更多采取贸易保护措施是规律性的表现。此外，还有的世贸组织成员滥用贸易规则，即指违反世界贸易组织的《反倾销协定》。

令我国产品在海外屡屡受挫的"反倾销"到底是怎么回事呢？反倾销是针对倾销而言的。所谓倾销，1994年关贸总协定《反倾销协议》第2条第1款规定："如果一项产品在正常贸易过程中，从一国出口到另一国的出口价格低于在出口国用于国内消费的同类产品的可比价格，即以低于正常价值的办法进入另一国商业，则该产品将被认定为倾销。"

反倾销（Anti Dumping），是指对外国商品在本国市场上的倾销所采取的抵制措施。一般是对倾销的外国商品除征收一般进口税外，再增收附加税，使其不能廉价出售，此种附加税称为“反倾销税”。如美国政府规定：外国商品刚到岸价低于出厂价格时被认为商品倾销，应立即采取反倾销措施。作为贸易救济的手段之一，反倾销则是指对外国商品在本国市场上的倾销所采取的抵制措施，一般表现为征收反倾销税。反倾销本不是贬义词，但许多国家在贸易战中的滥用，使其染上了浓厚的贸易保护主义色彩。从商品角度来看，各国对我国发起的反倾销调查比较集中的商品有钢材、纺织品、汽车零件、轻工产品等。

反倾销在什么样的情况下才能做出呢？世界贸易组织的《反倾销协议》规定，一成员要实施反倾销措施，必须遵守三个条件：

第一，确定存在倾销的事实；

第二，确定对国内产业造成了实质损害或实质损害的威胁，或对建立国内相关产业造成实质阻碍；

第三，确定倾销和损害之间存在因果关系。

虽然在《关税及贸易总协定》中也对反倾销问题做了明确规定，但实际上各国各行其是，仍把反倾销作为贸易战的主要手段之一。

对倾销的认定是反倾销的关键环节。按照倾销的定义，若产品的出口价格低于正常价格，就会被认为存在倾销。出口价格低于正常价格的差额被称为倾销幅度。所以，确定倾销必须经过三个步骤：确定出口价格；确定正常价格；对出口价格和正常价格进行比较。

据国家商务部统计，2009年1～8月，共有17个国家（地区）对中国发起79起贸易救济调查，其中，反倾销占50起，反补贴9起，保障措施13起，特保7起，涉案总额约100.35亿美元，同比分别增长16.2%和121.2%。对于我国来说，应对贸易保护主义是一场持久战。面对如此密集甚至会更加汹涌的反倾销浪潮，我们应当如何看待，采取什么策略应对呢？

首先，升级产业结构和经济结构。金融危机和贸易保护主义对中国是严峻的挑战，反映了我国经济增长过于依赖外需的弊端，同时也是一次机遇。我国应借此机会加速产业结构升级和经济结构调整，并扩大内需，减少我国经济过高的对外贸易依存度，降低世界经济形势波动对我国经济的不利影响，促进我国经济平稳较快发展。

其次，优化出口结构。就商品结构而言，我国的出口产品多为轻工、纺织等劳动密集型产品及机电、电子等低附加值的产品。从倾销的概念来看，与高附加值产品相比，劳动密集型等低附加值产品自然更容易受到反倾销的指控。我国应该努力改变自己在国际分工和全球产业链上处于中低端的不利格局，通过产业结构升级、自主创新等方法来获取上游地位。企业应努力进行技术升级，调整产品结构，提高产品附加值，变“以廉取胜”为“以质取胜”，完成从“中国制造”向“中国创造”的转变。

就出口市场结构而言，我国出口仍然以欧盟、美国和香港为主要目标市场，而经香港转口的出口中又有很大一部分到达欧美市场，出口市场过于集中，导致出口产品在进口国更易成为反倾销的对象，也降低了产品抵御反倾销风险的能力。我国企业应在巩固原有市场的同时，大力开拓新市场，改变我国出口贸易主要集中于欧盟、美国、日本的局面，加大对亚非拉发展中国家市场的开拓，逐步实现出口市场多元化。

最后，政府强化保障，企业积极应诉。结构的调整并非一朝一夕可以完成，在如今频遭反倾销袭击的现实下，我国政府和企业应该充分运用世贸规则和进口国规定来维护自身利益。

对政府来讲，应该努力争取国际经济秩序的话语权，坚决反对和抵制各种形式的贸易保护主义，建立健全应对反倾销的保障体系，包括预警机制和协调机构。设立专门机构，全面调研所在国的反倾销法律法规，随时预警、跟踪我国出口商品被进口国反倾销机构立案调查的情况；加大对外贸企业宏观调控的力度，进一步整顿贸易秩序，严格禁止出口企业相互倾轧、恶性竞争的做法；培养我国从事反倾销应诉的专业法律人才，培训出口企业反倾销知识；指导和组织企业应诉，在必要时通过与对方政府的交涉，解决反倾销问题。

对企业来讲，则要做到积极应诉，而非消极等待。我国企业应积极参与反倾销应诉，否则只能被动等待反倾销的裁决，不仅给自己造成巨大损失，客观上也刺激了某些国家对中国产品发起更多的反倾销调查，恶化了中国外贸企业面临的出口环境。以前我国企业应诉热情不高，部分企业甚至被征收反倾销税了还不知道原告是谁。令人欣慰的是，现在已经有越来越多的企业加入到反倾销应诉的队伍中来，应诉成功率也在逐渐提高。欧洲法院日前裁定欧盟委员会 2007 年 4 月对中国熨衣板反倾销案终裁中，拒绝给予中国广东一家企业市场经济待遇，并征收 18.1% 的反倾销税的做法属于违法，该企业将被免征反倾销税，即是一个值得学习的案例。

劳动密集型与技术密集型——出口替代

出口替代又称出口替代工业化政策或出口导向工业化政策，是外向型经济发展战略的产物，是指一国采取各种措施扩大出口，发展出口工业，逐步用轻工业产品出口替代初级产品出口，用重、化工业产品出口替代轻工业产品出口，以带动经济发展，实现工业化的政策。

出口替代战略的核心思想是使本国的工业生产面向世界市场，并以制成品的出口代替初级产品的出口。根据国际贸易中比较优势的原则，通过扩大其有比较优势的产品出口，以改善本国资源的配置，从中获得贸易利益和推动本国经济的发展。

这种以出口鼓励作为经济动力的发展模式，将本国产品置于国际竞争的环境中，其优点是比较显著的。以这种方式发展的国家，大都取得了高速的经济增长。近 20 年来，几乎所有经济高速增长的国家和地区都是出口占 GDP 比重不断上升的国家和地区，包括中国、亚洲“四小龙”、东盟等。这是因为出口替代战略起到了积极的作用。

选择出口导向型战略，可以充分利用国外的资源，并与本国具有绝对优势的劳动力资源相结合，生产并出口本国具有比较优势的产品，以缓解一国的外汇压力；可以在国际分工中节约劳动，充分发挥自身的比较优势，在全球性的产业结构调整中，促进本国产业结构的优化升级，获取因分工而产生的规模经济效益；可以通过对外贸易，互通有无，使本国居民享受到更多的经济福利，提高其生活水平；可以通过外部市场的开拓，带动国内相关产业和部门的发展，不仅为国内的剩余产品或闲置生产资源找到了出路，还扩大了就业量。

造“空客”还是做“衬衫”？这个问题一直伴随着我国经济发展和企业发展之路。选择做“衬衫”，是一种被动分工，也是一种主动扬“长”。对相当多的国内企业来说，扮演“蓝领”角色，是其迈上更高台阶的必经之途。然而，许多中国货的低廉，隐含着扭曲的成本，给了一些国家和地区的竞争者说“不”的堂皇理由，这才是最需要担心和解决的问题。西班牙烧鞋，俄罗斯退货，美国对中国产品的抵制等，无一不暴露出那些在产业链中位处低端、附加值不高、劳动力密集的产业所面临的种种挑战。这是不是一个“世界工厂”“生产车间”所必须付出的代价？

要改变这种局面，很多人认为：中国今后的发展目标，应当是力争“造空客”，而非停留在大量的“做衬衫”上。以我国为例，目前我国主要生产劳动力密集型的低级产品，其在国际市场上的竞争力来源于劳动力价格的低廉。而随着生产的不断扩大，劳动力的需求扩大，这给了劳动力价格一个向上的推动力。而现阶段劳动力价格没有大的提升的原因则在于农业中的大量剩余劳动力被吸引到工业生产中来，新增的廉价劳动力满足了扩大的需求。然而过剩劳动力终究要有一天被完全吸收，到那时，生产的扩大必将带来劳动力价格的上升，即生产成本的上升，中国产品在国际市场上就会丧失其竞争力，经济的发展也会因此受到影响。此时，经济增长就不能通过扩大生产来实现，而必须通过技术进步，也即生产技术的进步来实现。

到底是选择劳动密集型还是技术密集型的发展之路呢？劳动密集型与技术密集型孰优孰劣？

随着社会生产力的发展和科学技术在生产中的广泛应用，劳动密集型产业将逐步向资本密集型产业或知识密集型产业转化，或者在新的物质技术上形成新的劳动密集型产业。而发展技术密集型产业，有利于发挥科技人才的作用，有利于应用与推广国内外最新科技成果，有利于引进国外先进技术和生产高精尖产品，有利于提高企业经济效益，促进生产力的发展。随着当代科学技术的进步，技术密集型产业在迅速发展。在我国，电子计算机工业，飞机和宇宙航天工业，原子能工业，大规模和超大规模集成电路工业，精密机床、数控机床、防止污染设施制造等高级组装工业，高级医疗器械，电子乐器等高级工业均属于技术密集型产业。

可以这样说，随着科学技术的发展，劳动密集型会不断地被技术密集型所替代。但这并不意味着劳动密集型技术在现阶段就会被资本密集型技术完全替代。这是因为：

首先，在当前技术进步状态下，一部分劳动仍然无法被资本取代，或即使取代，但取代的成本过高，因而无利可图。在这种情况下，我们仍然选择劳动密集型技术。

其次，为了满足市场上多样化和个性化的需求，或者对精湛手工艺品的追求，因而必须保留或采用劳动密集型技术。比如个性化服装和用品的生产，艺术陶瓷、石雕、手工刺绣等。

最后，在当前技术状态下，尽管存在资本密集型的技术，它可以取代劳动密集型技术，但由于我国目前资本短缺而劳动成本相对低廉。当使用资本密集型技术的成本高于使用劳动密集型技术的时候，一般仍然选择劳动密集型技术。

在现阶段，完全抛弃劳动密集型而采取技术密集型或者与之相反，都不是明智之举。随着经济发展，人民生活水平的不断提高，人们的消费需求呈现出多样化的特征，同时，由于加入 WTO 后，市场范围不断拓宽，市场的多层次（国际、国内、区域性）特点决定市场需求的多层次特性。消费需求的多样化和市场需求多层次性都要求不同层次的发展模式与之相适应，因此必须按不同领域、不同部门的资本积累、劳动力状况，科技发展现状，根据市场需求选择不同的发展类型。

总之，中国既要加快技术密集型的发展又要注重劳动密集型的发展，更要鼓励技术密集型与劳动力密集型相结合的复合型产业的发展。

中国企业的必然选择——“走出去”战略

“走出去”是以中国的公司为主导，服务于中国公司战略的一种跨国整合模式。当前，无论从开拓市场空间，优化产业结构，获取经济资源，争取技术来源，还是突破贸易保护壁垒，培育中国具有国际竞争力的大型跨国公司，“走出去”都是一种必然选择，也是中国对外开放提高到一个新水平的重要标志。

“走出去”的战略意义在于：

第一，在更加市场化、更加开放、更加相互依存的世界，国家必须考虑，通过具有宏观影响力和国家长远发展战略意义的对外投资，提高国家在全球经济中的地位，在国际资源分配中争取一个更加有利的形势并改善与相关国家和地区的关系。

第二，在中国成为“世界工厂”，对外贸易依存度超过 70% 的情况下，国家必须考虑通过提高引进外资质量和扩大对外投资两个轮子，主动地在更广阔的空间进行产业结构调整和优化资源配置。在保持制造业优势的同时，向产业链高增值环节迈进，提升中国在国际分工中扮演的角色。

第三，无论从中国为全球制造产品，还是自身工业化、现代化的需要，都必须考虑如何通过对外投资主动地从全球获取资金、技术、市场、战略资源。

第四，在外资企业大举进入中国、分享中国市场的情况下，中国经济必须考虑新的发展空间。在外资企业走进来的同时，中国有实力的企业“走出去”，各自发挥优势，“你打你的，我打我的”，这将是一种必然的现实。

第五，在跨国公司利用自身实力，重组中国优势的同时，中国有实力的企业也应利用跨国公司产业结构调整的机会，以自己的比较优势重组他国产业和企业，主动参与国际合作与竞争，以获得市场份额和技术开发能力。在这过程中，壮大自己，培育与经济大国相匹配的跨国公司。

在经济全球化的背景下，我国企业的对外投资，初期主要集中在进出口贸易、简单加工和餐饮等行业，近年来已拓展到设计研发、生产制造、资源开发、航运物流和农业合作等众多领域。目前，跨国并购已成为对外投资的重要方式。2003~2008年间，跨国并购金额超过500亿美元，约占同期对外直接投资总量的40%。“走出去”已成为国内企业在成长过程中绕不开的话题，对于大型企业来说，更是背负着保护各自行业国际竞争力的重任，面对国外大型企业的激烈竞争，尽管跨出国门的步伐必须谨慎，国际化仍然成为必然选择。然而“走出去”并非单纯地复制分支机构那么简单，而对企业的整体运作能力提出了新的挑战。

国内企业的国际化情结由来已久，而海外并购作为企业国际化快速、有效的途径，自然被诸多国内企业争相采用。纵观国内企业的海外并购历程，尽管在广度上参与其中的企业越来越多，在规模上大手笔也是屡见不鲜，然而真正成功的案例并不多，在海外并购上，国内企业仍然在交着昂贵的学费。

一直以来，海尔都被视为国际化程度最高的中国企业，然而在GE、惠而浦这些顶尖高手的包抄堵截下，海尔在美国市场鲜有作为，在并购上也是屡屡失意，并购美泰克却被惠而浦半路劫杀，并购韩国大宇电子又遭遇有汤姆逊撑腰的印度家电巨头Videocon。

相比之下，联想可谓一鸣惊人，为了国际化可谓不惜血本，出手就是IBM的PC部门这样的大手笔，尽管经历波折后勉强并购成功，却在经营上困难重重，三年过后，PC业老三的位置已是风雨飘摇。在国内呼风唤雨的中国移动，却遭遇了海外并购的曲折坎坷，在接连并购努力泡汤后，只好拿Millicom旗下的Paktel试手，最终收购价还不到3亿美元。TCL在海外并购中曾经风光无限，接连与国际巨头汤姆逊、阿尔卡特成立合资公司，结果前者持续亏损，后者在合资仅一年后就以失败告终。此外，华为竞购英国马可尼、中海油竞购美国优尼科，均由于竞争对手的抬价或百般阻挠而最终放弃。

这一桩桩看似辉煌实则蕴藏巨大风险的海外并购案，折射出我国企业在“走出去”的过程中面临着诸多困难和挑战。“走出去”并不是一蹴而就的，需要从整体结构、管理、企业战略等多方面进行深入变革。

“走出去”需要新型政企关系。“走出去”涉及的政企关系主要有两方面的内容，一是如何将企业盈利的微观目标与国家宏观目标协同起来。二是如何通过有效的管理和政策手段，鼓励和支持企业更好更安全地“走出去”。在全球化的今天，“走出去”对政企关系要求更高，仅仅做到“政企分开”还不足以适应全球竞争的需要。政府对企业的支持，以及与企业的联合和协调行动同样是必不可少的。但政府如何支持企业，就要处理好政府用什么手段支持，在哪些领域支持，什么时候支持和支持什么等问题。加快政府职能的转换，明确哪些必须“分开”，哪些必须“不分”，建立新的政企关系和新的管理机制。

要创造公平的国内竞争环境和企业并购条件，使优秀企业能够迅速成长起来；对有可能“走出去”的企业，要加快现代企业制度的改造，使之尽快培育起竞争能力，能够勇敢地“走出去”；对“走出去”的企业，要创造宽松的条件，降低“走出去”的成本，使之尽快积聚国际竞争的经验和实力。要用当年“引进来”的决心、魄力和宽容为企业“走出去”创造条件，才能迅速培育出我国自己的跨国企业，才能使大批的企业能够“走出去”。

如果说过去40多年，中国对外开放的主要内容是“引进来”，那么，在今后相当长时期内，“引进来”与“走出去”相结合，将成为中国对外开放的战略选择。从单向的“引进来”到双向的“引进来”和“走出去”相结合，这样的战略转变，必然要伴随相应的政策和体制调整。在国内体制改革尚未完成的情况下，进行这样的调整无疑有相当的难度。而且涉及这样多的领域和范围，进行系统的制度和政策设计本身就是一个复杂的课题。但从“走出去”的目标和全球化的惯例，把握“走出去”的政策取向以及管理思路和机制却是可能的。从多双边谈判中的重点是国内市场开放和吸引外资，转向继续坚持吸引外国投资的同时，大力推动我国企业“走出去”。这是我国经济发展的必然要求，也是世界各国发展经济的普遍经验。

自主创新才能有发展——中国创造

2009年，有一个所谓的“钱学森之问”引发了社会热议。“钱学森之问”其实就是科学界泰斗钱学森提出的一个疑问：“为什么我们的学校总是培养不出杰出人才？”与钱老发出的这一问相似，同样的问题亦困扰着中国企业，即为什么我们如此庞大的企业集群，自主创新能力却如此之弱，自主创新成果又如此之少（我国拥有自主知识产权核心技术的企业仅为万分之三）？这就是我国企业的“钱学森之问”。

一位长期从事国有大企业审计工作的官员曾感慨地说：一个没有自主知识产权和品牌的企业如同建在流沙上的高楼，规模再大，即使进了500强，也有可能在合作方撤出技术和品牌后数个月内就烟消云散。这并不是危言耸听，而是在某种程度上反映了这些年来“中国制造”在取得辉煌成就背后的一丝阴影和一份尴尬。

“中国制造”正越来越多地走向世界，这一现象体现了中国国力的提高和中国企业参与全球竞争的能力。然而，如果细加透析，我们就可以发现，不少标以“中国制造”的出口产品，却依然以劳动密集型的加工产品为主。一味依靠质量低劣、价格低廉的加工产品，想要跻身于国际市场，是不可能取得赢家“席位”的。21世纪的世界经济是创造力经济，只有具备创造精神的企业，才最有可能成为国际竞争的赢家，企业也最有可能得到永续发展。

自主创新的重要性不言而喻。在美国波士顿咨询集团曾经进行过的一次调查中，全球有近千位企业高管都表示，在他们所处的行业中，通过创新来增加收入，已经成为企业通向成功的必经之路。据称，与20世纪90年代不同的是，那时的企业注重宏观层面的创新，但今天，企业更注重微观层面的创新，尤其是一些著名企业。有一个非常典型的例子，说的是许多人按常规习惯用拖把拖地板，然而，宝洁公司开发的电除尘拖把，却打破了人们惯常的思维模式和行为方式，光这一项“原创”产品，价值就超过了数亿美元。创新使宝洁公司从一个停滞不前的企业转变成为了一家高效创新的企业，从而超越了它的竞争对手。

创新，是一个国家进步的灵魂。不仅企业的发展离不开创新，一个国家国力的提升也依赖于创新。我国早在中长期科学和技术发展规划期间，就对工业创新体系问题做过专门研究，然而到目前为止，这一体系还没有真正建立起来。整个国家创新体系中的一些薄弱环节，成为国家创新体系趋向完整化的软肋。目前，按照国际上对49个主要国家的综合评价，我国的创新能力还处于中下水平，我国的创新体系还是以高校研究所作为技术创新主体，企业还没有真正成为创新的主体，大量创新活动游离于企业之外。正因为如此，我国政府才确定把建立以企业为主体、市场为导向、产学研相结合的技术创新体系作为国家创新体系的突破口。

企业是创新的主体，应当有好的氛围、环境、体制和政策来支持企业的创新，如果缺少这些方面的支撑，企业永远以经济利益为重，没办法承受失败，那么就很难长远地投入研发。从“中国制造”到“中国创造”，这是全球经济一体化的需要，是企业化解竞争压力的需要，是企业长远发展的需要，如果企业最终不能走“中国创造”这条路，它在国际市场上是不可能有存身之地的。

在欧美等市场经济发达的国家，政府非常重视在科技创新、在推动企业创新中的作用。20世纪80年代，美国的制造业遭受日本的挑战，一度有被超过的危险，美国很多专家认真调研、仔细研究比较了“美国制造”和“日本制造”的不同，后来发现其差距就在创新能力上，而创新的关键又在企业，究竟该如何调动企业的积极性呢？美国政府进行了很重要的税制改革，大大降低了企业的所得税。当时美国国内对这一税改政策存在诸多异议，认为它影响了国家税收，但经过十多年的发展，美国制造业又恢复了强劲的势头，美国制造再次在全球保持领先地位。

目前我国只有少数做得好的企业具有较强的创新能力，大多数企业还没有这个能力，整个产业的创新能力还比较低，尤其是产品的研发设计能力。近些年来，通过大量引进先进设备，企业的制造能力有所提高，但也只能做到“中国制造”，还做不到“中国创造”。而做不到“中国创造”，就很难说中国的工业创新能力强，也很难说中国是创新型国家。企业在“中国创造”中应做些哪些工作呢？

第一，要达成尊重人才、尊重知识的共识。企业不仅需要专业技术人才，也需要管理、法律、经济等多层次人才，需要技能型人才。可以说，人才是决定“中国创造”的关键。

第二，企业应建立适合自己的商品研发机构。商品是否创新有以下几种模式，一是原始创新，即别人没有的商品，你首先研发出来。二是学习创新，在别人已有的产品上增加功能，或将数个产品合并成一个产品。三是民族创新，我国有56个民族，各民族许多东西可以介绍到国外，或者适当改变后介绍到国外。

今天，随着“中国制造”的崛起，具有民族创新精神的“中国创造”也一定能令人瞩目地登上国际市场的大舞台。